KB083617

원유【상】

原儒

원유【상】 原儒 (上)

─유학의 본원을 탐구함─

웅십력熊十力 저 ┃ 임헌규·윤원현·김학목·류희성 역주

세창出판사

원유【상】 原儒(上)

—

1판 1쇄 인쇄 2020년 1월 15일

1판 1쇄 발행 2020년 1월 25일

—

저 자 ㅣ 웅십력

역주자 ㅣ 임헌규·윤원현·김학목·류희성

발행인 ㅣ 이방원

발행처 ㅣ 세창출판사

　　　　주소 ㅣ 서울 서대문구 경기대로 88 (냉천빌딩 4층)

　　　　신고번호 ㅣ 제300-1990-63호

　　　　전화 ㅣ (02) 723-8660　팩스 ㅣ (02) 720-4579

　　　　http://www.sechangpub.co.kr ㅣ e-mail: edit@sechangpub.co.kr

—

ISBN 978-89-8411-451-7 94150

　　　　978-89-8411-450-0 (세트)

—

이 번역서는 2009년 정부(교육부)의 재원으로 한국연구재단의 지원을 받아 수행된 연구임(NRF-2009-421-A00034).

—

· 이 책은 한국연구재단의 지원으로 세창출판사가 출판, 유통합니다.(세트)

· 잘못 만들어진 책은 구입하신 서점에서 바꾸어 드립니다.

—

이 도서의 국립중앙도서관 출판시도서목록(CIP)은 서지정보유통지원시스템 홈페이지(http://seoji.nl.go.kr)와 국가자료공동목록시스템(http://www.nl.go.kr/kolisnet)에서 이용하실 수 있습니다.

(CIP제어번호: CIP2014000557)

● 역자 서문

『원유』는 중국 현대 신유학을 창도한 웅십력의 대표적인 저서로서, 2009년에 출판인들이 동아시아 격변기 현대사에 가장 큰 영향력을 끼친 100권의 책 중 하나로 선정한 중요한 문제의 저서이다. 이 책을 우리말로 옮긴 역자들은 각각 다른 대학에서 약간의 구별되는 전공(선진유학, 신유학, 도가철학 등)으로 각자의 영역을 나름 연구해 왔던 사람들이다. 이러한 역자들이 함께 이 책을 번역하게 된 것은 매주 금요일 성리대전 등 동양경전을 함께 강독하는 한중철학회에서 비롯되었다. 이 강독회에서 서로의 학문에 대한 열정을 확인하고 신뢰를 형성해 가던 가운데, 역자들 중 맏형격인 윤원현 선생이 "우리들의 소중한 인연을 공동 작업으로 승화시켜 보자."고 제안하였다. 이 제안에 흔쾌히 동의하고, 역자들은 공동 작업으로 한국연구재단의 명저번역과제에 지원하여 이 책을 번역하게 되었다.

전통 한학을 공부한 두 사람과 외국 유학을 통해 중국 현대문을 익힌 두 사람 등 모두 네 사람으로 구성된 역자들이 이 책을 처음 강독할 때만 해도 나름으로 자신감이 충만해 있었다. 그러나 막상 강독과 번역에 들어가자마자 역자들은 보통 난감해 하지 않을 수 없었다. 역자들에게 웅십력의 글은 너무도 난해할 뿐만 아니라, 심지어 난삽하기가 그지없다는 생각이 들었기 때문이다. 당시 겨울 방학을 맞아 우리들은 일주일에 두 번씩 오전 10시부터 모여 각자 번역한 부분을 두고 매번 12시간 이상 토론했지만, 전혀 진도를 나갈 수 없었다. 이렇게 번역작업에 진척이 없자, 우리들은 이 작업에 대한 회의감이 들고, 나아가 이 책에 대한 불신까지 생기게 되었다. 그러나 지성이면 감천이라고 하지 않았던가! 이렇게 번역하고 토론한 지 수개월이 지나고 나서, 우리들은 점차 웅십력의 문체에 익숙해져 갔고, 이 책의 내용에 대한 이해도도 점차 높아지게 되었다. 이렇게 하기를 거의 2년 이상이 경과한 뒤에 우리들은 이 책에 대한 번역 심의에 통과할 수 있었다. 번역 심의를 통과했다고 해서 우리들의 과제가 끝난 것은 아니었다. 가독성을 올리기 위해 문장을 다듬고, 독자들의 이해도를 높이기 위해 단순히 크게 3장(원학통, 원외왕, 외내성)으로만 구성된 원문에 장과 절을 나누는 작업을 하지 않을 수 없었다. 또한 웅십력이 인용한 모든 구절은 원문을 찾아 싣고, 인명과 지명 등에 대해서도 일일이 찾아 해설하는 노고를 들이지 않을 수 없었다. 다소 과도하게 보일지도 모르는 이러한 작업은 오직 독자들을 위한 배려로 이해해 주었으면 한다.

오랜 산고 끝에 이 책의 번역 작업을 완료하고 나니, 그동안의 어려웠던 기억들은 모두 소중한 추억으로 바뀌고, 마음 한 구석에서 뿌듯한 감정마저 솟아오름을 느낀다.

마지막으로 이 번역과제를 수행할 때에 도움을 주신 한국연구재단의 여러 선생님들의 인연을 소중히 생각함과 아울러 우리들의 난삽한 원고를 잘 다듬어 주시고 훌륭한 책으로 만들어 주신 세창출판사 여러분께 감사의 뜻을 전하면서 이 책에 대한 평가는 독자들에게 맡긴다.

2020년 1월
역자들을 대표해서 임헌규가 삼가 쓰다

『원유(原儒)』를 처음 출간했을 때 단지 2백 부만을 인쇄했다. 이것은 내가 5~6년 내에 『역경신소(易經新疏)』와 『주관경검론(周官經檢論)』을 집필한 다음, 그때 함께 모아 세상에 내놓으려고 계획했기 때문이다. 그러므로 「하권(下卷)」을 초가을에 인쇄했으나, 여전히 발행기(發行記)를 쓰지 않았었다. 그러나 생각지도 않게 입추(立秋)가 지난 뒤에 갑자기 머리가 멍해지는 병이 들고@ 심장병도 다시 심해졌다. 나는 앞으로 살 날이 많지 않다는 생각이 들어, 마침내 『원유』를 다시 찍어서 발행하기로 결심했다. 겨울에 접어들어 머리가 멍해지는 병이 조금씩 사라지고 심장병도 다소 호전되는 듯했다. 한대(漢代)의 유학자 노식(盧植)[1]이 예서(禮書)를 저술하려다가 끝내 완성하지 못했듯이, 지금 나의 운수가 나쁜 것이 꼭 그와 같다. 이 또한 어찌할 수 없으니 편안히 여길 뿐이다.

> @ 머릿속이 마치 꽉 쪼그라드는 것 같이 불안하여 때로는 손으로 지압을 해도 생각을 할 수 없고 책을 볼 수 없는데, 그럴 때를 나는 머리가 멍해졌다고 한다. 신문지상에 올 여름 상해의 폭염은 1백 년 이래로 이런 적이 없었다고 보도되었다. 내가 막 『역경신소』에 대해 생각하게 되어 온갖 생각이 머릿속에서 억제할 수가 없을 정도로 자유롭게 움직였는데, 얼마 지나지 않아 병이 생겼다.

내성외왕(內聖外王)을 하나로 관통한 『대역(大易)』의 도는 그 광대함이 마치 천지와 같아 포괄하지 않는 것이 없으며, 변통(變通)함이 사계절과 같

---

1 노식(盧植, 121-192): 자는 자간(子幹)이고, 동한(東漢) 탁군탁현(涿郡涿縣: 현 하북성 탁주시〈涿州市〉) 사람이다. 어려서 정현(鄭玄)과 함께 마융(馬融)에게 배웠으며 금고문(今古文) 모두에 통달한 당대의 대유(大儒)가 되었다. 영제(靈帝) 때에 박사(博士)가 되어 채옹(蔡邕) 등과 『한기(漢紀)』를 보충했다. 유비(劉備)와 공손찬(公孫瓚)이 그의 문하에 있었고, 저서로는 『상서장구(尚書章句)』, 『삼례해고(三禮解詁)』 등이 있는데 망실되어 현존하지 않는다.

아 교체하면서 운행하는 것이 무궁하다. 위대한『역』은 도의(道義)의 보고(寶庫)이다.

『주관(周官)』은 춘추시대의 혼란을 바로잡는 제도로서 태평세(太平世)를 위하여 큰 기반을 열었는데, 그 교화의 근원은 예악(禮樂)에 있다. 악(樂)은 조화(調和)에 근본을 두고서 나와 남과의 구별을 잊게 하니, 인(仁)이다. 예(禮)는 차례를 중심으로 하면서 나와 남과의 구별이 있지만, 남을 다스리기에 앞서 반드시 나를 먼저 다스리니, 의(義)이다. 예악이 닦여지고 인의가 시행되어 만물이 모두 그 본성을 펼치는 것이, 비로소 태평세의 큰 기쁨이고 인도(人道)가 매우 융성한 것이다. 그 제도는 '균등[均]'과 '연계[聯]'라는 두 가지 큰 원리에 의거한다.

먼저 '균등[均]'을 말해 보면, 균등이라는 것은 평등한 것이다. 자연계는 평등하다고 말할 수 있겠는가? 하늘은 높아서 오를 수 없고 땅은 험준해서 통할 수 없으니, 지극히 불평등하다. 오직 사람만이 '사람이 할 수 있는 일[人能]'@을 다할 수 있어, 산악지대에 철로를 부설하고 잠수함으로 바닷속에 들어가니 땅이 그 험준함을 잃었고, 비행기로 하늘을 날아다니니 하늘도 그 높음을 잃었다. 이렇게 되면 천지에서 모두 그 큰 불평등이 제거되어 평등함에 도달한다. 인간사의 불평등은 자연보다 아주 심하니, 가난함과 부유함, 지혜로움과 어리석음, 강함과 약함 등으로 구별되어, 부자가 가난한 사람에게서 빼앗고, 지혜로운 자가 어리석은 자를 속이며, 강한 자가 약한 자를 침탈하는 불평등한 참상은 이루다 형용할 수 없다. 그 때문에 노자(老子)는 "천지가 인(仁)하지 않다."[2]고 한탄하였다. 만약 제도를 개혁하고 교화를 갱신해서 그 불균등과 불평등을 제거하여 균등과 평등으로 돌아가지 않는다면, 인도(人道)의 참혹함은 아마 하루라도 그치지 않을 것이다.

　ⓐ '사람이 할 수 있는 일'에 관한 것은『역대전(易大傳)』에 설명되어 있다.

2『노자(老子)』5장. 天地不仁.

다음으로 '연계[聯]'를 말해 보면, 사람들이 뿔뿔이 흩어지면 제각기 이기적으로 변해 서로 어떤 일도 도모할 수 없다는 것이다. 이미 새로운 제도를 건립하여 인도하기로 했으면, 반드시 상호간에 연계하고 '친밀히 도와서[比]'@ 천지와 한 몸이 되는ⓑ 도량을 넓혀야만 비로소 사통팔달하는 경지로 인류를 끌어올릴 수 있다.

　　@ '친밀히 도와서[比]'라는 것은 상호간에 친밀히 돕는다는 의미이다.
　　ⓑ '천지와 한 몸이 된다[天地一體].'라는 말은 주대(周代) 말기 혜자(惠子: 惠施)[3]의 말이다.[4]

그러므로 균등[均]과 연계[聯]는 서로 도와주면서 시행하는 것이다. 균등하고 평등한 제도는 인정(人情)의 공정함에 근본하고, 연계하고 친밀히 돕는 법률은 인성(人性)의 바름에 근본을 둔다. 그러므로 사회를 이끄는 자는 비록 계략과 권도(權道)가 없을 수 없지만, 마땅히 인의를 근본으로 해야만 한다. 『주관』에서 예악의 교화를 숭상한 것은 그 뜻이 지극히 심원하다.

나는 『대역』과 『주관』 두 경전에 대해 끝없는 의미를 생각했는데, 애석하게도 늙고 병들어서 저술을 감당하지 못하겠다. 나중에 여기에 통달한 사람이 나의 뜻을 이루어 준다면 나 역시 유감이 없을 것이다.

『원유』는 처음 인쇄한 수량이 매우 적었기 때문에, 지금 비록 다시 인쇄

---

3 혜시(惠施, B.C.370?-B.C.309?): 중국 전국시대 송(宋)나라의 사상가로서 명가(名家)에 속하는 학자이다. 장자(莊周)와 같은 시대의 사람이고, 공손룡(公孫龍)보다 약간 앞 시대의 사람이다. 양(梁)의 혜왕(惠王)과 양왕(襄王)을 섬기어 재상이 되었다. 종횡가(縱橫家) 장의(張儀)에게 쫓겨 초(楚)로 갔다가 후에 고향으로 돌아와서 생애를 마쳤다. 그의 주장은 『장자』에서 가끔 찾아볼 수 있으며, 명가 중에서 궤변이 가장 뛰어났다고 하는데, 그것은 형식과 현실과의 관계를 명확하게 하고 치세(治世)의 이상상(理想像)을 설파한 것으로 볼 수 있다.

4 '천지와 한 몸이 된다[天地一體].'라는 말은 주대(周代) 말기 혜자(惠子: 惠施)의 말이다: 『장자(莊子)』「천하(天下)」. 惠施多方, 其書五車, 其道舛駁, 其言也不中. 厤物之意, 曰: "至大無外, 謂之大一, 至小無內, 謂之小一. … 汎愛萬物, 天地一體也."

한다고 하지만 처음 세상에 내놓는 것과 같으니, 당연히 이번 인쇄를 초판으로 해야 할 것이다. 또 처음 인쇄한 「상권」에 오자와 탈자가 몇 군데 있어서 이번에는 모두 고쳐서 바로잡았다.

병신년(丙申年: 1956년) 중동(仲冬: 동짓달) 길일
상해 회해중로(淮海中路)의 썰렁한 집에서
칠원노인(漆園老人)[5]이 쓰다.

---

5 칠원노인(漆園老人): 장자가 칠원(漆園)의 관리 노릇을 한 적이 있는데, 웅십력은 군이 이것을 자신의 호로 삼았다. 뒤에서 그는 장자의 잘못을 다시 저지르고 싶지 않아서, 경계하기 위해 이렇게 자신을 불렀다고 밝히고 있다.

● 원유서(原儒序: 서문)

본서는 상 · 하 두 권으로 나뉜다. 상권은 「원학통(原學統)」과 「원외왕(原外王)」이고, 하권은 「원내성(原內聖)」이다.[1]

「원학통」은 간략히 세 부분으로 나누었다. 첫째 부분은, 공자(孔子)가 태고(太古) 이래로 전해온 훌륭한 왕들의 덕을 이어 받아 집대성한 것을 위로 미루어, '내성(內聖)'과 '외왕(外王)'이 하나로 관통하는 큰 학통을 열었다. 둘째 부분은, 주(周)나라 말기 제자백가에서 송 · 명대(宋 · 明代) 여러 학자와 불교에 이르기까지의 취지를 논의하여 평가했는데, 지성(至聖: 공자)[a]을 중심으로 절충하였다. 셋째 부분은, 『6경(六經)』의 진위를 자세히 살펴서 확정하였다. 서한(西漢) 이후 2천여 년 동안, 가법(家法)으로 굳게 지켜 오던 것과[2] 금문(今文)학파와 고문(古文)학파 사이의 분쟁[3] 및 한학

---

1 상권은 「원학통(原學統)」과 「원외왕(原外王)」이고, 하권은 「원내성(原內聖)」이다: 각 편명의 의미는, 「원학통(原學統)」은 '유학 학통의 본원을 탐구함'으로, 「원외왕(原外王)」은 '밖으로 왕도의 본원을 탐구함'으로, 「원내성(原內聖)」은 '안으로 성인됨의 본원을 탐구함'으로 풀이할 수 있다.

2 가법(家法)으로 굳게 지켜 오던 것: 원문은 '家法之墨守'로서, 서한(西漢) 때에 성행한 『오경(五經)』에 대한 사제 간의 엄격한 전승을 말한다. 한대 초기에 유가가 경전을 전수할 때 모두 말로 전했다. 몇 대를 거치면서 구두와 해석이 서로 달라져서 제각기 학파를 달리하게 되는데, 스승이 전한 것은 제자가 한 글자도 고칠 수 없도록 했으니, 이것을 가법(家法)이라고 한다. 대표적으로 14박사(博士)가 있다. 즉 『역(易)』은 시수(施讐) · 맹희(孟喜) · 양구하(梁丘賀) · 경방(京房)의 4가(家), 『시(詩)』는 노시(魯詩) · 제시(齊詩) · 한시(韓詩)의 3가, 『서(書)』는 구양생(歐陽生) · 대하후(大夏侯) · 소하후(小夏侯)의 3가, 『예(禮)』는 대대(大戴) · 소대(小戴)의 2가, 『춘추(春秋)』는 공양(公羊)의 엄팽조(嚴彭祖) · 안안락(顔安樂)의 2가가 학관(學官: 漢代 이후의 대학강좌)으로 세워졌다.

3 금문(今文)학파와 고문(古文)학파 사이의 분쟁: 진시황의 분서갱유 이후 서한(西漢) 때의 14박사가 사용한 서적들은 모두 몇 명의 연로한 학자들이 자신의 기억에 의거하여, 당시 통용되던 예서(隸書)로 기록한 것이므로 '금문(今文)'이라 불린다. '금

(漢學)과 송학(宋學)의 논쟁은[4] 모두 열거만 하고 더 이상 지세히 설명하지 않았다. 다만 한대(漢代) 사람들이 전해준 『6경』에서 그들이 제멋대로 고친 것은 끝까지 바로잡고, 전해오면서 변한 것을 엄밀히 조사하여 공자의 진면목을 회복하려고 하였다. 그렇게 해서 유학의 학통을 비로소 확정하였다.

ⓐ 『사기(史記)』「공자세가(孔子世家)」편에서 공자를 '지성(至聖)'으로 찬양하니, 후세에 그대로 따랐다.

「원외왕」은 『대역(大易)』·『춘추(春秋)』·『예기(禮記)』「예운(禮運)」·『주관(周官)』이라는 네 개의 경전을 융회·관통하여, 이로부터 성인이 지나간 것을 헤아리고 앞으로 올 것을 알아서 영원히 태평성세를 여는 큰 도리를 드러냈다. 격물(格物: 사물의 이치를 궁구함)이라는 학문은 다스림과 교화를 궁구하는 도구이고, 인·의·예·악(仁·義·禮·樂)ⓐ은 다스림과 교화를 바르게 하는 근원이다. 『춘추』는 인·의를 숭상하는 것으로써 하(夏)·은(殷)·주(周) 삼대(三代)의 변화를 관통하였다. 『주관(周官)』은 예악으로 법률과 제도의 근원을 삼았다. 『역대전(易大傳)』[5]은 '만물을 앎[知物]'·'만물을 구비함[備物]'·'만물을 이룸[成物]'·'만물을 변화시키고 마름

문'은 그 당시 곧 한대(漢代) 문자로 기록했다는 의미이다. 그러나 뒤에 와서 이른바 '고문(古文)' 경전이 점차 출현하였다. 이 서적들은 한대 이전의 문자(이른바 과두(蝌蚪)의 문자, 즉 고주(古籒))로 쓴 것이므로 '금문'과 구별하여 '고문'이라 불렀다. 동한(東漢) 때에 이르러 두 종류의 경전에 대한 논쟁이 활발해졌으며, 장제(章帝) 때(79년)에는 백호관(白虎觀)에서 '오경(五經)의 동이(同異)'가 논의되기에 이르렀다. 그러나 그 뒤 마융(馬融)·정현(鄭玄) 등이 두 종류의 경전을 고문학 중심으로 겸수절충(兼修折衷)하였다.

4 한학(漢學)과 송학(宋學)의 논쟁: 한대(漢代) 이후 위진(魏晉)과 당대(唐代)를 거치면서 도교와 불교 사상의 영향을 받은 뒤, 송대(宋代)에 이르러 유학 전통에는 새로운 반성이 일어났다. 송대의 많은 유학자들은 전통유학을 의리(義理) 방면으로 새롭게 해석하면서 한대의 유학을 고증학이라고 비판하였다. 이에 유학을 연구하는 방법론상 한학과 송학의 구별이 생기고, 상호간의 논쟁이 이어졌다.

5 『역대전(易大傳)』: 「계사전(繫辭傳)」을 말한다.

질하여 변통함[化裁變通乎萬物]'으로써ⓑ 큰 도리가 이루어진다고 하였다. 만물의 이치에 대해 분명하게 알지 않으면 '만물의 참모습을 드러내고 사업을 이룰[開物成務][6] 방도가 없다. 『예기』「예운(禮運)」은 『춘추』에 있는 큰 도리의 요지를 펼쳤으니, 『역대전』의 '지혜가 만물에 두루 한다[知周乎萬物].'는 여러 의미와 반드시 합쳐서 참조해야만 비로소 터득할 수 있다. 성인의 학문은 도(道)와 기(器)가 하나로 관통하고, 큰 근본과 큰 작용이 갖추어져서, 진실로 모든 세대가 영원히 의지할 만하니 버릴 것이 없다!ⓒ

ⓐ 천지만물을 하나의 몸으로 여기는 사랑이 인(仁)이다. 박애로도 통할 수 없는 것이 있으면 반드시 대상이나 일에 따라서 그 마땅함을 마름질해야 하는데, 마땅함을 의(義)라고 한다. 의(義)란 인(仁)을 저울질함[權]이니, 저울질해서 마땅함을 얻어야 비로소 의(義)이다. 의(義)는 인(仁)을 어기지 않는다. 노자(老子)가 "인(仁)을 잃어버린 다음에 의(義)가 있게 된다."[7]라고 했는데, 이 말은 인(仁)하지 않은 말일 뿐이다. 인(仁)을 잃어버리고 어떻게 의(義)가 있을 수 있겠는가? 그 말류가 신불해(申不害)[8]와 한비(韓非)[9]인 것은 우연이 아니다. 악(樂)은 조화를 근본으로

---

6 『역』「계사·상」. 開物成務.

7 『도덕경(道德經)』 38장. 失仁而後義.

8 신불해(申不害, B.C.385?-B.C.337): 중국 전국시대(戰國時代) 정(鄭)나라 경(京: 하남성 형양현〈滎陽縣〉 남동쪽) 사람이다. 한(韓)나라 소후(昭侯)의 재상이었다. 내정(內政)을 정비하고 밖으로 다른 제후들과의 관계를 잘 이끌어 15년 만에 나라를 강성하게 만들었다. 그의 사상은 황로사상(黃老思想)에 기반을 두고 형(刑)과 명(名)을 중시했다. 특히 '술(術)'을 중시했는데, 그의 '술'에 대해 『한비자(韓非子)』에서는 "군주가 재능에 따라 관리를 임명하고 직무에 근거해 업적을 평가하여, 명(名)과 실(實)이 부합되도록 하며 절대적인 권위로써 신하들을 제어하는 것"이라고 설명했다. 그의 '술'사상은 법가이론을 구성하는 중요한 성분이 되었다. 『한서(漢書)』「예문지(藝文志)」에 의하면, 그가 『신자(申子)』 6편을 지었다고 하지만 현재 「대체(大體)」 1편만 전해진다.

9 한비(韓非, B.C.280?-B.C.233): 중국 전국시대 말기의 사상가이다. 한(韓)의 왕족으로 젊어서 진(秦)의 이사(李斯)와 함께 순자(荀況)에게 배워 뒷날 법가(法家)의 사상을 대성하였다. 이사가 간지(奸智)에 뛰어난 변설가(辯說家)인 반면, 한비는 타고난 말더듬이였으나 두뇌가 매우 명석하여, 학자로서는 이사가 도저히 미칠 수 없었다. 진의 시황제는 한비의 「고분(孤憤)」·「오두(五蠹)」의 논문을 보고 "이

하니 인(仁)이고, 예(禮)는 질서를 중심으로 하니 의(義)이다.

ⓑ 『역대전』에서 "'지혜가 만물에 두루 한다.'[10]라고 하고, '사물을 구비하고 쓰임을 지극히 한다.'[11]라고 하며, '만물을 곡진하게 이룬다.'[12]라고 하고, '변화시키고 마름질하여 변통한다.'[13]라고 하였는데, 「원외왕」에서 상세하게 설명하였다.

ⓒ 본서(本書)에서 인의예악을 언급했으나 그 말이 모두 흩어져 있다. 그래서 『주관소변(周官疏辨)』을 지어 더욱 상세히 설명하려고 한다.

「원내성」은 대략 세 부분으로 나누었다. 첫 구절부터 천인(天人)에 대한 설명까지가 첫째 부분이고, 마음과 사물(대상을 지칭함)을 설명한 것이 둘째 부분이며, 공자의 인생관과 우주론을 총괄적으로 설명하면서 『대역(大易)』에 대해 특별히 자세하게 설명한 것이 셋째 부분인데,ⓐ 『원유(原儒)』는 이것으로 끝을 맺는다.

ⓐ 「원내성」편은 모두 『대역』의 깊은 뜻을 드러내고 있는데, 셋째 부분의 글만이 그런 것이 아니라, 「원외왕」에서도 어느 것 하나 『역』의 도리에 근거하지 않음이 없으므로, 셋째 부분을 다만 '특별히 자세하게 설명했다.'라고 말했다.

"크도다. 성인의 도(道)여! 넓고 넓도다. 만물을 발육하는 것이 광대하게 천(天)에까지 이르렀도다!"[14]라는 구절은 『중용(中庸)』에서 성인을 예찬한 말인데, 진실로 성인의 학문에 대한 통찰이 깊은 사람이 아니면 아무

사람과 교유할 수 있다면 죽어도 한이 없겠다."고까지 감탄하였다 한다. 한의 세력이 약해지는 것을 염려하여 누누이 왕에게 간언하였으나 받아들여지지 않았고, 끝내 진의 공격을 받자 화평의 사신으로서 진나라로 갔다. 시황제는 한비를 보자 크게 기뻐하여 그를 아주 진에 머물게 하려 하였으나, 이사는 내심 이를 못마땅히 여겨 시황에게 참언하여 한비를 옥에 가두게 한 후, 독약을 주어 자살하게 하였다. 저서로 『한비자(韓非子)』가 있다.

10 『역』 「계사·상」. 知周乎萬物.
11 『역』 「계사·상」. 備物致用.
12 『역』 「계사·상」. 曲成萬物.
13 『역』 「계사·상」. 化而裁之謂之變, 推而行之謂之通. … 化而裁之存乎變, 推而行之存乎通 참조.
14 『중용(中庸)』 27장. 大哉, 聖人之道! 洋洋乎, 發育萬物, 峻極於天!

도 할 수 없는 말이다. '내성'과 '외왕'을 크게 갖추는 근본적인 틀은 본체와 현상이 둘이 아니고,[a] 도(道)와 기(器)가 둘이 아니며,[b] 천(天)과 인(人)이 둘이 아니고,[c] 마음과 사물이 둘이 아니며,[d] 천리(天理)와 인욕(人欲)이 둘이 아니고,[e] 움직임(動)과 고요함(靜)이 둘이 아니며,[f] 앎과 실천이 둘이 아니고,[g] '도덕적인 지혜[德慧]'와 지식이 둘이 아니며,[h] '자신을 완성하는 것[成己]'과 '사물을 완성하는 것[成物]'[15]이 둘이 아니다.[i]

[a] 현상을 버려두고 본체를 추구하는 것은 종교[16]의 미혹이다.

[b] '도'란 본체를 지목하는 것이고, '기(器)'는 물질적인 우주를 가리키는 것이다.

[c] 천이란 도의 다른 명칭으로서 사람의 생명의 큰 근원이다. 사람의 생명과 사람이 그것으로 말미암아 생겨나는 큰 근원은 둘이 아니니, 물거품과 그것이 말미암아 생겨나는 바닷물처럼 그것들을 딱 갈라 둘로 봐서는 안 된다.

[d] 마음과 사물은 본래 실체(實體)가 유행(流行)하는 두 가지 측면이다.

[e] 후대의 유학자들은 천리와 인욕의 구분을 엄격히 하였다. 주자(朱子: 朱熹)[17]의 "인욕이 깨끗이 없어져야 천리가 유행한다."는 말은 이학(理學)의 여러 학자들이 공통으로 높이는 것이지만, 공자의 뜻은 아니다.

[f] 움직이고 있지만 혼란하지 않으면, 이것은 움직이는 것일지라도 고요한 것이다.

---

15 『중용』 25장. 誠者非自成己而已也, 所以成物也. 成己, 仁也, 成物, 知也 참조.

16 종교: 필자가 여기에서 말하는 종교는 불교를 지칭하는 것으로 보인다.

17 주희(朱熹, 1130-1200): 자는 원회(元晦)·중회(仲晦)이고, 호는 회암(晦庵)·회옹(晦翁)·고정(考亭)·자양(紫陽)·둔옹(遯翁) 등이다. 송대 무원(婺源: 현 강서성 무원현)사람으로 건양(建陽: 현 복건성 건양현)에서 살았다. 1148년에 진사에 급제하여 동안주부(同安主簿)·비서랑(秘書郎)·지남강군(知南康軍)·강서제형(江西提刑)·보문각대제(寶文閣待制)·시강(侍講) 등을 역임하였다. 스승 이동(李侗)을 통해 이정(二程)의 신유학을 전수받고, 북송 유학자들의 철학사상을 집대성하여 신유학의 체계를 정립하였다. 저서로는 『정씨유서(程氏遺書)』, 『정씨외서(程氏外書)』, 『이락연원록(伊洛淵源錄)』, 『고금가제례(古今家祭禮)』, 『근사록(近思錄)』 등의 편찬과 『사서집주(四書集注)』, 『서명해(西銘解)』, 『태극도설해(太極圖說解)』, 『통서해(通書解)』, 『사서혹문(四書或問)』, 『시집전(詩集傳)』, 『주역본의(周易本義)』, 『역학계몽(易學啓蒙)』, 『효경간오(孝經刊誤)』, 『소학서(小學書)』, 『초사집주(楚辭集注)』, 『자치통감강목(資治通鑑綱目)』, 『팔조명신언행록(八朝名臣言行錄)』 등이 있다. 막내아들 주재(朱在)가 편찬한 『주문공문집(朱文公文集)』(1백 권, 속집 11권, 별집 10권)과 여정덕(黎靖德)이 편찬한 『주자어류(朱子語類)』(140권)가 있다.

고요하게 있지만 막히지 않으면, 이것은 고요하더라도 움직이는 것이다. 천지의 큰 조화(造化)가 유행하는 오묘함이 이와 같으니, 사람은 움직임을 물리치고 고요함을 추구해서도 안 되고, 또한 움직임을 요란하게 하고 고요함을 잃어서도 안 된다.

ⓖ 『중용』에서 학문하는 방법에 대해 "넓게 배우고, 자세히 질문하고, 신중하게 생각하고, 분명하게 변별하며, 독실하게 실천한다."[18]라고 하였다. 이것은 양명(陽明: 王守仁)[19]선생이 지행합일(知行合一)론의 근원으로 삼은 것이다. 『춘추』에는 "내가 공연한 말을 싣고자 할 바에는 차라리 아주 절실하고 분명하게 일을 실행하는 것에서 드러내는 것만 못하다."[20]라고 하였다. 이론이 일과 행위로 실행되지 않으면 그 이론은 공허하고 실질이 없으니, 불교에서 말하는 '쓸모없는 이론[戲論]'이 이것이다.

ⓗ 올바른 지혜는 미망(迷妄)이 없어서 도덕과 합일하기 때문에 '도덕적인 지혜'라고 말한다. 일반적으로 말하는 지식은 이렇게 말하기에 충분하지 못하다. 그런데 성인의 학문은 사람을 계도(啓導)하여 지식이 곧 도덕적인 지혜가 되는 경지에 깊이 이르게 한다.

ⓘ '마음을 다스리고[治心]' '본심을 배양하는[養心]'[21] 방도가 '자신을 이루는 것[成己]'의 실질적인 기반이다. 천지의 도를 '마름질하여 이루고[裁成]' '만물이 생겨나기를 도와주어[輔相]',[22] 천지가 제자리에 위치하고 만물을 육성하는 데에까지 이르

---

18 『중용』 20장. 博學之, 審問之, 愼思之, 明辨之, 篤行之.

19 왕수인(王守仁, 1472-1529): 자는 백안(伯安)이며, 호는 양명(陽明)이고, 시호는 문성(文成)이다. 절강성 여요(餘姚) 사람으로 중국 명나라 중기의 유학자이다. 관직에 나간 부친을 따라 북경(北京)에서 자랐고, 28세에 진사에 합격하였다. 학문적으로는 당시의 관학이었던 주자학(朱子學)을 배웠으나 만족하지 못했으며, 선(禪)이나 노장(老莊)의 설에 심취한 때도 있었으나 도우(道友)인 담감천(湛甘泉)을 만난 무렵부터 성현(聖賢)의 학문을 지향하게 되었다. 35세에 병부주사(兵部主事)로 있을 때, 환관 유근(劉瑾)의 노여움을 사 귀주용장(貴州龍場)의 역승(驛丞)으로 좌천된 것이 학문적 전기가 되었다. 그 뒤 왕심재(王心齋)·전서산(錢緖山)·왕용계(王龍溪)가 왕수인의 문하에 입문하였고, 양명서원이 건립되어 양명학파로서 명대(明代) 사상계에 큰 영향을 끼치게 되었다. 저술로는 제자와의 토론을 모은 『전습록(傳習錄)』 3권이 있으며, 그 밖에 시문·주소(奏疏: 상주문)·연보(年譜) 등을 더한 『왕문성공전서(王文成公全書)』 38권이 전서산에 의하여 편집되었다.

20 『춘추호씨전(春秋胡氏傳)』 「서(序)」. 子曰: "我欲載之空言, 不如見之於行事之深切著明也."

21 '본심을 배양하는[養心]': 『맹자(孟子)』 「진심(盡心)」하. 養心莫善於寡欲 참조.

는 것이 '사물을 이루는 것[成物]'의 극치이다. 사람의 마음과 천지만물은 본래 하나의 본체로 통한다. 그러므로 성인의 학문은 천지만물을 버리고 단지 사람의 마음에서 되돌려 추구한 것만을 학문이라고 하지는 않는다. '마음을 다스린다.'는 것은 편벽되게 집착하는 '작은 자기[小己]'의 사사로움을 다스려서 미망(迷妄)의 뿌리를 제거하는 것이다. '본심을 배양한다.'는 것은 본심의 자연스러운 밝음을 채우고 기르되, 만물을 버리는 허무에 빠지지 않는 것이다. 만물을 버려두고 허무에 빠지지 않기 때문에, 만물의 이치를 궁구하고 만물의 본성을 다 밝혀서 천지의 도를 마름질하여 이루고, 만물의 마땅함을 도와주어 천지가 제자리에 위치하고 만물을 육성하는 융성함에까지 이르는 것이다. 그러므로 자신을 이루는 것과 만물을 이루는 것은 한 가지 일이지, 천지만물을 버려두고 한갓 마음만을 밝히는 학문이라고 할 수 없다. 자신을 이루는 것과 만물을 이루는 것은 사람마다 마땅히 스스로 힘써야 하는 본분의 일이다.

이상으로 본서 세 편의 간략한 요지를 제시하였다. 내가 상세하게 설명할 수 없는 것은 배우는 사람들이 스스로 6경(六經)에서 구하면 될 것이다. 「상권(上卷)」은 갑오년(甲午年: 1954년) 봄에 북경 십찰해(十刹海)에 있는 집에서 초고를 쓰기 시작하여 중추(中秋)에 탈고하였다.[ⓐ] 내가 처음 상해(上海)에 와서 내 자식의 집[ⓑ]에 머무르다가, 을미년(1955년)에 「상권」의 원고를 1백 부 인쇄하였다. 같은 해 가을에 「하권(下卷)」의 초고를 쓰기 시작하여 금년(1956년) 초여름에 탈고하였고,[ⓒ] 전과 같이 인쇄하였다. 종래에 중국학을 연구한 학자는 오직 엄밀하게 상고하는 데에 종사하여 허황된 논의를 초래하는 일이 적었지만, 의리와 관련된 말에 대해서는 무시하지 않으면 바로 시끄럽게 시비를 일으켰다. 내가 『원유』를 지으면서 경전을 근간으로 뜻을 펼친 이유는, 말하고 싶은 것을 말하여 위로 옛날의 성인에게 보답하기 위한 것이지 다른 의도는 없다. 노자가 말하지 않았던가! "도는 커서 아무것도 본받지 않은 것 같다. 오직 크기 때문

---

22 천지의 도를 '마름질하여 이루고[裁成]', '만물이 생겨나기를 도와주어[輔相]': 『역』「태괘(泰卦)」「단전(彖傳)」. 天地交, 泰, 後以財成天地之道, 輔相天地之宜, 以左右民 참조.

에 본받지 않은 것 같다. 만약 본받았다면 아마 자잘하게 된 지가 오래
되었을 것이다."[23]

ⓐ 대략 15만자가 넘는 분량이다.
ⓑ 상해 갑문 북쪽의 청운로(靑雲路)에 있다.
ⓒ 대략 15만 자이다.

병신년(丙申年) 입추(1956년 8월 7일)
호서(滬西: 상해의 서북지역)의 집에서
칠원노인이 서문을 쓰다.

『상권』이 처음 출간되었을 때에 '효치론(孝治論)'에 대한 평가 때문에 논란
하는 사람이 많았다. 그런데 그들은 강상(綱常: 삼강오륜)의 가르침이 본래
군주가 스스로를 옹호하는 수단으로 이용한 것이지, 공자가 『논어(論語)』
에서 말하는 효(孝), 즉 순전히 자연스럽게 쉼 없이 드러나는 지극한 성(性)
과 정(情)으로 사람들을 인도하는 것과는 본래 아주 다르다는 것을 전혀
모르고 있었다. 중국에서 황제의 전제정치를 그렇게 오랫동안 시행했던
것은 실로 강상의 가르침이 사람의 마음속에 깊이 새겨졌기 때문이다. 이
것은 한대(漢代) 이후의 문화와 학술을 논의하는 사람이 절대로 소홀히 해
서는 안 된다. 황제를 위해 강상을 이용한 것은 바로 효제(孝悌)를 심하게
손상시킨 것인데, 아직까지 깨닫지 못해서야 되겠는가! 내가 역사적인 사
실을 담론한 것이 효를 훼손하는 것과 무슨 관계가 있는가! 인류가 존재하
는 한 곧 효의 덕목은 어떠한 일이 있어도 훼손되지 않을 것이다.

웅십력이 부기(附記)한다.

---

23 『도덕경』 67장. 道大, 似不肖. 夫唯大, 故似不肖. 若肖, 久矣其細也夫.

1. 『원유(原儒)』는 웅십력(熊十力)이 1956년 중국 상해 용문서국(龍門書局)에서 처음 출간하였다. 본 역서의 저본은 1988년 대만 명문서국(明文書局)에서 출판한 십력총서(十力叢書) 중의 『원유(原儒)』이다. 참조한 판본은 2009년 북경 인민대학출판사에서 출간한 웅십력별집(熊十力別集) 중의 『원유(原儒)』이다.

2. 『원유(原儒)』 원본에는 본문 외에 웅십력의 자주(自注)와 부주(附注)가 상당히 많은 분량을 차지하고 있다. 특히 자주(自注)는 본문 사이사이에 수시로 나타나는데, 번역문에는 단락 별로 묶어서 각 단락 뒤에 "ⓐ, ⓑ …" 등의 형식으로 첨부하였다.

3. 각주는 모두 역주이다. 특히 경전 등 원문의 인용인 경우 출전과 원문을 각주에 실었다.

4. 『원유(原儒)』 원본에는 제1장~제4장 등 장의 제목밖에 없다. 각 장 안의 제목, 예컨대 [1-1], [2-2-2], [3-3-3-3] 등 일련번호에 속하는 제목은 역자가 독자의 편의를 위해 임의로 붙였다.

5. 번역문의 표기는 한글을 원칙으로 하되 필요한 경우 ( ), [ ] 안에 한자를 병기하였다.
   예) 내성외왕(內聖外王), 연계[聯], '만물을 이룸[成物]'

6. 원문에는 없지만 의미맥락상 필요한 말은 보충하여 ( ) 안에 넣었다.

7. 이 책에 나오는 주요인물에 대해 인명사전을 만들어 부록으로 실었다.

8. 원문에 나오는 인명이 경칭이나 자·호 등으로 거명될 때는 괄호 안에 성명을 표기하였다.
   예) 주자(朱子: 朱熹), 왕대신(汪大紳: 汪縉), 양명(陽明: 王守仁)

차 례

- 역자 서문 _5
- 원유재인기(原儒再印記: 재판 서문) _7
- 원유서(原儒序: 서문) _11
- 일러두기 _19

제1장 서언(緒言)

┃1-1┃ 『양론(量論: 지식론)』의 구성: 「비량편(比量篇)」과
「증량편(證量篇)」 ·· 31

1-1-1 「비량편(比量篇: 논리학)」 상(上): 만물을 변별하고 용어를 바
로잡음 _32

1-1-2 「비량편(比量篇: 논리학)」 하(下): 신묘함을 궁구하여 조화(造
化)를 앎 _37

1-1-3 「증량편(證量篇: 지혜론)」: 본성의 지혜를 함양함 _50

1-1-4 『양론(量論: 지식론)』 저술 목적 _53

┃1-2┃ 『대역광전(大易廣傳)』의 구성: 「내성편(內聖篇)」과
「외왕편(外王篇)」 ·· 56

1-2-1 『대역광전(大易廣傳)』의 제요(提要): 『원유(原儒)』_57

1-2-2 주대(周代) 말기 옛 전적에 대한 진·한대(秦·漢代) 사람들의
훼손 _57

1-2-3 중국전통학문의 3가지 결점에 대한 논의: 과학사상, 민주사상, 이론 체계 _63

제2장 원학통(原學統: 학통의 본원을 탐구함)

| 2-1 | 공자의 학문 1: 50세 이전 시(詩) · 서(書) · 예(藝) · 예(禮)의
실용학 ·· 74

  2-1-1 시(詩) _74

  2-1-2 서(書) _75

  2-1-3 예(藝) _76

  2-1-4 예(禮)와 악(樂) _79

  2-1-5 예(禮) _82

| 2-2 | 공자의 학문 2: 50세 이후 『역(易)』 철학 ······························· 89

  2-2-1 50세에 『역』을 연구함[五十而學易] _91

  2-2-2 내성외왕(內聖外王) _95

| 2-3 | 고대학문을 집대성한 공자의 유학— 제자학[六家]의 근원 ········ 105

  2-3-1 묵가 _105

  2-3-2 도가 _109

  2-3-3 명가 _142

  2-3-4 농가 _152

  2-3-5 법가 _154

  2-3-6 『장자(莊子)』 「천하편(天下篇)」으로 본 내성외왕 _166

  2-3-7 제자(諸子) 사상이 유학과 다른 점 _178

| 2-4 | 공자의 학문이 행해지지 않은 이유 ·········· 181

2-4-1 진시황의 분서갱유 _182

2-4-2 한대의 육경 훼손과 유학자의 변절: 전제군주제 옹호 _184

| 2-5 | 육경(六經)은 모두 공자가 창작했다 ·········· 202

2-5-1 『역(易)』,『춘추(春秋)』_202

2-5-2 『주관경(周官經)』_204

2-5-3 『서(書)』_218

2-5-4 『시(詩)』_225

2-5-5 『악경(樂經)』_231

| 2-6 | 육경(六經)의 훼손과 개작(改作) ·········· 235

2-6-1 『역(易)』「계사전」첫머리의 문제점 _236

2-6-2 『춘추(春秋)』의 왜곡 _241

2-6-3 박문(博文) 공부가 결핍된 송명리학 _280

2-6-4 유행(流行)의 도리를 거역한 대승불교 _286

| 2-7 | 결 론 ·········· 293

2-7-1 『역』의 소식(消息)·효진(爻辰)·승강(升降)의 의미 _295

제3장 원외왕(原外王: 외왕의 본원을 탐구함)

❁

| 3-1 | 공자의 대동(大同)사상 ·········· 307

3-1-1 『예기』「예운(禮運)」의 대동과 소강(小康) _307

3-1-2 별도의 단행본 『예운(禮運)』 _313

3-1-3 후창(後倉)과 대성(戴聖)의 『예운(禮運)』 개찬 _315

▌3-2▌ 공자 외왕학의 진상(眞相) ·· 317

3-2-1 관중(管仲)의 대의(大義)에 대한 공자의 평가: 거란세(據亂世)
      에 대한 부정 _320

3-2-2 공자의 『詩』에 대한 평가와 가르침 _323

3-2-3 황제의 심기를 건드린 『고문상서(古文尙書)』 _324

3-2-4 공자의 육경(六經): 천하가 공평하게 되는 대도(大道) _327

3-2-5 『주관경(周官經)』: 태평세로 진입하기 위한 제도 _329

▌3-3▌ 『역(易)』·『춘추』·『예운(禮運)』·『주관경(周官經)』을 통해 본
공자의 외왕사상 ··· 334

3-3-1 『역』「계사전」의 격물학 제창 _334

3-3-2 『역』「서괘전」의 사회발전론 _355

3-3-3 『춘추』의 천하위공(天下爲公) 사상 _365

3-3-4 『예운(禮運)』의 반전제주의 혁명사상 전석 _421

3-3-5 『주관경(周官經)』의 외왕사상 _443

3-3-6 『주관경』의 학교제도 _491

▌3-4▌ 『맹자』를 통해 본 농가(農家)의 외왕사상 ·························· 495

▪ 색인 _512

【하권 차례】

제4장 원내성(原內聖: 내성의 본원을 탐구함)

[4-1]『역』「계사전」으로 본 내성학(內聖學)

[4-2] 중국철학의 두 가지 특징

　4-2-1 천인불이(天人不二: 하늘과 사람이 둘이 아님)의 본체론

　4-2-2 심물불이(心物不二: 마음과 사물이 둘이 아님)의 우주론

[4-3] 공자와 그 이전의『역』: 술수와 철리(哲理: 철학적 이치)

　4-3-1 한대(漢代)『역』에 남아 있는『역』의 옛 의미

　4-3-2 공자가 창작한『주역』: 복희『역』을 근본으로 함

[4-4] 정신과 물질 및 본체와 작용에 대한 제가(諸家)의 이론

　4-4-1 노자의 태허(太虛: 정신과 물질의 근원)와 혼천설

　4-4-2 장자의 정신과 물질의 통일

　4-4-3 혜시의 정신과 물질의 통일과 구분: 닭의 발이 세 개

　4-4-4 장횡거와 왕선산의 본체와 작용

　4-4-5 왕양명의 양지설과 격물

　4-4-6 본체와 작용에 대한 철학과 과학의 입장

[4-5] 공자의 인생론

　4-5-1『논어』「위정(爲政)」「지학장(志學章)」해석

　4-5-2『논어』「위정(爲政)」「지학장(志學章)」의 특징

　4-5-3 50세 이전 시(詩)·서(書)·예(藝)·예(禮) 연구

[4-6] 공자의 우주론

　4-6-1『역』의 본체와 작용

　4-6-2 천(天)의 작용을 본받은 복희의『역』

　4-6-3 건·곤괘「단전(彖傳)」을 통해 본 공자의 본체와 작용

4-6-4 『주역건착도(周易乾鑿度)』의 기(氣)·형(形)·질(質) 삼시설(三始說)

4-6-5 건(乾)의 신령함

4-6-6 곤(坤)의 물질됨과 리(理)

4-6-7 유물주의 비판

4-6-8 정신과 찰나의 변화

4-6-9 미래를 예측하는 건(乾)의 정신과 과거를 간직하는 곤(坤)의 사물

[4-7] 결론: 『주역』의 체용관계 — 체용불이(體用不二: 체와 용은 둘이 아님)와 즉용식체(卽用識體: 용을 통해 체를 앎)

제1장

서　언緒言

나는 35세에 비로소 국학ⓐ에 전력을 기울였다. 아래위로 수천 년 동안의 여러 종파를 두루 섭렵하였는데, 특히 유가(儒家)와 불가(佛家)에 대해 깊고 자세하게 마음을 쏟았다. 나는 불가가 현묘하지만 허황되고 유가가 크지만 바르다는 것에 대해 탄식하고는,ⓑ 마침내 유가의『대역(大易)』으로 돌아가 그것을 근본으로 삼았다. 불법(佛法)을 비판하고 유가를 근거로 하여 마침내『신론(新論)』ⓒ을 지었으며, 다시 두 권의 책을 지어서『신론』을 보충하려고 하였으니, 그것은『양론(量論)』ⓓ과『대역광전(大易廣傳)』이다. 이 두 권의 책이 완성되었다면 유학의 규모가 비로소 거칠게나마 갖추어졌을 것이다. 내가 이런 생각을 한 것은 오래되었지만 학문에 뜻을 두고 그 길로 나아간 것이 이미 너무 늦었고, 학문을 완성하는 것은 더디고 또 외로웠다.ⓔ

ⓐ 실제로는 철학과 사상에 대한 것이다.

ⓑ 불가는 위로 현묘함을 추구한다. 그 현묘함은 내용이 있는 현묘함이지만 현묘함에 노닐다가 내용에서 벗어나면 허황될 따름이다. 그런데 이러한 의미에 대해서는 불교도에게 말하기가 어렵다. 종래에 유명인사들 중에서 불교를 좋아하는 자들은 반드시 유가를 억눌렀는데, 그것은 유학을 몰랐기 때문만이 아니라 실은 불교를 몰랐기 때문이다.

ⓒ『신유식론(新唯識論)』을 줄여서『신론』이라고 한다. 다른 곳에서도 이와 같다.

ⓓ '양(量)'이란 '앎[知]'의 의미로서 승려 규기(窺基)[1]의 『인명대소(因明大疏)』[2]에 있다.『양론』은 '지식론'이라고 말하는 것과 같다.

ⓔ 왕대신(汪大紳: 汪縉)[3]이 스스로 탄식하기를, "학문을 이미 이루었는데도, 나날이

---

1 규기(窺基, 632-682): 성은 위지(尉遲)이고, 장안(長安) 사람이며, 법상종(法相宗)의 개조(開祖)로서 자은대사(慈恩大師)라고도 한다. 17세에 출가하여 현장(玄奘)의 제자가 되었으며, 28세 때 스승을 도와『성유식론(成唯識論)』을 번역하였다. 그 뒤『성유식론』을 계속 연구하여『성유식론술기(成唯識論述記)』·『장중추요(掌中樞要)』 등을 저술하였고, 그 밖에『유가론약찬(瑜伽論略纂)』·『법화현찬(法華玄贊)』·『대승법원의림장(大乘法苑義林章)』 등의 저술이 있다.

2 『인명대소(因明大疏)』: 원래의 명칭은『인명입정이론소(因明入正理論疏)』이고, 당대(唐代)의 승려 규기(窺基)의 저술이다.

3 왕진(汪縉, 1725-1792): 자는 대신(大紳)이고, 호는 애려(愛廬)이다. 안휘성 사람이

외롭다."라고 하였으니, 그는 탁월한 식견을 가지고 있었다. 그런데 송명(宋明) 유학을 넘어 위로 공자의 학문에 거슬러 올라가지 못해 그 재능을 다 발휘하지 못했으니, 애석할 뿐이다. 그러나 『삼록(三錄)』은 송명유학 가운데에서 비교적 규모가 크다.

40-50세부터 70세에 이르기까지 오랫동안 질병으로 고생했고, 또 국난(國難)[4]을 겪으면서 그 앞뒤로 『신론(新論)』두 판본[a]을 처음으로 출간하였다. 최근에 '구어체 판본[語體本]'을 산정(刪定)하여 정본(定本)으로 하면서, 여기에 대한 부담 하나를 덜었다.

    [a] 문어체 판본과 구어체 판본이다.

지만, 조부 때부터 소주(蘇州) 원화현(元和縣)에서 살았다. 31세에 금릉(金陵) 향시(鄕試)에 급제하였다. 그러나 청초(淸初)를 대표하는 불교 거사(居士)인 팽소승(彭紹升)을 만나 나유고(羅有高)와 함께 법우(法友)를 맺고 불학 연구에 매진하였다. 저술에는 『이록(二錄)』·『삼록(三錄)』·『문록(文錄)』·『시록(詩錄)』,『독서사십게사기(讀書四十偈私記)』,『독역노사(讀易老私)』등이 있다.

4 국난(國難): 1937년에 전면전을 시작한 중일전쟁을 가리킨다.

『양론(量論: 지식론)』의 구성:
「비량편(比量篇)」과 「증량편(證量篇)」

『양론』에 대해서는 일찍이 생각해 둔 것이 있어 원래 2편으로 계획했다. 하나는 「비량편(比量篇)」ⓐ이고, 또 하나는 「증량편(證量篇)」ⓑ이다.

ⓐ '비량(比量)'이라는 말은 중역(中譯)한 인명서(因明書)[5]에 나타나는데, '양(量)'은 '앎[知]'과 같고, '비(比)'란 비교하여 헤아린다는 것으로서 추구(推求: 추리해서 알아냄)와 간택(簡擇: 여러 가지 가운데서 가려냄) 등의 의미를 함유한다. 우리들의 이지력(理智力)은 실제 관측한 것을 근거로 추리해서 알아내니, 그렇게 얻은 앎을 '비량'이라고 한다. 이것은 논리학[因明]과 완전히 부합하지는 않지만 광의의 해석을 따랐을 뿐이다.

ⓑ '증(證)'이란 '앎[知]'인데, 이 '앎[知]'이란 글자의 의미는 지극히 깊고 은미하여, 일반적으로 사용하는 '지식'이라는 말과는 절대로 같은 뜻이 아니다. 간략히 말하면, 우리들이 본래 가지고 있는 환하게 밝은 것은 혼탁하게 물들지 않은 본심(本心)인데, 이것은 스스로 밝히고 스스로 깨우치는 것으로서 묵묵한 가운데 내면으로 증험하는 것이다. 공자는 그것을 '묵지(默識)'[6]라고 하였고, 불가는 '증량(證量)'이라고 하였다. 그런데 이 '증량'은 능동과 수동,[7] 안과 밖, 같음과 다름 등등의 허망한 분별상이 없으니, 무대(無對)의 경지에 이르는 것이다.

---

5 중역(中譯)한 인명서(因明書): 인도의 논리학 저술 특히 불교 논리학 저술을 중국어로 번역한 것을 가리킨다.

6 묵지(默識): 『논어(論語)』「술이(述而)」. 子曰: "默而識之." 참조.

7 능동과 수동: 두 법이 대대(對待)할 때 능동(能動)으로 동작하는 것을 능(能), 소동(所動)으로서 동작을 받는 것을 소(所)라고 한다. 이를테면 능연(能緣)이나 소연(所緣) 또는 능견(能見)이나 소견(所見) 등과 같다.

「비량편(比量篇: 논리학)」 상(上): 만물을 변별하고 용어를 바로잡음

「비량편」은 다시 상편과 하편으로 나누어진다. 상편은 만물을 변별하고 용어를 바로잡는 것에 대해 설명하는데, 실측(實測)ⓐ하여 그 근거를 확고히 하고 추리하여 그 쓰임을 다 발휘하는 것이다. 만약 근거할 만한 실측이 없는데도 억지로 추리하여 연역하면, 허망함에 떨어지지 않는 경우가 드물다. 학자들은 이런 것들을 조심해야 한다.

> ⓐ 실측이란 감각기관이 직접 실제 사물을 느끼고 받아들이는 것에 따라서 그 사물을 헤아려서 알 수 있는 것이다. 『순자(荀子)』 「정명(正名)」편의 이른바 "오관이 그것을 종류에 따라 기록하였는데(알지 못하고) …"[8]라고 하는 것도 이러한 의미이다. 이것은 변증법적 유물론의 반영설(反映說)[9]과도 서로 통한다.

만물을 변별하고 용어를 바로잡는 학문은 『역(易)』과 『춘추』에서 비롯하는데, 이 두 가지 경(經)의 전기(傳記)가 거의 모두 망실되어 상고할 것이 드물다.ⓐ 주(周)나라 말기의 명학(名學: 논리학) 가운데 불완전하지만 그래도 살펴볼 만한 단편은 『순자』 「정명」편과 묵씨(墨氏: 묵적〈墨翟〉과 그의 제자들)의 『묵변(墨辨)』과 『공손룡자(公孫龍子)』[10]의 잔본(殘本) 및 『장자

---

8 오관이 그것을 종류에 따라 기록하였는데 (알지 못하고) …: 『순자』 「정명(正名)」편에서 "오관이 그것을 기록하였는데 알지 못하고, 마음이 그것을 징험하였는데 말하지 못하면, 사람들은 그것에 대해 알지 못한다고 말하지 않을 수 없다. 이것이 바로 감관에 근거해서 명칭의 같고 다름을 구별하는 것이다.[五官簿之而不知, 心徵之而無說, 則人莫不然謂之不知. 此所緣而以同異也.]"라고 하였다.

9 변증법적 유물론의 반영설: 이는 "의식은 물질의 반영이거나 불완전한 모사(模寫)에 불과하다."는 것이다. 즉 의식·감각·경험 등과 인간으로부터 독립된 객관적 실재를 인정하고, 인간의 의식은 다만 존재의 반영에 불과하다는 것이다.

10 공손룡(公孫龍, B.C.320?-B.C.250?): 자는 자병(子秉)이며, 중국 전국시대 조(趙)나라의 사상가로서 '백마비마(白馬非馬)'론으로 유명하다. 『공손룡자(公孫龍子)』는 그의 저술로 『한서(漢書)』 「예문지(藝文誌)」에는 14권이라고 기록되어 있지만, 현존하는 것은 「적부(跡府)」·「백마(白馬)」·「지물론(指物論)」·「통변론(通變論)」·「견백론(堅白論)」·「명실론(名實論)」의 6편이 있다. 「백마」편과 「견백」편은 물체와 속성, 내포(內包)와 외연(外延)의 문제를 다루었고, 「지물론」은 지시와 지시의

(莊子)』에 이따금 보이는 혜시(惠施)의 주장들이다. 한비(韓非)는 명칭(名)과 실질(實)에 대한 것을 모아서 엄밀하게 조사하여 담론하였는데, 이것이 비교적 분명하다. 여러 학자들의 명학사상은 모두 『춘추』를 근본으로 했는데, 그 요점은 용어를 바로잡기 위해서는 반드시 먼저 사물을 변별해야 한다는 것이다.

ⓐ 한대(漢代) 초기의 사마담(司馬談)[11]의 말에 따르면, 육예(六藝)[12]에 관련된 경과 전(傳)이 헤아릴 수 없을 정도로 많았지만 『역』과 『춘추』가 모든 경 가운데 으뜸이었고, 『역』이 『춘추』보다 더욱 가치가 높았다고 한다. 공자의 문인 3천 명과 70명의 제자가 『역』과 『춘추』에 전기를 써서 스승의 학설을 기술하고 발휘한 것이 틀림없이 이루 헤아릴 수 없을 정도로 많았을 텐데, 안타깝게도 진(秦)나라와 한(漢)나라 때에 훼손되어 남은 것이 전혀 없다.

『춘추번로(春秋繁露)』[13]에서 말했다. "『춘추』에서 사물을 변별하는 이치

대상에 관한 문제를 다루었으며, 「통변론」은 명칭·개념과 사물·실질과의 변화 문제를 다루었고, 「명실론」은 명과 실의 일치문제를 다루었다.

11 사마담(司馬談, ?-B.C.110): 중국 전한 때의 사상가로서 하양(夏陽: 지금의 섬서성 한성〈韓城〉) 출신이다. 『사기(史記)』의 저자 사마천이 그의 아들이다. 건원(建元: B.C.140-B.C.135)에서 원봉(元封: B.C.110-B.C.108)에 걸쳐 관리 생활을 하였다. 벼슬은 태사(太史)에 이르러, 천문과 역법을 주관하고 황실의 전적을 관장하였다. 무제(武帝) 때 한나라 황실의 봉선(封禪) 의식에 참여하지 못해 화를 이기지 못하고 죽었는데, 아들에게 자신이 쓰던 사적(史籍)을 완성해 달라고 유언하였다. 유가(儒家)·묵가(墨家)·명가(名家)·음양가(陰陽家)·법가(法家)·황로학(黃老學) 등 제가(諸家)에 두루 능하였고, 특히 황로학을 좋아하였다. 저서에는 당시의 학자들이 각 학설의 본뜻을 이해하지 못함을 안타까이 여겨 육가(六家)의 학문 요지를 논한 『논육가요지(論六家要旨)』가 있다.

12 육예(六藝): 고대 중국에서 교육하던 여섯 가지 교과목, 곧 예(禮)·악(樂)·사(射)·어(禦)·서(書)·수(數)의 육학(六學)을 가리킨다.

13 『춘추번로(春秋繁露)』: 중국 한대(漢代)에 만들어진 정치·도덕 등에 관한 논문집이다. 17권 82편으로서 전한(前漢)의 학자 동중서(董仲書)가 저술한 것으로 전하지만, 그 서명(書名)이 『수서(隋書)』의 「경적지(經籍志)」에 처음 기록된 것으로 보아 위작(僞作)으로 보는 학자가 많다. 이 책 가운데 『춘추공양전(春秋公羊傳)』의 학설을 한대에 적합하게 해석한 여러 편은 공양학(公羊學)의 전통상 주목할 만한 것이며, 또 '재이설(災異說)'이나 '음양오행설(陰陽五行說)'을 논술한 여러 편은 한

는 그 '명칭을 바로잡는 것[正名]'이다. 만물에 이름 붙인 것이 그 참된 모습과 같아서 털끝만큼도 잘못이 없다. 그러므로 '운석(隕石)'이라고 이름 붙이면서, 그것이 5개라는 것은 뒤에 말했다.ⓐ '뒤로 날아가는 익조(鶂鳥: 백로와 비슷한 큰 새)'를 말하면서 그것이 6마리라는 것을 먼저 말했으니,ⓑ 성인께서 명칭을 바로잡는 데 이처럼 조심했다. 군자는 말을 소홀히 하지 않을 뿐이니, 5개의 돌과 6마리의 익조라는 표현이 이것이다.ⓒ"14 이것에 따르면, 『춘추』의 말을 바로잡는 학문은 근본으로 돌아가서 사물을 변별하는 것이다. 뒤에 순경(荀卿: 荀況)15이나 묵적 등의 학자들은 모두 『춘추』의 단서를 연역해서, 많은 이치와 다스리는 도리에 매우 가깝게 접근하였으니, 이것은 '실제의 일에서 옳음을 구하는 것[實事求是]'을 귀결로 삼은 것이다. 여러 학자들의 책에서 내용이 달라 연결되지 않는 편과 잔본을 살펴보면, 여전히 근본 취지를 알 수 있다.ⓓ 순경(荀卿)이 70제자의 후예라는 것은 말할 필요가 없다. 묵자(墨子)16가 말했다. "변론이란 시비(是非)의 구분을 밝히고, 치란(治亂)의 기강을 살피며, 동이(同異)가 생기

대 사상연구에 없어서는 안 될 중요한 문헌이다.

14 『춘추번로』「심찰명호(深察名號)」. 春秋辨物之理, 以正其名. 名物如其眞, 不失秋毫之末. 故名實石, 則後其五, 言退鶂, 則先其六, 聖人之謹於正名如此. 君子於其言, 無所苟而已, 五石六鶂之辭是也.

15 순자(荀子, B.C.313?-B.C.238): 자는 경(卿)이고, 이름은 황(況)이다. 전국시대 조(趙)나라 사람이다. 제(齊)·초(楚)·진(秦)나라 등을 주유하였으며, 제나라에서는 세 차례 좨주(祭酒)를 지냈고, 초나라에서는 춘신군(春申君)에 의해 난능(蘭陵: 현 산동성 역현(嶧縣))령(令)이 되었으나, 끝내 뜻을 이루지 못하고 만년에는 저술에 종사하였다. 순자의 사상은 '성악설'과 '예론' 등 유가에 입각하여 도가·묵가·법가·명가의 사상을 종합하려는 특징을 띠고 있다. 저서로는 『순자』가 있다.

16 묵자(墨子: B.C.468?-B.C.376): 이름은 적(翟)이다. 춘추전국시대 노(魯)나라 사람으로 묵가의 창시자이다. 여러 나라를 주유(周遊)하다가 송(宋)나라의 대부(大夫)가 되었다. '겸애설(兼愛說)'로 대표되는 그의 사상은 「상현(尙賢)」·「상동(尙同)」·「겸애(兼愛)」·「비공(非攻)」·「절용(節用)」·「절장(節葬)」·「천지(天志)」·「명귀(明鬼)」·「비악(非樂)」·「비명(非命)」 등에 나타나 있는 이성적인 공리주의 학설이라고 할 수 있다. 저서로는 묵자 및 그의 후학인 묵변(墨辯)의 설을 모은 『묵자』 53편이 현존한다.

는 곳을 밝히고, 명실(名實)의 이치를 살펴서, 이해(利害)관계를 처리하고 혐의(嫌疑)를 결정하는 것이다. 만물의 요지를 구해서 취하고,ⓔ 많은 말의 선례를 논의해서 구하며, 명칭으로 실제를 제시하고, 명제로서 의미를 나타내는 것이다."[17] 이렇게 말한 것을 살펴보면 묵자도 『춘추』의 적자(嫡子)라고 하지 않을 수 있겠는가?

ⓐ 『춘추』 희공(僖公) 16년 전(傳)에 있다. 쾅 하며 돌 떨어지는 소리를 들은 것은 실제로 있었던 일이다. 그것을 보니 돌이었고, 자세히 살펴보니 5개였다.

ⓑ 『춘추』 희공(僖公) 16년 전(傳)에 있다. 『공총자(孔叢子)』[18]에서 평원군(平原君)이 "지극히 정밀한 말에 대해서 들을 수 있겠는지요?"라고 하니, (공자의 제자인 자고〈子高〉가) 대답하기를, "그러한 말은 모두 경전에서 취하지요. 『춘추』에 '6마리 익조가 뒤로 날아가는데, 그것을 보니 6마리였고, 자세히 살펴보니 익조였다.'라고 기록되어 있습니다."라고 하였다.[19]

ⓒ 5개의 돌과 6마리의 익조라는 표현은 오관(五官)이 느낀 대로 한 것이다. 『순자』 「정명」편에서 화가가 실제 모습을 모사하는 것처럼 오관이 사물의 모습을 종류에 따라 기록할 수 있다고 말했으니,[20] 이것은 바로 『춘추』의 의미를 펼친 것이다.

ⓓ 내용이 달라 연결되지 않는 편은 『순자』 「정명」편 같은 것이고, 잔본은 『묵변』 등과 같은 것이다. 근본 취지는 주지(主旨)라고 말하는 것과 같다.

ⓔ 생각건대 자연법칙을 장악한다는 말이다.

---

17 『묵자(墨子)』 「소취(小取)」. 夫辯者, 將以明是非之分, 審治亂之紀, 明同異之處, 察名實之理, 處利害, 決嫌疑焉. 摹略萬物之然, 論求群言之比. 以名舉實, 以辭抒意.

18 『공총자(孔叢子)』: 중국 전한(前漢)의 공부(孔鮒: 공자의 9대손)가 편찬한 책으로서 현행본은 3권본 · 7권본 등이 있다. 공자 이하 자사(子思) · 자고(子高) · 자순(子順) 등 일족의 언행을 모아 「가언(嘉言) · 논서(論書) · 기의(記義) · 형론(刑論) · 기문(記問) · 잡훈(雜訓) · 거위(居衛) · 순수(巡狩) · 공의(公儀) · 항지(抗志) · 소이아(小爾雅) · 공손룡(公孫龍) · 유복(儒服) · 대위왕(對魏王) · 진사의(陣士義) · 논세(論勢) · 집절(執節) · 힐묵(詰墨) · 독치(獨治) · 문군례(問軍禮) · 문답(問答)」의 21편으로 엮었다. 그 뒤 무제(武帝) 때 공장(孔臧)이 자신의 글을 『연총자(連叢子)』 상하편(上下篇)이라 하여 여기에 덧붙였다고 한다.

19 『공총자(孔叢子)』 「공손룡(公孫龍)」편에는 "平原君, 曰: '至精之說, 可得聞乎.' 答曰: '其說皆取之經傳, 不敢以意. 春秋記六鶂退飛, 睹之則六, 察之則鶂.'"이라고 되어 있다.

20 『순자』 「정명」. 五官簿之而不知, 心徵之而無說, 則人莫不然謂之不知, 此所緣而以同異也. 참조.

오직 혜시와 공손룡의 경우가 이미 현묘하고 공허한 데에 가까이 나아
간 것 같지만, 혜시는 『역』에 능숙하고 밝았으니 공손룡의 상대가 아닐
것이다. 명대(明代)에 부청주(傅青主: 傅山)[21]는 공손룡만을 (현묘하고 공허한 데
에 가까이 나아간 것으로) 일컬었다. 논리학이 쇠하여 단절된 지 2천 수백 년
이 되어서야 이렇게 이해하는 사람이 있었으니, 그의 거시적인 안목에
놀라지 않을 수 없다. 그러나 부청주도 여전히 그 의미를 연구하여 펼
칠 수 없었다. 근래에 장태염(章太炎: 章炳麟)[22] 이래로 제법 많은 사람들
이 『장자』에서 혜시에 대해 말한 여러 조목을 인용하여 훈고하고 해석

---

21 부산(傅山, 1607-1684): 자는 청죽(青竹)·청주(青主)이고 호는 색려(嗇廬)·주의
도인(朱衣道人)이며, 산서성 태원(太原) 사람이다. 중국 명말청초의 문인화가·서
도가·의학자·사상가이다. 명나라 말기의 혼란기에 스스로 도사(道士)를 칭하고
굴속에 살며 의술을 업으로 삼았다. 청나라가 건립되자 강희제(康熙帝)가 그를 불
렀으나 극력 사양하고 낙향하자 중서사인(中書舍人)의 벼슬을 내렸다. 개성이 넘
치는 묵죽(墨竹)이나 산수화를 즐겨 그렸고 서예에 특출하였으며, 시문에도 뛰어
났다. 부산의 집안은 대대로 학자의 집안으로서 7, 8대를 걸쳐 선조들이 제자(諸
子), 『좌전』, 『한서』 등을 연구하였다. 특히 학술사상에 있어서, 부산은 강렬한 진
보주의 경향을 보이며, 당시의 이학(理學)을 중시하는 경향에 반대하였다. 그는
혁명사상을 견지하며, 명대(明代)의 이지(李贄)·유진옹(劉辰翁)·양신(楊愼)·종
성(鍾星) 등의 문풍(文風)을 깊이 찬양하였다. 부산의 저술은 매우 많은데, 애석하
게도 대부분 망실되어 단지 서명과 편명만이 존재하며, 단지 『상홍감집(霜紅龕集)』,
『양한인명운(兩漢人名韻)』, 『부청주녀과(傅青主女科)』, 『부청주남과(傅青主男科)』
만이 현존한다.

22 장병린(章炳麟, 1868-1936): 호는 태염(太炎)이고, 절강성 여항(餘杭: 현 임안현〈臨
安縣〉)사람이다. 중국 혁명 운동가로서 손문(孫文)·황흥(黃興)과 함께 혁명삼존
(革命三尊)이라 불리며, 유학자로서도 유명하여 국학대사(國學大師)라고 불린다.
처음에는 고증학(考證學)을 배우고, 역사제도를 연구하였는데, 청일전쟁 다음해부
터 정치운동으로 전향하여 양계초(梁啓超) 등의 『시무보(時務報)』에 관계하고, 그
후 배만광복(排滿光復: 漢族自治) 혁명을 주창하였다. 1902년 일본 동경(東京)에서
'중국 망국 242년 기념회'를 주도하였고, 재일유학생의 혁명결사를 제창하여 손문
을 알게 되었다. 애국학사(愛國學社)에도 관계하였고, 1906년 중국혁명동맹회에
초대되어 동경에 가서 기관지인 『민보(民報)』를 편집하고 집필하였다. 1911년 신
해혁명 후 동맹회에서 탈퇴하고, 원세개(袁世凱)에 의하여 잠시 감금당하였으나,
1917년 광주(廣州) 혁명정부에 가담하기도 하였다. 1918년 이후에는 정계에서 물
러났다. 그의 저술은 『장태염전집(章太炎全集)』에 실려 있다.

하였는데, 모두 장구(章句)를 분석하는 재주만 부렸을 뿐이다.

옛 학문을 연구하는 학자는 배우기를 좋아하고 깊이 생각하기를 귀중하게 여겨서 마음으로 그 의미를 알고, 다시 만물의 이치와 사람의 일에 증험하여 그것이 그런지 그렇지 않은지 변별해야 한다. 그리고 참으로 옳은 것을 따라서 나의 생각을 정밀하게 하고 학문[文]을 널리 배워서,[ⓐ] 말이나 글이 조리가 분명하고 널리 통하여 미루어서 확장시키고, 큰 의미를 창조적으로 밝혀서 그 일관성을 얻어야 한다. 공자가 옛것을 서술하는 것으로써 자신의 저술로 삼은 것은[23] 그 도리가 여기에 있다. 논리학은 중국에서 가장 빨리 제창되었으니, 여러 학자가 남겨 놓은 단서에서 그런 점을 찾을 수 있다.

ⓐ 옛날에는 자연현상을 문(文)이라고 하였다. 인사(人事)도 역시 인문(人文)이라고 했기 때문에 '박문(博文)'은 격물(格物)의 효과이지, 오로지 독서하는 것만으로는 박학이라고 할 수 없다.

나는 항일전쟁 이전에 저술을 몹시 하고 싶었는데, 어쩌다 중원이 함락되어 황급히 촉(蜀: 현 사천성 지역을 말함)으로 달아나다가 가주(嘉州)[24]에서 일본군의 포화로 원고가 불타 내 생각이 재로 변했다. 예전에 하던 작업이 중도에 늦추어져 이제는 늙어서 처리하기가 어렵다.

1-1-2 「비량편(比量篇: 논리학)」하(下): 신묘함을 궁구하여 조화(造化)를 앎

「하편」은 '신묘함을 궁구하여 조화(造化)를 안다.[窮神知化]'[ⓐ]라는 것에 대해 논의한다. '신묘함[神]'이란 헤아릴 수 없다는 말로 변화의 오묘함을

---

23 옛것을 서술하는 것으로써 자신의 저술로 삼은 것은:『논어』「술이(述而)」. 述而不作. 참조.

24 가주(嘉州): 사천성 일대로서 아미산(峨眉山)이 위치하고 있는 곳이다.

형용한다. 우리들이 만약 일반적인 일상경험 지식에 근거하여 사물을 헤아리면, 반드시 '이와 같은 것[如是]'과 '이와 같지 않은 것[不如是]'의 구분이 있게 된다. 다시 말하면, 일체 사물을 접할 때 모두 '고정된 모습[固定相]'ⓑ을 생각하기도 하고, 제각기 '따로 떨어진 다른 모습[離異相]'을 생각하기도 한다는 것이다.

ⓐ '신묘함을 궁구하여 조화를 안다.[窮神知化]'라는 말은 『역』「계사전」에 있다.

ⓑ '상(相)'이란 모습이니, 뒤에서도 모두 이와 같다.

지금 시험 삼아 깊이 들어가서 일체의 사물을 체찰(體察)[25]하면, 모든 사물은 끊임없이 변동하는 과정에 속하여 모두 다 고정된 모습이 없고, 또한 제각기 따로 떨어진 다른 모습도 없다는 것을 알 수 있다. 일체의 사물은 순간순간마다 끊임없이 변화하여, '이와 같은 것'이 되자마자 곧바로 '이와 같지 않은 것'이 된다. '이와 같은 것'과 '이와 같지 않은 것'은 서로 반대되면서도 서로가 서로를 갖추니,ⓐ 그것을 나누어볼 수가 없다. 만약 사물이 생겨나는 것으로 말하면, 그것이 생겨나는 한순간에 벌써 그것은 이미 소멸하고 있다. 만약 소멸이 끝나는 것을 말하면, 다음 순간이 이전의 순간과 긴밀하게 연결되어 이미 새로 생겨나는 것이 있다. 이렇다면 생겨나고 소멸하는 두 가지 모습은 모두 결정되어 있지도 않고, 또한 서로 따로 떨어져서 다르지도 않다.

ⓐ 서로가 서로를 갖춘다는 것은 상반되지만 실제로는 서로가 서로를 이루는 것이다.

예컨대 보리와 벼는 모두 그것들이 처음 생겨날 때 생겨났다고 이름 붙이지 않고, 또한 그것이 흔적 없이 아주 다 없어졌어도 소멸했다고 이름 붙이지 않는다. 실제로는 보리와 벼가 종자에서 싹으로 싹에서 줄기가 되어 흔적 없이 아주 다 없어지기까지, 그 속에서 거쳐 가는 긴 세월 가

---

25 체찰(體察): 몸소 관찰하는 것을 말한다.

운데 확실히 순간순간마다 그야말로 생겨나면 바로 사라지고, 사라지면 바로 생겨나니, 어느 한순간이라도 이전의 모습을 유지한 적이 없다. 보리와 벼는 무한히 바뀌고 달라짐을 거치면서 매 한순간마다 새로운 모습과 이전의 모습이 옮겨가서, 모두 고정된 모습을 알 수 없으니 괴이하기 그지없다. 보리와 벼가 이와 같으니, 이것으로 만물이 모두 이렇다는 것을 알 수 있다. 그렇다면 변화의 도리는 변증법을 통하지 않고는 본래 밝힐 수 없는 것이다.

지구상에서 수준 높고 심도 있는 문화를 가진 나라가 있지만, 변증법을 가장 먼저 발명한 나라로는 중국만한 곳이 없다. 복희(伏羲)가 아주 먼 옛날에 팔괘를 그린 것은 어찌 기이하지 않은가? '변증(辯證)'이라는 말은 결코 외국에서 시작한 것이 아니다. 장읍(張揖)[26]의 『광아(廣雅)』에서 "'변(辯)'은 '변(變)'이다."[27]라고 하였고, 『역』「곤괘(坤卦)·문언(文言)」에서 "변별할 것을 일찍이 변별하지 않았기 때문이다."[28]라고 하였으며, 순본(荀本)[29]에서도 '변(辯)'을 '변(變)'이라고 했으니, 옛날에 '변(辯)'자와 '변(變)'자를 서로 통용한 것은 매우 깊은 뜻이 있다. '변(辯)'은 본래 상대하는 것이 있지만, 반드시 서로 조화(調和)를 이루어 함께하는 것으로 돌아간다. 우주변화의 도리도 역시 이와 같다. '변증(辯證)'이라는 말의 어원은 음미할 만하다.

---

26 장읍(張揖, 212?-270?): 중국 삼국시대 위(魏)나라의 학자이다. 『광아(廣雅)』는 그가 찬술한 자전(字典)으로 『박아(博雅)』라고도 부른다. 주(周)의 주공(周公)이 지은 『이아(爾雅)』를 증보한 것으로, 『이아』와 같은 형식으로 고서(古書)의 자구(字句)를 해석하고 경서(經書)를 고증하고 주석을 달았다. 그러나 내용은 『이아』와 중복되지 않는 독자적인 것이다. 훈화 형식을 띠며 상, 중, 하 3권이었으나 수(隋)의 조헌(曹憲)이 10권으로 나누었다.

27 『광아(廣雅)』 권5. 辯, 變也.

28 변별할 것을 일찍이 변별하지 않았기 때문이다: 원문이 "猶辯之不早辯也."인데, 이는 왕선겸(王先謙)의 『장자집석(莊子集釋)』에 나오는 말이다. 『역』「곤괘·문언」에서는 "由辯之不早辯也."라고 하였다.

29 순본(荀本): 순상(荀爽)의 『역주(易注)』를 지칭하는 것으로 보인다.

나는 다음과 같이 말한 적이 있다. "우주론⒜에서 '무대(無對)'와 '유대(有對)'[30]는 상반되지만 '무대'가 '유대'를 통섭(統攝)ⓑ하니, 마침내 도리어 서로가 서로를 이룬다."

　ⓐ 여기에서 말하는 '우주'는 넓은 의미이니, 곧 본체와 현상을 통틀어서 말한다.
　ⓑ '통섭(統攝)'이라는 것에서 '통(統)'은 통일(統一)을 말하고, '섭(攝)'은 포함하여 받아들이되 주인이 되어 그것을 이끈다는 것이다. 뒤에서 말하는 '통섭'은 모두 이와 같다.

'본체'는 '무대'이다. 본체의 유행은 지극히 굳세고 쉼이 없어 새록새록 무엇인가 일으키니, 그 변화가 수만 가지로 다른 것을 일러 '작용[用]'이라고 한다. 작용이 이미 수만 가지로 다른 것이 바로 '유대'이다. 본체로부터 작용을 이룬다는 것은, 곧 '무대'가 이미 '유대'를 포함하고 있어서 상반됨이 있지만, 이것에 의뢰해서 본체의 성대한 덕과 큰 조화(造化)를 드러낸다는 것이다. 작용은 결국 본체를 위배하지 않기 때문에 "무대가 유대를 통섭한다."고 말한다.

"'무한(無限)'과 '유한(有限)'은 상반되지만 무한이 유한을 통섭하니, 이에 도리어 서로가 서로를 이룬다."

본체는 오직 혼륜(渾淪)한 전체이므로 '무한'이고, 작용은 곧 분화(分化)하니 '유한'이다. 그러나 유한한 것의 모든 '유행하는 모습[行相]'ⓐ은 한편으로 말하면, 시작이 없을 때 이래로 항상 순간순간 생겨나자마자 바로 소멸하여 이전에 있었던 사물은 잠시도 머무름이 없으니, 간혹 소멸하고 소멸

---

30 무대(無對)와 유대(有對): 이를 단순하게 '상대하는 것이 없는 것'과 '상대하는 것이 있는 것'으로 직역할 수 있겠으나 그 의미가 제대로 전달되지 않는다. 무대(無對)는 본체나 태극처럼 주객이 분리되지 않고 변화하는 현상을 모두 포함하는 절대적인 것이다. 곧 상대나 대상의 구분이 없다는 것을 무대(無對)라고 한다. 유대(有對)는 현상세계처럼 주객이 분리되고 피아가 구분되는 상대적인 세계이다. 곧 상대나 대상이 구분되어 있다는 것을 유대(有對)라고 한다.

하는 것을 두려워한다. 다른 한편으로 말하면, 시작이 없을 때 이래로 이전에 있었던 사물은 그 상태로 머물러 있지 않고 새록새록 무엇인가 일으키니, 실로 낳고 낳는 것이 끊임이 없다. 낳고 낳는 것이 끊임이 없다는 것은 근원이 있지만 고갈되지 않는다는 것이다. 근원이 고갈되지 않는다는 것은 그 근원이 밖에 따로 있다는 것이 아니다. 그 본체가 내재한 근원은 심원하여 무궁무진하다. 그렇다면 무한과 유한은 바로 반대되지만 서로가 서로를 이루므로 "무한이 유한을 통섭한다."라고 말한다.

ⓐ '유행의 모습[行相]'이라는 것에서, '유행[行]'은 옮겨가면서 흘러간다는 의미이고, '상(相)'은 모습이다.

"작용으로만 말하면, 마음과 만물은 상반되지만 마음이 만물을 통섭하니, 이에 도리어 서로가 서로를 이룬다."

마음에는 '주재한다.[主宰]'는 의미 및 '올라가서 나아간다.[升進]'는 등의 의미가 있고, 사물에는 '떨어져서 물러난다.[墜退]'는 성질이 있다. 마음은 본래 허령(虛靈)[31]하여 머물러 있는 곳도 없고 없는 곳도 없다.ⓐ 사물은 형상과 모습이 이루어지고 방향과 장소가 있다. 마음과 사물이 상반되는 것은 아주 분명하다. 그러나 마음은 사물을 '주도적으로 운용[斡運]'ⓑ하고 사물을 개조할 수 있으며, 사물도 또한 마음을 따라 바뀌고 뒤섞여 막힘이 없다. 그렇다면 마음과 사물은 결국에는 둘이 아니므로 "마음이 사물을 통섭한다."라고 말한다.

ⓐ 중역(中譯) 『능엄경(楞嚴經)』의 '칠처징심(七處徵心)'[32]이라는 말이 이런 의미를 잘 표현하였으니 음미해 볼 만하다.

---

31 허령(虛靈): 텅 비어 있으면서 영험한 작용을 한다는 뜻이다.

32 칠처징심(七處徵心): 『능엄경(楞嚴經)』에 나오는 말로서, 석가모니가 제자 아난(阿難)과의 문답을 통하여 마음이 일정한 곳에서 찾을 수 없다는 것을 7곳의 예를 들어 밝힌 것이다. 즉, 마음은 몸안[在內], 몸밖[在外], 감각기관[潛根], 어둠으로 감춰진 곳[藏暗], 생각이 미치는 곳[隨合], 감각기관과 대상의 중간지점[中間], 집착하지 않는 곳[無著], 그 어느 곳에도 있는 것이 아님을 밝혔다.

ⓑ '알(斡)'이란 주도적으로 이끈다는 의미와 운전(運轉)한다는 의미이다.

마음의 주체와 사물의 재질(材質)도 역시 서로 반대되면서 서로를 이루는 것이지만 이것에 대해서는 상세하게 언급하지 않겠다. 그 나머지 문제도 여전히 많지만 배우는 자들이 그러한 종류의 일이 생길 때마다 응용해 알 수 있으면 된다.

|부가설명| 본체와 작용은 본래 둘이 아니지만 역시 구분이 있고, 마음과 사물은 본래 둘이 아니지만 또한 구분이 있다. 이것은 철학에서 본원을 끝까지 미루어 궁구하여 그 끝에 도달한 것이다. 내가 수십 년 동안 마음속으로 깊이 깨달아서 이런 경지에 도달해 보니, 『대역』에서 계발하는 것을 깊게 터득할 수 있었다. 구분이 있다는 것을 깨닫자 바로 모순됨을 보았는데, 여기에는 말하기 어려운 무궁한 의미가 함축되어 있다.

"인생론에서, 천(天)과 인(人)이 상반되지만 인도(人道)가 천도(天道)를 통섭하니, 이에 도리어 서로가 서로를 이룬다."

'따지기를 좋아하는 사람[說者]'이 말했다. "천인관계에서 만약 그 다름ⓐ을 찾으면, 그 의미가 지극히 넓고 고원하여 분석해서 거론하기 어렵다. 어쩔 수 없이 그것을 말하려고 하면, 대략 두 가지로 진술할 수 있다. 첫째, 천도는 고명(高明)하고 유구(悠久)하여 무궁하지만ⓑ33 인생은 유대(有對)의 영역에 빠져서 무궁할 수 없는 것이, 그 한 가지 다름이다. 둘째, 천도가 만물을 고무시킴에는 일체를 만물의 저절로 그렇게 됨에 맡기지, 사람이 즐겁고 이롭게 여기는 것이라고 하여 비로소 만물을 생성하는 것이 아니다. 만물은 참으로 사람에게 밑천이 되고 이익이 되지만, 사람을 위태롭게 하고 해치는 것은 더욱 많고 또 심하다. 하늘과 사람 사이에는 서로 도모

---

33 천도는 고명(高明)하고 유구(悠久)하여 무궁하지만: 『중용』 26장에는 "故至誠無息, 不息則久, 久則徵, 徵則悠遠, 悠遠則博厚, 博厚則高明. 博厚所以載物也, 高明所以覆物也, 悠久所以成物也. 博厚配地, 高明配天, 悠久無疆."이라고 하였다.

할 수 없는 것이 너무도 뚜렷하니, 그 또한 한 가지 다름이다."

ⓐ 다름[異]은 곧 상반됨이다.
ⓑ '고(高)'란 절대적임을 일컫는다. '명(明)'이란 허령함이니 잡된 오염이 없기 때문이다. '유구(悠久)'란 지극히 진실하여 쉼이 없는 것이다. '무궁'이란 융성한 덕의 오묘한 작용이 무궁한 것이다.

대답했다. "유가에서 말하는 천도는 바로 우주의 본체를 일컫는 것이지 '하나님[神帝]'을 말하는 것이 아니다. 그대의 논의도 이 점을 안 것 같지만 애석하게도 철저하지 못하다. 철저하지 못하다는 것은, 여전히 본체가 인류를 초월하여 외따로 존재하는 것으로 보는 것을 벗어나지 못해 그 무궁함을 경탄하니, 바로 종교에서 신도(神道)를 가지고 인도(人道)를 통치하는 잔존 습관과 같다. 만약 우리의 참된 본성이 바로 천지만물에 두루 미치는 본체이고 천지만물의 본체가 바로 우리의 참된 본성이라는 것을 진실로 깨닫는다면, 고명(高明)하고 유구(悠久)하여 무궁한 것은 모두 우리의 성품에 고유한 것인데, 어느 누가 천과 인이 대립하니 융화해서 하나가 될 수 없다고 말하겠는가? 오직 사람이 태어나서 개체가 되면, 그 개체를 '작은 자기[小己]'라고 미혹되어 집착하게 된다. 그러면 '망령된 마음의 영향을 받은 습관[妄習]'[34]이 참된 본성을 막고 가려서 그것이 드러나지 못하게 한다. 생명에 모순이 있는 것은 이 때문이니, 따지기를 좋아하는 사람의 첫 번째 근거도 여기에 있을 뿐이다. 그러나 우리의 참된 본성은 언제나 완전히 없어지지 않으니, 하루아침만이라도 두려워하듯이 내면으로 성찰하면 본래의 면목ⓐ이 환하게 드러날 것이다. 공자는 '사람이 도를 넓힐 수 있지 도가 사람을 넓힐 수는 없다.'ⓑ[35]라고 말했다. 이러한 의미는 지극히 광대하면서도 깊고 은미하다. 그것은 우리와 천지만물을 초월하여 독존하는 신도(神道)를 인정하지 않으니, 신도가 다시는 우리를 통치할 수 없도록 한다. 철학정신은 여기에서 종교를 완전하게 깨끗이 벗어나, 마침내 인도와 천

---

34 망습(妄習): 불교용어로서, '망심훈습(妄心薰習)' 즉 망령된 마음의 영향을 받은 습관을 말한다.
35 『논어』 「위령공(衛靈公)」. 子曰: "人能弘道, 非道弘人."

도를 융합하여 하나가 되게 하고 사람 밖에서 천(天)을 찾을 수 없도록 하니, 그 공로가 진실로 크다!"

ⓐ '본래의 면목'은 선종(禪宗)의 말인데, 곧 참된 본성을 대신하는 말이다.

ⓑ 사람은 그 도를 넓고 크게 할 수 있지만 도는 우리를 넓고 크게 할 수 없다는 말이다. 도란 바로 본체 혹은 참된 본성을 일컫는 것이다. 참된 본성은 비록 우리에게 고유한 것이지만 우리가 항상 작은 자기에 미혹되어 집착하니 그것을 막아서 가리면, 참된 본성은 그 자체로 존재하지만 오히려 우리를 넓고 크게 할 수 없다. 반드시 우리가 내면으로 성찰하여 본래의 면목을 스스로 알아서 그것을 보존하여 기르고 확충하면, 날마다 말하고 행동하는 가운데 모두 참된 본성이 힘차게 유행한다. 이렇게 되면 사람이 그 도를 넓고 크게 할 수 있다.

첫째 논의에 대해서는 앞에서 답했으니, 다음으로 둘째 논의에 대해 말하겠다. "『역』「계사전」에서, 천도는 '만물을 고무시키는데 성인처럼 근심하지 않는다.'[36]라고 하였다. 이 구절은 그 의미가 풍부하다! 천도란 우주의 본체를 일컫는 것으로서 이미 앞에서 말한 것과 같다. 본체가 유행하여 찬란한 것이 만물이다. 만물을 기준으로 말하면, 본래 모든 것은 본체의 유행에 따라 제각기 생성된다. 본체를 기준으로 말하면, 진실한 동력이 만물을 고무시켜 움직이게 하니, 마치 큰 바닷물이 수많은 물거품을 일으키는 것과 같다. ⓐ 진실한 ⓑ 동력이 만물을 고무시키지만 본래 '만들려고 하는 의도[作意]'도 없고 선택하는 것도 없으므로 만물의 발전은 지극히 가지런하지 않다. 마치 대자연의 천태만상과 같다. 지·수·화·풍(地·水·火·風)이라는 사대(四大)ⓒ의 변환(變幻)은 한없이 기이하고 험준하여 이상야릇하게 되면 지극히 두려운 방해와 재해가 일어나는 것을 이루 다 말할 수 없다. 심지어 동물계의 흉포하고 지독함은 더욱 모두 제시하기 어렵다. 오직 인류만이 만물 가운데 가장 높은 단계까지 발전하여, 진실한 동력의 표현이 최고도에 도달함으로써 비록 만물의 영장이 되었지만,ⓓ 결국 한 순간도 현실 생활을 벗어날 수 없다. 그런데 대자연의 위협 혹은 만물의 박

---

36 『역』「계사·상」. 鼓萬物而不與聖人同憂.

해가 사람들에게 수많은 고난과 한없는 곤경을 주는 것은, 분명히 진실한 동력ⓔ이 만물을 고무시켰으나 그것이 가지런하지 않도록 하여 마침내 이렇게 된 것이다. 바꾸어 말하면, 바로 천인관계에 모순이 존재하게 된 것이다. 성인의 근심은 이런 모순을 걱정하는 것이지만, 천도ⓕ는 본래 성인처럼 근심하지 않는다. 천도가 만들려고 하는 의도도 없고 선택하는 것도 없이 만물을 고무시키는 것은 다만 쉼 없이 작용하는 것일 뿐이다. 오직 천도가 고무시키는 것은 쉼 없이 작용하지만 만들려고 하는 의도도 없고 선택하는 것도 없으니, 사람에 대한 천도의 모순은 마침내 여기에 잠복한다. 성인이 이것을 근심하기 때문에 널리 무수한 인류를 계도하여 '사람의 능력[人能]'ⓖ을 이루기를 기대하니, 곧 인도로써 천도를 통섭하는 것이다. 『역』에서 말했다. '천지의 조화(造化)를 제한하여 지나침이 없게 하고,ⓗ 만물을 곡진히 이루어 남김이 없게 한다.'ⓘ37 또 말했다. '천지의 도를 마름질하여 이루고 만물의 마땅함을 도와준다.'ⓙ38 그렇게 한 다음에 사람들은 그 천지만물이 일체라고 하는 '도덕적 역량[德量]'을 개척해서 모순을 남김 없이 제거했기 때문에 '인도가 천도를 통섭한다.'라고 말했다."

ⓐ '진실(眞實)'은 본체를 말한다. '동력'은 본체의 유행을 말하는데, 작용으로만 말한 것이다. 본체는 만물의 본체로서 만물의 바깥에 있지 않으니, 비유하면 수많은 물거품의 본체인 큰 바닷물이 물거품 밖에 따로 있지 않는 것과 같다.

ⓑ '진실'은 본체를 말하니 또한 천도이다.

ⓒ 고대 인도에서 지·수·화·풍의 사대(四大)를 말한 것은 바로 물질계를 네 가지 종류로 분석한 것이다. 단단하게 굳어 있는 것을 지대(地大)로, 흘러가며 습한 것을 수대(水大)로, 가볍고 움직이는 것을 풍대(風大)로, 따뜻하고 건조한 것을 화대(火大)로 이름 붙였다. '대(大)'란 그 모습이 크기 때문에 그렇게 말한 것이다.

ⓓ 사람이 지극히 영험하여 만물의 우두머리가 됨을 말한다.

ⓔ '진실한 동력'은 천(天)을 말한다.

---

37 『역』「계사·상」 4장. 範圍天地之化而不過, 曲成萬物而不遺.

38 천지의 도를 마름질하여 이루고 만물의 마땅함을 도와준다: 『역』「태괘(泰卦)」「단전(彖傳)」에는 "天地交, 泰, 後以財成天地之道, 輔相天地之宜, 以左右民."이라고 되어 있다.

ⓕ 천도는 진실한 동력이다.

ⓖ 사람이 스스로 자신의 능력을 이루는 깃을 '인능(人能)'이라고 말한다. 『역』 「계사전」에 근거한다.

ⓗ 한대(漢代) 사람은 '제한하여 지나침이 없게 한다.[範圍]'라는 말을 '의범(擬範: 모범을 본받음)'으로 해석하였고 정이천(程頤)[39]은 '모량(模量: 본떠서 헤아림)'으로 해석하여 모두 천지를 본받는다고 하였는데, 둘 다 틀렸다. 여기에서 '천지'라는 말은 곧 대자연의 총칭이니, 사람들이 자연의 변화를 제어하여 잘못됨이 없도록 해야 한다는 말이다. '범위'라는 것은 곧 사람의 힘으로 자연의 변화를 제한하는 것일 뿐이다. 자연과학이 발전한 이래로 자연을 정복하고 이용하는 공적이 이미 두드러졌으니, 『역』의 이상(理想)이 이미 실현되었다.

ⓘ '곡진히 이룬다[曲成]'는 것은 만물의 고유한 성능을 따라서 그것을 성취하는 것이다. 예컨대 토질의 적합성을 변별하여 농사를 이롭게 하고, 쇠와 나무를 채취하여 기구를 제작하며, 우뢰와 번개 또한 그 공능(功能)을 조종하고 발휘해서 갖추어 쓰고, 동식물까지 모두 그 품종을 변화시켜 나날이 우량하게 만드는 것들이 모두 '곡진히 이룬다.'는 것이다. 또한 사물에서만 그렇게 하는 것이 아니다. 만약 인류도 역시 자질이 고르지 않으면 정치적인 제도와 공동체의 기강을 써서 공동생활체로 들어가게 한다. 교양의 정도를 적절히 살펴서 현명하고 지혜로운 사람들은 그 재질을 다 발휘하도록 하고, 어리석고 못난 사람들도 역시 부지런히 현명하고 지혜롭게 되도록 한다. 이와 같이 하면, 인류도 곡진하게 이루어 남김이 없게 하는 것이다.

ⓙ '도와준다[輔相]'는 의미가 아주 중요하니, 만물의 본성대로 힘쓰게 도와줄 뿐이라면, 결코 사사로운 의도와 견해로 만물을 재제(宰制)하지 않는다는 것이다.

---

39 정이(程頤, 1033-1107): 자는 정숙(正叔)이고, 호는 이천(伊川)이다. 송대 낙양(洛陽: 현 하남성 낙양)사람으로서 형 정호(程顥)와 함께 이정(二程)이라 불린다. 15세 무렵에 형과 함께 주돈이에게 배운 적이 있으며, 18세에는 태학에 유학하면서 「안자호학론(顔子好學論)」을 지었는데 호원(胡瑗: 호는 안정〈安定〉)이 그것을 경이롭게 여겼다고 한다. 벼슬은 비서성교서랑(秘書省校書郞)·숭정전설서(崇政殿說書) 등을 역임하였으나, 거의 30년을 강학에 힘 쏟아 북송 신유학의 기반을 정초하였다. 이정의 학문은 '낙학(洛學)'이라고 하며, 특히 정이의 학문은 주희에게 결정적으로 영향을 끼쳐 세칭 '정주학(程朱學)'이라고 하면 정이와 주희의 학문을 지칭한다. 저서는 『역전(易傳)』, 『경설(經說)』, 『문집(文集)』 등이 있다.

위와 같은 두 가지 논의로 천(天)과 인(人)이 상반되면서도 서로를 이루어 주는 오묘함을 알 수 있다.

"성선(性善)과 성악(性惡), 두 학설은 상반되지만 '선이 악을 통치하니[善統治惡]', 또한 반대되면서도 서로를 이룬다."

맹자(孟子)[40]가 '성선(性善)'이라고 말한 것은 사람들과 천지만물이 함께 가지고 있는 '참된 근원[眞源][ⓐ]을 가리켜 말한 것이다. 참된 근원은 선하지 않음이 없다.[ⓑ] 순경(荀卿: 荀況)이 '성악(性惡)'이라고 말한 것은 사람들이 태어난 이후에 망령되게 '작은 자기[小己]'에 집착함을 가리켜 말한 것이다. 참된 근원의 유행[ⓒ]은 '나뉘어 변화[分化]'하지 않을 수 없고, 나뉘어 변하기 때문에 작은 자기가 있게 되며, 작은 자기는 욕망이 없을 수 없다. 욕망이 움직여서 작은 자기의 사사로움을 쫓고, 게다가 함부로 날뛰고 미혹되어 돌이키지 못하는 것은 참된 근원이 변한 것이다. 작은 자기의 사사로운 욕망이 함부로 날뛰어 돌이키지 못하면 '참된 본성[眞性][ⓓ]을 막고 가리는데, 이것이 모순을 만드는 근거이다. 그러나 다시금 알아야 할 것은, 작은 자기의 사사로운 욕망이 비록 참된 본성을 막고 가릴 수 있다 하더라도 참된 본성은 끝내 괴멸하지 않는다는 것이다. 비유하면, 구름이 비록 해를 가릴 수 있지만 햇빛은 없어진 적이 없었으니, 구름이 흩어져 없어지면 '큰 밝음[大明][ⓔ]이 끝없이 두루 빛나는 것과 같다.

유가에서 '자신에게서 구한다[求己][ⓕ]는[41] 학문'은, 사사로운 욕망을 절제해

---

40 맹자(孟子, B.C.372?-B.C.289): 이름은 가(軻)이며, 자는 자여(子輿)이다. 전국시대 노나라 추현(鄒縣: 현 산동성 추현)사람으로 공자의 유교사상을 공자의 손자인 자사(子思)의 문하생에게서 배웠다. 어릴 때 현모(賢母)의 손에서 자라났으며 맹모삼천지교(孟母三遷之敎)라는 유명한 고사로 알려져 있다. 제(齊)·양(梁)·송(宋)·등(滕)위(魏) 등 여러 나라를 주유(周遊)하며 '왕도(王道)'와 '인정(仁政)'을 유세하였으나 우원(迂遠)하다고 하여 등용되지 못하고 귀국하여, 말년에 '성선설' 등으로 제자를 교육하며 『맹자』 7편을 남겼다.

41 '자신에게서 구한다[求己]': 이는 '돌이켜 자신에게서 구한다[反求諸己]'라는 말의 축약이라고 할 수 있다. 『논어』「위령공(衛靈公)」. 子曰: "君子求諸己, 小人求諸人." /

서 본래 가지고 있는 참된 본성을 완전하게 회복하면, 모순이 제거되어 참된 본성이 항상 육체의 주인이 된다는 것이다. 즉 작은 자기의 욕망이 망령되게 날뛰지 못하도록 하면, 또한 참된 본성이 유행하지 않음이 없으니 이른바 사사로움이 없다는 것이다. 그렇기 때문에 비록 성선론에서 소홀히 여긴 모순을 성악론자가 충분히 바로잡을 수 있을지라도, 성선론이 마침내 모순 때문에 그 근거를 잃지는 않는다. 또한 성악을 말하는 자도 악한 행위가 인생의 당연함이라고 용인하지 않고, 여전히 선을 실천하고 악을 제거한다는 근본으로 되돌아간다. 이렇다면 용감하게 악을 제거하는 것을 통해서 우리들이 본래 가지고 있는 '선한 뿌리[善根]'가 쉼 없이 전개된다는 것을 더욱 잘 알 수 있다. 선과 악은 틀림없이 반대되지만 서로가 서로를 이루기 때문에 "선이 악을 통치한다."고 말한다.

ⓐ '참된 근원'은 우주의 본체를 일컫는다.
ⓑ 본체는 만들려고 하는 의도가 없고 잡된 오염이 없으므로 악이 없다.
ⓒ '본체의 유행'이라고 말하는 것과 같다.
ⓓ 참된 근원은 우리의 본분에서 말하는 것이니, 곧 우리들의 참된 본성이다.
ⓔ '큰 밝음[大明]'은 해[日]를 말한다.
ⓕ 여기의 '기(己)'자는 '큰 자기[大己]'이지 '작은 자기[小己]'가 아니다. '큰 자기'라는 것은 참된 본성이다. 유학에서 사욕을 절제하는 것은 큰 자기를 인식하는 데에 힘쓰는 것일 뿐이다.

이상으로 우주와 인생의 여러 가지 큰 문제에 관해 대략 한 귀퉁이를 들었는데,ⓐ 변증법은 어디에도 적용되지 않음이 없다는 것을 알 수 있으니, 배우는 사람은 상황에 따라 몸소 자세히 살펴야 할 것이다.

ⓐ 한 귀퉁이를 들었다는 것은, 예컨대 탁자의 네 귀퉁이에서 단지 한 귀퉁이를 들면, 그 나머지 세 귀퉁이는 들 필요도 없이 알 수 있다는 것이다.[42]

『맹자』「공손추·상(公孫丑·上)」. 孟子曰: "發而不中, 不怨勝己者, 反求諸己而已矣." / 『맹자』「이루·상(離婁·上)」. 孟子曰: "行有不得者, 皆反求諸己, 其身正而天下歸之." 참조.

42 예컨대 탁자의 네 귀퉁이에서 … 알 수 있다는 것이다: 『논어』「술이(述而)」. 子曰: "不憤不啓, 不悱不發, 擧一隅不以三隅反, 則不復也." 참조.

우주론에 대한 담론을 간략히 열여섯 구절로 정리하니, 배우는 사람들은 마땅히 알아야 할 것이다.

하나[一]는 '한량이 없고[無量]' 한량이 없는 것은 하나이며,
전체[全] 중에 부분[分]이 있고 '부분 부분[分分]'이 전체이다.

시작은 끝이 있고 끝은 다시 시작하며,
이것이 변하여 저것이 되고 저것 역시 머무름이 없다.

발전은 다함이 없어서 저 커다란 물줄기와 같으며,
스스로 말미암는 것은 반드시 그러하고 '의도가 없는 생각[無想]'은 표적이 있다.

위대한 조화에 주동자(主動者)가 누구인가?
서로 반대되지만 서로를 이루어주는 것이 모든 존재의 공통된 법칙이다.

|부주| '하나[一]'는 본체를 말하는데, 무대(無對)이므로 '하나'라고 부른다. '한량 없음[無量]'은 작용[用]을 말하는데, 작용이야말로 모두 다르므로 '한량 없음[無量]'으로 이름 붙인다. '전체[全]'와 '부분[分]' 역시 본체와 작용을 일컫는다. '부분 부분[分分]이 전체'라는 것은 『신유식론』「명종(明宗)」장의 '큰 바닷물[大海水]'과 '수많은 물거품[衆漚]'의 비유로 음미할 수 있다. '시작은 끝이 있다.'라는 말 이하의 모든 구절은 모두 작용에 관해 말한 것이다. '생각이 없다[無想].'는 것은 '의도가 없는 생각'을 일컫는 것이다. '표적이 있다[有鵠]'는 것은 목적이 있음을 말한다. 『장자』「제물(齊物)」편에 "(천연의 소리〈天籟〉를) 일으키는 것이 그 누구인가?[怒者其誰耶?]"라고 하였는데, '노(怒)'는 크게 움직이는 모습이다. '일으키는 자(怒者)'는 주동자라는 말과 같으니, 대개 주동함이 없는 신묘함[神]을 일컫는다.

지식론은 우주론과 결합해서 하나가 되어야만 하니, 본체와 작용을 떠나 부질없이 지식을 논하는 것은 우주와 인생의 여러 중대한 문제와 서로 관련되지 않는다. 이런 것이야말로 지리멸렬하고 자질구레한 논의일 뿐인데, 어찌 숭상할 수 있겠는가! 배우는 사람은 반드시 변증법을 통달해야 그 다음에 신묘함을 궁구하는 데에 참여할 수 있다.

감각·양지(量知)ⓐ·사유·개념 등의 전개과정과 그 공용(功用)은 상편ⓑ에서 본래 언급했어야 했다. 그리고 본편ⓒ에서는 한 걸음 더 나아가 양지와 사유 등이 어떻게 실제로 작용하는 습염(習染: 습관으로 오염됨)을 씻어내는지에 대해 토론하고 변화를 살펴야 했다.ⓓ 그런데 두 편을 지금은 모두 저술할 수 없다.

ⓐ 이것 역시 이지(理智)를 말한다.
ⓑ 「변물정사(辨物正辭)」편
ⓒ 「궁신지화(窮神知化)」편
ⓓ '실제로 작용하는 습염'은 일체의 사물을 개별적인 것과 고정적인 것으로 나누니, 이것으로 '큰 조화[大化]'를 헤아리면 반드시 극단적으로 상응하지 않게 될 것이다.

1-1-3 「증량편(證量篇: 지혜론)」: 본성의 지혜를 함양함

「증량(證量)」편에서는 '본성의 지혜[性智]'를 함양하는 것에 대해 논한다. 본성의 지혜라는 것은 사람이 어머니의 태반에서 세상에 나오는 첫째 날에, 갑자기 우주만상을 접촉하는 영감(靈感)을 은연중에 드러내는 것이다. 이 한 번의 영감은 결코 무(無)에서 유(有)가 생겨나는 것이 아니지만, 인간의 본성이 본래 무궁무진한 '덕의 작용[德用]'을 잠재적으로 갖춘다는 것을 징험하기에 충분하다. 이것이 대보장(大寶藏)으로 모든 '밝은 이해력[明解]'의 원천이니, 바로 이 밝은 이해력의 원천에 의거하여 본성의 지혜를 설명한다.

물었다. "무엇을 증량(證量)이라고 합니까?"

대답했다. "우리들이 오직 본성의 지혜를 내면으로 깨달을 때,[ⓐ] '커다란 밝음[大明]'이 훤히 통하고 외적인 인연이 일어나지 않아[ⓑ] 아득한 무대(無對)[ⓒ]에서 묵묵히 스스로 이해하는 것을 '증량'이라고 일컫는다. 우리들은 모름지기 '증량'의 경지에 이르러야 비로소 '작은 몸[小體]'에서 '큰 몸[大體]'을 인식할 수 있다.[ⓓ] 상대에서 절대를 깨우치고, 유한에서 무한에 들어가면, 이런 경지야말로 바로 사람이면서 천(天)[ⓔ]인 것이다. 사람이 증량의 경지를 획득하지 못하면, 마치 커다란 창고에 있는 한 톨의 쌀알처럼 항상 자신을 천지 사이에 있는 아주 작은 존재로 보게 되니, 장자(莊子: 莊周)[43]는 그 때문에 "인생은 이렇게 어리석은 것인가!"[44]라고 한탄했던 것이다.

ⓐ 내면으로 스스로 깨달아서 아는 것을 '내면으로 깨달음[內證]'이라고 한다. 선종에서는 자기가 자기를 인식한다고 말한다.

ⓑ '신묘한 밝음[神明]'이 내면으로 수렴될 때는 외물을 고려하지 않기 때문이다.

ⓒ 혼연히 천지만물과 본체를 같이하기 때문에 '무대'이다.

ⓓ '소체'는 '작은 자기[小己]'를 말하는 것과 같고, '대체'는 '우주의 본체'를 말한다. 두 낱말은 모두 『맹자』에 보이는데,[45] 지금 그것을 빌려 사용한다.

ⓔ 천(天)은 본체를 일컫는 것이지 하나님[神帝]를 말하는 것이 아니다.

증량은 사유를 멈추고 개념을 쓸어내어, 오로지 정신을 내면으로 수렴하

---

43 장주(莊周, B.C.369?-B.C.286?): 자는 자휴(子休)이고, 이름은 주(周)이며, 남화진인(南華眞人)으로 추호(追號)하기도 하였다. 전국시대 초몽(楚蒙: 현 하남성 상구〈商邱〉)사람으로 정확한 생몰연대는 미상이나 맹자(孟子)와 거의 비슷한 시대에 활약한 것으로 전해진다. 칠원리(漆園吏)를 역임하였다. 그의 사상은 주로 노자(老子)의 무위사상(無爲思想)을 계승·발전하여, 도가(道家)의 근원이 되었다. 저서는 『장자(莊子)』가 전해진다.

44 인생은 이렇게 어리석은 것인가!: 『장자』「제물(齊物)」에 "人之生也, 固若是芒乎!"라고 하였다.

45 '소체'는 '작은 자기[小己]'를 … 두 낱말은 모두 『맹자』에 보이는데: 『맹자』「고자·상(告子·上)」, 孟子曰: "從其大體爲大人, 從其小體爲小人." 참조.

여 묵묵히 되비추는 것일 뿐이다.[ⓐ] 공자가 '묵묵히 깨닫는 것[默識]'이 바로
이 경지이다. 인생은 오직 증량하는 가운데 혼연히 천도와 합일한다.[ⓑ]

> ⓐ '묵묵히[默然]'라는 것은 고요하게 안정된 모습이다. '비춘다[照]'는 것은 지극히
> 맑게 밝히는 것이다. '되비추는 것[返照]'은 스스로 밝히고 스스로 이해하는 것
> 을 말한다.
>
> ⓑ『역』에서 "하늘과 덕을 합한다."고 말하였는데, 천도는 본체를 일컫고 합일
> (合一)은 형용하는 말이니, 사실은 사람이 바로 하늘이라는 것이지 이것으로
> 저것을 합친다는 것이 아니다.

어떤 사람이 물었다. "어떻게 해야만 증량의 경지에 이를 수 있습니까?"
대답했다. "사유(思維)와 수양이 교차하면서 그 힘을 다 쏟아야 하지만, 수양
으로 근본을 세운다. 사유와 수양을 함께 다 극진하게 해서[ⓐ] 오래된 뒤에
얻을 수 있다. 불가와 도가의 방법은 모두 참고해야 하지만, 도가는 자주 공
허함[虛]에 빠지고, 불가도 역시 적막함[寂]에 빠진다. 공허함과 적막함에 빠
지는 것은 곧 현실을 버리고 군중을 떠나는 우환이 있다. 공자의 도는 확실
히 이와 같지 않기 때문에, 불가와 도가를 반드시 바로 잡아서 유가의 학술
로 돌아가게 해야 한다. 지금 여기에선 상세하게 언급하지 않겠다."

> ⓐ 사유만 하고 수양하지 않으면 다만 공허한 견식(見識)이 되고, 수양만 하고 사
> 유하지 않으면 끝내 참된 이해를 하지 못한다.

맹자가 "위 아래로 천지와 함께 유행한다."⁴⁶라고 한 것과 상산(象山: 陸九
淵)⁴⁷이 스스로 "정신을 조금 가다듬으면 천지와 비슷하다."⁴⁸고 말한 것

---

46 위 아래로 천지와 함께 유행한다:『맹자』「진심·상」. 夫君子所過者化, 所存者神,
上下與天地同流, 豈曰小補之哉? 참조.

47 육구연(陸九淵, 1139-1192): 자는 자정(子靜)이고, 호는 존재(存齋)·상산옹(象山
翁)이며, 상산선생(象山先生)이라고 부르기도 한다. 송대 금계(金溪: 현 강서성 금
계현) 사람으로 1172년에 진사에 급제하여 숭안현주부(崇安縣主簿)·지형문군(知
荊門軍)을 역임하였다. 맹자(孟子)를 계승하여 정주(程朱)의 이학(理學)과 대비되
는 육왕(陸王) 심학(心學)의 학파를 열었다. 주희와 학문방법론 및 무극·태극론
등을 논쟁한 '아호지쟁(鵝湖之爭)'으로 유명하다. 저서로는『상산선생전집(象山先

은 모두 배우는 사람이 '위로 도달하는[上達]'[a][49] 첫 기틀이다. 그러나 이러한 경지에 이르는 것은 대현(大賢) 이하의 자질로는 도모할 수 있는 것이 아니다.

ⓐ '위로 도달한다[上達]'는 것은 위로 증량의 경지에 도달하는 것을 일컫는다.

종래의 뛰어나게 총명한 무리들은 증량을 추구하려고 내달려 곧바로 근원을 꿰뚫지 못함이 없었다. 그렇지만 불교의 주장에 흐르기 쉬워서 출세간(出世間)으로 기울어 '큰 도[大道]'에 어긋났으니, 교훈이 될 수 없다. 공자는 인도(人道)로써 천도(天道)를 넓혀서, 천지만물ⓐ이 혼연히 일체가 되는 곳에서 '하늘의 명령을 확립하였다[立命].' 그러므로 천지의 도를 마름질하여 이루고 만물의 마땅함을 도와준 공로가 있으면서도,ⓑ 외로이 '혼자만 선한 것[獨善]'[50]을 지향하는 것으로 도리를 삼지 않았다.

ⓐ 여기의 천지만물은 우리들도 그 안에 포함하고 있다.
ⓑ 『역』에서 "천지의 도를 마름질하여 이루고 만물의 마땅함을 도와준다."[51]라고 하였다.

<u>1-1-4</u> 『양론(量論: 지식론)』 저술 목적

내가 원래 『양론(量論)』을 저술하여 「증량(證量)」 1편을 내세우려고 했을

生全集)』이 있다.

48 정신을 조금 가다듬으면 천지와 비슷하다: 『상산집(象山集)』 「상산어록(象山語錄)」에는 "吾於踐履, 未能純一, 然纔自警策, 便與天地相似."라고 하였다.

49 '위로 도달하는[上達]': 『논어』 「헌문(憲問)」. 子曰: "君子上達, 小人下達." / 「헌문」. 子曰: "不怨天, 不尤人. 下學而上達. 知我者其天乎!" 참조.

50 '혼자만 선한 것[獨善]': 『맹자』 「진심·상」. 窮則獨善其身, 達則兼善天下. 참조.

51 천지의 도를 마름질하여 이루고 만물의 마땅함을 도와준다: 『역』 「태괘(泰卦)」 「단전(象傳)」에는 "天地交, 泰, 後以財成天地之道, 輔相天地之宜, 以左右民."이라고 되어 있다.

때에는 두 가지 생각이 있었다. 첫째, 공자·도가와 같은 중국의 선철(先哲), 그리고 인도에서 전래된 불가의 학문은 모두 '증량'을 근본으로 삼아 되돌아갔다. 하지만 제가(諸家)들은 비록 하나같이 증량을 주장했을지라도 그 의미는 각기 다르니, 내가 다른 까닭을 밝히고 그 잘잘못을 따지려고 하면 이 편[「증량(證量)」]을 쓰지 않을 수 없었다. 둘째, 내 평생의 학문은 이지(理智) 혹은 지식에 대해 반대하지 않았으나, 또한 철학은 마땅히 외적으로 지식을 강구하는 것 이외에 다시 정신을 집중해서 사려를 멈춤으로써 묵묵히 스스로 깨우치는 하나의 경지가 있어야 한다는 것을 깊게 느꼈다. 『예기(禮記)』에서 "자신을 돌이킬 수 없으면 천리가 없어질 것이다."[52]라고 말했다. 정현(鄭玄)[53]은 "반궁(反躬)은 자신을 돌이키는 것이다[反己]."라고 주석하였다. 공자의 말을 기록한 『논어』에서는 "묵묵히 그것을 깨닫고, 배우되 싫증내지 않는다."[54]라는 두 가지 항목으로 나누어 설명했다. 배운다는 것은 사물에서 이치를 궁구하는 지식에 대한 일이고, 묵묵히 깨닫는다는 것은 묵묵히 자신을 돌이켜 스스로를 인식하는 것이다. 여기서 말하는 '기(己)'는 '작은 자기[小己]'를 일컫는

---

52 『예기』「악기(樂記)」. 不能反躬, 天理滅矣.

53 정현(鄭玄, 127-200): 자는 강성(康成)이며, 북해(北海: 현 산동성 고밀〈高密〉) 사람이다. 중국 후한(後漢) 말기의 대표적 유학자로서, 시종 재야(在野)의 학자로 지냈으며, 제자들에게는 물론 일반인들에게서도 훈고학(訓詁學)·경학의 시조로 깊은 존경을 받았다. 젊었을 때부터 학문에 뜻을 두었고, 경학의 금문(今文)과 고문(古文) 외에 천문(天文)·역수(曆數)에 이르기까지 광범한 지식을 갖추었다. 처음에 향색부(鄕嗇夫)라는 지방의 말단관리가 되었으나 그만두고, 낙양(洛陽)에 올라가 태학(太學)에 입학하여, 마융(馬融) 등에게 배웠다. 그가 낙양을 떠날 때, 마융이 "나의 학문이 정현과 함께 동쪽으로 떠나는구나!"하고 탄식했을 만큼 학문에 힘을 쏟았다. 그는 고문·금문에 모두 정통하였으며, 가장 옳다고 믿는 설을 취하여 『주역(周易)』·『상서(尙書)』·『모시(毛詩)』·『주례(周禮)』·『의례(儀禮)』·『예기(禮記)』·『논어(論語)』·『효경(孝經)』 등 경서에 주석을 하였고, 『의례』·『논어』 교과서의 정본(定本)을 만들었다. 그의 저서 가운데 완전하게 현존하는 것은 『모시』의 전(箋)과 『주례』·『의례』·『예기』의 주해뿐이고, 그 밖의 것은 단편적으로 남아 있다.

54 『논어』「술이(述而)」. 子曰: "默而識之, 學而不厭".

것이 아니라, 천지만물과 통하여 일체가 되는 '참된 자기[眞己]'이다. 묵묵히 있을 때에는 기억·상상·사유·추리 등등의 사고작용이 전혀 일어나지 않지만, 태양이 훤히 밝히듯 스스로를 인식한다.[ⓐ] 왕양명(王陽明: 王守仁)이 이른바 '소리도 없고 냄새도 없지만 홀로 아는 때'[55]라고 말한 것이 바로 이 경지이다. 장자가 "시신[屍]처럼 조용히 있어도 용처럼 나타나고, 깊은 연못처럼 고요해도 우렛소리가 난다."[56]라고 말한 것은 거의 공자의 '묵묵히 깨달음'의 경지를 묘사한 것이다.[ⓑ] 왕양명은 아마도 여기에까지는 이르지 못한 것 같다. 나는 증량에 대해 말하면서, 스스로 공자의 도를 귀의처로 여겨서 철학자는 이렇게 한 단계 향상됨이 없어서는 안 되겠다고 깊이 느꼈는데, 앞으로 이런 뜻에 동의하는 자가 있을지는 모르겠다.

ⓐ '스스로를 인식한다[自識].'는 것은 선종[禪家]에서 말하는 '자기가 자기를 인식하는 것'이 이것이다.

ⓑ '시신[屍]'은 망상이 모두 없어진 것을 형용한 것이다. '시신처럼 조용히 있다[屍居].'는 것은 모든 생각이 일어나지 않는 것을 일컬으니, 이것이 묵묵히 있는 것이다. '용(龍)'은 고대에 신령하게 여긴 동물이니, 이것으로 묵묵한 가운데 신묘한 밝음이 밝게 비추는 것을 비유하였다. '깊은 연못처럼 고요하다는 것[淵默]'은 깊고 고요함을 형용한 것이다. '우렛소리가 난다는 것[雷聲]'은 온갖 조화(造化)와 온갖 움직임의 기미가 이미 고요하고 묵묵히 있는 가운데에 잠복해 있기 때문에, 고요함이 사그라진 재와 같이 생기가 없는 고요함이 아니라는 것을 형용한다.

『양론(量論)』두 편[ⓐ]의 큰 의미는 위와 같이 대략 설명하였다. 이제는 기력이 쇠해 '중요한 요점[綱要]'에 대한 글 한 편을 쓰려고 해도 불가능하다. 나중에 나의 희망을 실현시켜 줄 수 있는 사람이 있을 것이니, 일이 꼭 나로부터 이루어지지 않을지라도 내가 어찌 서운해 하겠는가!

ⓐ 첫째는 「비량편」이고, 둘째는 「증량편」이다.

---

55 『양명전서(陽明全書)』 「외집(外集)」 2. 無聲無臭獨知時.

56 『장자』 「재유(在宥)」. 屍居而龍見, 淵默而雷聲.

1-2

『대역광전(大易廣傳)』의 구성:
「내성편(內聖篇)」과 「외왕편(外王篇)」

『대역광전(大易廣傳)』은 원래 「내성(內聖)」과 「외왕(外王)」의 두 편으로 나
누어서 만들려고 했다. 『대역』을 종주(宗主)로 삼아 『춘추』를 관통해서
여러 경전에 미치고, 제자백가를 두루 다루면서 충분히 참작하여 『역』
의 도리를 발휘하려고 하였으니, 당연히 한 권의 거대한 저술이 되었을
것이다. 일제의 침략을 만나 병든 몸으로 일정한 주거지 없이 떠돌아다
니느라 『양론』의 초고도 시작할 수 없었는데, 어느 겨를에 이 책에 대해
논의를 할 수 있었겠는가!

다행스럽게도 노년에 마침 새로운 운수를 이어받아 제법 단단히 마음먹
고 저술을 하였다. 돌이켜보니 작년에 『신유식론』을 산정(刪定)하는 일
을 끝마치고부터 갑자기 기력이 피곤함을 느끼면서, 하는 일 없이 한가
할 때만 고통이 없었다. 어쩌다 한 번 깊이 생각을 하면 머리가 지근거
리고 아파서 밤새도록 잠을 이루지 못하니 더욱 견딜 수 없었다. 사람이
노쇠하여 기억력이 감퇴하니, 예전에 마음속에 생각하고 있었지만 미처
표현하지 못한 것을 이제는 나날이 잊어먹어서 다시는 기억할 수 없게
되었다. 때로 글을 살피고 뜻을 검증해 보았지만, 전거를 기억하지 못하
여 매번 힘들게 찾아봐도 찾아낼 수 없었다. 이 때문에 『역전(易傳)』[a]은
이제 아예 저술할 수 없게 되었다. 늙어가는 아쉬움 가운데 이것이 가장
심하다.

ⓐ『대역광전(大易廣傳)』을 줄여서 『역전(易傳)』이라고 칭한다.

1-2-1 『대역광전(大易廣傳)』의 제요(提要):『원유(原儒)』

위대한 공자만이 옛 성인들을 집대성하여 만세토록 이어질 학통을 열었다. 비록 진·한대(秦·漢代)이래로 2~3천년 동안 유생(儒生)들은 일찍이 그 진수(眞髓)를 잃었지만, 『역』·『춘추』의 여러 경전 및 옛 전적(典籍)에 겨우 남아 있는 그 은미한 말에서 아직도 그 요점을 미루어 찾을 수 있다. 나는 이미 『역전』을 지을 수 없기 때문에, 아주 간략한 작은 책 한 권을 써서 유학을 위해 거칠게나마 제요(提要)를 진술하려고 한다. 책 이름을 『원유(原儒)』라 하고, 대략 3부분으로 나누었다. 첫째 부분은 「원학통(原學統)」이고, 둘째 부분은 「원외왕학(原外王學)」이며, 셋째 부분은 「원내성학(原內聖學)」이다.ⓐ 매번 한 가지 의미에 대하여 정의를 내릴 때마다 반드시 근거를 제시하였으니, 감히 생각나는 대로 망령되이 설명하지 않았다. 나는 진실로 배운 것을 가지고 선대의 성인들에게 죄를 짓는 일은 절대로 하지 않을 것이다.

ⓐ '내성'과 '외왕'이라는 낱말은 본문에 들어가서 해석할 것이다.

1-2-2 주대(周代) 말기 옛 전적에 대한 진·한대(秦·漢代) 사람들의 훼손

그런데 내가 강조하는 것은, 주(周)나라 말기에 남겨진 모든 옛 전적이 진대(秦代)에 불타서 없어지고 한대(漢代)에 폐기되어, 이제 주나라 말기의 학술발전의 정도와 제자백가의 이론 혹은 격물(格物)에 대한 독창적인 견해ⓐ를 살펴서 논의하고 싶어도, 상고할 수 있는 서적이 전혀 없다는 것이다. 진대(秦代)에 서적을 태워버린 폐해에 대해서는 예나 지금이나 모두 분개하지만, 한대(漢代) 사람들이 학술을 폐기한 해로움에 대해서는 후세에도 여전히 깨닫지 못하고 있다.

ⓐ 『대학』의 '격물'에 대해서는 정주(程朱)[1]의 해석이 옳으니, 사물의 이치를 궁구하는 것을 일컫는다.

한대 초기 사마담(司馬談)은 「논육가요지(論六家要旨)」에서 다음처럼 설명하였다. "유가는 육예(六藝)ⓐ를 모범으로 하였다. 육예의 경(經)과 전(傳)은 수만 종류를 헤아려서,ⓑ 세대를 거듭해도 그 학문에 능통할 수 없었고 한평생을 노력해도 그 예(禮)ⓒ를 궁구할 수 없었다. 그 때문에 '넓은데도 요점이 적고, 수고로운데도 공로가 적다.'라고 하였다."[2] 사마담의 이 말은 그의 아들 사마천(司馬遷)[3]의 『사기(史記)』 「자서(自序)」에 보이는

---

1 정주(程朱): 정호(程顥, 1032-1085)·정이(程頤, 1033-1107) 형제와 주희를 가리킨다.

2 『사기(史記)』「태사공자서(太史公自序)」. 夫儒者以六藝爲法. 六藝經傳以千萬數, 累世不能通其學, 當年不能究其禮. 故曰, 博而寡要, 勞而少功.

3 사마천(司馬遷, B.C.145?-B.C.86?): 자는 자장(子長)이고, 용문(龍門: 현 한성현〈韓城縣〉) 사람이다. 서한의 역사가로서 『사기(史記)』의 저자이다. 사마담(司馬談)의 아들로서 7세 때 아버지가 천문 역법과 도서를 관장하는 태사령(太史令)이 된 이후 무릉(武陵)에 거주하며 고문을 독서하던 중, 20세경 낭중(郎中: 황제의 시종)이 되어 무제를 수행하여 강남(江南)·산동(山東)·하남(河南) 등의 지방을 여행하였다. B.C.110년에는 아버지를 이어 무제의 태사령이 되었고 태산 봉선(封禪: 흙을 쌓아 제단을 만들고 제사를 지내는 것) 의식에 수행하여 장성 일대와 하북·요서 지방을 여행하였다. 이 여행에서 크게 견문을 넓혔고, 『사기』를 저술하는 데 필요한 귀중한 자료를 수집하였다. 기원 전 110년 아버지 사마담이 죽으면서 자신이 시작한 『사기』의 완성을 부탁하였고, 그 유지를 받들어 B.C.108년 태사령이 되면서 황실 도서에서 자료 수집을 시작하였다. 그러나 그는 흉노의 포위 속에서 부득이하게 투항하지 않을 수 없었던 이릉(李陵) 장군을 변호하다 황제인 무제의 노여움을 사서, B.C.99년 사마천의 나이 48세 되던 해 궁형(宮刑: 생식기를 제거하는 형벌)을 받았다. 사마천은 옥중에서도 저술을 계속하였으며 B.C.95년 황제의 신임을 회복하여 환관의 최고직인 중서령(中書令)이 되었다. 사기 완성의 정확한 연대를 확인하기는 어렵지만 기원 전 91년 사마천이 친구인 임안이 옥에 갇혔다는 소식을 듣고 보낸 서한을 통해 추정해 볼 수 있다. 『사기』의 규모는 본기(本紀) 12권, 연표(年表) 10권, 서(書) 8권, 세가(世家) 30권, 열전(列傳) 70권 모두 130권 52만

데, 예나 지금이나 칭송한다. 거기에서 '육예의 경(經)과 전(傳)이 수만 종류를 헤아린다.'라고 말한 것은 눈으로 직접 본 것에 근거하니, 주나라 말기의 옛 전적이 진대(秦代)에 모두 불태워진 것이 아님을 알 수 있다. 사마천은 스스로 사마씨(司馬氏)가 대대로 주(周)나라의 역사를 맡아보았다고 일컬었으니, 그 집안에 소장한 전적(典籍)이 당연히 적지 않았을 것이다.

ⓐ '예(藝)'는 '지식과 기능[知能]'이다. 옛날에 '예(藝)'라고 말하는 것은 두 가지로 풀이된다. 첫째, 격물의 지식과 모든 기술과 같은 것을 통칭하여 '예(藝)'라고 한다. 둘째, 공자의 6경(六經)을 또한 '육예(六藝)'라고 불렀다. 6경이란 『역경』·『춘추경』·『시경』·『서경』·『예경』·『악경』이다. 사마담이 말하는 육예는 대개 오로지 6경만을 가리킨 것이다. 모든 경(經)에는 공자가 몸소 지은 것이 있고, 공자가 말하고 제자가 기록한 것도 있는데 후자도 '경(經)'이라고 부른다.

ⓑ 육예(六藝)는 공자의 6경만을 가리키니, 앞의 주석을 보라. '전(傳)'이란 제자가 경(經)의 뜻에 따라 미루어 넓힌 것으로 이것을 '전(傳)'이라고 이름 붙였다. 사마담이 '경(經)과 전(傳)은 수만 종류를 헤아린다.'라고 말한 것은, 본래 직접 목록을 상고하고 경(經)과 전(傳)에 각 종류의 서목(書目)이 수만 가지로 많이 있는 것을 보았다는 것이다.

ⓒ '예(禮)'는 마땅히 '리(理)'라고 해야 한다. 예(禮)와 리(理)는 옛날에 통용되었다.

한대가 흥기하자 사마담은 다시 사관의 직무를 주관하게 되었다. 혜제(惠帝)[4]와 무제(武帝)[5]의 시대에 책을 소지하지 못하게 하는 진대의 법률이 폐지되어, 민간에서 조정에 바친 책이 많았음이 틀림없기 때문에, 사마담은 육예의 경(經)과 전(傳)이 수만 종류를 헤아린다는 것을 볼 수 있었고, 그렇게 많은 것에 경탄하였다. 그러나 집안에 소장한 책과 관청에 있는 책의 목록을 사마담 한 사람이 열람하기에는 끝내 한계가 있었을 것이다. 민간에 산재한 도서는 매우 많았을 것이고, 그 도서목록을 사마

6천 5백자에 이른다.

4 혜제(惠帝): 한(漢)나라 제2대 황제로서 제위기간은 B.C.195-188이다.

5 무제(武帝): 한(漢)나라 제7대 황제로서 제위기간은 B.C.141-87이다.

담이 미처 보지 못한 것이 어찌 적지 않았겠는가? 게다가 유가의 전적만 많았던 것이 아니다. 주나라 말기에 제자백가가 바람이 불고 구름이 날아가듯이 서로 다른 기치 아래 분야를 나누어서 각각 큰 나라를 다스린 것은, 비유하면 마치 오성(五星)[6]이 하늘을 수놓고 열 개의 태양이 모두 떠서 그 광염이 수만 장(丈)이나 멀리 비추는 것과 같았다. 그 저술이 풍부했다는 것은 당연히 논할 필요가 없다. 사마담이 보았던 육예의 경(經)과 전(傳)이 수만 종류를 헤아린다고 말한 것으로 미루어 보면, 제자백가의 서적은 한대(漢代) 초기 혜제(惠帝)와 무제(武帝) 때에 책을 소지하지 못하게 하는 진대의 법률이 폐지됨에 따라,[a] 산속 바위 밑과 집의 벽 속에서 꺼내 조정에 바치거나 민간에 유행된 것들이 그 수량을 헤아릴 수 없이 많았음이 틀림없다.

[a] 마융(馬融)[7]이 전하기를, 무제(武帝)가 책을 소지하지 못하게 하는 법률을 폐지했다고 하였는데, 피석서(皮錫瑞)[8]는 혜제(惠帝)가 처음 이 법률을 폐지하였으니 마융의 주장이 틀렸다고 하였다. 나는 피석서의 주장이 그르다고 생각한다. 혜제가 이 법률을 폐지하기는 했겠지만, 그때에는 진의 재앙을 당한 지 얼마 되지 않

---

6 오성(五星): 고대 중국에서부터 알려져 있던 세성(歲星: 목성)·형혹(熒惑: 화성)·태백(太白: 금성)·진성(辰星: 수성)·진성(鎭星: 토성)의 5개 행성을 말한다. 하늘의 동·남·서·북·중앙에 각각 위치한다.

7 마융(馬融, 79-166): 자는 계장(季長)이고, 섬서성 홍평(興平) 사람이다. 중국 동한(東漢)의 유학자이며, 저명한 경학가로서 고문경학(古文經學)에 밝았다. 안제(安帝)와 환제(桓帝) 때에 벼슬하여 태수가 되었다. 수많은 경전에 통달하여 노식(盧植)·정현(鄭玄) 등을 가르쳤다. 『춘추삼전이동설(春秋三傳異同說)』을 짓고, 『효경』·『논어』·『시경』·『주역』·『삼례』·『상서』·『열녀전』·『노자』·『회남자』·『이소(離騷)』 등을 주석했다. 문집 21편이 있었으나 지금은 그 단편(斷片)만이 남아 있다.

8 피석서(皮錫瑞, 1850-1908): 자는 녹문(鹿門)·녹운(麓雲)이고, 호남성 선화(善化: 현 장사〈長沙〉) 사람이다. 청말(淸末)의 학자로서 서한(西漢) 복승(伏勝)의 『상서』학을 숭상하여, 자신의 거처를 '사복당(師伏堂)'이라고 이름 지었으며, 당시 사람들은 그를 사복선생(師伏先生)이라고 불렀다. 금문경학(今文經學)에 조예가 깊고 저술로는 『오경통론(五經通論)』·『경학역사(經學歷史)』와 『사복당총서(師伏堂叢書)』·『사복당필기(師伏堂筆記)』·『사복당일기(師伏堂日記)』 등이 있다.

아 사람들이 관망(觀望)하지 않을 수 없었다. 무제가 다시 거듭해서 책을 소지하지 못하게 하는 법률을 폐지하는 명령을 내린 것은 본래 응당 있어야 할 일이었으니, 마융은 한대 사람으로서 한대의 일을 말한 것이다. 당연히 틀림없을 것이다.

그러나 매우 이상한 일은, 사마담이 보았던 수만 종류를 헤아리는 육예의 경(經)과 전(傳)이 무제 때에는 이미 절반 이상이 결손되고 없어져서 어떤 것은 그 제목만 남았다는 것이다. 『한서』「예문지(藝文志)」에는 다음처럼 말했다. "한나라가 일어나 진나라의 패정을 고치고 서적을 많이 거두어들여, 책을 바칠 수 있는 길을 폭넓게 열었다. 효제(孝帝)[9]와 무제(武帝) 때에 이르러 책은 결손되고 죽간은 빠져서 @ 예악이 붕괴되었으니,ⓑ 황제가 걱정하였다."[10] 이 말에 의거하면, 육예에 관한 여러 서적들은 수만 종류를 헤아렸고, 사마담이 보았던 것은 당연히 태사(太史)의 박사가 소장한 것이거나, 혹은 궁궐 안 '비밀 도서관[祕室]'의 여러 목록이었을 뿐이며, 그 서적들도 훼손되지 않은 것이 역시 드물었다는 것이다. 「예문지」를 살펴보면, 육예에는 103가(家)의 3,123편이 있는데, 사실 6경은 모두 한대 사람들에 의해 문장의 자구(字句)가 바뀐 것이었고, 여러 전(傳)에 대한 기록도 대부분 한대의 스승 혹은 박사의 손에서 나왔다. 사마담이 보았던 수만 종류의 육예에 관한 도서 목록은 모두 한대 사람이 함부로 고치지 않은 주대 말기의 옛 전적(典籍)이니, 「예문지」에 실려 있지 않은 것이었다. 「예문지」에 실려 있는 육예에 관한 여러 서적들의 목록이 사마담보다 나중에 나왔다는 것은 논할 필요도 없다. 만약 그것이 문제(文帝)[11]・경제(景帝)[12]・무제(武帝) 시기에 나왔다면, 사마담과 동

---

9 효제(孝帝): 한(漢)나라 제4대 황제로서 제위기간은 B.C.184-180이다.

10 『한서』「예문지(藝文志)」, 漢興, 改秦之敗, 大收篇籍, 廣開獻書之路. 迄孝武世, 書缺簡脫, 禮壞樂崩, 聖上喟然而稱曰: "朕甚閔焉!".

11 문제(文帝): 한(漢)나라 제5대 황제로서 제위기간은 B.C.180-157이다.

12 경제(景帝): 한(漢)나라 제6대 황제로서 제위기간은 B.C.157-141이다.

시내의 연장자나 동년배가 지었을 것이다. 사마담은 이미 옛날 육가(六家)[13]의 득실을 비판하였으니, 자신과 가까운 시대의 사람이나 같은 시대 사람의 서적에 대해서 반드시 모두 언급하지는 않았을 것이다. 그러므로 사마담이 보았던 수만 종류를 헤아리는 육예에 관한 여러 경전은 틀림없이 한대 사람이 고치지 않은 옛 전적으로서 지극히 값진 것임을 알 수 있다.

ⓐ 서책이 부패되고 빠지거나 없어졌다. 어쩌다 보존된 것도 그 죽간을 엮은 것이 흩어지고 빠져서 완전하지 않았다.

ⓑ 이것은 예악이 붕괴된 것을 들어서 말한 것이지만, 여기에서 또한 선대(先代)의 학술사상과 발명하고 제작한 것 등을 모두 징험할 수 없었다는 것을 알 수 있다.

그러나 애석한 것은, 공자 문하의 여러 전적이 비록 한나라가 일어남에 따라 대부분 조정에 바쳐졌을지라도, 한나라 조정에서는 본래 그 책들을 폐기하는 일을 담당했지 아까워서 보호하려고 하지 않았다는 것이다. 그 까닭은 다음과 같다. 한 무제(漢武帝)와 동중서(董仲舒)[14]는 공자만을 유일하게 존숭하였지만, 사실 그들이 존숭한 것은 진정한 공자의 학문이 아니었다. 그것은 녹봉으로 한 시대의 유생들을 교묘하게 유도하

---

13 육가(六家): 사마담이 「논육가요지(論六家要旨)」에서 평가한 음양가(陰陽家) · 유가(儒家) · 묵가(墨家) · 명가(名家) · 법가(法家) · 도가(道家)의 육가를 가리킨다.

14 동중서(董仲舒, B.C.179?-B.C.104?): 서한(西漢) 때의 유학자로서 금문경학(今文經學)에 밝았으며, 하북성 광천현(廣川縣) 사람이다. 일찍부터 공손홍(公孫弘)과 『춘추공양전(公羊傳)』을 익혔으며 경제(景帝) 때는 박사가 되었다. 장막(帳幕)을 치고 제자를 가르쳤기 때문에 그의 얼굴을 모르는 제자도 있었다고 한다. 3년 동안이나 정원에 나가지 않을 정도로 그는 학문에 정진하였다. 무제(武帝)가 즉위하여 크게 인재를 구하므로 현량대책(賢良對策)을 올려 천인감응(天人感應) · 대일통(大一統)의 학설과 '모든 학파를 몰아내고, 오직 유가만을 존중[擺黜百家獨尊儒術]'할 것을 주장하여 인정을 받았고, 이후로 유가는 독존의 지위를 차지하게 되었다. 그러나 동중서는 『춘추공양전(公羊傳)』에 의거하여 유가철학을 음양오행설과 결합시켜 공맹유학을 변질시켰다. 저서에 『동자문집(董子文集)』·『춘추번로(春秋繁露)』 등이 있다.

여, 봉건사상을 발양하고 군주통치를 옹호하는 간사한 주장에 힘을 쏟게 하되, 공자에 의탁해서 호소하도록 한 것이었다. 그러므로 한대 유학자가 크게 선전한 육예에 관련된 경전은 사실 공자 문하의 진본(眞本)이 아니다. 바꾸어 말하면, 한나라 조정에서는 공자 문하의 진본을 반드시 폐기해야만 비로소 위조본을 쓸 수 있었다는 것이다. 조정의 신하와 박사들이 이미 이와 같았으니, 재야의 선비들이 깊이 생각하고 탐구하는 기풍을 일으켜서 참된 공자의 학문을 연구하려고 해도 결코 그렇게 할 수 없었다. 주나라 말기의 모든 옛 전적이 완전히 소멸되지 않을 수 없었던 것은 오로지 이 때문이다. 이것은 나의 억측이 아니니, 「원학통」과 「원외왕」 편에서 간략하게라도 그 증거를 제시할 것이다.[a]

[a] 예전에 『육경발미(六經發微)』라는 책을 지어 그 진위를 변별하려고 했지만, 『양론(量論)』 및 『역전(易傳)』을 집필할 수 없었으니, 끝내 이것을 언급할 겨를이 없었다.

1-2-3 중국전통학문의 3가지 결점에 대한 논의: 과학사상, 민주사상, 이론 체계

공자 문하의 육예 및 제자백가에 관한 책들이 모두 진대와 한대에 없어졌기 때문에, 진대 이전의 중국문화와 학술은 그 진상을 파악해서 밝힐 수가 없다. 청대(淸代) 말기에서 중화민국까지 해외에서 유학한 후배들이 중국의 학문에 대한 근본적인 결점을 논의했는데, 대략 다음 세 가지이다. 첫째, 중국의 학문에는 과학사상이 없다는 것이다. 서양과학의 근원은 (고대)희랍에서 나왔지만, 중국의 주나라 말기의 유학과 제자백가에서는 과학지식과 관련된 서적이 보이지 않는다. 이것이 첫 번째 결점이다. 둘째, 중국의 학문에는 민주사상이 없다는 것이다. 6경 및 법가의 말은 모두 군주의 통치권을 옹호하였고, 도가(道家)는 전제군주제를 싫어하여 자유를 장려했지만 역시 민주(民主)를 제창한 적이 없다. 이것이 두 번째 결점이다. 셋째, 중국의 학문에는 이론체계가 없다는 것이다. 서양의 저술은 이론이 아주 엄밀한 것을 귀중하게 여겨서, 마치 한 그루의 나무에 많은 줄기가 있고 가지와 잎이 무성하면서도 가지런한 것과 같으니, 이치를 설명함이 상세하고 분명하여 사람들에게 사고 과정을 계발시켜준다. 중국의 옛 전적 중에서 어떤 것은 표현이 기묘해서 뜻을 다 드러내지 못하고, 어떤 것은 많은 견해를 어지럽게 잡다하게 모아서 체계가 없기 때문에, 사람들이 정밀하게 사고하도록 인도하기 어렵다. 이것이 세 번째 결점이다. 이러한 논의들에 대해서 우리들은 청나라 말기에 이미 익숙하게 들었고 또 거기에 동조하였다. 그런데 내 나이 40세 이후에야 비로소 그런 논의들이 깊이 없고 잘못된 것임을 알고 스스로 뉘우쳤다.

먼저 과학에 대해 말해 보자. 수학은 개별 과학의 기초이다. 복희(伏義)가 상고시대[鴻古時代]@에 팔괘를 그렸다. 한대 사람들은 팔괘와 『구장(九章)』15이라는 수학책이 서로 표리가 된다고 말했는데, 오늘날 수학에 통

---

15 『구장(九章)』: 『구장산술(九章算術)』을 줄여서 말한 것이다. 현재 남아 있는 중국의 고대 수학서는 10종류로서 『산경십서(算徑十書)』라는 것이 있다. 그 가운데 가장 부피가 큰 것이 『구장산술』인데, 10종류 중 2번째로 오래되었다. 가장 오래된 『주비산경(周髀算經)』은 천문학에 관한 수학서이다. 『구장산술』은 선진 이래의 유문(遺文)을 모은 것이라고 한다. 위(魏)의 유휘(劉徽)의 『구장산술주(九章算術註)』가 있는 점으로 미루어 보아 그 이전에 정본(定本)이 있었다는 것을 알 수 있다. 저자와 저작연대는 분명하지 않지만, 그 내용은 다음의 9장으로 이루어져 있다. 제1장의 '방전(方田)'은 전묘(田畝)의 넓이를 구하는 계산에 분수가 있으며, 분자·분모·통분이라는 말도 엿볼 수 있다(38문). 제2장은 '속미(粟米)'로서 금전·미곡의 교역산(46문)이 있다. 제3장의 '쇠분(衰分)'은 비례의 계산(20문), 제4장의 '소광(少廣)'은 '방전'과는 역으로 넓이에서 변과 지름을 구하는 계산인데, 제곱근 풀이가 있다(24문). 제5장의 '상공(商功)'은 토목공사에 관한 문제(28문), 제6장의 '균수(均輸)'는 물자수송의 계산(28문)이며, 제7장의 '영부족(盈不足)'은 분배의 과부족산(20문), 그리고 제8장의 '방정(方程)'은 1차 연립방정식의 계산문제(18문)를

달한 사람은 어느 누구도 그 말을 부인할 수 없다. 『구장산술(九章算術)』은 수준이 매우 높은데도 그것이 상고시대에 나타났으니, 어찌 기이하지 않은가!

ⓐ 연대(年代)가 매우 먼 것을 홍고(鴻古)라고 일컫는다.

나침판[指南針]을 만든 사람에 대해, 어떤 사람은 황제(黃帝)라고 하고, 어떤 사람은 주공(周公)이거나 혹은 황제가 맨 먼저 만든 것을 주공이 이어서 발전시켰다고 하기도 한다. 이 두 가지 주장은 모두 근거가 없는 것이 아니다. 만약 전자(電磁)에 대해 밝지 않았다면 결코 나침판을 만들 수 없었을 것이다. 그렇다면 어떻게 황제와 주공이 격물(格物)하는 기술이 전혀 없었다고 말할 수 있겠는가!

'나무로 만든 연[木鳶]'은 묵적(墨翟)과 공수반(公輸班)[16]이 모두 제작했던 것으로, 이것 또한 비행기의 시초이다. 그것을 순전히 우연한 솜씨에서 나왔다고 할 수 있겠는가?『묵경(墨經)』에 물리학이 있다는 것을 요즘 사람이 확실하게 찾아낸 것이 있다. 공수반의 기계가 정묘하다는 것은 『맹자』에서 유명한데,[17] 안타깝게도 그가 발명한 것이 모두 후세에 전해지지 않았으니 정말 애석하다.

가감법으로 푸는 방법을 취급하였다. 제9장의 '구고(句股)'는 직각삼각형에 관한 문제로 피타고라스의 응용문제이며 2차 방정식도 취급하였다(24문). 이 서적은 후대 산수서적의 모델로서, 250제에 가까운 실용문제는 고대사회경제사의 사료로서도 그 가치가 인정된다.

16 공수반(公輸班, B.C.507?-B.C.444?): 자는 약(若)이고, 일명 공수자(公輸子)·공수반(公輸盤)·반수(班輸)·노반(魯般)이라고도 부르며, 노나라(현 산동성 곡부〈曲阜〉) 사람이다. 춘추말기 건축 및 기계기술자인 그는 장인(匠人) 가정에서 태어나 객관 사물을 주의 깊게 관찰하고 연구하여, 자연현상에서 계발된 여러 가지 기계와 공구를 제작하였다. 그는 새가 날아가는 것을 깊이 관찰하여 대나무로 비요(飛鷂)를 만들고, 풍력을 이용하여 최초로 비행 시험을 하였으며, 곡척(曲尺)·묵두(墨鬥)·포자(刨子)·착자(鑿子) 등 각종 목재공구를 만들었다고 한다.

17 공수반의 기계가 정묘하다는 것은 『맹자』에서 유명한데: 『맹자』「이루·상(離婁·上)」, 孟子曰: "離婁之明, 公輸子之巧, 不以規矩, 不能成方員." 참조.

화학은 연단술에서 시작되었다. 한대에 이미 그것을 이용하는 사람이 있었으니, 그 기원은 아마 전국시대일 것이다.

장형(張衡)[18]은 동한(東漢) 초기의 사람으로『영헌산망론(靈憲算網論)』을 저술했는데, 천지를 망라하여 계산했으며, 지진을 측정하는 후지진의(候地震儀)[19]를 만들었으니, 고대 천문학이 매우 정밀했음을 알 수 있다. 장형이 전거로 삼은 서적은 매우 많다.

이빙(李冰)[20]은 전국시대 진(秦)나라 사람으로 촉(蜀)나라에서 시공한 수리공사(水利工事)로 그 신묘한 공적을 드러냈으니, 오늘날에 이르기까지 2~3천년 동안 오래도록 그가 건설한 수로의 이로움을 누리고 있다. 일본 침략에 맞선 항전시기에 외국인들이 이빙이 건설한 도강언(都江堰)을 보고 경탄을 금치 못하였으니, 고대에 공학(工學)이 융성했음을 알 수 있다.

의학과 약물은 모두 태고시기에서 발명되었으며, 춘추시대에 편작(扁鵲)과 창공(倉公)은 오장육부의 경락(經絡)을 정밀하게 살폈으니, 해부학 기술이 이미 성행했던 것이다.『주관(周官)』에 호탁씨(壺涿氏)[a]가 물벌레를 없애는 일을 맡았다는[21] 기록이 있는 것으로 보아, 고대에 미생물에 대

---

18 장형(張衡, 78-139): 자는 평자(平子)이고, 하남성 남양(南陽) 사람이다. 후한(後漢)의 천문학자 겸 문인으로서 부문(賦文)에 능하여 후한 중기의 태평성대를 풍자한『이경부(二京賦)』·『귀전부(歸田賦)』등의 저작이 있다. 또한 천문(天文)·역학(曆學)의 대가로서 안제(安帝)의 부름을 받아 대사령(大史令)이 되고, 일종의 천구의(天球儀)인 혼천의(渾天儀)를 비롯하여 지진계(地震計)라 할 수 있는 후풍지동의(候風地動儀)를 만들었다. 동한 중기 혼천설(渾天說)을 주장하는 대표적인 인물 가운데 한 사람이다.

19 후지진의(候地震儀): 후풍지동의(候風地動儀)를 말한다.

20 이빙(李冰, 생졸연대미상): 전국시대 진나라(현 산서성 운성〈運城〉) 사람으로 수리공정의 전문가로 유명하고, 천문지리도 깊이 연구하였다. 그가 진(秦) 소양왕(昭襄王) 말년(B.C.256?-B.C.251)에 촉(蜀)의 군수가 되어, 지금의 사천성 도강언시(都江堰市)에 쌓은 도강언(都江堰)이라는 관개수로는 지금까지 잘 보존되어 유용하게 쓰이고 있으며, 유네스코의 세계문화유산에 등재될 정도로 매우 유명하다.

21 호탁씨(壺涿氏)가 물벌레를 없애는 일을 맡았다:『주례』「추관사구(秋官司寇)」. 壺涿氏, 掌除水蟲, 以炮土之鼓, 毆之以焚石投之. 참조.

한 연구가 전혀 천박하지 않았다는 것을 알 수 있다.

ⓐ 추관(秋官: 형조〈刑曹〉의 별칭) 소속이다.

'땅이 둥글다[地圓]'는 논의는 『증자(曾子)』「천원(天員)」편ⓐ에 있는데, 『주비산경(周髀算經)』[22]에서도 그것에 대해 말했다. 지구의 다섯 대륙(五洲)에 대한 학설은 전국시대에 추연(鄒衍)이 처음 주창하였다.

ⓐ 상세하게는 『대대례(大戴禮)』[23]이다.[24]

이런 것들은 모두 상고시대부터 전국시대까지의 몇 가지 일들을 간략하게 징험한 것이니, 중국고대에 과학사상이 없었다는 주장은 순전히 필요 이상으로 자신을 비하시키는 것이고, 털끝만큼도 사실적인 근거가 없다는 것임을 증명할 수 있다.

더욱 기이한 것은 『상서(尙書)』「제전(帝典)」에서 요임금을 칭송하는 말로, "하늘의 기능[工]을 사람이 대신했다."ⓐ[25]라고 하였는데, 이처럼 고명하고 성스러운 지혜와 위대한 기백을 어떻게 과학사상을 이끄는 근원이라고 말하지 않을 수 있겠는가! 공자가 그것을 조종(祖宗)으로 받들어

---

22 『주비산경(周髀算經)』: 중국의 천문 수학서로, 저자는 미상이며 후한 무렵에 편찬되었을 것으로 보고 있다. 상하 2권으로 되어 있다. 후한 또는 삼국시대의 조군경(趙君卿), 북주(北周)의 견란(甄鸞), 당(唐)나라의 이순풍(李淳風) 등의 주석이 가해졌다. 책명은 주대(周代)에 비(髀)라고 하는 8척의 막대에 의하여 천지를 측정 산출한 데 연유한 것이다. 원주율을 3으로 하는 등 수학적인 내용도 포함하지만 '구(句)·고(股)·현(弦)의 법'(즉 피타고라스 정리)을 기초로 하여 혼천설(渾天說)과 함께 중국의 대표적인 우주관이라고 하는 개천설(蓋天說)을 뒷받침한다.

23 『대대례(大戴禮)』: 전한(前漢)의 대덕(戴德)이 2백 여 편의 『예기(禮記)』를 줄여서 85편으로 한 것인데 『예기』와 구별하기 위한 것이다. 지금은 흩어지고 없어져서 40편만 남았다. 『대대기(大戴記)』라고도 한다.

24 상세하게는 『대대례(大戴禮)』이다: 증자의 사상을 기록한 『증자(曾子)』 18편(篇)은 그 가운데 10편이 『대대례기(大戴禮記)』에 남아 전하는데, 「천원(天員)」편은 그 중 하나이다.

25 『상서(尙書)』「우서(虞書)」「고요모(皐陶謨)」. 天工, 人其代之.

세승한 것에는 까닭이 있었던 것이다. 그런데 진대와 한대에 옛 전적을 깨끗하게 훼손해 버렸다. 이 때문에 후대의 사람들이 고대에는 과학사상이 없었다고 억측하여 단정했으니, 이것은 중국문화사에서 매우 불행한 일이다.

ⓐ 애초에 백성들은 모두 하늘이 만물을 창조하는 신묘한 기능[工]을 가지고 있다는 것을 불가사의한 것이라고 경탄했지만, 요임금은 도리어 우리들은 마땅히 자기의 역량을 발휘하여 하늘을 대신해야 한다고 말하고, 우주를 개조하는 신묘한 기능을 이루었다. 그러므로 "하늘의 기능을 사람이 대신했다."라고 말했다.

둘째, 민주사상에 대한 것으로서 이것에 대해 논하는 자들은 민주사상이 6경에 보이지 않는다고 평가한다. 나는 마땅히 「원외왕」에서 그 미혹과 오류를 바로잡을 것이니, 여기서는 잠시 상세하게 설명하지 않겠다.

셋째, '따지기를 좋아하는 사람[說者]'은 옛 전적에는 체계적인 이론이 없다고 하는데, 이제 주나라 말기 유가의 육예에 관한 많은 책들을 가지고 말하겠다. 한대 초기에 사마담이 보았던 수많은 책들의 목록은 그 책들이 서한(西漢) 때에 이미 존재하지 않았으니, 제자백가의 옛 전적이 완전히 폐기되었음은 더 말할 나위도 없다. 후대의 후학들이 이 때문에 옛 전적에는 체계적인 이론이 없다고 경솔하게 논의하는 것은, 근거 없는 억측으로 단정하는 것이고 징험하여 상고할 길이 없으니, 매우 망령된 것이 아니겠는가! 6경이 비록 한대 사람들에 의해 함부로 고쳐졌지만, 『대역』은 다른 경전에 비해 그 참된 모습을 보존하고 있는 것이 비교적 많다. 64괘는 모든 것을 품고 있으며 무한한 의미를 통섭하여, 마치 하늘이 덮어주지 않는 것이 없고 땅이 실어주지 않는 것이 없는 것과 꼭 같으니, 이것은 이미 산만하여 체계가 없다고 논의할 수 없을 뿐 아니라, 게다가 '체계적이다'라는 말로는 그것을 찬양할 수도 없다. ⓐ

ⓐ 체계적인 이론은 그 함의가 곧 그것이 가지고 있는 논의에서 끝나니, 다시 더 남

아 있는 깊은 뜻이 없다. 그러나 64괘의 오묘함은 바로 다함이 없이 굉장히 많아서 그 뜻을 모르는 사람에게는 말하기 어려우니, 참으로 심오하고 미묘하다.

사마담이 "넓은데도 요점이 적고, 수고로운데도 공로가 적다"고 유학자를 비난하였는데, 사실상 사마담은 유학에 대해서 들은 것이 없다. 사마담은 일찍이 양하(楊何)²⁶에게 『역』을 배운 적이 있다. 『역』은 오경의 근본으로서 모든 것을 품고 있으며 '광대하게 모두 다 갖추고 있지만[廣大悉備]',ⓐ '이치를 궁구하고[窮理]' '본성을 다 밝혀서[盡性]' 천명에 이르는 근본으로 돌아가니,ⓑ 바로 이것이 넓지만 요점이 있다는 것이다. 그런데 사마담이 망연하게 그것을 살피지 못했던 것은 무엇 때문인가? 한대에 『역』을 연구하는 사람들은 모두 상수(象數)를 중심으로 하였으니, 사실 모두 옛날 술수가의 지류이다. 「예문지」에서 "한대가 일어나자 『역』을 말하는 사람들은 모두 전하(田何)²⁷에게 근본을 두었다."라고 하였다. 전하는 술수로써 종파를 열었으니, 그가 공자의 『역』과는 관계가 없음을 알 수 있다. 사마담은 양하를 스승으로 섬겼으니 본래 전하의 재전(再傳) 제자이다. 그러므로 사마담은 유학에 대해 전혀 아는 것이 없었다.

ⓐ 넓어서[廣] 포함하지 않는 것이 없고, 커서[大] 그 밖이 없으며, '모두 다 갖추어서 [悉備]' 크거나 작거나 정교하거나 거칠거나 그것의 운행에 포함되어 있지 않은 것이 없다. 이것은 『계사전』에서 『역』을 찬양하는 말이다.

ⓑ '궁리(窮理)' 등에 관한 상세한 설명은 「원학통」에 있다.

---

26 양하(楊何, 생졸연도미상): 자는 숙원(叔元)이며, 서한의 치천(淄川) 사람이다. 일찍이 전하(田何)에게 『역』을 배웠으며, 사마담에게 『역』을 전수해 주었다고 한다. 한(漢) 무제(武帝) 때에 중대부(中大夫)에 임명되었다. 저서로는 『역전양씨(易傳楊氏)』 2편이 있었지만, 이미 망실되었다.

27 전하(田何, 생졸연대미상): 자는 자장(子莊)·자장(子裝)이고, 호는 두전생(杜田生)이며, 서한 금문 역학(今文易學)의 창시자이다. 서한의 치천(淄川: 현 산동성 수광(壽光)) 사람이다. 공자가 『역』을 전수한 5전(傳) 제자이다. 서한의 『금문역학(今文易學)』은 모두 전하에 의해서 전수되었다. 진시황의 분서 이후 『역』은 그의 구전(口傳)에 의해 비로소 후대에 전해질 수 있었다고 한다.

사마담은 도기에 대해서는 확실하게 터득했다. 도가는 지식을 반대하고 '대상을 내버리며[遺物]' 문명을 비난한다. 유학의 육예는 '사물의 이치를 궁구하고[格物]', '만물을 구비하며[備物]', '만물을 변화시키고 마름질하여 변통하는 것[化裁變通乎萬物]'을 작용으로 삼는다.[ⓐ] 그러므로 사마담은 (유학에 대하여) 그 지식을 다하고 정신을 수고롭게 하여 식견이 넓지만 합당함이 없다고 생각했던 것이다. 도가의 관점에서는 그렇다.

ⓐ 자세한 설명은 『역계사전』에 있다.

중국문화와 학술은 결국 진대(秦代) 이전에서 강구해야 한다.[ⓐ] 주나라 말기의 제자백가에 대한 것은 그 책이 망실되어 단절되었지만, 온전치 못하게 남아 있는 책의 사소한 의미가 우연히 존재하는 것도 역시 무척 진귀하다. 공자의 6경이 비록 함부로 고쳐졌을지라도 『대역』·『춘추』·『주관』의 3경에 근거해서 『예기』 등의 여러 경을 조심스럽게 선택하여 참고하면, 여전히 내성외왕의 큰 줄기를 엿볼 수 있을 것이다. 한대 이래의 경학자들은 대부분 사제 간에 전승하는 학문과 금문학파와 고문학파 간의 논쟁을 중시하였고, 송대 이후로는 더더욱 한학과 송학의 논쟁을 벌였다. 이런 것은 모두 '비속한 유학자[奴儒]'나 '현실감 없는 유학자[迂儒]'들이 쥐구멍을 뚫어 놓고 탁 트여 넓다고 여긴 것이지, 천지의 광대함은 보지 못한 것이다. 이러한 논쟁의 단서에 대해서는, 뒤에 그 내용과 관련해서 언급할 때에 간략히 분별하여 바로잡겠다.

ⓐ 여섯 나라가 모두 망하여 여정(呂政: 진시황)이 천하를 통일한 때부터 진 이세(秦二世)의 멸망 때까지가 진대이고, 여정이 막 진왕이 되었을 때는 오히려 전국시대에 속한다. 사마천의 『사기』는 영(嬴)씨의 진(秦)을 본기(本紀)로 삼았는데 별다른 뜻은 없다.

제2장

원학통(原學統: 학통의 본원을 탐구함)

중국의 학술은 상고시대에 발원했다. 그러나 춘추시대에 와서야 공자가 많은 성인들을 집대성하여 탁월하게 유학의 기초를 세웠다. 춘추전국시대에 제자백가가 벌떼처럼 일어나서 열 개의 해가 하늘을 밝히는 것처럼 중국천하[九州][1]에 흩어져 극도로 번성하였다. 그런데도 유학은 실로 정통파가 되어 '다른 학파들[異部]'이 끊임없이 논쟁하면서 곁에 붙어다니는 것을 감당했다.ⓐ 마치 태양이 가운데 자리 잡고 있어서 여덟 행성이 그 밖을 둘러싸고 돌아가는 것처럼, 우주의 광활하고 무궁함을 볼 수 있음이 위대하다!

ⓐ 10개의 해가 동시에 나왔다는 것은 상고사에 있는 신화이다.[2] '다른 학파[異部]'는 불가에서 빌려온 용어로서 많은 다른 학파를 말한다.

공자의 학문은 대체로 상고시대 두 학파의 사상을 회통한 것이다. 두 학파 중에서 하나는 요임금과 순임금에서부터 문왕과 무왕까지의 정사(政事)와 교화 등이 책에 실려 있어 후세에 모범이 되기에 충분한 것이니, '실용파(實用派)'라고 말할 수 있다. 또 다른 하나는 복희(伏羲)가 처음 그린 팔괘로서 곧 신묘함을 궁구하고ⓐ 조화를 아는 것이며 변증법의 발원이 된 것이니, '철리파(哲理派)'라고 말할 수 있다.

ⓐ '신묘함을 궁구한다.[窮神]'는 것은 그 풀이가 「서언」에 있다.

---

1 중국천하[九州]: 고대에는 중국을 9주로 나누었다.

2 10개의 해가 동시에 나왔다는 것은 상고사에 있는 신화이다: 『상서전해(尚書全解)』 「감서하서(甘誓夏書)」. 淮南子曰, 堯時十日並出, 堯使羿射九日而落之.

공자의 학문 1: 50세 이전
시(詩)·서(書)·예(藝)·예(禮)의 실용학

시(詩)

공자의 50세 이전 학문은 대개 실용파에 대해 전력을 다해 탐구한 것이었다. 『논어』「술이」편에서 "공자께서 '평소 하신 말씀[雅言]'은 『시』·『서』와 예를 지키는 것이었으니, 모두 평소 하시는 말씀이었다."³라고 했다. 주자(朱子: 朱熹)는 주석에서 "평소[雅]는 평상시이다."라고 했고, 또 "예에 대해서만 지킨다는 말을 덧붙인 것은 사람들이 지켜야 되는 기준으로 말한 것이지 단지 외워서 말하는 것이 아니기 때문이다."⁴라고 했다. 내 생각에, 『사기』「공자세가(孔子世家)」에서 "옛날에는 시(詩)가 3천여 편이었다."⁵라고 했으니, 이것은 공자가 아직 산정하지 않았던 시이다. 옛날의 시는 모두 민간의 가요에서 채집하였다. 먼 옛날에 노동을 하는 백성은 천자·제후·대부 등 여러 통치계급 아래에서 생활했다. 세금의 경중과 정령의 관대함·잔혹함과 부역의 완급과 통솔[表率]ⓐ의

---

3 『논어』「술이(述而)」. 子所雅言, 詩·書·執禮, 皆雅言也.
4 『논어』「술이」. 子所雅言, 詩·書·執禮, 皆雅言也. 구절에 대한 주희 주. 雅, 常也. 執, 守也. 詩以理情性, 書以道政事, 禮以謹節文, 皆切於日用之實, 故常言之. 禮獨言執者, 以人所執守而言, 非徒誦說而已也.
5 『사기』「공자세가(孔子世家)」. 古者詩, 三千餘篇.

어짊·흉포함에 따라 백성들에게는 기쁨·슬픔·괴로움·즐거움과 같은 여러 종류의 서로 다른 감정이 있었다. 정감이 마음에서 움직여 입으로 노래하니, 이것이 시의 유래이다. 그러므로 시를 배우지 않으면, 천하에 가장 많은 수를 차지하는 노동자들의 고통을 알 수 없으니, 어떻게 다스림을 도모할 수 있겠는가! 공자가 『시』를 300편으로 산정했지만, 그 원본 3천 편도 당연히 함께 유행하였지 폐기되지는 않았을 것이다.

> ⓐ '통솔[表率]'은 윗사람이 실행하는 것을 온 세상에 기풍으로 보여주어 따르도록 바라는 것이다. 『예기』에서 "요임금과 순임금은 인정으로 천하를 통솔했고, 걸(桀)임금과 주(紂)임금은 폭정으로 천하를 통솔했다."[6]라고 했다.

2-1-2 서(書)

옛날의 문서[書]는 3,240편이었다. 『한서』 「예문지」에서는 "공자가 서(書)를 산정해 1백 편을 만들었다."[7]라고 했고, 『장자』 「천하편」에서는 "『서(書)』는 일을 서술한다."[8]라고 했다. 어떤 사람은 "상고시대 성왕들이 나라를 세우고 군중을 다스리는ⓐ 큰 법도와 일체의 크고 작은 업무까지 총칭하여 일이라고 한다."라고 했다. 내 생각에, 고대의 성왕들이 민중을 이끌어 서로 단결하여 그 삶을 완성하게 하는 것은, 하늘의 조화와 땅의 이로움을 따르고 시대상황의 변화에 순응해서 사물을 열어주고 일을 이루며,ⓑ 모든 일을 질서 있게 하고 세계를 만들어 일으키는 것이었는데, 크거나 작은 것과 정교하거나 조잡한 것을 따지지 않고 그들이

---

6 『예기(禮記)』 「대학(大學)」. 堯舜率天下以仁而民從之. 桀紂率天下以暴而民從之. 其所令反其所好而民不從. 是故君子有諸己而後求諸人, 無諸己而後非諸人.

7 『한서』 「예문지」. 易曰: "河出圖, 洛出書, 聖人則之." 故 『書』之所起遠矣, 至孔子纂焉, 上斷於堯, 下訖於秦, 凡百篇, 而爲之序, 言其作意.

8 『장자』 「천하」. 詩以道志, 書以道事, 禮以道行, 樂以道和, 易以道陰陽, 春秋以道名分, 其數散於天下, 而設於中國者, 百家之學, 時或稱而道之.

한 모든 것을 종합해서 총칭하여 일이라고 했다. 사관들이 그 일을 서책에 서술해서 후세에 알려 준 것을 이름 붙여서 그것을 서(書)라고 하였기 때문에 『서』에서 말한 것이 일이다. 예로부터 전해지는 말에 "예전의 일을 잊지 않는 것은 뒷일의 모범이 되기 때문이다."라고 했다. 『서』를 배우지 않으면, 예전의 일에 어두워 현세의 일을 개조할 방법이 없으니, 또 어떻게 미래를 향해 나아갈 수 있겠는가! 『서』는 모든 일의 보고(寶庫)이니, 후세 사람들이 실사구시의 학문을 연구하기 위해서는 반드시 이것을 밑천으로 해야 한다.ⓒ

　ⓐ 군중은 사회를 말한다. 다스린다는 것은 사회를 조직하고, 완미(完美)하게 한다는 말이다.

　ⓑ 자연계의 물자를 열어주고, 과거에 끊어져서 보유할 수 없었던 여러 가지의 큰 사업과 중요한 일을 이루는 것이다.

　ⓒ 장자가 "『서』는 일을 서술한다."라고 할 때, 여기서의 일은 무궁무진한 의미를 포함하고 있다. 그런데 종래에 독자들은 단지 두루뭉술하게 넘어갔으니, 참으로 애석하다. 두루 통달한 식견을 가진 자가 아니면, 이런 의미를 함께 말하기 어렵다. '일'이라는 글자에 대한 나의 해석은 또한 『상서』 「제전(帝典)」에서 체득한 것이다.

2-1-3　예(藝)

'공자께서 평소 하신 말씀은 『시』·『서』와 예를 지키는 것이었으니'에서 '지킨다[執]'는 글자를 아래의 '예(禮)'자와 이어서 읽으면, 예(禮)를 지켜야 한다는 말이다. 그런데 이런 해석은 옛날부터 계속 이어져 내려온 큰 오해이다. 명대 말기 방밀지(方密之: 方以智)[9]는 『통아(通雅)』[10]에서 이 구절

---

9 방이지(方以智, 1611-1671): 자는 밀지(密之)이고, 호는 만공(曼公)이며, 안휘성 동성현(桐城縣) 사람이다. 명말청초(明末淸初)의 사상가이며, 과학자이다. 역학(易學)을 가업으로 하였으며 동림당(東林黨)에 참가한 선조의 전통을 이어받아 동림일복사(東林一復社)의 이론적 지도자로서 활약하였다. 그는 사람들이 당연하게 받

에 대해 다음처럼 해석했다. "『시』·『서』·집·『예』네 글자는 병렬한 것이니, '집(執)'자를 지킨다는 의미로 해석해서는 안 된다. '집(執)'자는 '예(藝)'자와 통용되니, 여기서의 '집(執)'자는 예(藝)의 의미로 읽어야 한다." 나는 방이지의 견해가 옳다고 본다. 옛날에 예(藝)에 대해 말할 경우 그 뜻이 아주 넓어서 '지식과 기능[知能]'이나 '기술(技術)' 등의 의미를 포함했다. 6경(六經)을 또한 육예(六藝)라고 이름 붙인 것은 '지식과 기능'이라는 의미를 취한 것이다. 격물(格物)의 학문과 모든 기계의 창작은 '기술'이라는 의미를 취한 것이다. 이 구절에서의 '집(執)'자는 후자 즉 '기술'의 의미에 속한다. 『논어』「자한」편에 "나는 어려서 가난했으므로, 비천한 일에 재능이 많았다."[11]라는 공자의 말을 기록해 두었다.ⓐ 또 "뇌(牢: 子張)가 말하기를, '나는 임용되지 못했으므로 잡다한 일에 능숙했다.'라고 선생님께서 말씀하셨다."[12]라는 말이 기록되어 있다.ⓑ 이런 말들에 의거하면, 공자는 기예가 다방면으로 능통했다는 것을 알 수 있으니, 그가 이것으로서 3천 명의 문인과 70제자들을 가르쳤다는 것은 결코 의심할 수 없다. 이로부터 『대역』에서 '지혜가 만물에 두루 통한다.'[13]고 말

아들이는 것에 대해 강한 관심과 의문을 가졌다. 그에 따르면 질측(質測: 자연과학)은 통기(通幾: 철학)를 담고 있어 서로 분리될 수 없으며, 자연과학도 철학의 지침을 따라야 한다고 보았다. 또한 여러 사물과 그들의 관계를 관통하는 근본원리인 자연계의 근본원칙을 탐구하여 그것을 '교륜지기(交輪之幾: 철학을 말함)'라고 이름 지었다. 즉 허실(虛實)·동정(動靜)·음양(陰陽)·형기(形氣)·주야(晝夜)·생사(生死)·도기(道器)·유명(幽明) 등과 같이 세계는 모두 둘로 나뉘어 있으며 이 둘이 서로 엇바뀌거나 대립하고 원인이 되는 관계를 이루는 '하나'인 것으로 보았다. 물리·지리·역사·천문·문학 등 여러 방면에 관하여 연구하였으며 명나라가 망하자 새로운 왕조인 청나라에 협조하지 않고 산으로 들어가 승려가 되었다. 주요저서로는 당시에 나온 과학의 여러 성과를 모아서 박물지 성격으로 쓴 『통아(通雅)』와 『물리소식(物理小識)』이 있으며, 『계고당문집(稽古堂門集)』, 『부산전집(浮山全集)』, 『부산후집(浮山後集)』, 『동서균(東西均)』 등이 있다.

10 『통아(通雅)』: 명말청초의 사상가이자 과학자인 방이지(方以智)의 대표작이다.

11 『논어』「자한(子罕)」. 子聞之曰: "大宰知我乎. 吾少也賤, 故多能鄙事. 君子多乎哉. 不多也."

12 『논어』「자한」 牢曰: "子云: '吾不試, 故藝.'"

한 것과ⓒ『대학』에서 '치지(致知)는 격물에 있다.'[14]고 말한 것이, 「자한
」편에서 '예(藝)에 대해 평소 말씀하셨다.'는 뜻과 모두 일관된다는 것을
논증할 수 있다. 공자는 지식을 반대하지 않았고 과학을 매우 중시했다.
이런 정신은 멀리 요순을 계승한 것이다. 요임금께서 "하늘의 일을 사람
들이 대신한다."ⓓ[15]고 말했고, 맹자는 "순임금께서는 여러 사물의 이치
에 밝았고 인륜에 특히 자세했다."[16]고 말했다. 이 말은 반드시 옛날의
전기(傳記)에 근거했을 것이니, 요순이 격물에 정통했음을 알 수 있다.

ⓐ '비천하다'는 것은 세속적이라는 말이다. 격물의 지식과 기계의 창작은 모두 실
   제 생활의 수요에 따라 발전하므로, 세속적인 일이라고 했다. 공자가 어렸을 때
   미천했으므로 비속한 일에 재주가 많았다고 스스로 말했다.

ⓑ 뇌(牢)는 공자의 제자이다. '임용된다[試]'는 것은 등용된다는 것이다. 세상에 등
   용되지 못했으므로 여러 가지 기예를 익혀서 통달했다고 공자께서 스스로 하신
   말씀을 뇌가 일찍이 들은 적이 있다.

ⓒ 우리들의 지혜가 만물에 두루 관통할 수 있다는 말이다.

ⓓ 이것에 대한 해석은 「서언」에 있다.

현존하는 것에 의거하면, '예경(禮經)'은 대략 세 가지가 있으니, 『의례(儀
禮)』와 『주관(周官)』과 『대소대기(大小戴記)』이다. 『의례』는 당연히 주공
이 만든 것이다. 『주관』은 공자가 지은 것으로 보이는데, 『춘추』와 의
미가 상응하기 때문이다. 『대소대기』는 오히려 70제자의 후학들이 되
풀이하면서 전수한 것이니, 그 가운데에는 공자의 말뜻을 기록한 것이
많고, 또한 고례(古禮)의 서적을 잡다하게 채집한 것도 있다. 그것은 기
술하는 자에 따라 자기의 뜻을 보탠 곳도 당연히 적지 않았을 것이다.
공자께서 평소 예에 대해 말씀하신 것은, 어떤 때에는 고례를 일컬어 말

---

13 『역』 「계사・상」. 知周乎萬物而道濟天下, 故不過.

14 『대학』. 致知在格物.

15 『상서(尙書)』 「우서(虞書)」 「고요모(皐陶謨)」. 天工, 人其代之.

16 『맹자』 「이루・하(離婁・下)」. 舜明於庶物, 察於人倫, 由仁義行, 非行仁義也.

하기도 했고, 어떤 때에는 자신ⓐ의 새로운 예학을 서술하기도 했다. 이런 정황은 충분히 생각해 볼 수 있다.

ⓐ '자신'은 공자 스스로를 일컫는다.

2-1-4 예(禮)와 악(樂)

예(禮)와 악(樂)은 항상 서로 반대되면서도 서로를 완성시켜 주므로, 병행해야지 분리해서는 안 된다. 그러므로 한번 '예'를 말하면 이미 그 안에 '악'이 포함되어 있다. 이 구절에서 비록 '악'이라는 글자를 열거하지 않았을지라도 '악'이 저절로 '예'라는 글자 안에 포섭됨을 학자들은 알아야 한다. 「악기(樂記)」에서 다음처럼 말했다. "음악은 하나 되기 위한 것이고, 예는 구분짓기 위한 것이다. 하나가 되면 서로 친하고, 구분되면 서로 공경한다. 악이 지나치면 말류로 흘러가고,ⓐ 예가 지나치면 흩어진다.ⓑ 감정을 화합하고 몸가짐을 단정히 하는 것이 예와 악의 일이다."ⓒ17 내 생각에, 음악에서 하나 되기 위함이라고 말한 것은, 「악기」에 "기쁘고 흥겨우며 즐겁고 다정한 것은 음악이 담당[官]ⓓ하는 것이다."18라고 하였으니, '악'은 기쁨・흥겨움・즐거움・다정함을 주관하고, 이 기쁨・흥겨움・즐거움・다정함과 같은 정감은 곧 우주의 그침 없이 낳고 낳으며 쉼 없이 활기차게[蕩] 움직이는 참된 기미라는 것이다.ⓔ 인간 생명의 본원을 추구하면, 본래 우주의 대생명과 혼연히 하나여서 분할할 수 없다. 그렇지만 사람이 생명을 갖게 된 다음에는 이미 독립된

---

17 『예기』「악기」. 樂者爲同, 禮者爲異. 同則相親, 異則相敬. 樂勝則流, 禮勝則離. 合情飾貌者, 禮樂之事也. 禮義立, 則貴賤等矣.

18 『예기』「악기」. 樂者, 天地之和也. 禮者, 天地之序也. 和故百物皆化. 序, 故群物皆別. 樂由天作, 禮以地制, 過制則亂, 過作則暴. 明於天地, 然後能興禮樂也. 論倫無患, 樂之情也. 欣喜歡愛, 樂之官也. 中正無邪, 禮之質也. 莊敬恭順, 禮之制也. 若夫禮樂之施於金石, 越於聲音, 用於宗廟社稷, 事乎山川鬼神, 則此所與民同也.

개체를 이루기 마련이니, 마치 어떤 한 사람은 곧 자신 이외의 사람들과 남이 되듯이, 혹 천지만물이 서로 대립할 수 있다. 바꿔 말하면 형세가 모순을 이루면, 도리어 본래의 혼연히 하나인 대체(大體)ⓕ를 잃어버리고 거의 회복하지 못한다.ⓖ 우리들이 오로지 악(樂)을 깨달아서 이해할 때, 일체의 사사로움이 없고 때 묻지 않은ⓗ 정감이 발생하여, 한결같이 큰 우주 안에서 오직 기쁨·흥겨움·즐거움·다정함이 충만한 것과 유사하다. 이때에는 '남이라는 형상[人相]'도 없고 '나라는 형상[我相]'도 없으며, '일체 만물의 형상[物相]'이 없어져, 곧바로 '작은 자기[小己]'가 천지만물 속으로 녹아 들어가 서로 소통하여 하나가 된다. 모순을 없애고 본래의 혼연히 하나인 대체로 돌아가서 차별상을 벗어나므로, '악(樂)'이란 하나 되기 위한 것이다.'라고 했다.

ⓐ '악'이 지나치면 화합은 되지만 절도가 없어 방탕으로 흐르기 쉽다.

ⓑ '예'가 지나치면 피아(彼我)의 차이가 있어 공경을 유지하지만 소원해져서 헤어지기 쉽다.

ⓒ 옛 주석에 따르면, 정감을 화합하는 것이란 '악'으로 내면을 화합함으로써 흩어지는 잘못을 구제하는 것이라고 하였고, 몸가짐을 단정히 하는 것이란 '예'로 외면을 검속함으로써 방탕으로 흘러가는 잘못을 구제하는 것이라고 하였다.

ⓓ '담당[官]'이란 주관한다는 의미이다.

ⓔ '탕[盪]'자에는 '방탕으로 흐른다.'는 앞의 주석에서처럼 나쁜 의미로 사용할 때가 있고, 좋은 의미로 사용할 때가 있다. 여기에서 '활기차게 움직인다.'는 것은 활기차게 활동한다는 의미로 나쁜 의미가 아니다. '기미'는 살아있는 기틀이 잠재적으로 활동함을 말한다. 참되다는 것은 허망하지 않다는 것이다.

ⓕ '대체(大體)'라는 말은 『맹자』에 보이는데,[19] 여기서 차용한 것은 '대생명'이라고 말하는 것과 같다.

ⓖ '거의'라고 말한 것은 끝내 회복할 수 없다는 것이 아니다.

ⓗ '때 묻지 않았다.'는 것은 미망과 집착이 없다는 것이다.

어째서 (「악기」에서) '예란 구분짓기 위한 것이다.'라고 했는가? 이미 앞

---

19 『맹자』「고자·상(告子·上)」. 公都子問曰: "鈞是人也, 或爲大人, 或爲小人, 何也." 孟子曰: "從其大體爲大人, 從其小體爲小人."

에서 설명한 것처럼 일체의 생명 있는 것들은 제각기 하나의 개체를 이루어 서로 대립하니, 이것들을 '차별상[異相]'이라고 한다. 차별 때문에 모순되어 우주는 전쟁터가 되고, 중생의 세계는 죄악의 숲이 되니 어떻게 해야 되겠는가! 옛날부터 생사의 바다ⓐ를 싫어하고 태어남이 없는 곳으로 나아가기를 기원하여 모순을 초탈한 것이 있었으니, 불교의 출세간법ⓑ이 이것이다. 그 기원은 진실로 크지만 생사의 바다는 끝내 다함이 없으니 또 어떻게 할 것인가! 군주[主]가 있어서 '이로움이 하나의 근원에서 나오면'ⓒ20 다른 길을 막아서 모순을 끊어버리는 것을 꺼리지 않으니, 상앙(商鞅)21과 한비자의 법술이 이것이다. 그러나 노자는 "되돌아가는 것이 도의 운동이다."22라고 하지 않았던가! 이 구절의 의미는 광대하고 심오해 하늘의 변화와 사물의 이치와 사람의 일이 포괄되지 않은 것이 없지만, 여기서는 자세히 언급하지 않겠다. 내가 감히 단언하는 것은, 반대되는 것을 끊어버리면ⓓ '큰 도[大道]'도 사라진다는 것이다. 상앙과 한비자는 진실로 깨닫지 못했지만, 도가에서 비록 "되돌아가는 것이 도의 운동이다."라고 말하더라도 오직 자연적으로 그런 것에 내맡

---

20 『한비자』「칙령(飭令)」. 利出一空者, 其國無敵.

21 상앙(商鞅, ?-B.C.338): 춘추전국시대(B.C.770-221)의 정치가이며 사상가이다. 본명은 공손앙(公孫鞅)이다. 전국시대의 진(秦)나라를 재조직하여, 통일국가 진(B.C.221-206)을 세우는 데 큰 공헌을 했다. 국가는 오직 권력으로만 유지될 수 있고, 그 권력은 대규모의 군대와 충분한 식량에서 나온다고 믿었다. 전국시대에 진나라 효공(孝公)의 신하로 들어간 상앙은 나라를 분할하여 다스리게 했던 봉건제를 중앙에서 임명한 관리가 지방을 다스리는 군현제(郡縣制)로 대체했다. 그는 새로운 토지·조세·징병제도를 만들고, 법을 엄격하고 획일적으로 공정하게 시행할 것을 강조했다. 또한 모든 사람들에게 농사나 군역과 같은 생산적인 직업을 갖도록 강요했고, 상업을 억제했으며, 백성들 사이에 상호감시체제를 세웠다. 그러나 그는 388년 효공의 죽음과 함께 영향력을 잃고 거열형(車裂刑)에 처해졌다. 『상군서(商君書)』는 그의 사상과 저작을 수록하고 있다고 추측되나, 저자가 누구인지는 불확실하다. 이 책은 매우 실용주의적이며, 법가(法家)의 권위 있는 저작이다.

22 『도덕경』 40장. 反者, 道之動; 弱者, 道之用; 天下萬物生於有, 有生於無.

기는 것을 종지로 한다.ⓔ 그러므로 "진실로 허물을 벗어난다."23라고 했고, 또 "감히 천하의 선두가 되지 않는다."24라고 했으며, '암컷의 특성을 지키고',25 '욕(辱)을 지킨다.'26라고 했으니, 이것은 바로 승려(僧侶)주의자가 모순을 회피하면서 개인 스스로 완전하게 되겠다는 생각인데, 민중들에게는 큰 해로움이 되어서 모범으로 할 수 없는 것이다. 그렇다면 어떻게 모순을 처리해야 되겠는가? 예(禮)로 할 뿐이라고 말할 수 있다.

ⓐ 중생의 생사는 유전하면서 고통의 바다로 침몰하니, 생사의 바다라고 이름 붙였다.

ⓑ 여기서의 '법'자는 교리라고 말하는 것과 같다.

ⓒ 한비자의 말이다.

ⓓ 곧 모순을 끊어서 없애버리는 것이다.

ⓔ 도가에서 우주의 변화는 신의 창조에 말미암지 않고, 사람의 힘이 참여하는 것을 용납하지 않으며, 더 이상 그 근원을 따질 수도 없고 자연적으로 그런 것일 뿐이다. 그러니 우리들은 자연적으로 그런 것에 대해 단지 따르고 맡겨놓을 뿐이다.

2-1-5   예(禮)

[2-1-5-1] 예의 근본: 경건

예는 경건을 근본으로 삼고, 질서를 효용으로 여기며, 때에 맞추는 것을 기준으로 한다. 「곡례(曲禮)」에서 "경건하지 않음이 없다."27라고 하였는데, 『예경』세 가지 책을 한마디로 단언하면, "경건하지 않음이 없다."

---

23 『장자』「천하」. 人皆求福, 己獨曲全, 曰苟免於咎.

24 『도덕경』67장. 我有三寶, 持而保之, 一曰慈, 二曰儉, 三曰不敢爲天下先.

25 『도덕경』28장. 知其雄, 守其雌, 爲天下谿. 爲天下谿, 常德不離.

26 『도덕경』28장. 知其榮, 守其辱, 爲天下穀. 爲天下穀, 常德乃足, 復歸於樸.

27 『예기』「곡례・상(曲禮・上)」. 曲禮曰: "毋不敬, 儼若思, 安定辭. 安民哉."

는 것일 뿐이다. 경건하지 않으면 제멋대로 하게 되니,[ⓐ] 장차 노자의 잘못으로 백성을 하잘것없는 지푸라기처럼 쓸데없는 것으로 보는 우환이[28] 있게 될 것이다. 경건하지 않으면 경박하게 된다. 도가는 천지 정신과 홀로 왕래하고,[29] 세상을 버리고 사람들을 떠난다. 그 말류는 더욱 위축되어 마침내 모든 생명이 목숨을 의탁할 곳이 없게 되니, 경박함의 피해가 이미 극단까지 갔다. '양자강 왼쪽 지방[江左: 강동〈江東〉지역]'의 도사들[玄流]이 그 증거이다. 경건하면 이 때문에 방자하지 않아 모든 사람들과 '하나의 몸[同體]'이 될 수 있다.[ⓑ] 경건하면 이 때문에 경박하지 않아 모든 사람들과 우환을 함께 한다.[ⓒ] 세간에는 본래 모순이 겹겹이 쌓였지만 오직 예로 천하의 사람을 인도하여 '경건과 삼감[敬愼]'의 마음을 함께 따르면, 일반적인 모순은 일에 직면하여 그 의로움을 정밀하게 알기가 어렵지 않다. 정의가 펼쳐져서 피차간에 제각기 사사로움을 억제하면 모순은 제거될 수 있다. 그런데 만약 매우 거대한 모순이라면[ⓓ] 본래 혁명을 일으키지 않을 수 없는 일이다. 순경(荀卿)이 예에 대해 훌륭하게 설명하면서, 상하가 지위를 바꾼 다음에 바르게 된다고[30] 주장한 것이 바로 그 증거이다. 혁명이야말로 매우 거대한 변화인데, 이때에 말하는 예는 또한 변례(變禮)[31]이다. 내가 순자와 맹자의 말을 들어 그러한 점을 짐작해보니, 경건과 삼감은 거의 잘못이 없다. 순경은 "빼앗은 다음에 의롭게[義] 되고, 죽인 다음에 어질게[仁] 되며, 상하가 지위를 바꾼 다음에 바르게 된다."[32]고 했다.[ⓔ] 맹자는 "한 가지라도 불의한 일을 행

---

28 백성을 하잘것없는 지푸라기처럼 쓸데없는 것으로 보는 우환: 『도덕경』 5장. 天地 不仁, 以萬物爲芻狗, 聖人不仁, 以百姓爲芻狗.

29 천지 정신과 홀로 왕래하고: 『장자』 「천지」. 獨與天地精神往來, 而不敖倪於萬物, 不 譴是非, 以與世俗處.

30 상하가 지위를 바꾼 다음에 바르게 된다: 『순자』 「신도(臣道)」. 信陵君似之矣. 奪 然後義, 殺然後仁, 上下易位然後貞.

31 변례(變禮): 상례(常禮)가 아닌 특수상황에 대응하는 예라고 할 수 있다.

32 『순자』 「신도」. 信陵君似之矣. 奪然後義, 殺然後仁, 上下易位然後貞.

하고, 한 사람이라도 죄 없는 이를 죽여서 천하를 얻는다면 하지 않을 것이다."[33]라고 했고, 또 "백성이 귀중하고 임금은 하찮다."[34]라고 했다. 맹자가 '백성이 귀중하고 임금은 하찮다.'고 말한 것도 순경의 '상하가 지위를 바꾼다.'는 논의와 동일하다. 한 가지라도 불의한 일을 행하고 한 사람이라도 죄 없는 이를 죽이고 천하를 얻는 것을 차마 하지 않으면, 사욕과 잘못을 엄격히 막게 되니, 이것이 경건과 삼감의 도이다.

ⓐ 제멋대로 한다는 것은 방자하다는 것이다.

ⓑ 천하의 대다수인 백성들의 고통을 보고 마치 자신이 당하는 것처럼 여기는 것이 '하나의 몸[同體]'이 된다는 것이다.

ⓒ 군중의 혁명을 영도하는 것과 같다.

ⓓ 예컨대 서민이 군주와 귀족통치계급에 대한 것과 무산계급이 착취계급에 대한 것 및 약소국이 제국주의 국가에 대한 것과 같은 것이다.

ⓔ 『순자』「신도(臣道)」에 있다.

[2-1-5-2] 예의 효용: 질서

어째서 '질서를 효용으로 여긴다.'고 했는가?『시』에서 "사물마다 법칙ⓐ이 있다."[35]고 했고, 『역』에서 "지극히 심오한 이치라서 어지럽힐 수 없다."[36]고 말했다. 이것은 만물이 비록 번잡하고 심오함이 지극하더라도 찾을 수 있는 규율이 없을 수 없고, 문란해서 원칙이 없게 되지 않는다는 것이다. 하물며 사람이 만물의 영장인데 사람의 무리에 질서가 없다고 말할 수 있겠는가?ⓑ「악기」에서 "예는 천지의 질서[序]이다."[37]라고 했다. 질서[序]가 있으므로 만물은 모두 구별된다. 또 "대례(大禮)는 천지

33『맹자』「공손추·상(公孫丑·上)」. 行一不義 殺一不辜而得天下, 皆不爲也.

34『맹자』「진심·하」. 孟子曰: "民爲貴, 社稷次之, 君爲輕."

35『시경』「대아(大雅)·탕지십(蕩之什)」. 天生烝民, 有物有則, 民之秉彝, 好是懿德.

36『역』「계사·상」. 言天下之至賾, 而不可惡也, 言天下之至動, 而不可亂也.

37『예기』「악기」. 樂者, 天地之和也. 禮者, 天地之序也.

와 절도(節度)를 같이한다."ⓒ[38]라고 했다. 『대대례기(大戴禮記)』에서 "예는 이치이다."라고 했다. 이치는 조리이니, 역시 질서의 의미이다. 순경은 "백성들의 삶은 무리지음에 달려 있다."[39]고 했으니, 백성들이 고립되어서는 안 되고 반드시 서로 모여서 무리를 이룬 다음에 살 수 있다는 말이다. 무리를 이루었는데 질서가 없으면 분산되어 친구가 없고 기강이 없다.ⓓ 사람마다 각기 고립적으로 자신의 뜻을 실행하는데 사회적으로 공인하며 지켜야만 되는 질서가 없으면, 사람들 간의 모순이 반드시 많아져서 어떻게 해결할 방법이 없게 될 것이다. 이 때문에 예로써 백성의 무리를 인도해서 질서가 꼭 필요하다는 것을 모두 알게 해야 한다. 정연한 질서를 하나같이 삼가고 차마 어기지 않는 것, 이것이 예치(禮治)의 성대함이다.

ⓐ '법칙'은 원칙 혹은 규율이라고 말하는 것과 같다.
ⓑ '질서'에도 원칙 등의 의미가 있다.
ⓒ '절도(節度)'도 질서라는 의미이다.
ⓓ '분산된다'는 것은 흩어진다는 것이다. '친구가 없다.'는 것은 서로 사랑하며 화합하지 않는다는 것이고, 기강이 없다는 것은 서로 유대관계를 맺지 못한다는 것이다.

[2-1-5-3] 예의 기준: 시의(時宜: 때에 맞음)

어째서 '때에 맞추는 것을 기준으로 한다.'고 했는가? 예가 질서라는 것은 이미 앞에서 설명했다. 그런데 질서는 한 번 이루어졌다고 해서 변하지 않는 것이 아니니, 그 까닭이 무엇인가? 예의 제작에는 반드시 많은 사람들의 감정에 따라서 그 통용을 참작해야 한다.ⓐ 그러나 군중의 변화가 나날이 새로워져지니, 예라는 질서는 본래 때에 따라 변하여 바뀌

---

38 『예기』「악기」. 大樂與天地同和, 大禮與天地同節.
39 『순자』「부국(富國)」. 人之生, 不能無群.

지 않을 수 없다. 「예기(禮器)」에서 "예는 때에 맞는 것을 중시한다."⁴⁰고
했다. 이것은 예를 제정하는 공적인 법칙이다. 군중의 자질[品]이 이제
막 '혼란에 의거하는 시대[據亂世]'에 있었기 때문에,ⓑ 상하·존비·귀천
의 질서가 있었다.ⓒ 그것을 처음 제정한 것은 본래 그렇게 하지 않을
수 없는 데에서 나왔지만, 쌓인 습관이 오래도록 이어지면 그 폐단을 감
당할 수 없게 된다. 그런데 '태평으로 올라가는 시대[升平世]'가 되면 백성
들의 지혜가 이미 열려, 통치계급과 착취계급이 재앙의 근원이라는 것
을 깊이 알아차리고 그것을 제거하려고 하니, '혼란에 의거하는 시대'의
질서라고 하는 것은 훼멸되지 않을 수 없다. 순경의 '상하가 지위를 바
꾼다.'는 말과 맹자의 '백성이 귀중하다.'는 말은 본래 먼 후대의 일을 기
록한 것이 틀림없다.ⓓ 만약 시대가 태평으로 나아가서 군중의 자질이
크게 진보하면, 백성들의 지혜와 덕성이 모두 우수해지니, 『춘추』에서
이른바 "천하의 사람마다 모두 사군자(士君子)의 행위가 있다."⁴¹는 것이
다. 이런 때라면, 『대역』에서 이른바 "무리지어 있는 용에 우두머리가
없는"⁴² 형상이다.ⓔ 전체 인류가 누구 하나 평등하지 않음이 없으므로,
'태평(太平)'이라고 한다. '태(太)'라는 것은 찬미하는 말이다. 평등을 질서
로 삼는 태평의 시대는 바로 예치의 극치이다.ⓕ 예라는 질서는 때에 맞
춰 변하는 것이다. 「예기(禮器)」에서 '때에 맞는 것을 중시한다.'고 했는
데, 진실로 그러하다!

> ⓐ '통용[通]'이란 소수 사람의 사욕을 따라서는 안 되니, 반드시 사람과 사람 사이,
> 혹은 작은 자기와 단체 사이 및 단체와 단체 사이를 돌아보아 모두 통행할 수 있
> 고 해로움이 없는 것, 이것을 통용이라고 한다.
>
> ⓑ 군중의 자질에는 우열이 있다. 『춘추』는 만세의 변화를 관통해 삼세(三世)를 설
> 정하였으니, '혼란에 의거하는 시대[據亂世]', '태평으로 올라가는 시대[升平世]', '태

---

40 『예기』「예기(禮器)」. 禮, 時爲大, 順次之, 體次之, 宜次之, 稱次之. 堯授舜, 舜授禹,
   湯放桀, 武王伐紂, 時也.
41 『춘추번로(春秋繁露)』6권. 天下之人人有士君子之行, 而小過矣. 참조.
42 『역』「건괘」. 用九, 見群龍無首, 吉.

평한 시대[太平世]⁴³라고 하였다. 자세한 설명은 「원외왕학」에 있다.

ⓒ 이것은 종법사회와 봉건사회에서 모두 하늘의 질서라고 본 것이다.

ⓓ '먼 후대의 일을 기록했다.'는 것은 멀리 만세의 아래까지 내다보고 그 일을 미리 말한 것이다.

ⓔ 고대에 용을 신령한 동물로 여긴 것은 양기(陽氣)의 강건한 덕이 있기 때문이다. 건괘의 육효는 모두 용에서 형상을 취했다. 그러므로 '무리지어 있는 용'이라고 했다. '머리가 없다.'는 것은 모든 용이 평등해서 우두머리 노릇하는 것이 없다는 것이다. 이 구절은 태평의 시대에 사람마다 평등하게 서로 돕는 것이 마치 '하나의 몸[一體]'과 같다는 것을 말한다. 사람들이 모두 서로 존중하고 도우며 인도하므로 우두머리 노릇하는 자가 없다.

ⓕ 『예기』「대학」에서 '평천하'라고 한 것은 바로 『춘추』의 '태평의 시대'를 추구한다는 의미이다. 시대의 운세가 평등을 질서로 삼는 것에 이르면, 천지가 제자리에 있게 되고 만물이 육성되어 성대함이 다시 더할 것이 없으므로 '극치'라고 했다.

이상에서 '예'의 세 가지 의미를 '경건'·'질서'·'때에 맞음'이라는 것으로 대략 살펴보았다. 세 가지 의미는 모두 『예기』에 나타나는데, 대개 공자가 처음으로 말했고 70제자의 후학들이 기록하였다. 나는 이상과 같이 『대역』과 『춘추』에 의거해서 『맹자』와 『순자』에 이르기까지 대략 미루어 연역하였다. 그러나 근원이 되는 곳에 대해서는 여전히 언급할 겨를이 없었는데, 이미 글이 번잡할까 걱정될 뿐 아니라 또 요즘 사람들이 기꺼이 관심을 두려 하지 않을까 염려되어, 잠시 방치하고 언급하지 않았을 뿐이다.

『시(詩)』·『서(書)』·집(執)ⓐ·『예(禮)』라는 네 가지는 대개 요·순·우·탕·문왕·무왕이 옛사람들을 지도하여 중국[華夏]을 일으킨 것이

---

43 '혼란에 의거하는 시대[據亂世]', '태평으로 올라가는 시대[升平世]', '태평한 시대[太平世]': 강유위(康有爲)는 『대동서(大同書)』에서 역사변화의 단계를 거란세(據亂世)·승평세(升平世)·태평세(太平世) 세 단계로 나누었다. 곧 그는 대동이 시작되는 토대를 거란세로, 대동이 점점 시행되는 것을 승평세로, 대동이 성취된 것을 태평세로 보았다.

다. 그 모든 일체의 경험과 정교(政敎) 혹은 도리와 기예에 대한 기록을 이 네 가지에 모았다. 공자가 어렸을 때 학문에 뜻을 두고 50세에 이르기까지 자신을 수양하고 남을 가르친 것이, 대개 이 네 가지 학문을 근거로 했다. 『논어』에는 그가 평소ⓑ에 한 말을 기록해 두었으니 확실한 증거가 되기에 충분하다. 『중용』에서 "중니는 요임금과 순임금을 조종(祖宗)으로 받들어 계승하고, 문왕과 무왕을 본보기로 했다."[44]라고 했다.ⓒ 대개 70제자는 성인께 직접 배웠다. 그러므로 그 연원을 말하면 정확하여 거짓이 없다.

ⓐ '집(執)'은 '예(藝)'로 읽는다.
ⓑ '평소'는 '일상'과 같다.
ⓒ '조종(祖宗)으로 받들어 계승한다.'는 것은 멀리 있는 것을 조종으로 한다는 것이다. '본보기로 한다.'는 것은 모범으로 취한다고 말하는 것과 같다. 복희·신농·황제 등 여러 성인의 도술은 요임금과 순임금에 이르러 크게 갖추어졌으므로, 위로는 요임금과 순임금을 들어 대표로 하면 충분하다. 우임금과 탕임금은 위로 요임금과 순임금을 이어받고 아래로는 문왕과 무왕, 주공을 계도(啓導)했다. 그러므로 아래로는 문왕과 무왕을 들었으니, 우임금이나 탕임금과 같은 성인은 말할 필요가 없다.

『시』·『서』·예(藝)·『예(禮)』라는 네 분야의 학문은 모두 상고시대로부터 삼고(三古)ⓐ 성왕까지의 유업으로서 실용에 절실한 것이다. 공자가 15세부터 학문에 뜻을 두고 지천명(知天命)의 나이ⓑ에 이르기까지 온 힘을 기울여 널리 연구한 것이 대체로 여기에 있다.

ⓐ 삼고(三古)는 하·은·주 삼대를 말한다.
ⓑ 공자는 스스로 "50세에 천명을 알았다."[45]고 했다.

---

44 『중용』 30장. 仲尼祖述堯舜, 憲章文武.
45 『논어』 「위정(爲政)」. 子曰: "五十而知天命."

2-2

공자의 학문 2: 50세 이후『역(易)』철학

실용파에 대해서는 이미 설명했다. 이어서 철리파(哲理派)에서는 복희씨가 처음으로 팔괘를 그려놓고 그것을 겹쳐서 '천도(天道)'[a]·'사물의 이치[物理]'·'인사(人事)'를 거론하여, 무궁무진한 이치가 그 속에 모두 포함되어 있으니, 진실로 지혜의 보고이다. 복희씨는 당일로 천(天)의 계시를 신묘하게 깨달았으니, 당연히 오랫동안 반복적으로 헤아려서 그것을 얻은 것이 아니다. 후대로 역대 성인들이 서로 계승하면서 미루어 연역한 것이 많아졌으나,[b] 공자에 이르러 그 가운데서 더욱 정밀하게 선택하고 더욱 넓게 회통하였으니, 창작의 융성함이 고대를 훨씬 뛰어넘었다. 공자의『주역(周易)』[c]은 위대하다! 인간계와 천상계의 위대한 경전으로서 세상을 안정시키는 보배이다.[d]

> [a] '천도'는 우주 본체의 '덕스러운 작용[德用]'으로 말한 것이지 조물주가 있다는 말이 아니다.
> [b] 하나라『역』과 은나라『역』등이 있다.
> [c] 『주역(周易)』에서의 '주(周)'라는 글자는 옛 해석에 의하면 '널리 두루 한다[周普].'는 의미라고 했으니, 주대(周代)를 지칭하는 것이 아니다.
> [d] 인간계와 천상계라고 하는 말은 현장(玄奘)법사가『반야경(般若經)』을 찬미한 말인데, 이제 그 말로『역』을 찬미해 보았다.

나는 공자가 50세 이전에는, 그 학문이 대개 요·순·문·무와 같은 여러 성인들의 정교(政敎)에 대한 보배 같은 기록, 이른바『시』·『서』·예

(藝)・『예(禮)』에 근본을 두었다고 했는데,ⓐ 그 증거가 어디에 있는가? 대개『논어』와『사기』를 참고하면, 공자가『역』을 공부한 것은 확실히 50세 때이다. 그러므로 그가 50세 이전에는 단지『시』・『서』・예(藝)・『예(禮)』를 공부했을 뿐이고, 아직『역』을 연구하지 않았다는 것을 알 수 있다. 50세부터『역』을 연구했고, 그 후에 그의 사상은 별도로 하나의 새로운 세계를 열었다. 여기서부터 그는 위로 복희의 팔괘를 탐구하면서 '철학적 이치[哲理]'를 크게 천명했으니, 그의 사상에서 하나의 큰 돌변이었다.『논어』「술이」에는 "나에게 몇 년을 보태주어 50세부터ⓑ『역』을 연구하게 되면 큰 잘못이 없을 것이다."[1]라고 하였고, 「위정」에는 "50세가 되어 천명을 알았다."[2]라고 한 공자의 말이 기록되어 있다. 이 두 편에 기록된 공자 자신의 말을 근거로 하면, 공자가『역』을 연구한 나이는 바로 지천명 때이다. 증거가 명확하니, 확고하고 변동이 없다. 사마천은『사기』「공자세가」에서 "공자는 만년에 역을 좋아했다. … 죽간의 가죽 끈이 3번 끊어지도록『역』을 읽고는, '나에게 수명을 몇 년 빌려주어 이와 같이만 된다면, 내가『역』에 대해 잘 알게 될 것이다.'ⓒ고 말했다."[3]라고 하였다.

ⓐ 이제 '실용파'라고 부른다.
ⓑ 주희(朱熹)의 주에는 유원성(劉元城)이 일찍이 다른 판본의『논어』를 읽었던 것을 인용해서 '오십(五十)'을 '마침내[卒]'로 보았는데,[4] 이것은 송나라 때의 건방진 사람이 고친 것을 주자가 따랐던 것이다. 큰 잘못이다.

1『논어』「술이」. 子曰: "加我數年, 五十以學易, 可以無大過矣."
2『논어』「위정(爲政)」. 子曰: "五十而知天命."
3『사기』「공자세가」제17. 孔子晩而喜易. … 讀易韋編三絶. 曰: "假我數年, 若是我於易, 則彬彬矣." 孔子以詩書禮樂敎弟子, 蓋三千焉, 身通六藝者七十有二人.
4 주희(朱熹)의 주에는 유원성(劉元城)이 … 로 보았는데:『논어』「술이」. 子曰: "加我數年, 五十以學易, 可以無大過矣." 구절에 대한 주희 주. 劉聘君見元城劉忠定公自言嘗讀他論, 加作假, 五十作卒. 蓋加假聲相近而誤讀, 卒與五十字相似而誤分也. 愚按, 此章之言, 史記作 假我數年, 若是我於易則彬彬矣. 加正作假, 而無五十字. 蓋是時, 孔子年已幾七十矣, 五十字誤無疑也.

ⓒ '잘 알게 된다.'는 것은 여러 가지 의미를 넓게 징험하여 편견을 가지지 않는다는
것이다.

2-2-1 50세에 『역』을 연구함[五十而學易]

지금 『사기』에 근거해서 『논어』와 비교해보면, 두 가지 일이 같지 않
다. 첫째, 『논어』에는 '가죽 끈이 세 번 끊어지도록 『역』을 읽었다.'는
말이 없다. 둘째, '내가 『역』에 대해 잘 알게 될 것이다.'라고 공자 스스
로 한 말이, 『사기』에는 있는데 『논어』에는 없고, 『논어』에는 '큰 잘못이
없을 것이다.'는 구절이 있는데 『사기』에는 없다. 비록 두 가지 일이 같
지 않을지라도 서로 같은 것이 있으니, 『사기』에서 '공자가 만년에 『역』
을 좋아했다.'고 일컬은 것과 『논어』에서 '50세에 『역』을 연구했다.'는
것은 결국 서로 인증할 수 있다. 『예기』 「왕제(王制)」에서 '50세면 늙기
시작한다.'[5]고 했고, 또 "50세가 되면 '힘든 정무[力政]'에는 종사하지 않는
다."ⓐ[6]라고 했으니, 진실로 나이가 들면 그에 마땅하게 해야 된다는 것
이다. 『사기』에서 기록한 것은 당연히 다른 종류의 기록에서 채집한 것
이지, 『논어』 「술이」편의 글을 인용한 것이 아니다. 또 『사기』에 실려
있는 '나에게 수명을 몇 년 빌려주어'라고 말한 것과 「술이」편에 기록된
'나에게 수명을 몇 년 보태주어'라고 말한 것은 결코 같은 시기의 말이
아니다. 공자는 나이를 연장해서라도 『역』을 연구하고 싶다고 여러 번
탄식했고, 제자들은 제각기 들은 것을 기록했다. 그 하나가 '큰 잘못이
없을 것이다.'라고 한 것이고, 또 하나가 '내가 『역』에 대해 잘 알게 될
것이다.'라고 한 것이다. 이 말들은 모두 그들이 마음으로 느꼈던 것이

---

5 『예기』 「왕제(王制)」. 五十始衰, 六十非肉不飽, 七十非帛不煖, 八十非人不煖, 九十雖
得人不煖矣.

6 『예기』 「왕제」. 五十不從力政, 六十不與服戎, 七十不與賓客之事, 八十齊喪之事弗及
也.

지, 같은 시기의 말인데 두 가지 기록이 어긋난다는 것이 결코 아니다.

ⓐ '힘든 정무'는 힘을 쓰는 정무이다. '종사하지 않는다.'는 것은 50세는 이미 늙은 나이이므로, 조정에서 힘쓰는 일을 면제한다는 것이다.

어떤 사람이 다음처럼 따져 물었다. "50세에 『역(易)』을 연구했다는 구절을 『석문(釋文)』[7]과 『노논(魯論)』[8]에 근거해보면, 여기서의 '역(易)'자는 '역(亦)'자이니, '역(亦)'자는 아래 구절로 이어서 구두(句讀)해야 한다. 혜동(惠棟)[9]이 「외황령 고표[10]의 비문[外黃令高彪碑]」에서 말하기를, '고요하게 비워 간략함을 지키는 것[恬虛守約]을 50세에 배웠다.'[11]고 하였는데, 이것은 『노논』에서 '역(亦)'자를 아래로 이어서 구두한 것을 따른 것이다. 지금 통용본의 '50세에 『역』을 연구했다.'는 것은 『고논어(古論語)』를 따른

---

7 『석문(釋文)』: 당대(唐代) 육덕명(陸德明)의 『경전석문(經典釋文)』을 말한다. 『경전석문』 24권 「논어음의(論語音義)」에서, '學易'에 대해 주석하기를 '如字, 魯讀易爲亦, 今從古.'라고 하였다.

8 『노논(魯論)』: 『논어』에는 『노논어(魯論語)』·『제논어(齊論語)』·『고논어(古論語)』가 있고, 여기에서 말하는 『노논(魯論)』은 『노논어(魯論語)』를 말한다.

9 혜동(惠棟, 1697-1758): 자는 정우(定宇)이고, 호(號)는 송애(松崖)이며, 강소성 오현(吳縣) 사람이다. 청대의 경학자로서 오파(吳派)의 대표적 인물이다. 청나라의 경학은 학파상으로 오파(吳派)와 완파(皖派)로 크게 나뉘는데, 그는 오파의 제1인자이며, 제자인 왕창(王昶)·강성(江聲)·여소객(餘蕭客)·왕명성(王鳴盛)·전대흔(錢大昕) 등도 저마다 특색 있는 학문을 발전시켰다. 혜동은 조부 혜주척(惠周惕)으로부터 아버지 혜사기(惠士奇)로 전래된 가학(家學)을 이어받아, 『주역』, 『상서(尙書)』 등의 경서를 실증적으로 연구하여 한나라 때 경학(經學)의 복원에 힘을 기울였다. 주요 저술로는 『주역술(周易述)』, 『역한학(易漢學)』, 『역례(易例)』, 『명당대도록(明堂大道錄)』, 『고문상서고(古文尙書考)』, 『구경고의(九經古義)』, 『후한서보주(後漢書補注)』 『송문초(松文鈔)』 등이 있으며, 그 중에서도 『주역술』은 미완이기는 하나 30년의 노력을 기울인 저작으로서, 종래 애매하던 한대 역학의 실태를 정확하게 표출한 저술이라는 점에서 평판이 높다.

10 고표(高彪, ?-184): 자는 의방(義方)이다. 한나라의 관료이며 학자로서 『보속한서예문지(補續漢書藝文志)』를 남겼다.

11 '고요하게 비워 간략함을 지키는 것[恬虛守約]'을 50세에 배웠다: 이 말은 강유위가 『논어주(論語注)』에서 인용한 구절이다.

것이다.ⓐ『노논어』본에는 '역(亦)'자가 아래로 연결되어 구두되었고, '역(易)'자는 없다. 『고논어』본에는 '역(易)'자가 위로 연결되어 구두되었고, '역(亦)'자는 없다. 『노논어』의 '역(亦)'자와 『고논어』의 '역(易)'자는 옳고 그름을 확정하기 어렵다. 아직은 『고논어』에 의거해서 그것으로 공자가 『역』을 연구했다는 명확한 증거를 삼는 것은 합당하지 않다."

ⓐ 한나라 때 노공왕(魯共王)이 공자의 옛집을 헐다가 벽속에서 고문경전 곧『논어』 등을 얻었다. '고문(古文)'이라고 말한 것은 주(周)나라 때의 과두체로 적은 글이 기 때문이다. 한대 초기의 사람들은 그것을 '고문'이라고 했다.

대답했다. "만약 『노논어』처럼 '50세에 배웠다.'는 것으로 구절을 끊는다면, 『논어』에서 기록한 공자가 자술한 말과 전혀 서로 부합하지 않는다. 공자는 '나는 15세에 학문에 뜻을 두었고, 30세에 자립하였으며, 40세에는 의혹되지 않았다.'[12]라고 말했고, 또 '10호쯤 되는 조그만 고을에도 충성과 신의가 나와 같은 자가 반드시 있을 것이지만, 나처럼 배우기를 좋아하지는 않을 것이다.'[13]라고 했다. 공자가 왜 갑자기 50세에 연구하기를 시작했다는 것으로써 사람을 속였겠는가? 성인은 결코 이처럼 서로 모순되는 말을 하지 않는다. 이치로 미루어보면, 『노논어』에서 '역(易)'이라는 한 글자가 빠졌다고 생각된다. 『고논어』는 공자의 옛집 벽에서 나왔고, '역(易)'자가 있어서 위로 이어져 구두된 것은 결단코 잘못이 없으므로, 함부로 의심하지 말아야 한다. 그러나 『노논어』에 '역(亦)'자가 있어서 아래로 이어져 구두되었으니, 이것은 『고논어』의 아래 구절의 첫머리에 '역(亦)'자가 빠진 것으로 교정하면 된다. 그러므로 두 판본을 비교해서 교정하면, 이 구절은 애초에 누락된 글자가 없었다. 공자가 『역』을 지었다는 것은, 『사기』「공자세가」에서 공자가 「단사(彖辭)」·「계사(繫辭)」·「상사(象辭)」·「설괘(說卦)」·「문언(文言)」을 서술한 것을

---

12 『논어』「위정」. 子曰: "吾十有五而志於學, 三十而立, 四十而不惑."
13 『논어』「공야장(公冶長)」. 十室之邑, 必有忠信如丘者焉, 不如丘之好學也.

칭송한 것이니,[14] 이것이 그가 『역』을 지었다는 진실한 증거이다. 사마천의 아버지 사마담은 양하(楊何)에게 『역』을 전수받았는데, 공자의 시대와 시간적으로 멀지 않으니 그 말은 본래 믿을 만하다. 나는 『논어』 「자한(子罕)」편의 '공자가 광 땅에서 경계하는 마음이 있었다.'[15]는 구절에서, 공자가 문왕을 이어 『역』을 지었음을 다시 발견했다. 자세한 것은 『신유식론』 「임진산정기(壬辰刪定記)」에 있으니, 여기서는 더 이상 군더더기를 덧붙이지 않겠다. 또 『사기』 「채택전(蔡澤傳)」[ⓐ]에 그가 진(秦) 응후(應候: 範雎)와 마주하여 다음처럼 말했다. '성인께서 「비룡이 하늘에 있으니 대인을 만나는 것이 이롭다.」[16]라고 하였고, 「의롭지 않다면 부귀는 나에게 뜬구름 같다.」[17]라고 하였습니다.'[18] 채택이 말한 '비룡' 이하의 말은 『역』 「건괘」에 있고, '의롭지 않다면' 이하의 말은 『논어』 「술이」에 있다. 채택이 이 두 구절을 연이어서 성인께서 말씀하신 것으로 총칭한 것은, 전국시대에 모두 공자를 성인으로 높였음을 알 수 있다. 그가 『역』과 『논어』의 구절을 연이어서 성인께서 말씀하신 것으로 총칭했으니, 전국시대에 성행하던 『역』이 바로 공자가 지은 『역』이지 공자 이전의 옛 『역』이 아님을 알 수 있다. 나는 『신유식론』 「임진산정기」에서 '공자가 광 땅에서 경계하는 마음이 있었다.'는 구절을 인용해서 공자가 실제로 『역』을 지었음을 밝혔고, 「채택전」의 구절로 증명했으니, '증거가 확실한 안건[鐵案]'은 뒤집히지 않는다고 말할 수 있다. 공자는 『역』의 도리를 밝힌 다음 이에 예전에 익힌 실용의 학문을 『역』의 이치와 서로

---

14 공자가 「단사(彖辭)」・「계사(繫辭)」・「상사(象辭)」・「설괘(說卦)」・「문언(文言)」을 서술한 것을 칭송한 것이니: 『사기』 「공자세가」. 孔子晚而喜易, 序彖・繫・象・說卦・文言, 讀易韋編三絶, 曰假我數年, 若是我扵易, 則彬彬矣.

15 『논어』 「자한」. 子畏於匡.

16 『역』 「건괘」. 飛龍在天, 利見大人.

17 『논어』 「술이」. 不義而富且貴, 於我如浮雲.

18 『사기』 「범저채택열전(範雎蔡澤列傳)」. 候曰: "不若." 蔡澤曰: "今主之親忠臣, 不忘舊. … 故國有道則, 仕國無道則隱. 聖人曰, 飛龍在天利見大人, 不義而富且貴, 於我如浮雲."

융회해서 내성외왕의 도를 크게 제창했다. 이에 그 학맥의 분명함을 추적할 수 있다."

ⓐ 채택은 연(燕)나라 사람이다.

내성외왕(內聖外王)

물었다. "무엇을 내성외왕(內聖外王)이라고 하는가?"
대답했다. "자신을 완성하는 것을 '내(內)'라고 하고, 사물을 완성하는 것을 '외(外)'라고 한다. 그렇지만 사실 사물을 완성하는 것이 바로 자신을 완성하는 것이니, 본래 내외를 나눌 수 없다. 그런데 다시 내·외를 말한 것은 세속을 따라 임시로 설명했을 뿐이다.ⓐ '성(聖)'이란 '지·인·용(智·仁·勇)'의 모든 덕을 다 갖춘 것을 말한다. '왕(王)'이란 '간다[往]'는 의미이다. 사물은 모두 태평(太平)을 향해 가고, 그것을 원하고 바라는 것이 그친 적이 없다.

ⓐ 세속에서는 모두 자신을 내(內)로 여기고, 천지만물을 외재하는 것으로 여기므로, 어쩔 수 없이 세속을 따라 내외를 임시로 설명하였다.

[2-2-2-1] 내성학: 궁리(窮理)·진성(盡性)·지명(至命)

물었다. "성인[聖]이 되기 위해서 반드시 배워야 한다면, 무엇이 '성인이 되는 학문[聖學]'인가?"
대답했다. "『역』「설괘전」에서 '이치를 궁구하고 본성을 다 밝혀 명(命)에 이른다.'[19]라고 했다. 이 구절은 이미 성인이 되는 학문의 분명한 의미를 밝혔다.

---

19 『역』「설괘전」. 昔者聖人之作易也, 幽贊於神明而生蓍, 參天兩地而倚數, 觀變於陰陽而立卦, 發揮於剛柔而生爻, 和順於道德而理於義, 窮理盡性以至於命.

'이치[理]'라는 것은, '근본을 하나로 하지만[一本]' '만 가지로 다르고[萬殊]',[ⓐ] 만 가지로 다르지만 하나의 근본이다.[ⓑ]

> ⓐ '근본을 하나로 한다.'는 것은 이 이치가 온갖 변화의 근본이 된다는 것으로 말한 것이다. '만 가지로 다르다'는 것은 이 이치가 흩어져서 온갖 변화와 사물 혹은 일체 사물의 규칙이 된다는 것으로 말한 것이다.
>
> ⓑ 비유컨대, 큰 바닷물이 바로 물거품이 되니, 많은 물거품이 바로 하나의 물[水]이 라는 것이다. 만 가지로 다르지만 하나의 근본이라는 이치를 이런 비유로 알 수 있다.

'본성[性]'이라는 것은 이치[理]가 하나의 근본이라는 것을 요약해서 말한 것이다. 우리는 이 이치를 얻어 태어났기 때문에 이 이치가 사람에게 있다. 따라서 바로 그것을 본성[性]이라고 한다.

'명(命)'이라는 것은 '유행한다.'는 의미이다. 이 이치가 쉼 없이 유행하고 덕의 작용이 무궁하니, 이것이 우리와 천지만물이 공유하는 본체이다.

먼저 '이치를 궁구하는 것[窮理]'에 대해 말하면, 그 관점을 간략히 두 가지로 설명할 수 있다. 하나는, 만 가지로 다른 사물의 세계가 실재한다고 가정하고, 종류를 나눠 그 이치를 궁구하는 것이 바로 격물학(格物學)[ⓐ]의 관점이다. 둘은, 만 가지로 다른 것으로부터 하나의 근본으로 모여 들어가는 것이니, 비록 중점이 궁극적인 근원에 있을지라도 역시 만 가지로 다르다는 것을 버리지 않는 것이 바로 성인이 되는 학문의 관점이다.

> ⓐ 옛날의 격물학은 요즘 과학이라고 하는 것과 같다.

다음은 '본성을 다 밝히는 것[盡性]'이다.
"위에서 이치를 궁구하는 것에 대해 말했는데, 과연 만 가지 다른 것으로부터 하나의 근본으로 모여 들어갈 수 있겠는가? 학문이 이런 경지에 이르렀다면, 이미 궁극이 아닌가?"[ⓐ]

대답했다. "성인이 되는 학문은 당연히 다시 더 나아가야 한다. 철학자 가운데 본체를 논하는 사람은 오직 이지(理智)와 사변만을 수단으로 우주의 진리ⓑ를 추구하고는 스스로 이미 '하나의 근본'을 파악했다고 믿는 경우가 상당히 많다.ⓒ 사실 그들은 순전히 상념[意想]ⓓ을 제멋대로 결합했으니, 마치 장님이 코끼리를 더듬지만 끝내 코끼리의 진상(眞相)을 모르는 것과 같다. 성인께서 '내가 하루 종일 먹지 않고 밤새도록 자지 않고 생각한 적이 있었다.'[20]고 말했고, 또 '신중하게 생각하고 분명하게 분별한다.'[21]고 했다. 성인은 본래 이지를 반대하지 않고 사변을 폐기하지 않았지만, 이치를 궁구하여 온갖 변화의 근본 곧 만 가지로 다른 것으로부터 하나의 근본에 모여 들어가는 곳에 이르렀으니, 이지와 사변에만 의지해서는 증해(證解)ⓔ를 얻을 수 있었던 것이 결코 아니다. 격물의 학문은 그 관점이 만 가지로 다른 것 이른바 '사물의 세계'에 있다. 양명학파는 정자(程子: 程頤)와 주자의 『대학』「격물보전(格物補傳)」을 반대하면서 밖으로 이치를 추구하는 것에 대해 비판했다. 그런데 사실 격물학에서 말하면, 본래 밖으로 이치를 추구하지 않을 수 없다. 육·왕(陸九淵과 王守仁)의 후학들은 잘못해서 지식을 반대하여 사물을 버리는 미혹된 길에 빠졌지만, 스스로 그 잘못을 깨닫지 못했다. 그러나 성인이 되는 학문은 본래 지식을 반대하지 않고 도리어 위로 증해의 경지에 도달해야 하며, 사물을 버리지 않고 도리어 만 가지로 다른 것으로부터 하나의 근본에 모여 들어가야만 하는 것임을 다시 반드시 알아야 한다. 궁리해서 모든 변화의 근원이 되는 곳에 도달하면 지극히 진실하게 되어 모든 덕을 다 갖춘다. 경계가 없는데도ⓕ 만유가 그것에 의지해서 시작한다. 이 이치가 나에게 있다는 것은 또한 바로 천지만물에 있다는 것이고, 천지만물에 있다는 것은 또한 바로 나에게 있다는 것이다. 이 때문에 '하나의 근본'이라고 한다. 이 하나의 근본이 우리에게 있는 것으로

---

20 『논어』「위령공(衛靈公)」. 子曰: "吾嘗終日不食, 終夜不寢, 以思, 無益, 不如學也."

21 『중용』 20장. 博學之, 審問之, 愼思之, 明辨之, 篤行之.

말하면, 곧 '본성'이라고 한다. 이치를 궁구함이 이런 경지에 이르면, 이미 우리 자신의 본성이 바로 천지만물의 본성이고, 천지만물의 본성이 바로 우리 자신의 본성임을 알게 된다. 여기에서 이지와 사변은 본성에서 다시 작용함이 없고, 오직 본성을 다 밝히는 공부는 조금도 나태해서는 안 된다는 것을 알아야 한다. '다 밝힌다.'는 것은 우리들이 힘을 다해 정진하는 것이다.ⓖ 자기 본성의 고유하고 무궁한 덕의 작용을 발현해서 털끝만큼도 잘못되지 않으므로, '다 밝힌다.'고 한다.ⓗ '다 밝히는' 공부는 바로 끝없는 것이다. 『대반야경(大般若經)』에 좋은 비유가 있다. 화살로 허공을 쏘아 화살과 화살이 서로 이어지며 위로 올라가게 하면 영원히 밑으로 떨어지지 않는다[22]는 것이다. 이와 같아야 비로소 '다 밝히는' 것이다."

ⓐ 질문을 임시로 만들었다.

ⓑ 여기서의 진리는 본체를 대신하는 말이다.

ⓒ 이를테면 모든 일원론자들은 비록 그들이 견지하는 이론의 내용이 서로 같지 않을지라도 하나의 근본을 주장하는 것에서는 상당히 서로 가깝다.

ⓓ 의중(意中)에 일어나는 생각이 '상념[意想]'이다.

ⓔ '증해(證解)'라는 말은 의미가 깊고 미묘하니, 통속적으로 말하는 '지적인 이해[知解]'와는 결코 같지 않다. 이것은 본성을 극진하게 하는 공부가 성숙된 다음에 진실로 증득하고 이해하는 것이지, 헛된 지견(知見)이 아니다.

ⓕ '경계가 없다.'는 것은 있는 곳도 없고 있지 않은 곳도 없기 때문이다.

ⓖ 『역』에서 "스스로 힘쓰기를 쉬지 않는다."[23]라고 했다.

ⓗ 우리들의 모든 선행과 지혜 등등의 덕의 작용은 모두 본성에 고유하게 잠재된 요소이다. 만약 본래 그 요소가 없다면, 어떻게 근거 없이 발전할 수 있다고 말하겠는가?

---

22 화살로 허공을 쏘아 … 영원히 밑으로 떨어지지 않는다: 『대반야바라밀다경(大般若波羅蜜多經)』 「초분선학품(初分善學品)」, 欲現己伎仰射虛空, 爲令空中箭不墮地, 復以後箭射前箭筈. 如是展轉經於多時, 箭箭相承不令墮落 참조.

23 『역』 「건괘」. 象曰, 天行健, 君子以自强不息 참조.

본성을 다 밝히는 것에 대해서 이미 설명했으니, 이제는 '명에 이르는[至命]' 것에 대해 말하겠다. '명(命)'이라는 것은 우리와 천지만물이 공유하는 본체이다. '이른다[至]'는 것은 되돌아온다는 의미이다.ⓐ 우리들은 태어난 이후에 바로 육체에 구속되어 '작은 자기[小己]'에 빠져 집착한다. 나날이 더욱 떨어지고 빠져서,ⓑ 마침내 본래 천지만물과 공유하는 본체를 잃어버리게 되어, 천지만물과 서로 대치하게 된다. 부처가 인간 세상은 고통의 바다이고, '중생이 윤회하는 세계[三界]'는 '불타는 집[火宅]'[24]이라고 말한 까닭이 모두 여기에 있다. 사람들의 삶이 그 '본래의 명[本命]'ⓒ으로 되돌아가지 못하니, 부처도 이것을 보고 큰 자비를 일으켜 사람들의 삶을 되돌리려는 소망이 있었다. 이것은 종교적인 감정으로 흘러간 것이다. 공자는 이와 같이 하지 않았으니, 그의 학문은 이치를 궁구하는 것으로 말미암아 본체로 돌아가고 본성을 다 밝히는 데에 있었다. 본성을 다 밝히는 공부에 잘못됨이 없으면, 그것이 바로 이미 그 '본래의 명'을 회복한 것이니, 비유하면 나그네가 자기 집으로 돌아와서 크게 편안한 것과 같다.ⓓ 어떻게 사람들의 삶을 되돌릴 수 있겠는가? 학문이 본성을 다 밝혀서 명에 이르게 되어야만, 비로소 '궁극적인 단계[究竟位]'ⓔ이다. 그러나 궁극적인 단계에 도달하고 나서도 여전히 더 노력하여 영원히 물러나지 않게 해야 하니, 『역』「건괘」의 상(象)에서 '군자는 스스로 힘쓰기를 쉬지 않는다.'[25]라고 한 것이다.

ⓐ 비유하면 나그네가 집으로 '되돌아오는 것[還至]'과 같다. 여기서 '이른다[至]'는 말의 의미도 이와 같다.

ⓑ '떨어진다.'는 것은 밑으로 떨어진다는 것이다. '빠진다.'는 것은 빠져서 구해낼 수 없다는 것이다.

ⓒ '본래의 명'은 본체라는 말과 같다.

ⓓ '집'으로서 '본래의 명'을 비유했고, '나그네'로 '본래의 명'을 망실한 것을 비유했다.

---

24 '불타는 집[火宅]': 불가에서 번뇌가 많은 이 세상을 말한다.

25 『역』「건괘」. 象曰, 天行健, 君子以自强不息.

ⓔ '궁극적인 단계'는 불경의 용어이다.

|부가설명| 『장자』「천하」편에서 '내성외왕(內聖外王)'[26]으로 공자를 일컬었지만, '큰 우주[大宇]'까지도 포괄한다. 공자와 유학의 광대함이 여기에 있다. 그러나 '내성외왕' 네 글자에 대해서는 예부터 진부한 말로 여겨 대충 흐리멍덩하게 지나갔고, 무엇이 내성(內聖)이고 외왕(外王)인지 따지지 않았다. 또한 외왕의 핵심은 내성에 있는데, 내성에 대해 풀이하지 않고 외왕에 대해 설명하지 않았다. 내가 이 네 글자에 대해 오래도록 참고하여 연구한 끝에, 「설괘전」의 "이치를 궁구하고 본성을 다 밝혀서 명(命)에 이른다."[27]는 한 구절이 내성학(內聖學)의 무한한 의미를 포괄해서 다하지 않음이 없음을 깨달았다. 그러나 이 구절에 대해서 지금까지 역시 구체적으로 이해한 사람이 없었다.

우선 '궁리(窮理)'에 대해 말해보자. 여기서 '리(理)'자는 오로지 만 가지 다른 것으로만 말하면 하나의 근본을 빠뜨리게 되고, 하나의 근본만을 본다면 또한 만 가지 다른 것을 빠뜨리게 된다. 게다가 만 가지 다른 것과 하나의 근본을 나눠 두 세계로 하면 더 큰 잘못이 된다. 내가 해석하는 궁리는 철두철미 빠뜨린 것도 없고 혼란한 것도 없다. '남의 말을 듣고 시비를 분별할 줄 아는[知言]' 자가 아니면 이것을 설명하기 어렵다.

'본성을 다 밝혀서 명에 이른다.'는 구절은 바로 성인이 되는 학문이 성인이 되는 학문답게 되게 하는 것이다. 그런데 만약 궁리에 대해서만 설명하고 그친다면, 성학(聖學)은 동서고금의 철학자들의 말과 또한 별로 구별되지 않는다. 서양의 철학자가 본체에 대해 말한 것은 '성급하고 방자한 견해[馳逞知見]'로서, 어떤 한 체계의 이론을 만들고는 심지어 함부로 그 이론

---

26 내성외왕(內聖外王): 『장자』「천하」. 天下大亂, 賢聖不明, 道德不一, 天下多得一察焉以自好. 譬如耳目口鼻, 皆有所明, 不能相通. 猶百家衆技也, 皆有所長, 時有所用. 雖然, 不該不徧, 一曲之士也. 判天地之美. 析萬物之理, 察古人之全, 寡能備於天地之美, 稱神明之容. 是故內聖外王之道, 闇而不明, 鬱而不發, 天下之人, 各爲其所欲焉, 以自爲方 참조.

27 『역』「설괘전」. 昔者聖人之作易也, 幽贊於神明而生蓍, 參天兩地而倚數, 觀變於陰陽而立卦, 發揮於剛柔而生爻, 和順於道德而理於義, 窮理盡性以至於命 참조.

을 진리라고 여기는 것이다. 그런데 진리는 곧바로 다른 사람에 의해 폐기된다.ⓐ 철학에서 진리ⓑ를 자신의 밖에 있는 사물로 여기고 이해하려고 해서는 안 된다는 것을 반드시 알아야 한다. 바로 진리가 자신의 밖에 있는 사물이 아님을 철저하게 깨닫고 그것의 실현을 위해 힘써야 한다. 성인이 되는 학문은 본성을 다 밝혀서 명에 이르는 것에 귀결되니, 이것이 바로 성인이 되는 학문이 세간의 철학과 근본적으로 구별되는 점이고, 철학자가 힘써 바라지 않을 수 없는 것이다.ⓒ

> ⓐ 나는 이론에 대해 반대하는 것은 아니지만, 만약 어떤 한 체계의 이론을 만드는 것이 곧 철학이라고 한다면 인정할 수 없다.
> ⓑ 여기서의 '진리'는 '하나의 본체'를 말한다.
> ⓒ 어떤 사람이 물었다. "『시경』에서 '사물마다 법칙이 있다.'[28]고 했으므로, 사물의 법칙을 '리(理)'라고 할 수 있다. 그런데 지금 그대는 본체를 가지고 또한 '리'라고 하니 어떻게 된 것인가?"
> 대답했다. "이런 설명은 나에게서 시작된 것이 아니다. 불가에서 진여(眞如)는 바로 본체의 이름이기에 진여 또한 진리라고 한다. 경(經)과 논(論)에 모두 '공인된 문구[明文]'가 있다. 송명(宋明)대 유학자들이 말하는 '리(理)'자는, 어떤 때는 본체에 대한 명칭으로도 사용한다. 본체를 리라고 말할 수 있는 것은 바로 본체가 모든 이치를 함유하고 갖추어서 온갖 조화의 근원이 될 수 있기 때문이다.

[2-2-2-2] 외왕학: 대동(大同)

내성(內聖)에 대해서는 이미 설명했으니, 이어서 외왕(外王)에 대해 언급하겠다. '왕(王)'이라는 말은 '간다[往]'는 의미이다. 모든 생명이 함께 태평의 길을 향해 가는데 그 공력(功力)이 끝이 없으므로 '간다[往]'고 했다. 성인이 되는 학문의 귀결처는 결국 천지만물이 일체가 되는 곳에서 명(命)을 세우는 것이니, 외왕학의 핵심은 여기에 있다. 천지의 도를 재량하여 완성하고 만물을 도와주고 바로잡는 것에서 교화시키고 다스리는 것을

---

28 『시경』「대아(大雅)」「탕지십(蕩之什)」. 天生烝民, 有物有則. 民之秉彝 好是懿德.

지극하게 하니, 또 "천지가 제자리에 있도록 하고 만물을 육성한다."[29]고 했다. 그 도리와 지혜가 넓고 크며, 그 규모와 예지가 광활하고 심원하니, 그 누가 지혜롭다고 하더라도 진정으로 복종하지 않을 수 있겠는가? 서양 유심론 학파에서 헤겔이 가장 뛰어난데, 안타깝게도 우리 공자의 도에 대해 듣지 못했다고 내가 일찍이 말한 적이 있다. 헤겔은 독일 민족의 우월감을 가슴에 품고 있어서 천하가 일가(一家)라는 넓은 마음이 없었고, 만물을 입혀주고 길러주면서도 주인이 되지 않겠다는 도덕적 도량이 없었다.[a] 독일 사람들은 헤겔의 영향으로 마침내 패망을 자초했으니, 나는 이 때문에 공자의 도가 결국 인류가 의탁할 명(命)이라고 더욱 믿게 되었다. '외왕(外王)'의 큰 취지는 지난 일에 의거하여 미래를 미루어보고 온갖 단서를 질서 지웠으니, 진실로 기이한 업적이다.[b] 안타깝게도 옛날의 전적이 사라진 지 오래되어 자세하게 상고할 방법이 없으므로, 「원외왕학」에서 간략히 요점을 제시하겠다.

> [a] 성인은 만물에 대해 입혀주고 길러주면서도 스스로 공이 있다고 여기지도 않고 우월감도 갖지 않으며, 만물의 주인이 되려고도 하지 않고 만물이 자신들의 본성을 펼쳐 태평으로 나아가게 한다. 그런데 헤겔은 이러한 경지에 미치지 못하였다.
>
> [b] 한대 초기의 사람들은 여전히 『춘추』의 뜻이 수천 가지로 많다는 것에 대해 들었다.

맹자는 공자가 집대성했다고 칭송했으니,[a] 공자가 고대를 계승한 것은 당연히 요·순·문·무 일파의 단서만이 아니다. 복희는 요·순보다 훨씬 이전에 나와서 『대역(大易)』의 시조가 되었으니, 공자가 50세에 『역』을 연구할 때에 이미 이것에 대해 명확히 징험했다. 공자의 향년은 74세로 70세에도 여전히 크게 진보했으니,[b] 학문의 대성(大成)은 마땅히 『역(易)』을 연구한 이후의 20여 년에 있었다. 이 20여년의 기간 가운데, 고

---

29 『중용』 1장. 致中和, 天地位焉, 萬物育焉.

대 성왕(聖王)의 실용파와 철리파를 하나로 통합하고 변화를 신묘하게 밝혀서ⓒ 내성외왕의 학통을 처음으로 열었으니, 참으로 성대하다. 고대 성왕들이 서로 전수한 학술과 사상은 본래 앞에서 말한 두 개의 학파ⓓ 를 벗어나지 않는다. 공자가 그것을 모두 흡수해서 융화시켰으므로, 맹자는 공자가 집대성했다고 칭송한 것이다. 공자의 제자인 재아(宰我)·자공(子貢)·유약(有若)은 모두 지혜가 있어 공자가 성인임을 충분히 알아볼 수 있었다. 그래서 재아는 "내가 선생님을 자세히 살펴보니, 요·순보다 현명함이 훨씬 더 뛰어나시다."[30]라고 했고, 자공과 유약은 모두 "백성들이 생긴 이후로 공자보다 위대한 분은 없었다."[31]라고 했다. 공자가 계승한 전적은 매우 많고 창시한 것이 넓고 아득해서ⓔ 우뚝하게 유학의 첫 스승이 되었으며, 춘추·전국시대부터 오래도록 중국의 학술계와 사상계의 정통이 되었으니, 제자백가는 지류가 되었다. 비유하면, 태양이 가운데 자리 잡고 뭇 행성들이 그 밖을 에워싸고 있는 것과 같았다. 청대 말기의 학자들은 동중서와 한무제(漢武帝)가 처음으로 공자를 일존(一尊)으로 모시는 것을 정했다고 하는데, 진실로 고대학술의 원류를 상고하지 않았기 때문에 이런 잘못이 있었다. 그러나 한대 사람들이 공자를 존중한 것은 곧 어지럽게 고친 경서(經書)와 거짓 학설을 가지고 공자에 가탁하여 황제의 사사로운 의도를 옹호하는 데에 이르렀다. 이때부터 '거짓 유학[僞儒學]'이 일어나 공자 문하에서 서로에게 전수된 참된 유학은 볼 수가 없게 되었다. 이 문제에 대해서는 뒤의 글에서 별도로 설명하겠다.

ⓐ『맹자』「만장(萬章)」편에 있다.[32]

30『맹자』「공손추·상」. 宰我曰: "以予觀於夫子, 賢於堯舜遠矣."

31『맹자』「공손추·상」. 子貢曰: "見其禮而知其政, 聞其樂而知其德. 由百世之後, 等百世之王, 莫之能違也. 自生民以來, 未有夫子也." 有若曰: "豈惟民哉. 麒麟之於走獸, 鳳凰之於飛鳥, 太山之於丘垤, 河海之於行潦, 類也. 聖人之於民, 亦類也. 出於其類, 拔乎其萃, 自生民以來, 未有盛於孔子也."

32『맹자』「만장하(萬章下)」. 孔子之謂集大成. 集大成也者, 金聲而玉振之也.

ⓑ 『논어』에 있다.[33]

ⓒ '신묘하게 밝힌다(神明)'는 말은 그 출처가 『역』 「계사전」이다. 『역』에서 "신묘하게 밝혔다."[34]고 했는데, 대개 철인(哲人)에게는 천기(天機)가 저절로 드러나 오묘하게 이해되니, 추구할 필요도 없이 저절로 안다는 말이다.

ⓓ 실용파와 철리파 두 파이다.

ⓔ '넓다(廣)'는 것은 광대하다는 것이고, '아득하다(遠)'는 것은 심원하다는 것이다.

나에게는 일찍부터 주대 말기의 학파들에 대해 대부분 상고할 수 없다는 것이 깊은 한이었다. 그러나 이제 우연히 잔존하는 고적에 의거해서, 위로 춘추·전국시대의 철학 파별(派別)을 탐색해보니, 가장 위대한 학파로 당연히 6개 학파 곧 유가·묵가·도가·명가·농가·법가를 추구해야 했다. 유가는 공자를 종주로 하면서 정통파가 되었다. 여기에서 나머지 5개 학파는 그 근원이 모두 유가에서 나왔다.

---

33 『논어』 「위정」. 子曰: "七十而從心所欲, 不踰矩."

34 『역』 「계사·상」. 極天下之蹟者存乎卦, 鼓天下之動者存乎辭, 化而裁之存乎變, 推而行之存乎通, 神而明之存乎其人, 默而成之, 不言而信, 存乎德行.

고대학문을 집대성한 공자의 유학
── 제자학[六家]의 근원

2-3-1 묵가

먼저 묵가에 대해 말하겠다. 『회남자(淮南子)』「요략(要略)」편에 "묵자는 유가의 학업을 배웠고 공자의 학술을 전수받았다."[1]라고 했다. 한대 초기는 공자·묵자의 시대에서 멀지 않으니 그 말에 반드시 근거가 있을 것이다.[ⓐ] 공자는 평소에 예[執][ⓑ]에 대해 말했다.[2] 『묵자』「경상(經上)」편 등에 수학·물리학 등에 관한 이론이 있다. 묵자는 일찍이 하늘을 나는 나무 연[3]과 성을 지키는 구름사다리[4]를 만든 적이 있는데, 나무 연은 곧

---

1 『회남자』「요략(要略)」. 墨子學儒者之業, 受孔子之術.

2 『논어』「술이」. 子所雅言, 詩 書 執禮, 皆雅言也.

3 하늘을 나는 나무 연: 『한비자』「외저설좌상(外儲說左上)」. 墨子爲木鳶, 三年而成, 蜚一日而敗. 弟子曰, 先生之巧, 至能使木鳶飛. 墨子曰, 不如爲車輗者巧也. 用咫尺之木, 不費一朝之事, 而引三十石之任, 致遠力多, 久於歲數. 今我爲鳶, 三年成, 蜚一日而敗. 惠子聞之曰, 墨子大巧, 巧爲輗, 拙爲鳶. 참조.

4 성을 지키는 구름사다리: 『묵자』「공수(公輸)」. 公輸盤爲楚造雲梯之械. 成. 將以攻宋. 子墨子聞之. 起於齊. 行十日十夜. 而至於郢. 見公輸盤. 公輸盤曰. 夫子何命焉. 爲子墨子曰. 北方有侮臣. 願藉子殺之. 公輸盤不說. 子墨子曰. 請獻十金. 公輸盤曰. 吾義固不殺人. 子墨子起. 再拜曰. 請說之. 吾從北方. … 於是見公輸盤. 子墨子解帶爲城. 以牒爲械. 公輸盤九設攻城之機變. 子墨子九距之. 公輸盤之攻械盡. 子墨子之守圉有餘. 公輸盤詘. 而曰. 吾知所以距子矣. 吾不言. 子墨子亦曰. 吾知子之所以距我. 吾不言. 楚王問其故. 子墨子曰. 公輸子之意. 不過欲殺臣. 殺臣. 宋莫能守. 可攻也. 然臣之弟子禽

근세 비행기의 시초로서 과학적 재능이 진실로 빼어나게 탁월한 것이
니, 이것도 공자가 기예를 가르쳐서 계발시켰던 것에 영향을 받았을 것
이다. 『묵자』「대취(大取)」편 등에는 '논리학[名學]'이 아주 정밀한데, 그
것의 근원이 『춘추』에서 나왔음을 또한 상고할 수 있다. 『장자』「천하」
편에서 묵자에 대해 "배우기를 좋아하여 '널리 다르게 되지 않음을 구했
으니[博不異]', 선왕과는 같지 않다."[5]라고 했다. 곽상(郭象)[6]의 주석은 아주
잘못되었다.[7]

   ⓐ 「별록(別錄)」에서 "『묵자』에 문자(文子)가 나온다."라고 했다. 문자는 본래 자하
     (子夏)의 제자인데 묵자에게 질문했다. 이와 같다면 묵자는 공자 만년에 태어나
     그 연배가 자하보다 약간 뒤일 수 있다.[8] 묵자가 공자의 70제자에게 수업을 받았
     는지의 여부는 상고해서 확정할 수 없지만, 그가 공자의 학술을 익혔다는 것은

    滑釐等三百人. 已持臣守圉之器. 在宋城上. 而待楚寇矣. 雖殺臣. 不能絶也. 楚王曰. 善
    哉. 吾請無攻宋矣. 子墨子歸. 過宋. 天雨. 庇其閭中. 守閭者不內也. 故曰. 治於神者.
    衆人不知其功. 爭於明者. 衆人知之 참조.

5 『장자』「천하」. 墨者汎愛兼利, 而非鬪, 其道不怒, 又好學而博不異, 不與先王同, 毁古之
   禮樂.

6 곽상(郭象, 252?-312): 자는 자현(子玄)이고, 하남성 낙양(洛陽) 사람으로 서진(西
   晉) 때의 현학가(玄學家)이다. 곽상은 자신이 추구한 장자(莊子)의 근본원리에 따
   라서 『장자주(莊子注)』(33권)를 정리해서 주석을 하였는데, 그 해석을 통하여 계
   층적 신분질서를 천리(天理)로 인정한 명교자연론(名敎自然論)을 전개하였고, 고
   립하여 산재(散在)하는 각자는 경우의 변화에 무한히 응할 수 있는 '성분(性分)'이
   나 '위계(位階)'에 몸을 맡김으로써 '자득(自得)'한다고 하는 육조귀족제 사회(六朝
   貴族制社會)의 사상적 근거를 제공하였다.

7 곽상(郭象)의 주석은 아주 잘못되었다: 곽상은 '好學而博不異'에 대해 "자신이 옳다
   고 여기고 나면, 만물이 모두 자신과 같아지게 되도록 했다[旣自以爲是, 則欲令萬物
   皆同乎己也]."라고 했고, '不與先王同'에 대해 "선왕은 다른 것들이 있으면 모두 그
   것들에 그대로 맡겨 놓는다. 그렇게 한 다음에 그대로 맡겨 놓은 것에서 같아지면
   모두가 얻게 된 것인데, 그들은 자신들이 얻게 된 까닭을 알지 못한다[先王, 則恣其
   群異, 然後同焉, 皆得, 而不知所以得也]."라고 했다.

8 「별록(別錄)」에서 "『묵자』에 문자(文子)가 나온다."라고 했다. … 자하보다 약간 뒤
   일 수 있다: 『묵자한고(墨子閒詁)』「소취(小取)」. 子夏之徒問於子墨子曰. 史記索隱
   引別錄云, 今按墨子書有文子, 文子卽子夏之弟子, 問於墨子. 如此則墨子在七十子之後
   也. 案今本無文子, 或在佚篇中 참조.

의심할 수 없다.

ⓑ '예[埶]'는 '기예[藝]'의 의미로 읽는다. 이것에 대한 해석은 앞에 있다. 옛날에는 격물에 대한 학문과 기계제작하는 것을 모두 기예[藝]라고 했다.

생각건대 '널리 다르게 되지 않음을 구했다[博不異]'는 것은 묵자가 매번 하나의 명제(一義)를 세워서 반드시 그 까닭[故]을 널리 구했다는 말이다. 『묵자』「경설상(經說上)」에 "'이유[故]'라는 것은 얻은 다음에 이루는 것이다."[9]라는 구절이 있다. 지금 하나의 예를 들어 말해 보자. "갑 모씨는 반드시 죽는다. 어떻게 그것을 알 수 있는가? 왜냐하면 사람들은 모두 죽는다. 갑 모씨도 사람이므로 그도 반드시 죽는다고 단정한다." 여기서 '사람들은 모두 죽는다.'고 한 것은 바로 '갑 모씨가 반드시 죽는다.'는 하나의 결론[斷案]이 성립할 수 있는 이유[故]이니, 논리학의 삼단논법에서 이른바 '대전제[因]'와 같다. 그렇지만 다시 반드시 이유가 이유로 될 수 있는 것에 대해 알아야 하니, 그 속에는 반드시 다른 종류가 없어야 한다는 것이다. 이를테면 위에서 모든 사람들은 다 죽는다는 이유를 제시했는데, 만약 인류 가운데 오래도록 살면서 죽지 않는 자가 있다면, 여기에서의 이유는 성립되지 않는다. 이 때문에 이유를 들었다면, 반드시 그 속에 다른 종류가 없는 것을 먼저 널리 구해야 이유가 비로소 성립한다. 이유가 성립된 다음에 결론이 성립된다. 장자가 "배우기를 좋아하여 널리 다르게 되지 않음을 구했다(好學而博不異)."는 말로 묵자를 인정했던 것은, 묵자가 논리학에 조예가 깊어 그의 식견(識)으로도 미칠 수 없음을 진실로 알았던 것이다.

'선왕과는 같지 않다.(不與先王同)'는 것은 묵자가 '실제의 일에서 옳음을 구했으므로[實事求是]' 선왕이 남긴 교훈이나 옛 법도에 반드시 일치하는 것을 추구할 필요가 없었다는 것이다. 묵자는 천재적인 과학자의 자질이 풍부한데 안타깝게도 그 책이 전해지지 않는다. 지금 훼손된 상태로

---

9 『묵자』「경상(經上)」. 故, 所得而後成也.

남아 있는『묵자』라는 책에서도 논리학에 대한 것은 여전히 그 개요를 볼 수 있다. 그런데 과학 방면의 전문적인 저작은 없어졌으니 이제 상고해서 확정할 길이 없다.@

　　@ 묵자에게는 과학에 대한 전문적인 저작이 있었을 것이다.

묵자의 정치철학에 대해서는, 현존하는『묵자』의 여러 편을『한서』「예문지」에서 묵자를 서술하는 말과 서로 비교해도 전혀 합치하지 않는 것이 없으니, 묵자가 '다스리는 방법[治道]'에 대해 논한 글은 별로 없어지지 않았음을 알 수 있다. 흩어져 없어진 것은 유독 과학에 대한 저술일 뿐이다. 나는 묵자가 과학에는 천재이지만 철학에는 그다지 뛰어났다고 생각하지 않는다.@ '겸애(兼愛)'와 '겸리(兼利)'는 공자의 인도(仁道)에 근거하지 않음이 없다. 그러나 인(仁)을 말하면서 의(義)를 고려하지 않는다면 인도(仁道)가 통할 수 없다. 공자는『시경』에 대해 "(시를 배우면 도리를 어기지 않으면서) 남을 원망할 수 있다."[10]고 했다. 서민들은 착취계급에 대해 원망했다. 원망 때문에 다툼을 일으키고, 다툼 때문에 계급을 평정할 수 있다. 그런 다음에 인도(仁道)가 널리 행해져서 겸애·겸리의 공평한 도가 크게 행해진다. 묵자는 유가를 비난했지만, 그가 비난한 것은 당시의 정치적인 폐단이 바로 유학의 도가 시행되지 않았기 때문임을 전혀 몰랐던 것이다.

　　@ 「천하」편에서 그를 재능 있는 선비라고 칭찬하였지만,[11] 그의 정치이론에 대해서는 불만을 보였다.

10『논어』「양화(陽貨)」. 子曰: "小子, 何莫學夫詩. 詩, 可以興, 可以觀, 可以羣, 可以怨."
11 「천하」편에서 그를 재능 있는 선비라고 칭찬하였지만:『장자』「천하」. 雖然, 墨子眞天下之好也, 將求之不得也, 雖枯槁不舍也, 才士也夫.

도가의 학문은 원래 『대역(大易)』을 근본으로 하므로 공자의 지류이다. 『장자』「천하」편에서 관윤(關尹)[12]과 노담(老聃)을 아울러서 하나의 학파로 보고 논평했으니, 두 사람이 모두 도가의 시조임을 알 수 있다. 그런데 「천하」편에서 두 사람을 서술하면서 관윤을 앞세우고 노담을 뒤로했으니, 반드시 그 까닭이 없지 않을 것이다. 관윤의 나이가 다소 더 많았거나 장자가 관윤을 더 인정했을 수 있는데, 이제는 또한 상고하여 변별할 방법이 없다. 한대 초기에 황제(黃帝)와 노자를 병칭했지만 관윤을 언급하지 않았으니, 결국 노자의 학문만이 홀로 전해지게 되었다. 혹은 신불해(申不害)와 한비자의 학술이 노자의 학문을 변질시킨 것인데 6국[13] 말기에 크게 드러났고, 한비의 책은 또 여정(呂政: 진시황)이 본보기로 삼았으니, 노자의 학술은 마침내 신불해와 한비자에 의지해서 성행했지만, 관윤의 학술은 거의 없어졌을 것이다.

노자가 활동했던 시대는 공자보다 뒤이고 맹자보다는 앞선다. 공자의 유년에는 여러 풍속이 아직도 질박하게 남아 있었다. 중년 이후에는 문식과 작위가 나날이 번성하고, 질박한 풍속은 쇠퇴해서 거의 사라졌다.

---

12 관윤(關尹, 생존연대 미상): 자는 공도(公度)이며, 주나라와 전국시대 진나라의 철학자이다. 일명 관령윤희(關令尹喜)·관영윤(關令尹)·윤희(尹喜)라고 부르며, 그가 맡았던 관직의 이름을 따서 관윤(關尹)이라 부르기도 한다. 『사기(史記)』에 의하면, 노자가 주(周)의 쇠함을 보고 주를 떠나려고 함곡관(函穀關)에 이르렀을 때 관령(關令)인 윤희(尹喜)에게 부탁받아 『도덕경(道德經)』 5천여 자를 저술하였다고 한다. 이 관령 윤희가 즉 관윤(關尹)으로 노자의 제자가 된다고 한다. 『장자(莊子)』의 「천하편(天下篇)」에 관윤의 말이라 하여, "사람은 아집(我執)을 버리면 자연(自然)대로의 동작이 발휘된다."는 말을 인용하고 있다. 그리고 다시 "동(動)하기를 물과 같고, 그 고요함이 거울과 같으며, 적막(寂)함이 청(淸)과 같다."라고 한 말을 인용하고 있다. 『여씨춘추(呂氏春秋)』 「불이편(不二篇)」에는 "관윤(關尹)은 청(淸)을 귀히 여긴다."고 평하고 있다.

13 6국: 춘추전국시대의 제(齊)·초(楚)·연(燕)·한(韓)·위(魏)·조(趙) 여섯 나라를 말한다.

『논어』「선진(先進)」편에 "공자가 말하기를, '선진(先進)이 예악을 실천한 것은 "촌스러운 사람[野人]" 같고,@ 후진(後進)이 예악을 실천한 것은 군자 같다.ⓑ 만일 예악을 쓴다면 나는 선배들을 따르겠다.'ⓒ고 했다"[14] 이에 의거하면, 공자 만년에 사회가 나날이 문식과 사치를 쫓았음을 알 수 있다. 『노자』에서는 문명을 극도로 싫어해서 태고로 돌아가고자 하고, 지혜가 생겨 큰 속임수가 있게 된 것을 통렬히 꾸짖었으니, 노자 당시의 문식과 교묘한 속임은 더더욱 공자가 아직까지 보지 못했던 것이다. 그러므로 『논어』와 『노자』 두 책을 비교해 보면, 노자가 공자보다 뒤라는 것을 알 수 있다.

> @ 생각건대, '선진(先進)'은 선배라고 말하는 것과 같다. 공자는 선배들이 예악을 실천한 것은 문식[文]과 실질[質]이 마땅함을 얻었지만, 지금은 질박한 것을 싫어해서 촌스러운 사람이라고 흉본다고 말했다. '촌스러운 사람'은 시골의 서민들을 말한다.
>
> ⓑ 생각건대, '후진(後進)'은 후배라고 말하는 것과 같다. 후배들이 예악을 실천한 것은 문식[文]이 실질[質]을 지나쳤는데도 당시에 군자라고 했다. 군자는 현인과 사대부를 말한다.
>
> ⓒ 생각건대, 공자는 스스로 선배를 따르겠다고 말함으로써 당시 풍속에서 문식이 내용을 지나쳤음을 싫어했던 것이다.

노자가 맹자보다 앞선다는 것은 무엇 때문인가? 『노자』라는 책 곳곳에서 그 시대에 문식을 숭상하고 사치를 다투며, 교묘한 기술을 경쟁하고 이익을 쫓았다는 것을 확인할 수 있다. 그런데 『맹자』에서는 6국이 무너지는 추세가 이미 빠르게 진행되어, 백성들은 "죽음을 구제하기에도 부족할까 염려된다."[15]고 했고, "위에서는 예의가 없고 아래에서는 배움이 없으며, 나라를 해치는 백성들이 생겨나 어느 틈에 망해 버린다."[16]고

---

14 『논어』「선진」. 子曰: "先進於禮樂, 野人也. 後進於禮樂, 君子也. 如用之, 則吾從先進."

15 『맹자』「양혜왕·상(梁惠王·上)」. 此惟救死而恐不贍, 奚暇治禮義哉?

16 『맹자』「이루·상(離婁·上)」. 田野不辟, 貨財不聚, 非國之害也. 上無禮, 下無學, 賊

했으니, 이미 숭상할 만한 문식도 없고, 경쟁할 정도로 교묘한 기술도 없었다는 것을 알 수 있다. 그러므로 『맹자』와 『노자』 두 책을 비교해 보면, 노자가 맹자보다 앞선다는 것을 알 수 있다. 『장자』 「천하」편에서 관윤과 노담에 대해 모두 옛날의 위대한 진인(眞人)이라고 했으니, 두 사람의 시대는 마땅히 서로 가까울 것이다. 『사기』 「노자전(老子傳)」에 '노자가 주나라를 떠나 국경[關]에 이르러 경비 책임자를 위해 책을 지어준 일'이 실려 있는데,[17] 당연히 믿을 만한 일이 못된다. 춘추시대의 선비들에게는 이미 위조하는 풍조가 있었다. 공자는 "나는 오히려 역사에서 글을 빼놓는 것을 보았는데,[ⓐ] … 지금에는 없어졌구나!"[ⓑ][18]라고 하였다. 전국시대에 와서 이런 풍조가 더욱 극성해서 맹자는 "책을 모두 믿을 바에는 책이 없는 것만 못하다."[19]라고 했으니, 공자와 같은 생각이었다. 혹 6국 시대에 노자의 후학들이 노자가 관윤을 위하여 책을 지어주었다고 위조함으로써, 관윤의 학문이 여전히 노자에게서 받은 것임을 드러내려고 했을 수도 있다. 이것은 공자가 주나라로 가서 노자에게 예를 물었다고 하는 것과 동일한 것으로서, 노자의 후학들이 위조한 것이다. 사마천은 이러한 사실들을 상고하지도 않고 『사기』에 실었으니, 그 망령됨이 심하다.

ⓐ '오히려 ~을 보았는데'라는 것은 옛 역사의 기록에 나타나는 것으로 징험하기 어려운 것이 있으면, 글을 빼놓고 의심나는 대로 남겨서 함부로 전하지 않았다는 것을 말한다.

ⓑ 공자는 당시에 역사를 정리하는 자들이 거짓으로 조작하기를 좋아해서 글을 빼놓고 의심나는 대로 남겨두려고 하지 않았음을 한탄했다.

民輿, 喪無日矣.

17 『사기』 「노자전(老子傳)」에 … 실려 있는데: 『사기』 「노장신한열전(老莊申韓列傳)」. 居周久之, 見周之衰, 迺遂去至關. 關尹令喜曰: 子將隱矣. 彊爲我著書. 於是老子迺著書上下篇, 言道德之意, 五千餘言而去, 莫知其所終.

18 『논어』 「위령공」. 子曰: "吾猶及史之闕文也, 有馬者借人乘之. 今亡矣夫."

19 『맹자』 「진심·하」. 孟子曰: "盡信書, 則不如無書."

『장자』「천하」편에서 주대 말기의 각 학파에 대하여 모두 심도 있게 논하였는데, 그 천부적인 재능이 탁월하여 지혜롭게 해석한 수준이 매우 높다. 관윤과 노담에 대해서는 장자가 자술하기 전에 특별히 사승관계를 명시했으니, 그 중요함을 알만하다. 이제 그 설명을 절취해서[20] 구절마다 다음처럼 주석을 달아보겠다.

원문 "'근본적인 것[本]'을 '정교한 것[精]'으로 삼는다."

주석 '근본적인 것[本]'은 도를 말하니, 도는 만물의 근원이다. 아득히 무대(無對: 짝이 없음)이고, 고요히 형상이 없으니, 정교함의 극치이다. '정교함[精]'은 미묘하다는 의미이다.

원문 "사물[物]을 '조잡한 것[粗]'으로 삼는다."

주석 『대대례(大戴禮)』「애공문(哀公問)」편에서 "'큰 도[大道]'는 변화하고 만물을 이루는 근거이다."[21]라고 했다. 이 말은 공자의 문하에서 서로 전수하던 의미인데, 도가에서 계승했다. 다만 도가에서는 사물[物]을 '조잡한 것[粗]'으로 여겼으니, 도와 사물을 둘로 나누어 정교한 것과 조잡한 것을 서로 융합하지 못하는 잘못이 있다. 그러므로 노담은 "만물은 하찮은 것이다."[22]라고 한탄했고, 장주도 "사람은 하찮은 것이다."[23]라고 했다. 도가에서 『역』을 배운 것이 아

---

20 그 설명을 절취해서: 절취한 문장은 『장자』「천하」편의 "以本爲精, 以物爲粗, 以有積爲不足, 澹然獨與神明居, 古之道術有在於是者. 關尹老聃聞其風而悅之. 建之以常無有, 主之以太一, 以濡弱謙下爲表, 以空虛不毁萬物爲實."이다.

21 『대대례(大戴禮)』「애공문(哀公問)」. 哀公曰: "善敢問, 何如可謂聖人矣." 孔子對曰: "所謂聖人者, 知通乎大道, 應變而不窮, 能測萬物之情性者也. 大道者, 所以變化而凝成萬物者也."

22 『도덕경』 5장. 天地不仁, 以萬物爲芻狗, 聖人不仁, 以百姓爲芻狗.

직 철저하지 못해 그들의 지론(持論)에 때로 모순이 있었으니, 이것
에 대해서는 논하지 않겠다.

"'쌓여 있는 것[有積]'을 부족함[不足]으로 삼는다."

이것은 우리가 도를 체득하는 공부로 말한 것이다. 노자는 "학문
을 하면 날로 보태고 도를 행하면 날로 덜어낸다."[24]고 했다. 덜어
낸다는 것은 안으로 힘을 쓴다는 것이다. 미혹과 장애를 덜어버려
야만 도를 깨달을 수 있고, 안으로 자족하면 그 충실함을 그칠 수
없다. 보탠다는 것은 학문을 하면 밖으로 힘을 써서 사물에서 이
치를 궁구한다는 것이다. 그 공부가 나날이 쌓이면 얻는 것이 많
다. 그렇지만 학문하는 공부로 바로 도를 깨달을 수 있다고 한다
면, 격물하는 방법에 근거하여 '큰 도[大道]'를 추구하는 것이니, 추
구하는 것이 깊어질수록 미혹됨이 더욱더 증가한다는 것을 반드
시 알아야 한다. 그 까닭은 무엇인가? '큰 도[大道]'는 변화하고 만물
을 이루는 근거이기 때문이다. 도는 결국 그 자체가 곧 사물이 아
닌데, 사물을 잡고 도를 추구하면서 어떻게 도를 깨달을 수 있겠
는가? 밖으로 힘쓰는 학문은 본래 나날이 쌓이는 것이 있다. 그런
데 이로부터 도를 깨달으려고 하면, 지식이 더욱더 많이 쌓여질수
록 더욱더 '큰 도[大道]'를 행하는 데에 장애가 된다. 그 학문은 근본
이 없어서 그 마음이 중심으로 하는 것이 없으므로, 지식이 쌓이
면 곧바로 내면에서 부족한 것이 된다.

"고요히 혼자서 신명(神明)과 함께 있다."

---

23 『장자』 「덕충부(德充符)」. 眇乎小哉, 所以屬於人也!
24 『도덕경』 48장. 爲學日益, 爲道日損.

| 주석 | '고요히'는 미혹과 장애를 덜어버리는 것이다. 지식은 미치지 못하는 것에서 멈추니, 함부로 추측하지 않아야만 신명이 환하게 통한다. |

| 원문 | "옛날의 도술에 이런 경향을 띤 것이 있었다. 관윤과 노담이 그 기풍에 대해 듣고 기뻐했다." |

| 주석 | 「천하」편에서 제자백가를 서술하면서, 그 각각의 시작에 모두 "옛날에 도술이 이런 경향을 띤 것이 있었다."[25]라고 했다. 그런데 이 구절은 가설로 한 말이니, 고대에 과연 이런 학파가 반드시 있었다는 것은 아니다. 그러나 인류의 사상은 본래 한 가지로 국한되지 않았으니, 줄곧 다양한 학파가 있었을 것이다. 도가는 비록 관윤과 노자에게서 시작했지만, 이 학파의 사상이 반드시 관윤과 노자라는 한 두 사람에게서 꼭 우연히 시작되었던 것만은 아니다. 관윤과 노자 이전에 이미 이런 단서가 있었지만 깊이 연구하지 못하고 발휘하지 못했을 뿐이다. |

| 원문 | "상무유(常無有)로 세운다." |

| 주석 | '상무유(常無有)'에서 '무'와 '유' 두 글자는 각기 위의 '상(常)'자와 연결되어 있는 말이니 '상무(常無)'와 '상유(常有)'로 해석하면 된다. 곽 |

---

[25] 『莊子』「天下篇」. 不侈於後世, 不靡於萬物, 不暉於數度, 以繩墨自矯, 而備世之急. 古之道術有在於是者. 墨翟禽滑釐聞其風而說之. … 不累於俗,不飾於物, 不苟於人, 不忮於衆, 願天下之安寧以活民命, 人我之養畢足而止, 以此白心, 古之道術有在於是者. 宋鈃尹文聞其風而悅之. … 以本爲精, 以物爲粗, 以有積爲不足, 澹然獨與神明居, 古之道術有在於是者. 關尹老聃聞其風而悅之. … 芴漠無形, 變化無常, 死與生與, 天地並與, 神明往與! 芒乎何之, 忽乎何適, 萬物畢羅, 莫足以歸, 古之道術有在於是者. 古之道術有在於是者. 莊周聞其風而悅之. … 참조.

상의 주석은 잘못되었으니[26] 따를 수 없다. '세운다'는 것은 건립한다는 것이다. '상무'와 '상유'는 서로 반대되면서도 서로가 서로를 이룬다. 누가 그것을 세우는가 하면 저절로 그러할 뿐이다. 궁리해서 지극한 경지에 도달하면 다시 그 원인을 물을 수 없으니, 저절로 그러하다고 말했다. 저절로 그러한 것은 세우는 것이 없지만 저절로 세워지는 것이다. '상무'는 마음을 배척하는 것으로 이름 붙인 것이고, '상유'는 사물을 배척하는 것으로 말한 것이다. 마음은 사물을 주도적으로 운용하는데도 형체가 없으므로 '상무'라고 한다. 사물은 마음을 깊숙이 간직하면서도 그 형질을 드러내므로 '상유'라고 한다. 그러나 사물은 형질을 이루기 때문에 '유(有)'라고 이름 붙이지만 그 형질이 고정되지 않으니, '유'는 확고하게 고정되어 변하지 않는 '유'가 아니다. 마음은 형체가 없기 때문에 '무(無)'라고 이름 붙이니, '무'는 텅 비어 아무것도 없다는 의미의 '무'가 아니다. 도가에서 유와 무에 대한 논의는 『대역』의 건(乾)과 곤(坤)을 본떠서 세운 것이다. 건은 형체가 없으나 곤은 형질이 있으니, 여기에서 마음과 사물이 나눠진다.

 원문 "태일(太一)을 중심으로 한다."

주석 '태(太)'라는 것은 찬미하는 말이다. '일(一)'이라는 것은 절대적이라는 의미로서 곧 본체에 대한 이름이니, 『역』에서 이른바 '태극'이다. 마음과 사물은 동일하게 '태일'이 작용을 일으킨 것이니, 태일은 마음과 사물의 실체(實體)이다. 그러므로 도가의 학문은 작용을

---

26 곽상의 주석은 잘못되었으니: 곽상은 '建之以常無有' 구절에 대해 "아무것도 없다면 어디에서 세울 수 있겠는가? 항상 아무것도 없는 것으로 세우니, 사물이 저절로 세워진다는 것에 밝다[夫無有, 何所能建? 建之以常無有, 則明有物之自建也]."라고 했다.

포섭하여 본체로 돌아감으로써 '일(一)'을 중심으로 하는 것으로 궁극을 삼는다. 도가가 『역』을 배웠으나 끝내 유가와 달라진 까닭이 여기에 있다. 『역』「계사전」에서 "천하의 움직임은 저 일(一)에 바르게 하는 것이다."[27]라고 했다. 공자 학문의 요점은 작용에서 본체를 인식하는 것, 곧 모든 변화와 움직임에서 그 본원(原)을 만나는 데에 있다.[ⓐ] 모든 변화에서 본원을 만나면 곧 모든 변화에서 모두 그 바름을 잃지 않으니, 바로 본체에 맞추어 작용을 일으키는 것이다.[ⓑ] 이것은 작용을 포섭하여 본체로 돌아가는 것과는 의미가 아주 다르니, 우선 간단히 언급하겠다. 작용을 포섭하여 본체로 돌아가는 것은 단지 본체를 깨닫기만을 추구하여 본체에 귀의하는데, 본체에 대해 초월적인 느낌을 일으켜서 무의식중에 본체가 우리의 자성(自性)이라는 것을 망각하고, 본체의 무궁한 '덕의 작용'이 곧 우리 자성의 '덕의 작용'이라는 것을 깨닫지 못한다. 비록 다시는 본체가 인격신이라는 것을 인정하지 않을지라도 이미 확실히 본체를 우리 자신으로부터 밖으로 밀어내 버렸으니, 관윤과 노자의 학문이 "태일[ⓒ]을 중심으로 한다."는 것에는 확실히 오류가 있다. 후대에 장자가 그 유파를 계승해서 마침내 본체는 곧 외계에 독존하고 끝없이 변하는 큰 힘이며, 우리와 만물은 모두 외재하는 큰 힘의 변화가 만든 것이니,[ⓓ] 이제 막 그것이 이 사람과 저 사물을 만드는 것도 우연일 뿐이라고 생각하였다.

[ⓐ] 본원은 '일(一)'을 말한다. 작용에서 본체를 인식하는 것은, 비유하면 수많은 물거품에서 큰 바닷물을 깨닫는 것과 같다. 어디든지 본원을 만난다고 한 맹자의 말[28]도 이런 의미이다.

[ⓑ] 이 구절의 의미는 아주 미묘해서 억지로 다음처럼 비유한다. 얼음이 물로

---

27 『역』「계사・하」. 天地之道, 貞觀者也, 日月之道, 貞明者也, 天下之動, 貞夫一者也.

28 어디든지 본원을 만난다고 한 맹자의 말: 『맹자』「이루・하(離婁・下)」. 孟子曰: "君子深造之以道, 欲其自得之也. 自得之, 則居之安 ; 居之安, 則資之深; 資之深, 則取之左右逢其原, 故君子欲其自得之也."

이루어졌지만, 얼음은 여전히 사물을 적시고 윤택하게 하는 것과 같은 물의 덕성을 잃어버리지 않는다. 그러므로 얼음은 본래의 물의 덕성대로 생긴 것이라고 말해야 하니, 이것은 얼음이 물의 본성을 잃지 않았기 때문이다. 지금까지 얼음으로 작용을, 물로 본체를 비유했다.

ⓒ '태일(太一)'은 바로 본체의 이름이다. 앞의 주에 있다.

ⓓ 여기서 말한 만물은 천지를 모두 그 안에 포함하고 있으니, 우주공간의 무한한 천체는 곧 사물의 큰 것일 뿐이다.

『장자』「지락(至樂)」편에서 "종류[種]에는 기틀[幾]이 있으니,ⓐ 물[水]을 얻으면 이어진다.ⓑ 물과 흙이 만나는 습지에서 태어나면 갈파래[靑苔]가 되고, 언덕에서 태어나면 질경이[車前草]가 된다. … '붉은 벌레[程: 赤蟲]'가 말[馬]로 진화하고, 말이 사람으로 진화한다.ⓒ 사람은 또한 기틀로 되돌아 들어간다.ⓓ 만물은 모두 기틀에서 나와 모두 기틀로 되돌아 들어간다."ⓔ[29]라고 하였다. 여기에서 말한 것을 자세히 설명하면, 사물의 종류가 변화하는 것은 실제로 외계에 독존하는 유일한 역량이 암암리에 그 기틀을 주관하기 때문이라는 것이다. '만물이 모두 기틀에서 나오고' 또 모두 되돌아 '기틀로 들어간다'면, 만물은 다만 조물주의 장난감이 될 뿐이다.

ⓐ 생각건대, 종류[種]는 사물의 종류이다. '기(幾)'자는 곧 뒤에 있는 문장의 '기(機)'자이니, 글자의 오른쪽에서 목(木) 변이 빠진 것은 옮겨 적을 때 생긴 잘못일 뿐이다. 뒤에서 '사람들이 또 기틀[機]로 되돌아 들어간다.'는 구절 등으로 글을 끝맺었으니, 이 구절 첫머리에 있는 '기(幾)'자가 바로 끝맺는 곳에 있는 세 개의 '기(機)'와 전후로 서로 상통한다는 것을 증명한다. 호적(胡適)[30]의 '기(幾)'자 해석은

---

29 『장자』「지락(至樂)」. 種有幾, 得水則爲𪩘, 得水土之際, 則爲𪓟蠙之衣, 生於陵屯, 則爲陵舃, 陵舃得鬱棲, 則爲烏足. 烏足之根爲蠐螬, 其葉爲胡蝶. 胡蝶胥也化 而爲蟲, 生於竈下, 其狀若脫, 其名爲鴝掇. 鴝掇千日爲鳥, 其名爲乾餘骨. 乾餘骨之沫爲斯彌, 斯彌爲食醯. 頤輅生乎食醯, 黃軦生乎九猷, 瞀芮生乎腐蠸. 羊奚比乎不筍, 久竹生靑寧. 靑寧生程, 程生馬, 馬生人, 人又反入於機. 萬物皆出於機, 皆入於機.

30 호적(胡適, 1891-1962): 자는 적지(適之)이며, 안휘성 적계(績溪) 사람이다. 중국 국민정부의 외교관·학자·사상가이다. 1914년 미국 코넬대학교를 졸업하고, 컬

아주 잘못되었다.[31] 대개 이 구절은 사물의 종류가 변화하는 것이 실재로 밖에 있는 큰 힘이 암암리에 그 기틀을 주관하기 때문이라는 것을 말한다.

ⓑ 이 구절은, 만물이 환경에 따라서 변화할 수 있는 근거가 암암리에 그 기틀을 주관하는 것이 있기 때문이라는 것을 말한다. 이하는 이것에 따라서 알아야 한다.

ⓒ 말은 고등동물이다. 고등동물을 거쳐서 최고의 인류로 진화했으므로 '말이 사람으로 진화했다.'고 했다.

ⓓ 사람이 죽으면 정기가 흩어지고 사라져서 또 조물주의 기틀로 되돌아 들어간다.

ⓔ 모든 발동이 일어나는 것을 모두 '기틀'이라고 이름 붙였다.

『장자』「대종사(大宗師)」편에서 "위대하구나. 조물주여! 또 너를 무엇으로 만들려고 하는가? 어디로 가게 하려고 하는가? 너를 쥐의 간으로 만들려고 하는가? 곤충의 다리로 만들려고 하는가?"[32]라고 하였다. 또 "만약 나의 왼팔을 점차 변화시켜 닭으로 만든다면, 나는 그에 따라서 밤을 주관하려고 할 것이다.ⓐ 만약 나의 오른팔을 점차 변화시켜 탄알로 만

럼비아대학교에서 J.듀이에게 교육학을 배웠다. 유학시절 잡지 『신청년』에 논문「문학 개량 추의(芻議)」를 발표하여 구어(口語)에 의한 문학을 제창하는 문학혁명의 계기를 만들었다. 1917년 귀국하여 북경(北京)대학교 교수로 취임하여 문학이론·국어운동·민속연구·철학사 등 광범위한 분야의 연구에 착수하고 과학과 민주주의를 표방하는 계몽운동(5·4문화혁명)의 중심인물로 활약하였다. 특히, 프래그머티즘 교육이론의 보급에 힘썼는데, 그의 프래그머티즘 적용에 의한 중국 고전의 검토(國故整理運動)는 후세에 큰 영향을 끼쳤다. 그 후 마르크스주의 노선과 결별하고, 북경대학교 학장·주미 대사 등을 역임하면서 국부(國府)의 정치·외교·문교정책 시행에 중요 역할을 하였다. 1948년 중공정부 수립직전에 미국에 망명, 대만으로 건너가서 중앙연구원 원장·국민정부 총통부 자정(資政) 등의 요직을 역임하였다. 한편, 중국에서는 1954년 이후 호적을 관념적 부르주아 사상가로 철저하게 비판하는 운동이 일어났다. 주요저서로 『중국 철학사 대강(大綱)』·『상시집(嘗試集)』, 『백화(白話)문학사』, 『호적 문존(文存)』, 『사십자술(四十自述)』 등이 있다.

31 호적(胡適)의 '기(幾)'자 해석은 아주 잘못되었다: 곽경번(郭慶藩), 『장자집석(莊子集釋)』 부록2 「장자천하편술의(莊子天下篇述義)」. 胡適云: "莊子言, '種有幾'(幾, 卽是'種子')." 又云: "萬物皆出於幾, 皆入於幾." 又云: "萬物皆種也, 以不同形相禪."

32 『장자』「대종사(大宗師)」. 倚其戶與之語曰: "偉哉造化. 又將奚以汝爲, 將奚以汝適, 以汝爲鼠肝乎, 以汝爲蟲臂乎."

든다면, 나는 그에 따라 올빼미를 구우려 할 것이다.ⓑ 만약 나의 엉덩이와 정신을 점차 변화시켜 수레와 말로 만든다면, 나는 그에 따라 그것을 탈 것이니, 어찌 다시 탈 것을 구하겠는가?"ⓒ33라고 하였다. 또 "삶을 쓸데없이 붙어 있는 혹[贅]이나 매달려 있는 사마귀[疣]로 여기고,ⓓ 죽음을 사마귀나 등창이 없어지는 것으로 여긴다."ⓔ34라고 하였다. 장자의 논리를 자세히 살펴보면, 외계에 유일한 큰 힘이 있어서 그것 혼자만이 조화의 기틀을 주관한다고 경탄한다. 우리들과 만물은 모두 그 기틀에서 나오고 또 모두 그 기틀로 되돌아가니, 조화의 장난감에 지나지 않는다. 사람들에게는 털끝만치도 스스로 주관하는 힘이나 스스로 움직이는 힘이 없고, 조금의 의의나 가치도 없다. 그러므로 삶은 혹이나 사마귀 같으니 귀하게 여기거나 즐거워할 것이 없고, 죽음은 등창이 저절로 터지고 사마귀가 저절로 사라지는 것과 같으니 역시 안타깝게 여길 것이 아니다.

ⓐ '닭이 밤을 주관한다.'는 것은 새벽을 기다려 먼저 운다는 것이니, 조화의 기틀이 만약 나의 왼팔로 닭을 만들면, 나는 그에 따라서 밤을 주관하려고 할 것이다. 이 구절은 우리들이 단지 피동적일 뿐임을 말한다. 아래 구절도 이런 의미이다.

ⓑ 나의 오른팔을 변화시켜 탄알로 만든다면, 나는 그에 따라 올빼미를 맞추어서 그것을 굽게 될 것이라는 말이다.

ⓒ 나의 엉덩이와 정신을 변화시켜 수레와 말로 만든다면, 나는 그에 따라 그것을 탈 것이라는 말이다.

ⓓ 혹이나 사마귀는 머리나 얼굴의 피부에 살덩어리가 뭉쳐 솟아오른 것으로 모양이 위로 볼록 솟아 있다. 세상에서는 반점이라고 하는 것들이 이런 종류들로, 있지 않아도 되는 것인데 있는 것이다. 어떤 사람은 살이 뭉친 것을 점이나 사마귀

---

33 『장자』「대종사」. 曰亡, 予何惡. 浸假而化予之左臂而爲鷄, 予因以求時也. 浸假而化予之右臂以爲彈, 予因以求鴞炙. 浸假而化予之尻以爲輪, 以神爲馬, 予因以乘之, 豈更駕哉.

34 『장자』「대종사」. 孔子曰: "彼, 遊方之外者也. 而丘, 遊方之內者也. 外內不相及, 而丘使女往弔之, 丘則陋矣. 彼方且與造物者爲人, 而遊乎天地之一氣. 彼以生爲附贅縣疣, 以死爲決疣潰癰, 夫若然者, 又惡知死生先後之所在. 假於異物, 托於同體."

로 이름 붙인다고 말한다. 손에 손가락이 더 있는 것도 혹이라고 한다. 사마귀는 혹이 아주 커져 동그랗게 된 것으로 얼굴이나 목에 우연히 있으므로 매달린 살덩어리라고 했다.

ⓔ 사람의 죽음은 사마귀가 사라지고 등창의 독이 빠져나가 없어지는 것과 같으니, 안타깝지 않다는 말이다.

『장자』「추수」편에서 사물의 수량에 대해 수만 종류라고 하면서, "사람이 그중에 한 자리를 차지하고 있으니, 이것을 만물에 비교해 보면 털끝이 말의 몸에 있는 것과 같지 않겠는가?"[35]라고 하였다. 장자가 사람이 보잘것없다는 것에 대해 슬퍼했던 것이 이와 같다. 이처럼 수준 낮은 사상을 관윤과 노자가 그 단서를 열어놓았는데, 아직도 경지에 이르지 못함이 이처럼 심하다.

나를 비난하는 자가 말했다. "『장자』「덕충부(德充符)」편에서 '천지를 관청으로 하고, 만물을 창고로 한다.'[36]라고 했는데, 그대는 그것을 칭찬한 적이 있다. 이 구절은 「대종사」편과 부합하지 않으니 어떻게 된 것인가?" 대답했다. "「덕충부」편에서 '천지를 관청으로 한다.'는 등의 말은 '마음의 지[心之知]'가 그윽하게 순화된 것으로 말한 것이다. 지(知)가 조화와 하나가 되면, 진실로 작은 자기를 잊는다. 작은 자기를 잊고 조화와 하나가 되면, '천지를 관청으로 하고, 만물을 창고로 한다.'고 할 수 없겠는가! 장자는 스스로 그 귀착점이 여기에 있다고 생각했는데, 잘못된 것이다. 장자는 본래 위대한 조화를 외계에 독존하는 역량으로 여기고, 사람은 하찮다고 생각했다. 그의 말을 따르면, 우리는 큰 조화와 근본적으로 하나가 아니지만, 이제는 '지(知)'로써 항상 조화와 서로 함께 한다고 하

---

35 『장자』「추수(秋水)」. 號物之數謂之萬, 人處一焉. 人卒九州, 穀食之所生, 舟車之所通, 人處一焉.

36 『장자』「덕충부(德充符)」. 將求名而能自要者, 而猶若是, 而況官天地, 府萬物, 直寓六骸, 象耳目, 一知之所知, 而心未嘗死者乎?

고, 즉 지와 조화가 하나가 된다고 말하니,[a] 스스로 서로 모순되는 것이 어쩌면 이렇게도 심한가! 장자는 우리가 본래 조화와 하나가 될 수 없다고 여겨, 그 마음의 지로써 조화에 전적으로 매달리려고 했지만, 조화가 활력이 없는 것이 아님을 깨닫지 못했다. 그것에 매달리게 되면 조화도 역시 활력을 잃게 된다. 지가 조화에 매달렸는데 마음이 아직 죽지 않았다고 말할 수 있겠는가! 장자는 천부적 재능이 아주 높았으나 도에 대해서는 아직 깨닫지 못한 것이 있었다. 내가 어떤 때는 장자의 말을 칭송하지만, 그것은 한 구절을 따서 나의 뜻을 말하기 위한 것일 뿐이다. 사실 나와 장자는 결국 하늘과 땅만큼 큰 차이가 난다. 다음과 같은 사실은 반드시 알아야 한다. 장자의 우주론은 실로 단지 외재하는 큰 힘이 조화를 주관하는 기틀임을 인정하는 것일 뿐이다. 우리들과 만물은 모두 기틀에서 나오고 모두 기틀로 돌아가서 다만 위대한 조화(造化)의 장난감과 같으니, 아무 의미가 없다."

> [a] 장자는 지(知)가 조화와 하나가 되는 것을 바로 마음이 일찍이 죽은 적이 없는 것이라고 생각했으니, 지와 조화가 함께하는 것은 지가 없는 것이 아니기 때문이다. 그러나 여기서의 지는 실은 사물과 나를 잊고 삶과 죽음을 도외시함으로써, 바로 조화와 아득히 합해 하나가 되는 것이므로, 일반적으로 말하는 지식(知識)의 '지'가 아니다. 장자는 스스로 그 최고로 높은 경지가 여기에 있다고 생각했다. 지금까지 그 뜻을 아는 자가 드물었는데, 오직 곽상의 주석만이 그것을 터득했다.

공자문하의 학문은 작용에서 본체를 인식하는 것, 곧 끝없이 변화하는 만물에서 실체의 '드러남[呈現]'을 모두 깨닫는 것이다. 바꾸어 말하면, 실체는 곧 우리들과 일체 사물의 자성(自性)으로서, 원래 우리들과 일체의 사물을 초월해서 독자적으로 존재하는 것이 아니다. 위대한 조화의 무궁한 덕의 작용은 바로 우리들의 자성에 본래 있는 것이다.[a] 우리들과 일체 사물의 변화가 새롭게 만들어지니, 곧 사람과 사물이 제각기 스스로 변화해서 스스로 새롭게 만들어지니, 우리들과 일체의 사물을 떠나서 홀로 존재하는 조화의 근원은 없다. 그렇다면 나의 팔과 엉덩이를 어떻게 자아가 조종할 수 없게 되겠으며, 누가 외부적인 힘이 나를 변화시켜 닭·탄알·수레로 만든다고 말하겠는가! 하물며 나의 정신을 어떻게 외부적인 힘이 변화시켜 말[馬]로 만들 수 있단 말인가? 또한 우리들이나 일체의 사물들이 제각기 모두 하나의 본원ⓑ을 얻어 자성으로 삼고 있음을 알아야 한다. 비유건대, 수많은 물거품이 제각기 큰 바닷물을 얻어 그 자체가 되는 것과 같다.ⓒ 이 때문에 사람마다 스스로의 '본성의 분수[性分]'ⓓ에 만족한다. 지극히 큰 것은 짝이 없다.ⓔ 장자는 자성을 알지 못해 망령되게 사람을 하찮은 것으로 여겼으니, 어찌 애석하지 않은가! 사람은 만물의 영장이다. 천지의 도를 마름질하여 이루고 만물을 자세하게 이루어주며, 천지를 제자리에 있게 하고 만물을 길러주며 조화에 참여하는 것은, 인도(人道)의 성대함인데 어떻게 스스로 하찮다고 하겠는가! 작용을 포섭하여 본체로 돌아간다는 것은 하나의 근원을 깨닫지 못한 자에게 하는 설명으로 일종의 방편이지만, 반드시 끝에 가서는 본체와 작용이 둘이 아닌 것으로 되돌아와야 한다.ⓕ 관윤과 노담은 작용을 포섭하여 본체로 되돌아갔으니, 마침내 '태일을 중심으로 하여' 하나의 근원을 우리들과 천지만물보다 높였다. 비록 신을 믿는 종교를 반대하여 사람과 태일을 떨어뜨려 단절하였지만, 세상에 남긴 뜻은 상당히 중요하다. 그 유파가 장자에 이르러 인도(人道)는 지극히 퇴락했다. 한나라 이후부터 시와 문학에 뛰어난 사람들과 총명한 사람들이 그 해독에 빠지지 않은 자가 드물고, 다시 진작시킬 수 없을 정도로 풍속이 타락했다. 내가 일찍부터 칠원(漆園)이라는 이름을 자처했으니, 이것은 경계하기 위한 것이지 감히 본받으려는 것이 아니다.

ⓐ '위대한 조화'는 실체의 유행이라고 말하는 것과 같다. 실체는 우리의 자성이므로 위대한 조화가 밖에 있는 것이 아니다.

ⓑ '하나의 본원'은 실체라고 말하는 것과 같다.

ⓒ '갑'이라는 물거품이 원만한 큰 바닷물 그 자체이고, '을'이라는 물거품도 원만한

큰 바닷물 그 자체인 것과 같으니, 모든 물거품이 또한 그렇지 않음이 없다. 우리들과 일체의 사물들이 제각기 모두 한 근원을 얻음으로써 자성으로 삼는다는 것을 이 비유를 통해서 깨달을 수 있다.

ⓓ '본성의 분수[性分]'는 자성으로 말한 것이니, 곧 하나의 근원으로 말한 것이다.

ⓔ '짝이 없다'는 것은 절대적이라는 의미이다.

ⓕ 작용에서 본체를 인식하는 것이 바로 본체와 작용이 둘이 아니라는 것이다. 만약 그것을 둘로 나누어 보면, 작용에서 본체를 인식할 수 없게 된다. 그러니 『신유식론』은 배우는 자들이 반드시 연구해야 한다.

앞에서 말한 것을 종합하면, 도가는 '일(一)'을 중심으로 해서 학파를 열어 우주론과 인성론 등 모든 방면에 다 치우치고 가려졌다는 것이다.ⓐ 도가는 본체를 이미 깨달았지만 애석하게도 본체와 작용이 둘이 아닌 것에 대해서는 철저하게 깨우치지 못했다. 이것이 조금이라도 어긋나면 그 폐단은 말할 수 없을 정도로 심하다. 사마천이 『사기』에서 신불해와 한비자를 노담과 함께 같은 열전에 그 전기를 실었다. 그곳에서 칭찬하며 다음처럼 말했다. "신불해는 부지런히 명칭과 실질의 관계에 힘썼고, 한비자는 법도[繩墨]를 적용해서 일의 실정에 잘 맞추었다. … 그렇지만 그들은 아주 참혹하고 '각박해서[礉]'[37] 은혜가 적었다. 그런데 이런 것이 모두 『도덕경』ⓑ의 뜻에서 나왔으니, 노자는 매우 심원하다."[38] 사마천 부자는 한대 초기의 사람이다.ⓒ 내 생각에, 노자의 학술은 두 개의 파로 나누어졌다. 그 하나는 장주이고, 또 하나는 신불해와 한비자이다. 장주는 당연히 관윤의 영향을 받았고, 그가 노자의 유훈을 사숙(私淑)한 것도 반드시 깊었을 것이다. 장자는 여전히 도가 학파에서 뛰어난 사람이다. 신불해와 한비자는 비록 노자에 뿌리를 두고 있을지라도 다른 길을 개척했으니, 노자의 서자일 뿐이다. 노자의 도가 어떻게 신불해와 한

---

37 각박해서[礉]: '애(礙)'자는 '교(礉)'자를 잘못 적은 것으로 보인다.

38 『사기』 「노장신한열전」. 申子卑卑, 施之於名實. 韓子引繩墨, 切事情, 明是非, 其極慘
礉少恩, 皆原於道德之意, 而老子深遠矣.

비자로 흘러갔는가? 이 문제는 복잡하기 때문에 여기에서 말하지 않겠다. 그렇지만 여기에서 반드시 언급하고 넘어가야 할 것은, 관윤과 노자가 '일(一)'을 중심으로 종파를 열었고, 신불해와 한비자는 그것을 습득하고 변질시켜 통치술로 이용하였으니, 나라의 주권을 군주 혼자 장악하게 만들었다는 것이다. 한비자는 "도는 만물과 같지 않고, 군주는 신하와 같지 않다."ⓓ라고 했고, 또 "도는 두 가지가 없으므로 하나라고 한다."라고 했으며, 또 "밝은 군주는 '단독적인 도[獨道]'의 모습을 귀하게 여긴다."ⓔ[39]라고 했다. 이에 의거하면, 도가의 본체론은 바로 한비자의 군주 절대권력 사상을 낳는 계기를 제공했으니, 어찌 기이하지 않겠는가! 도가는 요·순을 비난하고 탕·무를 무시했으니, 그들이 말하는 통치의 근본은 무정부주의에 가깝다. 그런데 한비자가 한 번 변화시켜 여기에까지 이르렀으니, 이것은 관윤과 노자가 예상하지 못했던 것이다. 한비자는 이익이 한 군데서 나오는 것을 모든 시행의 가장 큰 원칙으로 삼았으니, 신하와 백성의 사상과 의지는 모두 한결같이 군주를 근본으로 한다는 것이었다. 『한비자』에 "군주의 다스림을 따르고 군주의 법을 쫓으며, 마음을 비우고 명령을 기다리되 시비를 가리지 않는다. 그러므로 입이 있으나 사사롭게 말하지 않고 눈이 있으나 사사롭게 보지 않으니, 군주가 그 모든 것을 통제한다."[40]라고 했다. 이 또한 정치에서 극단적으로 '일(一)'을 중심으로 하는 이론이라고 할 수 있다. 한비자의 학설은 진시황(秦始皇: 呂政)에 의해서 시행되었고, 그 효과 또한 볼 만했다. 애석하게도 한비자는 '백성들이 주인임[民主]'을 깨닫지 못했다. 민주정치의 영수(領袖)는 온 세상 서민들의 고통을 같이하며 널리 그들의 여론을 받아

---

39 『한비자』「양권(揚權)」. 叅名異事通一同情, 故曰道不同於萬物, 德不同於陰陽, 衡不同於輕重, 繩不同於出入, 和不同於燥濕, 君不同於群臣. 凡此六者, 道之出也. 道無雙, 故曰一. 是故明君貴獨道之容. 君臣不同道, 下以名禱.

40 『한비자』「유도(有度)」. 賢者之爲人臣, 北面委質, 無有二心. 朝廷不敢辭賤, 軍旅不敢辭難. 順上之爲, 從主之法, 虛心以待令, 而無是非也. 故有口不以私言, 有目不以私視, 而上盡制之.

들임으로써 그 호오(好惡)를 다 살피고 시비를 변별한 다음에, 풍족한지를 참작하여 '일(一)'의 옳음으로 귀결하는 것이다. '일(一)'의 옳음을 얻은 후에는 그것을 받들어 호소하고 힘써 실행한다. 천하에 입이 있고 눈이 있는 자가 또 어떻게 사사롭게 보고 말하는 것을 용납하겠는가! 이 또한 '일(一)'이지 않은 적이 없는데, 그것으로써 한비자가 말하는 '일(一)'을 보면 서로의 차이가 어찌 하늘과 땅의 차이에 그치겠는가!ⓕ

ⓐ '치우쳤다'는 것은 견해가 한쪽으로 치우쳤다는 것이고, '가려졌다'는 것은 통하지 못하는 것이 있다는 것이다.

ⓑ 『노자』라는 책은 일명 『도덕경』이라고도 한다.

ⓒ 『한서』 「교사지(郊祀志)」에서 "무제가 즉위한 것이 한나라가 흥성한 지 60여 년 뒤이다."[41]라고 했다. 사마천 부자가 모두 무제의 조정에서 벼슬했는데, 한비자가 살던 시대와 아주 가깝다. 신불해와 한비자의 술수가 노자에게서 나왔다는 것은 반드시 함부로 전한 말이 아닐 것이다.

ⓓ 생각건대 '도'라는 것은 본체의 이름이고, 신하는 백관과 서민의 통칭이다. 『시』에서 "넓은 하늘 아래 왕의 영토 아닌 곳이 없고, 땅 끝까지 왕의 신하 아닌 사람이 없다."[42]라고 했다.

ⓔ '도'는 두 가지가 없으므로 '단독적인 도'라고 말했다. 군주가 독재를 귀하게 여기는 것은 단독적인 도를 본받아 취했기 때문이다.

ⓕ 어떤 사람이 물었다. "한비자가 노자의 학술을 배웠는데 잘못된 것은 무엇 때문인가?"
대답했다. "노자도 잘못된 곳이 있는데, 그것은 짧게 말할 수 있는 것이 아니다. 한비의 사상과 노자의 관계를 설명하려고 하면, 따로 책을 한 권 써야 한다. 그러나 노자의 학술을 깊이 연구한 자가 아니면, 비록 책으로 써서 주더라도 대충 한 번 보고는 끝내 이해하지 못할 것이다."

원문 "유약하고 겸손한 것으로 '표면[表]'을 삼는다."

---

41 『한서』 「교사지(郊祀志)」. 武帝初卽位, 尤敬鬼神之祀, 漢興己六十餘歲矣, 天下艾安.

42 『시경』 「소아(小雅)」 「북산지십(北山之什)」. 溥天之下, 莫匪王土, 率土之濱, 莫匪王臣, 大夫不均, 我從事獨賢.

유약하고 겸손한 것으로 성대한 덕을 삼는다. '표면[表]'은 덕의 모습이다. 내면에서 진실한 것은 밖으로 드러나므로 성대한 덕의 모습을 표면으로 삼는다. 관윤과 노자의 학술은 태일(太一)을 공경하는 것으로 귀결한다. 하늘[天]은 위대하고 인간은 외소하다.[ⓐ] 그러므로 사람만이 유약하고 겸손한 것으로 덕의 토대를 삼는다. 사람이 수양을 하고 사물에 응대하기 위해서는 어떤 경우라도 이 덕을 따라야 한다. 그런데 유학자의 학문이라면 본체와 작용이 둘이 아니다.[ⓑ] 그러므로 우리들은 오직 자성에 고유하게 있는 군셈[剛]·큼[大]·중정[中]·태화[和]를 발전시키고 모든 덕을 창조해야 한다.[ⓒ] 이것은 도가와 근본적으로 취지를 달리한다. 도가의 덕은 오직 승려주의(僧侶主義)여서 자신만 선하게 하고 자신만 이롭게 하니, 만물을 도와주기에는 부족하다.

ⓐ 여기서의 '하늘[天]'은 바로 태일 혹은 실체의 대명사이지 '하나님[神帝]'이 아니다. 관윤과 노자에게서 하늘을 높이는 뜻을 미루어보면, 사람이 하늘과 같을 수 없다. 장자가 사람을 외소하게 여긴 것은 확실히 관윤과 노자의 뜻을 조종으로 받들어 계승한 것이다.

ⓑ 작용에서 본체를 인식하는 것은 바로 본체가 작용이고 작용이 본체이므로 둘이 아니라는 것이다.

ⓒ 자성은 실체를 말하니, 앞의 글을 다시 완미하라. 건(乾)의 덕은 굳세다[剛]고 하고, 크다[大]고 하며, 중정하다[中正]고 하고, 태화(太和)라고 하니, 모두 자성의 '덕의 작용[德用]'을 표현한다. '창조'라는 것은,『역』「계사전」에서 "풍부하게 가지는 것을 대업(大業)이라고 한다."[43]라고 한 것인데, '풍부하게 가지는 것'은 자성의 '덕의 작용[德用]'이 성대하므로, 대업을 일으킬 수 있다는 말이다. 유학자는 모든 덕의 근원을 미루어보면 모두 자성에 고유한 것이니, 세상에 뿌리 없는 나무는 없다.

"공허가 만물을 훼손하지 않는 것으로 실질을 삼는다."

43『역』「계사·상」. 富有之謂大業, 日新之謂盛德.

관윤과 노자의 "태일을 중심으로 한다."는 것은 곧 무의식중에 만물의 실체를 밖으로 밀어내 버리니, 만물은 결국 하층으로 내려가서 태일과 융합할 수 없다. 만물이 이미 실체와 합일되지 못하면, 만물은 공허하다. 그러나 비록 공허하더라도 만물은 결국 태일의 '조화의 기틀'@에서 나오기 때문에, 만물을 훼손시켜 그 존재를 부인할 수 없다. 이 때문에 만물은 또한 '공(空)'이면서 또한 '유(有)'라고 말해야 한다. 만물이 실체와 합일하지 못한다는 점에서는 공허하다고 하고, 태일의 조화의 기틀에서 나왔다는 점에서는 훼손할 수 없으니 '유'라고 인정한다. 따라서 '공'과 '유'를 통일해서 총체적으로 '실질[實]'이라고 한다. 이것이 관윤과 노자의 뛰어난 교의이다. 내가 불교를 연구한 다음부터 우주와 인생에ⓑ 대해 관찰하고 깨달은 것이 있어 항상 크게 탄식했다. '일반인[凡情]'이 '유'에 집착하는 것은 본래 어리석음과 미혹 때문이고, 지혜로운 자는 '공'을 보고도 지나침이 있는 병통이 있다. 내가 알기로는, 사물에는 모두 고정된 형상이 없어서 지나간 것에 대한 집착을 용납하지 않으니, '공'이라고 해야 한다.ⓒ 비록 실재하는 것이 없을지라도 진실(眞實)이 유행해서 매 찰라마다 단절 없이 옛것은 사라지고 새로운 것이 나오니, '유'라고 해야 한다.ⓓ 그렇다면 내가 방금 보았던 '유'는 '공'이 아니라고 하지 않을 수 없다. 그 까닭은 무엇 때문인가? 매 순간 서로 이어지는 흐름에 비록 단절이 없다고 하더라도, 실제는 매 순간 잠시도 머문 적이 없기 때문에 실재하는 사물을 얻을 수 없으니, '유'가 바로 '공'이라고 해야 된다. 그러나 내가 방금 보았던 '공'도 역시 '유'가 아니라고 하지 않을 수 없다. 그 까닭은 무엇 때문인가? 사물의 형상은 비록 '공'일지라도 진실의 유행은 지난 것과 단절되지 않기 때문에, '공'이 바로 '유'라고 해야 한다. 이 때문에 '공'은 '유'의 장애가 되지 않고, '유'도 '공'의 장애가 되지 않는다. '유'를 보고 '공'을 보지 못하면 미망에 떨어지니,

진실로 '유'를 아는 것이 아니다. '공'을 보고 '유'를 보지 못해도 잘못된 견해에 집착하니, '공'을 진실로 이해한 것이 아니다. '공'과 '유'는 서로 상반되지만 실제로는 서로 원인이 된다.ⓔ 결국에는 '유'가 '공'을 통섭하고, 모순을 변화시켜 '중도(中道)'를 이룬다. 이것이 용수(龍樹)⁴⁴의 '중관론(中觀論)'으로서 사람과 하늘에 대한 뛰어난 교의이다.ⓕ 관윤과 노담이 '공허는 만물을 훼손하지 않는 것으로 실질을 삼는다.'고 한 것도 또한 '공'과 '유'의 통일을 의미하니, 나는 여기에서 느끼는 점이 있었다. 그들이 '공'과 '유'를 설명하는 출발점이나 의거하는 곳이 나와 반드시 합치하는 것은 아니지만, 이것은 따질 필요가 없다. 나는 그 '공'과 '유'의 통일이라는 결론에서 언어 밖의 의미를 묵묵히 이해했으니, 거의 모든 것을 훌훌 털어버리고 깨달은 것 같았다.

ⓐ '조화의 기틀'이라는 의미는 비록 장자에게서 성대하게 펼쳐졌지만, 관윤과 노자에게 이미 확실히 이런 의미를 미루어 연역할 수 있는 근거가 잠재되어 있었다.

ⓑ '우주'라는 것은 만물을 총체적으로 일컫는 것이다. 사람은 만물의 영장이므로 특별히 따로 말했다.

ⓒ 일체의 사물은 모두 고정된 자신의 모양이 없으니, 실재하는 사물로 착각하는 집착을 용납하지 않는다.

ⓓ '진실'은 본체를 말한다. 본체의 유행을 '진실이 유행한다.'고 말했다. 유행의 형세와 작용은 매 찰라마다 모두 옛것이 사라지자마자 새로운 것이 계

---

44 용수(龍樹, 150-250년경): 인도의 불교 승려로 산스크리트어로는 나가르주나(Nāgarjuna)라고 불린다. 중국어로 번역되면서 용수라고 알려졌다. 대승불교 교리의 확립자로서 남인도의 브라만(Brahman) 가정에서 태어나, 브라만학을 수학하고 뒤에 소승(小乘)불교의 불경을 독파하였다. 히말라야 산 속에서 늙은 승려를 만나 대승 경전을 공부하고, 대승 경전의 사상을 이론적으로 체계화하였다. 연기설(緣起說)을 공(空)의 입장에서 해명한 인도의 중관파(中觀派)의 시조일 뿐 아니라, '팔종의 스승'으로 숭배되고 있다. 주요 저서로는 『중론(中論)』, 『회쟁론(廻諍論)』, 『대지도론(大智度論)』, 『십주비바사론(十住毘婆沙論)』, 『십이문론(十二門論)』 등이 있다.

속 나와서, 새로운 것과 옛것이 촘촘하게 연결되어 변화하고 바뀌니, 항상 단절되지 않는다.

ⓔ '공'이 없으면 '유'라는 이름이 세워지지 않고, '유'가 없으면 '공'이라는 이름 또한 세워지지 않는다. 그러므로 '공'과 '유'는 서로 원인이 된다.

ⓕ '내가 알기로는'에서부터 여기까지는 모두 졸고 『신유식론』의 내용에 의거해서 설명했다. '공'과 '유'를 설명하는 출발점이나 의거하는 곳은 용수학파의 본래 의미와 꼭 부합할 필요는 없다. 『신유식론』은 『대역』을 근본으로 했기 때문에, 관점을 세우는 근거와 이론체계가 본래 불가와 아주 다르다. 그러나 우주와 인생에 대한 관점과 이해는 '공'과 '유'가 통일된 '중도'로 귀결하지 않을 수 없으니, 『신유식론』과 불법이 길을 달리해도 그 귀착점은 같다. '공'과 '유'의 이론적 의미는 심원하고 끝이 없지만, 깨닫지 못한 자는 간혹 현묘한 이야기를 늘어놓는다고 비방한다. '형편없는 선비가 도에 대해 듣고 비웃는 것'[45]은 슬퍼할 일이지 이상하게 여길 것이 아니다.

「천하」편은 관윤과 노자의 학설을 총체적으로 서술했다. 비록 공허한 말이 자주 있을지라도 핵심을 제시하고 심오하고 정미한 것을 들추어내어 다 표현해내지 않음이 없었다. 만약 큰 본령(本領)을 갖추지 않았다면 어찌 이렇게 할 수 있었겠는가! 애석하게도 옛날부터 제대로 읽을 수 있는 사람이 없었기 때문에, 내가 옛글을 적고 주석을 달았다. 그 첫 단락 이하에서 관윤과 노자 둘을 나누어 서술한 것이 아주 정밀하고 핵심을 짚었다. 그런데 관윤의 마음 기르는 학문을 칭찬하여, "움직임은 물 같고 고요함은 거울 같으며, 대응하는 것은 메아리 같다."ⓐ[46]고 하는 데까지 이르렀으니, 관윤은 아마 매우 뛰어났을 것이다! 그러나 그는 보통사람들과는 또한 거리가 멀었으니, 이 때문에 그의 학문이 끊어지게 되었다!

ⓐ 물의 움직임과 거울의 고요함에서부터 메아리가 소리에 반응해서 울리는 것까

---

45 형편없는 선비가 도에 대해 듣고 비웃는 것: 『도덕경』 41장. 上士聞道, 勤而行之, 中士聞道, 若存若亡, 下士聞道, 大笑之, 不笑不足以爲道 참조.

46 『장자』「천하」. 以本爲精, 以物爲粗, … 古之道術有在於是者. 關尹老聃聞其風而悅之. … 關尹曰: "在己無居, 形物自著. 其動若水, 其靜若鏡, 其應若響, 芴乎若亡, 寂乎若淸. 同焉者和, 得焉者失."

지가 모두 무사(無思)이고 무위(無爲)이다.

「천하」편에서 노자에 대해 서술한 것을 현존하는『노자』라는 책과 비교해보면, 어느 한 구절도 상응하지 않는 곳이 없다. 나는 후배들이『노자』라는 책은 이것저것 뒤섞어 고친 것이 많다고 의심하는 것을 들었는데, 그것은 공부하지 않은 잘못일 뿐이다. 노자를 설명한 여러 조목은 여기에서 기록하지 않겠다. 기록한다면 반드시 부가주석을 붙여야 할 것이니, 아마 문장이 더욱 번잡해질 것이다. 그렇지만 반드시 언급해야 할 두세 가지 항목이 있다.

「천하」편에서 "노자는 '쌓아둠이 없으므로 여유가 있다.'고 말했다."[47]라고 했다. 곽상은 이 구절에 대해 "만물이 제각기 스스로 지키도록 맡겨놓으므로 '작은 것[少]'을 걱정하지 않는다."[48]고 주석을 붙였다. 곽상의 이와 같은 해석은 차라리 해석을 하지 않은 것보다 못하다. 근세의 부르주 아지 계급과 침략주의자들은 모두 그 사욕을 좇아, 천하 사람들의 이익을 빼앗아 자신에게 두텁게 쌓아두기를 힘썼다. 천하 사람들이 모두 부족한 것에 고통스러워하면 두텁게 쌓아두는 자도 끝내는 반드시 망한다. 그러므로『춘추』는 '천하는 한 집안이다.'ⓑ[49]라는 것을 주장했다. 인류 공동생활의 규범을 세우면, 즉 천하의 재물을 천하의 사람들에게 공평하게 나누면, 사회적으로 많은 재물을 쌓아놓은 계급은 반드시 먼저 힘을 다해 쌓아놓은 것을 없애버릴 것이니, 그 다음에 모든 인류가 부족하게 되는 우환이 없어질 것이다. 노자가 "쌓아둠이 없으므로 여유

47『장자』「천하」. 以本爲精, 以物爲粗, … 老聃曰: "… 無藏也, 故有餘."

48『장자』「천하」. '無藏也, 故有餘.' 구절에 대한 곽상의 주석. "만물이 제각기 스스로 지키도록 맡겨놓으므로 그것들이 '작은 것[少]'에 대해 걱정하지 않는다(付萬物使 各自守, 故不患其少)." 웅십력의『원유』에는 끝 글자 '소(少)'자를 '수(守)'로 적었는데, 오자인 것 같다.

49『예기』「예운」. 故聖人耐以天下爲一家, 以中國爲一人者, 非意之也, 必知其情, 辟於其義. 明於其利, 達於其患, 然後能爲之.

가 있다."고 한 것은 바로 이런 의미에 딱 들어맞는다. 애석하게도 노자는 스스로 서로 모순되어, 또 암컷의 특성을 지키고ⓒ 치욕을 견디려고 함으로써,ⓓ50 외람되이 사람들이 모두 앞서나감을 취하지만 자기 홀로 뒤처짐을 취하는 것을 핵심이 되는 도(道)로 삼았다. 그렇다면 쌓아두는 자는 항상 자신에게 쌓아두는 것을 스스로 두껍게 해서 개혁할 것이 없으니, 천하 사람들이 어떻게 여유 있게 되겠는가? 곽상은 주석에서 '만물이 제각기 스스로 지키도록 맡겨놓는다.'고 했다. 만물이 만약 다투지 않는다면, 그 누가 맡겨놓을 것인가? 또 혹시 공동생활의 규범이 없다면, 사람들은 제각기 고립되어 재물을 만드는 방법이 곤궁해지는데 무엇을 지키겠는가? 또 무리가 흩어지고 기강이 없으면, 사사롭게 쌓아두는 우환도 또한 다시 모면할 수 없다. 곽상은 노자의 잘못을 깨닫지 못하고 한갓 말을 화려하게 해서 스스로 그 단점을 꾸몄을 뿐이다.

ⓐ 물의 움직임과 거울의 고요함에서부터 메아리가 소리에 반응해서 울리는 것까지가 모두 무사(無思)이고 무위(無爲)이다.
ⓑ 이 구절은 『예기』「예운」편에 있다.
ⓒ 암컷의 특성은 유순하니, 유순한 것을 지키면 다투지 않는다.
ⓓ 또한 다툼이 없게 된다.

또 "무위해서 교묘한 것을 비웃는다."51라고 했다. 곽상은 주석에서 "무위는 저절로 생기는 대로 따르고 저절로 이루는 대로 맡겨두는 것이니, 만물이 제각기 저절로 할 바를 얻게 된다. 거미가 거미줄을 칠 수 있는 것처럼 사람들도 저절로 할 수 있는 것이 있으니, 장인 수(倕)52를 귀하게 여기지 않는다."53라고 했다. 이 구절에서 말한 것을 자세히 살펴보면, 사실

---

50 암컷의 특성을 지키고 치욕을 견디려고 함으로써: 『도덕경』 28장. 知其雄, 守其雌, 爲天下谿. … 知其榮, 守其辱, 爲天下穀. / 『장자』「천하」. 老聃曰: "知其雄, 守其雌, 爲天下谿. 知其白, 守其辱, 爲天下穀."

51 『장자』「천하」. 無爲也而笑巧. 人皆求福, 己獨曲全, 曰苟免於咎.

52 수(倕): 황제(黃帝) 때의 훌륭한 장인이다.

극단적인 방임주의이다. 군중이 흩어져서 서로 도와주지 않는다면, 천하가 불평등하게 되는 화근은 끝내 제거할 수 없게 될 뿐이다. 노자의 도는 본래 방임을 귀하게 여겼다. 그의 소국과민(小國寡民)의 이상[54]은 본래 만물이 제각기 저절로 할 바를 얻게 하려는 것이니, 곽상은 그 뜻을 실로 잘 풀어냈다. 공자의 "천지의 도를 마름질하여 이루고 만물의 마땅함을 도와주는 것"[a]은 영원히 언제나 새로운 '큰 도[大道]'이다. 애석하게도 노자는 『역』을 연구했으나 이 이치까지 깊이 궁구하지는 못했다.

　ⓐ '도와준다'는 것은 평등하게 서로 돕는다는 의미이지 간섭한다는 것이 아니니, 더욱이 위협해서 따르게 하는 술수와는 아주 다르다.

또 "항상 사물을 관대하게 받아들이고, 남을 침범해서 빼앗지 않으니,[a] 지극하다고 할 수 있다."[55] 내 생각에, 장자가 이 구절을 기술하면서 지극하다고 칭찬한 것은 그 의미가 심원하다. 『춘추』의 대동사회는 반드시 천하의 사람들마다 서로 관용하여, 큰 욕심을 과시하면서 남을 해치는 일이 없어진 다음에 태평을 보장할 수 있을 것이다.

　ⓐ 남을 침범해서 빼앗는 것으로서 스스로 과시하지 않는다.

도가의 학술은 본래 공자의 『역경』에서 나왔다.[a] 내가 관윤과 노담이 도가의 시조라고 했던 것은, 「천하」편에서 관윤과 노자가 옛날의 위대한 진인(眞人)이라고 말했고, 그 연대가 공자로부터 멀지 않았기 때문이다. 그러므로 도가의 흥기는 반드시 관윤과 노자로부터 시작되었을 것이다. 예전에 어떤 후배가 『노자』라는 책은 순전히 후대 사람들이 어지

---

53 『장자』 「천하」의 無爲也而笑巧. 구절에 대한 곽상의 주: 巧者, 有爲以傷神器之自成. 故無爲者, 因其自生, 任其自成, 萬物各得自爲. 蜘蛛有能結網, 則人人自有所能矣. 無貴於工倕也.

54 소국과민(小國寡民)의 이상: 『도덕경』 80장. 小國寡民, 使有什佰之器而不用, 使民重死而不遠徙.

55 『장자』 「천하」. 常寬容於物, 不削於人, 可謂至極. 關尹老聃乎. 古之博大眞人哉.

럽게 고치고 잡박하게 답습해서 만들었기 때문에, 그 어리석고 망령된 것은 참으로 말로 다할 수 없다고 한 적이 있었다. 근래에 어떤 친구가 『노자』라는 책은 이이(李耳)[56]에 의해 만들어졌고 그 책이 이루어진 시기는 마땅히 장자의 뒤 순자(荀子)의 앞이므로, 매번 『장자』의 글을 취하여 『노자』라는 책에 집어넣었다고 말하는 것을 들었다. 도가에는 뛰어난 문장이나 전적이 아주 많아, 지금 반고(班固)[57]의 『한서』「예문지」에 있는 그 책의 목록이 아직도 적지 않다. 그런데 이이가 노자를 위조하는 데 하필 『장자』에서만 취했겠는가? 나는 이것을 일관되게 주장하는 것이 가능한지 잘 모르겠다. 다만 이이는 노담이 아니니, 두 사람을 혼동하여 한 사람으로 여겨서는 안 된다고 했는데, 나도 역시 평소에 이런 생각을 품고 있었다.ⓑ 이이는 노담의 후학임이 마땅한데 『사기』에서는 '담(聃)'을 이이의 시호로 보았으니, 사마천이 소홀하여 잘못한 것이고 미처 상고하지 않은 것이다. 사마천은 이미 이이와 노담을 합쳐서 한 사람으로 보았으므로, 이에 이이의 계보로써 노담의 계보를 설명하였다. 그는 「노장신한열전」에서 "노자의 아들 이름은 '종(宗)'인데, '종'이 위나라의 장군이 되어 단간(段幹)에 봉(封)해졌다."[58]고 하였다. 그런데 왕중(汪中)[59]은 『사기』「위세가(魏世家)」에 근거해서 안리왕(安釐王) 4년에 위나

---

56 이이(李耳): 일반적으로 이이(李耳)를 노자로 보는데, 웅십력은 노자의 후학으로 보고 있다.

57 반고(班固, 32-92): 자는 맹견(孟堅)이며, 산서성 함양(鹹陽) 사람이다. 중국 후한 초기의 역사가이며 문학가이다. 아버지 표(彪)의 유지를 받들어 고향에서 기전체 역사서인 『한서(漢書)』의 편집에 종사하였으나, 62년경 국사를 개작(改作)한다는 중상모략으로 투옥되었다. 그의 형인 초(超)의 노력으로 명제(明帝)의 용서를 받아, 20여 년 걸려서 『한서』를 완성하였다. 79년 여러 학자들이 백호관(白虎觀)에서 오경(五經)의 이동(異同)을 토론할 때, 황제의 명을 받아 『백호통의(白虎通義)』를 편집하였다. 화제(和帝) 때 두헌(竇憲)의 중호군(中護軍)이 되어 흉노 원정에 수행하고, 92년 두헌의 반란사건에 연좌되어 옥사하였다. 저서로는 『한서(漢書)』, 『백호통의』, 『양도부(兩都賦)』 등이 있다.

58 『사기』「노장신한열전」, 老子之子名宗, 宗爲魏將, 封於段幹.

59 왕중(汪中, 1744-1794): 자는 용보(容甫)이고, 강도(江都: 현 강소성) 사람이다. 청대

라의 장군은 단간숭(段幹崇)이라고 했으니, 이 말은 당연히 틀리지 않다. 『장자』「천하」편에서 관윤과 노담을 일컬으면서 모두 옛날의 위대한 진인이라고 한 것으로 증명한다면, 이이는 장자의 뒤에 있다. 그런데 어떻게 이이를 노담으로 여길 수 있겠는가?

ⓐ 도가에서 도를 말하고 음양의 변화를 언급한 것은 분명히 『역』에서 나왔다. 묵자가 처음에 공자의 학문을 배운 것에 대해서는 『회남자』의 「요략」에서 이미 말했다.[60] 도가도 공자에게서 나왔다.

ⓑ 『십력어요(十力語要)』에 있다.

그 친구는 유흠(劉歆)[61]의 『칠략』과 반고의 『한서』「예문지」가 모두 『노자』라는 책을 이이의 저작으로 삼은 것에 대해 제대로 안 것이라고 여겼다. 그런데 유흠과 반고의 주장이 모두 사마천의 『사기』가 이이와 노담을 뒤섞어 한 사람으로 만든 것이기 때문에, 잘못된 것이 계속 전승되고 변별되지 않았던 것일 뿐임을 전혀 몰랐다. 그 친구는 이에 유흠과 반고의 잘못을 답습하여 『노자』라는 책이 이이에 의해 지어졌다고 경솔하게 믿었으니, 어찌 그렇게도 심하게 생각이 없었을까! 전국시대에

의 학자로서 고염무(顧炎武)에게 배웠다. 그의 학문은 경세치용(經世致用)을 종지로 삼아 철학 · 사학 · 문학 등 여러 분야에 밝았다. 저서에는 『술학(述學)』 6권, 『엄릉통전(嚴陵通典)』 10권, 『용포유시(容甫遺詩)』 6권 등이 있다.

60 『회남자』「요략(要略)」. 墨子學儒者之業, 受孔子之術.

61 유흠(劉歆, B.C.53-B.C.25): 자는 자준(子駿)이며, 나중에 이름을 수(秀), 자를 영숙(穎叔)으로 고쳤다. 중국 서한 말기의 학자로서 유향(劉向)이 그의 부친이다. 아버지 유향(劉向)과 궁정의 장서(藏書)를 정리하고 육예(六藝)의 군서(群書)를 7종으로 분류하여 『칠략(七略)』이라 하였다. 이것은 중국에서의 체계적인 서적목록(書籍目錄)의 최초의 것으로 현존하지는 않지만, 『한서(漢書)』「예문지(藝文志)」는 대체로 그에 의해서 엮어졌다. 『좌씨춘추(左氏春秋)』, 『모시(毛詩)』, 『일례(逸禮)』, 『고문상서(古文尙書)』를 특히 존숭하여 학관(學官)에 이에 대한 전문박사(專門博士)를 설치하기 위하여 당시의 학관 박사들과 일대 논쟁을 벌였으나 성사되지 못하고 하내태수(河內太守)로 전출되었다. 그 후 왕망(王莽)이 한 왕조(漢王朝)를 찬탈한 후 국사(國師)로 초빙되어 그의 국정에 협력하였다. 만년에는 왕망의 포역(暴逆)에 반대하여 모반을 기도하였으나 실패하여 자살하였다.

배우는 사람들은 스승이 전해주는 것을 높이기를 좋아하고, 옛 사람에게 가탁하는 것을 중시했다. 이를테면 공자가 노담에게 예에 대해 물었다는 것[62]은 틀림없이 노자의 후학에게서 나온 것이니, 공자를 깎아내려 노자를 높이려고 이런 낭설을 처음으로 날조했던 것이다. 노담이 관윤을 위해 책을 지었다는 것[63]도 또한 틀림없이 노자의 후학들이 노자를 관윤 위로 높이려고 한 것이다. 노자라는 이름이 높아진 다음에 망령된 사람들이 노자에게 가탁한 정황은 더욱 잘못되었으니, 이에 이이(李耳)·노래(老萊)·사담(史儋)과 같은 무리의 후학들이 각각 자신의 근본 스승이 바로 노자라고 거짓말을 했다. 그런데 노자의 화신(化身)이 마침내 많아져서 사마천도 상고하지 못하고 모두 「노자전」에 실었으니, 드디어 영원히 풀지 못할 천고의 수수께끼가 되었다. 『사기』「악의열전(樂毅列傳)」에서 "악신공(樂臣公)이 황제(黃帝)와 노자에 대해 배웠다. 그 근본 스승을 하상장인(河上丈人)이라고 불렀는데, 그 출신이 어디인지 모른다."[64]고 하였다. 거짓으로 의탁한 것이 많아졌기 때문에 참된 전수 관계는 더욱 알기 어렵게 되었으니, 사마천의 아버지도 하상장인이 과연 누구를 계승했는지 제대로 알 수 없었다. 사마천은 조심스럽게 의심나는 것은 의심나는 그대로 남겨두었는데, 그 친구는 그것이 거짓말이라고 했다. 사마천이 무엇 때문에 이런 거짓말을 했겠는가!

그 친구의 억지 주장에는 아주 괴상한 것이 세 가지가 있다.

첫째, 일반적으로 '황·노(黃·老)'라고 일컫는 것은 모두 한대 사람들의 글에서 나왔지, 주대 말기에는 황·노라고 말한 것이 없다는 것이다. 그 친구는 6국(六國)이 아직 다 멸망하지 않고 진나라가 통일하기 전의 시대

---

62 공자가 노담에게 예에 대해 물었다는 것:『사기』「노장신한열전」. 孔子適周, 將問 禮於老子. 老子曰: "子所言者, 其人與骨皆已朽矣, 獨其言在耳."

63 노담이 관윤을 위해 책을 지었다는 것:『사기』「노장신한열전」. 老子脩道德, 其學 以自隱無名爲務. 居周久之, 見周之衰, 迺遂去. 至關, 關令尹喜曰: "子將隱矣, 彊爲我著 書." 於是老子迺著書上下篇, 言道德之意五千餘言而去, 莫知其所終.

64『사기』「악의열전(樂毅列傳)」. 樂臣公學黃帝老子, 其本師號曰河上丈人, 不知其所出.

는 여전히 주대 말기에 속한다는 것을 뜻밖에도 모르고 있었다. 그 친구는 「악의열전」에 이미 노자 사상이 전수된 순서가 실려 있다는 것을 제시했다. 「악의열전」에 의하면, "악신공(樂臣公)은 황제와 노자의 말을 잘 수행해서 제나라에 소문이 자자하고 뛰어난 선생으로 불려졌다."[65]고 하였다. 이것에 의거하면, 주대 말기에 도가의 말을 공부하는 자들이 이미 황제와 노자를 병칭했으니, 사마천은 이 사실에 근거해서 그대로 적었을 뿐이라는 것을 알 수 있다. 또 도가학파의 변화와 발전이 황제와 노자를 조종(祖宗)으로 내세우고 사승관계를 명시하는 데에 집중하기에 이르렀다는 것은, 학파에 있어 중대한 변천으로서 결코 단기간에 성숙될 수 있는 것이 아니었다. 주대 말기의 옛 전적은 빠지고 사라져ⓐ 이제는 상고하여 변별하기 어렵다. 그렇지만 대략 미루어 징험할 수 있는 것은, 『장자』의 「재유(在宥)」·「천운(天運)」·「천지(天地)」·「지북유(知北遊)」·「서무귀(徐無鬼)」편 등에서는 모두 황제를 진술하면서 노담의 말을 인용하는 경우가 아주 많다는 것이다. 주대 말기에 도가가 처음으로 황제와 노자를 함께 조종으로 세웠던 것은 당연히 『장자』라는 책이 유행한 이후의 일일 것이라고 나는 의심했었다. 『장자』문학의 신묘함은 전무후무하게 뛰어나니, 그것은 도가의 역량을 선양하는 데에 큰 역할을 하였다. 도가의 무리들은 이로부터 황제를 원조(遠祖)로, 노담을 대종사(大宗師)로 삼아 도가의 학통을 비로소 확정했다. 장자 이전의 도가는 설령 황제를 시조로 추존하면서 노자를 함께 병칭하려고 했지만, 그 주장이 보편적이지 못했다. 그런데 장자에 와서 비로소 영향력이 커졌다. 『한서』 「예문지」에 황제에 관한 글이 제법 적지 않은데, 장자와 동시대 혹은 뒤에 나온 도가가 지었을 것이다. 황·노라는 명칭은 결코 한대 초기에 시작된 것이 아니라고 나는 단언한다. 현존하는 『노자』라는 책은 완정본이 아닌 것 같다. 죽간에 빠진 곳이 있거나 혹 후대의 사람들이 몰래 더

---

65 『사기』 「악의열전」. 樂臣公善修黃帝老子之言, 顯聞於齊, 稱賢師.

해 넣는 것이 모두 가능하기 때문이다. 만약 이이에 의해 위조된 것이라고 하면, 터무니없는 말이니 견지될 수 없다.

ⓐ 이 책의 서언을 다시 보라.

둘째, 그 친구는 맹자가 "양주(楊朱)와 묵적(墨翟)의 말이 천하에 가득하다."[66]고 한 말을 가지고, 양주의 학문이 전해지지 않으니 마침내 양주의 후학을 찾으려고 하다가 심지어 전병(田駢)과 신도(愼到)[67]가 양주에게서 나왔다고 했다. 그가 이러한 주장을 하게 된 근거는 모두 온전하게 남아 있는 글들이 아니어서, 증거로 삼기에 충분하지 못하다.ⓐ 천 마리의 말에서 두루 제각기 하나의 털을 뽑아, 천 마리의 말이 모두 같다고 하면, 사람들은 누구 하나 감히 다르다고 말하지 않는다. 그런데 훤히 트인 사거리에 다섯 마리의 말을 세워두고 사람들을 모아 구경시키면, 사람들은 다섯 마리의 말에 대해 전체의 모습을 볼 수 있어서, 모두 다섯 마리 말이 서로 다르다고 하지 한 사람도 같다고 하지 않을 것이다. 무엇 때문일까? 다섯 마리 말은 제각기 전체적인 모습이 있는데 그것을 서로 비교하면, 다만 큰 차이만 볼 뿐 조금 같은 것을 구별하지 못한다. 천 마리의 말에서 제각기 털 하나를 뽑아서 논하면, 오직 조금 같은 것만 볼 뿐큰 차이가 있다는 것을 알지 못한다. 이 일은 비록 사소하지만 큰 것을 깨우칠 수 있다. 학파의 동이(同異)를 논하는 자가 만약 각 학파의 전체를 살피지 않고 성급하게 한두 가지의 유사한 것을 가지고 경솔하게 결

---

66 『맹자』 「등문공・하」. 聖王不作, 諸侯放恣, 處士橫議, 楊朱・墨翟之言盈天下. 天下之言, 不歸楊, 則歸墨. 楊氏爲我, 是無君也. 墨氏兼愛, 是無父也. 無父無君, 是禽獸也.

67 신도(愼到, B.C.390-B.C.315): 중국 전국시대의 조(趙)나라 사람으로 법가사상의 대표적인 인물이다. 4세기 무렵 제(齊)나라의 선왕(宣王) 때 직하(稷下)의 학사(學士)가 되었다. 그의 사상에는 도가(道家)적인 색채가 있지만, 법가(法家)사상가이며, 특히 권세[勢]를 중시하였다. 『한비자(韓非子)』에서 "용(龍)은 구름을 타면 훌륭하지만, 구름을 잃으면 지렁이와 다름없다."라는 말이 그 일단을 나타내고 있다. 저서로는 『신자(愼子)』 12편이 있었으나, 현재 5편만 남아 있다.

론을 내린다면, 이것은 천 마리 말이 모두 털 하나가 유사하다고 해서 마침내 모든 말은 같다고 개괄하는 것과 같다. 또 양주는 본래 검증할 수 없다. 그런데 그 친구가 오직 『회남자』「범론훈(氾論訓)」의 "본성을 온전하게 하고 참됨을 보존한다."[68]는 구절에 의거하여, 이것을 가지고 『여람(呂覽)』[69]・『관자』・『장자』・『순자』와 같은 책에서 주대 말기의 제자백가들에 대해 언급한 말을 두루 상고하고, 마침내 "본성을 온전하게 하고 참됨을 보존한다."는 구절의 의미에 하나하나 억지로 부합되도록 해서, 열심히 이리저리 끌어당겨 양주학파로 귀결하였지만, 실로 말이 되지 않는다. 만약 변별해서 바로잡으려고 하면, 글이 그 번거로움을 감당할 수 없으니 잠시 그냥 놓아두는 것만 못하다. 그런데 내가 여기서 말하지 않을 수 없는 이유는, 친구가 양주를 도가의 위대한 학자로 추존하여 후학들을 현혹시킬까 염려하기 때문이다.

ⓐ 공자가 하나라와 은나라의 예에 대해 말할 수는 있지만, 오히려 기(杞)나라와 송(宋)나라의 예는 징험하기에 충분하지 못함을 유감으로 여겼다.[70] 성인께서 옛일을 논할 때 이처럼 엄격했다.

셋째, 친구는 전병・신도・송견(宋鈃)・윤문(尹文)을 존경해서, 그들의 학문이 모두 장자보다 깊고 넓다고 여긴다. 전병・신도・송견・윤문의 학문은 이미 증험할 수 없으니, 나는 그들이 이른바 장자보다 깊고 넓다는 것이 과연 어디에 근거를 둔 것인지 모르겠다. 또 그 친구는 책을 제멋대로 인용해서 이리저리 연결시키니, 예컨대 『관자』의 「백심(白心)」・「심술(心術)」을 신도의 책으로 여기고는, 양주의 깊은 뜻을 충분히 드러낼

---

68 『회남자』「범론훈(氾論訓)」. 全性保眞, 不以物累形, 楊子之所立也, 而孟子非之.

69 『여람(呂覽)』: 『여씨춘추(呂氏春秋)』의 별칭이다. 중국 진(秦)나라의 여불위가 학자들에게 편찬하게 한 사론서(史論書)로 유가를 주로 하고 도가와 묵가의 설도 다루었으며, 12기(紀), 8람(覽), 6론(論)으로 분류하였다. 모두 20권이다.

70 『논어』「팔일(八佾)」. 子曰: "夏禮吾能言之, 杞不足徵也. 殷禮吾能言之, 宋不足徵也. 文獻不足故也, 足則吾能徵之矣."

수 있다고 하는 것이 하나의 사례이다. 그는 「백심」과 「심술」의 문장 중에서 몇 구절을 뽑아내어, 그것으로 대부분 사라지고 겨우 조금 남아 있는 신도의 뜻에 부합하도록 하여, 본래 합치시킬 수 있는 것이 있다고 여긴 것이다. 그렇지만 마침내 신도의 저술로 단정하여 양주의 깊은 뜻을 충분히 드러낼 수 있다고 한 것은, 제멋대로 소통시킨 것이라고 평가하지 않을 수 없다. 옛 사람의 책이 비록 없어졌을지라도 만약 온전하지 않게 남아 있는 것이 있으면, 후세 사람들은 겨우 남아 있는 말 한 마디와 뜻 한 구절에서 추리하고 연역해서 발휘하는 것이 매우 중요하다. 만약 이렇게 시도하지 않고 이것저것 끌어들이기를 좋아하여 마음대로 견강부회하는 것이라면, 옛 학문을 연구하는 자들이 경계해야 하는 것이다.

또 그 친구는 전병과 신도의 '그대로 따른다[因循].'는 뜻을 높여서 장자에게는 없는 것으로 여겼다. 그러나 『장자』 「제물론」에서 "가는 것이 없으니, 이것을 그대로 따를 뿐이다."[71]라고 분명히 말했다. 이에 의하면, 어디를 가더라도 이어서 따르지 않음이 없으므로 "가는 것이 없으니, 이것을 이어서 따를 뿐이다."라고 말했던 것이다. 성인은 자신의 입장에서 사물을 재제(宰制)하지 않고 사물이 제각기 그 본성을 펼치도록 맡겨 놓으니, 이것을 '이어서 따른다[因].'고 한다. 「추수」편에서 "무엇을 천성[天: 자연적 본성]이라고 하고 무엇을 인위[人]이라고 하는가? 북해약(北海若)이 '소와 말의 발이 네 개인 것을 천성이라고 하고, 말 머리에 고삐를 매고 소의 코를 뚫는 것을 인위라고 한다.@ 그러므로 인위로 천성을 없애지 말고,ⓑ 고의로 명(命)을 없애지 말라.ⓒ고 했다."[72]라고 하였다. '이어서 따른다.[因]'는 것에 대해 담론한 것은 장자만큼 심원한 자가 없다. 전병과 신도가 말한 '이어서 따른다.'는 것의 요점은 사람을 부리려면 반

---

71 『장자』 「제물론」. 無適焉, 因是已.

72 『장자』 「추수(秋水)」. 河伯曰: "何謂天, 何謂人?" 北海若曰: "牛馬四足, 是謂天. 落馬首, 穿牛鼻, 是謂人. 故曰無以人滅天, 無以故滅命, 無以得殉名. 謹守而勿失, 是謂反其眞."

드시 그들의 실정[情]을 이어서 따라야 하고, 일을 이루려면 반드시 추세를 이어서 따라야 한다는 것으로 귀착한다. 의미에 타당함이 없는 것은 아니지만 패자의 술수도 이와 같지 않은 적이 없었다. 장자는 본원을 꿰뚫었으니, 만물의 진성(眞性)과 본명(本命)ⓓ을 존중하고 차마 또 감히 손상시키지 않았기 때문에 '이어서 따른다.'는 것을 귀하게 여겼다. 장자는 근본을 알았으니 유학에 부합할 것 같았다. 그렇지만 안타깝게도 그에게는 천지의 도를 마름질하여 이루고 만물의 마땅함을 도와주는 유학자의 여러 위대한 작용이 없었다. 귀중하게 여길 것은 그 장점을 구하고 그 단점을 버리는 것이다.

> ⓐ 사람들은 말 머리에 고삐를 매어 타고 다니며 소의 코를 뚫어서 조종하도록 하는 것을 소와 말의 천성에 따르지 않은 것으로 의심한다. 그러나 소와 말이 모두 발이 네 개인 것은 바로 힘써 일하는 본성이 있는 것이니, 사람들이 고삐를 매고 코를 뚫는 것이 어찌 또 소와 말의 천성에 따르지 않은 것이겠는가?
>
> ⓑ 코를 뚫고 고삐를 매는 것은 소와 말의 천성에 따르는 것일 뿐이다. 만약 과도하게 부려먹기 위해 억지로 몰고 부려 먹으면서 불쌍하게 여기지 않는다면 천리는 없어질 것이다. 이것은 소와 말의 본성을 해치는 것이니, 이어서 따른다고 할 수 없다.
>
> ⓒ '고의'란 사람들이 자신의 뜻대로 만물을 재제(宰制)하고 만물이 저절로 행하는 대로 맡겨두지 않는 것이다. 이것이 바로 고의로 사물의 본성과 천명을 훼손시켜 없애는 것이니, 아무리 '큰 악[大惡]'일지라도 이어서 따르지 않는 것보다 더한 것이 없다.
>
> ⓓ '본명(本命)'은 진성(眞性: 참된 본성)이라고 말하는 것과 같다.

나는 주대 말기부터 지금까지 거의 삼천년 동안 진실로 장자를 알 수 있었던 자는 순자 한 사람뿐이었다고 일찍이 말한 적이 있다. 『순자』「해폐(解蔽)」편에서 "장자는 천(天)에 가리어져 인간[人]을 몰랐다."ⓐ[73]라고 하였다. 옛적에 대혜선사(大慧禪師)[74]가 손에 쥐고 있는 작은 쇠붙이로도

---

[73] 『순자』「해폐(解蔽)」. 墨子蔽於用 而不知文, 宋子蔽於欲 而不知得, 愼子蔽於法 而不知賢, 申子蔽於埶 而不知知, 惠子蔽於辭 而不知實, 莊子蔽於天而不知人.

사람을 죽일 수 있다고 했는데, 주자(朱子: 朱熹)는 그 말을 좋아했다.[75] 순자는 한마디로 장자의 득실을 단정해서 전혀 역량을 낭비하지 않았다. '촌철살인'이라는 말은 그런대로 그 예리함을 잘 표현했다. 장자는 '천지의 조화[天化]'[ⓑ]에 대해서 깨달은 것이 심원했지만 세상의 변화에 대해서는 관찰한 것이 적었다. 그러니 그 '신묘한 깨달음[神解]'은 탁월하고 그 경계는 고원했지만, 큰 오류가 천과 인간이 하나라는 것을 깨닫지 못한 데에 있다.[ⓒ] 그렇지만 장자는 아주 광대하고 심원하니, 전병·신도·송견·윤문 같은 무리들은 그와 견주어 우열을 논할 수 없다.

ⓐ '천'이란 우주의 실체에 대한 이름이다. 도가에서는 이른바 '도'나 '태일'이고, 순자는 '천'이라고 말한다. 장자는 관윤과 노담의 학술을 계승해서 이미 철저하게 태일에 대해 깨달았으니, 천을 몰랐다고 할 수 없다. 그러나 비록 천을 알았을지라도 우리 인간보다 천을 높여서, 곧 천은 위대하고 인간은 하찮으며, 천에는 위력이 있고 인간은 무능하게 되었다. 이것은 그의 깨달음[知解]이 천이라는 한쪽에 가려지게 되어 다시 인간을 알 수 없게 된 것이다. 이와 같은 의미는 깊고 미묘하니, 앞의 글을 다시 완미해야 한다.

ⓑ '천지의 조화'는 본체의 유행이라고 말하는 것과 같다.

ⓒ 세상에서는 혹 『장자』의 「내편」만을 높이지만 사실 「외편」과 「잡편」도 모두 매

---

74 대혜선사(大慧禪師, 1089-1163): 자는 담해(曇海)이고, 호는 묘희(妙喜)·운문(雲門)이며, 시호(諡號)는 보각선사(普覺禪師)이고, 휘(諱)는 종고(宗杲)이다. 안휘성 선주(宣州: 현 영국〈寧國〉) 사람이며, 환오선사(圜悟禪師)의 제자이다. 중국 송나라 때의 임제종(臨濟宗)의 승려로서, 법사(法嗣)를 지내면서 사대부(士大夫)의 존경을 받았다. 제자로는 사대부인 장구성(張九成)·이병 등이 있는데, 제자로 인하여 정쟁(政爭)에 휘말려 형산(衡山)에 유배되었다. 유배지에서 『정법안장(正法眼藏)』(道元이 지은 것과는 다름)을 저술하였다. 그 후 효종(孝宗)의 귀의(歸依)를 받았으며, '대혜선사'라는 시호를 받게 되었다. 간화선(看話禪: 公案禪)의 독창적인 전개로 사상계에 큰 영향을 끼쳤다.

75 옛적에 대혜선사(大慧禪師)가 … 주자(朱子: 朱熹)는 그 말을 좋아했다:『학림옥로(鶴林玉露)』. 宗杲論禪云: "譬如人載一車兵器, 弄了一件, 又取出一件來弄, 便不是殺人手段." 我則只有寸鐵, 便可殺人. 朱文公亦喜其說, 蓋自我儒言之, 若子貢之多聞, 弄一車兵器者也. 曾子之守約, 寸鐵殺人者也. /『주자어류(朱子語類)』8권. 宗杲云: "如載一車兵器, 逐件取出來, 弄弄了一件. 又弄一件, 便不是殺人手段, 我只有寸鐵, 便可殺人."

우 정교하고 은미하다. 다만 「양왕(讓王)」 이하의 다섯 편[76]은 전혀 다르다. 전에 문창(文昌) 운송천(雲頌天)이 『장자』는 읽기 어렵다고 하여 요점을 가려 풀이해주길 청했지만 나는 끝내 그럴 여유가 없었다.

도가는 주대 말기에 유가와 맞섰다.[ⓐ] 전국시대 쇠퇴기에 도가는 제자 백가들에게 두루 영향을 미쳐, 순자 같은 대유학자도 그 정수를 수용했다. 당시에 6국이 망할 조짐이 이미 드러났고, 진나라 사람들의 폭력이 횡행했다. 천하의 총명하고 지혜로운 사람들은 대부분 도가에 귀의하여 홀연히 세상을 등지고 홀로 천지의 정신과 왕래하면서,[77] 모두 유학과 정통을 다투었다. 그런데 세상을 등지는 고원한 풍조는 그 해독이 감내할 수 없을 정도가 되었다. 한대 이후의 명사들 중에 '도가의 말[玄言]'을 섭렵한 자들은 허황되고 방탕한 것을 익혀 그 유풍이 사회로 전파되었으니, 쇠퇴해서 진작시키지 못하는 나쁜 결과를 만들었다. 나는 도가를 좋아하고 중시하지만 그래도 그 말류의 폐단은 징계하지 않을 수 없다.

ⓐ 『사기』「노자전」에서 "세상에서 노자의 학문을 배우는 자는 유학을 배척하고, 유학도 노자를 배척했다."[78]라고 했다.

2-3-3 명가

명가(名家)의 학문은 그 근원이 『역』과 『춘추』에서 나왔다. 『역』 「계사전」에서 "『역』은 지난 것을 밝혀서 올 것을 살피며,[ⓐ] '은미한 것[微]'을 드러내서 그윽한 것을 밝히며,[ⓑ] 열어서[開] 이름에 합당하도록 하고 사

---

76 「양왕(讓王)」 이하의 다섯 편: 「도척(盜跖)」·「설검(說劍)」·「어부(漁父)」·「열어구(列禦寇)」·「천하(天下)」편을 말한다.

77 천하의 총명하고 지혜로운 사람들은 … 홀로 천지의 정신과 왕래하면서: 『장자』 「천지」. 獨與天地精神往來, 而不敖倪於萬物, 不譴是非, 以與世俗處.

78 『사기』「노장신한열전」. 世之學老子者, 則絀儒學, 儒學亦絀老子.

물을 변별하며,ⓒ 말을 바르게 하고 명제를 판단하니 (이치가) 갖추어진다."⁷⁹라고 했다. 『춘추번로』에서 "『춘추』는 사물의 이치를 변별하여 명칭을 바르게 했다."⁸⁰라고 했고, 『장자』 「천하」편에서 "『춘추』는 명분(名分)ⓓ을 말한다."라고 했다.⁸¹ 두 경전은 명가의 '큰 시조[大祖]'이니, 그 학맥을 분명하게 변별할 수 있다.

ⓐ '지난 것'은 이미 알고 있는 것을 말한다. '밝힌다'는 것은 분명하게 드러낸다는 의미이다. '올 것'이란 사물의 이치가 무궁무진하니 현재 알지 못하는 것이 또한 앞으로 오기를 기다린다는 말이다. 이제 이미 아는 이치를 분명히 드러내는 것에 근거해서 아직 모르는 것을 고찰하니, 이에 '지난 것을 밝혀서 올 것을 살핀다.'고 말했다.

ⓑ '은미한 것[微]'에는 두 가지 의미가 있으니, 미세함과 은미함이다. 이치가 지극히 은미해서 궁구하기 어려운 것을 드러나도록 하려면, 반드시 분석하는 방법을 써야 하고, 게다가 반드시 몸소 사물의 핵심을 깊고 절실하게 살펴야 한다. 은미한 것을 드러나게 하려면, 그윽하여 알 수 없는 것을 또한 빠짐없이 드러내 밝혀야 한다.

ⓒ '열어서[開]'라는 말에는 빠진 글자가 있는 것 같다. '이름'이란 사물을 명명하는 것이다. 이름이 반드시 사물의 참모습과 같아서 혼란스럽지 않은 것을 '합당하다'고 말한다. '변별한다'는 것은 판별하고 분석하는 것이다. 판별하고 분석하는 방법이 정교하면 사물의 이치가 숨을 곳이 없다.

ⓓ 종래의 경학자들은 모두 '명분(名分)'을 상하의 등급을 변별하는 것으로 여겼다. 이것은 군주제 사상으로 경전을 설명하는 것이지 실로 『춘추』의 뜻이 아니다. 생각건대, '분(分)'은 이치를 분별하는 것이다. 사물의 이치를 변별하여 그 명칭을 바르게 하니, 이것을 '명분'이라고 한다.

『한서』 「예문지」에 명가에는 등석(鄧析)의 글 두 편이 있다고 했다. 그는

---

79 『역』 「계사·하」. 夫易, 彰往而察來, 而微顯闡幽. 開而當名辨物, 正言斷辭則備矣.

80 『춘추번로』 「심찰명호(深察名號)」. "春秋辨物之理, 以正其名. 名物如其眞, 不失秋毫之末.

81 『장자』 「천하」편에서 "『춘추』는 명분(名分)을 말한다."라고 했다:『장자』가 아니라 초횡(焦竑)의 『장자익(莊子翼)』에 있다. 『장자익』 「천하」. 詩以道志, 書以道事, 禮以道行, 樂以道和, 易以道陰陽, 春秋以道名分.

정(鄭)나라 사람으로 자산(子産)과 동시대 인물이다. 『좌전』「정공(定公) 9년」에 의하면, "사전(駟顓)이 등석을 죽이는데 죽형(竹刑)ⓐ을 사용했다."[82] 그렇다면 등석은 당연히 형명(刑名)학자일 것이다.ⓑ 형명학은 본래 『대역』의 이른바 사물의 이치를 변별하는 것, 말을 바로 잡는 것, 명제를 판단하는 것과 『춘추』의 사물의 이치를 변별하여 그 이름을 바로잡는 것과 같은 학문이 아니다. 『한서』「예문지」에서 등석을 명가에 끼워 넣은 것은 전혀 합당하지 않다. 한대 사람들은 아직 학술상의 분류에 대해 몰랐으니, 이상할 것이 없다. 『순자』「비십이자(非十二子)」에서는 등석을 혜시와 합쳐서 논한 것은 다만 다스리는 기강의 관점에서 함께 논했을 뿐이니,ⓒ 본래 학파에 착안하여 혜시와 등석을 똑같이 명가로 여긴 것이 아니다.

ⓐ '죽형(竹刑)'은 형법책이니, 요즘의 법률책과 같다. 옛날에는 글을 적는 데에 죽간을 사용했으므로 '죽형'이라고 했다.

ⓑ 형법의 이름을 '형명(刑名)'이라고 한다. 『순자』「정명」편에 "형명은 상대(商代)를 따른다."[83]고 했다. 대개 상대의 형법은 자세하고 합당했다. 형명이라는 말은 이것에 근거한다.

ⓒ 「비십이자」에서 "괴이한 말을 잘 다루고, 기이한 변론을 즐기며, 변별하지만 쓸모없다."라고 한 것은 혜시를 헐뜯는 말이다. "아주 자세하게 살피지만 은혜롭지 않고, 일은 많지만 공이 적다."라고 한 것은 등석을 헐뜯는 말이다. 그리고 총괄적으로 단정해서 "다스리는 기강으로 할 수 없다."라고 한 것은 혜시와 등석 두 사람의 관점이 여기에 있다는 것을 합쳐서 논한 것이다.[84]

유가의 경전은 망실되어 거의 없고, 명학의 전적은 이미 상고할 수 없

---

82 『좌전』. 駟歂殺鄧析, 而用其竹刑.

83 『순자』「정명(正名)」. 後王之成名, 刑名從商, 爵名從周, 文名從禮.

84 「비십이자」에서 괴이한 말을 잘 다루고, … 것을 합쳐서 논한 것이다:『순자』「비십이자(非十二子)」. 不法先王, 不是禮義, 而好治怪說, 玩琦辭, 甚察而不惠, 辨而無用, 多事而寡功, 不可以爲治綱紀. 然而其持之有故, 其言之成理, 足以欺惑愚衆. 是惠施鄧析也. 略法先王而不知其統.

다. 지금 남아 있는 『순자』에는 「정명」편이 있는데, 그곳에서 "마음에
는 '감각기능을 거쳐 들어와 알려지는 것[徵知]'이 있다."ⓐ라고 하고, "반
드시 '선천적 감각기관[天官]'이 그 종류를 장부[簿]처럼 합당하게 한 다음
에야 가능하다."ⓑ85라고 했다. 이 구절은 명학에서 본래 불후의 가치가
있는 것이다. 「해폐」편에서 명가가 공허한 말장난으로 흘러가는 것을
싫어해서, "말로 말미암는 것으로 그것을 평가하면, 도가 '변론[說]'에서
끝난다."ⓒ86고 배척했다. 후세에 논리학을 연구하는 자가 한갓 말장난
에 힘쓴다면, 마땅히 순자의 말로 경계를 삼아야 할 것이다.

ⓐ '감각기관을 거쳐 들어와 알려지는 것'이란 징험되는 것이니, 마음이 만물을 고
찰하고 검증해서 아는 것을 말한다.

ⓑ '선천적 감각기관'은 귀·눈 등의 감각기능이다. '합당하게 한다.'는 것은 주관한
다는 것이다. '장부'는 장부책이니, 선천적 감각기능은 각각 감각대상을 종류별
로 주관하고 장부처럼 기록해서 번잡하고 어지럽게 하지 않는다는 말이다. 예컨
대 눈이라는 감각기관은 오직 보이는 색을 장부처럼 기록하기를 주관하고, 귀라
는 감각기관은 들리는 소리를 장부처럼 기록하기를 주관하니, 마음은 만물에 대
해 선천적 감각기능이 제각기 종류대로 주관하여 장부처럼 기록하기를 기다린
다음에, 모든 감각기관의 장부를 근거로 만물을 징험해서 알 수 있다는 것이다.

ⓒ '평가한다'는 것은 말한다는 것과 같다. '변론'이란 변설(辨說)이다. 명가는 공허
한 말장난을 능사(能事)로 여겼다. 이로부터 말하면, 이것은 큰 도리를 단지 변설
에서 끝내는 것이니, 개미의 지혜를 가지고 도를 헤아리는 것과 무엇이 다르겠
는가?

제자백가에서 명가로 저명한 자는 『한서』 「예문지」에 의하면 기껏해야
7명인데, 등석이 명가에 들어가는 것은 부당하다고 이미 앞에서 말했
다. 윤문(尹文)87은 논리[名理]를 대충 통섭했지만,ⓐ 모공(毛公)88·황자(黃

---

85 『순자』 「정명」. 心有徵知, 徵知, 則緣耳而知聲, 可也, 緣目而知形, 可也. 然而徵知必
將待天官之當簿其類, 然後可也.

86 『순자』 「해폐(解蔽)」. 由辭謂之, 道盡論矣. 由天謂之, 道盡因矣.

87 윤문(尹文, 약 B.C.360-B.C.280): 전국시대 제(齊)나라 사람으로 송견(宋鈃)·팽
몽(彭蒙)·전병(田騈) 등과 함께 직하(稷下)의 대표적인 사상가이다. 그의 사상은

疵)·성공생(成公生)과 같은 무리들은 마땅히 논리학을 전공한 자가 아니다.ⓑ 7명 가운데 오직 혜시만이 우뚝 선 거장이다. 그는 천재 과학자로 철학에 정통했고 논리[名理]에 밝았으니, 진실로 당대에 견줄 자가 없는 외로운 영웅이었다. 6국시대의 학자들 가운데 그를 알아볼 수 있는 자가 거의 없어, 오직 장자만이 그와 친구가 되었다. 『한서』「예문지」에 그의 책 한 편이 실려 있다. 나는 그 책이 한 편 뿐이라는 것을 결코 믿지 않는다. 6국시대의 사람들은 이미 아무도 그 책을 해독할 수 없었거나, 한대 초기의 사람들은 그 책의 중요성을 몰랐으므로, 인멸되어 남은 것이 없을 뿐이다. 『한서』「예문지」에서는 혜시를 명가에 배열했다. 혜시는 격물학에도 반드시 조예가 깊었을 것이므로 명가로만 한정해서는 안 된다고 나는 생각한다.

ⓐ『한서』「예문지」에 윤문이 제선왕(齊宣王)에게 유세한 것은 공손룡보다 앞선다. 유향(劉向)[89]은 "윤문과 송견이 모두 직하에 머물렀다."고 했다.

노자의 무위자연(無爲自然)에 바탕을 두고, 거기에 묵가(墨家)·명가(名家)·법가(法家)의 사상을 가미하였다. 『장자』「천하」편과 『순자』「정론(正論)」편에 따르면, 그의 주장은 크게 편견의 제거와 침략전쟁 반대 및 욕망 절제 등으로 요약된다. 특히 공손룡(公孫龍)에게 변론술을 배워 공손룡이 칭찬할 정도로 논변에 능숙했다고 한다. 저술로는 군왕의 올바른 치도(治道)를 논한 『윤문자(尹文子)』가 있다.

88 모공(毛公): 한대 초기에 『시(詩)』를 전수한 모형(毛亨, 일명 대모공〈大毛公〉)과 모장(毛萇, 일명 소모공〈小毛公〉)을 말한다. 특히, 모장은 『고문시학(古文詩學)』인 '모시학(毛詩學)'을 전수한 사람으로서 하간헌왕(河間獻王)의 박사를 역임하였다.

89 유향(劉向, B.C.79?-B.C.8?): 자는 자정(子政)이며, 서한(西漢)의 경학자·목록학자·문학자이다. 유흠(劉歆)의 부친이다. 한나라 고조(高祖)의 배다른 동생 유교(劉交: 楚元王)의 4세손이다. 젊었을 때부터 재능을 인정받아 선제(宣帝)에게 기용되어 간대부(諫大夫)가 되었으며, 수십 편의 부송(賦頌)을 지었다. 신선방술(神仙方術)에도 관심이 많았으며, 황금 주조를 진언하고 이를 추진하다가 실패하여 투옥되었으나, 부모형제의 도움으로 죽음을 면하였다. 재차 선제에게 기용되어 석거각(石渠閣: 궁중도서관)에서 오경(經)을 강의하였다. 성제(成帝) 때에 이름을 향(向)으로 고쳤으며, 이 무렵 외척의 횡포를 견제하고 천자(天子)의 감계(鑑戒)가 되도록 하기 위하여 상고(上古)로부터 진(秦)·한(漢)에 이르는 부서재이(符瑞災異)의 기록을 집성하여 『홍범오행전론(洪範五行傳論)』11편을 저술하였다. 그 밖의 편저서에 『설원(說苑)』, 『신서(新序)』, 『열녀전(烈女傳)』, 『전국책(戰國策)』과

ⓑ『한서』「예문지」에서 모공은 조(趙)나라 사람으로 공손룡 등과 함께 평원군(平原君) 조승(趙勝)에게 유세했다고 하였다. 유향은 그가 '견백동이(堅白同異)'를 논한 것을 칭찬하여 천하를 다스릴 만하다고 여겼다.[90] 이것에 의거하면 견백동이의 변로로 치도(治道)에 대해 함부로 말한 것이다. 황자(黃疵)는 진(秦)의 박사로 노래와 시를 지었으며,[91] 성공생(成公生)은 황자와 동시대의 사람으로 떠돌고 담론하며 벼슬하지 않았다.[92]

장자는 다음처럼 말했다. "남방에 황료(黃繚)라는 '기이한 사람[畸人]'이 있어, (혜시에게) 하늘이 무너지지 않고 땅이 가라앉지 않는 까닭과 바람·비·천둥·번개가 생기는 이유에 대해 질문하니, 혜시는 사양하지 않고 응답했으며,ⓐ 사려하지 않고 곧바로 대답했으며,ⓑ 그를 위해서 보편적으로[93] 만물에 대해 설명했다.ⓒ 설명하면서 쉬지 않았고, 많은 말을 하고도 그치지 않았으며, 오히려 적다고 여겨서 괴이한 것을 더했다.ⓓ 남들의 생각에 반대하는 것을 실질로 여기고, 남을 이기는 것으로 명성을 얻으려고 했으니, 이 때문에 군중들과 맞지 않았다.ⓔ 덕에는 약하고 사물에는 강하니, 그의 학문의 길은 매우 왜곡되었다."ⓕ[94] 또 다음처럼

궁중도서를 정리할 때 지은 『별록(別錄)』이 있다. 그의 아들 흠(歆)은 이 책을 이용하여 『칠략(七略)』을 저술하였으며, 『한서(漢書)』「예문지(藝文志)」에 거의 그대로 수록되어 전한다.

90 『한서』「예문지」에서 모공은 조(趙)나라 사람으로 … 천하를 다스릴 만하다고 여겼다: 『한서』「예문지」 '모공9편(毛公九篇)'에 대한 주. 趙人與公孫龍等, 並遊平原君趙勝家. 師古曰, 劉向別錄云, 論堅白同異以爲可以治天下, 此蓋史記所云, 藏於博徒者.

91 황자(黃疵)는 진(秦)의 박사로 노래와 시를 지었으며: 『한서』「예문지」 '황공4편(黃公四篇)'에 대한 주. 名疵. 爲秦博士, 作歌詩. 在秦時歌詩中. 師古曰, 疵音才斯反.

92 성공생(成公生)은 황자와 동시대의 사람으로 떠돌고 담론하며 벼슬하지 않았다: 『한서』「예문지」. '성공생5편(成公生五篇)'에 대한 주. 黃公等同時. 師古曰, 姓成公. 劉向云, 與李斯子由同時. 由爲三川守, 成公生遊談不仕.

93 보편적으로: 아래의 본문 부주에서는 글자에 대한 설명을 어떻게 할 수 없어 생략했지만 웅십력은 여기의 편(遍)을 보편으로 해석해야 된다고 강조했다. 곧 첫 머리에서 "편(遍)자에 주의하라(注意遍字)."고 하면서 "마침내 그를 위해 물리적인 이치에 대해 보편적으로 넓게 설명했다(遂爲黃繚普遍廣說萬物之理)."라고 끝맺고 있다.

말했다. "혜시는 날마다 자신의 지혜로 남들과 변론했는데,⑨ 특별히 천하의 변론가에게 괴이하게 여겨졌다."ⓗ95 혜시는 이것으로 스스로 편할 수 없어 만물에 정신과 지혜를 분산시키면서 싫어하지 않았으니,ⓘ 마침내 변론을 잘하는 사람으로 유명해졌다. 아깝다! 혜시의 재주는 제멋대로 흘러갔으면서도 얻지 못했고, 만물을 쫓아가서는 돌아오지 못했다.

ⓐ 황료는 자연과학을 연구했는데, 그가 바람·비·천동·번개가 생기는 이유와 하늘이 무너지지 않고 땅이 가라앉는 까닭에 대해 질문했다. 당시에 틀림없이 응답할 수 있는 자가 없었는데, 혜시는 사양하지 않고 바로 응답했다.

ⓑ 그 질문에 대해 응답했을 뿐만이 아니라, 게다가 생각하지도 않고 곧바로 대답했다.

ⓒ 황료가 하늘이 무너지지 않고 땅이 가라앉지 않는 까닭에 대해 질문을 할 수 있었던 것은 평소 물리세계에 대한 관찰이 이미 아주 깊었기 때문이다. 그렇지 않았다면 이렇게 큰 질문을 하지 못했을 것이다. 혜시는 다시 그의 질문을 기다리지 않고 마침내 그를 위해 만물의 이치에 대해 보편적으로 넓게 설명했다.

ⓓ 혜시는 평상시에 털어놓고 말할 것이 없었는데, 일단 황료를 만났으므로 마음에 담고 있던 것을 모두 털어놓고자 했을 뿐이다. 장자가 괴이한 것을 더했다고 말한 것은 당연히 그 당시 평범한 사람들의 말에 의거한 것이다. 과학자의 위대한 발명은 항상 평범한 사람들이 깨우치지 못했던 것이다. 깨우치지 못하면 놀라서 괴이하게 여긴다.

ⓔ 혜시는 단지 호기심이 많아 지적인 욕구를 풍부하게 구했을 뿐이지, 고의로 남들에게 반대하고 남을 이기려고 했던 것은 아니다. 그런데 일반인을 기준으로 보면, 남들에게 반대하는 것을 실질로 삼고 남을 이기는 것으로 명성을 얻는 것으로 의심하게 된다.

ⓕ 서양과학의 발전은 바로 여러 과학자들의 사물에 대한 강한 탐구정신에 의뢰한다. 중국에 혜시 한 사람이 있었지만 계승하지 못했으니, 아깝다! 장자는 도가이다. 도가는 사물에 대해 강하게 힘쓰려 하지 않았고, 사실 또 덕에 대해서도 강하게 힘쓰지 못했는데, 혜시를 나무랄 수 있겠는가!

94『장자』「천하」. 南方有倚人焉, 曰黃繚. 問天地所以不墜不陷, 風雨雷霆之故. 惠施不辭而應, 不慮而對, 徧爲萬物說, 說而不休, 多而無已, 猶以爲寡, 益之以怪. 以反人爲實, 而欲以勝人爲名. 是以與衆不適也. 弱於德, 強於物, 其塗陝矣.

95『장자』「천하」. 惠施日以其知, 與人之辯, 特與天下之辯者爲怪, 此其柢也.

ⓖ 혜시는 날마다 그 지혜를 가지고 사람들과 옳고 그름을 따지는 변론을 주고받았
　다는 말이다.
ⓗ 그가 사람들과 변론한 것은 오직 궤변과 괴이한 논리로 남을 이기고자 했다는
　말이다.
ⓘ 그가 심력을 다해 밖으로 만물의 이치를 추구했으니, 이것은 만물에 그의 정신
　과 지혜를 소모하여 흩어버린 것이다.

위에서 인용한 장자의 말을 종합하면, 혜시는 사물에 대해 강하게 힘써
만물에 정신을 소모하며 분산시키면서도 싫어하지 않았고, 만물을 쫓아
가서는 돌아오지 못했다는 것이다. 그리고 그가 황료에게 만물에 관한
보편적 설명을 한 것은, 혜시의 학문이 대자연의 이면(裏面)을 향해 힘써
추구하면서도, 실측에 근거하지 않고 한갓 궤변만 일삼은 것이 결코 아
님을 알 수 있다.

당시 일반사람들은 혜시를 변론가로 지목했고, 장자 역시 그의 뛰어난
변론을 아까워했다. 혜시가 어찌 변론을 좋아했겠는가! 혜시는 지식탐
구에 맹렬했고 지혜사랑에 독실하여, 군중들이 천지만물과 아주 밀접하
게 접촉하면서도 일체를 익숙하게 여겨 살피지 않는 것을 불쌍하게 여
겼으므로, 날마다 자신의 지식으로 군중들을 인도했던 것이다. 그런데
군중들은 끝까지 깨닫지 못하고 그를 변론가로만 헐뜯었다. 혜시는 확
실히 위대한 과학자로서의 열성과 태도가 있었으니, 주대 말기 제자백
가 중에 그와 짝할 수 있는 자는 거의 없는 것 같다. 장자는 그와 친구이
면서도 피차간에 배운 것이 전혀 달랐으니, 비난했을지라도 실제로는
서로 합치하려는 아름다움이 있었다. 이런 점은 그들의 넓은 식견과 위
대한 역량이니, 고금에 보기가 드물다. 혜시는 사물에 대해 강하게 힘쓰
면서 또 군중들의 지식이 진보하는 것을 좋아했다. 만물에 대한 그의 보
편적 설명에는 당연히 광대한 독창적 견해가 매우 많았을 것이니, 책을
쓰지 않을 이유가 결코 없었다. 그런데 아무 것도 전해지지 않았으니,
어찌 애석하지 않은가?

장자는 혜시의 오묘한 말에 대해 "천지는 장대하다! 혜시가 웅대한 뜻을 가졌을지라도 어떻게 할 방법이 없다."ⓐ[96]라고 말했다. 이 말은 정말 아름답다! 한 사람의 지혜로 우주의 장대함을 상대해서 그것을 모두 알려고 하였지만 끝내 방법이 없었던 것이다. 그렇지만 웅대한 마음을 가지고 있는 것은 막지 말아야 한다. 세대를 거듭해서 많은 사람들이 지혜를 쌓으면, 또한 어찌 우주가 장대함을 걱정할 것인가?

> ⓐ '천지'는 '우주'라고 말하는 것과 같다. 우주의 장대함은 도리가 무궁무진하니, 전 지구상의 고금의 지적 능력이나 각종 학술의 연구와 발명을 누적하여 비록 설명할 수 있는 많은 도리가 있을지라도, 무궁무진한 대보장(大寶藏)을 보면 발굴한 것은 끝내 유한하다. 혜시는 스스로 감탄하면서 자신의 지적 능력으로 우주의 비밀을 모두 다 누설하려고 하였다. 비록 이와 같은 웅대한 마음이 있을지라도 그것을 모두 알아낼 방법이 없었다.

『공손룡자(公孫龍子)』는 14편인데, 지금 또한 온전하지 못한 책이 겨우 남아 있을 뿐이다. 『장자』「추수(秋水)」편에 다음처럼 말했다. "공손룡이 위모(魏牟)에게 물었다. '저는 어려서 선왕의 도에 대해 배웠고, 장성해서는 인의(仁義)의 실행에 대해 밝았으며, 동이(同異)를 합쳤고, 견백(堅白)을 분리했으며,[97] 그렇지 않은 것을 그렇다고 하고, 옳지 않은 것을 옳다고 하며, 백가의 지식을 통하지 않게 하고 사람들의 변론을 곤궁하게 하여 나는 스스로 이것을 지극하게 통달한 것이라고 여겼습니다. 그런데 지금 장자의 말을 듣고 보니 뭔지 모르게 기이합니다. 설명한 것이 부족하기 때문인지 아는 것이 이와 같지 않기 때문인지 모르겠습니다. 지금 나는 할 말이 없습니다.'"[98] 이 구절에 의하면, 공손룡은 어려서 유

---

96 『장자』「천하」. 天地其壯乎! 施存雄而無術.

97 견백(堅白)을 분리했으며: 단단한 흰 돌은 눈으로 흰 것을 알 수 있으나 단단한지는 모르며, 손으로는 그 단단한 것을 알 수 있으나 흰지는 모르므로, 단단한 돌과 흰 돌과는 동일물이 아니라는 것이다.

98 『장자』「추수(秋水)」. 公孫龍問於魏牟曰: "龍少學先生之道, 長而明仁義之行, 合同異, 離堅白, 然不然, 可不可, 困百家之知, 窮衆口之辯, 吾自以爲至達已. 今吾聞莊子之言,

학을 익혔고 뒤에 명가의 영웅이 되었지만, 마침내 또한 장자의 영향으로 도가에 가까워졌다. 『사기』「중니제자열전(仲尼弟子列傳)」에 공손룡이 있는데, 연대가 멀리 떨어져 있다.[99] 혹 그가 70제자의 후학인데 잘못 끼어 넣은 것인지 모르겠다.

묵자도 역시 명가의 큰 스승이다. 비록 묵자의 학문은 독립된 하나의 큰 학파라고 할 수 있지만 명가로 함께 보아도 무방하다. 「천하」편에서 다음처럼 말했다. "상리근(相裏勤)의 제자와 오후(五侯)의 무리와 남방의 묵자학인 고획(苦獲)·기치(己齒)·등릉자(鄧陵子)의 무리들이[a] 모두 『묵경』을 외웠으나, 서로 갈라져 같지 않았으니[b] 서로 별묵(別墨)이라고 하며,[c] 견백동이(堅白同異)의 변론으로 서로 헐뜯고, 기우불오(觭偶不仵)[d][100]라는 명제로 서로 응수했다."[101] 따라서 묵가 후학들이 논리[名理]를 다루는 것도 공손룡의 영향을 받았음을 알 수 있다.

ⓐ 고획과 기치에 대해 이씨(李氏)는 두 사람의 이름이라고 했다.
ⓑ 호원준(胡遠濬)은 "분리되고 어그러져 달라졌음을 말한다."라고 했다.
ⓒ 묵자 학파 중에서 또 다시 각자 분파를 구분했다.
ⓓ '기(觭)'자는 '기(奇)'자와 동일하고, '오(仵)'자는 음이 '오(五)'이다. '불오(不仵)'는 동일하지 않다고 하는 것과 같다.

명가는 주대 말기에 매우 융성했다. 지금 대략 상고할 수 있는 자들로서 유가에는 순자가 있고, 묵자와 그 후학 별묵(別墨)이 모두 명가의 큰 스

沘焉異之, 不知論之不及與, 知之弗若與. 今吾無所開吾喙, 敢問其方."

99 『사기』「중니제자열전(仲尼弟子列傳)」에 공손룡이 있는데, 연대가 멀리 떨어져 있다: 『사기』「중니제자열전(仲尼弟子列傳)」. 公孫龍字子石, 少孔子五十三歲.

100 기우불오(觭偶不仵): 성현영(成玄英)의 주석에 의하면, "혼자서 주장하는 것을 '기(觭)'라고 하고, 상대해서 변론하는 것을 '우(偶)'라고 한다(獨唱曰觭, 音奇. 對辯曰偶)."고 했다.

101 『장자』「천하」. 相裏勤之弟子, 五侯之徒, 南方之墨者, 苦獲已齒, 鄧陵子之屬, 俱誦墨經, 而倍譎不同, 相謂別墨, 以堅白同異之辯相訾, 以觭偶不仵之辭相應.

승들이다. 그런데 명가로서 격물에 정교했던 자로는 혜시가 있다. 공손룡은 본래 유학자인데 그가 오로지 오랫동안 연구했던 것이 논리학[名學]이므로, 명가를 말할 경우에는 반드시 공손룡을 언급해야 한다. 「천하」편에서는 또한 환단(桓團)을 공손룡과 함께 열거했다. 주대 말기에 명가의 뛰어난 학자들이 반드시 적지 않았을 것이지만, 애석하게도 전적이 사라져 지금 상고할 수 없다. 한대 사람들은 논리학을 전혀 몰랐으니, 반고의 『한서』「예문지」가 소홀하고 잘못된 것은 책임을 따질 필요가 없다.

2-3-4 농가

농가(農家)의 학문은 당연히 『시경』에서 나왔다. 시 3백 편은 변아(變雅)[102]에서 열국의 풍(風)까지, 보잘것없는 백성들이 곤궁에 신음하며 살길이 막막해서, 왕후와 경대부들의 탐오와 착취를 원망하는 시가 대다수를 차지한다. 공자가 그것을 산정하여 경(經)으로 만들어서 그것을 3천 문도와 70제자들에게 가르쳐 민간에 전파시켰으니, 이것이 농가가 생긴 유래이다. 주대 말기에 제자백가들이 학설을 제창하면서 모두 고대의 성왕에 가탁하는 것을 중시했으므로 농가도 신농(神農)에 의탁했다. 『맹자』「등문공(滕文公)」편에 다음과 같은 말이 있다. "신농의 말을 실천하는 허행(許行)이 초나라에서 등나라로 갔다."[103] 주대 말기의 농가로 상고할 수 있는 사람은, 다행히도 그 이름이 『맹자』에 보존되어 있는 허행과 그 제자 진상(陳相)이 있을 뿐,[104] 그 외에 상고할 수 있는 사람이

---

102 변아(變雅): 『시경』에서 「소아(小雅)」·「대아(大雅)」의 일부로서, 정아(正雅)와 상대해서 일반적으로 주나라 왕실이 쇠퇴하고 정국이 혼란할 때의 작품이다.

103 『맹자』「등문공·상(滕文公上)」, 有爲神農之言者許行, 自楚之滕.

104 다행히도 그 이름이 『맹자』에 보존되어 있는 허행과 그 제자 진상(陳相)이 있을

없다.『한서』「예문지」에 농가는 9명이 있고, 책은 1백 14편이 있는데, 모두 진·한(秦·漢)대에 통치계급을 옹호하는 자들이 만든 것이어서 주대 말기의 농가사상과는 무관하다.『한서』「예문지」에서 농가에 대해 다음처럼 서술했다. "비천한 자들은 농사를 짓는 것으로 성왕을 섬길 생각이 없어,ⓐ 군신이 나란히 농사를 짓고자 했으니,ⓑ 상하의 질서를 거역하는 것이다."ⓒ[105] 반고는 이 몇 마디 말로 바로 주대 말기의 농가를 배척했으니,『한서』「예문지」에 나열된 농가 9명과 그 책은 모두 진짜 농가와는 무관하다. 이 점에 대해서는 마땅히 뒤에서 다시 논할 것이다. 허행의 사상도 역시「원외왕」의 '부가 설명[附識]'에서 서술하겠다.

ⓐ 사고(師古: 顔師古)[106]는 "성왕이 필요 없이 천하는 저절로 다스려진다."[107]고 말했다.

ⓑ 생각건대, 농가는 본래 천하의 사람들이 모두 나란히 농사를 지어서 먹고 사는 것을 주장하고, 통치계급의 존재를 인정하지 않았으니, 이른바 군신이라는 것이 없다. 그런데 반고는 자기 생각대로 농가를 서술하여 '군신이 나란히 농사짓고자 했다.'고 말했다.

뿐:『맹자』에서 언급된 농가는 허행(許行)·진량(陳良)·진상(陳相)·진신(陳辛) 네 명이다. 곧 허행과 진상 외에 진량과 진신이 더 있다.

105『한서』「예문지」. 農家者流, 蓋出於農稷之官, 播百穀, 勸耕桑, 以足衣食. 故八政. 一曰食, 二曰貨. 孔子曰所重民食, 此其所長也. 及鄙者爲之, 以爲無所事聖王, 欲使君臣並耕, 詩上下之序.

106 안사고(顔師古, 581-645): 자는 사고(師古)이고, 이름 주(籒)이며, 섬서성 만년현(萬年縣) 사람이다. 중국 당나라 초기의 유학자·경학자·언어문자학·역사학자이며, 특히『한서(漢書)』의 전문가이다.『안씨가훈(顔氏家訓)』의 저자인 안지추(顔之推)가 그의 조부이다. 학자 집안에 태어나 고전(古典)의 학습에 힘썼고 특히 문장에 뛰어났다. 당나라 고조(高祖)·태종(太宗)의 2대를 섬겨, 중서사인(中書舍人)·중서시랑(中書侍郎)·비서감(祕書監)을 역임하였고, 정치에도 능통하여 조령(詔令)의 기초를 맡았다. 그동안 유교의 경전인『오경(五經)』의 교정에 종사하여 정본(定本)을 만들었으며,『대당의례(大唐儀禮)』의 수찬에 참여하였다. 오경의 주석(註釋)인『오경정의(五經正義)』의 편찬에도 참여하였고,『한서』에 주석을 가함으로써 전대(前代)의 여러 주석을 집대성하였다.『한서』의 주석은 그의 문자학(文字學)·역사학의 온축(蘊蓄)으로, 오늘날도『한서』해석의 중요한 근거가 되었다.

107『한서』「예문지」. '及鄙者爲之' 구절의 주 師古曰: "言不須聖王, 天下自治."

ⓒ '거역한다'는 것은 어지럽힌다는 것이다. 농가가 군주를 없애려고 한 것은 바로 상하의 질서를 없애고자 하는 것이고, 인류가 모두 평등하게 서로 도와서 공동 생활제도를 건립하려고 하는 것이다. 그런데 반고는 그것을 반란으로 여겼다.

2-3-5 법가

법가가 독립된 큰 학파로 성립된 것은 대개 춘추·전국시대이다. 주나라 왕실이 동천하면서 왕도(王道)가 쇠미해지고 패업(霸業)이 일어났다. 패자의 통치는 반드시 법으로 신하와 백성을 질서짓고 가지런히 함으로써, 기강과 법률을 엄숙하게 지키고 자신의 맡은 바 일에 힘쓰게 하는 것이었다. 관중(管仲)[108]은 제(齊)나라 환공(桓公)을 도와 천하를 크게 바로잡았고 '다섯 패왕[五霸]'[109]의 으뜸이 되게 했으니, 다음처럼 말할 수 있다. 『관자(管子)』라는 책이 비록 후대의 사람들에 의해 만들어진 것이지만, 반드시 제나라와 노나라의 유생들이 예양(禮讓)의 다스림으로는 쇠퇴한 것을 일으키고 폐단을 구제할 수 없다고 느껴서, 이에 마음을 바꿔

---

108 관중(管仲, B.C.723 혹은 716-B.C.645): 이름은 이오(夷吾)이고, 자는 중(仲)이며, 시호는 경(敬)으로 경중(敬仲)이라고 부르기도 하며, 관자(管子)라고 칭한다. 중국 춘추시대 저명한 정치가이며 사상가로서 친구인 포숙아(鮑叔牙)와의 우정을 말하는 '관포지교(管鮑之交)'로 유명하다. 제(齊)나라 환공(桓公) 때에 경(卿)의 벼슬에 올랐던 그는 환공의 개혁 추진을 도와 제나라를 춘추시대 가장 막강한 맹주(盟主)로 만들었다. 『관자(管子)』의 「목민(牧民)」에서 "창고가 가득 찬 뒤에야 예절을 알게 되고, 먹을 것과 입을 것이 넉넉해야 영예와 치욕을 안다."라고 하면서 도덕교화(道德敎化)가 물질생활을 기초로 하고 있다고 했다. 또한 "4유(四維: 禮·義·廉·恥)가 널리 퍼지지 않으면 나라가 곧 망한다."라고 강조함으로써 도덕교화의 역할을 중시했다. 관중의 이름을 딴 『관자(管子)』는 86편 가운데 현재 76편만 전한다.

109 '다섯 패왕[五霸]': 춘추시대 제후 중에 패업(霸業)을 이룬 다섯 사람, 곧 제(齊)나라의 환공(桓公), 진(晉)나라의 문공(文公), 진(秦)나라의 목공(穆公), 송(宋)나라의 양공(襄公), 초(楚)나라의 장왕(莊王)을 이르는데, 목공과 양공 대신 오(吳)나라의 부차(夫差)와 월(越)나라의 구천(句踐)을 이르기도 한다.

법을 숭상하고 새롭게 학설을 만들고는 그것을 관자의 저술로 가탁했을 것이다. 그 책이 유행하면서부터 그 후에 법가라는 학파가 비로소 널리 퍼져나갔다.

법가가 제나라와 노나라의 유생들로부터 시작되었음을 알 수 있는 까닭은,『관자』라는 책을 깊이 완미해 보면 근본적인 대의가 공자의 6경을 벗어나지 않는다는 것을 알 수 있기 때문이다.『역』「계사전」에서 "길흉을 백성들과 함께한다."[110]라고 했다. 이 한 구절은 이미 6경에 있는 외왕의 근본을 이미 다 포괄했다.『관자』「목민(牧民)」편에서 다음처럼 말했다. "정사(政事)가 흥기하는 것은 민심을 따르는 데 있고, 정사가 피폐하게 되는 것은 민심을 거역하는 데 있다. 백성들은 근심과 수고로움을 싫어하니 내가 그들을 편안하고 즐겁게 해주고, 백성들은 빈천한 것을 싫어하니 내가 부귀하게 해주며, 백성들은 위태롭고 무너지는 것을 싫어하니 내가 보존하고 편안하게 해주고, 백성들은 멸망하고 끊어지는 것을 싫어하니 내가 살 수 있게 해준다."[111] 이것이 길흉을 백성과 함께 하는 것이 아니고 무엇이겠는가?『관자』라는 책을 종합적으로 보면, 대우주를 포괄하고 온갖 단서를 질서짓지만, 핵심은 모두 백성들과 우환을 같이하는 것에서 출발한다. "창고에 먹을 곡식이 충분하면 예절을 알고, 의식이 풍족하면 영욕(榮辱)을 안다."[112]라는 구절은 공자의 '먼저 부유하게 해준 다음에 가르친다.'[113]라고 한 의미에 뿌리를 둔 것이다.『관자』라는 책 전체를 통독하고 완미하면, 도처에서 유학의 정수를 벗어나지 않고 있음을 알 수 있다. 그러므로『관자』의 저자는 틀림없이 70제

---

110 『역』「계사 · 상」. 聖人以此洗心, 退藏於密, 吉凶與民同患, 神以知來, 如以藏往. 其孰能與此哉!

111 『관자(管子)』「목민(牧民)」. 政之所興, 在順民心, 政之所廢, 在逆民心. 民惡憂勞, 我佚樂之, 民惡貧賤, 我富貴之, 民惡危墜, 我存安之, 民惡滅絶, 我生育之.

112 『관자』「목민」. 倉廩實則知禮節, 衣食足則知榮辱.

113 『논어』「자로」. 子適衛, 冉有僕. 子曰: "庶矣哉!" 冉有曰: "旣庶矣. 又何加焉?" 曰: "富之." 曰: "旣富矣, 又何加焉?" 曰: "敎之!"

자의 제자들 중에 처음으로 유학의 학술을 변화시켜 별도로 법가의 규범[典範]을 세운 자라는 것을 알 수 있다. 그러나 『관자』는 여러 번 보태지고 고쳐져서, 한 사람의 손으로 일시에 만들어진 것이 아니다. 『한서』 「예문지」에는 『관자』 86편이 있다고 하면서,ⓐ 도가에 배열했다. 대개 전국시대에 도가와 법가가 혼합된 학파가 있었으니, 신도(愼到)의 무리가 이것이다. 또한 법가와 도가 및 명가라는 세 개의 학파가 혼합된 학파도 있었으니, 신불해와 한비자의 무리가 이것이다.

  ⓐ 지금은 대부분 흩어져 없어졌다.

『관자』라는 책이 처음 만들어진 때는 춘추시대 말기나 전국시대 초기일 것이다. 그 후에 법가가 도가의 사상을 흡수한 것은 원본에 근거해서 수정한 것이니, 내용이 더욱 확충되었다. 『한서』 「예문지」는 그것을 도가에 소속시켰는데 타당하지 않다. 이 책은 결국 법가의 거대한 경전이지만, 또한 병가(兵家)나 권모가(權謀家) 및 음양가(陰陽家)의 말이 섞여 있다. 그 자료의 취합에 있어서는 넓고 잡박하지만 그 자체로 독자적 경지에 이르러 막힘없이 일관되었으니, 잡가로 분류하여 경시해서는 안 된다. 인도의 대승불교 저술에 이런 것이 많다. 이를테면 『유가사지론(瑜伽師地論)』[114]은 유종(有宗)의 근간을 형성하는 대전(大典)이지만, 온갖 학설을 취합하여 완성한 것이 아니었는가? 중국인들은 줄곧 『관자』를 무시해 왔는데, 그것은 바로 자신의 비루함을 편안하게 여기는 것일 뿐이다.ⓐ 노나라는 예를 지키는 나라인데도 문식[文]이 지나친 데로 흘러가서, 쇠퇴하여 진작시키지 못했다. 제나라는 노나라와 이웃나라이기 때문에 법가 사상의 근원이 제나라와 노나라의 유가들에게서 나왔다. 그

---

114 『유가사지론(瑜伽師地論)』: 유가사(瑜伽師)와 17지(地)를 설명한 책이다. 3승(乘)을 수행하는 사람인 유가사와 이 유가사가 수행해야 할 3승 사상을 17지(地)로 나누어 밝혔다. 648년에 중국 당나라 현장(玄奘)이 번역한 것으로 모두 1백 권의 책이다.

후에 또한 시교(屍佼)[115]가 노나라에서 나와 상앙(商鞅)의 스승이 되었고, 종전의 법가사상을 다시 고쳐 극단적 전제군주제도를 조성함으로써 요·순 및 하·은·주 삼대의 정치·교화·문화를 쓸어 없애버렸다. 법가사상은 시교와 상앙으로부터 시작되었다. 주대 말기 노나라 사상가 중에서 중화(中和)를 지키는 자들은 시대의 대세를 조성하기 어려웠고,ⓑ 편벽되게 치우친 사상을 추종하는 자들은 큰 재앙과 실패를 불러왔다.ⓒ 두 개의 다른 사상이 노나라에서 함께 일어났으니, 어찌 기이하다고 하지 않겠는가!ⓓ

ⓐ 『관자』라는 책의 핵심내용은 반드시 가려내야 되는데, 안타깝게도 나는 늙었다.

ⓑ 효도로 나라를 다스리겠다고 주장하는 유학자들에게 이런 우환이 있었다.

ⓒ 시교와 상앙의 기풍은 중국이 진나라 이후로 황제의 전제군주제도가 3천 년 가까이 이어지도록 하였다. 민생과 정치와 종교 및 학술이 모두 부패하고 무너져서 진보를 추구하지 못했다.

ⓓ 『한서』「예문지」에서 "시자(屍子)는 이름이 교(佼)이고 노(魯)나라 사람이며, 진(秦)나라 재상 상앙의 스승이다. 상앙이 죽자 시교는 촉(蜀)으로 달아났다."[116]고 했다. "『사기』에서는 '초(楚)나라에도 시자(屍子)가 있었다.'고 했는데, 유향은 「별록」에서 '그가 촉(蜀)에 있었다고 말한 것으로 의심된다.'고 했다."[117] 왕응린(王應麟)[118]은 진(晉)나라 사람으로 여겼다.[119] 왕선겸(王先謙)[120]은 「예문지」를 주석

---

[115] 시교(屍佼, B.C.390-B.C.330): 전국시대의 사상가로서 위(魏)나라 곡옥(曲沃: 현 산서성 곡옥현(曲沃縣)) 사람이다. 형명(刑名)의 술(術)에 밝았으며, '시자(屍子)'라고 불린다. 저서로는 "동서남북 사방과 위아래를 우(宇)라고 하고, 왕고(往古) 내금(來今)을 주(宙)라고 한다."는 현대의 '시공(時空)'개념과 가장 가까운 견해를 제시한 『시자(屍子)』가 전해진다.

[116] 『한서』「예문지」. '시자20편(屍子二十篇)' 구절에 대한 주 名佼, 魯人, 秦相商君師之. 鞅死佼逃入蜀.

[117] 『한예문지고증(漢藝文志考證)』「시자(屍子)」. 史記楚有屍子注, 劉向別錄, 楚有屍子, 疑謂其在蜀.

[118] 왕응린(王應麟, 1223-1296): 자는 백후(伯厚)이고, 호는 심녕거사(沈寧居士)이다. 남송(南宋) 때의 학자로서 박학하고 경사백가(經史百家)·천문지리 등에 조예가 깊었다. 장고제도(掌故制度)에 익숙하고 고증에 능했다. 저서로는 『곤학기문(困學

하면서 "'노(魯)'자는 '진(晉)'자의 잘못이다."라고 했다. 『후한서』의 주를 살펴보니, 시교가 지은 책이 20편인데, 19편에서는 도덕과 인의의 기강에 대해 진술했고, 1편에서는 구주(九州)의 지형과 물길에 대해 말했다.[121] 19편의 설명에 근거하면, 당연히 그는 노나라에서 태어나 선왕의 유교를 익혔을 것이다. 그는 본래 제후에게 유세하는 종횡가[策士]의 무리였는데, 진(晉)나라와 초(楚)나라로 떠돌다가 진(晉)나라에 머문 것이 아마도 오래되었을 뿐일 것이다.

『관자』라는 책은 진실로 민의를 존중할 줄 알았지만 여전히 민주사상이 없으니, 이것이 단점이다. 신도(愼到)의 무리도 그렇다. 나는 주대 말기에 사상발전이 아주 융성해서, 법가의 분파도 반드시 많았을 것이고 민주를 제창하여 밝히는 것이 당연히 있었을 것이라고 생각하지만, 애

紀聞)』, 『옥해(玉海)』, 『시고(詩考)』, 『시지리고(詩地理考)』, 『한예문지고증(漢藝文志考證)』, 『옥당류고(玉堂類稿)』, 『심녕집(深寧集)』・『삼자경(三字經)』 등이 있다. 그중에서 『옥해』 200권은 남송에서 가장 완비된 『유서(類書)』 곧 백과사전이다.

119 왕응린(王應麟)은 진(晉)나라 사람으로 여겼다: 『한예문지고증』「시자(屍子)」. 史記楚有屍子注, … 今案屍子書晉人也.

120 왕선겸(王先謙, 1842-1917): 자는 익오(益吾)이고, 호는 규원(葵園)이며, 호남성 장사(長沙) 사람이다. 청말(淸末)의 학자로 1865년에 진사가 되었으며, 국자감제주(國子監祭酒)・강소(江蘇)의 학정(學政)・장사의 성남서원(城南書院)과 악록서원(嶽麓書院) 원장 등의 직책을 역임했다. 무술변법(戊戌變法) 기간에는 호남에서 신학(新學)을 반대하고 시무학당(時務學堂)을 비방했다. 1900년 8월에는 자립군의 거사가 실패로 돌아간 뒤, 엽덕휘(葉德輝)와 함께 순무(巡撫) 유염삼(兪廉三)에게 밀고하여 호남의 유신(維新) 인사 1백여 명을 살해했다. 1911년의 무창(武昌) 봉기가 일어난 뒤에 이름을 둔(遯)으로 바꾸고 고향에 서 은둔생활(隱遁生活)을 하며 저술에 전념했다. 일찍이 문인들을 모아 고적(古籍)과 역사문헌의 편집・간행 작업에 종사했다. 그의 학문은 한학(漢學)과 송학(宋學)을 종합한 것으로서 다방면에 걸친 저술활동을 하였다. 저작으로는 『황청경해속편(皇淸經解續編)』, 『십조동화록(十朝東華錄)』, 『후한서집해(後漢書集解)』, 『순자집해(荀子集解)』, 『장자집해(莊子集解)』, 『시삼가의집소(詩三家義集疏)』, 『속고문사류찬(續古文辭類纂)』, 『허수당문집(虛受堂文集)』 등이 있다.

121 시교가 지은 책이 20편인데, 19편에서는 … 구주(九州)의 지형과 물길에 대해 말했다: 『한예문지고증』「시자」. 後漢書注, 屍佼作書二十篇, 內十九篇, 陳道德仁義之紀, 內一篇, 言九州險阻水泉所起.

석하게도 옛 전적이 사라져 상고할 수 없다. 그러나『회남자』「주술훈
(主術訓)」에 다음과 같은 말이 있다. "법전과 예의라는 것은 군주를 막아
마음대로 처단하지 못하게 하는 것이다. 사람이 제멋대로 할 수 없으면
도가 잘 행해지고, 도가 잘 행해지면 이치가 통하므로 무위로 되돌아간
다. 무위라는 것은 엉기고 막혀서 움직이지 않는 것을 말하는 것이 아니
라, 말이 개인에게서 나오지 않는 것이다. … 법은 의로움에서 나오고
의로움은 군중에게서 나오니, 군중에게 나아가 인심에 적합한 것이 다
스림의 요점이다. 그러므로 근본에 통달한 자는 말단에서 혼란스럽지
않고, 요점을 본 자는 자잘한 것에서 미혹되지 않는다. 법이란 것은 하
늘에서 떨어진 것도 아니고 땅에서 솟아난 것도 아니며, 남이 따져 묻는
데서 발생하여 돌이켜 스스로를 바르게 하는 것이다."[122]『회남자』의 이
러한 글에 의거해 보면, 이 글은 당연히 주대 말기 법가 민주주의 학파
의 주장에서 끌어온 것이지 회남자 휘하의 학자들이 만들 수 있는 것이
아니다.『회남자』라는 책은 여러 사람의 손을 거쳐서 만들어졌다. 한대
초기의 사람들은 옛 전적을 엮어내는 데에 능숙했고 독창적인 견해는
없었다. 회남자가 왕위를 찬탈할 뜻을 품은 것도 역시 스스로 황제가 되
려고 한 것일 뿐이니, 그 휘하의 학자들은 전제군주제도에 반대되는 생
각을 가질 필요가 없었다. 나는 위의 인용문으로부터 법가의 민주주의
학파의 주장을 다음처럼 추정한다.

대략 3가지로 정리하겠다. 첫째, 전제군주제도에서는 법이 군주에게서
나온다.『관자』「임법(任法)」편에서 다음처럼 말했다. "법을 만드는 자
가 있고, 법을 수호하는 자가 있으며, 법을 따르는 자가 있으니, 법을 만

122『회남자』「주술훈(主術訓)」. 法籍禮義者, 所以禁君使無擅斷也. 人莫得自恣, 則道勝,
道勝而理達矣. 故反於無爲. 無爲者, 非謂其凝滯而不動也, 以言其莫從己出也. … 法生
於義, 義生於衆適, 衆適合於人心, 此治之要也. 故通於本者, 不亂於末, 覩於要者, 不惑
於詳. 法者非天墮, 非地生, 發於人間, 而反以自正.

드는 자는 군주이고,[ⓐ] 법을 수호하는 자들은 신하이며,[ⓑ] 법을 따르는 자들은 백성이다."[ⓒ][123] 이것은 법가의 전제군주주의 학파의 이론이다. 이제 앞에서 인용한 것처럼, 법이 의로움에서 나오고 의로움이 군중에게서 나오는 것이라면, 군주를 폐기하고 민주제도를 시행하는 것이 된다. 명백하게 드러나니 의심할 것이 없다. 무릇 군주는 사사로운 자신의 뜻으로 법을 만들어 만물을 주재하고 처리하면서, 스스로는 그것이 의롭다고 여기지 않은 적이 없다. 그렇다면 '의로움[義]'과 '의롭지 않음[不義]'을 어떻게 변별하겠는가? 민주주의 학파라면, 곧바로 의로움은 군중에게서 나온다고 단정적으로 말한다. 이것은 정말 한마디로 정곡을 찌르는 것이다. 폭군의 뜻대로 법을 만들어 천하의 수많은 군중에게 반드시 따르라고 핍박하면, 비록 불의에 빠지지 않게 하려고 해도 그렇게 할 수 없다. 천하의 수많은 군중들이 각각 그들이 '공인하는 욕망[公欲]'과 '공인하는 미움[公惡]'에 근본하여, 서로 돕고 서로 제약하는 것으로써 법률을 제정한다면, 불의의 싹은 없어질 것이다. 의로움은 군중에게서 나오지 폭군에게서 나오지 않는다. 『회남자』의 그 말이 참으로 위대하다! 진나라 이래로 2~3천년 동안 학자들이 그것을 살피지 못했으니 어찌된 일인가!

ⓐ 방현령(房玄齡)[124]의 주석에, "군주가 처음으로 법을 제정했으니 법을 만들었다

---

123 『관자』 「임법(任法)」. 故曰: "有生法, 有守法, 有法於法. 夫生法者君也, 守法者臣也, 法於法者民也."

124 방현령(房玄齡, 579-648): 자가 현령(玄齡) 이름이 교(喬)라고 하기도 하고, 자가 교(喬) 이름이 현령(玄齡)이라고도 하며, 제주 임치(齊州臨淄: 현 산동성 치박시 〈淄博市〉) 사람이다. 중국 당나라의 정치가이며, 건국 공신으로서 재상이 되었으며, 『진서』의 편찬에도 관여하였다. 대대로 북조(北朝)를 섬기고, 18세에 수(隋)나라의 진사(進士)가 되었다. 당나라가 일어나자 태종(太宗: 이세민)의 세력에 가담, 측근으로 활약하였다. 태종이 즉위하자 중서령(中書令)이 되고, 이어 상서좌복야(尙書左僕射)가 되었다. 정치에 밝고, 공평한 태도로 일관하였기 때문에 두여회(杜如晦)와 더불어 현명한 재상이라는 칭송을 받았으며, 정관지치(貞觀之治)는 그들에게 힘입은 바가 컸다. 태종의 신임이 지극하여 고구려 공격 때에는 장안(長安)

고 한다."[125]고 하였다.

ⓑ 방현령의 주석에, "신하들은 법을 준수해서 시행한다."[126]고 하였다.

ⓒ 인민의 사상과 행동은 오직 군주의 법을 본보기로 삼는다는 말이다.

둘째, 혹시 민주정치를 갑자기 이루기 어려우면, 군중의 공의(公意)를 근본으로 법률을 제정하여 군권을 제한하는 것도 역시 민주주의를 시작하는 기반이다. 그러므로 '법전과 예의가 군주를 막아 마음대로 처단하지 못하게 한다.'고 말했으니, 입헌군주정치는 주대 말기 법가의 민주주의 학파가 진실로 가장 빨리 드러내 밝혔다.

셋째, 주대 말기 법가의 민주주의 학파는 반드시 유학자로부터 처음 시작되었을 것인데, 그 까닭은 무엇인가? 유학에는 본래 민주사상이 있으니, 유학을 변형하여 법가로 만드는 것은 또한 매우 쉽다. 또 앞에서 인용한 것처럼, 법전과 예의를 함께 중시하였지 순전히 법률만을 중심으로 하지 않은 것은 그 연원이 어디에 있는지를 엿볼 수 있다. 또 그 말에서 '법이란 것은 남이 따져 묻는 데서 발생하여ⓐ 돌이켜 스스로를 바르게 하는 것이다.'ⓑ라고 말했다. 이 구절은 진실로 유학의 정수(精髓)로서 지극히 절실하면서도 지극히 초월적인 것이다.ⓒ 민주정치가 법률에 기탁하는 것은, 반드시 이 원리를 준수한 다음에 『춘추』의 태평성대를 기약할 수 있다는 것이다.

ⓐ 만약 우리들이 우리 자신이 있는 것만 알고 남이 있는 것을 알지 못하면, 일거수일투족이나 모든 행동이 장차 어느 것 하나 남을 침범하지 않는 것이 없게 된다. 이와 같다면 남들이 반드시 따져서 물을 것이니, 법률이 발생하는 것은 곧 이 때문이다.

에 남아 도성을 지키기도 하였다. 태종의 소릉(昭陵)에 배장(陪葬)되었다.

125 『관자』「임법」의 故曰: "有生法, 有守法, 有法於法. 夫生法者君也." 구절에 대한 방현령(房玄齡)의 주석. 君始制法, 故曰生法.

126 『관자』「임법」의 '守法者臣也.' 구절에 대한 방현령의 주석. 臣則守法而行.

ⓑ 만약 우리들이 남이 있는 것을 알지 못하지만 남이 와서 꾸짖어 물으면, 우리들은 마땅히 자신에게 돌이켜 스스로를 바르게 해야 하니, 이른바 '서(恕)의 도'가 이것이다. 우리가 법을 지키고 감히 어기지 못하는 것은 오직 자신을 미루어 남에게 미치기 때문일 뿐이지, 형벌과 물의를 일으키는 것이 두려워 잠시 밖으로 꾸민 것이 아니다.

ⓒ 우리들이 법률을 외부의 힘이 강제하는 것으로 여기지 않으면, 법을 받들어 시행하는 것은 한결같이 모두 예(禮)를 따르고 의(義)를 실천하는 것이다. 호연지기(浩然之氣)[127]가 천지에 가득 채워져 있어서 잘못을 저지르면 자신을 돌이켜 스스로를 바르게 하니, 어떻게 해와 달의 밝음을 해치겠는가? 이것이 지극히 초월적인 것이다. 만약 형벌과 비방을 두려워한다면, 비록 법률을 어기지 않아도 역시 항상 자유자재하지 못할 것이다.

|부가설명| 『관자』의 「심술(心術)」・「백심(白心)」・「내업(內業)」 등 여러 편에 대해, 호적 등이 착간(錯簡)이라고 여겼는데, 아직 깊이 연구하지 않았기 때문이다. 이 책은 원래 유가를 근본으로 도가를 융합한 것이니, 곳곳에서 그러한 점을 엿볼 수 있다. 다만 「심술」편 등은 도가의 취지가 비교적 많고 문장도 다소 다르다. 이 책은 본래 한 시대에 한 사람의 손에 의해 이루어진 것이 아니니, 별로 이상할 것도 없다.

상앙・신불해・한비자는 『한서』「예문지」에서 법가로 열거하였는데 아주 잘못되었다. 혹시 왕대신(汪大紳: 汪縉)의 주장처럼 병가(兵家)・형가(刑家)에 소속시킨다면 비교적 합당할 것이다.

앞에서 말한 것을 종합하면, 주대 말기의 6대 학파는 유가를 정통으로 하여, 묵가・도가・명가・농가・법가가 하나같이 모두 유가에서 나와서, 제각기 스스로 학파를 이루고 각각 자신의 경지를 열었으니, 아! 융성하다.ⓐ

ⓐ 우주의 진리는 무궁무진하니 한 학파의 학술로 헤아릴 수 있는 것이 아니다. 비

---

127 호연지기(浩然之氣): 『맹자』「공손추・상」. "敢問夫子惡乎長?" 曰: "我知言, 我善養吾浩然之氣" 참조. '호연지기'란 하늘과 땅 사이에 가득 찬 넓고 큰 원기를 의미한다.

유건대 큰 바닷물을 한 사람이 다 마실 수 없는 것과 같다. 그러나 무릇 학파를 이룬 학술은 무궁무진한 진리에 대해 본래 그 전체를 볼 수는 없겠지만, 결코 전혀 본 것이 없다고 할 수 없으니, 만약 전혀 본 것이 없다면 학술이 될 수 없다는 점을 또 반드시 알아야 한다. 그러므로 매번 한 학파의 학술은 그들이 본 것에서 점점 미루어 넓혀서 정밀하고 자세한 것을 추구하지만, 그 미루어 넓히는 영역은 끝내 한계가 있다. 바꿔 말하면, 한 학파를 이룬 학술이란 곧 스스로 하나의 경지를 열지만 또한 그 경지 안에 스스로 얽매인다는 것이다.

6대 학파는 또 제각기 방계(傍系)ⓐ가 있다. 송견과 윤문의 무리는 묵자의 방계이지만 이들이 묵가는 아니다. 전병과 신도는 도가의 방계이지만 도가는 아니다. 한두 가지 사례로 나머지를 개괄할 수 있다.

> ⓐ '방계'는 나무줄기에 곁가지가 붙어 있는 것과 같지만, 그것이 계속 뻗어 나가면 마치 줄기에 속하지 않은 것 같으므로, 그렇게 말했던 것이다.

어떤 사람이 물었다. "묵가 · 도가 · 명가 · 농가 · 법가는 모두 유학에 근원을 두고 있으니, 또한 유학의 방계가 아닌지요?"

대답했다. "이 다섯 학파는 비록 유가에서 나왔을지라도, 그 종파를 시작한 철학자들은 모두 창작의 천재로서 그 성취가 위대하므로, 독창적인 것이지 유학의 방계라고 말할 수 없다. 방계라는 것은 선생님의 말을 그대로 지키지도 않으면서 위대하고 심원한 것을 충분히 궁구하지 못하여, 진정 독자적인 것을 수립할 수 없는 것이다. 또 전국시대 학자들은 유가 · 묵가 · 도가 · 명가 · 법가 등 여러 큰 학파를 넓게 섭렵했지만, 잡가로 유명한 자들이 당연히 적지 않다. 그들은 백가를 꿰뚫어 좋은 것을 선택해서 중심으로 삼는 것이 없지 않은 경우도 있었으니, 원래 천재적으로 통달한 사람이 되기에 부끄럽지 않았다. 『여씨춘추』는 이 점을 충분히 지적하지 못했다. 주대 말기의 잡가로 간혹 저술이 많은 사람이 있지만 한대 사람들은 그것을 수집하려 하지 않았다.

큰 학파는 그 안에 다시 분파가 있다. 『한비자』「현학(顯學)」편에서 다음처럼 말했다. "공자 사후에 자장(子張)·자사(子思)·안회(顏回)·맹가(孟軻)·칠조개(漆雕開)·중량씨(仲良氏)·순황(荀況)·악정자(樂正子)의 유가가있었다. 묵자의 사후에 상리씨(相裏氏)·상부씨(相夫氏)·등릉씨(鄧陵氏)의묵가가 있었다. 그러므로 공자와 묵자 다음에 유가는 8개 분파로, 묵가는3개 분파로 나뉘었다. 스승의 학설을 버리고 취하는 것이 서로 상반되어같지 않지만 모두 참된 공자와 묵자라고 자칭했다."[128] 이것으로 미루어보면, 한비자가 말한 8개의 유가 분파와 3개의 묵가 분파는 당연히 그가보고 들은 것을 근거로 말한 것일 뿐이다. 그러나 유가 분파가 꼭 8개에불과하지는 않고, 묵가 분파가 꼭 3개에 불과하지는 않는다. 우선 유가의분파를 말해보면, 자공(子貢)·증삼(曾參)·민자건(閔子騫)·자유(子遊)·자하(子夏)·유약(有若) 같은 현자들은 모두 성인 문하의 뛰어난 제자임에도불구하고 8개의 유가 분파에 들어 있지 않다. 또 이 8개의 유가 분파에서오직 자장·안회·칠조개 만이 공자의 진정한 전수를 받은 제자임을 확인할 수 있고, 나머지는 대부분 3전(傳) 제자에서 5전 제자에까지 속한다.『사기』「중니제자열전(仲尼弟子列傳)」에서는 77명의 성명과 나이를 아주자세히 기록했다. 설령 꼭 그대로 믿지는 못할 만한 사람이 한둘 있을지라도 공자 문하에 3천 명의 문도와 뛰어난 제자 70여 명이 있었다는 것은 의심할 수 없으니, 어떻게 전수가 끊어져 없어질 수 있겠는가? 그런데 한비자가 서술한 것이 없으니, 그가 제시한 8개의 유가분파는 마땅히 삼진(三晉)[129]에서 가장 왕성하게 유행했던 것을 가지고 말한 것이지,유가 내부에 분파가 이 8개에 그치는 것이 아님을 알 수 있다. 유가가

---

128 『한비자』「현학(顯學)」. 世之顯學, 儒墨也. 儒之所至, 孔丘也. 墨之所至, 墨翟也. 自孔子之死也, 有子張之儒, 有子思之儒, 有顏氏之儒, 有孟氏之儒, 有漆雕氏之儒, 有仲良氏之儒, 有孫氏之儒, 有樂正氏之儒. 自墨子之死也, 有相裏氏之墨, 有相夫氏之墨, 有鄧陵氏之墨. 故孔·墨之後, 儒分爲八, 墨離爲三, 取舍相反不同, 而皆自謂眞孔墨. 孔墨不可復生, 將誰使定後世之學乎.

129 삼진(三晉): 전국시대의 조(趙)·한(韓)·위(魏) 세 나라를 말한다.

이와 같은 것처럼 묵가의 발전도 결코 3개의 분파에 그치지 않을 것이다. 도가·명가·농가·법가도 제각기 내부에 분파가 있었을 것임을 이것에 비추어 알 수 있다. 『순자』「비십이자」편은 단지 가장 유념해야 할 자들에 대해서만 평론한 것이다. 당시의 제자백가가 어떻게 12명의 대가에 그쳤겠는가?

주대 말기의 학파는 본래 6대(六大)학파를 근간으로 삼지만, 유가가 묵가·도가·명가·농가·법가라는 5개 학파의 근원이 되어 정통이 된 것은 분명히 드러나서 상고할 수 있는 것이다. 다만 여러 학파에는 각기 방계가 있었으니, 예컨대 장자와 순자가 언급했던 송견·윤문·전병·신도와 같은 학자들이다. 이들은 아마 큰 학자였을 것인데, 어찌 그들을 가볍게 여길 수 있겠는가? 기타 진·한대에 자취도 없이 모두 사라진 학자들에게도 당연히 귀중한 저술이 적지 않았을 것인데, 애석할 뿐이다. 여러 학파 내부에서 분파가 발전한 것에 대해서는, 한대 사람들이 모두 찾아서 상고하지 않았다. 사마천이 비록 「중니제자열전」을 지었지만 그들의 학술에 대해서는 한마디도 언급하지 않았으니, 그것은 다만 장부책과 같았을 뿐이다.[a]

ⓐ 사마천은 역사적인 식견이 없어, 그의 책이 무인(武人)·대신[卿相]·유세가들에 대해서는 자세하지만, 학술에 대해서는 소홀했다. 비록 '통사(通史)'라고 이름을 붙였을지라도 그 내용은 실로 통사라고 말하기 어렵다. 더욱 잘못된 것은, 주대 말기의 여러 나라 가운데 어떤 나라가 건국한 지 오래된 나라임을 끝내 망각하고, 다만 그 군주를 위해서 세가(世家: 제후에 대한 전기)를 세워 한대의 제후국의 왕들과 동일하게 취급하여, 후대의 사람들이 마침내 고대 여러 나라의 민속·정치와 교화·문화 등의 정황에 대해서 상고해서 논할 방법이 없게 한 점이다.

공자는 위로 복희·요·순으로부터 문·무의 도를 계승하고, 아래로 주대 말기의 제자백가의 학술을 열었다. 『중용』에서는 이것에 대해 "성대하게 만물을 발육시켜 높고 큼이 하늘까지 닿았다."[130]라고 찬양했다.

참으로 그러하다. 장자는 백가가 분산되어 큰 도에 대해 어두워졌기 때문에, 마땅히 다시 학술을 높고 깊게 하여 여러 학파의 서로 다른 재능을 포용하고 통달해서,[ⓐ] 그들이 지향하여 달려가는 것을 바로잡아 통일하려고 했다. 이 때문에 공자의 유학을 백가의 정통 종주로 삼으려고 했다.

ⓐ '포용하고 통달한다.'는 것에는 다음 두 가지 의미가 있다. 모든 변화의 근원을 탐구하기 때문에 포용하지 않은 것이 없으니, 이것은 내성학(內聖學)의 요점이다. 모든 변화의 원칙을 장악하기 때문에 통하지 않는 것이 없으니, 이것은 외왕학(外王學)의 요점이다.

2-3-6 『장자(莊子)』「천하편(天下篇)」으로 본 내성외왕

장자는「천하」편에서 다음과 같이 말했다. "근원[宗]을 떠나지 않으니 천인(天人)[ⓐ]이라고 하고, 정수[精][ⓑ]에서 떠나지 않으니 신인(神人)이라고 하며, 참됨[眞][ⓒ]을 떠나지 않으니 지인(至人)이라고 한다. 천을 근원[宗]으로 하고,[ⓓ] 덕을 근본[本]으로 하며,[ⓔ] 도를 문(門)으로 하고,[ⓕ] 변화의 조짐[兆]을 헤아리니,[ⓖ] 성인(聖人)이라고 한다.[ⓗ]

ⓐ '근원'은 우주본체를 말하는 것이지 천지만물을 초탈해서 홀로 있는 것이 아니다. '천'이라고 하고 '도'라고 하며 '온갖 변화의 근원'이라고 하는 것은 모두 근원에 대한 다른 이름일 뿐이다. 사람이 태어나면 형기(形氣)에 제한되어 점점 근원에서 멀어진다. 멀어지지 않을 수 있는 자는 곧 사람이면서 하늘이므로 '천인'이라고 한다.

ⓑ '정수'란 천의 도덕적 작용이 순수하게 선하여 다른 것이 섞이지 않음을 말한다.

ⓒ '참됨'이란 천의 도덕적 작용이 지극히 성실하여 쉼이 없는 것을 말한다.

ⓓ '근원'은 '종주[主]'와 같다. 하늘의 명령이 사람에게 있는 것을 본성[性]이라고 한다. 사람이 본성을 따라 행위할 수 있다는 것은 곧 천성이 항상 육체를 주재해서

---

130 『중용』 27장. 洋洋乎發育萬物, 峻極於天.

그 근원을 떠나지 않는다는 것이다.

ⓔ 사람이 천의 덕을 자신에게 체현할 수 있는 것은 그 근본을 견고하게 할 수 있는 것이다.

ⓕ '도'는 또한 '천'의 다른 이름이다. 사람들이 일상에서 모든 것을 다 천리에 의거해서 행위하는 것은 곧 저절로 그러한 법칙이 있어서 어지럽지 않으므로, 도는 사람들이 반드시 의거해야 하는 것이다. 마치 사람들이 밖으로 나갈 때 반드시 문을 경유해야만 하는 것과 같다.

ⓖ '조짐'은 변화의 기미가 아직 드러나지 않은 것이다. 도를 체득한 사람은 마음에 거리끼는 것이 없으므로 어떤 변화에도 막히지 않을 수 있다.

ⓗ 천인·신인·지인·성인을 네 등급의 사람으로 볼 수 없다. 곽상은 "이 네 가지 명칭은 한 사람을 가리킬 뿐이니, 단지 어떤 측면으로 말하느냐에 따라 다를 뿐이다."[131]라고 했다. 생각건대, 말하는 측면에 따라 다르다는 것은 예건대 '근원을 떠나지 않는다.'는 측면으로 말하면, '천인(天人)'으로 이름 붙인다. '천을 근원으로 한다.'는 것에서부터 '변화의 조짐을 헤아린다.'는 측면으로 말하면, '성인'으로 이름 붙인다. 그러므로 네 가지로 이름붙인 것은 사실상 성인의 경지를 네 가지 측면으로 말하여 성대한 덕을 드러낸 것일 뿐이다.

인(仁)으로 은혜를 삼고,ⓐ 의(義)로써 도리를 삼으며,ⓑ 예(禮)로써 행위하고,ⓒ 악(樂)으로 조화를 삼고,ⓓ 포근하게 인자하니,ⓔ 이런 사람을 군자라고 한다.ⓕ

ⓐ 인(仁)하기 때문에 은혜와 사랑이 남에게 미친다.

ⓑ 인자(仁者)가 은혜를 널리 베풀면서 의(義)로써 마름질하지 않으면, 은혜가 넘쳐서 도리에 합당하지 않게 된다. '도리'란 사물의 당연한 법칙이니, 이를테면 악을 저지른 자는 마땅히 받아야 되는 처벌이 있는 것이 도리이다. 인자가 은혜로 대우한다고 해서 (악을 저지른 자를) 처벌하지 않으면, 도리에 합당하지 않다. 오직 의로써 마름질하면, 죄악의 경중에 따라 처벌하니, 이것이 도리이다.

ⓒ 아무도 보지 않는 집안에서의 말과 행동에서부터 천하국가에 시행하는 일체의 행위나 사업에 이르기까지 모든 것이 '행위'이다. 행위가 반드시 예에 의거하면,

---

131 『장자』「천하」. 不離於宗, 謂之天人. 不離於精, 謂之神人. 不離於眞, 謂之至人, 以天爲宗, 以德爲本, 以道爲門, 兆於變化, 謂之聖人. 구절에 대한 곽상의 주석. 凡此四名, 一人耳, 所自言之異.

예가 아닌 행위는 없다.

ⓓ '조화'란 사욕이 싹트지 않아 마음속으로 편안하고 온화한 것이다. 『논어』에서 "군자는 평탄하여 여유가 있다."[132]라고 한 것이 이런 의미이다. 악(樂)으로 그 내심의 조화에 통달한다.

ⓔ '포근하다'는 것은 덕스러운 모습이 사람을 감동시키기에 충분하다는 것이다.

ⓕ 『춘추』의 태평사회는 반드시 천하의 모든 사람들이 사·군자(士·君子)의 행위가 있어야 하니, 인의예악의 교화가 있지 않고는 거의 그렇게 될 수 없다.

법으로 '직분[分]'을 삼고,ⓐ '명칭[名]'으로 표본[表]을 삼으며, 다수[參]로써 징험을 삼고, '일치하는 것[稽]'으로 결정을 하니, 그 수가 하나·둘·셋·넷으로 된다는 것이 이것이다.ⓑ 백관은 이것으로 서로 서열[齒]를 정하고,ⓒ 일하는 것으로 일상을 삼으며,ⓓ 의식(衣食)을 '중심[主]'으로 삼아서 번식시키고 저축하며 저장한다.ⓔ 늙은이·약자·고아·과부에게 관심을 두니 모두 백성을 기르는 이치가 있기 때문이다.ⓕ

ⓐ 백성은 공동체[群] 속에서 살아가고, 공동체에는 반드시 직분이 있다. 직분이란 만물이 제각기 있을 곳을 얻는 것이다. 바꿔 말하면, 만물이 제각기 능력을 다 발휘하고, 각기 수요를 충족하며, 각기 뜻을 이루고, 각기 천성을 펴서, 저들에게는 남아돌고 이들에게는 부족한 우환이 없는 것, 이것을 직분이 있는 것이라고 한다. 법의 성립은 백성들이 서로 연계하고 제약하는 것을 근본으로 하니, 공동체의 도리에 직분이 있지만 불평등한 우환이 없도록 하는 것이다. 유학은 법을 귀하게 여기지 않은 적이 없지만, 다만 예를 근본으로 삼았을 뿐이다.

ⓑ '명칭'이란 곧 『역』에서 이른바 사물을 변별하고, 말을 바르게 하며, 명제를 판단하는 학문이다. 요즘에 논리학이라고 하는 것도 명학(名學)에 속한다. 그러나 옛날의 명학은 포함하는 것이 아주 넓어서 논리학이라는 말로는 그것을 다 포괄하지 못한다. 옛날에 교화를 펴고 정사(政事)를 시행하며 온갖 일을 다스리는 데에, 선악을 명백하게 구별하고 득실을 분명하게 바로잡는 일은, 명학에 자문하여 명칭을 바로잡고 사실을 조사하는 것을 우선으로 삼지 않은 적이 없었다. '표본'은 준칙이라는 말과 같다. 명칭으로 준칙을 삼아 사실을 조사하는 데에, 명칭이 모두 사실과 같아지고 어지럽게 되지 않도록 하면 시비가 드러나니, 백성들의 뜻

---

132 『논어』「술이」. 子曰: "君子坦蕩蕩, 小人長戚戚."

이 정해져서 교화의 도를 이룰 수 있다.

'다수[參]로써 징험을 삼는다.'는 것은, 『설문해자』에서 "세 사람이 뒤섞여 있는 것을 다수라고 한다."고 했으니[133] 옛날에는 셋을 다수라고 여겼고, 백성을 다스리는 불변의 규범은 득실을 변별함에 반드시 다방면에서 징험을 구했다는 것이다.

'일치하는 것으로 결정한다.'는 것은, 『노자』 하편 65장에서 "이 두 가지를 아는 것이 또한 '일치시키는 방법[稽式]'이다."[134]라고 했는데, 왕필의 주석에 "일치하는 것은 '같은 것[同]'이다."[135]라고 했으니, 이미 징험된 다수는 반드시 소견을 같이한 다음에 그 득실을 결정할 수 있다는 것이다.

'그 수가 하나ㆍ둘ㆍ셋ㆍ넷으로 된다.'는 것은, 사물에는 수로 세지 못할 것이 없어 하나ㆍ둘ㆍ셋ㆍ넷을 들어서 수가 서로 이어져 나오는 것으로써 밝힌 것이니, 모두 열거할 필요가 없다. 『역』에서 "사물을 갖추어서 쓰임을 지극하게 한다."[136]라고 했으니, 사물의 수량을 증가시켜 많이 갖추면 그 쓰임은 더욱 커진다.

ⓒ 윗글에 이어, 명칭과 실질을 치밀하게 밝혀서 사물을 열어주고 일을 이루는 것은, 반드시 백관이 제각기 그 직무를 수행하는 데에 의뢰한다는 말이다. 백관은 직무의 크고 작음에 따라 서열을 정한다.

ⓓ '일'이란 천하의 일로 천하 사람들이 같이 하는 것이니, 반드시 일상적인 것이어야 한다. '일상'은 항상 된 것이다. 항상 되면 장구하고 위대할 수 있으니, 투박하여 거칠게 됨이 없고 조급해서 실패함이 없다.

ⓔ '의식(衣食)'이란 온갖 변화가 그것으로부터 일어나고, 모든 일이 그것으로부터 성립되므로 중심으로 한다고 했다. 유학에 조예가 깊은 자가 아니면 이런 경지

---

133 『설문해자』에서 "세 사람이 뒤섞여 있는 것을 다수라고 한다."고 했으니: 『역』 「계사ㆍ상」. 參伍以變, 錯綜其數, … 其孰能與於此. 구절에 대한 래지덕(來知德)의 주석에 "此尙變尙象之事, 參伍錯綜, 皆古語. 三人相雜, 曰參."이라는 말이 있다. 『설문해자』에는 이런 구절이 보이지 않는다.

134 이 두 가지를 아는 것이 또한 '일치시키는 방법[稽式]'이다: 『도덕경』 65장. 古之善爲道者, 非以明民, 將以愚之. 民之難治, 以其智多. 故以智治國, 國之賊, 不以智治國, 國之福, 知此兩者亦稽式. 常知稽式, 是謂玄德. 玄德深矣, 遠矣. 與物反矣, 然後乃至大順.

135 일치하는 것은 '같은 것[同]'이다: 『도덕경』 65장. 古之善爲道者, … 知此兩者亦稽式. 구절에 대한 왕필의 주석. 稽, 同也. 今古之所同則, 不可廢.

136 『역』 「계사ㆍ상」. 是故法象莫大乎天地, 變通莫大乎四時, 縣象著明莫大乎日月, 崇高莫大乎富貴, 備物致用, 立成器以爲天下利, 莫大乎聖人.

를 살펴볼 수 없다. 번식에 힘쓰면 생산되는 재화가 고갈되지 않고, 저축하고 저장하는 데 신중하면 쓸 것이 결핍되지 않는다.

ⓕ '인으로 은혜를 삼는다.'는 구절부터 여기까지는, 『춘추』·『주관(周官)』과 같은 경을 정밀하게 연구하지 않으면 한마디도 말할 수 없는 것이다.

옛사람ⓐ이 그것을 갖추었구나! 신명(神明)ⓑ과 짝하고, 천지와 순일[醇]하며, 만물을 기르고, 천하를 조화롭게 하며, 은택이 백성에게 미치고, 본수(本數)ⓒ에 밝아서 말도(末度)와 연계하며,ⓓ 상하와 사방으로 통하고 사계절을 본받아, 크고 작은 것과 정교하고 조잡한 것에 그 운용이 있지 않은 곳이 없다.ⓔ

ⓐ '옛사람'은 공자를 말한다.

ⓑ '신명'은 바로 장자가 말한 천지 정신이다. 그러나 천지 정신은 모든 사람이나 모든 사물의 정신에 두루 있는 것이지 천지 만물을 초월해서 홀로 있는 것이 아니니, 반드시 잘 이해해야 한다.

ⓒ 물었다. "『장자』에는 이해하기 어려운 말이 많다. 이런 것 중에서 '본수(本數)'라는 두 글자도 분명히 설명하기가 곤혹스럽다. 본(本)이라는 것은 말(末)에 상대해서 하는 말이다. 이를테면 나무의 뿌리는 본(本)이고 줄기와 가지는 말(末)이다. 그런데 본(本)자의 아래에 또 수(數)자를 쓴 것은 무엇 때문인가?"
대답했다. "좋은 질문이다. 말(末)이란 것은 본(本)이 전개된 것이다. 이를테면 줄기와 수많은 가지와 잎은 뿌리에서 자란 것이다. 바꿔 말하면, 바로 뿌리에는 이미 다수의 줄기와 수많은 가지와 잎을 함축하고 있다는 것이다. '본수(本數)'라는 두 글자의 의미는 심원하다."

ⓓ 곽상은 "본수(本數)에 밝기 때문에 말(末)이 떨어지지 않는다."[137]라고 했다. 생각건대, '연계한다.'는 것은 떨어지지 않는다는 의미이다. 말(末)은 본(本)에서 나오므로 본에서 떨어지지 못한다. 앞 구절에서 '근원을 떠나지 않는다.'고 한 말이 있는데, 근원이 본(本)이다. 정사(政事)와 교화를 선포해서 시행하고, '온갖 일[萬端]'을 다스리는 것이 모두 말(末)이다.

ⓔ 공자의 도는 갖춰지지 않은 것이 없기 때문이다.

---

137 『장자』「천하」. 不離於宗, … 明於本數, 係於末度. 구절에 대한 곽상의 주석. 本數明, 故末不離.

그것이 분명해서 '본수(本數)'와 '말도(末度)'로 있는 것은 옛 법이 대대로 전해지는 역사[史]에 또한 대부분 남아 있다.ⓐ 그 가운데 『시』·『서』·『예』·『악』ⓑ에 남아 있는 것은 '공맹을 공부하는 학자[鄒魯之士]'로 '큰 벼슬[縉紳]'을 한 선생들이 대부분 밝힐 수 있었다. 『시』는 뜻[志]을, 『서』는 일을, 『예』는 행위규범을, 『악』은 조화를, 『역』은 음양을, 『춘추』는 명분을 말했다.ⓒ 그 수(數)가 천하에 흩어져 있는데 중국에 베풀려고 하는 사람은 백가의 학문을 간혹 인용해서 말하기도 했다.ⓓ

> ⓐ 공자는 옛 성왕의 도를 계승해서 유학의 근원을 열었다. 성왕 심법의 은미한 것이 본수와 말도에 드러나서 상고하여 밝힐 수 있는 것은 역사에 대부분 남아 있다. '수(數)'라는 것은 '제작하는 숫자[制數]'이고, '도(度)'라는 것은 법도이다. '제작하는 숫자'란 일체의 제작이 수(數)에서 떨어지지 않으므로 그렇게 말했다.
>
> ⓑ 여기서의 『시』·『서』·『예』·『악』은 공자가 정리한 6경이다. 다음에 다시 나누어 말하겠다.
>
> ⓒ '명분(名分)'에는 두 가지 의미가 있다. 하나는 논리[名理]의 의미이다. 앞에서 명가를 논한 부분을 보라. 또 하나는 '혼란에 의거하는 시대[據亂世]'에 상하존비의 구분을 엄격하게 한다는 의미이다. 『춘추』에서는 그것을 타파하였다.
>
> ⓓ '그 수(數)'라는 것은 6경의 의미에 제각기 수(數)가 있다는 것이니, 예컨대 "『춘추』는 그 글이 수만(數萬)으로 이루어져 있고 그 뜻은 수천(數千)이다."[138]라고 말한 것이 이것이다. '베풀려고 하는 것'은 가정하는 말이다. 성인이 6경을 지은 것은 중국을 위해 그것을 베풀려고 한 것이고 중국에서 실현하려고 한 것이다. 그러나 백가들이 비록 그것을 말했을지라도, 옛사람들의 진부한 말로만 여겨 잠시 말했을 뿐이지 성인의 뜻을 알 수 있었던 것은 아니었다.

천하가 크게 어지러워지고,ⓐ 성현이 밝게 드러나지 않으며,ⓑ 도와 덕이 일치되지 않아,ⓒ 세상 사람들이 대부분 한 가지를 살펴서 깨닫고는 스스로 좋아했다.ⓓ 비유건대, 귀·눈·코·입이 모두 제각기 밝은 것이 있지만 서로 간에 통하지 못하는 것처럼,ⓔ 백가의 여러 가지 재능에는 각각 뛰어난 것이 있어 간혹 쓸모가 있는 것과 같다. 비록 그럴지라

---

138 『사기』「태사공자서」. 春秋文成數萬, 其指數千.

도 모두 갖추지 못하고 두루 하지 못했으니ⓕ 일부분에 치우친 선비이다. 천지의 아름다움을 갈라놓고ⓖ 만물의 이치를 나누어놓고는ⓗ 옛사람의 전모를 살피니,ⓘ 천지의 아름다움을 갖추고 신명의 모습을 말할 수 있는 자가 적었다. 이 때문에 내성외왕의 도가 어두워져 밝혀지지 않았고, 막혀서 발휘되지 않았으니, 천하 사람들이 제각기 자신이 하고 싶은 대로 하면서 자신이 하는 것을 '방술[方]'이라고 여기게 되었다. 슬프다! 백가가 치달아가서 되돌아오지 못하니 반드시 도와 부합되지 못할 것이다. 후세의 학자들은 불행히도 천지의 순전함과 옛사람의 대체(大體)를 보지 못해 도술이 천하에서 분열될 것이다."[139]

ⓐ 참된 앎을 구하지 않고, 실천을 힘쓰지 않았으므로 어지러워졌다.

ⓑ 성현의 도가 밝혀지지 않았다.

ⓒ 제각기 편벽된 견해에 만족하고 제각기 천박하게 논의했으므로, 도와 덕을 말하는 자들이 하나의 참된 옳음을 얻을 수 없었다.

ⓓ 곽상은 세상 사람들이 '한 가지[一]'를 얻었다는 곳에서 구절을 끊어놓고는 제각기 하나의 치우친 것을 깨달았다고 했는데,[140] 타당하지 못하다. '한 가지[一]'는 당연히 '살핀다[察]'는 글자와 연결해서 읽어야 한다. '한 가지를 살피는 것[一察]'이란 바로 한 부분만 살펴 큰 전체를 알 수 없는 것이니, 이를테면 과학에서 어

---

139 『장자』「천하」. 不離於宗, 謂之天人. 不離於精, 謂之神人. 不離於眞, 謂之至人, 以天爲宗, 以德爲本, 以道爲門, 兆於變化, 謂之聖人. 以仁爲恩, 以義爲理, 以禮爲行, 以樂爲和, 薰然慈仁, 謂之君子. 以法爲分, 以名爲表, 以參爲驗, 以稽爲決, 其數一二三四是也, 百官以此相齒, 以事爲常, 以衣食爲主, 以蕃息畜藏爲意, 老弱孤寡爲意, 皆有以養民之理也. 古之人其備乎. 配神明, 醇天地, 育萬物, 和天下, 澤及百姓, 明於本數, 係於末度, 六通四闢, 小大精粗, 其運無乎不在. 其明而在數度者, 舊法世傳之史, 尚多有之. 其在於詩書禮樂者, 鄒魯之士搢紳先生, 多能明之. 其數散於天下而設於中國者, 百家之學時或稱而道之. 天下大亂, 賢聖不明, 道德不一, 天下多得一察焉, 以自好. 譬如耳目口鼻, 皆有所明, 不能相通. 猶百家衆技也, 皆有所長, 時有所用. 雖然, 不該不徧, 一曲之士也. 判天地之美. 析萬物之理, 察古人之全, 寡能備於天地之美, 稱神明之容. 是故內聖外王之道, 闇而不明, 鬱而不發, 天下之人, 各爲其所欲焉以自爲方. 悲夫, 百家往而不反, 必不合矣. 後世之學者, 不幸不見天地之純, 古人之大體, 道術將爲天下裂.

140 곽상은 세상 사람들이 '한 가지[一]'를 얻었다는 … 치우친 것을 깨달았다고 했는데: 『장자』「천하」. 天下多得一察焉, 以自好. 구절에 대한 곽상의 주석. 各信其偏見, 而不能都擧.

떤 하나의 전공 또는 철학에서 어떤 한 학파의 이론은 모두 한 가지를 살피는 것이다. 춘추전국시대에 사상이 발달하여 제가백가가 이미 다양한 학파로 나눠졌고, 제각기 한 부분만 살펴서 큰 도리에 어두웠으니, 장자가 한탄했던 것이다.

ⓔ 귀가 소리에 밝은 것이나, 입이 맛을 아는 것 등은 서로 간에 통하지 못한다.

ⓕ 모두 갖출 수 없고 두루 할 수 없다.

ⓖ '갈라놓는다.'는 것은 쪼갠다는 것이다. 쪼개면 천지의 온전한 아름다움을 잃는다.

ⓗ 만물을 분석하면 다만 활력이 없는 단편적인 사물만 볼 뿐이고, 우주 만상이 원래 활발하다는 것을 깨닫지 못한다. 장자의 뜻은 후대에 직각(直覺)을 숭상하는 자와 거의 같다.

ⓘ '살핀다.'는 것은 천착한다는 말과 같다. 옛사람의 책을 읽고 전모를 알고 싶으면, 반드시 그 글을 이해한 다음에 마음을 비우고 그 큰 뜻을 묵묵히 이해해야 한다. 만약 멋진 구절만 찾아서 뽑아 적고 깊이 연구하지 않으며, 천착하면서 통달하기를 구해서야 어떻게 고인의 뜻을 알 수 있겠는가?

장자의 이 구절에도 병폐가 없는 것은 아니다. 이를테면 '천지의 아름다움을 갈라놓고, 만물의 이치를 나누어 놓았다.'는 것은 이지(理知)에 거슬리고 과학에 반대되어 일반적인 이론이 되기에는 부족하다. 그러나 그가 고원한 것을 궁구하고 극진하게 헤아린 것은 깊고 두터워 환하게 성인의 대체를 보았으니, 작은 지혜로 깨달을 수 있는 것이 아니다. 위의 글 첫머리에 '네 가지 명칭'ⓐ을 제시한 것은 '내성(內聖)'의 궁극적인 의미를 밝힌 것이다. '인(仁)으로 은혜를 삼는다.'는 구절에서부터 '백성을 기르는 이치가 있다.'는 구절까지는 인의예악을 근본으로 한다는 의미인데, 법을 높이는 것과 이름을 바르게 하는 것과 일치되게 하는 방법으로 보좌하여, '의식(衣食)을 근본으로 삼는다.'는 구절에서 근원을 미루어 나가니, 매우 적은 몇 마디 말일지라도 글자와 구절마다 모두 무한한 의미를 포함하고 있다. '외왕(外王)'의 원대한 규모가 여기에서 갖추어졌다.

ⓐ '네 가지 명칭'은 천인·신인·지인·성인이다.

나는 다음처럼 말한 적이 있다. 근세에 과학은 나누어진 분야가 극도로 세분되어 학자들이 각기 한 가지만을 전공하는데, 이것들을 합해서 보면 세상이 더욱 지식[智]을 진보시킬 것이고, 나누어서 보면 지식을 진보시킬수록 사실은 더욱더 어두운 데로 나아갈 뿐이다. 합해서 지혜롭게 된다는 것은, 각 분야의 학문이 발명한 것이 나날이 더욱 정밀해지므로, 종합적으로 보면 우주의 각 방면의 신비가 점점 더 드러나고 사람들의 지식이 맹렬하게 진보해서 놀랄 만한 것을 볼 것이다. 나누어서 어둡게 된다는 것은, 과학자의 안목과 정신력을 제각기 우주의 한 분야에 편중하면 다른 여러 분야를 살필 수 없기 때문에, 천하의 여러 전문가의 학문에서 그 지식이 나타나는 곳은 곧 어둠이 그것에 말미암아 이루어지는 것이다.

여전히 다시 마땅히 알아야 될 것은, 합하여 지혜롭게 되는 것은 확고해지지만 그 지식은 끝내 또한 유한하다는 것이다. 과학이 탐구하는 것은 결국 현상계에 그치니, 온갖 변화의 근원에 대해서는 결코 과학기술로 도달할 수 있는 것이 아니다. 만약 개별과학이 현상계에 대해 각기 부분적인 지식이 있고 그것이 갈수록 많이 모여서 온갖 변화의 근원에 대해 알 수 있다고 한다면, 이 주장은 전혀 이치에 맞지 않는다. 각 분야의 지식이 비록 많이 모일지라도 아는 것은 여전히 현상계일 뿐이니, 근원을 알 수는 없다. 장자는 백가의 여러 기예가 제각기 한쪽에 치우친 것만을 살피고 큰 도리에 어두운 것을 슬퍼하였다. 그러므로 공자의 내성외왕의 도를 널리 선양함으로써 여러 학파를 총람하고 공동의 귀착점을 제시하려고 했다. 선견지명이 탁월하다! 오늘날 우리들도 여전히 소홀히 여겨 살피지 않아서는 안 된다.

내성의 학문은 작용[用]을 떠나 본체[體]를 구하지 않고,[ⓐ] 또한 작용에 집착해서 본체에 미혹되지 않는다.[ⓑ] 작용에 집착해서 본체에 미혹되면, 우주와 인생에 뿌리가 없어지니, 이치상 그럴 수 없다. 작용을 떠나 본체를 구하면, 만물을 초탈하여 현실 세계를 버리고 별도로 '진정한 주재자[眞宰]'를 찾으니, 그 잘못이 종교와 동일하다. 유학자의 내성학은 본체와 작용이 둘이 아니면서도 또한 구분이 있으니, 비록 구분이 있을지라도 여전히 둘이 아니다.ⓒ 이런 의미 때문에 작용에 집착해서 본체에 미혹되지 않으니, '속제(俗諦)'ⓓ의 식견과는 아주 다르다. 작용을 떠나 본체를 구하지 않으니, 근본적으로 세상을 벗어나려는 미혹이 없다. 이것이 사람들에게 지혜의 등불이 되는 까닭이다.

ⓐ '본체'란 우주본체의 약칭이고, '작용'이란 현상계를 말한다. 임진년(1952년)에 산정한 나의『신유식론』을 참고하라.

ⓑ『신유식론』에서는 큰 바닷물로 본체를 비유하고, 수많은 물거품으로 작용을 비유했다. 어린아이는 바닷가에서 다만 수많은 물거품이 실물이라는 것을 보지만, 수많은 물거품의 본체가 큰 바닷물이라는 것을 깨닫지 못한다. 철학자가 우주론을 이야기하면서, 만약 작용에 집착해 본체에 미혹되면 그 잘못이 어린아이와 같다.

ⓒ 임진년에 산정한『신유식론』을 참고하라.

ⓓ 세속에서 인정하는 것을 실재하는 이치로 여기는 것을 '속제'라고 한다.

외왕학(外王學)에서는 천하를 태평하게 하고, 천지를 제자리에 자리 잡게 하며, 만물을 기르는 것으로 궁극의 법칙을 삼는다.ⓐ 자신의 사사로운 개인주의,ⓑ 스스로 교만한 영웅사상,ⓒ 공동체와 세상을 등지는 고고한 은둔주의 혹은 승려주의,ⓓ 좁고 편애한 국수주의나 인종차별주의ⓔ 등은 모두 깨끗하게 없어져서 모든 인류가 대동하고 태평한 성세로 나아가기를 바라니, 정말 아름답다.

ⓐ『대학』에서 '천하를 태평하게 한다.'고 말한 것은, 다스리고 교화하는 도의 요점이 사람들을 위해 모든 불평등을 제거하여 태평으로 돌아가는 것에 있을 뿐이라는 것이다. 만약 불평등한 것이 있다면 천하가 대동(大同)하게 될 방법이 없고 혼란이 멈출 수 없다.『역』「계사전」에서 "천지의 조화(造化)를 제한하여 지나침이 없게 한다."[141]고 하였고, 또 "천지의 도를 마름질하여 이룬다."[142]고 말했으니,

---

141『역』「계사・상」. 範圍天地之化而不過, 曲成萬物而不遺, 通乎晝夜之道而知, 故神無方而易無體.

『중용』에서 "천지가 제자리를 잡는다."[143]고 하는 의미가 여기에 근본을 두고 있다.

ⓑ 『논어』에서 '극기(克己)'[144]라고 한 것은 곧 작은 자기의 사사로움을 다스리는 것이다.

ⓒ 관중(管仲)은 천하를 널리 바로잡은 큰 공이 있지만 교만함으로 가득 찬 것을 벗어나지 못했다. 스스로 교만한 자는 반드시 남을 가볍게 보고, 남을 가볍게 보는 자는 반드시 남에 의해서 크게 불리하게 될 것이니, 이것이 화근(禍根)이다. 그러므로 공자는 관중의 그릇이 작다고 비난했다.[145]

ⓓ 하궤(荷蕢)와 장인(丈人)같은 은자는 공자가 모두 깨우쳐 주려고 했다.[146]『중용』에서 "도는 사람을 멀리 하지 않는다. 사람이 도를 행하면서 사람을 멀리 한다면 도라고 할 수 없다."[147]라고 했다. 후대에 도가와 불가를 반대하는 유학자들은 모두 이런 의미에 근거를 두고 있다.

ⓔ 『춘추』삼세(三世)의 의미를 깊이 탐구해야 한다.

조화(造化)를 말함에, 인(仁)과 의(義)는 서로 상반되지만 서로를 완성시켜 주고,ⓐ 예(禮)와 악(樂)이 서로 상반되지만 서로를 완성시켜 주며,ⓑ 예가 다스림의 근본인데 법으로 보조하는 것 또한 서로 상반되지만 서로를 완성시켜 준다. 너그러움이 중요한 방법인데 엄함으로 구제하는 것 또한 서로 상반되지만 서로 완성시켜준다. 의식(衣食)을 중요시하는 것은 바로 그것이 '영험한 본성[靈性]'을 발현하기 때문이다. 영험한 본성의 발

---

142 『역』「태괘(泰卦)」「단전(象傳)」. 天地交, 泰, 後以財成天地之道, 輔相天地之宜, 以左右民.

143 『중용』1장. 致中和, 天地位焉, 萬物育焉.

144 극기(克己): 『논어』「안연」. 顏淵問仁. 子曰: "克己復禮爲仁. 一日克己復禮, 天下歸仁焉. 爲仁由己, 而由人乎哉?"

145 공자는 관중의 그릇이 작다고 비난했다: 『논어』「팔일(八佾)」. 子曰: "管仲之器小哉!"

146 하궤(荷蕢)와 장인(丈人)같은 은자는 공자가 모두 깨우쳐 주려고 했다: 『논어』「헌문(憲問)」. 子擊磬於衛, 有荷蕢而過孔氏之門者, 曰: "有心哉. 擊磬乎!" / 『논어』「미자(微子)」. 子路從而後, 遇丈人, 以杖荷蓧. 子路問曰: "子見夫子乎?" 丈人曰: "四體不勤, 五穀不分. 孰爲夫子." 植其杖而芸. 참조.

147 『중용』13장. 子曰: "道不遠人. 人之爲道而遠人, 不可以爲道."

현은 반드시 학문으로 말미암아야 한다. 세상에 몸이 괴로워 죽겠는데 학문할 수 있는 경우는 없다. 『중용』에서 "널리 배우고, 자세히 질문하며, 신중히 생각하고, 분명히 분별하며, 독실하게 실천한다."[148]라고 했다. 참됨을 힘써 오래도록 축적하면 자성(自性)이 훤하게 밝아져ⓒ 천지와 덕을 합하고,ⓓ 일월과 밝음을 합하게 되니, 그야말로 지극하다!ⓔ 이 때문에 의식(衣食)이라는 밑바탕은 영험한 본성과는 관계없는 것 같지만, 영험한 본성은 실로 그것에 의지해서 발전하니, 또한 상반되지만 서로를 완성시켜 주는 것이다. 유학자의 외왕학은 광대하고 심원하다. 지혜로운 자라면 어느 누가 감로(甘露)를 마시지 않고 함부로 버리겠는가! 모든 학술과 지식은 반드시 내성외왕으로 근본을 되돌려야 비로소 '왕의 길[王路]'ⓕ을 좇는 것이다. 나는 내성외왕의 학문이 마침내 과거에 이미 진부하게 된 쓸모없는 것이라고 믿지 않는다.

ⓐ '인'은 박애를 중심으로 하지만, '의'에 입각하면 공동체를 해치는 자에 대해서는 원망하지 사랑할 수 없다.

ⓑ '예'는 공경이지만 '악'은 조화(調和)이므로 서로 상반된다. 그런데 조화는 공경 때문에 말단으로 흘러가지 않고, 공경은 조화 때문에 속박되지 않는다. 그러므로 서로를 완성시켜 준다.

ⓒ 우리들의 자성이 바로 천지만물의 자성이니 근본이 둘이 아니라는 것을 반드시 알아야 된다.

ⓓ 하늘의 덕은 높아서 만물을 덮어주지 않는 것이 없고, 땅의 덕은 두터워서 만물을 실어주지 않는 것이 없다.

ⓔ 일월의 밝음은 사사롭게 비추는 것이 없다. 이 구절은 위의 말과 함께 『역』「건괘」에 있다.[149]

ⓕ '왕의 길'은 큰 길이다. 『서경』에 있다.[150]

---

148 『중용』 20장. 博學之, 審問之, 愼思之, 明辨之, 篤行之.

149 일월의 밝음은 … 『역』「건괘」에 있다: 『역』「건괘」. 夫大人者, 與天地合其德, 與日月合其明, 與四時合其序, 與鬼神合其吉凶. 先天而天弗違, 後天而奉天時. 天且弗違, 而況於人乎. 況於鬼神乎.

150 '왕의 길'은 큰 길이다. 『서경』에 있다: 『서경』「홍범(洪範)」. 無偏無陂, 遵王之義, … 無有作惡, 遵王之路.

제자(諸子) 사상이 유학과 다른 점

춘추전국시대에 여러 나라는 서로 병탄을 도모하여 전쟁의 참화가 날로 심해지고 백성들의 삶은 매우 고통스러웠다. 공자는 당우삼대(요·순·하·은·주)의 법률과 제도가 시대에 따라 변하지 않을 수 없었음을 절실히 깨닫고, 비로소 사상개조를 중요한 계획으로 삼아 천자를 폄하하고 제후를 물리치며 대부를 토벌하는ⓐ 새로운 학설을 창안했다. 재야에서 강학하여 세상에 등용되지 못했다.ⓑ 3천 문도와 70제자가 먼 지역의 다른 나라에서 왔으니, 명성과 가르침은 또한 이미 널리 알려졌다. 나중에 벌떼처럼 함께 일어난 제자백가는 비록 그들의 근원이 모두 유학에서 나왔지만, 제각기 다른 논점을 가지고 각자 종파를 열어서 창끝을 되돌려 유학을 공격했으니, 마치 벌레가 나무에서 나와 도리어 나무를 좀먹는 것과 같았다. 장자의 지혜는 성인을 알아보기에 충분해서 내성외왕의 도가 어둡게 막혀 밝게 드러나지 않는 것에 대해 한탄했으니, 그는 당시와 후세를 위해 깊이 염려했던 것이다. 백성들이 생긴 이래로 대단히 큰 변동이 일어난 전국시대에는, 6국의 사상계가 가장 심하게 분열되어서 유가 내부에서조차도 다시는 일치하지 않았으니,ⓒ 공자의 새로운 학설은 6국의 사회에서 영향력을 발휘할 수 없었다. 앞에서 이미 말했듯이, 주대 말기의 육대(六大)학파 가운데 정통파와 농가를 제외하고ⓓ 묵가·도가·명가·법가 4개의 큰 학파는 모두 광대한 세력을 가지고 유가에 대항했다. 당시 유가가 하나로서 넷을 대적했으나 어떻게 해 볼 수 없었으니, 이것을 어떻게 의심하겠는가?

ⓐ 깎아내리는 것을 '폄하한다'고 하고, 축출하여 폐기하는 것을 '물리친다'고 하며, 죽여 없애는 것을 '토벌한다.'고 한다. 자세한 것은 「원외왕」에 있다.

ⓑ 『논어』「자한(子罕)」편에 "뇌(牢)가 '선생님께서 나는 등용되지 못했다고 말씀하셨다.'라고 말했다."라는 말이 있다. 여기서 뇌는 공자의 제자이다. 성은 금(琴)이고, 뇌는 이름이다. 뇌가 공자께서 등용되지 못했다고 스스로 말씀하는 것을 들은 적이 있다. 등용되지 못했다는 것은 세상에 임용되지 못했다는 것이다. 비

록 여러 나라를 주유한 적이 있지만, 끝내 당시의 군주들에게 구차하게 빌붙지 않았다.

ⓒ 뒤에서 따로 상세히 설명하겠다.

ⓓ '정통파'는 곧 유가이다.

법가의 군주 전제정치의 근본대의는 천자를 폄하하고 제후를 물리치며 대부를 토벌하는 공자의 새로운 학설과 완전히 상반되었다.ⓐ

ⓐ 비록 민주주의파가 있었을지라도 그 세력이 당연히 아주 미미할 수밖에 없었다.

명가에서는 혜시와 공손룡의 무리가 가장 걸출하였는데, 그 변설이 일세를 충분히 휩쓸 수 있었다. 그러나 혜시가 만물을 널리 사랑하고 천지가 하나의 몸이라고 말한 것은, 인(仁)이 있다는 것만 알고 의(義)가 있다는 것을 모른 것이다. 혜시의 도를 따르면, 위에 있는 자들의 횡포에 대해 오직 참고 받아들일 뿐 분노하고 원망함이 없으니, 천자·제후·대부라는 소수의 사람들이 천하를 통치하는 잘못된 제도가 영원히 바뀌지 않아도 괜찮다는 것이다. 순자는 「비십이자」편에서 혜시를 비방하여, "괴이한 학설을 다루기 좋아하고, 기이한 말을 즐겼으며, 변론은 했지만 쓸모가 없었으니, … 다스림의 기강으로 삼을 수 없다."[151]라고 말했다. 이것은 정치사상을 가지고 말한 것인데, 순자는 진실로 명가를 우리 유학의 적으로 여겼다.ⓐ

ⓐ 장자는 혜시를 경외하는 친구로 여겼지만, 공손룡에 대해서는 바로 가르쳐 주고자 했을 뿐이다. 순자는 또한 혜시를 나무라고 공손룡을 언급하지 않았으니, 혜시가 명가의 거장이었음을 알 수 있다.

도가의 세상을 등지는 사상은 6국의 혼란을 맞아 가장 성대하게 발전했

---

151 『순자』「비십이자」. 不法先王, 不是禮義, 而好治怪說, 玩琦辭, 甚察而不惠, 辨而無用, 多事而寡功, 不可以爲治綱紀. 然而其持之有故, 其言之成理, 足以欺惑愚衆. 是惠施鄧析也. 略法先王而不知其統.

다. 대개 총명하고 슬기로운 무리들은 사람들의 힘을 모아 혼란을 평정할 수 없으면, 물러나 '홀로 천지정신과 왕래했으니,'[a] 이것은 실로 당시의 필연적인 추세였다. 전국시대 제자백가 중에서 공자 문하의 새로운 학설의 발전을 막았던 것으로는 당연히 도가가 가장 심했다. 현명한 자는 훌훌 털어 버리고 혼자 갔지만, 어리석은 자는 썩어빠진 것을 스스로 달갑게 여기며 사회적으로 서로 익숙하게 풍습을 만들었으니, 유학자들이 비록 천자를 폄하하고 제후를 물리치며 대부를 토벌하는 이상을 실현하려고 해도 끝내 그렇게 될 수 없었다.

> [a] '홀로 천지정신과 왕래한다.'[152]는 구절은 장자가 자술한 것이다. 그런데 장자는 진실로 위대한 철인이었지만, 그 아래의 사람들은 의지와 행실이 박약하고 홀로 선할 수 없어 단지 허무로 도피하고는 그 퇴폐함을 가렸을 뿐이다.

묵자는 격물의 학을 좋아해서 여전히 유학의 학술을 지키고 있었다. 그러나 그가 다툼을 비난하는 것은 『대역』에서 혁명을 부르짖는 뜻과 서로 위배된다. 장자는 묵씨에 대해 "고통을 자초하는 것을 지극함[極]으로 여겼다."[153]라고 했으니, 이렇게 백성을 교화시키는 것은 위에 있는 횡포한 자들이 평안히 근심할 것이 없도록 하는 것이다. 그러므로 정치적 이상으로 말하면, 묵자는 유가의 적이 되고 그 악영향은 결코 도가에 못지않다.

---

152 『장자』「천지(天地)」. 獨與天地精神往來, 而不敖倪於萬物, 不譴是非, 以與世俗處.
153 『장자』「천하」. 日夜不休, 以自苦爲極, 曰不能如此, 非禹之道也, 不足謂墨.

공자의 학문이 행해지지 않은 이유

사상을 개조하려는 공자의 희망은 이미 쉽게 도달하기 어려워졌고, 서주가 쇠락하면서부터 춘추시대에 이르러서는 왕도가 이미 실추되어 패도가 이어서 일어났으며, 전국시대에 이르러서는 패도마저도 붕궤되어 유지될 수 없었다. 공자의 새로운 학설은 이미 여러 학파의 저지를 받아 군중을 깨우칠 수 없었다. 이에 혼란스러운 사회는 비상시기를 맞이하여 마침내 큰 혜성ⓐ이 출현하였다. 위앙(衛鞅: 商鞅)과 시교(屍佼)의 무리가 진(秦)나라에 등용되어, 마침내 폭군의 전제정치가 천하 백성들을 채찍질하는 형국을 크게 열었으니, 당우와 삼대 이래의 정사(政事)와 교화, 제도와 학술사상 및 모든 것을 깨끗이 없애 버렸다. 중국은 이때부터 정체되기 시작하여 2천 수백 년 동안 변화와 진보가 없었으니, 어떻게 이상하지 않겠는가? 주대 말기 제자백가는 그들의 사상이 어지럽게 갈라져서 이미 내성(內聖)의 진수를 탐구하지 못했을 뿐만 아니라, 게다가 외왕(外王)의 새로운 의미도 깨닫기 어려웠다. 공자의 도가 행해지지 않았던 것은 이유 없는 것이 아니었다.ⓑ

ⓐ 혜성이 뒤에 긴 꼬리를 끌며 떨어지는 것이 마치 먼지를 쓸어버리는 비와 같아서, 옛날에 큰 변혁을 말할 때 매번 혜성으로 비유했다.

ⓑ 천자를 폄하하고 제후를 물리치며 대부를 토벌하는 것은 공자가 창안한 새로운 의미인데, 주대 말기 제자백가 중에서 농가 이외의 나머지는 모두 깨닫지 못했다.

유학은 이미 주대 말기에 행해지지 않았으며, 육예에 대한 경과 전은 헤아릴 수 없을 만큼 많았지만 또한 한대 초기에 망실되었음을 내가 이미 「서언」에서 자세히 말했으니, 여기서 더 말할 필요가 없다. 현존하는 오경(五經)ⓐ은 비록 서한부터 전래되었으나, 실은 모두 한대 사람들에 의해 제멋대로 고쳐진 것이니, 결코 70제자가 전수한 원본이 아니다. 한대 사람들에 의해 제멋대로 고쳐졌음을 알 수 있는 근거는, 6경의 외왕학이 실로 소수가 천하의 최대다수를 재제하고 처리하는 통치계급의 존재를 용인하지 않았다는 것이다. 여정(呂政: 진시황)이 6국을 병탄하고 천하를 통일한 다음 바로 분서갱유를 하였다.ⓑ 이것은 유생들이 전제정치에 반항하는 사상이 있다는 것을 여정이 듣고 우환으로 여겼으므로 엄중히 진압했던 것이다. 아니면 무엇 때문에 유독 유학자만을 매장했겠는가? 내가 『예기』를 보았더니, 「유행(儒行)」편에서 "때를 만나지 못해ⓒ 위에서 끌어주지도 않고,ⓓ 아래에서 밀어주지도 않아ⓔ 참소하고 아첨하는 백성들이 편당을 만들어 위협했으나,ⓕ 몸은 위태롭게 할 수 있겠지만 뜻은 빼앗을 수 없다. 비록 위태롭게 되더라도 일상생활에서 결국 자신의 뜻을 펼쳤다."ⓖ[1]라고 했다.

ⓐ 『악경』은 단행본이 없으므로 '오경'이라고 했다.

ⓑ 안사고(顏師古)는 "지금(唐代) 신풍현(新豊縣) 온탕(溫湯)[2]이라는 곳을 민유향(湣儒鄕)이라고 부른다. 온탕에서 서남쪽으로 3리 되는 곳에 마곡(馬穀)이 있고, 마곡의 서쪽 언덕에 구덩이가 있는데, 옛날부터 진나라에서 유학자들을 매장한 곳이라고 전해진다고 했다."[3]라고 하였다.

---

1 『예기』「유행(儒行)」. 儒有今人與居, 古人與稽. 今世行之, 後世以爲楷. 適弗逢世, 上弗授下弗推. 讒諂之民, 有比黨而危之者, 身可危也, 而志不可奪也. 雖危, 起居竟信其志, 猶將不忘百姓之病也.

2 신풍현(新豊縣) 온탕(溫湯): 현재는 섬서성 임동현(臨潼縣) 온천진(溫泉鎭)이다.

3 안사고(顏師古), 『사기정의(史記正義)』「유림열전(儒林列傳)」. 師古曰: "今新豊縣溫

ⓒ 유학자들이 지향하는 것은 혼란한 세상과 맞지 않으므로 '때를 만나지 못해'라고
했다.

ⓓ 높은 자리에 있는 자가 이끌어주지 않았다.

ⓔ 아래 백성들이 그 포부를 이해할 수 없으니, 또한 추대하지 않았다.

ⓕ 혁명지사들이 받는 대우는 모두 위에서 말한 것과 같다.

ⓖ 정현(鄭玄)은 주석에서 "'기거(起居)'는 일을 하는 동작이라고 말하는 것과 같다.
'펼친다[信]'는 것은 '펴나간다[伸]'는 의미로 읽고 해석한다."[4]라고 하였다. 이 구
절은 유학자가 비록 위태로움과 어려움을 당하더라도, 일을 처리하는 행동거지
에서 여전히 자신의 뜻을 펴나가며 변치 않으려고 했다는 말이다.

이 말에 의거하면, 당연히 혁명을 실천하는 유학자가 있었기 때문에, 비
록 몸은 위태롭게 되더라도 자신의 뜻을 펼칠 수 있었다는 것을 알 수
있다. 「유행」편은 대개 6국 때에 나왔으니, 70제자의 후학들이 지은 것
이다. 「유행」편의 설명으로는 15종류의 유학자가 있다. 위에서 인용한
것은 혁명적인 유학자에 대한 것인데, 위에서 이끌어주지도 않고 아래
에서 밀어주지도 않아 참소하고 아첨하는 백성들이 도당을 만들어서 해
치려고 했다는 것이니, 혁명운동이 아직 군중들 모두에게 이해되지 않
았을 때는 바로 이와 같을 뿐이다. 6국이 혼란할 때에 오직 유학에서 혁
명파만이 공자의 뜻을 계승할 수 있었다. 그러나 제자백가의 후학들은
이런 것이 있었다는 것을 듣지 못했으니, 이것으로 학술의 득실을 살펴
볼 수 있다. 유학자 중에는 6국 시대에 이미 은밀히 혁명을 기도했던 자
들이 있었으니, 여정이 통일한 다음에 여러 유학자들은 당연히 의지를
꺾지 않았다. 비록 그 당이 번성하지는 않았을지라도 이미 사회에 영향
을 끼치고 있었으니, 여정은 그들을 심하게 꺾어 죽여서 그 싹을 잘라내

湯之處, 號湣儒鄉. 溫湯西南三裏有馬穀, 穀之西岸有坑, 古相傳以爲秦坑儒處也."

4 『예기』「유행(儒行)」. 儒有今人與居, 古人與稽. 今世行之, 後世以爲楷, 適弗逢世上弗
援, 下弗推. 讒諂之民有比黨而危之者, 身可危也而志不可奪也. 雖危起居竟信其志, 猶
將不愍百姓之病也. 其憂思有如此者. 구절에 대한 정현의 주석. 鄭氏曰: "稽猶合也.
… 起居, 猶擧事動作. 信讀如屈伸之伸, 猶圖也."

지 않을 수 없었다. 이 때문에 유학자들을 매장하는 참화가 일어났다.[a]

> [a] 유학자들을 매장한 사건에 대해서는 옛날부터 그 어떤 사학자도 그 까닭을 궁구
> 하지 못했다. 내가 열 살 때, 선친 기상공(其相公: 熊其相)[5]을 곁에서 모셨는데, 선
> 친께서 옛 역사를 설명하시면서 여정이 유학자들을 매장한 사건에 이르렀다. 그
> 때 내가 "유생들이 반란을 일으켰던 것이 아닌지요?"라고 질문 드렸다. 선친께
> 서는 미소를 지으면서 대답하지 않으셨다. 반란이 옳다고 묵인하신 것 같았다.
> 선친께서는 평생 사학에 대해 조예가 깊었다. 나는 어린 나이에 고아가 되어 군
> 에 입대했지만 선친의 역사 이야기가 나를 계발해준 점이 많았다.

2-4-2 한대의 육경 훼손과 유학자의 변절: 전제군주제 옹호

진나라는 6국을 병합한 지 겨우 15년 만에 망했다. 유계(劉季: 劉邦)[6]가 처
음 군사를 일으켰을 때, 여러 학자들이 유학자의 관(冠)을 쓰고 오는 것
을 보고 갑자기 그 관을 벗겨 그 속에 소변을 누고는 사람들과 말하면서
항상 심하게 욕했다.[a] 그가 유생의 기세를 이렇듯 심하게 꺾고자 했던
까닭은 그 의도가 또한 여정과 같았을 뿐이다. 한대 초기에 전제군주제
가 이미 공고해졌으며, 모든 유생들은 진나라 때 분서갱유의 재앙을 경
계로 삼았다. 그들 대부분은 전대(前代) 유학자들이 지켜오던 것을 바꾸
어서 한 목소리로 전제군주제를 옹호하고, 공자의 6경을 제멋대로 고쳐
서 당시의 군주에게 영합했다.

> [a] '소변[溲溺]'은 속어로 오줌이다. '심하게 욕한 것'은 유학자를 욕한 것이다. 『사기』
> 「역생전(酈生傳)」에 있다.[7]

---

5 선친 기상공(其相公: 熊其相): 웅십력의 선친인 웅기상(熊其相)이다.

6 유계(劉季: 劉邦): 한나라를 세운 유방(劉邦: B.C.247-195, 혹은 B.C.256-195)의 자
가 계(季)이다.

7 '심하게 욕한 것'은 유학자를 욕한 것이다. 『사기』「역생전(酈生傳)」에 있다.『사기』
「역생육가열전(酈生陸賈列傳)」. 沛公不好儒諸客冠儒冠來者. 沛公輒解其冠溲溺其中,
與人言常大罵, 未可以儒生說也.

한대 초기 사람들의 전적 가운데에서 그래도 고증해 볼 만한 것은 사마담의 「논육가요지(論六家要指)」이다. 그는 유학자들에 대해, "그러나 그들이 군신과 부자의 예를 차례 매김하고 부부와 장유의 구별을 나열한 것은 바꿀 수 없다."[8]라고 했다. 여기서 곧 '삼강(三綱)'의 학설이 시작되었다. 삼강이란 군주는 신하의 근간이 되고, 아비는 자식의 근간이 되며, 남편은 아내의 근간이 된다는 것이다. 그 근본적인 의도는 군주를 높이는 데 있었지만, 아비를 자식보다 높이고 남편을 아내보다 높이는 것으로 짝을 맞추니, 이 때문에 사람들은 모두 그것을 천리의 당연한 것으로 보고 감히 함부로 의심하지 않았다. 아비의 도가 높아지면 자식이 효도하는 것은 마땅하니, 천지가 무너져도 이 이치는 바뀔 수 없다. 자식의 생각과 행동이 정의에 어긋나지 않는 것에 대해서는 부모가 간섭해서는 안 되지만, 자식이 스스로의 의지를 실행할 때에는 반드시 효도에 어긋나서는 안 된다. 호랑이와 이리에게도 부자관계가 있는데, 하물며 사람에게서야 말해 무엇 하겠는가! 다만 아비의 도를 군주의 도에 짝지어서 근거 없이 정치적인 의미를 추가해 명교(名敎)[9]로 확정하였고, 이로부터 왕이 효(孝)로 천하를 다스리는 것과 효를 충(忠)으로 바꾸는 것 등의 교조주의가 생기게 되어, 결국 큰 도둑이 나라를 훔치는 도구로 효를 사용하도록 하였으니, 그 해로움이 적지 않았다.

『논어』를 자세히 완미하면, 문인들이 효를 묻는 것에 대한 공자의 답은 모두 '지극한 성정[至性·至情]'이 자연스럽게 발현되는 것을 가지고 계발한 것이었다. 예컨대 "부모는 오직 자식이 병들까 걱정한다."[10]라고 하고, "개나 말도 모두 봉양은 할 수 있으니, 공경하는 마음이 없다면 무엇으로 구분할 것인가?"[11]라고 한 것과 같은 것이다. 이런 사례는 이루 다

---

8 『사기』 「태사공자서(太史公自序)」. 序四時之大順, 不可失也. 儒者博而寡要, 勞而少功, 是以其事難盡從. 然其序君臣父子之禮, 列夫婦長幼之別, 不可易也. 墨者儉而難遵.

9 명교(名敎): 유가가 정한 명분과 교훈을 준칙으로 하는 도덕관념을 말한다.

10 『논어』 「위정(爲政)」. 孟武伯問孝. 子曰: "父母唯其疾之憂."

열거할 수 없을 정도로 많다. 삼강에 대한 학설이 나오면서부터 다만 부자관계는 명교의 관계로만 말해졌을 뿐이니, 성정(性情)의 참됨은 이에 남김없이 손상되었다. 옛 글자의 의미로 처(妻)는 가지런함[齊]이고, 아내[婦]는 짝이었으니, 부부가 평등한 것이 분명하다. 그런데 이제 남편 높이는 것을 군주 높이는 것에 짝지은 것은 무슨 이치인가?

오륜의 가르침은 상고시대에 시작되었다.[ⓐ] 그런데 공자에 이르러서는 부모에게 효도하고 연장자를 공경하는 것 외에 이미 널리 군중을 사랑하는 것에 대해 말했다.[ⓑ] 공자가 자신의 부모만 부모로 여기지 말고 자신의 자식만 자식으로 여기지 말라고 한 말은,[ⓒ] 『논어』의 노인은 편하게 해주고, 어린아이는 품어주라는 의미와 일관된다.[ⓓ] 이에 천지를 제자리에 있게 하고 만물을 길러주는 데에 이르는 것은, 인류의 사랑의 덕이 무한하게 발전된 것이니, 본래 상고시대 오륜의 가르침의 범위에 제한되지 않는다. 또한 군신간의 윤리가 오륜의 핵심이 될 수 없다. 『역』은 혁명의 의미를 드러냈으니, 『춘추』의 태평으로 올라가는 시대에 군주는 내쫓기게 된다. 한대 사람들이 처음으로 삼강을 제창하여 황제를 옹호했지만 사마담의 의론이 이미 단서를 열었으니, 명백히 공자 6경의 새로운 의미와는 어긋나고, 분명히 유가의 요지가 아니다.

ⓐ 『상서(尙書)』「제전(帝典)」에서 상고할 수 있다.[12]

ⓑ 『논어』「학이(學而)」편에 있다.[13]

ⓒ 『예기』「예운(禮運)」편에 있다.[14]

---

11 『논어』「위정」. 子遊問孝. 子曰: "今之孝者, 是謂能養. 至於犬馬, 皆能有養. 不敬, 何以別乎?"

12 『상서(尙書)』「제전(帝典)」에서 상고할 수 있다: 『서경』「순전(舜典)」. 愼徽五典, 五典克從. 구절에 대한 주석. 徽, 美也. 五典, 五常也. 父子有親, 君臣有義, 夫婦有別, 長幼有序, 朋友有信, 是也.

13 『논어』「학이(學而)」편에 있다: 『논어』「학이(學而)」. 子曰: "弟子入則孝, 出則弟, 謹而信, 汎愛衆, 而親仁. 行有餘力, 則以學文."

14 『예기』「예운(禮運)」편에 있다: 『예기』「예운(禮運)」. 惟謹於禮, 則所以致大道之行, 各親其親, 各子其子, 亦不害於不獨親, 不獨子. 止是各親各子者, 恩差狹至於順達之後,

ⓓ『논어』에서 '노인을 편하게 해주라.'[15]는 것은 모든 노인들을 다 편하게 해주라는 것이다. '어린아이들을 품어주라.'[16]는 것은 모든 어린아이들을 다 사랑으로 품어주라는 것이다. 따라서 바로 자신의 부모만 부모로 여기지 말고 자신의 자식들만 자식으로 여기지 말라는 뜻이다. 이것은 곧 대동세계의 도덕으로서 봉건 사회의 도덕과는 엄청나게 다르다.

사마담은 도가(道家)이다. 도가는 그 연원이『역』에서 나왔으니, 본래 군신의 명분을 없애야 한다고 주장했다. 명대 말기의 부청주(傅靑主: 傅山)도 도가였다. 그는 노자의 「도는 항상 이름이 없다[道常無名]」장(章)[17]에 대해 다음처럼 설명했다. "'처음으로 제정하니 이름이 생겼다.[始制有名]' 이 구절에서 '제정함'은 바로 '제도(制度)'라고 할 때의 '제(制)'의 의미이다. 천하를 다스리는 자가 처음으로 법률과 제도를 세우면, 일체의 이름이 그에 따라 생기니, 바로 이름 없는 질박함과는 상반된다는 말이다.ⓐ 없던 것이 있게 되어 질박한 것이 흩어졌다.ⓑ 천하를 소유한 자라는 이름이ⓒ 이에 비로소 높아졌다.ⓓ 후세에 숭고한 것에 의거하는 자는 이미 세워진 이름을 높여서 영원히 소유할 수 있다는 것만 알았지, 천하가 한 사람의 천하가 아니라 천하 사람들의 천하라는 것을 전혀 몰랐다." 부청주의 이와 같은 설명은 노자의 뜻을 깊이 이해한 것으로서, 도가의 후예라고 하기에 부끄럽지 않다. 사마담이 유가를 논한 것은 이미 공자를 배반한 것이다. 그는 법가를 논하면서 또한 "군신과 상하의 구분을 바르게 하는 것은 고칠 수 없다."라고 했으니, 전제군주제를 옹호하는 것이 이처럼 확고했다.

ⓐ 인류가 원시시대에는 본래 통치자·피통치자와 같은 이름이 없어 사람과 사람

則不獨親其親, 不獨子其子. 旣曰不獨親親子子, 則固先親其親子其子矣.

15『논어』「공야장(公冶長)」. 子曰: "老者安之, 朋友信之, 少者懷之."

16『논어』「공야장」. 子曰: "老者安之, 朋友信之, 少者懷之."

17「도는 항상 이름이 없다[道常無名]」장(章): 즉『도덕경』32장. 道常無名, 樸, 雖小, 天下莫能臣也, 侯王若能守之, 萬物將自賓, 天地相合, 以降甘露, 民莫之令而自均, 始制有名, 名亦旣有, 夫亦將知止, 知止, 可以不殆, 譬道之在天下, 猶川穀之於江海.

이 참으로 질박하게 서로 함께 살았으니, 상하나 빈천과 같은 구분이 없었다. 통치자가 생겨나서 모든 이름을 만들고 상하와 귀천을 나누었으므로, 이름이 없는 질박함과 상반되었다.

ⓑ 이름이 없다가 갑자기 있게 되니, 윗사람이 아랫사람을 능멸하고 귀한 사람이 천한 사람을 멸시해서 질박함이 사라졌다.

ⓒ 예컨대 '황제'·'왕후(王侯)' 등의 이름은 모두 천하나 국가를 자신의 소유로 한다는 것이다.

ⓓ 통치자는 이름을 높이니 천하의 일반 백성들은 아무도 그와 짝할 수 없었다.

사마담이 육가를 논하면서 그가 귀착하고 종주로 삼은 것은 실로 도가 뿐이었다. 도가는 본래 군신의 명분을 없앴다. 그런데 사마담은 여기에서 또다시 아무 거리낌 없이 도가를 배반했다. 어찌 차마 배운 것을 스스로 등지고 부끄러워하지 않았겠는가? 대개 여정의 분서갱유라는 참혹한 해독 때문에 천하의 지식인들은 모두 재앙을 당할까 두려워 자신이 배운 것을 바꾸었다. 한나라가 일어나 진나라의 전제군주제를 계승했지만 진나라의 폭정을 고쳐서 그것을 참고하여 회유하니, 학자들은 더욱 기꺼이 황제를 옹호해서 추대하였고, 마침내 군신과 상하의 구분을 바꿀 수 없는 하늘의 질서로 삼았다. 한 사람이 주창하면 수많은 사람이 화답하며 서로 익숙하게 되어 풍습으로 굳어지니, 오래도록 그 잘못을 알지 못했다. 한대 초기의 도가는 이미 그들의 근본 스승이 요·순을 비난하고 탕·무를 천시했던 위대한 포부를 거의 다 잃어버렸다.ⓐ 황·노의 무리는 한대에 이미 확실하게 환골탈태했다. 사마담이 그 종주를 배반하고도 수치로 여기지 않는 것은 별로 이상하게 여길 것도 없다.

ⓐ '근본 스승'은 주대 말기의 도가를 말한다. 요·순도 비난하고, 탕·무도 천시하였으니, 그들이 군주를 세우려고 하지 않은 것을 알 수 있다. 그런데 진·한대의 도가는 이런 뜻이 없었다.

도가가 한번 변모해서 전제군주제를 옹호한 것은 이렇게 해서 위해(危害)를 멀리하고자 한 것일 뿐이었다. 세상에 등용되기를 원하는 유학자들이 지조와 생각을 바꾼 것은ⓐ 본래 도가보다 더 심했다. 조정과 재야의 유명한 유학자로서 경(經)을 전수한 자들은 필시 당시의 요구에 부합하기를 추구하면서 감히 외롭게 정의를 지키지 못하여, 생각지도 못한 우환을 초래했다. 박사와 여러 유생들은ⓑ 경술(經術)을 가지고 작록(爵祿)의 이로움을 구하여, 경의 의미가 전제군주제에 이롭지 않은 것은 반드시 없애버리고 고쳤으니, 이것은 필연적인 추세였다.

 ⓐ 지조를 바꾼 것은 지키던 것을 바꾼 것이고, 생각을 바꾼 것은 사상을 바꾼 것이다.

 ⓑ 『한서』「유림전(儒林傳)」에 "문제[孝文帝]가 형명(刑名)의 말을 좋아했고, 경제[孝景帝]는 유학자를 등용하지 않았다. … 여러 박사의 직위를 관직까지 갖춰놓고 방문하기를 기다렸지만 나오는 자가 없었다."[18]라고 했다. 문제와 경제의 시기에 이미 박사제도를 설립했고, 그 다음에 증설하여 더욱 넓혔다는 것을 알 수 있다.

또한 6경을 난삽하게 고친 것은 당연히 한대 초기에 시작되지 않았으니, 이미 전국시대 유생들이 간혹 제멋대로 바꿨다는 것을 알아야 한다. 한비자는 "공자와 묵자의 사후에 유가는 8개 분파로, 묵가는 3개 분파로 나누어졌다. 스승의 학설을 버리고 취하는 것이 서로 상반되어 같지 않았지만, 모두 참된 공자와 묵자라고 자칭했다."[19]라고 말했다. 이 말에 의거하면, 70제자와 그 후학의 분파는 제각기 스스로 참된 공자라고 자부했지만, 각각의 분파는 공자의 6경에 대해 반드시 제각기 자신의 뜻을 보태어 고치고는, 그가 계승한 것이 참된 공자의 증거임을 밝혔다. 또한 난삽하게 고칠 수밖에 없었던 것은, 현 상태를 편안히 여기면서 급

---

18 『한서』「유림전(儒林傳)」. 然孝文本好刑名之言, 及至孝景不任儒. 竇太後又好黃老術, 故諸博士具官待問, 未有進者.

19 『한비자』「현학(顯學)」. 世之顯學, 儒墨也. 儒之所至, 孔丘也. 墨之所至, 墨翟也. 自孔子之死也, 有子張之儒, 有子思之儒, 有顏氏之儒, 有孟氏之儒, 有漆雕氏之儒, 有仲良氏之儒, 有孫氏之儒, 有樂正氏之儒. 自墨子之死也, 有相裏氏之墨, 有相夫氏之墨, 有鄧陵氏之墨. 故孔·墨之後, 儒分爲八, 墨離爲三, 取舍相反不同, 而皆自謂眞孔墨. 孔墨不可復生, 將誰使定後世之學乎?

진적인 유학자가 되는 것을 피하는 것보다 더 좋은 것이 없었기 때문이다. 공자가 『춘추』를 지어 삼세(三世)의 뜻을 펼침에 그 요점이 거란세를 벗어나 승평세·태평세로 나아가는 것에 있었으니,[ⓐ] 거란세의 제도를 오래 유지할 수 있는 것으로 여긴 것이 아니다.

ⓐ 자세한 것은 「원외왕」에 있다.

70제자의 후학들은 대부분 원대한 지략이 없어 매번 당시 사회현상에 따라 옮겨가면서 부족하고 잘못된 것을 임시변통하였다.[ⓐ] 이런 분파는 오히려 종법사회의 도덕률을 굳게 지켰다. 이들은 비록 일찍이 공자의 『춘추』를 배워 백성이 귀하고 군주가 가볍다는 것을 분명하게 알고 있었을지라도, 갑자기 군주제도를 없애려고 하지 않고, 왕과 제후에 빌붙어서 인정(仁政)을 시행하려고 생각하였다. 예컨대 맹자가 제나라·양나라에서 유세하고 순자가 초나라에서 벼슬한 것은, 모두 대변혁을 꺼린 현실감 없는 생각 때문에 생긴 잘못이다. 이런 분파는 비록 6경을 근본으로 하더라도 스승의 원본을 난삽하게 고치지 않은 적이 결코 없었다. 또 주대 말기 끝자락에 진나라에서 유생을 박사로 두었던 것에도 반드시 경문을 제멋대로 고치는 일이 있었을 것이니, 예컨대 『상서』가 「진서(秦書)」로 끝나는 것은 틀림없이 진나라 박사들이 한 짓일 것이다.[ⓑ] 총괄하면, 공자의 6경은 70제자의 후학들이 다소 개작했을지라도, 감히 그 참됨을 크게 어지럽히지는 못했다. 그러나 한대 초기에 많은 유학자들이 전제군주제를 옹호했기 때문에, 스스로 공자의 6경을 난삽하게 고쳐 군주에게 충성하는 사상을 수립하는 강력한 근거로 만들지 않을 수 없었다. 여러 유학자들이 대체로 맹자와 순자 학파가 전승한 경전을 채용해서 다시 난삽하게 고쳤다는 추론은 결코 사실과 크게 다르지 않을 것이다.

ⓐ 도연명의 시에 "임시로 변통해 인정을 두텁게 한다."[20]고 했다.
ⓑ 『한서』 「유림전」에서 "복생(伏生)[21]이 일부러 진나라 박사가 되었다."고 하였고,

또 진나라 때의 책을 소지하지 못하게 한 것에 대해 말하면서, "복생이 그것을 벽속에 감추어 두었으나 그 후 전쟁이 일어나서 잃어버렸다. 그런데 한나라가 안정되어 복생이 그 책을 찾으니, …"[22]라고 하였다. 이에 의거하면, 진나라는 여정이 왕이 되기 이전부터 그 선군(先君)이 반드시 이미 박사라는 관직을 두었던 것이다. 그런데 여정이 통일하고 관제를 개정하면서 그것을 모두 없애버렸다. 복생이 진나라의 박사가 된 것은 여정이 아직 6국을 병탄하지 않고 막 왕위에 올랐을 때이다. 그것을 어떻게 증명할 수 있는가? 「유림전」에서 "진나라가 책을 소지하지 못하게 하였는데, 복생이 벽속에 감추었다."고 했는데, 이때 복생은 일찌감치 벼슬을 그만두고 제남(濟南)에 돌아가 있었던 것이다. 만약 여전히 진나라의 박사로 있었다면, 책을 소지하지 못하게 하는 진나라의 철저한 감시망이 경성(京城)에서 그가 벽속에 책을 감추도록 내버려 두었겠는가?

[2-4-2-1] 삼강오륜설: 효치(孝治) 사상

나는 일찍이 한대 사람들이 전제군주제를 옹호한 근본 취지는 대략 세 가지로 나눠볼 수 있다고 말한 적이 있다. 첫째가 '삼강오륜설'이고, 둘째가 '천인감응론'이며, 셋째가 '음양오행론'이다. 삼강오륜설을 근본으

---

20 『도연명집(陶淵明集)』「시오언(詩五言)」. 義農去我久, 擧世少復眞, 汲汲魯中叟, 彌縫使其淳, 鳳鳥雖不至, 禮樂暫得新.

21 복생(伏生, 생졸연대미상): 자는 자천(子賤)이며, 진(秦)나라 제북군(濟北郡: 현 산동성 추평현〈鄒平縣〉) 사람이다. 일명 복승(伏勝)이라고도 한다. 복생은 공자 제자의 후예로 진나라가 통일을 이룬 후 조정의 70 박사 중 한 사람이다. 복생은 진나라의 '분서갱유(焚書坑儒)' 때, 『상서(尙書)』를 자신의 집 벽에 숨겨 『상서』를 보존하였다고 한다. 현존하는 『금문상서』는 복생에 의해 전수된 것이다. 또한, 서한(西漢)의 『상서』학자들(구양생〈毆陽生〉·대하후〈大夏侯〉·소하후〈小夏侯〉 등)은 모두 그의 문하에서 나왔다. 후세의 금문경학자들은 복생이 『상서』를 전수한 공적을 높여 한 무제 때 '모든 학파를 몰아내고, 오직 유가만을 존숭[罷黜百家, 獨尊儒術]'하게 만든 동중서(董仲舒)와 더불어 '동복(董伏)'이라고 합칭하였다.

22 『사기』「유림전」. 伏生者, 濟南人也. 故爲秦博士. 孝文帝時, 欲求能治尙書者, 天下無有, 乃聞伏生能治之, 欲召之. 是時伏生年九十餘, 老不能行, 於是乃詔太常使掌故朝錯往受之. 秦時焚書, 伏生壁藏之. 其後兵大起, 流亡, 漢定, 伏生求其書, 亡數十篇, 獨得二十九篇, 卽以敎於齊魯之間. 學者由是頗能言尙書, 諸山東大師無不涉尙書以敎矣.

로 삼은 것은 맹자로부터 위로 증자에게서 찾을 수 있으니, 그 맥락은 분명하게 상고할 수 있다. 『한서』「예문지」에서 "『효경』은 공자가 증자를 위해 효의 도리를 말한 것이다."[23]라고 했다. 「예문지」에서는 『효경』을 연구하는 11명의 전문가가 있었다고 했다. 이제 『논어』에서 공자가 효에 대해 말한 것을 살펴보면, 모두 인정이 측은하여 자연스럽게 발현되는 것을 가지고 지적했으니, 덕의 근본[a]을 배양해서 야박한 곳으로 흘러가지 않게 했던 것이다. 그런데 『효경』이라는 책에서는 곧 겉치레로 대충 말한 것을[b] 가지고 정치와 서로 결합시키는 데에 힘썼기 때문에, 후대의 황제가 효로 천하를 다스리고 효를 충으로 바꾸는 것 등의 교조주의를 모두 『효경』에 근거해서 세웠다. 『대대례기』에서 효를 말한 것도 대부분 증자에게서 나왔지만, '효로 나라를 다스린다는 이론[孝治論]'이 과연 증자에게서 나왔는지, 아니면 그 문인의 후학들이 가탁한 것인지 모르겠다. 이제 상고하여 변별할 근거가 없으니, 일단 증자가 '효치론'의 시조라고 인정하겠다.

[a] '덕의 근본'이란 효가 모든 도덕의 근원이라는 것이다. 사람이 그의 부모에게 야박하게 하면서 군중을 사랑할 수 있는 경우는 없다.
[b] '겉치레로 대충 말한 것'은 데면데면하게 포괄적으로 말한 것인데, 이렇게 말한 것은 인정에 절실하지 않으니 그것으로 효를 가르칠 수 있는 것이 아니다.

맹자는 "요·순의 도는 효제(孝弟)일 뿐이다."[24]라고 했고, 또 "사람들마다 그 자신의 부모를 부모로 모시고, 그 자신의 어른을 어른으로 모시면, 천하가 태평해진다."[25]라고 했다. 맹자가 증자학파였음은 결코 의심할 수 없다. 한대 사람들은 경(經)을 말할 때마다 항상 강상(綱常)의 대의로 설명하지 않은 경우가 없었으며, 그들의 정책은 효제로써 농사일에

---

23 『한서』「예문지」. 孝經者, 孔子爲曾子陳孝道也. 夫孝天之經, 地之義, 民之行也.
24 『맹자』「고자·하」. 堯舜之道, 孝弟而已矣.
25 『맹자』「이루·상」. 孟子曰: "道在爾而求諸遠, 事在易而求之難. 人人親其親 長其長 而天下平."

힘쓰게 하고 군중들을 깨우치는 것이었다.ⓐ 증자와 맹자의 효치론은 본래 공자의 6경에서 나온 것이 아니라 실은 증자 문하의 주장인데, 불행히도 한대에 채용되어 그 폐단이 오래도록 흘러왔으니, 아주 한탄스럽다.

ⓐ 효제를 장려하는 것은, 문화가 충효에 근본을 두도록 한 것이지 학술을 숭상한 것이 아니다. 농사일에 힘쓰기를 권장한 것은, 생산을 오로지 농업으로 귀결시켜 공업과 상업을 배척한 것이다. 그 우민정책이 인정을 왜곡했는데, 2천년 이상 황제가 그것을 시행하고 고치지 않았으니, 비록 통치의 효과는 거두었을지라도 중국은 이때부터 진보가 없었다.

순경(荀卿)은 예치(禮治)를 주장한다. 그 학설의 요지는 욕망을 길러주고 욕구를 채워주는 것이다. 『춘추』의 뜻으로 헤아려보면, 이는 곧 거란세(據亂世)를 벗어나려고 한 것이니, 그가 맹자보다 훨씬 더 뛰어나다. 맹자는 여전히 종법사회사상에 정체되었으므로 순경에 미치지 못한다. 그러나 순경도 승평세(升平世)를 빨리 이루지 못할 것으로 의심한 것 같다. 이에 종법사상을 개조하고자 했으나 철저하지 못했으므로, 군주제도의 폐지를 기꺼이 주장할 수 없었다. 이것은 맹자와 동일한 잘못이다. 내가 맹자와 순경을 합쳐서 하나의 유파로 여기는 것은 바로 이런 이유 때문이다. 그러나 순경은 종법사회의 교조주의를 지키지 않았으니, 결국 맹자보다 뛰어나다.ⓐ 사마천은 『사기』에서 맹자와 순경을 합쳐서 「열전」을 만들면서도 맹자를 특별히 높였는데,[26] 한대 사람들이 맹자만을 스승으로 계승했음을 알 수 있다. 『맹자』에는 종법사회사상이 풍부했기 때문에 전제군주제를 옹호하는 자들에게 받아들여졌다.

ⓐ 맹자는 "마음을 다 밝히면 본성과 천(天)을 안다."[27]고 하였으니, 확실히 매우 친

---

26 사마천은 『사기』에서 … 맹자를 특별히 높였는데: 『사기』 74권이 「맹자순경열전(孟子荀卿列傳)」이다. '맹자'와 '순경'이라는 호칭에서 두 사람을 차별했음을 알 수 있다.

27 『맹자』「진심·상」. 孟子曰: "盡其心者, 知其性也. 知其性, 則知天矣."

근하고 절실하여 사람의 밖에서 천을 구하지 않았다. 그런데 그가 다스림과 교화에 대해 도리어 우원하고 편협하게 말한 것은 『역』과 『춘추』의 넓은 뜻에 통달하지 못했기 때문이다.

[2-4-2-2] 천인감응론과 음양오행론

천인감응론과 음양오행론은 음양가의 술수에 근거한다.[ⓐ] 음양가가 천인관계에 대한 논의를 신도(神道)로써 가르침을 세운 것은 공자의 6경을 아주 망치는 것이니, 그들이 말한 음양도 공자의 『대역』과 무관하다.[ⓑ] 오행은 『상서』「홍범(洪範)」편에 나온다.[28] 오행은 수·화·목·금·토이다. 당(唐)·우(虞)·하(夏)·상(商)의 여러 성인이 자연계에서 이 다섯 종류의 자원을 이용하여 민생을 두텁게 한 것은 나라를 경영하고 백성을 구제하는 데에 그 본래 의미가 있다. 기자(箕子)는 이런 이유 때문에 무왕에게 오행을 알려주었다. 한대 사람들이 처음으로 오행을 우주론·인생론·운회론(運會論)[ⓒ]의 여러 방면에 응용하여 모든 나쁜 미신을 증가시키고 사회에 해독을 끼쳤다. 『예문지』에 「황제태소(黃帝泰素)」20편이 있는데, 유향은 「별록」에서 "혹은 한제공(韓諸公)[29]의 손자가 지은 것이라고 말하기도 한다. 그곳에서 음양오행에 대해 말하면서 황제의 도로 여겼으므로 '태소(泰素)'[30]라고 한다."[31]고 했다. 이것 외에 여러 학자의 저술이 합계 368편이 있다. 대개 한대 사람들이 말하는 음양오행은 모두 전국시대의 음양가를 종주로 한다. 한대 사람으로 『역』을 연구하는 자는 한결같이 상수(象數)를 중심으로 했는데, 그 근원은 모두 음양가

---

28 오행은 『상서』「홍범(洪範)」편에 나온다: 『상서』「홍범(洪範)」. 一五行, 一曰水, 二曰火, 三曰木, 四曰金, 五曰土. 傳皆其生數, 水曰潤下, 火曰炎上, 傳言其自然之常性, 木曰曲直, 金曰從革.

29 한제공(韓諸公): 한비 또는 한비의 아버지라고 한다.

30 태소(泰素): 고대에 우주를 구성하는 원시물질을 지칭한다.

31 『한서』「예문지」. 黃帝泰素二十篇 구절에 대한 주석. 六國時韓諸公子所作. 師古曰: "劉向別錄云, 或言韓諸公孫之所作也. 言陰陽五行, 以爲黃帝之道也. 故曰泰素."

에서 나왔다. 『역』은 오경의 근원이지만 이미 음양가에 의해 어지럽혀져서 오경이 모두 그 근원을 상실했다.

ⓐ 음양가는 대개 상고시대 술수의 근원이다. 고대 천문학이 비록 여기에서 발원했을지라도 음양가의 본래 모습은 결국 술수이다. 『예문지』에서 "그들은 금기(禁忌)에 얽매여 하잘 것 없는 술수에 구애되었다."[32]고 했다.

ⓑ 『역』에서 말하는 음양은 철학적으로 아주 깊고 광대한 의미이다. 나의 『신유식론』을 참고해 보라. 음양가가 음양을 말한 것은 길흉을 점치기 위해 세운 것이니, 그 일은 미신에서 시작되었다.

ⓒ '운회(運會)'란 '다섯 가지 덕이 옮겨 가는 것[五德轉移]' 등과 같은 것이다.

나는 한학(漢學)의 연원을 탐색하면서 다음의 3가지 이론을 발견했다. 첫째는 강상론(綱常論)이니, 효치론이라고도 말할 수 있다. 이것은 증자의 문하에서부터 맹자까지 전해진 것인데, 한대 사람들이 처음으로 오로지 주장했다. 두 번째와 세 번째는 천인감응론과 음양오행론이니, 전국시대의 음양가에서 발원하였는데 한대 사람들이 확대해서 미루어 연역하였다. 종합하면, 한대 유생들은 전제군주제를 옹호하기 위하여 3가지 이론을 제창했지만, 실은 증자와 맹자의 효치사상과 음양가의 술수를 서로 결합하고 그 명칭을 꾸미면서 공자 6경의 도라고 한 것이다.
양한(兩漢)부터 청대(淸代)까지 2천 수백 년 동안 유학자들이 여러 경전을 해석하면서 모두 이 3가지 이론을 골자로 한 것은, 서로 약속하지 않고도 같았다고 말할 수 있다. 이른바 조정의 교령과 사회의 풍습은 그 어느 것도 이 3가지 이론에 뿌리를 두지 않은 것이 없었다. 송대 유학자들은 명목상으로는 한학(漢學)을 반대했지만, 사실 송학(宋學)이 한학과 다른 것은 심성을 보존해서 기르는 공부뿐이었다. 그러나 천인감응과 음양오행에 관한 논의는 송명 이학자들도 시종일관 그 사이에 뒤섞여 있어서 그 폐단을 벗어날 수 없었다. 다만 육상산(陸九淵)과 왕양명(王守仁)

---

[32] 『한서』 「예문지」 「제자략(諸子略)」. 陰陽家者流, 蓋出於羲和之官. 敬順昊天, 歷象日月星辰, 敬授民. 此其所長也. 及拘者爲之, 則牽於禁忌, 泥於小數, 舍人事而任鬼神.

은 이러한 측면에 대해 다른 점이 있지만 논하지 않겠다. 증자와 맹자의 효치사상은 송학파(宋學派)들이 엄격하게 받들어 지켰고 힘써 선양했는데, 한학파(漢學派)에 비하면 또한 지나침이 있을 뿐 모자람은 없었다. ⓐ

ⓐ '송학(宋學)'이라는 말은 송대 이학을 전적으로 지칭하는 것이 아니다. 송대 이후로 정자·주자와 육상산·왕양명의 학문을 공부한 사람을 모두 송학이라고 일컫는다. '한학(漢學)'이라는 말은 양한(兩漢)부터 청대까지 고증을 전문으로 하는 사람을 모두 한학이라고 일컫는다.

어떤 사람이 다음처럼 다시 물었다. "3가지 이론이라는 명칭이 한대 사람들에게는 없었고 다만 여러 경전의 주소(注疏)에서 찾은 것인데, 그대의 말처럼 세 종류의 의미로 총괄할 수 있습니까?"

대답했다. "한대 사람들에게서 '3가지 이론'이라는 명칭이 없었다는 것은 정말 그렇다. 그런데 지금 그대가 이미 한대 사람들이 여러 경전을 주소(注疏)하는데에 실로 이 세 종류의 의미가 있다는 것을 인정했으니, 이것은 이미 나의 설명에 의심이 없다는 것이다. 옛사람의 말에 명칭은 뜻에 근거해서 만든다고 하였는데, 내가 세 종류의 의미를 총괄해서 3가지 이론이라고 이름 붙인 것이 어찌 안 된단 말인가?"

주자(朱熹)의 『논어집주(論語集注)』에, 자장(子張)이 십세(十世) 이후에 대해 묻는 장을 해석하면서, "내 생각에 삼강(三綱)과 오상(五常)은 예의 대체(大體)이니, 삼대가 서로 계승함에 모두 근본으로 여겨 변경하지 않았던 것이다."[33]라고 했다. 이것은 주자 한 사람의 견해가 아니라 실로 2천여 년 동안 한대와 송대의 여러 유학자들이 함께 믿고 지켰던 것이다. 사실 공

---

33 『논어』「위정(爲政)」, 子張問: "十世可知也." 子曰: "殷因於夏禮, 所損益, 可知也. 周因於殷禮, 所損益, 可知也. 其或繼周者, 雖百世可知也." 구절에 대한 주희의 주석. 愚按: 三綱五常, 禮之大體, 三代相繼, 皆因之而不能變. 其所損益, 不過文章制度小過不及之間, 而其已然之迹, 今皆可見. 則自今以往, 或有繼周而王者, 雖百世之遠, 所因所革, 亦不過此, 豈但十世而已乎. 聖人所以知來者蓋如此, 非若後世讖緯術數之學也.

자는 "은나라는 하나라의 예를 근본으로 했으니 덜고 더한 것을 알 수 있으며, 주나라는 은나라의 예를 인습했으니 덜고 더한 것을 알 수 있다. 혹 주나라를 계승하는 자가 있으면, 비록 백세가 지나더라도 알 수 있다."[34]라고 말했는데, 이 구절의 말은 대단히 훌륭하다. 이 구절에서 '근본으로 한다[因]'는 말은 '말미암는 원인[因由]'이라는 뜻이다. 은나라 사람들이 예를 제정한 것은 본래 하나라의 예로 말미암아 고칠 수 있었던 것이다. 은나라의 시대적 상황이 하나라와는 아주 달랐으므로, 덜어내서 고치고 새로 더하지 않을 수 없었던 것이다. 알 수 있는 것은 이것뿐이다. 주나라가 은나라의 예에 대한 것 및 후대에 주나라를 계승하는 것에 대해 똑같이 유추할 수 있다. 이 구절의 뜻을 자세히 살펴보면, 본래 덜고 더하는 것을 중시하는데, 주자는 마침내 삼강과 오상을 '근본으로 한다[因].'는 말에 끼워 넣고는 덜고 더한 것이 없다고 말했다. 주자가 한대 사람들의 강상에 대한 이론을 지극히 존중했다는 것을 알 수 있다.

물었다. "오상(五常)은 인의예지신으로 사람의 본성에 고유한 덕인데, 어떻게 훼손할 수 있다고 말합니까?"

대답했다. "내가 오상을 훼손하는 것이 아니다. 한대와 송대의 여러 유학자들이 오상을 삼강에 연결시키자마자 곧 오상도 명교(名敎)로 변질되어, 사람들이 이에 인의(仁義)라는 명분을 쫓는 것이ⓐ 본성의 저절로 그러함에서 나오지 않게 되었다. 이를테면, 효라는 덕목은 오상에서 인(仁)의 단서인데, 자식이 명교에 속박되어 효를 행하면, 그 지극한 본성이 저절로 발현되는 것에서 나온 것이 아니니 인(仁)을 해침이 이미 심하지 않겠는가! 또 예컨대 부부유별(夫婦有別)은 의(義)의 단서인데, 지금 명교에 속박되어 비로소 구별이 있게 되면, 이것은 세상에서 남편 되고 아내된 자들이 모두 사랑[情義]의 진실을 잃게 되는 것이다. 오대(五代)[35]시대

---

34 『논어』「위정」. 子張問: "十世可知也." 子曰: "殷因於夏禮, 所損益, 可知也. 周因於殷禮, 所損益, 可知也. 其或繼周者, 雖百世可知也."

35 오대(五代): 여기서의 '오대(五代)'는 중국에서 동진(東晉)이 망한 뒤부터 당(唐)나

양(梁)나라에서, 초상을 치르고 처음 조정에 들어가면서 산초가루를 눈에 발라 눈물을 짜냈던 사람이 있었는데, 대개 상례의 명교를 두려워하여 거짓으로 슬픈 모습을 지었지만 예는 망가졌다. 한대에 명교를 신장한 것에서부터 전제군주제가 2천 수백 년 동안 내려왔지만 그 잘못됨을 변별하는 자가 없었다. 비록 인간의 본성에 지(智)라는 덕목이 있지만 끝내 명교에 속박되어 사라졌다. 증척생(曾滌生: 曾國藩)[36]이『선산유서(船山遺書)』[37]를 간행한 것은 민족주의적인 사랑이 없었던 것은 아니었다. 그러나 끝내 청나라의 전제군주제를 뒤엎으려고 하지 않았던 것은 군신의 명분을 배반할 수 없었기 때문이다. 증척생이 자신의 군주에게 충성하고 신실했던 것은 바로 명교의 노예였기 때문이니, 충성하고 신실했다고 말할 수 없다. 오상의 가르침은 덕을 기르기 위한 것이므로 정치와 서로 결합해서는 안 된다. 한대 사람들이 삼강으로써 명교를 신장시킨 것은 실로 일종의 정치적인 운용이다. 바꿔 말하면, 곧 군주를 높이고

라 이전까지 198년 동안의 과도기에 흥망한 다섯 왕조, 즉 남조(南朝)의 송(宋), 제(齊), 양(梁), 진(陳)과 남북을 통일한 수(隋)를 이른다. 이는 당나라가 망한 뒤부터 송나라가 건국되기 이전까지의 과도기에 중원에서 흥망한 다섯 왕조인 후량(後梁), 후당(後唐), 후진(後晉), 후한(後漢), 후주(後周) 즉 '후오대(後五代)'와 구별하기 위해서 '전오대(前五代)'라고도 한다.

36 증국번(曾國藩, 1811-1872): 자는 백함(伯涵)이며, 초명은 자성(子城)이고, 호는 척정(滌正)이다. 청대 말기의 중신으로 군사전문가 · 이학자 · 정치가 · 문학가이다. 태평천국(太平天國)을 진압한 지도자이며 양무운동(洋務運動)의 추진자이다. 주자학자이며, 문장가로도 유명하다. 1852년 예부우시랑(禮部右侍郞: 文敎次官에 해당)으로 재직하였다. 황제와 만주 귀족은 한인세력의 진출을 두려워하여 그의 활동을 제한하였으나, 청왕조에 대한 충성을 맹세함으로써 점차 신임을 얻었다. 유럽의 군사기술과 무기 도입으로 군사력 강화를 제창하여 최초로 유학생을 미국에 파견하였으며, 안경(安慶)에 서양 기술을 도입한 최초의 무기공장을 설립하는 등 '양무운동' 초기의 추진자가 되었다. 한편, 중국 최대의 애국적 사상가로 높이 평가받기도 하며, 혹평을 받기도 한다. 저서로는『증문정공전집(曾文正公全集)』174권,『증문정공수서일기(曾文正公手書日記)』40권 등이 있다.

37『선산유서(船山遺書)』: 명말청초의 위대한 계몽 사상가이며 철학자인 왕부지(王夫之)의 호가 '선산(船山)'이다. 중국번(曾國藩)은 1866년에 한족(漢族) 민족주의를 고취하기 위한 한 가지 방법으로『선산유서(船山遺書)』를 간행했다.

군주에게 충성하는 것을 불변의 진리로 삼았기 때문이다. 내가 어렸을 때 혁명을 도모하면서 여러 소년들과 삼강과 오상을 헐뜯었고, 그것이 6경에서 나왔다고 생각하여 6경이 전제군주제를 보호하는 부적이라고 함께 욕했다. 그런데 그 뒤에 6경을 깊이 연구하면서 비로소 이것이 6경의 뜻이 아님을 깨달았다. 증자와 맹자가 대개 그 단서를 이끌어 냈고, 한대 사람들이 그것을 성대하게 신장시켜 6경을 어지럽혔던 것이다.”ⓑ

ⓐ 여기서 말한 '인의'는 곧 예(禮)·지(智)·신(信) 등의 덕을 포함한다. '쫓는다.'는 것은 그 몸이 인의라는 미명(美名)에 몰입하는 것이니, 욕심쟁이가 그 몸을 재물에 빠뜨리는 것과 같다.

ⓑ 앞에 삼강에 대한 담론이 한 구절 있으니, 반드시 이것과 참고해서 보라.

한대 사람들은 이 '3가지 이론'을 교조(敎條)로 받들었다. 그런데 학자들은 단지 전수받아 지키기만 하고 연구하지 않았으므로, 고증하는 일에만 정신을 쏟았다. 고증의 범위는 단지 경적이나 고적 속에 있는 명물(名物)과 도수(度數)에 제한되었다. '명(名)'을 고증하는 것은 훈고이고, '물(物)'을 고증하는 것은 예컨대 고적에서 언급된 천문, 지리, 동식물의 여러 가지 것들, 그리고 사람이 만든 것으로 의복·궁실·병장기 또는 여러 용기에 대해서 모두 하나하나 그 내용을 자세히 찾는 것이다. 그러나 대자연에는 관심을 두지 않았고, 또한 사람들이 만든 것에 대해서는 편리함과 불편함을 연구하지 않았다. '도수(度數)'의 '도(度)'는 제도를 말하니, 제도를 고증하는 것은 그 범위가 가장 넓다. 한대 사람들은 『예경』 속의 제도에 대해서 제법 해설한 것이 있었지만 그다지 자세하지는 못했다.ⓐ 후세에 사학자가 제도를 상고한 것으로서, 예컨대 통지(通志)[38]·통전(通典)[39]·통고(通考)[40]와 같은 책은 비교적 완비되어 있지만, 모든 법

---

38 통지(通志): 종합문화사적인 역사책을 말한다.

39 통전(通典): 일반적으로 적용되는 규칙이나, 어떤 경우에도 통하는 법전을 말한다.

40 통고(通考): 고금(古今)의 문헌(文獻)에 통달해서 이를 체계적으로 서술한 것을 말

도가 나오는 근본적인 제도 곧 전제군주제에 대해서는 도리어 절대로 의심하지 않았고, 일반 백성들의 고통에 대해서는 동정심이 없었으며, 강한 적이 침략하여 능멸하는 것에 대해서는 민족정신을 불러일으키지 못했고, 단지 옛일에 대해서만 고증할 뿐이었다.ⓑ '도수(度數)'의 '수(數)'를 고증했던 것은 고대에 수학의 발명이 아주 빨랐기 때문인데, 한대 이후로 비록 이 분야에 대해 언급했을지라도 진보하지는 못했다. 예컨대 장평자(張衡)·조충지(祖沖志) 같은 이들은 보기 드문 인재들이다.

ⓐ 삼대의 제도에만 자세하기 어려웠을 뿐 아니라, 춘추시대 여러 나라의 제도에도 역시 자세하지 못했다.

ⓑ 오직 명대 말기 고정림(顧亭林: 顧炎武)[41]·왕선산(王船山: 王夫之)[42]·황종희(黃宗

한다.

41 고염무(顧炎武, 1613-1682): 자는 영인(寧人)이고, 호는 정림(亭林)이며, 강소성 곤산(崑山) 사람이다. 명(明)나라 말기에 양명학(陽明學)이 공리공론을 일삼는 데 환멸을 느끼고 경세치용(經世致用)의 실학(實學)에 뜻을 두었다. 명나라가 망한 후 만주족의 침략에 저항하는 의용군에 참가하였으나 패하였으며, 청의 지배하에 들어가서도 죽을 때까지 이민족(異民族)의 군주를 섬기지 않았다. 다년간 화중(華中)·화북(華北)을 돌아다니면서 천하의 형세를 살피고, 각지의 학자들과 교유하였는데, 이는 명나라의 회복을 꾀한 일이었다. 저서는 경학·사학·문학 각 분야에 걸쳐 매우 많으며, 대표작으로 『일지록(日知錄)』, 『천하군국이병서(天下郡國利病書)』, 『음학오서(音學五書)』 등이 있다.

42 왕부지(王夫之, 1619-1692): 자는 이농(而農)이고, 호는 강재(薑齋)이며, 만년에 형양(衡陽)의 석선산(石船山)에 거처하였으므로 선산(船山)선생으로도 불린다. 호남성 형양(衡陽) 사람으로서 명말(明末)청초의 저명한 사상가이다. 그는 경세치용(經世致用)을 종지로 삼아 경학·사학·문학 등의 제 분야에 통달하였다. 주자학의 정통적 입장에서 사서오경을 연구하여 독자적 견해를 부가하고 『주역외전(周易外傳)』 등을 저작하였다. 노장, 불교사상에 깊은 관심을 기울인 『노자연(老子衍)』, 『장자해(莊子解)』, 『상종낙색(相宗絡索)』의 저작은 그의 사상의 철학적 경향을 나타내는 것이다. 『독통감론(讀通鑑論)』 및 『송론(宋論)』은 우수한 사론(史論)이며, 『황서(黃書)』는 강렬한 화이사상(華夷思想)에 입각한 정치론이다. 그의 저서에는 화이변별(華夷辨別)의 사상을 강조한 것이 많다. 후세의 청말의 개량파 및 혁명파의 사상에 깊은 영향을 주었다. 또 그는 시문에도 능하였다. 특히 『석당영일서론(夕堂永日緖論)』의 「시론(詩論)」은 높이 평가된다. 저술의 대부분은 같은 호남의 후학인 증국번(曾國藩)이 간행한 『선산유서(船山遺書)』에 수록되어 있다.

義)만은 역사를 연구하는 것으로부터 민주사상과 민족사상을 일으켰는데, 청대의 사람들이 다시 그 실마리를 끊어버렸다.

'한학(漢學)'이라는 명칭은 본래 청대 사람들로부터 시작되었다. 청대 사람으로서 고증에 종사하는 사람은 스스로를 높게 표방하여, 송학(宋學)을 경시하고 위로 한대의 스승들을 조종(祖宗)으로 삼고는, 고증에 종사하는 것을 높여서 '한학'이라고 말했다. 2천여 년 동안 학자들이 종사했던 것은 대개 한학을 벗어나지 않는다. 송학의 학자들도 대부분 고증에 정밀했다.

육경(六經)은 모두 공자가 창작했다

6경은 모두 공자가 창작한 것으로, 그 체제가 비록 일치하지 않더라도 대체로 같은 점이 있다. 대체로 같은 점이란, 예컨대『역』의 괘사·효사는 대개 상고시대의 점치는 말이지만, 공자가 이에 별도로「단(彖)」·「상(象)」·「문언(文言)」·「계사전(繫辭傳)」·「설괘(說卦)」·「서괘(序卦)」등을 지어 자신의 철학사상을 발휘했다. 이렇다면 괘사와 효사는 고대의 점치는 말의 의미를 완전히 바꾸어 별도로 새로운 의미를 부여한 것이니, 괘사와 효사는 이미 공자의 자작(自作)이 되었지 고대 점술가가 남긴 글이라고 볼 수 없다. 또 만약『춘추』를 예로 들자면 그 경문(經文)은 노나라 사관들의 글이고 그 기사(記事)는 노나라와 여러 나라의 큰일을 모두 실은 것인데, 공자는 노나라 사관들이 기록한 기사를 빌어서 정치와 사회에 대한 자신의 고원한 사상을 발휘했다. 이렇다면『춘추』는 이미 역사가 아니라 사실 공자의 창작이다.

2-5-1 『역(易)』, 『춘추(春秋)』

『역』과『춘추』두 경전의 체제는 대체로 같고 그 사상은 모두 일관된다. 『역』은 내성외왕의 도를 구비하고,『춘추』는 특별히 외왕에 상세하지만, 근원은『역』에 있다. 『춘추번로』「중정(重政)」편에서 "춘추의 변화는 한결같으니, 그것을 '원(元)'이라고 한다. '원'은 근원(原)과 같다. 그 의미는 그것을 따름으로써 천지가 끝나고 시작한다는 것이다."@1라고 했다. 이것은『대역』에서 건원(乾元)이 만물을 시작한다는 것과 같은 의미이다.ⓑ 그러므로『춘추』를 공부하면서『역』을 배우지 않으면 안 된다.『춘추』의 의미는 곳곳에서『역』과 통하니,『역』에 밝지 않으면 음양의 소식(消息)에 대해 알 수 없다. 바꿔 말하면, (『역』에 밝지 않으면) 곧 만물의 이치와 사람의 일이 변천하는 '처음과 끝[始終]'을 깊이 관찰해서 큰 변화를 제어하고 큰일을 일으킬 수 없다는 것이다.ⓒ『역』에 밝지 못하면, 온갖 변화를 겪고 중요한 권한을 맡아도 간혹 중도(中道)를 이탈하니, 시작을 바르게 할 수 없다.『역』의 도리는 광대하여 포함하지 않는 것이 없으며『춘추』는『역』과 서로 표리가 된다.『춘추』를 공부하면서『역』에 밝지 않으면, 공허하고 거칠어 깊이 있는 기반이 없다. 강유위(康有爲)2는『대역』에 대해 전혀 연구하지 않아『춘추』삼세(三世)의 명

1『춘추번로』「중정(重政)」. 是以春秋變一, 謂之元. 元猶原也. 其義以隨天地終始也.

2 강유위(康有爲, 1858-1927): 자는 광하(廣夏)이고, 호는 장소(長素)이며, 광동성 남해현(南海縣) 사람이다. 그는 선비집안 출신으로 공부주사(工部主事)를 역임했으며, 근대의 저명한 사상가이면서 무술변법(戊戌變法)을 주도한 정치가이기도 하다. 전통적인 유교를 새로운 관점에서 보는 공양학(公羊學)을 배우고 널리 유럽의 근대사정도 익혔다. 그는 고향에 사숙(私塾) 만목초당(萬木草堂)을 열고 양계초(梁啓超) 등을 교육하는 한편, 황제에게 상서(上書)를 올리고 북경(北京)·상해(上海)에서 면학회(勉學會)를 조직하는 등 활동을 하였다. 1898년 그의 변법자강책(變法自彊策)은 제사(帝師)인 옹동화(翁同龢)를 통하여 광서제(光緖帝)에게 받아들여져 무술변법이라 불리는 개혁을 이끌었다. 과거(科擧)의 개정, 실업의 장려, 부정한 관리의 정리 등 그 내용은 시대의 조류에 적실한 것이었으나 개혁의 추진력이 궁정 내의 일부에 한정되었고, 국민들과의 광범한 유대가 없었기 때문에 실효를 거두지 못했다. '1백일 변법'이라 불리고 있듯이, 불과 1백일쯤 뒤에 원세개(袁世凱)의 배반으로 실패로 끝나고, 서태후(西太後) 등의 수구파(守舊派)가 모든 것을 원상대로 환원시키자 강유위 등은 해외로 망명했다. 망명 후 보황회(保皇會)를 설립하여 의화단(義和團)의 난을 틈타 선통제(宣統帝)의 복위를 꾀하기도 하였으나, 그의 사상은 차차 쇠퇴하여 손문(孫文) 등의 혁명파에 의하여 대체되었다. 저서로는 『춘추동씨학(春秋董氏學)』,『신학위경고(新學僞經考)』,『공자개제고(孔子改制考)』, 『대동서(大同書)』등 많은 저서가 있다.

목을 공허하게 게시했다. 그 때문에 아는 것이 참되지 못해 지키는 것이 정해지지 않아서, 끝내 전제군주제를 회복하려다가 실패했다.

ⓐ 생각건대 천지만물이 시작하고 끝나는 까닭은 모두 원(元)이 그렇게 한다는 말이다.

ⓑ 『역』 「건괘」에서 "위대하다. 건원(乾元)이여! 만물이 그것을 바탕으로 시작한다."[3]라고 했다.

ⓒ 여기의 '처음과 끝[始終]'에서 '시(始)'는 원인이라고 말하는 것과 같고, '종(終)'은 결과라고 말하는 것과 같다. 시작하면 끝이 있고, 끝나면 다시 시작해서 변화가 촘촘하게 이어지니, 언제나 새롭게 되어 옛것을 사용하지 않는다. '제어한다.'는 것은 만물의 이치와 사람의 일이 변천하는 인과관계를 분명하게 깨달으면, 큰 변화 속에서 스스로 주인이 되어 이 변화를 제어할 수 있다는 말이다.

2-5-2 『주관경(周官經)』

『예경』은 옛날에 삼례(三禮)라고 했으니, 『의례(儀禮)』와 『주관(周官)』과 『예기(禮記)』 혹은 『대대례(大戴禮)』라고 한다. 나는 『의례』는 공자가 확정한 것이 아니라고 생각한다. 『의례』는 대개 주공이 처음 만들었고, 서주와 동주의 후대 왕들이 조금씩 보태고 고쳤지만 마땅히 크게 고친 것은 없다. 그러므로 주공이 예를 제정한 의미를 탐구하는 자는 『의례』를 믿을 만한 증거로 삼아야 한다. 만약 공자의 6경에서 『예경』을 논한다면, 『의례』는 당연히 별도의 한권의 책으로 봐야지 6경에 섞어 넣어 어지럽혀서는 안 된다.

『주관』이라는 경전은 대개 공자가 『춘추』 이외에 다시 승평세(升平世)의 통치방법을 밝힘으로써 태평을 여는 기초로 삼았던 것이다. 그 책은 관직을 날줄[經]로 직무를 씨줄[緯]로 삼지만, 광대하고 정밀한 의미는 각 조

---

3 『역』 「건(乾)」, 象曰: "大哉乾元, 萬物資始."

목 안에 암암리에 내포되어 있다. 책의 짜임새는 『대역』·『춘추』와 거의 서로 유사하다.ⓐ 앞선 성인들이 말한 요점에 대해서는 이론으로 꾸미는 것을 힘쓰지 않았으니, 독자들이 깊이 생각하여 스스로 깨닫도록 한 것이다. 독자가 깊이 생각하지 않는다면 어떻게 할 도리가 없다.

> ⓐ 『역』의 괘·효사, 『춘추』의 경문(經文), 『주관』의 관직 설치와 직분 분장은 모두 한 건 한 건에 대한 조문(條文) 같지만, 무한한 의미를 그 사이에 암암리에 내포하고 있다.

『주관』은 본래 공자가 지어 『춘추』를 보좌하는 것으로 삼은 것이다. 그런데 유흠(劉歆)이 주공이 지었다고 하면서부터 그 후에 의심하는 자들은 6국시대의 사람에게서 나왔다고 했고,ⓐ 다시 유흠에 의해 위작된 것이라고 비난했는데, 모두 천박하고 망령된 견해일 뿐이다. 『주관경』은 대우주를 포괄하고 온갖 단서를 질서짓고 있으니, 성스러운 지혜가 아주 출중하고 만세를 위하여 태평을 여는 큰 소원을 가진 사람이 아니라면, 어떻게 지을 수 있었겠는가? 유흠의 재주는 고증하는 것이고, 행위는 간사한 무리와 편당하는 것인데, 어떻게 이런 경을 만들 수 있었겠는가? 하휴(何休)[4]의 무리들이 (『주관』이) 6국 시대의 사람에게서 나왔다

---

4 하휴(何休, 129-182): 자는 소공(邵公)이고, 임성번(任城樊: 현 산동성 자양〈滋陽〉) 사람으로서 중국 후한시대의 걸출한 경학자이다. 소박하고 근엄한 학자로서 젊어서 관리가 되었으나 곧 사퇴하고, 각고의 노력으로 15년 만에 명저 『춘추공양전해고(春秋公羊傳解詁)』를 완성하였다. 당시에는 마융(馬融)·정현(鄭玄)을 중심으로 하는 『춘추좌씨전(春秋左氏傳)』이 성행하였고 『춘추』의 기사(記事)를 사실(史實)로서 상술(詳述)하는 학풍이 성행하였는데, 하휴는 『춘추공양전』을 거론하여 그 기사의 사상적 의미를 취하고, 이를 공자의 정신을 잇는 것이라 하여 존경하였다. 하휴의 공양학은 한(漢)나라 경제(景帝) 때의 박사 호무생(胡母生)에서 비롯되어 동중서(董仲舒)를 거쳐 그에게 이어진 것으로, 후에 청나라 말에 이르러 금문공양학(今文公羊學)으로 발전하였다. 그는 『춘추공양전해고(春秋公羊傳解詁)』 12권을 저술하여 훗날 청나라에 공양학파가 일어나는 기초를 마련하였다. 이외에도 『춘추한의(春秋漢議)』 13권의 저술이 있고, 또 『효경(孝經)』과 『논어(論語)』 등을 주석하였다.

고 말하는 것도 역시 크게 잘못되었다. 6국 시대에 통치를 말하는 자는 맹자 등과 같이 유학의 효치파로서, 오직 효제(孝弟)와 농상(農桑)을 중시했다.ⓑ 새로운 패도는 백성들의 힘을 농사와 전쟁에 집중시켰다.ⓒ『주관』의 사상은 6국 시대 사람들이 꿈에서도 상상할 수 없는 것인데, 어떻게 이런 경을 지을 수 있었겠는가? 하휴가 그것을 6국 시대 음모술수의 책으로 여긴 것은 순전히 사사로운 생각에서 나온 것이다. 이 경은 한대에 고문학(古文學)이었으므로, 『설문해자』에서 『주관』은 고문(古文)이라고 서술했다.[5] 하휴는 임석(臨碩)의 무리와 함께 모두 금문(今文)의 전문가[經師]들이었다. 한대의 금고문 논쟁은 아주 심했으니, 그렇게 된 까닭은 다음과 같다. 금문학이 먼저 학관을 세워 고문학이 설 수 없도록 방해했는데, 이것은 바로 금문학자들이 작록(爵祿)의 이로움을 독점하는 길에 오직 고문학에 통달한 자가 자기들의 단점을 들춰낼까 두려웠기 때문이다. 방해했던 주된 원인이 여기에 있었으니, 지극히 비열하다고 말할 수 있다.

ⓐ 하휴(何休)가 처음으로 이와 같은 주장을 견지했다.[6]

ⓑ 한대 사람들의 효제(孝悌)와 힘써 농사짓는 정책이 여기에 근본을 두고 있다.

ⓒ 춘추시대 오패(五霸)는 아직도 왕도에서 그리 멀리 벗어나지 않았다. 상앙과 한비자의 이론은 왕도에 반대될 뿐만 아니라, 오패와도 극단적으로 상반되니, 이것을 새로운 패도라고 한다.

동한(東漢)의 장재(章帝)[7] 건초(建初) 8년(서기 83년)에 『주관』은 『고문상서』・『모시(毛詩)』와 처음으로 동일하게 제자직에 설치되었다.[8] 그 후에 전수

---

5 『설문해자』에서 『주관』은 고문(古文)이라고 서술했다: 『설문해자(說文解字)』. 孟氏書, 孔氏詩, 毛氏禮, 周官, 春秋左氏, 論語, 孝經, 皆古文也.

6 하휴(何休)가 처음으로 이와 같은 주장을 견지했다: 『주례주소(周禮注疏)』「서주례폐흥(序周禮廢興)」. 何休又云, 六國陰謀之書.

7 동한(東漢)의 장재(章帝): 숙종효장황제(肅宗孝章皇帝: 58-88) 유달(劉炟)로 동한(東漢)의 황제이다. 재위기간은 75년부터 88년까지 모두 14년이다. 연호는 건초(建初)・원화(元和)・장화(章和)이다.

하는 것이 점점 성대해졌으니, 이것은 반드시 하휴와 임석의 무리가 시샘하는 일이 되었을 것이다. 이 때문에 온 힘을 다해 밀쳐냈으니, 하휴가 『주관』을 배척해서 6국의 음모술수의 책이라고 여긴 것은,[ⓐ] 이 책이 소수의 지배자가 천하의 절대다수를 통치하는 것에 대해 반대한다는 것을 깊이 알았기 때문이다. 바꿔 말하면, 통치계급의 존재를 인정하지 않으므로, 이 책은 6국시대의 유생들이 흉포한 진나라에 반대하는 음모가 있는 책이라는 것이다. 이 책이 처음 나오자 한무제(漢武帝)[9]는 이미 혼란스러워 정상이 아닌 책이라고 헐뜯었다. 그 때문에 비밀서고[秘府]에 넣어두었으니, 볼 수 있는 자가 없었다. 하휴의 주장도 무제와 대략 같다. 사실 이 책은 본래 공자가 혁명과 제도 개혁에 대한 이상을 발휘한 것이다. 6국 시대에 유생들은 이 주장을 주창하고 밝힘으로 진나라에 대항하는 자가 자주 있었다. 그런데도 하휴가 음모술수의 책이라고 헐뜯었으니, 그 심보가 아주 더럽고 비루하다.

ⓐ 하휴가 6국만 말했던 것은 대개 진나라는 후미지고 비루해서 그전부터 학술사상이 없었고, 그 군주는 횡포해서 또한 전제군주제를 반대하는 학설의 존재를 용납하지 않았으므로, 『주관』이 6국에서 나왔다고 했다.

총괄하면, 『주관』은 6국 시대의 사람이 위조한 것도 아니고, 더욱이 유흠이 위조할 수 있는 것도 아니다. 조금이라도 식견이 있었다면 어리석고 망령된 말에 끌려 다니지 않았을 것이다. 근세에 강유위가 『춘추』에 대해 말하면서 공연히 삼세(三世)라는 명목만 외치고 그 뜻을 강구하지 못했다. 그가 여러 책을 지은 것은 모두 오로지 책을 베껴 적기만 하는 하급 관리가 하는 일이었으니, 진실로 『춘추』를 깨달았던 것이 아니다.

---

8 동한(東漢)의 장재(章帝) … 동일하게 제자직에 설치되었다: 『후한서』 「장제기(章帝紀)」. 其令群儒選高才生, 受學左氏, 穀梁春秋, 古文尙書, 毛詩, 以扶微學, 廣異義焉.

9 한무제(漢武帝): 무제(武帝: B.C.156-B.C.87) 중국 한(漢)의 제7대 황제로서 제후에 대한 통제를 강화하여 중앙집권체제를 완성하였고, 적극적인 대외정책을 펼쳐 영토를 크게 확장하여 한(漢)의 전성기를 이끌었다.

『춘추』에 대해 진실로 깨달았다면, 『주관』이 『춘추』와 일관됨을 반드시 알았을 것인데, 어떻게 차마 『주관』을 배척했겠는가? 강유위는 『춘추』와 『주관』에 대해 둘 다 깨닫지 못하고, 오로지 책을 베껴 적기만 하는 하급관리의 재주로 『주관』을 함부로 헐뜯었으니, 자신의 역량을 모른다는 것을 대부분 드러냈다.[ⓐ]

> ⓐ 이 구절은 『논어』 「자장(子張)」편의 말을 사용했다. 주희의 주석에서 "'역량을 모른다는 것[不知量]'은 스스로 자신의 분수와 역량을 모른다는 말이다."[10]라고 했다.

순열(荀悅)[11]은 『한기(漢紀)』 「성제(成帝)」[12]편에서 "유흠이 『주관』 6편을 『주례』라고 여겼다."[13]라고 했고, 『주관마융전(周官馬融傳)』에서 다음처럼 말했다. "이 경(經)은 산 속의 바위와 집의 벽에서 나온 다음 다시 비밀 서고에 들어가 '다섯 학자들[五家]'[ⓐ]의 유생들이 아무도 볼 수 없었다. 성제(成帝)에 이르러 유향의 아들 유흠이 교리비서(校理秘書)가 되어, 비로소 이 책을 차례대로 배열하여 『녹략(錄略)』[14]에 드러내었다. 그러나 그 가운데 「동관(冬官)」 1편이 망실되어 「고공기(考工記)」로 채워 넣었다. 당

---

10 『논어』 「자장(子張)」. 叔孫武叔毁仲尼. 子貢曰: "無以爲也, 仲尼不可毁也. 他人之賢者, 丘陵也, 猶可踰也. 仲尼, 日月也, 無得而踰焉. 人雖欲自絶, 其何傷於日月乎. 多見其不知量也." 구절에 대한 주희의 주석. 不知量, 謂不自知其分量.

11 순열(荀悅, 148-209): 자는 중예(仲豫)이며, 영천영음(潁川潁陰: 현 하남성 허창〈許昌〉) 사람이다. 후한 말엽의 사상가이다. 12세 때 『춘추(春秋)』에 통달하였으나, 성장해서는 병약하여 세상에 나가기를 싫어하였다. 후에 조조(曹操)의 부름을 받고 황문시랑(黃門侍郎)이 되어 헌제(獻帝)에게 강의를 하였고, 비서감시중(秘書監侍中)에 올랐다. 때마침 조조가 실권을 잡고 후한 왕조가 쇠퇴하였으므로, 인의(仁義)를 바탕으로 하여 시폐(時弊)를 구제하려는 정책을 논한 『신감(申鑒)』 5편을 저술하였고, 『한서(漢書)』를 간편한 편년체(編年體)로 고친 『한기(漢紀)』 30권을 편찬하였다.

12 성제(成帝): 한나라 성제(成帝) 류오(劉驁: B.C.51-B.C.7)는 서한 12대 황제로 B.C.33-B.C.7까지 재위에 있었다. 시호(諡號)는 효성황제(孝成皇帝)이다.

13 『한기(漢紀)』 「효성(孝成)」. 歆以周官經六篇爲周禮.

14 『녹략(錄略)』: 유향의 기록과 상소문 및 유흠의 『칠략(七略)』을 병칭(竝稱)한 것이다.

시에 여러 유생들이 모두 함께 배척하면서 옳지 않다고 여겼다. 오직 유흠 혼자만이 알았는데 그의 나이가 아직 어려서 널리 보고 배우는 데에 힘쓰고 또『춘추』를 정교하게 연구했다. 그래서 그의 말년에 주공이 태평을 이루려고 했던 도의 흔적이 여기에 갖추어져 있음을 알았다."[15]

ⓐ '다섯 학자들[五家]'이란 고당생(高堂生)[16]·소분(蕭奮)·맹경(孟卿)[17]·후창(後倉)[18]·대덕(戴德)[19]·대성(戴聖)[20]이다.

15『주례주소』「서주례폐흥(序周禮廢興)」. 孝武帝始除挾書之律, 開獻書之路, 旣出於山巖屋壁, 復入於秘府, 五家之儒莫得見焉. 至孝成皇帝達才通人, 劉向子歆, 校理秘書, 始得列序, 著於錄略. 然亡其冬官一篇, 以考工記足之. 時衆儒並出共排, 以爲非是. 唯歆獨識, 其年尙幼, 務在廣覽博觀, 又多銳精於春秋, 末年乃知其周公致太平之跡, 跡具在斯.

16 고당생(高堂生, 생존연대미상): 일명 고당백(高堂伯)이라고 부르기도 하며, 서한(西漢) 노(魯: 현 산동성 신태용정〈新泰龍廷〉)의 사람이다. 고대의 예제를 전문적으로 연구하였고, 한나라 초기에 '예학(禮學)'을 가장 먼저 전수받은 사람이다. 서생(徐生)과 함께『의례(儀禮)』를 전수하고 전파하는 데 큰 공헌을 하였다.

17 맹경(孟卿, 생졸연대미상): 서한의 산동 사람이며,『예』와『춘추』에 정통했다. 명유(名儒) 맹희(孟喜)의 아버지이다.

18 후창(後倉, 생졸연대미상): 자는 근군(近君)이고, 서한(西漢)의 동해담(東海郯: 현 산동성 담성〈郯城〉) 사람이다. 서한(西漢)의 경학자로서『예(禮)』와『시(詩)』에 대한 연구가 깊다. 한무제 때에 박사관이 되었으며, 하후시창(夏侯始昌)의 문하에서 배웠다.『예』에 대한 연구 성과가 수만 언에 달하며, 저술로는『곡태기(曲台記)』, 일명『후씨곡태기(後氏曲台記)』가 있다.

19 대덕(戴德, 생졸연대미상): 자는 연군(延君)이며, 한나라의 학자로서 서한 양(梁: 현 하남성 상구〈商丘〉)의 사람이다. 한대의 예학가(禮學家)로서 금문예학인 '대대학(大戴學)'의 개창자이다. 대덕은 공자와 그 후학들이 지었다는 책들을 무제 때의 하간(河間)과 선제 때의 유향(劉向)에 의해 정리된『예기(禮記)』214편을 줄여『대대례기(大戴禮記)』85편을 만들었지만, 지금은 그중의 일부인 40편만 전해진다. 대덕과 그의 조카인『소대례기(小戴禮記)』의 편찬자 대성(戴聖)은 모두 서한의 경학가인 후창(後蒼)의 제자이다.

20 대성(戴聖, 생졸연대미상): 자는 차군(次君)이며, 한나라의 학자로서 서한 양(梁: 현 하남성 상구〈商丘〉)의 사람이다. 대덕이 쓴『대대례기(大戴禮記)』85편을 간추려서『소대례기(小戴禮記)』49편을 만들었다. 대대(大戴)와 소대(小戴)는 숙질관계로 알려진 대덕과 대성을 구분하기 위한 것이다. 후한의 정현이 "대덕·대성이 전한 것이 곧 예기다"라고 하여『예기』란 명칭이 나타났는데,『대대례기』는 오늘날 40편밖에 그 내용을 알 수 없다. 따라서 일반적으로『예기』라고 하면 대성이

이것에 근거하면, 유향과 유흠 부자는 모두『주관』을『주례』라고 말했
고, 주공이 지었다고 믿었다. 정현(鄭玄)도 "주공이 섭정하면서 육전(六典)
의 직책을 만들어 그것을『주례』라고 했다."[21]라고 했다.[ⓐ] 그런데 정현
의 견해는 사실 유흠을 근본으로 하면서 다만 주공이 섭정할 때 지은 것
이라고 말했으니, 유흠보다 더욱 억지로 추측한 것이다. 이 경(經)은 한
대 이후로 의심하고 비방하는 자들 이외에,[ⓑ] 그것을 높이고 믿는 자들
은 모두 주공이 지은『주례』라고 확정해서 이 '경이 공자가 창작한 것임
을 아는 자가 없었으니, 어찌 이상하지 않은가!'

> [ⓐ]『주관』은 육관(六官)을 세웠으므로 육전(六典)이라고 말했다.
> [ⓑ] 한무제와 임석·하휴의 무리는 모두『주관』을 헐뜯었다. 당대(唐代)의 조광(趙
>   匡)·육순(陸淳)으로부터 송·원대의 유생까지 비방하는 의론이 더욱 많아졌고,
>   청대의 강유위도 여전히 공격하기를 멈추지 않았다.

고증에 종사하는 종래의 경학자들은 간혹 주대 말기의 고적에서 몇 조
목을 발견하면, 이 경(經)과 합치시키려는 자가 있었다. 예컨대 청대 사
람 왕중(汪中)이 제기한 6개의 증거가 바로 그러한 사례이다. 사실 고증
학자들이 찾은 것은 모두 자잘한 것들이다. 큰 곳에서 보지 않으면,『주
관』의 고원한 이상과 그 학설의 체계를 음미하지 못한다. 이 때문에 이
경이 바로 주공이 지은『주례』로서 일찍이 성왕(成王)과 주공시대에 실
행되었다고 억측했다. 문·무·주공의 정사(政事)가 성왕과 강왕(康王)이
죽었을 때에 이르러 이미 쇠퇴했다는 것을 전혀 몰랐다. 대개 군주 전제
정치는 현명한 군주를 얻으면 국정이 흥하지만, 그의 사후에는 바로 사
라진다. 만약『주관』의 법도가 실행되었다면, 민주정치의 역량이 양성
되어 국정의 흥망이 한 사람에 의해 좌우되지 않았을 것이니, 변아(變

엮은『소대례기』를 말한다.

21『상서패소(尙書稗疏)』「대고(大誥)」. 鄭玄乃云: "周公居攝, 而作六典之職, 謂之周
    禮."

雅)²²가 어떻게 만들어졌겠는가?ⓐ

ⓐ 『시경』에는 '변아'가 있으니, 주나라 왕이 도에 어긋나서 백성들이 믿고 살지 못하는 데서 나왔다.

성왕과 주공 당시에 『주관』의 통치제도가 있을 수 없었으니, 이것은 논할 필요가 없다. 어떤 이는 주공이 만들었지만 실행하지 못했다고 하는데, 이런 견해도 큰 잘못이다. 주공은 은·주시대에 태어나 자랐으니, 공자가 춘추시대를 맞이해 여러 풍속이 크게 변하고 학술이 아주 성대해서 영험한 사상을 끌어낼 수 있었던 것과는 아주 달랐다. 또 주공은 주나라 왕실을 창업해서 물려주었는데, 과연 『주관』의 이상이 있었다면 어찌 그것을 몸소 실행하지 않고 쓸데없는 글로써 후세에 남겼겠는가? 그러므로 이 경(經)은 주공이 지은 것이 아니라고 단정할 수 있으니, 다른 의론은 절대로 받아들일 수 없다.

또한 일본의 한학자 임태보(林泰輔)는 이 경에서 옛글자[古字]와 옛 관직의 명칭 등을 많이 사용한 것을 가지고 서주시대의 사람이 지은 것이라고 판정하였다.²³ 왕국유(王國維)²⁴는 이 견해를 대체로 찬성했지만, 나는 임

22 변아(變雅): 『시경』에서 「소아(小雅)」·「대아(大雅)」의 일부로서, 정아(正雅)와 상대해서 일반적으로 주나라 왕실이 쇠퇴하고 정국이 혼란할 때의 작품이다.

23 또한 일본의 한학자 임태보(林泰輔)는 … 서주시대의 사람이 지은 것이라고 판정하였다: 일본의 갑골문 학자로 유명한 임태보(林泰輔)가 저술한 『주공(周公)』을 전목(錢穆)이 중국어로 번역하였는데, 웅십력이 아마 이를 참조한 것 같다.

24 왕국유(王國維, 1877-1927): 자는 백우(伯隅)·정안(靜安)이고, 호는 관당(觀堂)·영관(永觀)이다. 청대 말기의 수재로 중국의 근현대 문학·미학·사학·철학·고문자·고고학 등 각 방면에 정통한 저명한 학자이다. 1901년 일본으로 건너가 물리학교(物理學校)에서 수학하던 중 각기병으로 이듬해 귀국하였다. 한때 강소성의 사범학교에서 철학강의를 담당하였으며, 니체의 영향을 받아 시문집(詩文集)을 출판하는 한편, 사(詞)와 송·원시대(宋元時代)의 희곡을 연구하였다. 신해혁명이 일어나자 라진옥(羅振玉)을 따라 일본으로 망명하였으며, 그 뒤 청조(淸朝) 고증학의 전통에 따라 경학(經學)·사학(史學)·금석학(金石學)의 연구에 몰두하였다. 또한 산일(散佚)된 구사료(舊史料)의 정리와 함께 중국 고대역사의 사실구명에 많은 공적을 남김으로써, 곽말략(郭沫若)·문일다(聞一多) 등의 역사가에게

태보의 설이 옳지 않다고 말했다. 후대 사람들이 이상으로 여기는 정치제도에 그 관직의 명칭으로 고대의 명칭을 참고해서 사용하는 것은 아주 흔한 일이다. 옛글자를 사용하는 것은 더욱 이상하게 여길 것도 없다. 공자는 스스로 '옛것을 믿고 좋아했으며'[25] '옛것을 익혀서 새로운 것을 안다.'[26]고 하였으니, 그가 괘와 효의 상(象)에 따라 『역』을 연역하고, 노나라 역사를 근거로 『춘추』를 지은 것은 모두 옛것에 의탁한 것이다. 그런데 어떻게 『주관』에 옛글자와 옛 관명이 있는 것을 가지고 마침내 공자가 지은 것이 아니라고 의심하고 서주 때의 사람이 지었다고 단정할 수 있겠는가? 임태보는 『주관』의 이상을 연구하지 않았으므로, 이런 잘못된 판단을 했다. 나는 『주관』을 공자가 지은 것이라고 단정한다.

『춘추』 삼세(三世)의 뜻은 거란세(據亂世)를 떠나 승평세(升平世)로 나아가 태평세(太平世)에 도달하는 데에 있다. 그 가운데 승평세의 통치법이 가장 중요하니, 과거를 되돌아보면 거란세를 떠나기를 추구하고, 미래를 내다보면 태평세로 나아가기를 힘쓴다. 승평세의 규모가 만약 아름답고 훌륭하지 않다면, 거란세를 떠날 수 없고 태평세로 나아갈 수 없다. 『주관』은 바로 『춘추』를 계승하여 승평세의 통치법을 밝혔으니, 태평세를 열기 위해 기초를 세운 것이다. 또 이 경(經)의 규모는 광대하여 천지의 도를 마름질하여 이루고 만물의 마땅함을 도와주는 도가 구비되지 않음이 없으니, 최상의 철학자가 아니면 아무도 그렇게 할 수 없는 것이다.[a]

많은 영향을 주었다. 라진옥과 함께 안양에서 출토된 갑골문(甲骨文)을 정리하고 복사(蔔辭)의 연대를 고증하여 갑골문의 기초를 세웠고, 주대(周代)의 금문(金文)과 『설문(說文)』의 서체를 비교·연구하였으며, 돈황(敦煌)에서 발견된 당운(唐韻)의 사본을 기초로 하여 중국음운의 변천과정을 구명하기도 하였다. 1916년 재차 귀국하여 청화연구원(淸華硏究院) 교수를 역임하였으며, 북경(北京)대학 국학연구소를 이끌었다. 1927년 민족부흥의 가망이 없음을 비관하여 곤명호(昆明湖)에 투신·자살하였다. 주요 연구업적은 『관당집림(觀堂集林)』 24권에 수록되어 있다.

25 『논어』「술이」. 子曰: "述而不作, 信而好古, 竊比於我老彭."
26 『논어』「위정」. 子曰: "溫故而知新, 可以爲師矣."

또 이 경이 비록 왕이라는 칭호를 세워 육관(六官)을 통솔하더라도 왕은 사실 형식적인 지위에 불과하다. 『춘추』는 승평세에서 '천자'를 작위의 칭호로 여겼다.ⓑ 작위를 주는 것은 최고의 권위와 세습제를 없애기 위함이니, 단지 공적으로 선출한 행정의 수장일 뿐이다. 이 『주관경』에서 왕을 형식적인 칭호로 여기는 것이 바로 『춘추』와 부합하니, 이것이 또한 공자가 지었다는 증거이다.

> ⓐ 『역』에서 "천지의 도를 마름질하여 이루고 만물의 마땅함을 도와준다."[27]라고 했는데, 그 도가 『주관』보다 더 잘 갖추어진 것이 없다.
>
> ⓑ 이것은 『공양(公羊)』의 뜻에 근거했다. 『좌전』과 『곡량전』에는 비록 다른 견해가 있지만 모두 『춘추』의 뜻을 전하지 않았으니, 근거로 삼을 수 없다.

왕중(汪中)은 "한대 이전에 『주관』이 전수된 원류를 모두 자세하게 알 수 없었으므로 많은 유생들에게 배척당했다."고 했다. 왕중은 전혀 그 까닭을 깊이 추구하지 않았다. 생각건대, 『주관』「마융전(馬融傳)」에서 다음처럼 말했다. "진나라는 효공(孝公)[28] 이후로 상앙의 법을 사용해서 그 정사(政事)가 잔혹했으니, 『주관』과는 상반된다. 그러므로 진시황제가 책을 소지하는 것을 금지하면서 특별히 『주관』을 싫어하여,ⓐ 이것만은 완전히 없애버리려고 끝까지 찾아서 불태웠다.ⓑ 이 때문에 백 년 동안 숨겨졌다가 효무제(孝武帝)가 비로소 책을 소지하는 것을 금지하는 법률을 해제하니,ⓒ 산 속의 바위와 집의 벽에서 나온 다음 다시 비밀서고로 들어갔다고 했다."[29] 또 임효존(臨孝存: 臨碩)ⓓ은[30] 무제가 『주관』이 전국

---

27 『역』「태괘(泰卦)」「단전(象傳)」. 天地交, 泰, 後以財成天地之道, 輔相天地之宜, 以左右民.

28 효공(孝公): 진효공(秦孝公, B.C.381-B.C.338)은 전국시대 진나라의 걸출한 임금으로 재위기간은 B.C.361-B.C.338년이다. 부국강병을 추구하기 위해 상앙을 등용해 변법을 실시했다.

29 『주례주소』「서주례폐흥(序周禮廢興)」. 周官, 孝武之時始出, 秘而不傳. 周禮, 後出者, 以其始皇特惡之故也. 是以馬融傳云, 秦自孝公已下用商君之法, 其政酷烈, 與周官相反. 故始皇禁挾書, 特疾惡, 欲絶滅之, 搜求焚燒之獨悉. 是以隱藏百年. 孝武帝始除挾

시대의 혼란스러워 정상이 아닌 책이라는 것을 알고 배척해서 유행시키지 않았으며, 이 때문에 「십론(十論)」과 「칠란(七難)」을 지어 배척했다고 말했다. 이것에 근거하면, 이 책은 이미 진나라에서 재난을 당했을 뿐만 아니라 또한 한나라에서도 재난을 당해 유생들이 감히 익힐 수 없었으니, 이것이 전수되지 않은 까닭이다.

    ⓐ 특히『주관』을 싫어했다.
    ⓑ 유독『주관』만은 조사하고 찾아내어 거의 모두 불태워졌다.
    ⓒ 피석서(皮錫瑞)는 혜제(惠帝)가 이미 책을 소지하는 것을 금지하는 법률을 해제하였으니, 마융이 무제(武帝)라고 말한 것은 잘못이 있는 것 같다고 하였다. 그런데 나는 피석서가 지나치게 의심했다고 생각한다. 혜제 때는 여정의 재앙과 아직도 가까운 시기이므로, 비록 책을 소지하는 것을 금지하는 법률을 해제했을지라도 민간에서는 혹시나 하며 관망하지 않을 수 없었다. 그래서 무제 때에 책을 소지하는 것을 금지하는 법률을 해제하라고 거듭 명령했다.
    ⓓ 곧 임석(臨碩)이다.

내가 다시 한 가지 추측을 해보겠다. 곧 이 경(經)이『주관』으로 이름 지어진 것은 또한 공자가 옛것에 의탁해 당시 군주들의 미워함을 피하려고 했기 때문이라는 것이다. 6국 시대에 유가들 중에는 이 책을 받들어 지키는 혁명파가 당연히 있었다.『주관』「마융전」에서 진시황이 특히 싫어해서 없애버리려고 했다는 것은 반드시 근거 없는 것이 아니다. 이 경에 대해 한대 이전에 전수한 원류는 한대 초기의 사람들이 꼭 자세히 알 수 있는 것이 아니었다. 대개 진·한대의 유생들은 일찌감치 그 화가 두려워 자신들이 배운 것을 바꾸었으니, 혁명파의 유학에 대해서는 감히 말하지 못했을 뿐이다.

書之律, 開獻書之路, 旣出於山巖屋壁, 復入於秘府. 五家之儒, 莫得見焉. 至孝成皇帝, 達才通人, 劉向子歆, 校理秘書, 始得列序, 著於錄略. 然亡其冬官一篇, 以考工記足之.
30 임효존(臨孝存: 臨碩): 한대에 공융(孔融)과 동시대 인물로 전해진다.

이 경(經)에는 「동관(冬官)」 한 편이 없는데, 처음 나왔을 때부터 이미 없었는지, 그 여부가 의문이다. 『한서』 「하간헌왕전(河間獻王傳)」에서 헌왕이 고문과 진나라 이전의 옛 책을 얻었는데 『주관』 등이 있었다고 했다.[31] 그런데 그곳에 빠진 편이 있었는지, 그 여부는 알 수 없다. 정군(鄭君: 鄭玄)은 『육예론(六藝論)』에서 하간헌왕이 『주례』 6편을 얻었다고 했다.[32] 『한서』 「예문지」에 『주관』 6편이 실려 있는데, 병주(並注)에서 "왕망(王莽) 때에 유흠이 박사직을 설치했다."[33]고 했다. 병주에서 빠진 편에 대해 말하지 않았다. 당대(唐代) 안사고가 주석한 뒤에 비로소 "「동관」이 없어 「고공기」로 보충했다."[34]고 했으니, 이 경에서 빠진 편은 당연히 한나라 조정에 헌납되어 들어간 뒤의 일임을 알 수 있다. 정현은 『주례』 6편은 대개 당시의 사실에 의거해서 자세하게 검증하지 못한 것이 아니라고 했다. 한대 사람들은 농업을 중시해서 혹시 여러 박사들이 의도적으로 이 편을 없애버렸는지도 알 수 없다.[ⓐ] 또 『예문지』에 '『주관전(周官傳)』 4편'이라고 기재되어 있는데[35] 작자를 밝히지 않았으니, 혹시 유흠이 지은 것이 아닌지 의심된다. 생각건대 정현이 주석할 때, 고서(故書)의 글을 인용했는데, 그가 말하는 고서가 혹시 한대 이전의 『주관전』인지는 확정하기 어렵다.

> ⓐ 「동관」이 없어진 것에 대하여 한나라 조정에 헌납되어 들어간 이후의 일인지 아닌지 후한부터 근세까지 억측으로 주장한 것이 허다하지만 여기에서는 변별하지 않겠다.

---

31 『한서』 「경십삼왕전(景十三王傳)」. 獻王所得書, 皆古文先秦舊書, 周官·尙書·禮·禮記.

32 『육예론(六藝論)』. 後得孔子壁中古文禮五十六篇, 記百三十篇, 周禮六篇. 其十七篇與高堂生所傳同, 而字多異.

33 『한서』 「예문지」. 병주(並注). 周官經六篇, 王莽時劉歆置博士.

34 『한서』 「예문지」. 병주(並注). 周官經六篇, 王莽時劉歆置博士. 이 주석에 대한 안사고의 주석. 師古曰: "卽今之周官, 禮也. 亡其冬官, 以考工記充之."

35 『한서』 「예문지」. 병주(並注). 周官傳四篇.

『예기』는 70제자와 그 후학들이 예에 대한 설명을 기록한 것이다. 공자가 지은 『주관』을 경(經)으로 해서 70제자가 경을 공부하면서 깨달은 것이 있거나[a] 혹은 공자가 평상시 경의 뜻을 설명한 것을 듣고는 모두 기록했을 것이다.[b] 공자가 때로 고례(古禮)를 설명하면, 문인들과 후학들이 또한 반드시 그것을 기록했을 것이다.[c] 현존하는 『대·소대기(大·小戴記)』는 새것과 옛것이 뒤섞였고,[d] 또 각 편의 문자도 역시 탈락되거나 뒤섞인 것이 많다. 이후로 정밀하게 고증하려는 자는 참으로 조심스럽게 변별해야 할 것이다.

[a] '경(經)'은 『주관』을 말하니, 아래에서의 '경'자도 이와 같다.

[b] 예컨대 「예운(禮運)」편은 곧 『춘추』와 『주관』 두 경의 뜻이다.

[c] '고례'는 주공이 제정한 '예'이니, 현재의 『의례』가 이것이다. 어떤 사람은 『의례』를 공자가 산정했다고 하는데, 아주 잘못된 것이다. 『의례』는 처음 주공이 제정한 다음 후대의 왕들이 비록 고치지 않은 것이 없다고 하더라도 대체는 주공의 제도를 굳게 지키고 있다. 『의례』에 기록된 것은 천자·제후·경대부·사(士)와 사회에서 풍속으로 유행하던 예이다. 공자는 당연히 그것을 외우고 익혔을 것이다. 만약 공자 한 사람이 지었다고 한다면, 이와 같은 '준칙[典則]'과 '예절의식[文儀]'은 당연히 수시로 변경되었을 텐데, 공자가 어떻게 혼자의 생각으로 당시 왕·제후·사·서인을 위해 모든 예를 만들어 영원히 받드는 규범으로 삼으려고 했겠는가? 소의진(邵懿辰)[36]과 피석서는 『의례』를 공자의 저작으로 돌리려고 했으니, 비루함을 면하지 못한다.

[d] '새것'은 공자가 드러내 밝힌 의미를 말하고, '옛것'은 고례를 말한다.

그러나 예를 연구하는 핵심은 예의 큰 근원을 관통하여 자신을 반성함으로써 나의 성품을 다 밝히고 사물의 성품을 다 밝히며, 자신을 반성함으로써 나의 감정을 도야하여 만물의 실정을 분류하는 데 있다.[a] 온갖

---

36 소의진(邵懿辰, 1810-1861): 자는 위서(位西)이며, 청나라 인화(仁和: 현 항주〈杭州〉) 사람이다. 청대 말기의 정치가이며, 경학자이다. 저술로는 『예경통론(禮經通論)』, 『상서전수동이고(尙書傳授同異考)』, 『항언시(杭諺詩)』, 『효경통론(孝經通論)』 등이 있다.

변화에 통달하고 '불변하는 준칙[大常]'을 안 다음에 성인이 예로 감화시키는 의미를 깨달을 수 있다. 그런데 고대의 준칙과 예절의식은 성인이 본래 영원한 법도로 여기지 않았던 것이다. 한대 이래로 예를 연구하는 자들은 지엽적인 것을 상고하고 찾는 데 모든 힘을 기울이고, 예의 큰 원칙을 깊이 연구하지 않았다. 송대 유학자들은 본원을 함양한다고 자칭했지만, 실은 개인의 동정어묵(動靜語黙)에 잘못을 줄이려고 하고 사물에 대해서는 거스르지 않으려고 하는 데에 전심했을 뿐이니, 결국 만물을 체인할 수도 없었고 이루어줄 수도 없었다. 이와 같은 의미는 매우 광대한데, 어떻게 해야 이해시키고 함께 논의할 수 있겠는가?ⓑ

ⓐ '분류한다.'는 것은 종류대로 구별한다는 것이다. 사물의 좋아하고 싫어하는 감정은 수만 가지로 다르지만, 끝내 반드시 올바른 준칙으로 돌아와야 하니 반드시 종류대로 구별해야 한다.

ⓑ 군자가 예를 극진하게 하는 것은 자신을 선하게 할 뿐만이 아니라 남과 함께 선하게 됨을 중요시하기 때문이다. 남과 함께 선하게 된다는 것은 군중을 도와주고 바로잡아 줌으로써 독재자의 전제정치의 해로움을 제거해 만물이 모두 자신의 생명을 이루고 영성(靈性)을 발양하게 한다는 것이다. 곧 모든 인류가 예의에 말미암지 않음이 없도록 한다는 것이니, 이와 같이 되어야 비로소 만물을 체인하고 이루어주는 것이다. 『춘추』의 태평세는 천하의 사람마다 사군자(士君子)의 행위가 있게 하는 것이다.

주대 말기에 예(禮)를 설명하는 책들이 틀림없이 매우 많았을 것인데, 『한서』 「예문지」에 기재되어 있는 것은 이미 적고 또한 드물게 전해지니, 이것이 안타깝다. 순경의 책이 비록 제자(諸子) 부류에 분류되어 있을지라도 예에 대한 주장을 기록한 여러 학자 중에서 확실히 증자·맹자 등의 효치론(孝治論)과는 그 뜻이 아주 다르다. 이것은 당연히 의심할 것도 없이 『예경』에 들어 있어야 한다.

한대 초기의 사람들은 『의례』를 경(經)으로, 『예기』를 기(記)로 여겼다. 「하간헌왕전」에서 "헌왕이 구한 책은 『주관』·『상서』·『예』ⓐ·『예기』ⓑ이다."[37]라고 했으니, 이것이 그 증거이다. 그런데 정현에게 와서는 『주관』을 주공이 지은 것으로 여겨 경으로 높이고, 『예기』는 여전히 기(記)로 하였다. 근래 사람 피석서는 『주관』이 관제(官制)를 말하고 예를 전문적으로 말하지 않았으니, 『주관』을 별도로 분리해서 하나의 책으로 해야 하고, 『의례』를 경으로 하는 것은 옛날과 같으며, 『대기(戴記)』 두 종류는 그것에 부속시켜야 한다고 여겼다. 내 생각에, 피석서의 주장은 매우 잘못되었다. 『의례』를 당연히 별도로 분리해야 하는 것에 대해서는 이미 앞에서 말한 것과 같다. 『주관』을 경으로 보는 정현의 견해는 바꿀 수 없고, 『대기』 두 종류와 『순자』는 모두 마땅히 산정해서 전 (傳)으로 삼고 『주관』에 부속시켜 통용시켜야 한다. 다만 원본을 모두 없애서는 안 된다. 피석서가 『주관』에서 관제를 언급했다고 말한 소견은 극히 비루하다. 『주관』은 대우주를 포괄하고 온갖 단서를 질서짓는 것으로서, 천지의 도를 마름질하여 이루고 만물의 마땅함을 도와주며, 만물의 화육에 참여하여 돕는 것이 갖추어지지 않음이 없다. 피석서가 관제의 책으로 본 것은 절대로 그 깊은 뜻에 통하지 못한 것이니, 어찌 이토록 고루하고 아둔한가!

ⓐ 생각건대, 『예』는 『한서』 「예문지」에서 지칭한 『예고경(禮古經)』 곧 『의례』이다.

ⓑ 『예기』는 70제자가 예에 대한 설명을 기록한 것이다.

2-5-3 『서(書)』

『상서』는 고대 제왕의 행적에 근거해 자신이 품은 이상을 드러낸 것이다. 그러므로 공자가 산정한 『서(書)』는 경(經)이지 역사[史]가 아니다. 『서』는

---

[37] 『한서』 「경십삼왕전(景十三王傳)」. 獻王所得書, 皆古文先秦舊書, 周官・尚書・禮・ 禮記.

당・우 두 임금ⓐ에게서 시작되었지만, 주대의 어떤 왕에서 끝맺는지는 알 수 없다. 『한서』「예문지」에서 "『서』가 시작된 것은 시간적으로 멀다. 공자에 와서 찬수되었으니, 위로 요임금에서 끊어 아래로 진나라에 이르기까지 모두 1백 편으로 만들고 서문을 써서 책을 지은 의도를 말하였다."[38]라고 하였다. 생각건대 「예문지」에서 '아래로 진나라에 이르렀다.'고 말한 것은 대개 복생이 전한 29편의 『서』에 근거한 것이니, 이것은 증거삼아 믿기에 충분하지 못하다. 제나라의 환공과 진나라의 문공은 모두 뛰어난 공로가 있었는데, 『논어』에서 다시 환공을 바르고 속이지 않은 것으로 인정했다.[39] 초나라의 장왕은 덕이 더욱 많았다. 이 세 명의 패자는 모두 진목공(秦穆公)이 감히 바라볼 수 있는 자들이 아니다. 그런데도 29편에서 그들에 대한 좋은 말을 싣지 않고, 진목공의 「진서(秦誓)」만을 이제삼왕(二帝三王)의 전고(典誥: 제왕의 언행을 담은 기록)와 함께 나열했으니, 결코 성인의 뜻이 아니다. 이것은 진나라의 여러 박사들이 제멋대로 고친 것이 틀림없다. 복생도 진나라의 박사였다. 위서(僞書)를 익숙하게 사용한 지가 이미 오래되어 마침내 한나라에 망령되이 전해졌다.

　　ⓐ 두 임금은 요와 순이다.

6경에서 오직 『상서』만 망실된 것은 아주 이상하니, 이것은 분명히 조작되었을 것이다. 한나라 초기에 복생이 29편을 전했다는 사실의 진위는 우선 깊이 논하지 않겠다. 하간헌왕이 고문의 선진(先秦) 옛 책을 구했는데,ⓐ 그 속에 『상서』가 있었다. 『한서』「예문지」에서 "무제(武帝) 말기에 노공왕(魯共王)이 공자의 집을 헐어 『고문상서』를 얻었다."[40]라

---

38 『한서』「예문지」. 故書之所起遠矣. 至孔子纂焉, 上斷於堯下訖於秦, 凡百篇, 而爲之序, 言其作意.

39 『논어』「헌문(憲問)」. 子曰: "晉文公譎而不正, 齊桓公正而不譎."

40 『한서』「예문지」. 武帝末, 魯共王壞孔子宅, 欲以廣其宮, 而得古文尚書, 及禮記論語孝經. 凡數十篇皆古字也.

고 했다. 위에서 언급한 두 가지 일에 근거하면, 공자의『고문상서』가 한나라 무제 때 그 진본이 이미 확실히 세상에 출현했음을 알 수 있다. 『논형』「정설(正說)」편에서 "공자의 집 벽속에서 나온 책을 무제가 사자를 보내 가지고 와서 보았으나, 아무도 읽을 수 있는 자가 없어 마침내 비밀서고에 넣어두었으니, 밖에서는 볼 수 없었다. 효성제(孝成帝) 때에 동해(東海)의 장패(張霸)가 1백 편『상서』의 서(序)에 의거해서 허구로 102편을 만들어 성제에게 바쳤다. 성제가 소장했던 1백 편『상서』를 꺼내 비교해보니, 모두 서로 맞지 않았다. 이 때문에 장패를 이부(吏部)로 내려 보냈다. 성제는 장패의 글이 아까워 없애지 않았으므로「102」편이 세간에 전해졌다."⁴¹라고 했다. 또 마융과 정현이 주석한『고문상서』16편에 대해 어떤 사람은 공자집에서 나온 진본고문이라고 여기고, 어떤 사람은 그것에는 절대로 사설(師說)⁴²이 없다고 하는데, 진위는 밝히기 어렵다. 또 후한의 두림(杜林)⁴³이 서주(西州)에서 옻칠로 쓴『고문상서』1권을 얻어 위굉(衛宏)과 서순(徐巡)에게 전했는데, 세상에서 대부분의 유학자들은 또한 그 책도 두림의 위작으로 의심했다. 동진(東晉)에 오면, '공자를 위조한 고문[僞孔古文]'이 있었는데, 당대와 송대에 모두 성행했다.『상서』가 대부분 위조되었음은 매우 분명하게 고증할 수 있다.

ⓐ 안사고는 "선진은 진나라의 앞이라고 말하는 것과 같으니, 분서갱유의 이전이라는 말이다."⁴⁴라고 했다.

41『논형(論衡)』「정설(正說)」. 至孝景帝時, 魯共王壞孔子敎授堂以爲殿, 得百篇尙書於牆壁中. 武帝使使者取視, 莫能讀者, 遂祕於中, 外不得見. 至孝成皇帝時, 徵爲古文尙書學. 東海張霸案百篇之序, 空造百兩之篇, 獻之成帝. 帝出祕百篇以校之, 皆不相應, 於是下霸於吏. 吏白霸罪當至死. 成帝高其才而不誅, 亦惜其文而不滅. 故百兩之篇傳在世間者, 傳見之人則謂尙書本有百兩篇矣.

42 사설(師說): 금문학자들이 대대로 전수받은 스승의 학설을 말한다.

43 두림(杜林, ?-47): 자는 백산(伯山)이고, 부풍무릉(扶風茂陵: 현 섬서성 홍평〈興平〉) 사람으로서 동한(東漢) 때의 정치가이며 학자이다. 그는 박학다문했고 특히 고문에 조예가 깊었으며, 통달한 유학자[通儒]라고 일컬어졌으며, 후세 사람들은 그를 '소학의 종주(小學之宗)'라고 추숭하였다.

그런데 가장 이상한 일은 공자의 집에서 나와 궁중의 비밀서고에 소장되어 있던 『고문상서』를 가지고 유향이 일찍이 삼가(三家)의 경문을 교열했다는 것이다.[ⓐ] 성제는 소장본을 가지고 장패의 『서(書)』를 교열했으니, 『고문상서』의 진본이 서한 무제 때 궁중의 비밀서고에 소장되어 그때까지 아직 소실되지 않았음을 알 수 있다. 동한이 망하기 전에 공자의 집에서 나온 진본은 여전히 존재했음이 당연한데, 어떻게 양한 시대에 『상서』를 연구하는 자들이 공자의 집에서 나온 『고문상서』 진본을 외우고 익혔다는 소리를 들을 수 없고, 게다가 금문으로 베껴서 세상에 유통시켰다는 소리를 들을 수 없었는가? 한대부터 지금까지 2천 수백 년 동안 이런 의문을 제기하는 사람이 없었으니, 아주 괴상한 일이라고 하지 않을 수 없다. 왕충(王充)[45]은 '무제가 사자를 보내 가지고 와서 보았으나 아무도 읽을 수 있는 자가 없어 마침내 궁중의 비밀서고에 넣어 두었으니, 밖에서 볼 수 있는 자가 없었다.'고 했다. 나는 이를 통해 다음과 같은 사실을 미루어 알았다. 공자의 집에서 나온 『고문상서』의 내용에 반드시 황제에게 해악이 되는 것이 있었으므로, 무제가 그것의 유통을 윤허하지 않았을 뿐이니, 이것은 『주관』을 비밀서고에 처박아둔 일과 동일하게 음험하고 악독하다는 것이다. 왕충이 아무도 읽을 수 있

---

44 『한서』 「경십삼왕전(景十三王傳)」. 獻王所得書, 皆古文先秦舊書, 周官·尚書·禮·禮記. 구절에 대한 안사고의 주석. 師古曰: "先秦猶言秦先, 謂未焚書之前."

45 왕충(王充, ?30-?100): 자는 중임(仲任)이며, 회계 상우(會稽上虞: 현 절강성) 사람이다. 중국 후한의 사상가로서 자유주의적 사상을 지녔으며 신비적 사상이나 속된 신앙, 유교적인 권위를 철저하게 비판하고, 언론의 자유를 주장하였다. 관료로서는 평생 불우하여 지방의 한 속리로 머물렀으나, 낙양(洛陽)에 유학하여 저명한 역사가 반고(班固)의 부친 반표(班彪)에게 사사하였다. 가난하여 늘 책방에서 책을 훔쳐 읽고 기억했다고 한다. 그는 철저한 반속정신(反俗精神)의 소유자로서 그 독창성이 넘치는 자유주의적 사상은 유교적 테두리 안에서 다듬어진 한대(漢代) 사상을 타파하고 언론의 자유를 내세우는 위진(魏晉) 사조를 만들어 내었다. 철저한 비판정신의 사상가인 그가 중국사상사에서 차지하는 위치는 매우 크다고 할 수 있다. 저서로는 『논형(論衡)』이 있다.

는 자가 없어 마침내 궁중의 비밀서고에 소장했다고 말한 것은, 바로 마음에 꺼리는 것이 있어 감히 무제가 공자의 책을 금지시켰다고 곧바로 말하지 못했던 것일 뿐이다. 무제가 즉위했을 때는 한나라가 흥기한 지 겨우 60여 년이 지났을 뿐이니, 고문을 읽을 수 있는 노유(老儒)들이 결코 적지 않았다. 그런데 어떻게 읽을 수 있는 자가 아무도 없어 마침내 궁중의 비밀서고에 소장했겠는가? 그 후 유향이 여전히 이 비장본을 가지고 삼가의 책을 교열한 것과ⓑ 성제가 또한 이 비장본으로 장패의 『서』를 교열한 것은, 모두 무제 때에 결코 아무도 읽을 수 있는 자가 없었다는 것이 아님을 반증하는 것이다. 나는 이상을 근거로, 복생의 29편은 진나라 때의 위서이지 결코 공자의 『고문상서』 진본이 아니었다고 추정한다. 피석서가 복생이 전한 것이 진본이라고 굳게 믿는 것은 큰 오류이다. 복생이 전한 것 외에도 어느 것 하나 위서 아닌 것이 없으니, 더 말할 필요도 없다.

ⓐ 한대 초기에 『상서』 전문가로 구양(區陽)과 대·소하후(大·小夏侯)[46] 삼가(三家)가 있었다. 유향은 공자의 집에서 나온 『고문상서』를 가지고 삼가에서 전수해 오던 것을 교열했다.

ⓑ 유향은 군주의 명에 따라 모든 책을 교정하여 바로 잡았으니, 궁중의 모든 비장본을 모두 사용할 수 있었다.

옛날의 『서(書)』 3,240편을 공자가 1백 편으로 산정했다. 공자가 산정하

---

46 대·소하후(大·小夏侯): 한대의 『금문상서(今文尙書)』 학자인 하후승(夏侯勝)과 하후건(夏侯建)을 말한다. 하후승(생졸연대미상)의 자는 장공(長公)이며, 저양후국(寧侯國: 현 산동성 저양현〈寧陽縣〉)의 사람으로서 금문상서학의 대하후학(大夏侯學)의 개창자이다. 하후건(생존연대미상)의 자는 장경(長卿)이며, 하후승의 아들로서 금문상서학의 소하후학(小夏侯學)의 개창자이다. 한대 초기에 복생(伏生)은 『상서』를 장생(張生)과 구양생(歐陽生)에게 전수했고, 하후승의 선조인 하후도위(夏侯都尉)는 장생에게 전수받아 하후승의 부친인 하후시창(夏侯始昌)에게 전수했으며, 하후시창은 아들 하후승에게 전수했고, 하후승은 아들 하후건에게 전수했다. 이것이 바로 한대 금문상서학인 대소하후학(大小夏侯學)의 연원이다.

지 않았던 『서』는 틀림없이 진나라 이전에 유통되어 사라지지 않았을 것이다. 위조된 모든 『서』는 대체로 『고서(古書)』@에서 골라 공자에 가탁했던 것일 뿐이다. 공자가 산정했던 『서』는 공자 자신이 창작한 철학 사상을 스스로 발표한 것이기에, 역사가 아니라 경전이라는 것을 알아야 한다. 공자가 산정하지 않은 『고서』는 옛 역사일 뿐이니, 역사와 경전을 혼동해서는 안 된다. 공자의 6경에서 오직 『서경』만 완전히 망실되었으니, 참으로 애석하다.

ⓐ 『고서』는 공자가 산정하지 않았던 『서』이다.

복생이 전한 29편에서 「제전(帝典)」은 당연히 원본에 가깝고, 6경에는 모두 전(傳)이 있었다. 공자의 뜻은 모두 전에 나타나 있으니, 예컨대 『역』에 만약 괘사(卦辭)·효사(爻辭)만 있고 단(彖)·상(象) 등의 전이 없다면, 괘·효사를 어떻게 해석해야 되는지 알지 못한다. 또 『춘추』에 경문만 있고 전이 없다면, 경문은 또한 단편적이고 난삽한 조정의 기록일 뿐이다. 공자가 산정한 1백편의 『서』는 편마다 반드시 모두 전이 있었을 것이다. 경이 왕실의 비밀 서고에 들어가서 훼손되니 전도 그에 따라 함께 훼손되어, 후세 사람들이 「제전」을 읽을 때도 공자의 뜻을 살필 방법이 없게 되었다.
내가 「제전」 첫머리 서언을 통해 책 전체의 요지를 대략 추측해 보았다. 내 생각에 서언의 '옛날(요임금)을 상고해 보니[粵若稽古(帝堯)]' 이하에 "큰 덕을 밝혀 구족(九族)을 친하게 하였고, 구족이 화목하게 된 다음에 백성(百姓)을 '고르게 드러내니[平章]', 백성이 밝아져 만방(萬邦)과 협동하며 화합했다. 햇볕에 그을린 서민[黎民]들이 변해서 이렇게 화합했다."라고 한 말이 있다. 이 구절은 공자가 지은 『서(書)』의 서언으로 『고서』에 있는 것이 아닐 것이다. 공자가 『서』를 편찬하면서 「제전」을 첫머리에 두어 사회발전의 순서를 드러내 밝힌 것이다. 상고 부족시대에는 사람들이 혈족들끼리 모여 거주해서 종족의 정이 가장 돈독했다. 그 후 부족이 서로 병합되어 몇몇 국가가 형성되었다. 나라가 있으면 통치자가 있게 마련이니, 군주와 귀족계급이 그 때문에 생겼다. '백성(百姓)'은 귀족을 말한다. 중국고대사회에서는 귀족만 성씨가 있었고, 서민들은 이름을 불렀을 뿐이다. '백성'으로 서민을 지칭한 것은 삼대 이후의 일이다. '고르게 드러낸다[平章].'는 것은 '분변(分辨)한다'고 말하는 것과 같으니, 상하존비의 등급을 분별하는 것이다. 모든 귀족들이 위로 군주를 섬기고, 아래로 서민[民]들을 다스려서 등급이 어지럽지 않았으므로 '밝아졌다'고 했다. '햇볕에 그을렸다'는 것은 '까맣다'는 것이다. 서민들은 들에서 일을 해 얼굴이 모두 까맣다. 그러므로 '햇볕에 그을린 서민'이라고 했다. 정현은 "서민[民]은 몽매하고 무지하다."고 했다. 그들은 힘들게 일하고 항상 상층의 침노와 폭력을 받아 지식이 발달하기 어려우므로 서민이라고 했다. '만방(萬邦)'은 세계라고 말하는 것과 같다. '협동하며 화합했다.'라고 하는 것은 세계 만국의 힘들게 일하는 여러 서민들이 서로 협조하고 서로 화합하며 사랑함으로써 공동체의 제도를 만들었다는 것이다. 이 당시 대지(大地)에서 햇볕에 그을린 서민들이 모두 밝게 변해 화목한 다스림을 이루니, 승평세를 경유해서 태평세에 도달할 수 있었을 것이다. '구족을 친하게 하였다.'는 구절부터 '백성이 밝아졌다.'는 구절까지는 모두 군장(君長)과 귀족이 있으니, 『춘추』에서 이른바 거란세이다. '만방과 협동하며 화합했다.'는 구절은 거란세를 떠나 승평세로 들어간 것이다. 햇볕에 그을린 서민들이 들고 일어나 주인이 되면, 군주와 귀족들은 모두 전복되고 계급은 사라지므로, 태평세를 기약할 수 있다. 공자의 뜻은 햇볕에 그을린 서민들이 성대하게 변하는 데 있었으니, 반드시 성대한 덕을 가진 자가 영도(領導)해 주어야 한다. 그러므로 요임금이 덕이 있기 때문에 가탁해서 자신의 소원을 표현했던 것이다. 『논어』에서 "위대하구나! 요의 임금됨이여. 높고 높구나! 하늘만이 위대한데 요임금이 본받았으니, 서민들이 무엇이라고 이름 붙일 수 없었다."[47]라고 했다. 하늘이 만물을 덮어주지 않음이 없는 것은 사사로운 의도가 없기 때문이다. 요의 임금됨은 만물을 도와주지만 만물이 제각기 자신의 본성을 드러내도록 맡겨서 사사로운 뜻을 개입시킨 적이 없다. 이 때문에 서민들은 요임금의 덕을 무엇이라고 이름 붙일 수 없었다.

그런데 이 서언을 자세히 살펴보면, 첫머리에서 '옛날(요임금)을 상고해 보니[粤若稽古(帝堯)]'라고 한 것은 분명히 요 · 순시대 사관의 글이 아니다. 그러므로 공자가 요임금에게 가탁함으로써, 햇볕에 그을린 서민들을 영도하는 뜻을 암암리에 포함시켜 후세에 일러주었던 것임을 알 수 있다. 요임금은 성대한 덕이 있어 왕위를 자식에게 전해주려 하지 않았고, 차마 천하를 탐내서 그 사사로움을 이루려고 하지 않았으니, 하늘처럼 아주 공정했다. 그러므로 햇볕에 그을린 서민들을 영도할 수 있었다. 공자의 『서』가 요임금에게서 시작한 의도가 여기에 있다. 만약 역사적으로 평가해 보면, 요임금이 비록 성왕일지라도 아득한 고대에 아직 태고시대도 크게 열리지 않았는데, 어떻게 "만방과 협동하며 화합했다. 햇볕에 그을린 서민[黎民]들이 변해서 이렇게 화합했다."와 같은 성대함에 대해 말할 수 있었겠는가? 공자는 말을 함에 성실함을 세워서,[a] 반드시 이렇게까지 들뜨고 허황되지는 않았으니, 또한 공자가 편수한 『서』는 만세를 위해 태평을 여는 고원한 이상을 표현한 것이지 역사적인 평론이 아니다. 『서』는 『춘추』 · 『주관』과 반드시 일관된 것이다.

　　[a] 『역』「건괘」를 보라.[48]

2-5-4 『시(詩)』

『시경』은 공자가 옛 시 3천여 편을 가지고 305편으로 산정한 것이다.[a]

---

47 『논어』「태백」. 子曰: "大哉堯之爲君也. 巍巍乎. 唯天爲大, 唯堯則之. 蕩蕩乎. 民無能名焉."

48 『역』「건괘」를 보라: 『역』「건괘」. 修辭立其誠, 所以居業也.

옛날에는 시를 민간에서 채집했다. 윗사람들이 도에 어긋나 백성들이 믿고 살지 못하면, 백성들은 슬프고 원망하는 노래를 불렀다. 성인은 서민과 우환을 함께했으므로, 왕조의 변아(變雅)에서 「국풍(國風)」까지는 원망하는 시가 아주 많다. 성인은 천하의 일반대중ⓑ의 아픔이 자신에게 있는 것처럼 여겼으니, 이것이 시로 교화하는 것을 중시한 까닭이다. 공자는 반드시 『시』에 대한 전을 지었을 텐데, 애석하게도 망실되어 거의 사라졌다. 한대에 『시』를 전한 여러 학파는 훈고를 연구하고 고사를 익힌 것에 지나지 않았으니, 성인의 뜻을 통달할 수 있었던 것이 아니었다. 『논어』에서 『시』에 대해 언급한 곳이 여러 군데 있다. 여기서는 자세히는 언급하지 않겠으나, 잠시 하나를 들어보겠다. 「팔일(八佾)」편에서 "공자는 '「관저(關雎)」49는 즐거워하면서도 음란하지 않고, 슬퍼하면서도 상처받지 않는다.'라고 했다."50는 말이 있다. 이 구절은 심원하기 그지 없으니, 인생에 대해 아주 깊이 깨달은 자가 아니라면, 성인의 뜻을 알 방법이 없다. 즐거워하면서도 음란하지 않고, 슬퍼하면서도 상처받지 않는다고 「관저」를 설명했으니, 이것은 이 시의 작자가 한때에 한 마음으로 슬픔과 즐거움을 함께했다는 것이다.

　ⓐ『사기』의 「공자세가」를 참고하라.51
　ⓑ '일반대중'은 중민(衆民)을 말한다.

종래에 이 '시'를 설명하는 자들은 모두 시의 출처가 되는 고사(故事)를 가지고 슬퍼하고 즐거워했던 연유를 찾으려고 해서, 태사(太姒)의 덕을 노래했다고 여기기도 했고, 강왕(康王)52의 정사(政事)가 쇠퇴함을 노래한 시

---

49 『시』「주남(周南)」「관저(關雎)」. 關關雎鳩, 在河之洲. 窈窕淑女, 君子好逑. 參差荇菜, 左右流之. 窈窕淑女, 寤寐求之. 求之不得, 寤寐思服, 悠哉悠哉, 輾轉反側. 參差荇菜, 左右采之. 窈窕淑女, 琴瑟友之. 參差荇菜, 左右芼之. 窈窕淑女, 鐘鼓樂之.

50 『논어』「팔일」. 子曰: "關雎, 樂而不淫, 哀而不傷."

51 『사기』의 「공자세가」를 참고하라: 『사기』「공자세가」. 古者詩三千餘篇, 及至孔子, 去其重, 取可施於禮義, … 三百五篇孔子皆弦歌之, 以求合韶武雅頌之音.

라고 여기기도 했다. 이런 것들은 모두 억측이니 고증할 길이 없다. 생각건대 기주(岐周)⁵³는 고을 경계가 위수지역[渭地]⁵⁴에서 끝나는데, 「시」에는 위수에 있다고 말하지 않고 '하천의 모래톱에 있다.'고 했으니, 당연히 황하[大河] 유역의 여러 지역에서 채집한 것이다. 그런데 주희의 『시집전(詩集傳)』에서 '하(河)'는 북방에서 흐르는 물의 통칭이라고 했다.⁵⁵ 대개 주자(朱熹)는 기필코 궁녀들이 태사를 칭송하는 것으로 설명하려고 하였지만, 또한 작자가 황하[河]의 물수리[雎鳩]로 흥(興)을 일으키는 것은 통할 수 없음을 알았다. 그래서 하(河)자를 곡해하는 것에 대해 문제 삼지 않고 자신의 생각대로 했을 뿐이다. 나는 이 시를 마땅히 「한광(漢廣)」⁵⁶이라는 시와 같은 예로 본다. 「한광」의 작자는 아름다운 유녀(遊女: 놀러 나온 여자)를 찾을 수 없다고 했고, 「관저」의 작자는 숙녀(淑女)를 보고 그녀를 얻어 짝으로 삼겠다고 생각했다. 그러므로 그 정감(情感)은 동일하다. 이런 시들은 모두 민간에서 만든 것들인데 반드시 태사나 강왕에 갖다 붙이고자 했으니, 진·한 이래로 유생들은 단지 군주에게나 있는 일로 알았기 때문이다. 만약 이 시의 출처가 되는 고사가 원래 민간의 남자가 숙녀를 만나 감회가 일어나는 것이었음을 알았다면, 당시의 여자에게는 정숙하고 얌전한 덕이 있었고, 남자는 현숙한 배필을 구하려고 하여, 올바르지 않은 생각을 조금도 하지 않았다는 것에 대해 알 수 있다. 정감에서 일어나도 의(義)에 머물렀으니, 성대하게 예로 교화된 사회

---

52 강왕(康王): 주대의 왕으로 성왕(成王) 사후에 즉위해 26년간 재위에 있었다.

53 기주(岐周): 기산(岐山: 섬서성) 아래 있던 주대의 구읍(舊邑)이다.

54 위수(渭水): 감숙성에서 발원해 섬서성의 경수(涇水)와 합류하여 황하로 흘러들어 가는 강을 말한다.

55 『시집전(詩集傳)』「주남(周南)」「관저(關雎)」. 關關雎鳩, 在河之洲. 구절에 대한 주희의 주석. 河, 北方流水之通名.

56 『시경』「주남」「한광(漢廣)」. 南有喬木, 不可休思. 漢有遊女, 不可求思. 漢之廣矣, 不可泳思, 江之永矣, 不可方思. 翹翹錯薪, 言刈其楚. 之子於歸, 言秣其馬. 漢之廣矣, 不可泳思, 江之永矣, 不可方思. 翹翹錯薪, 言刈其蔞. 之子於歸, 言秣其駒. 漢之廣矣, 不可泳思, 江之永矣, 不可方思.

를 나는 어떻게 찬미해야 할지 모르겠다.

공자가 즐거워하면서도 음란하지 않고, 슬퍼하면서도 상처받지 않는다는 말로 이 시를 설명했던 것은, 대개 이 시가 인생을 표현한 것이 이미 지극한 경지에 도달했음을 드러내 밝힌 것이다. 제1장은 요조숙녀를 보고 좋게 짝하려는ⓐ 마음을 일으키는 것이다.[57] 여기에는 즐거움이 있지만, 배필을 삼으려고 즐거워할 뿐 관능적인 정욕으로 흘러가지 않았으니 음란하지 않다. 제2장은 '구해도 얻지 못해'부터 '자나 깨나 님 생각에 그립고 그리워, 이리저리 뒤척이네.'[58]까지를 말하는데, 슬퍼해서는 안 된다는 것에 대해 말하지 않았다. 그러나 비록 이리저리 뒤척일지라도 그리워하는 법도를 벗어나지 않았다. 제3장은 구해도 얻지 못했다고 분명하게 밝힌 다음 구한다고 다시 말하지 않고, 오히려 '금슬(琴瑟)로 벗삼고, 종고(鐘鼓)로 즐거움 삼겠네.'[59]라고 했으니, 이것이야말로 정신적으로 가장 고상하고 순결한 사랑일 뿐이다. 그런데 어떻게 구해도 얻지 못했다고 상처받게 되겠는가!ⓑ

ⓐ '좋게 짝하다.'에서 '좋게'는 '선하게'이고, '짝하다.'는 '배필로 삼다.'는 것이다.

ⓑ 주자는 제3장을 "이 구절은 요조숙녀를 이미 얻었으니, 친애하고 즐거워해야 한다."[60]라고 해석하였다. (주자는) 시인이 분명히 구해도 얻지 못함을 밝히고 다시 구하는 것을 말하지 않았지만, 여전히 사랑하고 즐거워한다는 것을 전혀 몰랐다. 주자는 근거 없이 이미 얻어서 그야말로 친애하고 즐거워한다고 말하여, 곧바로 세속적인 사랑에 빠진 것으로 시를 곡해했을 뿐이다. 이미 얻었다면 벌써 부부가 되었는데, 여전히 숙녀라고 말하였겠는가?

공자가 『시』를 산정하면서 이 시를 300편의 첫머리에 놓음으로써 성정

---

57 『시경』「주남」「관저」. 關關雎鳩, 在河之洲. 窈窕淑女, 君子好逑.

58 『시경』「주남」「관저」. 求之不得, 寤寐思服. 悠哉悠哉, 輾轉反側.

59 『시경』「주남」「관저」. 參差荇菜, 左右采之. 窈窕淑女, 琴瑟友之. 參差荇菜, 左右芼之. 窈窕淑女, 鐘鼓樂之.

60 『시집전』「주남(周南)」「관저(關雎)」. 窈窕淑女, 鐘鼓樂之 구절에 대한 주희의 주석. 此窈窕之淑女, 旣得之, 則當親愛而娛樂之矣.

(性情)의 '참되고 깨끗함[眞淨]'[ⓐ]을 밝히고, 도덕의 숭고함과 광대함을 드러내어 인생에 더 없이 아주 심오한 경지를 드러냈으니, 지극하고 오묘하다. 후대의 사람들은 한때에 한마음으로 슬픔과 즐거움을 함께 가질 수 없다고 의심했다. 예컨대 정현은 『모시전(毛詩箋)』에서 『논어』의 문장을 마음대로 고쳐, '애(哀: 슬픔)' 자를 '충(衷: 속마음)' 자의 오류로 여겼다.[61] 주자는 『논어』에서의 「관저」 구절을 주석하면서 또한 "구하여도 얻지 못하면, 당연히 자나 깨나 잠 못 자며 뒤척이는 근심이 없을 수 없다."[62] 고 말했다. 대개 '슬퍼하다'는 의미의 '애(哀)' 자가 지나치게 무거운 것이 싫어 '근심하다'는 의미의 '우(憂)' 자로 고쳐서 말한 것인데, 그 잘못은 정현과 동일하다. 성인의 마음은 원래 천지만물과 통하여 한 몸이 되므로, 뒤에 생기는 '작은 자기[小己]'의 사욕으로 본래의 것을 가리지 않는다.[ⓑ] 작은 자기의 사사로움이 없으므로 그 마음은 항상[ⓒ] 즐겁지만, 그 즐거움이 저절로 지나치지 않는다.[ⓓ] 천지만물은 한 몸이기 때문에 그 마음은 차마 사물을 버리지 못하고 그대로 항상 슬퍼하지만,[ⓔ] 슬픔이 또한 지나치게 되지는 않는다.[ⓕ] 마음이 즐거워하여 음란하게 되는 자는 반드시 그 작은 자기의 사사로움을 일으켜 얽매이게 된다. 마음이 슬퍼하여 상처받는 자도 작은 자기의 사사로움을 일으켜 얽매이게 된다. 오직 본심의 슬픔과 즐거움이 갖추고 있는 기미는 촉발되는 대로 일어나니, 자신의 사사로움을 섞지 않는 자는 자연스럽게 즐거워도 음란하지 않고 슬퍼도 상처받지 않는다. 서민들 중에서 그 질박함을 아직 잃지 않은 자들은 이런 경지에 도달할 수 있지만, 성인이 배우고 길러 도달한 것과 똑같다고 말할 수 없다. 이런 의미는 말하기 어려우니, 배우는 사람들이 늘 지식으로 자신의 성정을 천착하여 만약 예의의 교화에 돈독

---

61 『모시(毛詩)』 「주남관저고훈전(周南關雎詁訓傳)」 정씨주(鄭氏注). 哀蓋字之誤也, 當爲衷. 衷謂中心恕之, 無傷善之心, 謂好逑也.

62 『논어』 「팔일」. 子曰: "關雎, 樂而不淫, 哀而不傷." 구절에 대한 주희의 주석. 求之未得, 則不能無寤寐反側之憂.

하지 않는다면, 그 질박함을 간직할 수 없다. 유학에서는 격물치지를 중시하지만 반드시 예와 악을 근본으로 삼아 되돌아간다. 미래의 세대에 이 뜻을 아는 자가 있을까? 비록 멀리 만년 뒤라고 하더라도 여전히 곧바로 그런 사람을 만날 수 있을 것이다.

ⓐ '참됨'은 성실함[誠]이고 '깨끗함'은 순수함[純]이다.

ⓑ 우리들은 태어난 다음에 이미 독립된 개체를 이루니, 이것을 '작은 자기'라고 한다. 이 때문에 모든 것을 작은 자기를 위해 계산하여 자신의 사욕이 있게 되므로, 사심은 뒤에 생기는 것이다. 우리들이 본래 가지고 있는 영명(靈明)한 마음은 또한 본심이라고 하는데, 이것은 천지만물과 통하여 한 몸이 된다. 일반적으로 사사로움이 없는 감정에 속하는 것들은 모두 본심의 발현이니, 이것은 자신을 반성하여 스스로 알 수 있다. 만약 사심으로 본심을 가리지 않을 수 있다면 바로 성인이다.

ⓒ '항상'이라는 말이 중요하다.

ⓓ '지나치지 않는다.'는 것은 음란하지 않다는 말이다.

ⓔ '차마 사물을 버리지 못하고 그대로 항상 슬퍼한다.'고 한 것은 사물을 차마 버리지 못한다는 말이다. '차마 하지 못하는 것'이 바로 슬픔이다. 공자는 "내가 이 사람들과 함께하지 않고 누구와 함께하겠는가?"[63]라고 했다. 그 말을 깊이 완미해 보면, 바로 인류에 대해 불쌍하게 여겨 그만두지 못하는 연민이 있다는 것을 알 수 있다.

ⓕ 지나치게 되지 않는다는 것은 바로 상처받지 않는다는 말이다.

공자의 『시』에 대한 전(傳)은 완전히 없어졌기 때문에, 나는 일찍이 『논어』에서 『시』를 말한 곳을 찾아 소통해서 그 뜻을 드러내어, 그 개략을 보존하려고 했다. 어떤 사람은 취한 자료가 너무 적다고 비판했는데, 나는 다음처럼 말했다. "공자가 백어(伯魚)에게 '너는 「주남(周南)」과 「소남(召南)」을 배웠느냐? 사람이면서 「주남」과 「소남」ⓐ을 공부하지 않으면, 마치 담장을 마주하고 서 있는 것과 같을 것이다.'ⓑ[64]라고 했다. 여기에

---

63 『논어』「미자(微子)」. 夫子憮然曰: "鳥獸不可與同羣, 吾非斯人之徒與而誰與."

64 『논어』「양화(陽貨)」. 子謂伯魚曰: "女爲周南召南矣乎. 人而不爲周南召南, 其猶正牆面而立也與."

는 확실히 무한한 의미가 있으니, 반드시 「주남」과 「소남」을 깊이 완미해야 비로소 유가의 인생관이 「주남」과 「소남」에서 체득된 것임을 알게 된다. 또 이를테면 '시로 흥을 일으킬 수 있고, 살필 수 있으며, 무리지을 수 있고, 원망할 수 있다."ⓒ[65]라고 하였다. 반드시 300편을 깊이 완미하여 서민들이 곤궁하여 신음하는 연유를 모두 통찰하면, 곧 사회와 정치에 대한 성인의 고원한 이상이 공허한 데서 갑자기 나온 것이 아님을 믿을 수 있다. 『시』를 연구한 한대·송대의 여러 유생들은 누구 하나 성인의 뜻을 구하지 못했으니, 그들의 전(傳)과 소(疏)는 훈고에 참고할 수 있는 것을 제외하면 더 이상 연구할 만한 가치가 없다.

ⓐ (「주남」과 「소남」은) 『시』의 처음 두 편이다.

ⓑ 『논어』 「양화(陽貨)」편에 있다. 주희는 주석에서 "담장을 마주하고 서 있는 자는 아무것도 보이지 않아 한 걸음도 나아갈 수 없다."[66]라고 했다.

ⓒ 『논어』 「양화」편에 있다.

2-5-5 『악경(樂經)』

『악경』은 한대 이후로 단행본이 없다. 한나라 문제(文帝) 때 두공(竇公)이란 자는 나이가 180세였다.[67] 그는 6국때 위(魏)나라 문후(文侯)의 음악담당관[樂人]이었다.[68] 문제가 만나려고 불렀더니, 두공이 책을 바쳤는데,

---

65 『논어』 「양화」. 子曰: "小子何莫學夫詩. 詩, 可以興, 可以觀, 可以群, 可以怨."

66 『논어』 「양화」. 子謂伯魚曰: "女爲周南召南矣乎. 人而不爲周南召南, 其猶正牆面而立也與." 구절에 대한 주희의 주석. 正牆面而立, 言卽其至近之地, 而一物無所見, 一步不可行.

67 한나라 문제(文帝) 때 두공(竇公)이란 자는 나이가 180세였다: 『한서』 「고증(考證)」. 魏文侯最爲好古, 孝文時得其樂人竇公(注: 桓譚新論云, 竇公年百八十歲云云).

68 6국 때 위(魏)나라 문후(文侯)의 음악담당관[樂人]이었다: 『한서』 「예문지」 「凡樂六家百六十五篇」. 六國之君, 魏文侯最爲好古, 孝文時得其樂人竇公. 獻其書, 乃周官大宗伯之大司樂章也.

바로 『주관』 「대종백(大宗伯)」의 「태사악장(大司樂章)」이었다.[a] 후대의 유학자들은 「태사악장」을 『악경』으로 여겼다. 「태사악장」은 위나라 문후 때부터 이미 음악담당관이 『주관』에서 뽑아 별도로 간행했던 것이니, 본래 『악경』의 일종이다. 『논어』 「양화」편에서 "공자는 '예라고들 하는데 구슬과 비단을 말하는 것이겠는가? 음악이라고들 하는데 종과 북을 말하는 것이겠는가?'라고 했다."[69]라고 하였다. 이 구절에 근거하면, 세상 사람들이 구슬과 비단 같은 예의 형식만을 익히고, 종과 북 같은 악기만을 익히면서 예악이 여기에 있다고 말하는 것에 대해 공자가 매우 근심했음을 알 수 있다. 그러므로 마땅히 한 걸음 더 나아가 예악의 근본 대의를 탐구해야 비로소 터득할 수 있을 뿐이다. 공자는 이미 『예경』[b]을 지었으니, 또한 음악을 설명하는 경이 있어야 할 것이다. 「태사악장」은 다만 『예경』에서 음악으로 교화시키는 것을 언급한 것일 뿐이다. 또 『예기』에 「악기」편[c]이 있는데, 그 뜻이 매우 광대하고 심오하여 후대의 사람들이 아무도 깨우칠 수 없을 것 같으니, 마땅히 「태사악장」과 병행해야 한다.

　[a] 이 일은 『한서』 「예문지」에 보인다. 『주관』이 문제 때 이미 나왔다고 말했던 자가 여러 명 있었다. 그런데 어떤 사람은 "아니다. 아니다. 그렇지 않다. 두공이 책을 바친 것은 앞의 일이고, 『주관』은 뒤에 나왔다. 그래서 유향과 그 아들 유흠은 이에 두공의 책 곧 『주관』의 「태사악장」을 교정해서 바로잡았고, 추가하여 기록했을 뿐이다."라고 했다. 내가 살펴보니 「예문지」에서 "한나라가 일어나 진나라의 패정을 고쳤다. … 책을 바치는 길을 널리 열었다. 효무제(孝武帝) 시기에 책이 망가지고 죽간이 떨어져나갔다."[70]라고 했다. 이것에 근거하면, 『주관』이 문제 때 나온 것은 불가능하지 않다.

　[b] 곧 『주관』이다.

　[c] 『악기』도 한대 사람들이 난삽하게 고쳤으니, 취사선택해야 한다.

---

69 『논어』 「양화」. 子曰: "禮云禮云, 玉帛云乎哉. 樂云樂云, 鐘鼓云乎哉."

70 『한서』 「예문지」. 漢興, 改秦之敗, 大收篇籍, 廣開獻書之路. 迄孝武世, 書缺簡脫, 禮壞樂崩.

『장자』「천하편」에서 "음악으로 조화[和]를 이끈다[道]."[71]고 했다. 여기서 '이끈다.'는 것은 '인도한다.'는 의미이다. 음악이 만들어진 것은 우리들 본성에 고유한 조화를 이끌어내기 위한 것일 뿐이다. 노자는『대역』의 의미를 연역하여 "만물은 음(陰)을 짊어지고 양(陽)을 껴안고 있으면서, 충기(沖氣)로써 조화를 이룬다."[72]고 했다. 생각건대 음은 형체를 말하고, 양은 심령을 말한다. 만물은 형체를 가지고 있고, 형체를 주관하여 움직이는 심령을 품고 있다. 음양이 서로 화합하여 조화를 이루는 것을 충기(沖氣)라고 한다. 기(氣)는 작용을 말하니, 자세한 것은 나의『신유식론』에 있다. 충기로 조화를 이룬다는 것은 만물이 생겨나고 생겨나는 본연(本然)이다. 만물의 생성이 조화를 근본으로 하지 않음이 없다는 것을 진실로 안다면, 사람들은 한 순간도 그 조화를 잃어버릴 수 없다. 조화를 잃어버리면, 생성의 이치는 단절된다. 이 때문에 성인이 음악을 만들어 사람들이 그 본성의 조화에 이르도록 했다. 「악기」에서 "음악은 마음에서 나오는 것이다."[73]라고 했으니, 이 구절의 의미는 심원하다. 노자는 예를 비난했을지라도ⓐ 음악을 비난한 적이 없다.『장자』「천하」편에서는 묵적이 음악을 비난한 것을 잘못이라고 했으니,[74] 장자는 인성의 조화에 대해 식견이 없는 것이 아니었다.

ⓐ 예의 근본도 역시 본성이니, 밖에서 강제한 것이 아니다. 노자가 비난한 것은 통치자가 세운 예의 형식과 제도일 뿐이다. 그러니 예의 근본을 어떻게 비난하겠는가?

71『장자』「천하」. 詩以道志, 書以道事, 禮以道行, 樂以道和, 易以道陰陽, 春秋以道名分.

72『도덕경』42장. 萬物負陰而抱陽, 沖氣以爲和.

73『예기』「악기(樂記)」. 樂由中出, 注和在心也. 禮自外作, 注敬在貌也. 樂由中出, 故靜. 禮自外作, 故文.

74『장자』「천하」편에서는 묵적이 음악을 비난한 것을 잘못이라고 했으니:『장자』「천하」. 墨者氾愛兼利而非鬪, 其道不怒., 又好學而博, 不異, 不與先王同, 毁古之禮樂. … 今墨子獨生不歌, 死不服, 桐棺三寸而無槨, 以爲法式. 以此敎人, 恐不愛人., 以此自行, 固不愛己. 未敗墨子道, 雖然, 歌而非歌, 哭而非哭, 樂而非樂, 是果類乎?

성인이 교화의 도를 말한 것은 사람의 본성을 근거로 예를 만들고 또 음악을 만들었다는 것이다. 예와 음악의 큰 근본은 동일하지만 작용은 다르다. 예는 경(敬)을 위주로 외부를 단속하는 것이고, 음악은 조화를 위주로 마음을 성실하게 하는 것이다. 내외를 교차하여 양성하는 것은 상반되지만 서로가 서로를 이루어주니, 이것이야말로 인도(人道)의 궁극적인 준칙이다. 인도가 쉬지 않으니, 나는 예악을 폐지시킬 수 있는 상황을 보지 못하였다.

육경(六經)의 훼손과 개작(改作)

위에서 6경이 모두 공자의 저작이라는 것을 고증·확정하였는데, 그 의미와 근거가 망령됨이 없었다. 다음과 같은 질문이 있을 수 있다. "지금의 6경은 한대 사람들로부터 전해진 것이다. 그러나 사마담은 육예에 관한 경과 전이 수만 종류라고 하였는데, 지금의 6경이 70제자가 스승의 설명에 근거해서 추리하고 부연한 것이 아닌지를 어떻게 알겠는가? 반드시 공자의 자작이라고는 믿을 수 없다."

대답했다. "70제자가 스승의 설명에 근거해서 추리하고 연역한 것을 '경'이나 '전'이라고 부르는 것은 당연하다. 이런 점을 인도 불가에서 증험하면, 대승·소승의 경과 논(論)은 대부분 후학들이 추리하고 연역한 것을 '불설(佛說)'이라고 이름 붙였으니, 공자의 문하에서도 당연히 이런 점이 없지 않았을 것이다. 다만 한대 사람들이 전해준 6경에서는 오직 『역』과 『춘추』만을 병칭하여 공자에게서 나왔다고 했다. 한대 초기는 공자와 시간적으로 멀리 떨어져 있지 않아 그 주장에는 본래 근거가 있었을 것이니, 어떻게 지나치게 의심하겠는가? 『의례』는 「예문지」에서 『예고경(禮古經)』이라고 했고, 공자가 지은 것이라고 말한 적도 없었는데, 후대 사람들이 비로소 이런 억설을 주장했을 뿐이다. 『주관』은 유흠에서 정현까지 모두 주공의 저작이라고 했다. 그렇다면 공자가 평소 말한 예에 대해서는 마침내 저작이 없게 된다. 그렇단 말인가? 어째서 그렇다는 말인가? 내가 공자가 지은 것이라고 확정한 것에 대해서는 그 의미와 근거를 앞에서 자세히 설명했으니, 다시 군더더기를 붙일 필요가 없을 것이다. 『시』와 『서』 2경은 고사(古史)와 고시(古詩)를 근거로 산정한 것이니, 모두 공자가 평생토록 늘 하던 말이다. 애석하게도 『서』의 경과 전이 모두 없어졌다. 『시』는 300편이 여전히 남아 있지만, 공자의 전(傳)은 한대 초기에 이미 전수한 자가 없었다. 『악경』에 『주관』과 「태사악장」이 있는 것은 믿을 수 있지만, 혹 별도로 오로지 경으로만 있었는지는 상고할 수 없다. 70제자가 스승의 말씀을 근거로 추리하고 연역한 경과 전이 수만 종류로 많다고 하지만 남김없이 모두 훼손되어 사라졌으니, 그 가운데 어찌 보물 같은 것이 없었겠는가? 한대 사람들이 버린 것을 어떻게 하겠는가?"

2-6-1 『역(易)』「계사전」 첫머리의 문제점

6경을 난삽하게 고친 것은 한대에 시작되지 않았지만, 한대 사람들이 난삽하게 고치는 것을 집대성했다는 것은 내가 이미 앞의 글에서 설명했다. 『한서』「예문지」에서 "진나라가 책을 불태웠으나, 『역』은 점치는 책이어서 전수하는 자가 끊어지지 않았다."[1]라고 했다. 옛날 사람들은 대부분 『역경』이 가장 믿을 수 있다고 여겼다. 나는 『역경』이 난삽하게 고쳐진 곳이 비교적 적지만, 또한 진나라와 한나라 사람들에 의해 난삽하게 고쳐진 것이 전혀 없는 것은 아니라고 생각한다. 「계사전」은 광활하고 심원한데도 송대의 사람들은 상당히 의심했다. 그렇지만 의심한 것이 하찮은 의미여서 큰 뜻과는 무관하다.

「계사전」 첫머리에서 요지를 밝히면서, "하늘은 높고 땅은 낮으니 건곤이 정해지고, 낮은 것과 높은 것이 배열되니 귀천이 자리하며, 움직임과

---

1 『한서』「예문지」. 병주(竝注). 凡易十三家二百九十四篇. 及秦燔書, 而易爲筮葡之事, 傳者不絶.

고요함이 항상됨이 있으니 굳셈과 부드러움이 분명히 나눠진다."[2]라고 말한 것을 나는 괴이하게 생각했다. 여기의 몇 구절은 분명히 『역』의 뜻에 어긋난다. 옛날의 술수가들은 하늘이나 군주를 모두 건(乾)의 상(象)으로, 땅이나 신하와 백성을 모두 곤(坤)의 상으로 여겼다. 여기서 하늘은 높고 땅은 낮다고 말한 것은 바로 군주가 위에 있어 지극히 높고 신하와 백성은 비천하여 낮다는 것인데, 이런 것은 반드시 성인의 말씀이 아닐 것이다. 『논어』「팔일」편에서 "정공(定公)[@]이 '군주가 신하를 부리고, 신하가 군주를 섬기는 데에는 어떻게 해야 하는지요?'라고 질문하자, 공자는 '군주는 예로써 신하를 부리고, 신하는 충성으로써 군주를 섬깁니다.'라고 답하였다."[3]고 했다. 공자가 말한 의미를 자세히 음미하면, 군주와 신하는 인격과 도의상으로 순전히 평등하다. 군주가 예로써 신하를 부리지 않으면 신하는 당연히 무도한 군주에게 반항하고, 군주는 신하가 비굴하게 아부하는 것을 충성으로 여기지 않는다. 그런데 어떻게 군주는 존귀하고 신하는 비천한 것을 정해진 구분으로 여기겠는가? 또「혁괘(革卦)」에서는 아주 분명하게 혁명을 주장했는데, 만약 존귀하고 비천함에 정해진 구분이 있다면, 신하와 백성이 어찌 혁명을 일으켜 군주를 시해할 수 있겠는가? 그러므로 그것이 『역』의 뜻에 어긋난다는 것을 알 수 있다. 낮은 것과 높은 것에 대해 말한 것도 위에서 말한 것과 동일한 의미이니, 다시 반박할 필요가 없다.

　　[@] 정공은 노나라 임금이다.

'움직임과 고요함이 항상됨이 있으니 굳셈과 부드러움이 분명히 나눠진다.'는 것에 대해 우번(虞翻)은 "'분명히 나눠진다[斷]'는 것은 '나눈다[分]'는 것이다.[@] 건의 '굳셈[剛]'은 항상 움직이고, 곤의 '부드러움[柔]'은 항상 고

---

2 『역』「계사·상」. 天尊地卑, 乾坤定矣. 卑高以陳, 貴賤位矣. 動靜有常, 剛柔斷矣.

3 『논어』「팔일」. 定公問: "君使臣, 臣事君, 如之何." 孔子對曰: "君使臣以禮, 臣事君以忠."

요하다."[4]라고 했다. 생각건대, 건과 곤이라는 것은 실로 본체의 유행에 의거해서 세운 이름이다. 유행에는 두 가지 추세가 있으니, 서로 상반되지만 서로를 이루어준다. 두 가지 추세는 건과 곤이다. 건의 덕을 굳셈이라고 하고 곤의 덕을 부드러움이라고[b] 한 것은 건이 곤을 거느리기 때문이다. 건은 항상 움직이고 곤은 항상 고요하다고 말하면 아주 잘못된 것이다. 저들이 말한 것처럼 한쪽은 항상 움직이고 다른 한쪽은 항상 고요하다면, 양쪽이 서로 위배되어 변화를 이룰 수 없다. 이런 사람을 『역』에 대해 아는 자라고 하겠는가?

> ⓐ 『석명(釋名)』[5]에서 "단(斷)은 '구분 짓는다[段].'는 것이니, 나누어서 다르게 구분 짓는 것이다."[6]라고 했다. 그러므로 우번은 "단(斷)은 '나눈다.[分]'"라고 말했다.
>
> ⓑ '부드럽다'는 것은 이치대로 해서 곧음(貞)을 잃지 않는 것이지 낮고 유약하다는 말이 아니다. 「곤괘」에서 "유구하고 곧음이 이롭다."[7]라고 말한 것은 음미할 만하다.

종합하면, 한대 사람들의 『역』에 대한 연구는 모두 상수학(象數學)을 중심으로 삼았다. 상수라고 하는 것은 술수가들이 남긴 술법이다. 『한서』 「예문지」에서 "진나라에서 책을 불태웠으나 『역』은 점치는 일이어서 전수하는 자가 끊어지지 않았다. 한나라가 일어나자 전하(田何)가 그것을

---

4 『주역집해(周易集解)』. 動靜有常剛柔斷矣. 구절에 대한 우번의 주석: 虞翻曰: "斷, 分也. 乾剛常動, 坤柔常靜, 分陰分陽, 迭用柔剛."

5 『석명(釋名)』: 후한 말 유희(劉熙)가 지은 책. 같은 음을 가진 말로 어원을 설명하였다. 내용에 의해서 석천(釋天)·석지(釋地)·석산(釋山)으로 시작하여 석질병(釋疾病)·석상제(釋喪制)에서 끝나는 27편의 분류방법은 『이아(爾雅)』와 같으나, 소리가 비슷한 말은 의미에도 많은 관련이 있다는 성훈(聲訓)의 입장에서 해설을 한 점이 특색이다. 억지에 불과하다는 설도 있으나 어원을 해설한 점에서 중요한 자료이다. 또한 오늘날에는 그 실물을 알 수 없는 기물(器物)과 가구(家具)에 관해 귀중한 기록이 적지 않다. 청나라의 왕선겸(王先謙)이 지은 『석명소증보(釋名疏證補)』는 이 책의 훌륭한 연구서로 꼽힌다.

6 『석명(釋名)』「석언어(釋言語)」. 斷, 段也. 分爲異段也.

7 『역』「곤괘(坤卦)」. 用六, 利永貞.

전수하였다."[8]라고 했다. 대개 6국과 진나라 때 『역』을 말하는 자들은 모두 술수를 종지로 하였다. 이것을 어떻게 증명하겠는가? 첫째,「예문지」에 근거하면, '『역』은 점치는 일이어서 불태워지는 재앙을 면했다.'고 한 구절에서 6국 시대에 역학파들은 오로지 술수만을 숭상했으므로, 여정이 『역』을 불태우지 않았던 것을 알 수 있다. 만약 당시의 역학자들이 공자의 철학사상을 널리 선양했다면, 의심할 것도 없이 여정은 『역경』을 금지했을 것이다. 둘째, 6국이 쇠약하고 어지러웠으므로 술수역이 유행하였다. 여정은 우민정책을 써서 술수역을 금지하지 않았고, 한대의 조정은 여정이 남긴 정책을 이어받았다. 유학자들로 역을 연구하는 자는 동일하게 전하를 시조로 높여서[ⓐ] 공자의 본래의 뜻을 말하기를 꺼렸고, 오로지 상수를 연역함으로써 몸을 확실하게 숨겼다. 공자의 역이 다행히 보존되었지만, 경문 중에 술수가가 난삽하게 고친 것이 없었을 것이라고 말한다면 아주 잘못된 것이니, 틀림없이 난삽하게 고친 것이 있을 것이다. 한대 사람들이 상수학에 종사한 것은 괘기(卦氣)·납갑(納甲)·효진(爻辰)·비복(飛伏) 및 괘변(卦變)·호괘(互卦)·지괘(之卦)·방통(旁通)·소식(消息)·승강(升降)과 같은 여러 이론을 써서, 괘와 괘, 효와 효 사이에 구애되어 천착하면서 소통하기를 구한 것이다. 그 결과 어떤 이론이든 모두 소통하지 못하는 것이 있어, 끝내 정신이 피폐하여 효상(爻象)에서 고집하며 대립하였지 역의 도리에 대해서는 전혀 연구하여 밝히는 것이 없었으니, 어찌 원통하지 않은가?

ⓐ 전하(田何)는 제나라의 유민(遺民)으로 진대를 거쳐 한대 초기까지 『역』을 전수했다.

「계사전」에서 "『역』으로써 말하는 자는 그 사(辭)를[ⓐ] 숭상하고, 『역』으로써 행동하는 자는 그 변화를[ⓑ] 숭상한다."[9]라고 하였다. 성인이 『역』

---

8 『한서』「예문지」, 병주(竝注). 凡易十三家二百九十四篇. 及秦燔書, 而易爲筮蔔之事, 傳者不絶. 漢興田何傳之.

을 배우는 자들에게 지침[指南]을 명시했는데,ⓒ 사람들이 돌이켜 반성하지 않으니, 어찌된 일인가? 『역』은 복희가 팔괘를 그린 이후에 여러 성인을 거치면서 철학사상이 비록 점점 발전했을지라도, 언제나 술수가들의 방술과 서로 섞였다. 마침내 공자가 『주역』ⓓ을 저술하자 비로소 완전히 술수를 물리쳤다. 후대에 『역』을 배우는 자는 당연히 『주역』에 의거해서 그 사(辭)를 완미해야 한다. 전하(田何) 이래로 상수를 말하는 자는 여러 가지로 꾸며내었지만, 어지러운 것이 마치 실이 엉킨 것 같아서 다만 곧바로 잘 드는 칼로 잘라버리는 것이 옳다.ⓔ 건과 곤은 『역』의 온축(蘊蓄)이니, 반대와 통일이ⓕ 본래 온갖 변화의 현묘한 표준[極]이다. 오직 승강(升降)·소식(消息)·방통(旁通) 세 가지 뜻만은 또한 공자 문하에서 전해지지 않은 적이 없었다. 만약 사물에 나아가 신묘한 경지에 노닐면서, 바로 이 이치가 있지 않는 곳이 없다는 것을 깨달았을지라도, 여전히 괘와 괘, 효와 효 사이에 빠져 이해하기를 추구하면, 통발과 올무에 집착하여 물고기와 토끼에 대해 어두운 것과 같으니, 함께 변화를 보기 어렵다.ⓖ 아! 늙은이가 세상물정에 어둡고 비루하지만, 후생(後生)들이 성인의 문장과 전적을 싫어하고 버리니, 나는 누구와 이야기를 할 것인가! 오직 이렇게 외로운 마음을 언제나 하늘과 땅에 메달아 놓을 뿐이다.

ⓐ 공자 『역경』의 전체 문장 모두를 '사(辭)'라고 한다. 학자들이 『역』을 말하려면 공자의 사(辭)를 위주로 해야 한다. 한대 사람들은 술수의 함정에 빠져 이것을 깨닫지 못하였다.

ⓑ 만물의 이치와 사람의 일의 온갖 변화를 연구하여 밝히려는 것으로는 『역』만한 것이 없다. 『역』을 진실로 아는 자는 행동하고 실천하는 가운데 『역』의 도리를 당연히 응용해야 한다.

ⓒ 배를 타고 가는 자는 나침판이 방향을 정해주는 것에 의지한다. 『역』을 배우는 지침은 바로 위에서 인용한 글이다.

---

9 『역』 「계사·상」. 易有聖人之道四焉, 以言者尙其辭, 以動者尙其變, 以制器者尙其象, 以葡筮者尙其占.

ⓓ『주역』의 '주(周)'자는 '두루 한다.'는 의미이니,『주역』의 도는 없는 곳이 없다는 말이다. 이것은 옛날의 이론이다. 또한 '주(周)'자를 '주대(周代)'로 말하는 자도 있는데, 근거가 충분하지 않다.

ⓔ 만약 옛것을 좋아하는 자가 지도하여 옛것을 상고하는 후학을 위해 그 곤경을 풀어주면 또한 아름다운 일일 것이다.

ⓕ 건과 곤은 상반되지만 건의 덕은 강건(剛健) 중정(中正)으로써 곤을 이끌고, 곤은 정고(貞固)로써 건을 따르니, 마침내 통일로 돌아간다.

ⓖ '승강'의 의미는 내가『신유식론』부록에서 대략 언급했으니, 참고하면 될 것이다. '소식'의 의미는 별도로 논해야 한다. '방통'은 하나의 사물을 들어 말하겠다. 곧 이 하나의 사물은 일체의 사물에 두루 통하여 고립되지 않고, 또 일체의 사물도 모두 이 하나의 사물과 서로 받아들이고 서로 용인함으로써 서로 분리되지 않아 통하여 일체가 된다는 것이다.『역』「건괘」「문언」에서 "건괘 육효가 발휘하는 것은 사물의 실정을 널리 통하는 것이다."[10]라고 했으니, 마땅히 깊이 완미해야 한다. '통발'은 물고기를 잡기 위한 것이지 물고기는 아니다. '올무'는 토끼의 흔적을 따라 토끼를 잡는 것이지 토끼는 아니다. 만약 통발과 올무를 가지고 바로 물고기와 토끼라고 여긴다면 크게 잘못된 것이 아니겠는가? 괘ㆍ효가 이치를 드러내기 위한 것은 통발ㆍ올무와 같다. 괘와 괘ㆍ효와 효 사이에 막혀있는 것은 마치 통발과 올무에 집착해서 물고기와 토끼를 알아보지 못하는 것과 같다. 그러니 이치를 깨달을 수 없을 것이다.

2-6-2 『춘추(春秋)』의 왜곡

『춘추경』에 대해『한서』「예문지」에 서술한 것은 그 표현이 모호한데, 그 까닭은 반고가 감히 공자의 '만세를 위해 태평을 여는' 근본적인 뜻에 대해 분명히 말하지 못했기 때문이다. 이에『춘추』를 역사에 대한 책으로 여겨, 공자가 좌구명(左丘明)[11]과 함께 노나라의 역사기록을 본 것으로

---

10 『역』「건괘」. 剛健中正, 純粹精也, 六爻發揮, 旁通情也.

11 좌구명(左丘明, B.C.502?-B.C.422?): 성(姓)은 좌(左)이고, 이름은 구명(丘明)이며, 일설에 의하면 성이 좌구(左丘)이고, 이름이 명(明)이라고도 한다. 산동성 출생으로 공자와 같은 무렵의 노(魯)나라 사람이다.『좌씨전(左氏傳)』,『국어(國語)』의

억지로 설명하려고 했다. 또 반고는 "좌구명은 제자들이 제각기 자신의
뜻에 안주해서 진실을 잃을까 걱정했기 때문에, 본래 있었던 일을 논하
고 전(傳)을 지어 공자가 공연히 경을 설명하지 않았음을 밝혔다."[12]고 말
했다. 생각건대, 반고가 유흠에 근본해서 좌씨가 『춘추』의 올바른 전수
자라고 높인 것은, 사실 공자가 이 경(經)을 지어 천자·제후·사대부 등
통치계급을 없애기를 주장했기 때문에 한나라 조정의 금기를 건드릴까
두려워서, 이 경을 역사서라고 했던 것이다. 또 『좌전』은 본래 사건을
기록한 역사이기 때문에 마침내 좌씨를 『춘추』를 계승한 것으로 높였으
니, 이것이 아마도 반고의 속마음이었을 것이다. 유흠은 왕망(王莽)과 사
사롭게 결탁하여 왕망이 황제의 자리를 찬탈하고자 함을 일찍부터 알고
는, 『공양』을 물리치고 좌씨가 『춘추』를 전수했다고 했으니, 또한 '군주
가 필요없다[無君].'는 의미를 펼치려고 하지 않았을 뿐이다. 유향·유흠
부자의 전(傳)에 "유흠은 좌구명의 호오(好惡)가 성인과 같아 직접 공자를
만났다고 여겼다. 그렇지만 공양고(公羊高)와 곡양숙(公羊叔)은 70제자 이
후의 사람이다."[13]라고 했다. 생각건대, 진례(陳澧)[14]는, 곡양숙은 공양고

저자로 알려져 있다. 『논어』「공야장(公冶長)」에 "원망을 숨기고서 그 사람과 친
구로 지내는 것을 좌구명이 부끄럽게 여겼다. 나도 또한 부끄럽게 여긴다."라는
공자의 말이 기록되어 있는데, 그것이 『좌씨전』의 좌씨에 결합되어 『좌씨전』의
저자라고 여기게 된 것 같다. 한편 『논어』의 이 이야기에서 좌구명이 공자의 선배
일 것이라며, 『논어』의 좌구명은 『좌씨전』의 저자가 아니라고 하는 의견도 있다.
후세에 이 두 가지 설에 대하여 여러 가지 쟁론이 있는데, 후자 쪽이 타당한 것처
럼 보인다. '좌구실명(左丘失明)'이라는 사마천(司馬遷)의 말에 의하여 후세 사람
은 그를 가리켜 맹좌(盲左)라고도 한다.

12 『한서』「예문지」. 병주(竝注). 凡春秋二十三家九百四十八篇. 丘明恐弟子各安其意,
以失其眞. 故論本事而作傳, 明夫子不以空言說經也.

13 『한서』「초원왕전(楚元王傳)」. 歆以爲左丘明好惡與聖人同, 親見夫子. 而公羊穀梁在
七十子後.

14 진례(陳澧, 1810-1882): 자는 난보(蘭甫)이며, 호는 동숙(東塾)이다. 진사(進士)시
험에 6번 낙방하고, 사관(仕官)하여 하원현(河源縣) 훈도(訓導)가 되었으나, 두 달
만에 사직하고 귀향하여 학해당(學海堂) 학장을 지냈고, 만년에는 국파정사(菊坡
精舍)를 겸영하였다. 그의 학풍은 정현(鄭玄)과 주자(朱子)를 모두 중히 여겼으며,

의 뒤에 태어나 공양고의 주장을 연구하여 취하기도 하고 취하지 않기
도 하며, 논박하기도 하고 자신의 주장과 병존하기도 하여, 그가 드러내
는 것은 확실히 날조한 것이 아니니, 곡양숙의 출생연대가 공양고의 뒤
임을 충분히 증명할 수 있다고 했다. 그러나 진례의 설명도 조설지(晁說
之)와 유원보(劉原父)에 근거하여 좀 더 상세하게 고증한 것일 뿐이다.

[2-6-2-1] 『춘추공양전』 전수의 문제점

공양씨(公羊氏: 公羊高)에 대해서는 『한서』 「예문지」에서 반고가 스스로
주석을 붙여 "공양자(公羊子: 公羊高)는 제나라 사람이다."[15]라고 했다. 서
언(徐彦)은 『춘추공양전주소(春秋公羊傳注疏)』에서 대굉(戴宏)의 서문을 인
용하여 "자하(子夏)가 공양고에게 전해주었고, 공양고가 아들 평(平)에게,
평이 아들 지(地)에게, 지가 아들 감(敢)에게, 감이 아들 수(壽)에게 전했
다. 한나라 경제(景帝) 때에 공양수(公羊壽)가 제자인 제나라 사람 호무자
도(胡母子都)와 함께 책을 지었다."[16]라고 했다. 생각건대, 서언이 대굉의
서문을 인용해 공양씨 가문의 5대 동안의 전수를 명백하게 밝힌 것은
본래 의심할 것이 없다. 하휴(何休)는 『공양해고(公羊解詁)』에서 은공(隱公)
2년에 "기자백(紀子伯)과 거자(莒子)가 밀(密)에서 맹약했다."[17]는 구절의
주석에서, "공자는 당시 세태를 두려워하고 폐해를 멀리했으며, 또 진나

한학(漢學)과 송학(宋學)은 서로 같다는 입장을 취하였다. 그의 저서 『동숙독서기
(東塾讀書記)』는 일종의 학술사이다. 성명도덕(性命道德)에 관한 어의(語義)를 푼
『한유통의(漢儒通義)』 외에 『성률통고(聲律通考)』, 『절운고(切韻考)』, 『동숙집(東
塾集)』, 『한지수도도설(漢志水道圖說)』 등 음악 · 음운(音韻) · 지리 · 천문 · 산학
(算學)에 걸친 저술을 남겼다.

15 『한서』 「예문지」. 병주(竝注). 公羊傳十一卷. 公羊子, 齊人.

16 『춘추공양전주소(春秋公羊傳注疏)』 「애공(哀公)」. 徐彦疏引戴宏序曰: "子夏傳與公
羊高, 高傳與其子平, 平傳與其子地, 地傳與其子敢, 敢傳與其子壽. 至漢景帝時壽乃與
齊人胡母子都, 著於竹帛."

17 『춘추공양전주소』. 紀子伯莒子, 盟於密.

라에서 시·서(詩·書)를 태워버릴 것을 알고는 그 내용을 구전(口傳)으로 서로 전하게 했다. 한대에 이르러 공양수와 제자 호무자도 등이 비로소 책에 기록했다."[18]라고 했다. 이것에 의하면 하휴의 주석이 비록 대굉의 서문에 비해 간략하더라도 한대의 공양수와 제자가 비로소 책을 지었다고 말했으니, 공양씨 가문에서 5대 동안 모두 구전했음을 알 수 있고, 대굉의 서문과 하휴의 주석이 실로 서로 부합한다는 것을 충분히 증명한다. 자하가 공자에게 직접 『춘추』를 전수받았고, 공양고가 자하에게 직접 전수받아 대대로 지켰으므로 망실되지 않았다.

유흠이 이에 공양고와 곡양숙을 아울러 논하면서 모두 70제자 이후의 사람이라고 여겼는데, 그 설명에는 털끝만큼도 근거가 없다. 혹자는 공양수와 호무자도가 책에 기록한 것이 한나라 경제의 때이기 때문에 마침내 70제자의 뒤일 것이라고 했지만, 공양씨 가문에서 5대 동안 구전으로 전수한 사실은 결코 부인할 수 없다. 유흠은 왕망에게 아부하려는 사사로운 생각 때문에 공양고를 물리치고 좌구명을 높여서, 『춘추』를 어지럽히려고 했다. 반고는 유흠의 편을 들어 후대 사람들을 미혹시켰으니, 변별해서 바로잡지 않을 수 없다. 그러나 반고는 『춘추』의 진상을 또한 차마 완전히 묻어버리지는 못한 것 같다. 그러므로 또 "『춘추』에서 폄하하고 훼손했던 대인은 당시 군주와 신하로서 권위와 세력이 있었다는 사실이 모두 '전(傳)'에 드러나 있다. 이 때문에 그 책을 숨기고 퍼트리지 않아서 당시의 위험을 모면했다. 말세에는 구설(口說)이 유행했으므로, 공양씨·곡양씨·추(鄒)씨·협(夾)씨의 전(傳)이 있었다."[19]고 했다. 생각건대, 반고가 『춘추』에서 당시의 군주와 신하로서 권위와 세력을 가

---

18 『춘추공양전주소』. 紀子伯莒子, 盟於密. 구절에 대한 주석. 孔子畏時遠害, 又知秦將燔詩書, 其說口授相傳. 至漢公羊氏及弟子胡母生等, 乃始記於竹帛, 故有所失也.

19 『한서』「예문지」. 병주(竝注). 凡春秋二十三家九百四十八篇. 丘明恐弟子各安其意, … 明夫子不以空言說經也. 春秋所貶損大人, 當世君臣有威權勢力, 其事實, 皆形於傳. 是以隱其書, 而不宣所以免時難也. 及末世口說流行, 故有公羊穀梁鄒夾之傳, 四家之中, 公羊穀梁立於學官, 鄒氏無師夾氏未有書.

진 자를 폄하하고 훼손했다고 말한 것은 반드시 동호(董狐)[20]처럼 그 악을 그대로 적어서 꺼리지 않는 것만 못하지만, 그것이 사회·정치에서 근본적으로 크게 변혁하는 이론임에는 틀림없다. 반고는 그 사실이 모두 전(傳)에 드러나 있다고 했으니, 이것은 공양씨 가문에서 5대 동안 구전되었다는 것을 의심할 여지가 없다. 다만 공양수와 호무자도가 함께 책에 기록한 전(傳)이 아닐 뿐이다.

양한(兩漢)시대에 전수한 것 가운데 오직 공양씨의 '전(傳)'에는 아주 의미가 다른 것과 괴상한 논의가 있지만, 곡양씨·추씨·협씨의 전(傳)에 이런 것이 있다는 것은 듣지 못했다. 공양씨 가문에서만 『춘추』를 전했고 5대 동안 구전했다는 것을 반고가 몰랐던 것은 아니지만, '말세에 구설이 유행했다.'고 하면서 비로소 공양씨와 삼가(三家)ⓐ의 전이 있었다고 한 것은 무엇 때문인가? 동한(東漢)시대에 특히 강상(綱常)과 명교(名敎)로써 군주통치를 유지하는 것을 중시하였는데, 그 주장은 모두 유학에 의탁했다. 반고는 『공양전』의 진상을 엄폐하여 조정에 영합하지 않을 수 없었기 때문에, 공양씨 선대부터 홀로 비전(秘傳)되던 것이 있음을 인정하지 않았다. 반고가 왜곡해서 이런 주장을 한 것은, 여전히 공양고·곡양숙이 70제자의 뒤에 함께 나왔다고 하는 유흠의 견해에 근거한 것이다. 그러나 그 주장이 매우 모호하니, 말세의 구설이 도대체 근거가 있는가? 근거가 없다고 말하면 안 되고, 근거가 있다고 말하면 공양씨 가문의 5대 동안의 전수를 인정하지 않을 수 없다. 반고가 『춘추』를 서술한 것은 본래 유흠에 의지하였으니, 또 무슨 참된 진상을 보존하려고 했겠는가? 그 결론 또한 유흠으로 복귀하는 것이니, 그 표현은 모호하고 거짓을 지어내느라고 졸렬했을 뿐이다. 좌씨는 『춘추』를 전하지 않았으니, 한대의 박사들이 이것으로 유흠을 반박한 것은 실로 달리 고칠 수

---

20 동호(董狐, 생졸연대미상): 춘추시대 진나라(晉)의 태사(太史)로서 사호(史狐)라고도 칭한다. 그는 어떤 어려움에도 불구하고 사실대로 역사를 기술했다고 하여 역사에 대한 기탄없는 집필을 '동호지필(董狐之筆)'이라고 한다.

없는 지당한 말이다. 『곡양전』에 대해 옛사람들은 보잘 것 없는 책이라고 했으니, 이것은 후세의 역사적 평가와 거의 비슷하다. 『곡양전』은 『춘추』의 본래 의미와는 절대로 관계가 없다. 공양수와 호무자도가함께 만들었다는 전(傳)도 공양씨 가문의 선대의 구전이 아니다. 그 논의는 다음과 같다.

ⓐ '삼가(三家)'는 곡양씨 · 추씨 · 협씨이다.

옛날에 『춘추』를 말하는 자들은 "복희가 팔괘를 만들었는데, 내(공자 자신)가 그것에 합하도록 글로 연역해보니, 강(황하)에서 신령한 것이 나왔던 것이다.ⓐ 『춘추』를 지어 혼란한 제도를 고쳤다."ⓑ²¹라고 했다. 이말에 의거하면, 『춘추』는 만세를 꿰뚫어 변화를 헤아려서 다스리는 법을 만든 것이 지극히 심원하고 광대하니, 『좌전』 · 『곡양』과 같은 천박한 역사의 글과 섞어 성인의 뜻을 억측하지 말아야 하는 것 또한 아주명백하다. 그러나 다시 변별할 것이 있으니, 공양씨 가문에서 5대 동안구설로 전해온 것은 공자의 본의라는 것을 진실로 의심할 수 없다. 공양수와 제자 호무자도가 책에 기록한 것은 반드시 공자의 본의를 은폐하고자신의 뜻을 주장하여 당시 세상에 받아들여지기를 구한 것이니, 거의의도적인 일이다. 예컨대 『춘추위(春秋緯)』에서 "기린을 잡은 다음에,ⓒ천하 사람들이 노나라의 단문(端門: 궁궐의 정남문)에 혈서로 '뛰어가서 법도를 만들어라.'ⓓ라고 적었다. 공자가 죽고 주대의 왕실ⓔ이 망하자 혜성ⓕ이 동쪽에서 출현하니, 진나라에서 정(政)ⓖ이 일어나고 호(胡)가 도술을파괴하여ⓗ 책과 기록이 흩어졌지만, 공자의 뜻은 끊어지지 않았다.ⓘ자하가 다음날 가서 보니, 혈서가 날아가 붉은 새로 되었다가 백서(白書)로 변했다. 「연공도(演孔圖)」라고 이름이 붙어 있는데, 가운데에 그림을그리고 법도를 만든 형상이 있었다. 공자는 위로는 천명을 미루어 보고,

---

21 『춘추공양전주소』 「은공1(隱公1)」. 春秋說云: "伏羲作八卦, 丘合而演其文, 瀆而出其神, 作春秋以改亂制.

아래로 시대의 변화를 살피며, 미래까지 보았으니, 예측해서 이해한 것이⑴ 무궁하다. 한나라가 당연히 대혼란의 뒤를 계승할 줄 알았으므로 혼란을 다스리는 법도를 만들어 주었던 것이다."²²

 ⓐ 공자의 이름이 구(丘)이다. 복희가 팔괘를 만들었는데 여러 성인들을 거쳐 서로 전수되었다. 공구가 그것을 모두 융합하여 새로운 뜻을 드러냄으로써 『주역』을 지었다. '강'은 황하를 말한다. '신령한 것이 나왔다.'는 것은 용마(龍馬)가 그림을 등에 지고 나왔음을 말하니, 신령한 물건이다. 상고시대의 전설에, 복희가 팔괘를 그리는 데 하도에서 법칙을 취했다고 한다. 공자가 『역』을 연역하면서 그 근원을 추구한 것은 실로 복희가 하도에서 법칙을 취한 것에 근거한다.

 ⓑ 공자가 『역』을 지은 다음 다시 『춘추』를 지어 혼란한 제도를 고쳤다. 천자 · 제후 · 대부라는 소수의 사람들이 천하의 최대다수를 통치하는 것을 '혼란한 제도'라고 한다. 성인이 그것을 개혁하려고 『춘추』를 지었다. 이것은 공양의 『소(疏)』에서 옛날의 견해를 인용한 것이다.

 ⓒ 공자가 『춘추』를 저술하다가 서쪽에서 기린을 잡은 것에 이르러 절필했다. 이것은 그 일을 인용했다.

 ⓓ '뛰어가라.'는 말은 빨리 하라는 말이다. 빨리 왕의 법도를 만들라는 말이다.

 ⓔ 주대 왕족은 성이 희(姬)였다.

 ⓕ 옛날에는 혜성이 나오면 천하에 큰 변란이 있다고 여겼다.

 ⓖ 진시황의 이름이 '정(政)'이다.

 ⓗ 진나라 이세(二世)의 이름이 '호해(胡亥)'이다. 그 아비의 정책을 이어 선대 성인의 도술을 파괴했다.

 ⓘ 서적과 기록으로 전하는 것이 모두 흩어져 없어졌지만, 공자의 구전(口傳)만은 끊어지지 않았다.

 ⓙ '예측해서 이해했다.'는 것은 미리 알았다고 하는 것과 같다.

여기서 한나라를 위해 법도를 만들었다고 한 말에 근거하면, 이 글을 위서(緯書)²³로 만든 것은 틀림없이 공양씨 가문에 의해 위조되었을 것이

---

22 『춘추공양전주소』. 十有四年春西狩獲麟. 得麟之後, 天下血, 書魯端門曰, 趨作法. 孔聖沒, 周姬亡, 彗東出. 秦政起, 胡破術, 書記散, 孔不絶. 子夏明日往視之, 血書飛爲赤鳥, 化爲白書. 署曰演孔圖, 中有作圖制法之狀. 孔子仰推天命, 俯察時變, 卻觀未來, 豫解無窮, 知漢當繼大亂之後. 故作撥亂之法以授之.

니, 신화에 의탁해서 한나라 황실에 아첨한 것임을 알 수 있다. 대개 여정의 분서갱유의 재앙은 유학자들이 여전히 공포로 여기는 것이었다. 『춘추』는 혼란한 제도를 개혁하기 위한 책이니, 본래 황제에게는 이롭지 않은데, 어찌 한 고조가 다시 위해를 가하지 않을 줄 알았겠는가? 공양씨는 공자가 『춘추』를 지은 것이 한나라를 위해 법도를 만들 것이라고 가탁해서 말하고, 신화를 날조해서 조정과 재야가 받아들이도록 움직였던 것이다. 그러니 진실로 수고롭게 심혈을 기울였지만, 곧바로 공자의 본의를 잃게 되어 선대의 성인에게 죄를 짓지 않을 수 없었다. 공양수와 호무자도가 구설(口說)을 책에 기록했다는 것이 바로 세상에서 말하는 『공양전』이다. 그것이 세상에 유행한 것은 위서(緯書) 「연공도(演孔圖)」에 비해 조금 뒤일 것이다. '전(傳)'이 한나라 경제(景帝) 때에 만들어졌고 호무자도가 그때 박사였으니, 「연공도」는 당연히 문제(文帝)나 경제 때에 나왔을 것이다. 「연공도」에서 공자가 『춘추』를 지은 것은 한나라를 위해 법도를 만든 것이라고 말하는데, 이것이 바로 공양수와 호무자도가 전(傳)을 만든 은밀한 의도이다.ⓐ 한대 이래로 학자들은 모두 『공양전』이 공자의 진본이라고 믿었으니, 이야말로 깊이 상고해보지 않고 가볍게 믿어서 공자의 본의를 미루어 알 수 없게 된 것이다. 비유하면 쭉정이에 눈이 가려 천지를 보지 못하는 것이니, 어찌 안타깝지 않은가?

> ⓐ '은밀한'은 '비밀로 한다.'는 뜻이다. 이미 재앙이 두려워서 감히 공자의 본의를 드러내지 못하고, 또한 공자의 본의를 은밀하게 보존해서 별로 드러나지 않게 했으므로 '은밀한 의도'라고 했다.

『공양전』은 글자의 수를 헤아려 보아도 공자의 『춘추전』을 직접 기술한 것이 아니라는 것을 알 수 있다. 『사기』 「태사공자서」에서 『춘추』에

---

23 위서(緯書): 유가의 경서(經書)를 길흉화복 등의 예언으로 설명하는 책으로서, 시위(詩緯), 역위(易緯), 서위(書緯), 예위(禮緯), 악위(樂緯), 춘추위(春秋緯), 효경위(孝敬緯) 등 칠위(七緯)가 대표적이다.

대해 "글이 수만이 되고 뜻이 수천이다."²⁴라고 했으니, 실로 동생(董生: 董仲舒)에게 그것을 들었던 것이다. 장안(張晏)은 "『춘추』1만 8천 자는 당연히 줄였다고 말해야 하지만, '수만이 된다.'에서 '수만'의 '수'자와 '된다.'는 말은 잘못된 것이다."²⁵라고 했다 배인(裴駰)은 "장안이 경문에 의거해서 다만 1만 8천 자라고 했는데, 만약 경문과 전문(傳文)을 합해서 말한다면, 모두 4만 4천여 자이다. 그러므로 사마천이 '글이 수만이 된다.'라고 했던 것이다."²⁶고 했다. 사마정(司馬貞)²⁷은 소안(小顏)을 인용하여, 『춘추경』1만 8천 자는 또한 수만 자라고 충분히 말할 수 있다고 하였다. 생각건대, 세 사람의 말은 모두 틀렸다. 장안이 '당연히 줄였다고 말해야 한다.'고 한 것은 문구가 아주 통하지 않는다. 만약 '줄였다.'라는 글자를 '미치지 않는다[不及].'라는 글자로 바꾸면, 『사기』의 글을 더욱 바꾸고 어지럽힌 것이다. 배인이 '경(經)'과 '전(傳)'을 합해 모두 4만 4천여 자라고 한 것에서, 전(傳)이라고 말한 것은 곧 공양수와 호무자도 사제가 함께 만든 전(傳)으로, 이른바 『공양전』이 이것이다. 그런데 이것

---

24 『사기』「태사공자서」. 春秋, 文成數萬, 其指數千.

25 『학림(學林)』「춘추경자수(春秋經字數)」. 史記太史公自序曰: "春秋文成數萬, 其指數千." 張晏注曰: "春秋萬八千字, 當言減, 而云成, 數字誤也."

26 『학림』「춘추경자수」. 史記太史公自序曰: … 當言減, 而云成, 數字誤也. 裴駰注曰: "太史公此辭, 是述董生之言. 董仲舒自治公羊經傳, 凡有四萬四千餘字. 故云文成數萬也."

27 사마정(司馬貞, 생존연대미상): 자는 자정(子正)이고, 당나라 하내(河內: 현 심양〈沁陽〉) 사람이다. 당대(唐代)의 저명한 사학자로서 『사기색은(史記索隱)』30권의 저자이며, 일명 '소사마(小司馬)'라고 한다. 사마정은 남조(南朝) 송서엄(宋徐嚴)의 『사기음의(史記音義)』, 배인(裴駰)의 『사기집해(史記集解)』, 제조(齊朝) 추탄생(鄒誕生)의 『사기집주(史記集注)』, 당조(唐朝) 유백장(劉伯莊)의 『사기음의(史記音義)』·『사기지명(史記地名)』 등 여러 학자들의 주석을 모아서 두예(杜預)·초조(譙周) 등의 저술과 비교하여 후세에 가장 큰 영향을 끼친 역사학의 명저인 『사기색은』을 저술하였다. 이 책은 배인의 『사기집해』, 당나라 장수절(張守節)의 『사기정의(史記正義)』와 합해서 '사기삼가주(史記三家注)'로 일컬어지고 있다. 더욱이 후세의 사학가들은 『사기색은』의 가치가 배인과 장수절의 책보다 더 높다고 칭찬하기도 한다.

은 공양수 선대가 구전한 공자의『춘추전』이 아니다.

소안이 "경문의 1만 8천 자는 수만 자라고 충분히 말할 수 있다."고 한 것을 사마정이 인용한 것은 말도 안 된다. 세 사람이 잘못한 까닭은 모두 공양수 사제가 함께 지은 전(傳)이 곧 공양고가 자하에게 받았던 공자의『춘추전』이라고 여겼기 때문이다. 진위가 분명하지 않으므로 잘못된 해석이 거듭되었을 뿐이다. 동중서가 사마천에게『춘추』의 글자가 수만이라고 말했던 것은 공자가 자작한『춘추전』을 가리켜서 말했던 것이지, 공양수와 호무자도가 글로 써서 확정한 경전이 모두 4만 4천여 자라는 것을 말했던 것은 아니다.

공자가『역』을 저술할 때에 괘사와 효사같은 옛날의 점치는 말을 차용하였지만, 십익(十翼)을 지어서 자신의 뜻을 드러낸 것은 고대 점술가의 축적된 뜻을 완전히 바꾼 것이니,『대역』은 이에 철학계의 근본적인 대전(大典)이 되었다. 공자가『춘추』를 지을 때에 그 경문은 또한 노나라 역사를 차용하였지만, 전(傳)을 자작해서 자신의 뜻을 드러낸 것은 노나라 역사의 온축을 완전히 바꾼 것이니,『춘추』또한 철학의 근본적인 대전이 되었다. 지금 상고해 볼 수 있는 옛 서적 중에 공자가『춘추』를 지었다고 분명히 말한 것은 맹자가 가장 빠르다. 맹자는 공자와 겨우 1백년 정도 차이가 있고, 추(鄒)나라와 노나라는 이웃처럼 가까웠으니, 그말은 확실히 믿을 수 있다.『맹자』에는 공자가『춘추』를 지었다고 2곳에서 말했는데, 한 곳은 「등문공」편이고,[28] 다른 한 곳은 「이루」편이다.[29] 「이루」편의 말이 더욱 자세한데, 그곳에서 다음처럼 말했다. "왕도의 흔적이 없어지고,『시』가 사라졌다.@『시』가 사라진 다음에『춘

---

28 한 곳은 「등문공」편이고:『맹자』「등문공 · 하」. 孔子懼, 作春秋. 春秋, 天子之事也. 是故孔子曰: "知我者其惟春秋乎, 罪我者其惟春秋乎." 孔子成春秋, 而亂臣賊子懼.

29 다른 한 곳은 「이루」편이다:『맹자』「이루 · 하」. 孟子曰: "王者之跡熄而詩亡, 詩亡然後春秋作. 晉之乘, 楚之檮杌, 魯之春秋, 一也. 其事則齊桓 · 晉文, 其文則史. 孔子曰, '其義則丘竊取之矣.'"

추』를 지었다.ⓑ ⋯ 그 일은 제나라 환공과 진나라 문공의 것이고,ⓒ 그 글의 내용은 역사이다.ⓓ 공자는, '그 뜻이라면 내(공자)가 남모르게 취한 것이다.'ⓔ라고 말했다."[30]

- ⓐ 동주(東周)는 유왕(幽王)과 여왕(厲王)이 계승한 다음에 문왕·무왕·주공이 남긴 가르침이 없어진 지 오래되었다. 그러므로 왕도의 흔적이 없어졌다고 했다. 민간에서 풍자하는 동요가 위로 전해지지 않았으므로,『시』가 사라졌다고 했다.

- ⓑ 『시』가 사라지면, 사람들의 공통적인 호오(好惡)를 드러낼 수 없고 불평등한 제도와 불량한 풍속을 모두 개혁할 수 없으므로,『춘추』를 짓지 않을 수 없었다.

- ⓒ 『춘추』는 원래 노나라 '사기(史記)'의 이름이다. 그 책에 기록된 노나라와 여러 나라들의 일은 모두 패자(霸者)를 위주로 한 것이다. 오패 가운데 제나라 환공과 진나라 문공이 가장 강성했으므로, 그 일은 제나라 환공과 진나라 문공의 것이라고 했다.

- ⓓ 공자의『춘추』경문은 원래 노나라 '사기'의 글에 의거해서 수정한 것이다.

- ⓔ 공자가 노나라 '사기'에 의거해서『춘추』를 지어, 천자를 폄하하고 제후를 물리치며 대부를 토벌하고 혼란한 제도를 개혁한 모든 뜻은, 공자가 스스로 드러내 밝힌 것이다. 그러나 노나라 역사에 의거해서 전을 지어『춘추』라고 책 이름을 지었지만, 그 내용은 사실 역사서가 아니다. 그러므로 공자가 '그 뜻이라면 내가 남모르게 취한 것이다.'라고 스스로 말했던 것이다.

이 구절에 근거하면, 공자가『춘추』를 지은 경위에 대해 맹자가 가장 자세하고 확실하게 알았음을 알 수 있다. 한나라에 와서는 공양수와 호무자도가 지은 전(傳)에서 다음처럼 말했다. "『춘추』는 실제로 믿을 수 있는 역사이다. 그 차례는 제나라 환공, 진나라 문공의 순서이고, 그 회합은 회합을 주도한 자를 중심으로 했으며, 그 내용은 나(공자)에게 죄가 있을 뿐이라는 것이다."[31] 여기서 한 말을 자세히 살펴보면, 위에서 인용한 맹자의 말과 비록 자세하고 간략한 차이는 있지만 대체로 서로 부합한

30『맹자』「이루·하」. 孟子曰: "王者之跡熄而詩亡, 詩亡然後春秋作. 晉之乘, 楚之檮杌, 魯之春秋, 一也. 其事則齊桓·晉文, 其文則史. 孔子曰, '其義則丘竊取之矣.'"

31『춘추공양전주소』「소공(昭公)」. 十有二年春齊高偃帥師納北燕伯於. 春秋之信史也, 其序則齊桓晉文, 其會則主會者爲之也. 其詞則丘有罪焉爾.

다. 공양고가 자하에게 『춘추』를 전수받아 현손(玄孫)인 수(壽)에게 전했다. 맹자가 『춘추』를 배운 것에 대해 그 사승관계는 알 수 없지만, 공자 문하에서 『춘추』를 전수한 자가 결코 자하 한 사람에 그치지 않았을 것이니, 맹자가 자하의 후학일 필요는 없다. 그러나 공자가 『춘추』를 지은 일에 대해서는 공양수와 맹자 두 사람의 말이 마침내 합치하지 않음이 없으니, 이 일은 절대로 의심할 수 없다.

그런데 공양수는 공자의 말을 기술하여 "그 내용은 나(공자)에게 죄가 있을 뿐이다."라고 했다. 맹자는 공자의 말을 "나를 알아줄 수 있는 것은 『춘추』뿐일 것이고, 나를 죄줄 수 있는 것도 『춘추』뿐일 것이다!"[32]라고 기술했다. 두 사람이 기술한 공자의 말은 의미가 크게는 서로 같지 않다. 공양수가 기술한 것을 근거로 하면, 공자는 자신의 몸을 돌이켜 자신을 벌한다는 말이고, 맹자가 기술한 것을 근거로 하면, 공자의 뜻은 대개 권위와 세력을 가진 자들이 나를 벌하려고 할 것이라는 말이다. 공자가 『춘추』를 지은 것은 본래 혼란한 제도를 개혁해서 천자·제후·대부를 제거하여, 천하가 공평하게 되도록 하려는 것일 뿐이었다. 그러므로 나를 알아주는 자는 마땅히 천하에서 고달프게 노동하는 서민이고, 나를 벌주는 자는 반드시 상층부의 권력자들이다. 이 때문에 두 사람이 기술한 것을 서로 대조하면 분명히 크게 다르지만, 모두 공자의 말이라고 하였으니, 어느 것이 옳고 그른지는 오직 『춘추』의 의미를 판단해보면 시비가 저절로 드러날 것이다. 『춘추』의 의미를 판단해보면, 맹자가 기술한 것이 틀림없이 공자의 말일 것이다. 공양수는 사사로운 의도로 공자의 말을 곡해하고 고쳐서 구차하게 군주에게 아부했을 뿐이다. 맹자 시대에 6국이 쇠퇴한 것은 아직 진나라의 잔혹한 것만 못했으므로 성인의 말씀을 그대로 기술할 수 있었다. 공양수 사제는 한대 초기에 태어나 진나라의 분서갱유의 재앙에 대해 들었고 경계하는 마음이

---

32 『맹자』「등문공·하」. 孔子懼, 作春秋. 春秋, 天子之事也. 是故孔子曰: "知我者其惟春秋乎. 罪我者其惟春秋乎."

있었다. 내가 『공양전』이 반드시 공자의 진본을 고친 것이라고 말하는 것에는 바로 이 점에서 확고한 증거를 얻었기 때문이다.

한대 이후로 학자들은 마침내 공자가 자작한 『춘추전』이 있다는 것을 알지 못하고, 『공양전』이 공자의 본의에 바로 통하는 것이라고 망령되이 믿어 온 천하가 큰 잘못을 저지르게 되었다. 그런 미혹은 유흠과 반고의 위설(僞說)이 서로 이어지면서부터 천하의 후세를 해친 것이 적지 않다.ⓐ 『한서』「예문지」에서 공자에 대해 다음처럼 말했다. "주공의 나라인 노나라는 예의 문식이 사물에 갖추어졌고, 사관은 법도가 있었다. 그러므로 (공자는) 좌구명과 함께 '사기'를 보고는 행사(行事)에 의거하고 인도(人道)를 따랐다. 흥(興)하는 것으로써 공을 세웠고, 패(敗)하는 것으로써 죄를 정했다. … 기리고 숨기며 폄하하고 덜어낼 것이 있었지만 글로 드러낼 수 없어서 제자에게 구전하였다. 그런데 제자가 물러가서는 다르게 말을 했다.ⓑ 좌구명은 (제자들이 자신들에게 설명해준 뜻에 안주해서 참된 의미를 잃어버릴까 염려했으므로)[33] 본래의 일을 논하여 전(傳)을 지었다."[34]

ⓐ 공자의 『춘추』 본의가 밝혀지지 않아 황제의 전제정치가 3천년이나 되었는데도 그 잘못을 깨닫지 못했다.

ⓑ 제자들이 각각 전수한 말이 점차로 달라졌다는 것이다.[35]

---

33 제자들이 자신들에게 … 잃어버릴까 염려했으므로: 괄호 안의 내용은 『원유』 본문에는 없지만, 『한서』「예문지」 병주(竝注)의 원문에 의거하여 역자가 첨부하였다.

34 『한서』「예문지」. 병주(竝注). 「凡春秋二十三家九百四十八篇」. 以魯周公之國, 禮文備物, 史官有法. 故與左丘明觀其史記, 據行事仍人道, 因興以立功, 敗以成罰. 假日月以定歷數, 藉朝聘以正禮樂. 有所褒諱貶損, 不可書見, 口授弟子, 弟子退而異言. 丘明恐弟子各安其意, 以失其眞. 故論本事而作傳, 明夫子不以空言說經也.

35 제자들이 각각 전수한 말이 점차로 달라졌다는 것이다: 『한서』「예문지」. 병주(竝注). 「凡春秋二十三家九百四十八篇」. 以魯周公之國, 禮文備物, 史官有法. … 有所褒諱貶損, 不可書見, 口授弟子, 弟子退而異言. 구절에 대한 주석. 師古曰: "謂人執所見各不同也."

이 구절에 근거하면, 공자는 단지 좌구명과 함께 노나라 역사 기록을 익히면서, 그곳에 실려 있는 국가 경영을 담당하는 사람의 행사의 성패를 살펴보고, 포폄할 것이 있으면 바로 역사적 평가를 써내지 않고 다만 제자에게 구전했을 뿐이라는 것이다. 「예문지」는 본래 유흠의 『칠략』에 의거했었고, 유흠은 왕망에게 아부했었다. 『춘추』가 혼란한 제도의 개혁과 천자·제후·대부를 폐출(廢黜)하기를 주장한 것은 본래 왕망에게 불리한 것이다. 그러므로 유흠은 공자가 『춘추』를 지었다는 일을 기꺼이 인정하지 않았고, 또한 공양고가 자하에게 경을 전수받아 가문에서 5대 동안 전수하였다는 것도 인정하지 않았으며, 단지 공자가 노나라의 역사 기록을 읽고 포폄할 말이 있으면, 제자들에게 말로 전해주었다고만 했다. 이에 공자의 혼란한 제도를 개혁하고 계급을 없애서 만세를 위해 태평을 이루는 경전이, 유흠과 반고라는 하찮은 두 사람에 의해 계속해서 부인당해 없던 일로 되어 버렸다. 위진시대에는 두예(杜預)[36]가 사마씨(司馬氏)와 붕당하고는 다시 유흠과 반고의 위설(僞說)을 펼쳐서 『좌전』이 참된 『춘추』라고 곧바로 높였다. 간사한 모략과 하찮은 지혜로 망령되게 『좌전』을 위해 범례를 찾아서 주공이 물려준 법도로 삼았다. 좌씨 『춘추』가 갑자기 두예라는 하찮은 사람이 옹호한 것으로 말미암아 위로 주공에게 이어지니, 공자는 또 억눌려서 좌구명에게 견줄 수도

---

36 두예(杜預, 222-284): 자는 원개(元凱)이며, 경조 두릉(京兆杜陵: 현 섬서성 장안현〈長安縣〉)사람이다. 중국 진대(晉代)의 학자·정치가이며, 진주자사(秦州刺史)·진남대장군(鎭南大將軍) 등을 역임하였다. 유일하게 삼국시대의 명맥을 유지하고 있던 오(吳)나라를 공격하여 평정(280년)하였으며 뛰어난 군사전략가로서 실력을 발휘하였다. 만년에는 학문과 저술에 힘을 기울였다. 저서에 『춘추좌씨경전집해(春秋左氏經傳集解)』, 『춘추석례(春秋釋例)』 등이 있는데, 특히 『춘추좌씨경전집해』는 종래 별개의 책으로 되었던 『춘추(春秋)』의 경문(經文)과 『좌씨전(左氏傳)』을 한 권의 책으로 정리하여, 경문에 대응하도록 『좌씨전』의 문장을 분류하여 춘추의례설(春秋義例說)을 확립하고, 춘추학으로서의 좌씨학을 집대성하였다. 또한, 훈고에서도 선유(先儒)의 학설의 좋은 점을 모아 『좌씨전』을 춘추학의 정통적 지위로 올려놓았다. 이 저서는 현재에도 가장 기본적인 주석(註釋)으로 꼽힌다.

없게 되었다.ⓐ 황제의 전제정치제도가 갈수록 안정되어 가면서, 비속한 유학자로서 경전을 주석하는 자들의 더럽고 난잡하며 우원하고 비루한 설명이 나날이 불어났으니, 정말 한심하다.ⓑ

> ⓐ 근세에 금고문(今古文)에 대해 이야기하는 자들은 마침내 이것을 근거로 고문학파는 주공을 종주로 했다고 하니, 근거 없이 만들어낸 무의미한 말이다. 한대 이래로 학자들은 지혜롭지 못해 별 의미 없는 일을 장황하게 큰 문제로 삼는 것을 좋아했으니, 진실로 비웃음거리도 못된다.

> ⓑ 청대 말기에 우리들은 번번이 당원[黨人]들과 중국에는 줄곧 사상이 없었다고 분노하여 욕하면서 스스로 비하하는 습성을 벗어나지 못했는데, 학문을 연구한 다음에 비로소 국학은 진나라 이전에서 구해야 되고, 함부로 스스로 비하해서는 안 됨을 깨달았다. 한대나 송대의 여러 유학자들이 주석한 것은 대부분 몹시 거칠고 비루하니, 어떤 것은 전부 버려야 하고 어떤 것은 산정해야 한다. 이것은 후대의 식견 있는 자에게 바랄 일이다.

어떤 사람이 다음처럼 물었다. "『공양주소』에서 공자는 『춘추』에 대한 내용을 자하에게 구전(口傳)했다고 한다. 이것은 혹 유흠과 반고의 위설이 나날이 널리 유행한 것 때문에 후대의 공양학을 연구하는 자도 미혹되어, 마침내 자하가 공자에게 받았다는 것도 단지 의미만을 구전하고, 전(傳)이 없었다고 억측하게 되었다는 것인가?"

내가 대답했다. "이치로 헤아려보면, 공자는 전을 만들어 자하에게 전수하고 또한 당연히 자하에게 의미를 구전했을 것이다. 『역』에서 '책은 말을 다 표현할 수 없고, 말은 뜻을 다 표현할 수 없다.'[37]고 했다. 만약 공자가 다만 자하에게 『춘추전』을 전수하고 별도로 의미를 구전한 것이 없다고 한다면, 그 또한 반드시 그렇지는 않을 것이다. 자하가 공양고에게 『춘추전』을 전수하면서 반드시 함께 의미를 구전해 주었을 것이라는 것은 진실로 사리에 부합한다. 나는 『춘추』에 의미를 구전하는 것이 있었다는 것에 대해 반대하지 않는다. 다만 유흠과 반고 같은 무리가 마

---

37 『역』 「계사 · 상」. 子曰: "書不盡言, 言不盡意. 然則聖人之意, 其不可見乎."

음대로 위설(僞說)을 만들어, 공자가 『춘추전』을 지은 적이 없다고 한다면, 맹자와 공양수의 주장과는 극도로 상반되니 속지 말아야 한다. 맹자는 시간적으로나 지리적으로 모두 성인과 가까웠고, 공양씨가 전수한 원류(源流)는 문란하지 않음이 분명하다. 그런데 이제 맹자와 공양씨를 믿지 않고, 유흠과 반고를 믿어야 할 이유가 있겠는가? 동중서는 공양학자이다. 사마천이 '『춘추』의 글자가 수만이 되었다.'라고 한 말은 동중서에게 들었던 것이니, 그것이 공자가 자작한 『춘추전』을 가리켜 말한 것임은 결코 의심의 여지가 없다. 공양수 사제가 함께 만든 전은 그 글자의 수를 경문 1만 8천 자와 합쳐 계산하면, 불과 4만 4천여 자이니, 『공양전』이 자하가 공자에게 전수받아 공양고에게 물려준 것이 절대로 아님을 알 수 있다.

[2-6-2-2] 하휴(何休)의 『춘추공양전해고』

사마천은 동중서가 『춘추』에 대해 '그 취지가 수천이다.'라고 한 말을 일컬었으니, 이것은 공자가 지은 『춘추전』을 가리켜서 말한 것이다. 후대에 공양학을 공부하는 자들은 동중서가 대개 『공양전』을 가지고 말한 것이라고 여겼으니, 잘못이 크다. 이제 간략히 변별해서 바로잡겠다. 동중서가 『춘추』에 대해 '그 취지가 수천이다.'라고 한 것을 만약 『공양전』에서 구한다면, 어떻게 탐색하든지 끝내 수천의 취지를 얻을 수 없다. 『공양전』의 요지는 '세 항목[三科]'·'아홉 의미[九旨]'로 모두 개괄할 수 있으니, 이것은 옛날부터 공양학자들에 의해 공통으로 전해지는 것이다. 서언(徐彦)은 그의 『공양주소(公羊注疏)』에서 일찍이 이것에 대해 문답식으로 다음처럼 말했다.
질문: "『춘추』의 세 항목·아홉 취지를 두었다고 하는데, 그 의미가 무엇인가?"
대답: "하씨(何氏: 何休)[a]의 생각에 세 항목·아홉 취지는 바로 한 가지라

고 여겼다. 만약 총괄해서 말하면, 세 항목이라고 한다. 항목[科]은 단락[段]이다. 나누어서 말하면, 아홉 취지라고 한다. 취지는 의도이다. 말하자면 세 개의 단락에 아홉 가지 취지가 있다는 것이다. 그러므로 하씨는 『공양문익례(公羊文諡例)』를 지어 다음처럼 말했다. '세 항목과 아홉 취지라는 것은 새로운 주나라와 옛 송(宋)나라로서,ⓑ 『춘추』는 새로운 왕에게 해당한다는 것이다.ⓒ 이것이 첫째 항목으로 세 취지이다. 또 본 것으로 말을 달리하고, 들은 것으로 말을 달리하며, 전해들은 것으로 말을 달리하니,ⓓ 둘째 항목으로 여섯 취지이다. 또 자신의 나라를 안으로 하고, 제하(諸夏)[38]를 밖으로 하며, 제하를 안으로 오랑캐를 밖으로 하니, 이것이 셋째 항목으로 아홉 취지이다.'[39]라고 하였다."

ⓐ '하씨'는 하휴(何休)를 말한다. 하휴에게는 『공양해고(公羊解詁)』가 있다.

ⓑ 송나라는 은나라의 후예이지만, 주나라가 이미 은나라를 대신해 천하에서 왕 노릇하므로, 주나라는 새로운 나라이고 송나라는 옛 나라이다.

ⓒ 공자는 『춘추』를 지어 혼란한 제도를 개혁하고 천자를 폄하하며 제후를 물리치고 대부를 토벌하였으므로, 『춘추』는 새로운 왕에게 해당한다고 했다. 『공양전』은 이와 반대로 『춘추』는 한나라를 위해 법도를 만들었으니, 『춘추』는 새로운 왕에게 적용되어야 한다고 했다.

ⓓ 이상은 모름지기 삼세의 의미를 자세하게 밝힌 것이니, 여기서는 자세히 언급하지 않겠다.

질문: "'송씨(宋衷)의 『춘추』 주석에서 세 가지 항목에 대해 설명하기를 첫째, 삼세(三世)를 펼치고, 둘째, 삼통(三統)을 보존하며, 셋째, 내외(內外)를 구분하니, 이것이 세 가지 항목이다. 아홉 가지 취지에 대해 설명하기를 첫째가 시(時)이고, 둘째가 월(月)이며, 셋째가 일(日)이고, 넷째가 왕

---

38 제하(諸夏): 주대에 분봉된 각 제후국을 말하니, 범칭 중국이다.

39 『고미서(古微書)』「효경원신계(孝經援神契)」. 問曰: "春秋說云, 春秋設三科九旨, 其義如何." 答曰: "何氏作文諡例云, 三科九旨者, 新周故宋, 以春秋當新王, 此一科三旨也. 又云所見異辭, 所聞異辭, 所傳聞異辭, 二科六旨也, 又內其國, 而外諸夏, 內諸夏, 而外夷狄, 是三科九旨也."

(王)이며, 다섯째가 천왕(天王)이고, 여섯째가 천자(天子)이며, 일곱째가 꾸지람[譏]이고, 여덟째가 폄하(貶)이며, 아홉째가 끊어버림[絶]이다. 시와 일·월은 자세하게 하고 간략하게 한다는 취지이다. 왕과 천왕·천자는 원근과 친소를 기록하는 취지이다.ⓐ 꾸지람과 폄하·끊어버림은 경중의 취지이다.'[40] 이와 같은 세 항목·아홉 취지는 조금도 상관이 없는데 무엇 때문에 그런가?"ⓑ

ⓐ 생각건대, 왕에 대해서는 원근과 친소에 따라 그 칭호를 다르게 쓰니, 이것이 바로 좌씨의 의미이다. '좌전의 소[左疏]'에서 가규(賈逵)[41]를 인용해서 "제하(諸夏)에서는 천왕으로 칭하고, 기내(幾內)에서는 왕이라고 하며, 오랑캐에서는 천자라고 한다."[42]라고 했다. 송씨(宋衷)는 대개 좌씨가설(左氏家說)을 『공양』에 덧붙였다. 사실 공양가의 의미는 천자를 작위의 칭호로 여겼던 것이니, 이것은 좌씨가 알 수 있는 것이 아니었다. 나의 저서『독경시요(讀經示要)』에서 자세히 설명했다.

ⓑ 송씨의 설명이 앞의 설명과 같지 않은 이유가 무엇 때문이냐고 물은 것이다.

대답: "『춘추』에는 두 종류의 이치가 있으므로 송씨가 또 이 설명을 했으니, 현명한 자는 선택할 것이다. 위에서 서술한 세 항목 아홉 취지는 서언의 『공양주소』에서 문답식으로 비교적 개요를 잘 밝혔다. 비록 남겨진 취지가 있을지라도 지엽적인 것이니, 모두 열거할 필요는 없다. 그러므로 동중서가 '그 취지가 수천이다.'라고 한 것은 반드시 공자가 지

---

40 『고미서』「효경원신계」. 按宋氏之註春秋, 說三科者, 一曰張三世, 二曰存三統, 三曰異外內, 是三科也. 九旨者, 一曰時, 二曰月, 三曰日, 四曰王, 五曰天王, 六曰天子, 七曰譏, 八曰貶, 九曰絶. 時與日月, 詳畧之旨也. 王與天王天子, 是錄遠近親疎之旨也. 譏與貶絶, 則輕重之旨也.

41 가규(賈逵, 30-101): 자는 경백(景伯)이고, 부풍 평릉(扶風平陵: 현 섬서성 함양서북〈鹹陽西北〉) 사람이다. 동한 때의 경학자·천문학자이다. 시중(侍中)의 벼슬을 지냈으며, 『좌전』과 참위(讖緯)설이 서로 상응하고, 『고문상서』와 『이아(爾雅)』가 서로 상응한다고 주장하여 고문경학의 지위를 높였다. 저서로는 『춘추좌씨전해고(春秋左氏傳解詁)』, 『국어해고(國語解詁)』 등이 있지만 모두 망실되었다.

42 『춘추명지록(春秋明志錄)』「성공(成公)」. 晉殺其大夫趙同趙括. 賈逵云, 畿內稱王, 諸夏稱天王, 夷狄稱天子, 悉無當於義. 此因曲禮誤分也.

은『춘추전』이라는 것을 알 수 있다. 공양수 사제가 책으로 지은 것은ⓐ 이미 공자가 '나를 아는 것도『춘추』이고 죄를 주는 것도『춘추』라는 말'[43]을 순전히 '자신에게 죄를 준다는 말'[44]로 고친 것이니,ⓑ 감히 공자의『춘추』본의에 곧바로 통하지 않음을 이미 분명하게 알 수 있다.『공양전』에는 비록 세 항목·아홉 취지가 있을지라도, 자세히 살펴보면 삼세의 뜻으로 오히려『공전(孔傳)』ⓒ의 명목을 보존하였다. 삼세의 뜻은 원래『공전』의 핵심이니, 그것이『주역』에서 '천(天)에 앞서면서도 천을 어기지 않고, 천의 뒤에 있으면서도 천시(天時)를 받드는'[45] 큰 작용은 실로 삼세의 대의(大義)에 깃들여져 있다. 천지의 도를 마름질하여 이루고 만물의 마땅함을 도와주는 무한한 공덕과 제도에도 또한 삼세의 대의가 깃들여져 있다.「혁괘(革卦)」에서 '혁(革)은 옛것을 제거함이다.'[46]라고 했고,「정괘(鼎卦)」에서 '정(鼎)은 새로운 것을 취함이다.'[47]라고 했으니, 삼세의 대의가 깃들어져 있지 않음이 없다.「동인(同人)」과「대유(大有)」역시 삼세의 대의가 깃들어져 있다.ⓓ『춘추』의 뜻은『대역』과 통하니, 그 위대함이 포함하지 않는 것이 없다. 동중서가 '그 취지가 수천이다.'라고 말한 것도 그 함축한 뜻이 심원하고 광대한 것을 형용한 것일 뿐이다.『공양전』은 겨우 삼세의 명목만 보존했지, 절대로 그 의미를 펴는 것에 대해 궁구하지 않았다. 삼세의 명목이 비록 보존되었지만 그 실질적 내용은 이미 사라졌으니, 이것은 꺼려서 숨길 수밖에 없었다. 세 항목·아홉 취지는 대부분 사학자의 기록과 포폄하는 본보기에 속하니, 그 책의 대체를 통틀어서 완미하면, 역사적인 평가로서 훌륭한 작품이

---

43 『맹자』「등문공·하」. 孔子懼, 作春秋. 春秋, 天子之事也. 是故孔子曰: "知我者其惟春秋乎. 罪我者其惟春秋乎."

44 『춘추공양전주소』「소공(昭公)」. 十有二年春齊高偃帥師納北燕伯於. 春秋之信史也, 其序則齊桓晉文, 其會則主會者爲之也. 其詞則丘有罪焉爾.

45 『역』「건괘」「문언(文言)」. 先天而天弗違, 後天而奉天時.

46 『역』「잡괘(雜卦)」. 革去故也, 鼎取新也.

47 『역』「잡괘」. 革去故也, 鼎取新也.

라고 할 수 있다. 끝내 성인의 경전 내용을 망실했을지라도 다행히 하휴의 『공양해고(公羊解詁)』가 있어서 공자의 삼세의 본의를 대략 밝혔다. 배우는 자들은 이것을 근거로 하늘이 내린 성인이 멀리 고대에 있었더라도, 이미 세계를 개조하려는 넓은 법도와 원대한 계획을 정립했음을 알 수 있으니, 그 식견의 고원함이 어찌 기이하지 않은가? 하휴가 『공양』을 보충해서 『공전』의 핵심을 대략 게시했으니, 그 공로가 매우 크다. 『공양전』은 본래 한나라를 위해 법도를 제정한 것으로서, 이미 확실하게 공자의 진면목을 변형시켰다. 그것은 『공전』의 본지에 대해 얼마간을 보존하려고 해서, 약간의 지엽적인 뜻이 흩어져 나타나지만, 후대 사람들이 또한 구별해서 알기 어렵다. 만약 하휴의 주석이 없었다면, 후대의 학자들은 비록 공양수의 책에서 『공전』의 편린을 찾으려고 하더라도 어디에서 얻을 수 있었겠는가?"

ⓐ 곧 세상에서 말하는 『공양전』이다.

ⓑ 앞에 있다.

ⓒ 공자가 지은 『춘추전』을 『공전(孔傳)』이라고 약칭한다. 아래에도 이와 같다.

ⓓ 「동인」괘는 인류가 대동(大同)으로 복귀해야 된다는 것을 밝혔고, 「대유」괘는 모든 것이 위대하다는 것을 밝혔다. 인류의 자연을 개조하는 역량과 영적 생활의 발양은 그 위대함을 끝까지 하지 않음이 없다.

하휴는 15년 동안 학문에 전념했는데, 오직 『공양』으로만 자신의 학업을 삼았다. 그는 『공양해고』의 자서(自序)에서 "『춘추』를 전수한 것은 하나가 아니다."[48]라고 했으니, 그가 보고 들은 것이 아주 많았음을 알 수 있다. 『공전(孔傳)』의 저본은 공양씨 가문에서 5대 동안 비밀스럽게 간직해서 결코 사람들에게 쉽게 보여주지 않았다. 호무자도와 동중서는 당연히 공양수의 진수를 전수받은 제자여서 모두 도참(圖讖)을 보았으

---

48 『춘추공양전해고(春秋公羊傳解詁)』「서(序)」. 傳春秋者, 非一疏. 故春秋之說, 口授子夏.

니, 스스로 직접『공전』을 살펴볼 수 있었을 것이다. 위조된『공양전』
이 세상에 유행된 뒤에『공전』은 다시 공양씨에 의해 비밀스럽게 간직
되었으니, 성인의 진의를 차마 버릴 수가 없어 다만 구설(口說)로써 문인
들에게 전수했을 뿐이다. 경제(景帝)와 무제(武帝) 때에 오직 호무자도와
동중서가 함께『공양학』의 대가로 불려졌다. 호무자도는 경제 때 박사
였는데 제나라로 돌아가 가르쳤으니, 제나라에서『춘추』를 말하는 자
는 호무자도를 조종으로 섬겼다. 공손홍(公孫弘)[49]도 대부분 그에게서 전
수받았다. 동중서가 전수하는 것이 더욱 성대했다. 나는 호무자도와 동
중서의 문인·후학들이 반드시 모두 대대로 구설로 서로 전수하였지만,
『공전』을 꼭 볼 수 있었던 것이 아니어서, 오랜 세월 뒤에『공전』이 사
라졌다고 생각한다. 그러나 공자의 본의는 실로 구설에 의지해서 보존
되었다. 호무자도와 동중서의 후학들이 나날이 번성하고 구설로 전하면
서, 혹 변형된 것도 없지 않겠지만 본원은 반드시 저절로 찾을 수 있을
것이다. 하휴가 삼세를 펼친 것은 당연히 그 의미를 호무자도와 동중서
의 후학들로부터 얻었을 것이다. 그러나 한대는 전제군주제가 이미 견
고해졌으므로,『공양전』은 스스로 굽혀서 당시의 풍조를 따랐다. 하휴
가『공양전』의 주해를 달면서 호무자도의 조례(條例)를 따랐지만, 구설의
진상에 근거해서『공양전』을 해석한 곳은 본래 많을 수 없었다. 요컨대
하휴의 주석 이후에『공양전』을 근거로『공전』을 추구할 수 있었는데,
비록 수천 가지의 뜻을 얻지는 못했지만 한두 개의 뜻을 얻을 수 있었으
니, 또한 다행이다. 그렇다면 하휴의 공로가 없다고 해서는 안 된다.

---

49 공손홍(公孫弘, B.C.200-B.C.121): 자는 계(季)이며, 한나라의 선비로서 산동성 등
현(滕縣) 사람이다. 집안이 가난하여 40세에 비로소 호무자도(胡母子都)에게『춘추
공양전』을 배웠고, B.C.140년 현량(賢良)에 추천되어 박사(博士)에 올랐다가 관직
에서 물러났다. B.C.130년 다시 현량으로 추천되고, 문학시험에 장원하여 박사에
임관되었다. 내사(內史)·어사대부(禦史大夫)를 역임하여, B.C.124년 승상(丞相)
이 되고 평진후(平津侯)에 봉해졌다. 최초의 승상봉후(丞相封侯)이다.

공자의『춘추전』은 공양수와 호무자도 사제만이 그 본의를 변질시켰던 것은 아니다. 진대와 한대에『춘추』를 전하고 익혔던 자들은 대체로 모두 공양수와 같은 생각이 있었다. 지금『공양전』을 살펴보면, 자심자(子沈子)・자사마자(子四馬子)・자여자(子女子)・자북궁자(子北宮子)가 말한 것이 있고, 또 고자(高子)・노자(魯子)가 말한 것도 있으니, 대개 모두 여러 전문가의 책에서 인용한 것이다.[50] 그러나 공양수의 전(傳)만 유행했고, 여러 전문가의 책에 대해서는 알려진 것이 없으니, 여기에는 두 가지 이유가 있다. 심자(沈子)와 여러 전문가의 책은 틀림없이 공양수 이전에 이루어졌을 것이므로, 공양수가 그 견해를 인용할 수 있었다. 공양수의 전(傳)이 여러 전문가의 뒤에 이루어졌다면, 그가 전거로 삼아서 생각을 이끌어내고 득실을 비춰본 것은 당연히 이전보다 이후가 나았을 것이니, 공양수의 전만이 유행한 것에 대한 하나의 이유이다. 공양수와 제자 호무자도, 동중서는 모두 조정과 재야에서 유명했고 따르는 무리들이 아주 많았으니, 이것이 공양수의 전만이 유행한 둘째 이유이다. 공양수의 전은『공전』의 본의를 드러내 밝힌 것이 아니라, 대개 노나라 역사 기록을 위주로 하였지만,ⓐ『공전』의 은미한 말을 대략 보존해서 그것이 드러나지 않게 하였다. 그것은 공자가 한나라를 위하여 법도를 제정했다는 도참을 위조하는 데에 부합하려는 것일 뿐이다.

  ⓐ『공양전』에서 이른바『춘추』를 고치지 않았다는 것은 바로 노나라 역사 기록이다.

하휴는『춘추공양전해고』「서」에서 "『춘추』는 의미가 아주 다른 것과 괴상한 논의가 많다."[51]고 했다. 이것이야말로『공전』을 가리켜 말한 것

---

50 지금『공양전』을 살펴보면, 자심자(子沈子) … 여러 전문가의 책에서 인용한 것이다:『춘추공양전주소』「제요(提要)」, 今觀傳中, 有子沈子曰, 子司馬子曰, 子女子曰, 子北宮子曰, 又有高子曰, 魯子曰, 蓋皆傳授之經師, 不盡出於公羊子.

51『춘추공양전해고』「서」, 其中多非常異義, 可怪之論.

일 뿐인데,『공양전』에 어떻게 이러한 것이 있었겠는가? 서언의『공양주소』는 마침내『공양전』을 근거로 해석하여, "의미가 아주 다른 것은 곧 장공(莊公) 4년에 제나라 양공(襄公)이 9대 조상의 원수를 갚아 기(紀)를 없앤 것과, 희공(僖公) 원년에 실로 제나라 환공(桓公)과 마음대로 분봉한 것이 이런 것들이다. 괴상한 논의는 곧 소공(昭公) 31년에 주(邾)나라의 숙술(叔術)이 형수를 아내로 맞이했는데,『공양』에서 좋게 평가한 것이 이것이다."[52]라고 했다. 생각건대, 제나라 양공이 원수를 갚고 제나라 환공이 마음대로 분봉한 두 가지 사건에 대해서,『공양』에서는 모두 의리에 있어 합당하다고 자세히 밝혔으니, 의미가 아주 다른 것이라고 할 수 없다. ⓐ『공양』에서는 숙술이 나라를 양위하고, 형수를 처로 삼아 그 선함을 가리지 않은 것에 대해 현명하다고 했으니, 또한 괴상한 논의가 아니다. 서언은 하휴의 이 말이『공전』을 설명했다는 것을 알지 못해서 억지로『공양』에 소통되도록 했으니, 이 때문에 오류에 빠졌던 것이다. 공자가『춘추전』을 지어 혼란한 제도를 개혁하고 천하에 공평한 제도를 세우려고 한 것ⓑ은,[53] 오직 한대의 비속한 유학자들이 보기에 매우 의미가 다르고 괴상한 논의로 여겨졌을 뿐만이 아니다. 돌이켜보면, 청대 말기 학자들의 사상은 바로 좌씨가(左氏家)의 이른바 '의리가 군주와 부모에게 깊다.'[54]라는 것이었다. 그러니 만약 그들과 함께 공자의『춘추』본의를 설명한다면, 괴이하다고 꾸짖지 않을 자가 몇이나 되겠는가?

---

52 『춘추공양전해고』「서」. 其中多非常異義, 可怪之論. 구절에 대한 주석. 由亂世之史, 故有非常異義可怪之事也. 非常異義者, 卽莊四年, 齊襄復九世之讎, 而滅紀, 僖二年實與齊桓專封, 是也. 此卽是非常之異義, 言異於文武時, 何者. 若其常義, 則諸侯不得擅滅, 諸侯不得專封, 故曰非常異義也. 其可怪之論者, 卽昭三十一年, 邾婁叔術妻嫂, 而春秋善之, 是也.

53 공자가『춘추전』을 지어 혼란한 제도를 개혁하고 천하에 공평한 제도를 세우려고 한 것은:『춘추공양전해고』「서」. 本據亂而作. 구절에 대한 주석. 孔子本獲麟之後, 得端門之命, 乃作春秋. 公取十二, 則天之數. 是以不得取周公成王之史, 而取隱公以下. 故曰據亂而作, 謂據亂世之史, 而爲春秋也.

54 『한서』「가규전(賈逵傳)」. 左氏義深於君父, 公羊多任於權變.

ⓐ 서언(徐彦)의『소(疏)』를 참고하라.

ⓑ 혼란한 제도를 개혁하는 것은 서언의『소』에서 인용한 옛『춘추』설을 보라. '천하에서 공평한' 것은 「예운」편에 있다.[55] 「예운」은 곧 공자의『춘추』설을 기록한 것이다.

[2-6-2-3] 동중서『춘추번로』의 삼세론(三世論)

공자『춘추』의 뜻은 계급을 없애는 데에 있으니, 군주와 귀족이 천하의 서민들을 통치하는 것을 인정하지 않았다. 이것은 근거 없는 억지가 아니니, 본서 「원외왕」편에서 그 증거를 열거할 것이다. 동중서가 공양수에게 수학하고, 이것이 근본대의라는 것을 깊이 알았지만, 그가 지은『춘추번로』는 정확하게 이러한 대의와 극단적으로 상반된다. 이전에 강유위는 동중서의 학문을 선양하였고, 피석서는 경전을 상고한 것이 요평(廖平)[56]과 강유위에 비해 상세하다고, 내 친구 임재평(林宰平)이 말했다. 그러나 피석서는, 하휴가『공양해고』를 지었고 대의의 근거도『춘추번

---

55 '천하에서 공평한' 것은 「예운」편에 있다:『예기』「예운」. 大道之行也, 天下爲公, 選賢與能, 講信, 修睦.

56 요평(廖平, 1852-1932): 자는 계평(季平)·등연(登延)이고, 호는 학재(學齋)이며, 사천성 정연현청양향(井研縣靑陽鄕: 현 사천성 낙산〈樂山〉) 사람이다. 광서연간(光緒年間: 1875-1907)에 과거에 합격해서 진사(進士)가 되었으나 관리가 되지 않고, 성도(成都)에서 공교부론사(孔敎扶論社)를 조직하여 학문연구와 후진교육에 진력하였다. 처음에는 송학(宋學)을 배우고 훈고고증학(訓詁考證學)·춘추공양학(春秋公羊學)을 연구하여 청말 공양학파의 선구자가 되었다. 1887년『금고학고(今古學考)』를 저술하고, 금학(今學)과 고학(古學) 양쪽의 가치를 인정하는 경학적(經學的) 입장을 취하였으나, 다시 금문학(今文學)의 길을 택하여『벽유편(闢劉篇)』및『지성편(知聖篇)』을 저술하였다. 그 즈음(1889-1890)에 만난 대학자 강유위(康有爲)에게도 커다란 영향을 끼쳐 후에 강유위의 학설은 요평 학설의 표절이라는 정평(定評)이 날 정도였다. 그러나 그의 학문적 입장이 끊임없이 변하여 학설을 5, 6회나 바꾼 탓으로 당시의 사상계를 이끌지는 못하였다. 중화민국 수립 후에 성도의 국학원(國學院) 원장을 지냈다. 저서에『오경주소(五經注疏)』,『육역관총서(六譯館叢書)』등이 있다.

로』와 대체로 같으니, 이를테면 삼세의 뜻도 『춘추번로』에서 설명한 것이라고 했다. 내 생각에 강유위는 글 베끼는 관리의 습관을 벗어나지 못했으니, 그가 『춘추번로』에 대해 이해하지 못한 것은 별로 이상할 것도 없다고 본다. 피석서는 송대 학자들의 독서법이 그 의미를 깊이 완미했다고 꽤나 칭찬하였는데, 다만 『춘추번로』에 대해서 유독 뜻을 이해하지 못했다는 것은 무엇 때문인가? 『춘추번로』에서 삼세에 대해 설명한 것은 「초장왕(楚莊王)」편에 보이는데, 지금 그것을 발췌하면 다음과 같다.

"『춘추』에서 12개의 시기를 3등급으로 나누었으니, 본 것이 있고, 들은 것이 있으며, 전해들은 것이 있다는 것이다. 본 것이 있는 시기가 3개이고,@ 들은 것이 있는 시기가 4개이며, 전해들은 것이 있는 시기가 5개가 있다.

   @ 여기서 말하는 3개의 시기는 삼공(三公)의 시기를 말한다. 아래의 4개의 시기와
   5개의 시기도 이것에 준해서 알면 된다.

그러므로 애공(哀公)·정공(定公)·소공(昭公)은 군자가 본 것이다.@ 양공(襄公)·성공(成公)·선공(宣公)·문공(文公)은 군자가 들은 것이다. 희공(僖公)·민공(閔公)·장공(莊公)·환공(桓公)·은공(隱公)은 군자가 전해들은 것이다.

   @ '군자'는 『공양』에서 거의 모두 공자를 일컫지만, 사실은 노나라 사관의 필법일
   뿐이다. 아래에서도 이와 같다.

본 것이 61년이고, 들은 것이 85년이며, 전해들은 것이 96년이다. 본 것에 대해서는 그 표현을 은미하게 했고, 들은 것에 대해서는 그 재앙을 애통해 했으며, 전해들은 것에 대해서는 그 은혜를 깎아내렸으니, 인정[情]을 함께 갖추었다. 이 때문에 계씨(季氏)를 물리치고 또 기우제를 지냈다고 말했으니, 그 표현을 은미하게 한 것이다.@ 아들 적(赤)이 죽었으나 차마 그 날짜를 말하지 못했으니, 그 재앙을 애통해 한 것이다.ⓑ 아

들 반(般)이 죽었는데 을미(乙未)라고 기록했으니, 그 은혜를 깎아내린 것이다.ⓒ 굽히고 펴는 뜻과 자세하고 간략한 글이 모두 상응한다.ⓓ 우리는 이것으로 가까운 이를 가깝게 여기고, 멀리 있는 이를 멀게 여기며, 친한 이를 친하게 여기고, 소원한 이를 소원하게 여겼음을 알고,ⓔ 또한 귀한 이를 귀하게 여기고, 천한 이를 천하게 여기며, 무겁게 여겨야 될 이를 무겁게 여기고, 가볍게 여겨야 될 이를 가볍게 여겼음을 안다."ⓕ[57]

ⓐ 『공양』 소공(昭公) 25년의 「경전」을 참고하라. 노나라 소공이 그 대부 계씨를 죽이려고, 기우제를 구실로 많은 사람들을 모았다. 소공은 평소 인심을 잃어 견디지 못하고 망명했었다. 『춘추』라는 책에서 '또 기우제를 지냈다.'고 말한 것은 그 표현을 은미하게 해서 잘못이 군주에게 있다는 것을 밝힌 것이다. 표현을 은미하게 하는 것은 신하가 군주의 악을 차마 그대로 배척하지는 않았지만, 실은 군주가 먼저 스스로 바르게 하지 못한 것을 벌한 것이다.

ⓑ 『공양』 문공(文公) 18년의 「경전」을 참고하라. 아들 적(赤)이 피살되었으나 『춘추』에서 그 날짜를 기록하지 않았다. 아들 적에 대한 것은 사관이 들을 수 있는 시기여서, 시간적인 거리가 멀지 않았지만 그 인정이 친근했으므로, 차마 그 날짜를 말하지 못했던 것이다.

ⓒ 『공양』 장공 32년의 「경전」을 참고하라. 아들 반(般)이 죽었는데 을미(乙未)라고 기록했다. 이것은 사관이 전해들은 시기이기 때문에 비교적 소원하니, 아들 적이 친근한 것과 같지 않다. 은혜의 정을 깎아내렸으므로 동정하지 않고 날짜를 기록했다.

ⓓ 예컨대 군주의 악행에 대해 그대로 기록하지 않고 표현을 은미하게 해서 그 뜻을 드러낸 것이 굽히는 것이다. 아들 적과 아들 반에 대해 하나는 피살된 날짜를 생략했고, 다른 하나는 죽은 날짜를 상세히 기록했으니, 이런 것은 모두 자연스러운 인정에 따른 것이다.

ⓔ 사관이 사실을 기록함에 직접 섬겼던 군주에 대해서는 아주 가까웠으니 인정 또

---

57 『춘추번로』 「초장왕(楚莊王)」. 春秋分十二世, 以爲三等, 有見,有聞,有傳聞. 有見三世, 有聞四世, 有傳聞五世. 故哀定昭君子之所見也. 襄成文宣, 君子之所聞也. 僖閔莊桓隱, 君子之所傳聞也. 所見六十一年, 所聞八十五年, 所傳聞九十六年. 於所見微其辭, 於所聞痛其禍, 於傳聞殺其恩, 與情俱也. 是故逐季氏而言又雩, 微其辭也. 子赤殺, 弗忍言日, 痛其禍也. 子般殺, 而書乙未, 殺其恩也. 屈伸之志, 詳畧之文, 皆應之. 吾以其近近而遠遠, 親親而疎疎也. 亦知其貴貴而賤賤, 重重而輕輕也.

한 친근했고, 선대의 군주는 비교적 멀리 떨어졌으니 인정이 저절로 무덤덤했다. 그러므로 가까운 이를 가깝게 여기고, 멀리 있는 이를 멀리 여기며, 친한 이를 친하게 여기고, 소원한 이를 소원하게 여겼다.

ⓕ 사관이 일을 기록함에 사람의 지위가 존귀한 자에 대해서는 그 필법 또한 그대로 쫓아서 귀하게 여겼으니, 귀한 이를 귀하게 여겼다고 했다. 천한 이를 천하게 여긴 것도 이것에 따라서 알 수 있다. 일의 중대한 것은, 예컨대 종묘 · 조정 · 전례 및 사람을 등용하고 행정에 관련 있는 치란과 흥망의 일 같은 것은, 그 필법에서 반드시 그대로 쫓아서 그 표현을 신중하게 했으니, 무겁게 여겨야 될 이를 무겁게 여겨야 된다고 말했다. 가볍게 여겨야 될 이를 가볍게 여기는 것도 이것에 따라서 알 수 있다. 필법이란 그 기록을 소홀히 하지 않고 매번 한 글자를 적을 때도 반드시 법도가 있음을 말한 것이다.

이상의 구절에 근거하면,『춘추번로』의 삼세에 대한 설명은 순전히 통치계급의 역사 서술법이다.ⓐ 이것은 하휴의 삼세의 뜻과 그 차이가 어찌 하늘과 땅 정도로 그치겠는가?ⓑ 그런데 피석서는 하휴도『춘추번로』를 함께 융합했다고 말했으니, 어찌 잘못되지 않았는가?

ⓐ 군주전제시대의 사관은 통치자의 교령에 완전히 복종했다. 이를테면 귀한 이를 귀하게 여기고, 천한 이를 천하게 여기며, 무겁게 여겨야 할 이를 무겁게 여기고, 가볍게 여겨야 할 이를 가볍게 여기고, 그리고 가까운 이를 가깝게 여기며, 멀리 있는 이를 멀리 여기며, 친한 이를 친하게 여기고, 소원한 이를 소원하게 여기는 것은 모두 사관이 받드는 것으로서 바꿀 수 없는 큰 법이다.

ⓑ 동중서와 하휴 두 사람의 이론의 차이는, 비록 하늘과 땅만큼 차이가 심하다고 말하더라도 오히려 그것을 형용하기에 충분하지 않다.

동중서는 공양수에게 수학해서 호무자도와는 학업을 같이 했으니,ⓐ 그가 말한 삼세의 뜻은『공양전』에 가장 잘 부합한다. 하휴가 비록『공양전』을 주석했을지라도 실은 공자의 본의를 조금이라도 보존해서『공양』의 잘못을 복구하려고 했다. 하휴는「자서」에서 "대략 호무자도의 조례에 의거하여 그 올바름을 많이 얻었다."[58]라고 했다. 서언은 하휴의 뜻이 여전히 겸손해서 자신이 호무자도의 요지를 모두 얻었다고 감히 말하지 않았으므로, '대략 의거했다.'고 말했을 뿐이라고 생각했다.[59] 또 "하휴는 겸손해서 그 올바름을 모두 얻었다고 감히 말하지 않았으므로, '많다.'고 말했을 뿐이다."[60]라고 말했다. 이것은 모두 서언의 잘못된 해석이다. 일반적으로 책을 저술하는 자들은 실사구시(實事求是)하여 후대의 학자를 기다리니, 결코 허위로 겸양하는 말을 할 까닭이 없다. 하휴가 호무자도에게 '대략 의거했다.'는 것은 본래 함부로 함이 없었다는 말이다.

ⓐ『사기』「유림전」에서 "한나라가 일어나 5대에 이르기까지 오직 동중서만이 『춘추』에 밝은 것으로 유명했는데, 공양씨에게 전수받았다."[61]라고 했고, 『한서』「유림전」에서는 "호무자도가 동중서와 학업을 같이했다."[62]고 했다. 두 글로 증거가 합치하니 동중서가 반드시 공양수에게 『춘추』를 전수받았음을 알 수 있다. 서언의 『소』에서는 동중서가 호무자도에게 전수받았다고 했으니, 아주 잘못되었다. 『한서』에서 함께 수업했다고 분명히 말했으니, 사제관계가 아님을 알 수 있다.

대개 공양수가 호무자도와 함께 『공양전』을 세상에 유행시킨 뒤에 공양씨의 전수는 두 파로 나누어졌을 것이다. 하나는 『공양전』을 높이고 의지하는 자들로 점차로 『공전』의 본의를 버렸다. 다른 하나는 『공전』을 비록 감히 세상에 공개할 수는 없었지만 그 취지는 구설로 유행하여 갑자기 끊어지지는 않게 되었을 것이다.ⓐ 구설을 돈독하게 지킨 자들은 당연히 『공양전』을 비난하는 것을 벗어나지 못했고, 『공양전』을 믿

---

58 『춘추공양전주소』「서」. 往者, 略依胡母生條例, 多得其正.

59 서언은 하휴의 뜻이 … 말했을 뿐이라고 생각했다: 『춘추공양전주소』「서」. 往者, 略依胡母生條例, 多得其正. 구절에 대한 주석. 解云, 胡母生本雖以公羊經傳傳授董氏, 猶自別作條例. 故何氏取之以通公羊也. 雖取以通傳意, 猶謙未敢言已盡得胡母之旨. 故言略依而已.

60 『춘추공양전주소』「서」. 往者, 略依胡母生條例, 多得其正. 구절에 대한 주석. 解云, 胡母生本雖以公羊經傳傳授董氏, … 故言略依而已. … 何氏謙不言盡得其正, 故言多爾.

61 『사기』「유림열전」. 董仲舒恐久獲罪, 疾免居家至卒. 終不治産業, 以修學著書爲事. 故漢興至於五世之間, 唯董仲舒名爲明於春秋, 其傳公羊氏也.

62 『한서』「유림전」. 胡母生, 字子都, 齊人也. 治公羊春秋, 爲景帝博士, 與董仲舒同業.

는 자들은 당시의 풍조에 따라 또한 구설을 위배하는 것에 대해 애석하게 여기지 않았다. 하휴는 「자서」에서 "그 가운데 매우 의미가 다르고 괴상한 논의가 많아 설명하는 자들을 의혹시켰으니,ⓑ 마음대로 경(經)을 등지고, 심하게 『공양전』을 반대하는 자들까지 있게 되었다고 했다."ⓒ63 하휴의 「서」에서 첫머리에 『효경』을 인용한 것은64 결코 감히 군통(君統)을 뒤집지 않았으니, 그가 『공양전』을 위해 『해고』를 지은 것이 또 어찌 『공양전』에 반대하는 데 이르렀겠는가? 그러나 하휴는 그렇게 해서 구설가의 분노를 평정하고 비웃는 자들을 잠재웠다.ⓓ 곧 삼세의 뜻을 밝혀서 조금이라도 『공전』의 참된 의미를 보존하여, 『공양전』이 한나라를 위해 법도를 만들었다는 잘못을 바로잡으려고 했다. 그러므로 「자서」에서 '호무자도에 대략 의거했다.'고 했으니, '대략'이라는 말을 가장 깊이 되새겨봐야 한다. 그러나 그가 동중서에 대해 전혀 말하지 않은 것에는 반드시 까닭이 있으니, 살펴보지 않으면 안 된다. 『공양전』의 대체(大體)는 역사적 평가에 가까워서 하휴가 여전히 의탁할 만했다.

ⓐ 동중서가 『춘추번로』에서 삼세를 설명한 것은 분명히 공자의 본의가 아니었다. 그러나 사마천은 동중서에게 『춘추』에서 천자를 폄하하고 제후를 물리치며 대부를 토벌한다는 것에 대해 들었다고 말했다. 이것은 반드시 동중서 이전에 공양가에게 전수받은 구설일 것인데, 그때서야 개인적으로 사마천에게 말해주었던 것이다.

ⓑ '그 가운데'라는 말은 구설가들이 전수받은 『공전』을 말하니, 괴상한 논의와 다른 의미가 많아 설명하는 자들을 의혹시키기에 충분했다는 것이다.

ⓒ 여기서 '경'과 '전'에 대해 말했는데, 『공양전』은 곧 공양수와 호무자도가 공저한 『공양전』이고, '경'은 곧 『공양전』이 근거로 하는 경문이다. 그런데 여기의 경문은 실로 곧 공양수 등이 노나라 '사기'에 의거해서 찬수한 것이니, 공자가 지은 경문으로 믿을 수 없다. '등지다'는 것은 위배한다는 것이다. '경을 등지고'는 구

---

63 『춘추공양전주소』 「서」. 其中多非常異義, 可怪之論, 說者疑惑, 有倍經任意, 反傳違戾者.

64 하휴의 「서」에서 첫머리에 『효경』을 인용한 것은: 『춘추공양전주소』 「서」. 昔者孔子有云: "吾志在春秋, 行在孝經."

설을 지키는 자들이 공양수와 호무자도가 세상에 공개한 경전을 등지기에 이르렀다는 것이다. 하휴가 너무 간략하고 혼란하게 글을 써서 종래의 주석가들이 모두 오해했던 것이다. 서언의 『소』는 안안락(顔安樂)과 장팽조(莊彭祖)의 단점을 지적하여 모두 하찮은 논의에 속하고 큰 종지와는 무관하다고 했지만,[65] 사실 하휴가 말한 것은 구설가가 『공양전』에 맞선 쟁변으로 아주 큰 문제였고 안안락과 장팽조와는 관계가 없었다. 이 서문의 뜻에 근거하면, 하휴 역시 『공양전』을 반대하여 구설을 힘써 지킨 자가 아니다. 동한시대에는 충효사상이 아주 성대했던 것은, 증자와 맹자 학파가 일찍이 충과 효를 하나로 결합했기 때문이지 한대부터 시작되었던 것은 아니다. 앞의 글을 다시 보면 된다.

ⓓ 비웃는 것에 대해서는 하휴의 「서」를 보라.[66] 서언의 「소」에 있는 오해에 대해서는 여기에서 말하지 않겠다.

동중서의 『춘추번로』는 『춘추』를 설명한 것으로 유명하지만, 실제로는 하늘을 섬기는 가르침을 세운 것이다. 그 설명에 다음과 같은 말이 있다. "『춘추』는 세상사에 대해 복고(復古)를 좋은 것으로 여기고, '상도[常]'를 바꾸는 것에 대해 꾸짖어 선왕을 본받으려고 했다. … 지금 이른바 신왕(新王)이 반드시 제도를 개혁해야 한다는 것은 그 도리를 고치는 것이 아니고, 그 이치를 변화시키는 것이 아니다.ⓐ 천명을 받아 성(姓)을 바꿔 왕조를 교체하는 것은, 전대(前代)의 왕을 이어 왕이 되는 것이 아니다. 만약 동일하게 전대의 제도에 근거해서 옛 사업을 닦지만 개혁한 것이 없으면, 이것은 전대의 왕을 이어 왕이 되는 것과 차이가 없다.ⓑ 천명을 받은 임금은 하늘이 두드러지게 드러내는 것이다.ⓒ 아비를 섬기는 자는 아비의 뜻을 잇고, 군주를 섬기는 자는 군주의 뜻을 법칙으로 삼으니,ⓓ 하늘을 섬기는 것도 그렇다. … 그러므로 반드시 수도를 옮기고, 칭호를 변경하며, 정삭(正朔)을 개정하고, 복색을 바꾸는 것은ⓔ 다른

---

65 『춘추공양전주소』「서」. 說者疑惑 구절에 대한 주석. 此說者, 謂胡毋子都董仲舒之後, 莊彭祖顔安樂之徒, 見經傳與奪異於常理, 故致疑惑.

66 『춘추공양전주소』「서」. 其中多非常異義, 可怪之論, 說者疑惑, 有倍經任意, 反傳違戾者. 其勢雖問不得不廣. 是以講誦師言, 至於百萬猶有不解, 時加讓嘲辭.

것 때문이 아니라, 감히 하늘의 뜻을 따라 스스로 드러내는 것을 밝히지 않을 수 없기 때문이다.ⓕ 그런데 그 큰 강령과 같은 것 즉 인륜·도리·정치·교화·풍습·문장[文義]은 모두 옛날과 같으니, 또한 무엇을 고칠 것인가? 그러므로 왕이 된 자에게는 제도를 개혁했다는 명분은 있지만 도리를 고쳤다는 실질은 없다."[67]

ⓐ 동중서의 이런 의미를 반드시 분명히 알아야 한다.

ⓑ 동중서가 이렇게 설명한 까닭은 신왕은 반드시 제도를 개혁해야 한다는 것이다.

ⓒ '드러낸다.'는 것은 밝게 드러낸다는 것이다. 하늘이 새롭게 천명을 받은 왕을 아주 밝게 드러낼 것이므로 새로운 왕은 반드시 제도를 개혁해야 한다. 이것은 동중서의 종교적인 관념이다.

ⓓ 군주의 뜻으로 법칙을 삼는다는 말이다.

ⓔ 거처를 옮기는 것에서부터 복색을 바꾸는 것까지가 곧 동중서가 말한 제도의 개혁이다.

ⓕ 새롭게 천명을 받은 군주가 제도를 개혁하는 까닭은, 다른 이유 때문이 아니라 하늘의 뜻에 따라 스스로 드러내는 것을 표명하기 때문이다.

『춘추번로』의 이 구절은 이 책의 핵심이다. 생각건대, 동중서가 '인륜·도리·정치·교화·풍습·문장[文義]은 모두 옛날과 같으니, 또한 무엇을 고칠 것인가?'라고 한 말을 보면, 그의 완고함이 이 지경이니 정말 이해할 수 없다. 인륜을 개혁한 것이 없다는 것은 또한 어떤 견해로 볼 것인가? 군신간의 윤리에 대해서, 공자가『춘추』를 지어 천자를 폄하하고 제후를 물리치며 대부를 토벌하는 것에 대해 분명히 말했고, 동중서가 공양씨에게 직접 구설을 전수받아 사마천에게 알려주었는데, 이제 개혁한

67『춘추번로』「초장왕(楚莊王)」. 春秋之於世事也, 善復古, 譏易常, 欲其法先王也. … 今所謂新王必改制者, 非改其道, 非變其理. 受命於天, 易姓更王, 非繼前王而王也. 若一因前制, 修故業, 而無有所改, 是與繼前王而王者無以別. 受命之君, 天之所大顯也. 事父者承意, 事君者儀志, 事天亦然. … 故必徙居處, 更稱號, 改正朔, 易服色者, 無他焉, 不敢不順天志而明自顯也. 若其大綱, 人倫, 道理, 政治, 敎化, 習俗, 文義, 盡如故, 亦何改哉? 故王者有改制之名, 無易道之實.

것이 없다고 말하니, 또한 그가 배운 것을 잊어버린 것이 아니겠는가? 부자간의 천륜은 고칠 수 없지만, 자식은 부모에 대해 '그 죄과를 보상할 도리[幹蠱之道]'가 있으니, 부모의 잘못에 순종하는 것을 인륜을 다하는 것으로 여기지 않는 것에 대해 공자가 『역경』에서 명시했다.ⓐ '도리'에서 '문장[文義]'까지ⓑ 전혀 개혁하지 않았다는 것은, 그 설명의 잘못이니 논할 가치도 없다. 사마천이 한나라가 일어난 이래로 오직 동중서만이 『춘추』에 정통했다고 일컬었지만, 그의 설명이 이와 같으니 어찌 괴이하지 않은가? 한나라 조정에서 임금과 신하에게 필요한 것은 바로 동중서의 학설이었으니, 이것이 그가 성대한 이름을 누린 까닭이다.

> ⓐ 『역경』 「고괘(蠱卦)」에 있다. '고[蠱]'는 미혹이고 붕괴이다. 만사는 미혹 때문에 붕괴되니, 미혹을 다스리면 만사가 다스려진다. 이것이 「고괘」의 의미이다.
>
> ⓑ '도리'에서 '문장[文義]'까지라고 하여 중간의 것들을 숨기고 열거하지 않은 것은 글을 편하게 하기 위함이다. 불교전적을 중국어로 번역할 때 매번 이처럼 표현했다.

송대의 학자들은 여전히 동중서가 순수하고 바르다고 하니, 그가 후세에 깊이 영향을 미쳤음을 알 수 있다. 하휴는 구설가들의 쟁론을 조화시키고 삼세(三世)의 의미를 다소라도 보존하려고 하여, 차라리 호무자도에게 대략 의거하였지 동중서에 대해서는 언급하지 않았던 것이다. 동중서는 『춘추』에 의탁함으로써 자신의 뜻을 내세워 공자를 배반함이 공양수와 호무자도보다 심했으므로, 하휴가 그 때문에 취하지 않았던 것이다. 강유위와 피석서가 모두, 동중서·공양수·호무자도가 똑같이 공자의 『춘추전』을 이어받았다고 여긴 것은, 곧 공양수와 호무자도의 『공양전』이 이미 공양고가 자하에게 전수받은 전(傳)이 아니었음을 변별하지 못했을 뿐 아니라,ⓐ 게다가 동중서의 『춘추번로』가 또 공양수 등의 학문과 아주 다르다는 것을 알지 못한 것이다.ⓑ 피석서는 박식했지만 『춘추』를 전공하지 않았으니, 도리어 이상할 것도 없다. 강유위는 『춘추』와 「예운」에 대해 스스로 자랑할 정도였지만, 『공양전』과 동중서의 『춘

추번로』에서 되돌아보면, 둘 다 변별해서 알지 못해 그 사상이 혼란스
러웠으니, 그가 '전제군주제를 회복하려는 일[復辟之事]'을 했을지라도 그
런 것에 대해 이상하게 여길 것이 없다.ⓒ

ⓐ 피석서와 강유위뿐만 아니라 한대 이래로 2천 수백 년 동안 학자들이 모두 변별
하지 못했다.
ⓑ 옛날이나 지금 사람들 중에서 하휴만이 그것을 알았을 뿐이다.
ⓒ 동중서가 사마천에게 가르쳐준 말로 볼 때, 그는 공자의 『춘추』에 대해 모르는
사람이 아니었고, 『춘추번로』에서도 때로 의미 깊은 말이 있는데, 강유위가 어
떻게 잘못된 길로 들어섰는지 모르겠다.

공자의 『춘추전』은 당연히 자하 한 사람에게만 전수된 것이 아니었는
데, 한대에는 오직 공양고가 자하에게 『춘추』를 전수받아 그 후손들에
게 전했다는 것만 알려졌다. 공양고의 전수가 공양수와 그 제자 호무자
도와 동중서에 이르러 갑자기 그 본질을 변질시켰지만, 여전히 구설(口
說)에 의지하여 전해지면서 '후한의 수도 낙양[東京]'까지 이어졌다. 하휴
가 이것을 가지고 삼세(三世)를 말했으니, 공양씨의 혜택이 또한 멀리까
지 미친 것이 아니겠는가? 유흠이 『공양전』이 후대에 나온 것이라고 비
판한 것은 공양수와 호무자도의 『공양전』을 가지고 말한 것이므로, 그
견해가 근거 없는 것이 아니다. 그러나 유흠이 왕망에 편승함으로써 사
사롭게 좌씨를 높여, 마침내 공자가 『춘추』를 지은 사실과 자하가 공양
고에게 전수한 사실을 인정하지 않았으니, 이것이 학술계의 죄인이 되
는 까닭이다. 「예문지」에서는 공자를 "주공의 나라인 노나라는 예의 형
식이 사물에 갖추어졌고 사관에게는 법도가 있었다."[68]라고 한 것으로
날조했으니, 두예(杜預)는 바로 이 구절에 근거해서 좌구명을 위로 주공
과 연결시켰다. 유흠과 반고의 간교한 말이 경(經)을 해치는 근원을 열었

---

68 『한서』 「예문지」. 병주(竝注). 凡春秋二十三家九百四十八篇. 以魯周公之國, 禮文備
物, 史官有法.

으니 가증스럽다.

[2-6-2-4] 맹자의 『춘추』 왜곡

『춘추』를 혼란스럽게 고친 것은 한대에 시작된 것이 아니라 70제자의
후학들, 예컨대 증자나 맹자 학파의 효치사상(孝治思想)이 일찍이 『춘추』
를 함부로 고친 것이었다. 나는 이것에 대해서 앞에서 이미 말했으니,
이제는 다시 맹자로 예증을 들겠다. 『맹자』「등문공」편에서 말했다.
"세상이 쇠퇴하고 도가 없어져 사악한 학설과 포악한 행동이 일어나, 신
하로서 그 임금을 죽이는 자가 있고 자식으로서 그 아비를 죽이는 자가
있었으니, 공자가 두려워서 『춘추』를 지었다. 『춘추』는 천자의 일이기
때문에 공자가 '나를 알아줄 수 있는 것은 오직 『춘추』일 것이고, 나를
죄줄 수 있는 것은 오직 『춘추』일 것이다.'라고 했다."[69] 또 말했다. "『춘
추』가 완성되자 난신적자가 두려워했다."[70] 이 구절에 의거하면, 공자가
『춘추』를 지은 것은 단지 칼로 대나무에 글을 새겨 @ 난신적자를 주벌
하기 위한 것이었으니, 난신적자가 진실로 이 때문에 두려워했다. 맹자
는 공자를 배우려고 했는데, 여기의 말은 도리어 공자의 뜻을 크게 곡해
한 것이니 어찌된 일인가? 신하로서 임금을 죽이고 자식으로서 아비를
죽이는 것은 권세와 이익을 쟁탈하려고 하기 때문이다. 임금의 자리란
큰 권세와 이익이 있는 곳이니, 신하나 자식이 쟁탈하지 않도록 유지하
기 어렵다. 공자는 이런 사실을 깊이 통찰했기 때문에, 『춘추』를 지어
서 천자를 폄하하고 제후를 물리치며 대부ⓑ를 토벌하는 뜻을 드러내
밝힘으로써 당시와 후세에 알렸다. 임금의 자리가 폐지되고 주권이 서

---

69 『맹자』「등문공 · 하」. 孟子曰: "世衰道微, 邪說暴行有作, 臣弑其君者有之, 子弑其父
者有之. 孔子懼, 作春秋. 春秋, 天子之事也. 是故孔子曰: '知我者其惟春秋乎. 罪我者其
惟春秋乎.'"

70 『맹자』「등문공 · 하」. 孟子曰: "孔子成春秋, 而亂臣賊子懼."

민에게 있게 되면, 많은 이익이 서민에게 균등하게 되는데, 무엇 때문에 아비와 임금을 시해하는 일이 생긴다는 말인가? 맹자는 『춘추』를 깊이 연구하지 않아, 공자가 난신적자를 주벌하여 군주제도를 옹호하려고 했다고 함부로 왜곡했으니, 이것은 공자를 잘 배우지 못한 것이다. 『춘추』는 본래 천자를 폄하하는 일인데, 맹자는 오히려 공자가 천자의 직권을 훔쳐서 난신적자를 주벌하는 일로 오해했다. 맹자는 공자의 말을 오해함으로써 천자의 직권을 훔친 것 때문에 공자가 사람들이 나를 죄줄 것으로 염려했다고 여겼다. 맹자가 마침내 성인의 마음을 터무니없는 상상으로 제멋대로 추측한 것은 또한 경이롭게 여길 만하다. 그러나 비록 제멋대로 추측했을지라도 다행히 공자의 어조를 고치지 않았으니, 이것은 그의 솔직한 점이다. 『공양전』처럼 '나를 죄줄 수 있는 것은'이라는 구절을 곧바로 "나 자신[丘]'에게 죄가 있다."로 고친다면, 타인들이 나를 죄줄 것으로 염려한 말이 아니라 바로 스스로 책임지고 자책하는 말이 된다. 죄가 있다는 것을 이미 알았는데, 어떻게 죄를 저지르면서 『춘추』를 지었겠는가? 성인이 어떻게 이처럼 혼란스럽게 말했겠는가?©

ⓐ 대나무는 죽간이다. 옛날에는 종이가 없어 칼로 죽간에 글을 새겼으니, '칼로 글을 쓴다.[刀筆]'는 말이 여기에서 시작되었다.

ⓑ 옛날에 속읍(屬邑)에서는 대부가 민중의 임금이었다.

ⓒ 공자가 나를 알아줄 수 있고 죄줄 수 있는 것에 대해 말한 것은 내가 이미 앞에서 설명했으니, 자세히 살펴봐야 한다.

어떤 사람이 다음처럼 물었다. "맹자는 백성이 귀하다고 말했고, 또 무왕이 주(紂)라는 한 사내를 죽인 것이지 임금을 시해한 것이 아니라고 말했는데,[71] 이것은 모두 『춘추』의 뜻인지요?"

---

[71] 맹자는 백성이 귀하다고 말했고 … 임금을 시해한 것이 아니라고 말했는데: 『맹자』「양혜왕·하」, 齊宣王問曰: "湯放桀, 武王伐紂, 有諸." 孟子對曰: "於傳有之." 曰: "臣弑其君可乎." 曰: "賊仁者謂之賊, 賊義者謂之殘, 殘賊之人謂之一夫. 聞誅一夫紂矣, 未聞弑君也."

대답했다. "맹자는 진실로 『춘추』에 대해 아는 것이 있었지만, 애석하게도 종법사회사상을 섞어 넣어서 『춘추』에 대해 깊이 이해하지 못했을 뿐이다. 『춘추』에서 혼란한 제도를 고치는 것은 바로 군주제도를 개혁하는 것이다. 만약 폭군을 주벌하고 별도로 어진 군주를 추대하는 것이라면, 동중서가 『춘추번로』에서 말한 성(姓)을 바꿔 왕조를 교체하는 것이니,ⓐ 혁명이라고 할 수 없다. 군주가 비록 어질다고 하더라도 한 사람이 천하의 서민을 통치하면, 궁극적으로는 잘 다스리는 것이 될 수 없다. 또한 어진 군주는 대대로 나오지 않고 군주제도는 결국 큰 혼란이 생기는 원인이므로, 반드시 혼란한 제도를 개혁해야 된다. 서민이 정권을 잡아야 비로소 혁명이 성공할 수 있을 뿐이다. 맹자와 순자는 모두 『춘추』에서 혼란한 제도를 개혁하려는 의미를 깊이 깨달을 수 없었으니, 마침내 공자의 외왕의 도를 계승해서 따르는 사람이 없었다. 한비자는 '공자 사후에 유가가 8개 유파로 나누어져 모두 자신들이 공자의 진정한 계승자라고 자처했는데, 공자가 다시 살아나지 않는다면 누가 그 시비를 결정하겠는가?'[72]라고 했다. 맹자와 순자ⓑ의 무리들은 제각기 자신들의 뜻으로 학설을 내세웠으니 『춘추』가 사라졌다."

ⓐ 앞에서 이미 인용했다. 바꾸는 것은 교체하는 것이다.
ⓑ 순자는 "상하가 지위를 바꾼 다음에 바르게 된다."[73]고 했는데, 그 말이 혁명의 뜻에 부합한다는 것을 깊이 믿었다. 그렇지만 『순자』라는 책 전체를 자세히 살펴보면, 실제로는 군주제도를 없애려는 뜻이 없으니, 그가 『춘추』에 통달하지 못한 것은 맹자와 같다.

공자의 『춘추경』과 『전(傳)』은 완전히 없어졌고, 공양씨가 구설로 전수

---

72 『한비자』「현학(顯學)」. 世之顯學, 儒墨也. 儒之所至, 孔丘也. 墨之所至, 墨翟也. 自孔子之死也, 有子張之儒, 有子思之儒, 有顔氏之儒, 有孟氏之儒, 有漆雕氏之儒, 有仲良氏之儒, 有孫氏之儒, 有樂正氏之儒. 自墨子之死也, 有相裏氏之墨, 有相夫氏之墨, 有鄧陵氏之墨. 故孔 · 墨之後, 儒分爲八, 墨離爲三, 取舍相反不同, 而皆自謂眞孔墨. 孔墨不可復生, 將誰使定後世之學乎.

73 『순자』「신도(臣道)」. 信陵君似之矣. 奪然後義, 殺然後仁, 上下易位然後貞.

한 것은 하휴 이후에는 끝내 알려지지 않았다. 그렇지만 이제 위서(緯書)와 하휴의 『해고』및 서언의 『소』등에서 짧은 구절이나 하찮은 의미를 가려 뽑으면, 여전히 성인의 뜻을 미루어 알 수 있다. 혼란한 제도를 개혁한다는 말은 가장 깊이 되새겨봐야 한다. 위서에서 한나라를 위해 법도를 제정했다고 거짓으로 정당화시킨 것을 가지고, 도리어 『춘추』에 실로 혼란한 제도를 개혁하는 일이 있다는 것을 반증할 수 있다. 공양씨가 한나라 조정에 죄를 받을까 두려워 혼란한 제도를 개혁하려는 공자의 근본적인 의도를 은폐하고는, 한나라를 위해 법도를 제정한 것으로 사칭했으니, 이로써 그 실정을 미루어 알 수 있다. 만약 『춘추』에 원래 혼란한 제도를 개혁하려는 일이 없고, 단지 동주 시대 여러 나라의 2백여 년 동안의 군신들에 대해 헐뜯는 것만 있었다면, 이것이 한나라 조정과 무슨 저촉되는 것이 있었겠는가? 그런데 아무 단서도 없이 한나라를 위해 법도를 제정했다는 유언비어를 날조한 것은 과연 무엇을 하려는 것인가? 『춘추』 전문가들이 설령 거리낌이 없었을지라도 결코 이렇게까지 무식하고 염치없지는 않았을 것이다. 동중서가 공양수에게 『춘추』를 전수받아 천자를 폄하하고 제후를 물리치며 대부를 토벌하는 것을 사마천에게 알려주었으니, 이것은 바로 『춘추』에서 혼란한 제도를 개혁하는 것이다. 사마천이 동중서가 『춘추』에 밝았다고 칭찬한 것은 전적으로 아부한 것은 아니다. 그러나 동중서는 『춘추번로』를 지어 '수도를 옮기고,ⓐ 칭호를 고치며,ⓑ 정삭(正朔)을 개정하고, 복색을 바꾸는 것'[74]을 제도를 개혁하는 것으로 여겼다. 그런데 이것이 어떻게 『춘추』에서 말하는 제도를 개혁하는 것이겠는가? 강유위의 『공자개제고(孔子改制考)』는 본래 잡다하게 추려서 만든 책으로, 옛사람들이 우연히 드러낸 의론을 취해서는 '일상적 규칙[恒規]'과 오랜 습속에 다른 것이 있으면, 모두

---

[74] 『춘추번로』「초장왕」. 故必徙居處, 更稱號, 改正朔, 易服色者, 無他焉, 不敢不順天志而明自顯也. 若其大綱, 人倫, 道理, 政治, 敎化, 習俗, 文義, 盡如故, 亦何改哉. 故王者有改制之名, 無易道之實. ….

『춘추』에서 제도를 개혁하는 것과 다르지 않다고 보았다. 그가 추려서 수집한 것은 매우 근거 없고 황당하다. 그러나 『춘추』에서 군주제도를 폐지하는 것은, 곧 최소한의 몇몇 사람이 천하의 절대다수의 사람을 통치하는 혼란한 제도를 뒤집어엎는 것이니, 그 깊은 의미가 광대하고 심원하지만, 도리어 강유위에 의해서 혼란스럽게 되었다.

ⓐ 곧 천도하는 것이다.
ⓑ 예컨대 왕조의 호칭과 제(帝)·왕(王) 혹은 황제의 칭호와 같은 것을 고치는 것이다.

[2-6-2-5] 『춘추』의 곁가지인 농가사상

『시』가 없어진 다음에 『춘추』가 만들어졌다. 농가사상도 『시』에서 나왔으니,ⓐ 진실로 『춘추』의 곁가지이다. 『한서』「예문지」에 농가 9개 학파가 실려 있고, 그 책으로는 『신농(神農)』 20편이 있다고 했다.[75] 주석에서 다음처럼 말했다. "6국 시대에 여러 학자들은 당시 농업에 나태한 것을 병폐로 여겨 농사에 힘쓸 것을 이야기하면서 신농에게 의탁했다. 안사고(顔師古)는 '유향의 『별록』에서는 이회(李悝)와 상군(商鞅)이 말한 것으로 여겨진다.'고 했다."[76] 생각건대, 이 20편은 옛 성인ⓑ에 의탁했으니, 당연히 농가의 근본 대전(大典)이다. 위로 『맹자』「등문공」편의 '신농의 말을 실행하는 허행(許行)'[77]에 대해 상고해서 그 말을 음미해보면,ⓒ 정신적 노동과 육체적 노동 및 남을 다스리는 것과 남에게 다스림을 당하는 것의 분업을 인정하지 않았지만, 진실로 사회주의의 시작이다. 이

---

75 그 책으로는 『신농(神農)』 20편이 있다고 했다: 『한서』「예문지」. 병주(並注). 神農二十篇.

76 『한서』「예문지」, 병주(並注). 神農二十篇 구절에 대한 주석. 六國時諸子, 疾時怠於農業, 道耕農事, 託之神農. 師古曰: "劉向別錄云: '疑李悝及商君所說.'"

77 신농의 말을 실행하는 허행(許行): 『맹자』「등문공·상」. 有爲神農之言者許行, 自楚之滕.

것으로 추측해보면, 농가가 의탁한 신농의 책은 농사에 힘쓸 것을 이야기한 것이 아니라, 사회문제에 대한 최고의 이상을 발휘한 것이 틀림없을 것이다. 『한서』「예문지」에 있는 「신농」 20편의 주석에서 "농사에 힘쓸 것을 이야기했다."고 한 것을 허행이 말한 것과 비교해보면, 전혀 서로 관련되지 않기 때문에 유향은 이회와 상군이 말한 것으로 여겼다. 한나라 때는 시간적으로 6국 시대와 멀리 떨어지지 않았으니, 농가는 주대 말기의 하나의 큰 학파였다. 유향은 일찍이 농가의 『신농』이라는 책을 본적이 있었으므로, 이 20편이 그 책과 같은 부류가 아님을 알았다. 농가는 반드시 허행에게서 시작된 것은 아니지만, 그것은 춘추전국시대에 발전하였다. 상군의 정책은 결코 농가사상이 유행하는 것을 허용하지 않았다. 이 20편을 지어 신농에 의탁해서, 농가의 『신농』이라는 책에 대항했던 것은 상군일 가능성이 비교적 크니, 반드시 이회일 필요는 없다. 「예문지」에서 비록 농가라는 이름에 나열했을지라도 그곳에 있는 책들은 모두 농사일에 힘쓸 것을 이야기하는 내용들로서, 농가의 사상과는 전혀 관계가 없으니, 주대 말기의 여러 학자들 중에 농가학파는 실제로 완전히 제외되었다. 「예문지」의 농가에 대한 서술의 결론에서, "비천한 자들이 농사를 짓는 것으로 성왕을 섬길 필요가 없다고 여겼다."ⓓ[78]고 했으니, 유향과 유흠 부자 및 반고의 무리가 실제로 주대 말기의 농가의 책을 읽었지만, 「예문지」에 그 항목을 넣지 않았음을 알 수 있다. ⓔ 농가의 사상은 『시』·『춘추』의 두 경과 모두 서로 관련되지만, 그 책들이 망실되었으므로, 또한 『춘추』를 논하는 자는 아주 유감스럽게 여길 것이다.

ⓐ 앞에서 이미 설명했다.
ⓑ 신농이다.
ⓒ 「원외왕」에서 당연히 인용해서 기술할 것이다.
ⓓ 농가는 군주제의 폐지를 주장한다.

---

[78] 『한서』「예문지」. 及鄙者爲之, 以爲無所事聖王.

ⓔ 농가의 입장에서 미루어보면, 가치 있는 고적이 한대 사람들에 의해 인멸된 것이 적지 않았을 것이다.

『주관』이라는 경(經)에 대해 내가 공자의 저작이라고 판정한 것은 이미 앞에서 말했다. 그런데 그중에도 6국 때의 유생과 한나라 사람들이 혼란스럽게 고친 것이 있지만 이제 여기에서는 검토하지 않겠다.ⓐ 후일에 여력이 있으면, 간략히 서술하겠다.

ⓐ 나이 들어 힘이 없어서, 본서의 초고를 쓸 때 원래 간략하게 쓰기로 계획했었다.

2-6-3 박문(博文) 공부가 결핍된 송명리학

앞에서 이미 한학(漢學: 한대의 학문)은 겉으로는 공자를 존중하지만 속으로는 그 본질을 변질시켜서 전제군주제를 옹호했다는 것에 대해 설명했다. 송대(宋代)에 이르러 리학자(理學者)들은 '돌이켜 자신에게서 구하는 것[反己]'으로써 종지[宗]를 삼아ⓐ 도가와 불가의 허무와 적멸을 배척하고,ⓑ 지리멸렬하게 고증하는 것을 고쳤으니,ⓒ 이로부터 유학에 한학(漢學)과 송학(宋學)의 구분이 있게 되었다. 그러나 송학이 한학과 다른 것은 단지 존심·양성하는 하나의 공부일 뿐이다. 그들은 한대 유학자들의 천인교감·음양오행의 여러 논의와 강상·명교의 대의에 대해서, 전적으로 이어받았을 뿐만 아니라 게다가 더욱 엄하게 받들어 지켰다. 송학은 마음을 다스리는 것에 엄격했으니, 저절로 사물을 연구하는 것에 소홀하지 않을 수 없었다. 사실 마음과 사물은 본체 유행의 두 측면이니 절단해서 둘로 나눌 수 없다. 내 마음은 원래 천지만물과 소통하여 막힘이 없는데, 만약 오직 안으로만 마음을 수렴해서 소통하는 기미를 막는 것은, 바로 스스로 그 마음을 해치고 천지를 주관하고 만물을 관장하는79 대용(大用)을 잃게 하는 것이니, 인생이 한 덩어리의 흙과 차이가 없게 된다.

ⓐ 정자는 "학문은 내면적으로 깊이 성찰하여 자신에게 절실하게 해야 한다."[80]라
고 했으니, 이것이 송학의 핵심이다.

ⓑ 도가는 허무에 빠졌고, 불씨는 적멸에 막혔는데, 리학자들은 인륜과 일상생활에
서 존심·양성(存心·養性)의 공부를 하므로 도가와 불가를 배척했다.

ⓒ 한대와 당대의 여러 학자들은 모두 고증에 종사했으며, 이에 대해 리학자들은
그들이 지리멸렬하고 자잘해서 근본을 잃었다고 배척했다.

리학(理學)의 학문적 특징을 만약 세속적으로 말하면 생활철학이라 해도
된다. 그런데 학자들은 오직 허령불매(虛靈不昧)한 마음을 보존하고 유지
하는 것을 주군[主公]이라고 여겨 만물을 두루 아는 것에 힘쓰지 않았으
니,ⓐ 그 도는 구속되고 그 생명은 메마르고 막히는 우려가 있다.ⓑ 그
생활의 내용을 확대하고 충분히 함양할 수 없어 리학자들은 종종 자신
을 단속하는 것이 모자라거나 지나치니, 넉넉하게 하고 나날이 새롭게
하는 성덕(盛德)과 대업(大業)을 말하기 어렵다.ⓒ 오직 육구연은 진솔했
고, 왕양명은 유유자적했으며, 장강릉(張居正)[81]은 이익과 책임에 아주 맹
렬하고 과감했으니, 세상에서 보기 드문 영웅들일 뿐이다.

ⓐ 리학자들은 심체(心體)가 허령불매한 것으로서 배우는 자들이 그것을 보존하고

---

79 천지를 주관하고 만물을 관장하는: 『장자』「덕충부(德充符)」. 官天地, 府萬物

80 『이정유서(二程遺書)』권12. 學要鞭辟近裏, 著己而已.

81 장거정(張居正, ?-1582): 자는 숙대(叔大)이며, 호는 태악(太嶽)이고, 시호는 문충
(文忠)이다. 호북성 강릉현(江陵縣) 사람으로 명(明)나라의 정치가이다. 만력제(萬
曆帝)의 신임을 얻어 황제가 즉위한 직후부터 10년간 수보(首輔)의 자리에 앉아
국정의 대부분을 독단적으로 처리하고, 내외적으로 쇠퇴의 조짐을 보이던 명나라
의 세력을 만회하였다. 대외적으로는 호시(互市: 육상무역)를 재개하여 몽골인의
남침을 막았고, 동북지방 건주위(建州衛)를 이성량(李成梁)으로 하여금 토벌하게
하였으며, 서남지방 광서(廣西)의 요족(搖族)·장족(壯族)을 평정하였다. 대내적
으로는 대규모의 행정정비를 단행하고, 궁정의 낭비를 억제하였으며, 황하(黃河)
의 대대적인 치수(治水)공사를 완성시켰다. 다만, 그의 치정(治政)이 지나치게 가
혹한 면이 없지 않아 반감을 품은 자도 많았다. 저서에 『서경직해(書經直解)』8권
등이 있다.

유지해서 잃지 말아야 한다고 생각했으니, 그 의미가 옳지 않은 적이 없었다. 그러나 그들의 노력은 매번 마음의 본체에 치우치고 막혀서 마음의 지적 작용을 운용해서 만물에 두루 소통하게 하려고 하지 않았다. 주군(主公)은 선가의 용어인데, 『관자』에서 "마음이 몸에서 군주의 지위이다."[82]라고 한 의미와 같다.

ⓑ 마음이 만물에 두루 운용되지 않으므로, 그 생명이 메마르고 막힌다고 했다.

ⓒ 『역』「계사전」에서 "넉넉하게 하는 것을 대업이라고 하고, 나날이 새롭게 하는 것을 성덕이라고 한다."[83]라고 했다.

리학은 철학에서 별도로 하나의 길을 개척한 것이지만 이론적으로만 탐구해서는 안 된다. 이후에 이것에 통달한 자가 자신에게 되돌려 구하는 의미를 알아, 그 바탕을 확대하고 실마리를 넓히기를 바랄 뿐이다. 송대와 명대의 여러 뛰어난 학자들이 리학을 제창하여 공문(孔門)의 근본을 탐구하고 '공자·증자·자사·맹자(四子)'를 근본으로 했으므로, 식견이 없다고 말할 수 없다. 그러나 『논어』는 모두 성인이 제자들의 근기(根機)에 따라 답한 것이니, 어느 것이 근기가 높은 것에 맞춰 일러준 것이겠으며, 어느 것이 근기가 낮은 것에 맞춰 일러준 것이겠는가? 만약 이것을 분별할 수 없다면 성인에 대해 제대로 배운 것이 아니다. 『대학』과 『중용』은 70제자의 후학들이 기록한 것인데도, 그 문자에 탈락된 것과 혼잡한 것이 있다. 『맹자』는 특별하게 장점이 있지만 단점 또한 적지 않다. 만일 정밀하게 가려서 취하지 않는다면, 배움에 어떻게 병폐가 없을 수 있겠는가? 여러 뛰어난 학자들이 모두 선법(禪法)과 『도론(道論)』ⓐ에 잡다하게 물들었으니, 결국 공자의 적통(嫡統)이 아니다.

ⓐ 『노자』라는 책을 옛날에는 『도론』이라고 불렀다.

내가 예전에 송대 유학자를 평가하는 글 한 편을 썼는데, 매우 중요하다고 자부한다. 그 글에서 나는 송대 유학자들은 식견이 아주 좁아 심성에

---

82 『관자』「심술상(心術上)」. 心之在體, 君之位也.

83 『역』「계사·상」. 富有之謂大業, 日新之謂盛德.

대해서만 고원하게 의론했을 뿐, 심성이 자신·집안·나라·천하·만물을 떠나 독존하는 것이 아님을 몰랐다고 했다. 어찌해서 박문(博文)의 공부에 치중하지 않았는가? 공자가 "문(文)에 대해 널리 배운다."[84]라고 말했는데, 여기서 '문(文)'이란 서적이 아니라 자연(自然)과 인사(人事)를 모두 '문(文)'이라고 말한 것이니, 이를테면 천문(天文)이나 인문(人文) 등의 말이 이것이다. '널리 배운다'는 것은 '만물의 이치[物理]'와 '사람의 일[人事]'에 대해 널리 연구해야 한다는 말이다. '배운다[學]'는 것에는 두 가지 의미가 있으니, '본받는 것[效]'과 '깨닫는 것[覺]'이다. 여기서의 '배운다'는 것은 '본받는다'는 의미이다. '본받는다'는 것은 모방해서 본받는 것이다. 예컨대 자연과학의 지식은 단지 자연현상의 법칙을 드러낼 뿐 자신의 생각으로 곡해하지 않는 것이니, 이것이 바로 모방해서 본받는 것이다.

송대의 유학자들에게 본래 박문(博文: 널리 학문을 연구함)의 공부가 전혀 없었던 것은 아니지만, 그 정신을 단지 인륜과 일상생활에서 심성을 보존하고 기르는 데에만 전력했을 뿐이니, 박문의 공부는 끝내 그들이 중시한 것이 아니었다. 존심·양성(存心·養性)은 참으로 긴요한 것이지만, 심성을 하나의 사물로 견지해서는 안 된다. 공부는 절대로 융통성이 없어서는 안 되니, 여기에 대해 아무리 많은 말이 있을지라도 사람들에게 설명하기 어렵다. 시험 삼아 『논어』와 『맹자』를 송대 유학자들의 어록과 대조해보면, 『논어』는 구구절절이 존심·양성공부이지만, 결코 심성을 하나의 사물로 여겨 집착한 적이 없다. 맹자는 곧 성인의 신비로운 변화에 도달하지 못했는데도 점점 송대 유학의 시조로 여겨졌다. 그러나 맹자의 글은 때때로 명쾌하게 깨달은 것이 있을지라도 대부분 현실감 없는 담론일 뿐이었다. 송대 유학자들은 절박함을 벗어나지 못해 특별히 말로 설명하기 어려운 의미를 『맹자』에게 배울 수 없었다. 이에 불교의 영향을 받아 많은 종교적 색채가 섞여서 생기를 거의 잃었다. 송유의 이

---

84 『논어』「옹야(雍也)」. 子曰: "君子博學於文, 約之以禮, 亦可以弗畔矣夫."

런 태도는 박문 공부에 최고로 장애가 되는 것이니, 예컨대 정자(程子: 程顥)[85]는 사상채(謝上蔡: 謝良佐)가 역사책을 읽는 것을 보고 사물에 빠져 뜻을 잃는다고 비난했던 것이 이것이다.[86]

왕선산(王船山: 王夫之)은 『사해(俟解)』의 한 조목에서 이것을 인용하여, "뜻을 잃는 것을 미워하는 것이 '가지고 노는 것[玩]'이다. '가지고 논다'는 것은 희롱한다는 말이다. 예컨대 『사기』「항우본기(項羽本紀)」와 「두영 관부전(竇嬰灌夫傳)」 같은 이야기는 물방울이 떨어지면서 스며들듯이 통쾌하다. 독자들이 계속 읽다보면, 희비가 바뀌면서 정신이 날아가고 넋이 빠져서 자신을 지킬 수 없게 된다. 이때에는 평소에 지향하던 것이 어디로 가는지 알지 못하니, 이것을 뜻을 잃어버린 것이라고 한다. 그 지기(志氣)가 제멋대로 드러나 몸과 마음에 무익하다."[87]라고 진술했다. 왕선산의 이런 구절은 여전히 아직까지 송유의 질곡을 벗어나지 못한 것이다. 역사책을 읽으면서 어쩌다가 울고 노래 부르며 눈물 흘리고 슬퍼하며 분노할 수도 있는데, 절대로 이러한 감정을 일으키지 않는다면, 또한 심성을 잃지 않은 사람이라고 할 수 있겠는가?

내 나이 10살 때, 선친께서 위수(魏收)[88]가 남조(南朝)[89]를 섬의 오랑캐라

---

85 정호(程顥, 1032-1085): 자는 백순(伯淳)이고, 호는 명도(明道)이다. 송대 낙양(洛陽: 현 하남성 낙양)사람으로 아우 정이(程頤)와 함께 '이정(二程)'이라 불리운다. 태자중윤(太子中允)·감찰어사리행(監察禦史理行) 등을 역임하였다. '천리체인(天理體認)'과 '식인(識仁)' 등의 사상은 육구연·왕양명 등의 '심학(心學)'체계에 영향을 끼쳤다. 저서는 『식인편(識仁篇)』,『정성서(定性書)』,『문집』등이 있다.

86 정자(程子: 程顥)는 … 뜻을 잃는다고 비난했던 것이 이것이다:『주자어류(朱子語類)』권97. 謝顯道初見明道, 自負該博史書, 盡卷不遺一字, 明道曰: "賢卻記得許多, 可謂玩物喪志." 謝聞此言, 汗流浹背面發赤.

87『사해(俟解)』. 所惡於喪志者, 玩也. 玩者, 喜而弄之之謂. 如『史記』「項羽本紀」及「竇嬰灌夫傳」之類, 淋漓痛快, 讀者流連不舍, 則有代爲悲喜, 神飛魂蕩而不自持. 於斯時也, 其素所志尙者不知何往, 此之謂喪志. 以其志氣橫發, 無益於身心也.

88 위수(魏收, 507-572): 자는 백기(伯起)이고, 거록하 곡양(鉅鹿下曲陽: 현 하북성 진현〈晉縣〉) 사람이다. 북위(北魏)·동위(東魏)·북제(北齊)의 3조정에서 태학박사(太學博士)·중서령(中書令)·상서우복사(尙書右仆射) 등의 관직을 역임한 문학

고 꾸짖었다고 말씀하시는 것을 듣고, 나는 놀라서 위수를 개돼지 같은 놈이라고 욕했다. 또 남북조시대에 오랑캐의 재앙이 얼마나 참혹했는지에 대해 듣고는, 나는 슬픔과 분노를 억누를 수 없었다. 어릴 때의 나의 혁명사상은 이 때문에 발동했다. 정자와 왕선산은 반드시 내가 그 당시에 발동한 마음에 대해 뜻을 잃은 것이라고 하겠지만, 나는 끝까지 이런 책망을 받아들일 수 없다.

기뻐서 빠지는 것은 단지 정취가 길게 이어져 사유를 끌어내기에 충분하고, 이지(理智)가 부단히 노력하도록 만든다. 그러니 철학자와 과학자가 연구하는 모든 문제에 대해 만약 기쁘고 즐겁게 완미하고 탐색하는 감정과 생각이 없다면, 무엇을 창조할 수 있겠는가? 공자는 태묘에 들어가 매사를 물었다.[90] 서생이 처음 태묘에 들어갔으니, 보지도 못했던 제례 기구와 익히지 못한 제례 의식에 대해 자연스럽게 기쁘고 즐겁게 완미하고 탐색하는 마음이 생겨, 묻지 않을 수 없었을 뿐이다. 그런데 주자는 그것까지 기필코 '경건과 삼감의 지극함'이라고 해석했으니,[91] 이것은 공자의 당시 생기발랄한 정신을 생동감이 없게 만들어버린 것이다. 공자는 제나라에 있을 때, '순임금의 음악[韶]'을 듣고는 3개월 동안 고기 맛을 잊어버렸다.[92] 이 일이 성인에게서 생기지 않았다면 정자는 사물을 완미하다가 뜻을 잃었다고 틀림없이 꾸짖었을 것이다. 그러나

가 · 사학가이다. 특히 위(魏)나라 역사편찬에 중요한 역할을 하였다.

89 남조(南朝): 중국 남북조시대 중 5~6세기에 양자강 하류지역을 점거하고 건강(建康: 南京)을 국도(國都)로 한 4왕조에 대한 총칭이다. 4왕조는 송(宋, 420-479) · 제(齊, 479-502) · 양(梁, 502-557) · 진(陳, 557-589) 등을 가리키며, 북조(北朝)에 대하여 남조라 한다.

90 공자는 태묘에 들어가 매사를 물었다: 『논어』「팔일(八佾)」. 子入大廟, 每事問.

91 주자는 그것까지 기필코 '경건과 삼감의 지극함'이라고 해석했으니: 『논어』「팔일」. 子入大廟, 每事問. 구절에 대한 주희의 주석. 孔子言是禮者, 敬謹之至, 乃所以爲禮也.

92 공자는 제나라에 있을 때, '순임금의 음악[韶]'을 듣고는 3개월 동안 고기 맛을 잊어버렸다: 『논어』「술이」. 子在齊聞韶, 三月不知肉味.

공자가 이런 사람이 아니었다면 또한 어떻게 위(衛)나라에서 노나라로 되돌아가 음악을 바로잡아 '아(雅)'와 '송(頌)'[93]이 각기 제자리에 있도록 했겠는가? 정취가 길게 이어지는 것은 이지적인 노력과 좋은 짝이므로, 정취가 풍부한 것은 상등이고, 평담한 것은 하등이다. 그러니 만약 억제한다면, 스스로 해치는 것이다. 왕선산이 '지기(志氣)가 제멋대로 드러나 몸과 마음에 무익하다.'고 말한 것은 아주 큰 착오이다. 후대의 이학을 공부하는 사람은 송대나 명대의 여러 스승의 잘못을 계승해서는 안 된다.

2-6-4 유행(流行)의 도리를 거역한 대승불교

한대 사상계는 고질적인 폐단이 나날이 깊어갔다. 후한 말기에 이르러 불법(佛法)[ⓐ]이 인도에서 점점 유입되었는데, 이것은 중국이 처음으로 외국의 문화를 흡수한 것이다. 불법이 동쪽으로 전래된 것이 중국에 이로운 것인지의 여부는 또 다른 문제이다. 오직 위진(魏晉) 이후로 2천년 동안 불법은 이미 중국에 보편적으로 유행해서, 일반 백성들만 병처럼 믿었던 것이 아니라 대대로 총명하고 지혜로운 사람들마저도 대승불법의 맛을 즐기지 않은 자가 없었다. 나는 30세 이후에 비로소 대승학을 연구했는데, 처음에는 독실하게 좋아했지만, 마침내 대승학의 도리를 인생의 올바른 방향이라고 여길 수 없었다.

> ⓐ 불교경전에서 '법(法)'자의 의미는 가장 보편적인 보통 명사이다. 나의 저술『십력어요(十力語要)』와『불가명상통석(佛家名相通釋)』을 보라. 다만 여기서 말한 불법이란 것은 불가의 교리를 가리켜서 말한 것이다.

나는 어렸을 때 우주는 단지 하나의 큰 것으로서 쉼 없이 낳고 낳는 진

---

93 '아(雅)'와 '송(頌)':『시경』에 있는 '아(雅)'와 '송(頌)'으로 '아'는 정악이고 '송'은 조상의 공덕을 기리는 노래이다.

기(眞幾)가 만물을 변화시켜 드러나는 것이라고 여겼다.ⓐ 만물이 무성하고 시들며 태어나고 죽는 것은, 비유하면 물거품이 모두 잠시도 머무르지 않는 것과 같은데, 하물며 다시 '중생[含識]'들은 서로 쟁탈하며 죄악을 저지르니, 과연 무엇을 하려는 것인가? 나는 이전의 철학자들이 이 문제에 대해 어떻게 깨달았고 어째서 스스로 편안하다고 했는지 모르겠다. 자라면서 점점 여러 책을 섭렵했지만 모두 나에게 충분히 일깨워주는 것은 없었다. 때로는 사람들의 삶도 이처럼 미혹된ⓑ 것인가[94] 하는 감회가 있었다. 어려움을 겪으면서 통하기를 구하여 비록 깨닫는 것이 있었지만, 여전히 스스로 만족하기 어려웠다. 불교를 배우고 유학으로 증험한 다음에 우뚝하게 정립되는 것이 있는 것 같았다.

> ⓐ 무엇을 '하나의 큰 것'이라고 하는가? '하나'는 절대적인 의미이고, '큰 것'은 바깥이 없다는 의미이다. '쉼 없이 생겨나는 진기'는 본체의 유행을 말한다.
>
> ⓑ '미혹되다[芚]'는 말은 『장자』에서 차용한 말이다.

불교의 도리는 낳고 낳는 유행을 거역하여, 비록 공적(空寂)에 빠져 하늘과 땅을 날려 없애버릴지라도 지극히 청정한 경지를 세우려고 하였으니, 이것이 부처의 큰 소원이다. 유학의 도리는 그것만이 가지고 있는 것으로서, 쉼 없이 낳고 낳는 진기(眞幾)를 따라 새롭게 하고 새롭게 하지만 옛것을 사용하지 않고, 나아가고 나아가지만 굳센 것을 버리지 않는다.ⓐ 만물이 자신과 하나임을 깨닫고,ⓑ 형색(形色)에서 본성을 인식하며,ⓒ 유행하는 것이 바로 주재하는 것이고, 상대(相對)가 바로 무대(無對)이니, 이것이 유가(儒家) 『대역』의 진실한 의미이다. 불가는 낳고 낳은 유행에 대항하여 그것을 거역하려고 했으니, 이것은 얽매임을 벗어나는 지혜이다.ⓓ 용맹하게 정진하고 결코 물러남이 없는 강한 힘을 미래에까지도 다 발휘하여 중생을 버리지 않으니, 내가 지옥에 들어가지 않으

---

94 때로는 사람들의 삶도 이처럼 미혹된 것인가: 『장자』 「제물론」. 人之生也, 固若是芒乎, 其我獨芒, 而人亦有不芒者乎 참조.

면 누가 지옥에 갈 것인가 하는 큰 소원을 진실로 따르려고 했지만 어떻게 할 방법이 없었다. 그러나 우주의 낳고 낳은 큰 흐름은 끝내 거역할 수 없으니, 『대역』을 종지로 삼아 곧바로 건원(乾元)이라는 본성의 바다를 증험하면 출세간법이 있을 수 없다.ⓔ

ⓐ 장횡거(張載)[95]는 "『역』의 도는 나아가고 나아가는 것이다."[96]라고 했다.

ⓑ 천지만물이 모두 나와 한 몸이라는 것을 알면, '작은 자기[小己]'에서 나오는 생각은 사라진다.

ⓒ '형색'은 우주만상을 말한다. '본성[性]'은 만유(萬有)의 근원이다. 형색은 모두 본성이 드러난 것이니, 비유하면 수많은 물거품은 모두 큰 바닷물이 드러난 것과 같다. 형색에서 본성을 인식하는 것은, 비유하면 수많은 물거품에서 그것이 큰 바닷물이라는 것을 아는 것이다.

ⓓ '얽매임을 벗어나는 것'은 속박을 벗어나는 것이다. 중생은 현실세계에 빠져 갖가지 계획들이 마치 거미가 거미줄을 쳐서 스스로 결박하는 것과 같으므로 얽매였다고 말했다. 크게 깨달은 사람이 '모든 것이 공이라는 지혜[法空慧]'를 얻어야 비로소 얽매임을 벗어난다. 모든 것이 공이라는 것은 모든 것에 대해 그 존재를 착각하고 집착하지 않는 것이다. 그러므로 모든 것이 공이라는 지혜를 얻었다고 이름 붙인 것이다.

ⓔ 『역』에서 "위대하구나! 건원이여. 만물이 그것을 바탕으로 시작한다."[97]라고 했다. 건원이란 작용에서 본체를 드러내어 그 이름을 세운 것이다. 만물은 모두 건원을 바탕으로 비로소 생겨난다. 그러므로 건원은 만물의 본성이다. 본성을 바다라고 말한 것은 그 덕이 융성하여 헤아릴 수 없으므로 바다로 비유한 것이다.

---

95 장재(張載, 1020-1077): 자는 자후(子厚)이고, 세칭 횡거선생(橫渠先生)이라고 한다. 송대 대양(大梁: 현 하남성 개봉〈開封〉)사람으로 거주지는 미현 횡거진(鄪縣橫渠鎭: 현 섬서성 미현〈眉縣〉)이었다. 1057년 진사에 급제했고 운암령(雲巖令)·숭정원교서(崇政院校書) 등을 역임하였다. 젊어서 병법을 좋아하여 범중엄에게 서신을 보냈다가 『중용』을 읽기를 권유받고, 얼마 뒤 『6경(六經)』에 전념하게 되었다. 특히 『역』과 『중용』을 중시하여 『정몽(正蒙)』, 『서명(西銘)』, 『역설(易說)』 등을 지었는데, 이로써 나중에 '관학(關學)'의 창시자가 되었다.

96 『횡거역설(橫渠易說)』 「계사·상」. 生生之謂易. 구절에 대한 주석. 生生猶言進進也.

97 『역』 「건괘」. 象曰: "大哉乾元. 萬物資始, 乃統天."

나는 불교에서는 낳고 낳는 흐름을 거역한다고 말했는데, 불교도들이 이 말을 들으면 내 말이 틀렸다고 할 것이다. 사실 불교 서적의 수많은 말들은 끝내 생사의 바다에 빠진 중생을 위하여 발원한 것이니, 그 귀취(歸趣)는ⓐ 일체의 중생이 차안(此岸)을 벗어나 피안(彼岸)에 이르도록 구제하는 데 있다.ⓑ 미혹을 끊어버리는ⓒ 공부는 엄밀해서 곧바로 생물과 인류의 생욕(生欲)을 하나도 남김없이 다스려 없앤다.ⓓ 종래의 종교가와 철학자 중에서 금욕을 말하는 자들이 적지 않았지만, 부처의 출세간 법처럼 욕망을 제거하는 데에 끝까지 힘쓴 것은 없었다. 불가의 도리는 분명히 인간의 삶을 거스르는 것인데, 그것이 낳고 낳는 흐름을 거역하는 것이 아니라고 말할 수 있겠는가? 또 불교에서 '진여성체(眞如性體)'ⓔ라고 말한 것은 단지 공적(空寂)을 말할 뿐 생화(生化)를 말하지 않으며, 무위(無爲)를 말할 뿐 무위(無爲)하면서도 무불위(無不爲)함을 용납하지 않는다는 점을 반드시 알아야 한다. 나의 저술『신유식론』「공능(功能)」장에서 이미 변별하여 바로 잡았으니, 미래의 아득히 알 수 없는 학자들이 알아주기를 기다릴 뿐이다.

ⓐ '귀(歸)'는 머물 곳으로 돌아오는 것이고, '취(趣)'는 지취(旨趣)이다.
ⓑ '차안'은 생사의 바다를, '피안'은 열반을 말한다.
ⓒ '끊어버리는 것'은 끊어서 없애버리는 것이다.
ⓓ '생욕(生欲)'이란 사물이 생겨나면 욕망이 있기 때문에 '생욕(生欲)'이라고 했다. 주무숙(周茂叔: 周敦頤)은 창밖의 무성한 풀을 베어내지 않음으로써[98] 큰 조화의 생의(生意)를 보았다. 주돈이는 '생의'라고 했는데 나는 '생욕'이라고 한다. 불교 서적의 심소법(心所法)[99]에서 설명한 모든 '미혹상[惑相]'을 학자들이 큰 지혜가 있어 깊이 완미할 수 있다면, '탐욕·분노·어리석음[貪·嗔·癡]'의 모든 미혹이 모두 생물이 본래 가지고 있는 욕망일 뿐이다. 그런데 하물며 사람에게 있어서야

---

98 주무숙(周茂叔: 周敦頤)은 창밖의 무성한 풀을 베어내지 않음으로써:『하남정씨유서(河南程氏遺書)』3권. 周茂叔窗前草不除去. 問之, 云: "與自家意思一般." 子厚觀驢鳴, 亦須如此.

99 심소법(心所法): 객관 대상의 일반성을 인식하는 '심왕(心王: 의식작용의 본체)'의 종속으로 일어나는 정신작용이다.

어떻겠는가! '욕상[欲相]'은 미세해서 지혜 있는 사람이 아니면, 아무도 깊이 탐구할 수 없다. '다스려서 없앤다.'는 것에서 '다스린다.'는 것은 다스릴 수 있다는 것이고, '없앤다.'는 것은 끊어서 없앤다는 것이다.

ⓔ '진여성체'라는 말은 복합명사이다.

예나 지금이나 철학을 말하면서 본원을 궁구한 것은, 예컨대 우리 유학의 『대역』에서 곧바로 건원이라는 본성의 바다를 깨우치려는 것과 같이, 바로 소체(小體)에서 대체(大體)를 인식하는 것, 곧 '하늘과 사람[天人]'이 둘이 아니라는 것이니,ⓐ 어찌 생사가 있는 차안(此岸)과 열반의 피안(彼岸)을 나눌 수 있겠는가? 본래 쉼 없이 낳고 낳는데 어떻게 낳는 것을 거스를 수 있겠는가? 본성을 따르면 욕망이 모두 이치에 합당하게 되는데, 무엇 때문에 욕망을 반드시 끊어야 하겠는가? 『역』의 도리가 지극하다!

ⓐ '소체'와 '대체'라는 말은 맹자에게서 차용했다. 소체는 개체를 말하는 것과 같으니, 또한 바로 '작은 자기[小己]'이다. 대체는 우주의 본체를 말한다. 하늘도 본체의 이름이지, '하나님[神帝]'을 말하는 것이 아니다.

불법에서는 낳고 낳는 흐름을 거슬러서 거세게 우주를 녹여서 없애는 것이 바로 인생의 최고의 지혜이고 최대의 용기이다. 노자는 "천지는 인(仁)하지 않아 만물을 하찮은 지푸라기처럼 본다."[100]고 탄식했다. 불교가 세상을 생사고해의 관점으로 보는 것에 따라서 논하면, 노자는 불교에 가깝지 않은 것이 아니다.ⓐ 그러나 노자는 도리어 우주의 낳고 낳은 큰 흐름에 저항하는 깊은 지혜와 큰 용기가 없었으니, 그가 도의 진수를 깨닫고 도의 굳셈을 체인한 것은, 이미 공자를 우러러 볼 수 없었을 뿐 아니라 또한 불교의 치우쳤지만 힘이 있는 것만 못했다.ⓑ 부처가 한 번 방향을 전환하면 바로 공자가 되지만, 노자는 결코 공자가 될 수 없다.

ⓐ 불법이 중국에 전래된 것은 실로 도가가 앞장서서 맞아들였으니, 그들에게는 서

---

100 『도덕경』 5장. 天地不仁, 以萬物爲芻狗. 聖人不仁, 以百姓爲芻狗.

로 가까운 점이 있었기 때문이다.

ⓑ 부처는 지극히 높은 것을 이해했지만 편견에 빠지는 잘못이 있었다. 우주를 녹여서 없애려는 소망도 그 편견에서 왔다. 그러나 치우쳤지만 힘이 있는 것은 노자가 미칠 수 있는 것이 아니다.

인생은 절대로 현실을 소홀하게 봐서도 안 되고, 절대로 현실에 빠져서도 안 된다. 불교의 공(空)을 관조하는 경지는 지극히 높고 깊으니, 참고하여 연구하지 않을 수 없다. 나는 유학과 불교를 학문의 양대 산맥이라고 말한 적이 있다. 유학은 낳는 이치를 다 발휘하고ⓐ 불교는 낳는 흐름을 거슬러서, 비록 그 길이 서로 다르지만 비유하면 물과 불이 서로를 소멸시키면서도 서로를 낳는 것과 마찬가지이다.

ⓐ '다 발휘한다.'는 것은 어그러짐 없이 드러낸다는 말이다.

불교가 인생의 '미혹된 모습[惑相]'을 관찰해서 어두운 곳을 밝히지 않음이 없는 것은 지극하다고 할 수 있다. 미혹을 끊는 가르침에 비록 잘못이 없는 것은 아니지만, 인생은 결국 누에가 고치를 만들어 스스로 가두는 것처럼 미혹된 습성에 가로막혀 가려지니, '매우 지혜로운 사람[大智]'이 들추어 내지 않으면, 일반 사람의 능력으로는 자각할 수 있는 자가 드물다.

불법에 대해서 만약 그것이 종교인데 철학사상이 풍부한 것이라고 말할 바에는, 차라리 그것이 철학에서 가장 광활하고 심원한 인생론인데 종교적인 정감이 풍부한 것이라고 말하는 것이 낫다.

불교 서적을 읽을 때는 반드시 그 고원하고 심원한 것을 완미해야 한다. 그런데 그 지론(持論)이 근거 없는 변별과 분석을 좋아하고 또 말장난이 아주 많으니, 독자가 만약 탁월하게 깨닫는 재주가 없다면, 자세히 상고하는 데 빠져 '깊은 뜻[沖旨]'을 잃게 될 것이다. 근기가 둔한 자는 더욱 혼란하게 되어, 이치를 궁구하는 일에 대해서는 함께 말할 수 없다. 불교 서적은 아무나 읽을 수 있는 것이 아니다.

불교 신도들 중에는 불법이 '출세간법[出世法]'이라는 것을 인정하지 않으려는 자들이 있다. '출세간법'이라는 글자가 불교 경전에 분명히 나타나는 곳이 한두 군데가 아닌데, 무엇 때문에 인정하지 않는지 정말 모르겠다. 대승에는 세간과 중생을 버리지 않는 설법이 있지만, 다만 일체 중생을 모두 제도(濟度)하기를 발원하여 차마 스스로 생사를 마음대로 하지 못하고, 이에 '오랜 기간[長劫]'ⓐ동안 중생과 인연을 맺었으니, 세간이 열반과 다르지 않고 열반이 세간과 다르지 않다고 말할 수 있다. 그러나 그 소원은 여전히 일체 중생을 제도하여 해탈하는 것을 목표로 한다. 불교가 순수하게 철학적이지 않고 종교적 감정이 풍부한 까닭이 바로 여기에 있다. 우리들이 만약 불교의 종교적 신념에 찬성해서 동의하지 않는다면 제멋대로 자신의 뜻을 토로해도 괜찮지만, 불법의 진수를 어지럽혀서는 안 되니, 이것은 학자들이 마땅히 지켜야 할 계율이다. 또 대승의 보살ⓑ에는 미혹에 머무르며 다른 생명을 윤택하게 하는 의미가 있다.ⓒ 이런 뜻은 매우 훌륭하니, 만약 중국에서 태어나 '변화에 대한 경[變經]'ⓓ을 볼 수 있었다면, 공자의 실마리를 크게 넓힐 수 있었을지도 모르겠다.

ⓐ '오랜 기간[長劫]'은 오랜 시간이다.
ⓑ '보살'은 큰 지혜를 가진 사람이라고 말하는 것과 같다.
ⓒ 생명이 있는 사물은 항상 미혹과 함께한다. 만약 미혹을 완전히 끊어버리면, 그 삶을 윤택하게 할 수 없다. 보살은 중생을 버리지 않겠다고 맹세했으므로, 그들도 반드시 스스로 미혹에 머물면서 다른 생명을 윤택하게 해야 한다.
ⓓ 진(晉)나라 사람들은 『역경』을 '변화에 대한 경'이라고 불렀다.

2-7

결 론

본 편에서는 공자가 위로 상고시대 여러 성인들의 도를 계승했고, 아래로 주대 말기의 제자백가의 학문을 열어 중국학술계의 정통이 되었으니, 마치 하나의 뿌리에 여러 줄기가 있고 가지와 잎이 무성하면서도 가지런한 것과 같이, 학술이 그로 말미암아 발전했다는 것을 폭넓게 설명했다.

한 무제(漢武帝) 때 동중서는 공자만을 높이고 여러 학파의 학설을 물리침으로써 그것들이 함께 나란히 나아가지 못하게 했었는데, 실은 6경을 함부로 고친 것이다. 공자에 가탁하여 전제군주제를 옹호하면서 제자백가를 모두 폐기했을 뿐만 아니라, 유학마저도 그 본질을 변질시켜 그 전수를 끊어버렸다. 한대 사람들은 경문(經文)을 함부로 고쳤을 뿐 아니라, 경의 원문을 고치지 않은 것에 대해서도 반드시 그 해석을 변질시켰으니, 경문을 견강부회해서 간사한 주장으로 왜곡되게 아부하는 것으로 만드는 일을 꺼리지 않았다. 이를테면 『상서』의 「홍범」은 은나라 선왕의 정책과 제도를 기록한 것이기에, 공자가 『서』를 산정하면서 당연히 이것을 보존했는데, 다만 그 전(傳)의 의미를 상고할 수 없다는 것이다.[a] 이제 홍범에서 오행에 대해 말한 것을 보면, 본래 백성들의 일상생활에 필수적인 물자들로 볼 수 있으니, 술수가의 간사한 말과는 절대로 관련이 없다. 그런데 유향이 책임자가 되어 '비밀히[b] 보관된 오경(五經)에 관한 서적'을 교감할 때, 다음과 같이 말했다. "내가 『상서』의 「홍범」을 보니, 기자(箕子)가 무왕에게 오행·음양에 대한 길흉[休咎]의 감응을 진술한 것이다. 이에 내가 상고(上古) 이래로 춘추시대와 6국을 거쳐 진나라와 한나라까지의 '상서로운 조짐[符瑞]'과 재이(災異)에 대한 기록을 모았다. 일과 행위를 추적하고 화복(禍福)을 연이어 전하며 점(占)으로 증험한 것을 드러내어 같은 종류에 따라 제각기 조목을 나누니, 모두 11편이었다. 그것을 「홍범오행전(洪範五行傳)」이라고 이름 붙였다."[1]

ⓐ 공자가 「홍범」편을 보존했으니, 반드시 전(傳)을 지어 자신의 뜻을 드러내 밝혔을 것이다. 그런데 애석하게도 공자의 『서전(書傳)』은 현존하지 않는다.

ⓑ '비밀히[秘]'라는 것은 비밀히 보관하여 아직 밖으로 유행하지 않은 것이다.

이것에 의거하면, 음양·오행으로 길흉을 점치고 『상서』 「홍범」에 의탁한 것을 기자가 무왕에게 진술했던 것으로 여긴 것은 대개 유향에게서 시작되었다. 그러나 음양·오행에 관한 여러 학설은 6국 시대 술수가들로부터 이미 왕성하게 전수되었으며, 그것으로 경(經)을 설명하는 것은 한대 유학자들의 공통된 의도였다. 대개 전제군주제 체제에서, 여진(呂秦)이 분서갱유한 옛일을 거울삼아 보면, 한대 유학자들은 경의 의미를 고쳐서 위해(危害)를 모면하지 않을 수 없었다. 이것이 술수가의 학설이 채택되어 경에 들어간 이유이다. 유향이 「홍범오행전」을 지을 때 당연히 '궁중비서(宮中秘書: 궁중에 비밀히 보관한 서적)'[ⓐ]를 바탕으로 했을 것이다. 여러 박사들이 경의 의미를 변경할 방도를 도모했으나, 그 주장이 아직까지 성숙되지 않아서 곧바로 외부로 유통시키기에는 마땅하지 않았으므로, '오경(五經)'에 관한 비밀히 보관된 서적[五經秘書]'라고 했으니, 유향은 틀림없이 이것을 바탕으로 했을 것이다.

ⓐ '궁중'이란 박사직의 여러 관리가 책을 소장하는 곳이다.

---

1 『한서』 「초원왕전(楚元王傳)」. 詔向領校中五經秘書. 向見尙書洪範, 箕子爲武王陳五行陰陽休咎之應. 向乃集合上古以來, 歷春秋六國, 至秦漢符瑞災異之記. 推跡行事, 連傳禍福, 著其占驗, 比類相從, 各有條目, 凡十一篇, 號曰洪範五行傳.

『역』의 소식(消息)·효진(爻辰)·승강(升降)의 의미

내가 어릴 때 「홍범」을 읽으면서, 그곳에서 오행을 말한 것은 다만 고대에 자연을 이용해서 민생을 넉넉하게 하는 '큰 계획[大計]'일 뿐임을 알았다. 그런데 무슨 까닭에 한대와 송대의 여러 학자들이 생산적인 방향으로 설명하지 않고 술수를 왕성하게 부연하였는지, 아무리 생각해봐도 언제나 그것을 이해할 수가 없었다. 또 『대역』과 같은 경에 대해 한대 사람들이 상수를 일삼은 것은 그 근원이 술수가에서 나왔는데, 그들은 괘기(卦氣)·소식(消息)·효진(爻辰)·승강(升降)·납갑(納甲) 등등ⓐ에 의거하여 공자의 말을 주석했으니, 이것은 공자를 억지로 고대 술수가로 되돌리려는 말이다.

ⓐ '등등'이라고 한 것은 그 수단이 아직도 많아 상세히 열거하지 못하기 때문이다. 이도평(李道平)[2]의 『주역집해찬소(周易集解纂疏)』를 참고해 볼 만하다.

'괘기(卦氣)'는 변별할 가치가 없다.

'소식(消息)'의 의미는 성인이 말했던 것으로서, 당연히 지극한 이치이다. 예컨대 「박괘(剝卦)」「단전(彖傳)」에서 "군자는 소식과 영허(盈虛)를 중시한다."[3]고 했고, 「풍괘(豐卦)」「단전」에서 "천지의 영허는 때에 따라 소식한다."[4]고 했다. 이것은 만물과 인사(人事)의 측면에서 말한 것이니, 어

---

2 이도평(李道平, 1788-1844): 자는 준왕(遵王)이고 호는 원산(遠山)·포면(蒲眠)이며, 운상선생(隕上先生)이라고도 불렸다. 청대 역학자로 명성을 떨쳤다. 20세에 과거에 급제하였으나 관운이 없어 한직을 전전학다가 55세에 가어현교유(嘉魚縣教諭)가 되었는데 이듬해 병사하였다. 비록 관운은 없었지만 학술방면으로는 뛰어난 업적을 남겼다. 그의 고증을 바탕으로 한 역사연구와 주역연구는 20세기 이후 중국뿐 아니라 한국을 비롯한 동아시아 학계에 큰 영향을 끼쳤다. 주요 저술은 『역서유점(易筮遺占)』, 『주역집해찬소(周易集解纂疏)』, 『리학정전(理學正傳)』, 『춘추경의(春秋經義)』 등이 있다.

3 『역』「박괘(剝卦)」. 順而止之, 觀象也, 君子尙消息盈虛, 天行也.

4 『역』「풍괘(豐卦)」. 日中則昃, 月盈則食, 天地盈虛, 與時消息, 而況於人乎. 況於鬼神乎.

떤 경우에서도 이 이치를 알 수 있다. 만물은 처음 생겨나면서부터 점점 왕성하게 자라니, 이것은 낳고 낳아서 그침이 없는 것이다. 낳고 낳는 것을 '생식[息]'이라고 한다. 만물은 모두 언제나 옛것을 유지하지 않으니, 생겨나자마자 바로 사라지고, 사라지자마자 바로 생겨난다. 옛것이 사라지는 것@을 '소멸[消]'이라고 한다. 사물이 처음 생겨나면서부터 점점 왕성하게 자라서, 왕성함이 궁극에 도달하면 '가득 차게[盈]' 된다. 그런데 사물은 오랫동안 가득 차 있을 수 없으니, 가득 차면 '비운다[虛]'.ⓑ 영허와 소식은 의미상 서로 원인이 되지만 또한 구별이 있다. 소식에 대해 '큰 조화[大化]'로 말하면, 큰 조화의 유행은 생식하자마자 바로 사라지고ⓒ 사라지자마자 바로 생식한다.ⓓ 사라지는 측면으로 말하면 옛것은 옛것이 되어 머무르지 않고, 생식하는 측면으로 말하면 새로운 것은 새로운 것이 되어 일어난다. 만물은 모두 큰 조화의 소식 과정 속에 있는데, 일반인들은 개별적인 실제 사물이 존재하는 것으로 알고 있으니, 이것은 사물에 집착해서 조화에 어두운 것이다.ⓔ

ⓐ 사라지면 옛것을 유지하여 간직하지 않으니, 이에 '옛것이 사라진다.'고 말했다.

ⓑ '비운다.[虛]'는 것은 줄어들면서 사라지는 것이니, 통상적인 말로 '붕궤(崩潰)'와 같다.

ⓒ 생식하는 때가 바로 사라지는 때이니, 막히거나 걸림이 없다.

ⓓ 사라지는 때가 바로 생식하는 때이니, 단절이 없다.

ⓔ 나의 저서 『신유식론』 「전변(轉變)」장을 참고하라.

'영허(盈虛)'는 사물 측면으로만 말할 수 있으니,ⓐ 개별적인 사물이 이루어지면 곧 한번 이루어지면 변하지 않는 '격식[式]'이 있게 되고, 처음 생겨나는 것에서 왕성하게 자라는 것까지 모두 이미 이루어진 격식에 의거하여 그대로 발전한다. 격식의 이로움이 여기에 있지만, 해로움도 여기에 있다. 격식이 이미 이루어지면 바꿀 수 없으니, 그 이로움이 극한에 도달하면 이로움이 다하여 해로움이 생긴다. 이로움이 극대화된 것을 '가득 참[盈]'이라고 하고, 해로움이 생기는 것을 '비움[虛]'이라고 한다.

사물이 스스로 이루는 격식이 있는 것은 큰 조화를 어기는 것이다.ⓑ 그러나 만물은 모두 큰 조화의 소식 속에 있어서 끝내 그 격식을 고수할 수 없으므로, 「풍괘」에서 "천지의 영허는 때에 따라 소식한다."ⓒ고 했다. 소식에 관한 의미는 매우 깊고 넓으니, 배우는 사람은 마땅히 완미해야 한다. 그런데 한대 사람들이 술수가의 말에 의거한 것은, 결코 말이 되지 않는다. 사마천은 "황제(黃帝)가 천문과 역법을 상고하고 규정해서 오행을 건립하고 소식을 일으켰다."5고 했다. 황간(皇侃)은 그것을 주석하여, "건(乾)이란 양(陽)의 살리는 기운으로 생식이 되고, 곤(坤)이란 음(陰)의 죽이는 기운으로 소멸이 된다."6라고 했다. 사마천의 아버지 사마담은 양하(楊何)에게 『역』을 전수받았으니, 그가 말하는 것은 고대의 술수가들이 전한 것임이 틀림없다. 술수가들은 오행의 상생상극을 말했으므로, 그것에 의지해서 소식을 설명한 것은 굳이 그 잘못을 변별할 필요가 없다. 황간의 설명에도 역시 반드시 근거가 있을 것이다. 그의 설명과 같다면, 음양을 두 가지로 나누어 하나는 죽이는 것이고 하나는 살리는 것으로 하였으니, 이런 이치가 있겠는가? 이것은 의심할 것이 없이 술수가의 말이다. 우번(虞飜)의 『역』에서 소식을 말한 것은, 대체로 「건」과 「곤」의 12벽괘를 소식괘의 표준[正]으로 삼았다. 그 의도와 계획이 또한 상당히 번잡하지만 몇 개의 괘에 제한해서 소식을 설명하려고 한 것에 지나지 않는다. 공자가 「박괘」와 「풍괘」에서 소식에 대해 밝힌 것은 큰 의미가 있다. 만물이 '깎여서 떨어져 나갈[剝落]' 때에 큰 조화의 소식에 대한 이치를 가장 잘 깨달을 수 있으니, '깎이는 것[剝]'은 소멸해서 없어지는 데에 이르지 않는다. 만물이 '풍성해서 가득 찰[豊盈]' 때에 또한 소식에 대한 이치를 가장 잘 깨달을 수 있으므로, 풍성한 것에 머물러서 이루어진 격식에 굳게 집착해서는 안 된다. 공자는 「박괘」와 「풍

---

5 『사기』 「역서(歷書)」. 蓋黃帝考定星歷, 建立五行起消息.

6 『사기』 「역서」. 蓋黃帝考定星歷, 建立五行起消息. 구절에 대한 주석. 正義皇侃云, 乾者, 陽生爲息. 坤者陰死爲消也.

괘」를 완미하고 사물에 따라 이치를 궁구하여 스스로 깨달았으니, 술수가들이 소식을 말한 것과는 절대로 같은 뜻이 아니다. 한대 사람들은 술수가의 말에 근거해서 『역』을 해석하면서도, 도리어 그 주장을 가지고 64괘 384효 중에서 몇 개의 괘가 소식의 괘라는 것을 찾아내려고 하였는데, 이와 같이 하면 경직되고 만다.

ⓐ '측면으로만 … 할 수 있다[輒就]'는 말이 중요하다.
ⓑ 큰 조화에는 한 번 이루어지면 바뀌지 않는 격식이 없다.
ⓒ 이 구절의 의미에 대해, 나는 '1952년[壬辰]'에 이전에 지은 『신유식론』을 산정한 뒤 「성물(成物)」장에서 그 내용을 자세히 설명하려고 했는데, 인쇄비용의 증가를 염려하여 마침내 언급하지 못했다.

나는 복희 황제가 그날로 괘를 그린 것에 대해, 다만 천기(天機)가 저절로 드러나 단숨에 8×8=64괘를 만들었다고 생각한다. 곧 선가(禪家)에서 말하는 "꼭 맞게 무심(無心)을 쓰는 것은 꼭 맞게 정신을 집중하는 때인 것이다."[7] 무릇 훌륭한 철학자의 위대한 발명은 만유를 끌어안고 통하니, 천기(天機)에서 나오지 않는 것이 거의 없다. 한대 『역』은 술수에 뿌리를 두고 이런 취지를 깨닫지 못하여, 모두 한두 가지 주장에 제멋대로 집착해서 괘와 괘 및 효와 효 사이를 전력을 다해 운용하고, 그런 주장이 통하기를 추구했다. 그 결과는 어떤 주장에 집착하든지 막론하고 끝내 통하지 못했다. 설령 억지로 통하게 하더라도 또한 괘와 효 중에서 통할 방도를 만들 뿐, 감히 광대한 우주 가운데서 무궁무진한 도리를 실제로 깨닫지는 못한다. 옛 성인이 괘와 효를 만든 것은 도리를 드러내 보이기 위한 것이니, 비유하면 손가락으로 달을 가리키는 것과 같다. 그런데 어리석은 자는 손가락을 보고 달을 보지 못하니, 사람들이 모두 그 어리석음을 가련하게 여길 것이다. 『역』을 공부하는 자가 단지 괘와 효 중에서 공부할 생각만하고 괘와 효를 통해 도리를 깨달을 줄 모른다면,

---

7 『선종영가집(禪宗永嘉集)』「사마타송(奢摩他頌)」, 恰恰用心時, 恰恰無心用.

손가락을 보고 달을 보지 못하는 것과 같은 부류가 아니겠는가?

'효진(爻辰)'은 건곤의 12효를 좌우로 서로 섞어서 12진에 배당한 것인데, 이것은 당연히 고대 음양가들에게서 나왔다.[@] 12율을 말하는 자들이 즐겨 사용하지만, 이것은 '작은 도리[小道]'이다. 이것으로 건곤의 12효를 견강부회하는 것은 전혀 의미가 없다.

> [@] 고대의 음양가는 비록 천문학의 기원이 될지라도 실은 모든 술수가 거기에서 나왔다.

'승강(升降)'을 주장하는 자들도 역시 일치하지 않는다. 음양의 효를 승강하는 것으로 여기는 것이 있고, 상하의 괘를 승강하는 것으로 여기는 것이 있는데, 사람들이 제각기 억지를 펴니, 어떤 것을 옳다고 하겠는가? 오직 『역위(易緯)』「건착도(乾鑿度)」에서 "건(乾)은 올라가고 곤(坤)은 내려간다."[8]고 했는데, 그 의미는 광대하고 심원하다. '건'은 형체[形]가 없으니 마음이고, '곤'은 형질[質]이 있으니 사물이다. 올라가는 것은 굳세게[健] 움직이고, 내려가는 것은 응결하고 수렴하면서 떨어지는 것과 유사하다. 마음과 사물은 바로 태극이 유행하면서 한 번 올라가고 한 번 내려가는 것이니, 서로 상반되지만 서로를 이루어주는 것이다.[@] 마음의 본성은 항상 올라가는데 반면에 사물의 본성은 내려가는 것과 유사하니,[ⓑ] 이것이 큰 조화[ⓒ]의 오묘함이다. 『역위』에서 '곤은 내려간다.'고 한 것은 또한 '결정적인 의미'로 말한 것이니, 털끝만한 차이가 천리만큼 어긋나는 오류를 면하지 못했다. 이제 '유사하다는 의미'로 말하여 그 잘못을 고쳤다.

> [@] '한 번 올라가고 한 번 내려가는 것'은 태극이 유행하는 두 가지 형세이다. 이 두 가지 형세는 나눌 수 없고, 또한 선후도 없다.
> [ⓑ] 사물과 마음은 한 몸이기 때문에 본래 본성을 달리하지 않지만, 사물은 응결하

---

8 『주역집해』. 不戒以孚中心願也. 구절에 대한 주석. 九家易曰: "乾升坤降, 各得其正. 陰得承陽, 皆陰心之所願也."

여 점점 막히게 되니 내려가는 것과 유사할 뿐이다.

ⓒ 태극의 유행을 바로 '큰 조화'라고 이름 붙인다.

'방통(旁通)'에 대한 의미는 이미 앞에서 설명했으므로, 여기에서는 다시 덧붙이지 않겠다.ⓐ

　　ⓐ '소식'에 대한 설명은 「박괘」와 「풍괘」에 있다. '승강'에 대한 설명은 바로 건이 굳세고[健] 곤이 유순하다[順]는 의미이다. 유순하면 건과 함께 모두 올라갈 수 있다. '방통'에 대한 설명은 「건괘」의 「문언(文言)」에 있다. 이 세 가지 의미는 모두 공자가 말한 것이다. 그런데 한대의 『역』에서 이 세 가지를 사용했던 것은, 술수가들의 구습을 계승하여 괘와 괘 및 효와 효 사이로 천착해 간 것이니, 모두 의미가 없다.

그 나머지 '납갑(納甲)' 등등의 설명방법은 모두 변별할 가치가 없다. 한대의 『역』은 어떤 학파에서 그런 주장을 했는지 막론하고 모두 공자의 말과 상응하지 않는다. 임의로 한대의 『역』에서 어떤 한 가지 설명방법을 취해, 공자의 『주역』의 광대한 도리에 대한 근거로 삼으면, 조금이라도 식견이 있는 자들은 당연히 용인할 수 없다는 것을 알아야 한다.ⓐ

　　ⓐ '광대한 도리'라는 말은 불교의 『대지도론(大智度論)』에서 차용했다.

초순(焦循)[9]은 한대 사람들의 괘에 대한 설명을 계승하면서도 그 운용을 다르게 했으니, 순열(荀悅)과 우번(虞飜)의 방통과 승강의 뜻에 근본을 두

---

9 초순(焦循, 1763-1820): 자는 이당(裏堂)이고 강소성 감천(甘泉: 현 양주〈揚州〉)사람이다. 어려서부터 양주의 안정서원(安定書院)에서 공부를 하고, 33세 때에 산동성으로 가서 당시 산동학정(山東學政)으로 있던 완원(阮元)에게 배우고 완원을 따라 절강성으로 갔다. 1801년에 과거시험 자격을 얻었으나 이듬해 예부(禮部)과거에 급제하지 못하고는, 낙향하여 연구와 저술에 힘썼다. 특히 『주역(周易)』, 『논어(論語)』, 『맹자(孟子)』에 정통하여, 『주역』 방면으로는 『역장구(易章句)』 12권과 『역도략(易圖略)』 8권과 『역통석(易通釋)』 20권과 『역광기(易廣記)』 3권 및 『역화(易話)』 2권이 있고, 『논어』, 『맹자』 방면으로는 『논어통석(論語通釋)』 15권과 『맹자정의(孟子正義)』 30권 등이 있다.

고 상호비례의 법칙을 겸용함으로써, 그것이 회통하는 것을 보았다. 그는 『대역』의 경(經) 전체의 말에 대해 한 글자도 빠뜨리지 않고 소통해서 봉합(縫合: 꿰매어 붙임)하지 않음이 없었다. 초순이 자득한 것이 여기에 있고, 그 재주도 여기에서 다했다. 괘와 효는 그것으로 이치를 드러내는 것이지만,ⓐ 괘와 효는 여전히 그것이 곧 이치는 아니다. 비유컨대 손가락으로 달을 가리키지만ⓑ 손가락이 곧 달이 아닌 것과 같다. 초순은 다음과 같이 말했다. "이 괘와 이 효를 읽고 그것이 저 괘·저 효와 서로 비례하는 것을 알면, 마침내 저것을 조사하여 자세히 살피게 된다. 이것으로 말미암아 저것에 미치고, 또 저것으로 말미암아 또 다른 저것에 미치니, 수만 가지의 맥락이 단숨에 관통된다."¹⁰ 초순이 회통을 본 것이 대개 이와 같았다. 그러나 각각의 괘와 효의 말은 그것으로써 이치를 드러내는데, 초순이 64괘 384효의 말을 관통하여 마침내 어떤 도리ⓒ를 발견했겠는가? 초순은 실로 한대 『역』을 종주로 했으니, 비록 술수가의 설명방법을 근거로 삼을 필요가 없었을지라도 그 방법은 확실히 한대의 『역』이었다. 한대 『역』의 방법은 다만 괘와 괘 및 효와 효 사이에서 통할 방도를 만들 뿐이었기 때문에, 자연스럽게 도리를 탐구할 수 없었다.

  ⓐ '드러내는 것'은 드러내 보이는 것이다.
  ⓑ '손가락'으로 괘와 효를 비유하고, '달'로 이치를 비유했다.
  ⓒ '도리'는 복합명사이지만 실은 하나의 '이(理)'자이다.

「계사전」에서 "복희씨가 위로는 하늘을 관찰하고 아래로는 땅을 살피며, 가깝게는 자신에게서 취했고, 멀게는 사물에서 취했다."ⓐ¹¹라고 했다. 공자의 학문은 본래 복희씨와 같았으므로 『역』의 도리를 드러내 밝

---

10 양유협(梁劉勰), 『문심조룡주(文心雕龍注)』「종경(宗經)」. 讀至此卦此爻, 知其與彼卦彼爻相比例, 遂檢彼以審之. 由此及彼, 又由彼及彼, 千脈萬絡, 一氣貫通.

11 『역』「계사·하」. 古者包犠氏之王天下也, 仰則觀象於天, 俯則觀法於地, 觀鳥獸之文與地之宜, 近取諸身, 遠取諸物, 於是始作八卦, 以通神明之德, 以類萬物之情.

힐 수 있었다. 우리들이『역』을 읽을 때는 마땅히 공자의 말에 근거하여 복희가 그린 획을 완미해야 하고, 다시 복희가 그린 획을 근거로 하여 공자의 말을 완미해야 한다. 그런데 근본은 대자연과 가까이 자신에게서 취하는 것에 대하여 평소 스스로 주의를 기울일 수 있어야 하는 데에 있으니, 그래야만 비로소 공자의 말과 복희가 그린 획을 가지고 자신이 경험한 것으로 되돌려 증험할 수 있으며, 그런 다음에 활연히 도리를 깨달을 수 있다.

> ⓐ '위로는 하늘을 관찰하고 아래로는 땅을 살핀 것과 멀게는 사물에서 취했다는 것'은 바로 대자연을 관찰한 것이다. '가깝게는 자신에게서 취했다는 것'은 매우 중요한데 여기서는 언급하지 않겠다.

『역』은 오경의 근원인데 한대 사람들이 어지럽힌 것이 가장 심하니, 그들이 속이고 어지럽힌 것을 타파하지 않으면, 공자의 뜻은 끝내 밝혀질 수 없다. 이전에『6경발미(六經發微)』라는 책을 지어 한대의『역』을 반박하려고 했는데, 떠돌아 다니다보니 집필하지 못하였고, 이제 다시 할 수도 없게 되었다.

물었다. "보사(輔嗣: 王弼)¹²가 상수(象數)를 없애버리고 이천(伊川: 程頤)이 그를 계승하면서부터, 송대와 명대에『역』을 말하는 자들은 모두 이천의 영향을 받았다. 그대도 이천에게 찬동하는가?"
대답했다. "정이(程頤)의『역전』은 대부분 역대 군신(君臣)의 일과 행위의

---

12 왕필(王弼, 226-249): 자는 보사(輔嗣)이고, 산양(山陽) 고평(高平: 현 산동성 금향현〈金鄕縣〉) 사람이다. 중국 삼국시대 위(魏)나라의 철학자이며, 상서랑(尙書郎)을 지냈다. 왕필은 24세의 나이로 죽을 때 이미 도가경전『도덕경(道德經)』과 유교경전『주역(周易)』의 탁월한 주석가였다. 이러한 주석서들을 통해 중국 사상에 형이상학을 소개하는 데 기여했으며, 유가와 도가가 회통할 수 길을 열었다. 저서로는『주역주(周易注)』,『주역약례(周易略例)』,『노자주(老子注)』·『노자지략(老子指略)』,『논어역의(論語釋疑)』가 있다.

득실을 인용했지만, 그가 뜻을 파악한 것은 다만 전제군주제에 의거한 것일 뿐이었다. 『역』「건괘」「문언」에서 '항룡(亢龍)은 후회함이 있으니, 끝까지 올라간 것에 대한 재앙이다.'ⓐ[13]라고 했다. '곤궁하면 변해야 하고, 변하면 통하며, 통하면 장구하다.'[14] 전제군주제는 제거되지 않으면 안 된다는 것을 알 수 있다. 이천은 『역』의 뜻을 몰랐다.'ⓑ

ⓐ '항(亢)'은 위에 있어서 아래로 내려올 수 없다는 의미이다. '용'은 임금의 모습이다. '후회함이 있다.'는 것은 불안하다는 말이다. '한 사내[獨夫]'가 천하를 다스리는 데 이미 기세가 다했으니, 재해가 이를 것이다.

ⓑ 물었다. "장태염(章太炎: 章炳麟)의 『문록(文錄)』에 이천의 『역전』은 인사(人事)를 인용한 것이 두루 많아 불만이 없다는 구절이 있다. 장태염은 청대 말기 혁명의 거두인데, 어째서 이천의 잘못을 변별하지 못했는가?'

대답했다. "여기에는 두 가지 까닭이 있다. 첫째, 공자에게는 확실히 민주사상이 있었지만 한대와 송대의 여러 학자들에게 매몰된 지 오래되었다. 청대 말기 혁명사조는 외국에서 수입되어 그 자체로는 싹이 없었다. 당시 혁명당의 사람들은 그 잠재의식이 여전히 군주제도에서 양성된 사상이기 때문에, 외부에서 흡수한 새로운 이론과는 여전히 상응하지 못했다. 장태염이 이와 같았을 뿐만 아니라 여러 이름난 사람들이 모두 그랬다. 둘째, 이천의 학문은 송대부터 청대까지 권위가 상당히 컸다. 단옥재(段玉裁)[15]는 대동원(戴東原: 戴震)[16]의 연보에서 "선생

---

13 『주역』「건괘」. 亢龍有悔, 窮之災也.

14 『주역』「계사·하」. 易窮則變, 變則通, 通則久,

15 단옥재(段玉裁, 1735-1815): 자는 약응(若膺)이고, 호는 무당(茂堂)이며, 청나라의 학자로서 강소성(江蘇省) 상주(常州) 금단(金壇) 사람이다. 대진(戴震) 즉 대동원(戴東原)의 제자로서 왕염손(王念孫)과 더불어 대씨(戴氏)의 '단왕이가(段王二家)'라고 불린다. 설문학(說文學)의 태두(泰門)이며, 한(漢)나라의 허신(許愼)이 지은 자서(字書) 『설문해자(說文解字)』의 주석 30권을 저술함으로써 난해한 설문 주석에 획기적인 업적을 남겼다. 저서에 『고금상서찬이(古今尙書撰異)』(32권) 『춘추좌씨경(春秋左氏經)』(12권) 등이 있다.

16 대진(戴震, 1723-1777): 자는 동원(東原)이며, 안휘성 휴령현(休寧縣) 사람으로서 중국 청(淸)나라의 저명한 고증학자·철학자이다. 강영(江永)에게 사사하였으며, 음운·훈고(訓詁)·지리·천문·산수·제도·명물(名物) 등 여러 분야에 통달하였다. 표음(表音)문자로 훈고를 구하고, 훈고로 의리를 탐구함으로써 편견없이 실증적으로 진리를 탐구하였다. 사고전서(四庫全書) 편수관·한림원 서길사(庶吉士)

(戴震)은 '『주역』에 대해서는 정자(程子: 程頤)의 『역전』을 읽어야 한다.'라고 말했다."는 말이 있다. 대동원은 청대에 이른바 경학자들 중에서 가장 걸출했는데도 『역』에 대해서는 여전히 정자의 『역전』을 높였으니, 장태염이 어떻게 감히 가볍게 비난할 수 있었겠는가?

중국의 학술사상은 당연히 위로 주대 말기까지 올라가는데, 유가가 정통파이고 공자는 유가의 대종사[大祖]이다. 6경은 그 가운데 비록 혼란하게 고쳐지거나 완전히 없어진 것도 있지만, 『역경』의 대체(大體)는 고쳐진 것이 없다.@『춘추』의 『경』과 『전』은 비록 망실되었지만 위서(緯書)와 하휴의 『공양주』 및 다른 경을 서로 참고하여 증명하면, 그 대의를 여전히 찾을 수 있다. 『주관』은 고치고 바뀐 것이 없을 수 없었지만 대체는 오히려 알 수 있으니, 이것은 『춘추』의 사상과 일관된다. 금문학자가 무지해서 배척한 것은 역사상 의미 없는 이야기일 뿐이니, 후대의 사람들은 그들에게 미혹되어서는 안 된다. 묵적·혜시와 농가는 혹은 과학의 선구이고, 혹은 사회주의의 시조로서 모두 유가를 보좌하는 것이므로, 그 정신을 이어받지 않으면 안 된다. 법가의 책은 드물게 남아 있고, 『관자』는 대략 상고할 수 있다. 도가는 매우 심원한 점이 있고 또한 매우 좋지 않은 점이 있으니, 장점을 취하고 단점은 버려야 하지 모두 끊어버려서는 안 된다. 이제 여기서 본편을 끝맺고 앞으로는 공자의 외왕학에 대하여 서술하겠다.

@ 한대 사람들이 술수가의 주장으로 고쳐서 넣은 것이 확실히 적지 않지만 여기서는 언급하지 않겠다.

로 있으면서 경서의 객관적 연구법인 엄박(淹博)·식단(識斷)·정심(精審)을 제창하였고, 교감(校勘)·문자음성·제도·지리·역법 등의 보조학을 중시하여 고증학의 방법을 확립하였다. 이러한 방법으로 『맹자자의소증(孟子字義疏證)』을 저술하였다. 왕염손(王念孫)·단옥재(段玉裁)를 가르쳤으며, 그들을 중심으로 한 학파를 환파(晥派)라 한다. 저서로는 『모정시고정(毛鄭詩考正)』, 『맹자자의소증(孟子字義疏證)』, 『대동원집(戴東原集)』 등이 있다.

제3장

원외왕 (原外王: 외왕의 본원을 탐구함)

공자의 대동(大同)사상

한비사는 공자 사후에 유학이 8개 분파로 나눠졌는데 각 파가 모두 자신들을 공자의 참된 후학으로 자처했다고 말했다.[1] 나는 3천 문도와 70 제자의 분파가 결코 8개의 분파에 그칠 수 없다고 이미 「원학통」편에서 설명했다. 다만 옛 전적이 사라져 상고할 수 없음이 안타까울 뿐이다. 공자 문하의 분파는 이미 다수였고, 그들이 외왕(外王)에 대해 전수한 것도 당연히 일치하지 않으니, 어떻게 공자의 진면목을 찾겠는가? 이것은 소홀히 할 수 없는 큰 문제이다.

3-1-1 『예기』「예운(禮運)」의 대동과 소강(小康)

강유위(康有爲)는 「예운(禮運)」@편에 대해 설명하면서, 공자에게는 본래 소강(小康)과 대동(大同)이라는 두 가지 이론이 있다고 여겼다. 그 까닭은 「예운」편 앞부분의 "공자는 '대도(大道)의 시행과 삼대(三代)의 영결은 내가 아직 미칠 수 없지만 뜻은 있었다.'고 말했다."[2]라는 말 때문이다. 종래의 독자들은 이 구절에 거짓이 섞여 있다는 것을 의심하지 못해서, 모

---

1 한비자는 공자 사후에 유학이 … 참된 후학으로 자처했다고 말했다: 『한비자』「현학(顯學)」. 故孔・墨之後, 儒分爲八, 墨離爲三, 取舍相反不同, 而皆自謂眞孔墨.

2 『예기』「예운(禮運)」. 孔子曰: "大道之行也, 與三代之英, 丘未之逮也, 而有志焉."

두다 '대도의 시행'은 대동(大同)에 속하고, '삼대의 영걸'은 소강(小康)에 속하며, '내가 아직 미칠 수는 없지만 뜻은 있었다.'는 것은 위로 대동과 소강의 두 이론을 계승하는 것으로 여겼다. 이와 같다면, 공자의 사상은 소강과 대동 두 가지가 서로 뒤섞여, 마치 말을 타고 달리다가 담장을 마주친 것처럼 왼쪽으로 갈 수도 있고 오른쪽으로도 갈 수 있는 것과 같다. 그러면 공자가 증자와 자공에게 교시하면서 누차 "나의 도는 하나로 관통되었다."[3]고 말한 것은 다만 문인과 후세를 속인 것이니, 또한 어떻게 체계적인 학문이라고 말할 수 있겠는가?

  ⓐ '예운(禮運)'이라는 말은 뒤에서 풀이하겠다.

사실 이 단락에는 분명히 거짓이 섞여 있으니, '삼대의 영걸'이라는 구절을 '대도의 시행'이라는 구절 아래에 끼워 넣는 것은 문맥상 실로 의미가 통하지 않는다. 만약 이 '삼대의 영걸'이라는 구절을 없애면, 그 구절은 "대도의 시행은 내가 아직 미칠 수 없지만 뜻은 있었다."라고 한 것이니, 아래 구절의 '대도의 시행은 천하가 공평하게 되는 것이다.'는 구절부터 '이것이 대동을 말한다.'[4]는 구절까지 이어진다. 그렇다면 문맥이 아주 순조롭고 의미가 분명하다. '이것이 대동을 말한다.'는 구절의 아래에, '이제 대도가 이미 은미해졌다.'는 구절부터 '군대(兵)가 이 때문에 일어났다.'[5]는 구절까지를 연결해서 말하면, 바로 공자가 당시의 혼란한 제도를 탄식해서 비록 갑자기 없앨 수는 없지만 끝내 고치지 않을 수 없으니, 이

---

3 『논어』「리인(里仁)」. 子曰: "參乎! 吾道一以貫之." / 「위령공(衞靈公)」. 子曰: "賜也. 女以予爲多學而識之者與?" 對曰: "然, 非與?" 曰: "非也, 予一以貫之."

4 '대도의 시행은 천하가 공평하게 되는 것이다.'는 구절부터 '이것이 대동을 말한다.': 『예기』「예운」. 孔子曰: "大道之行也, 與三代之英 … 大道之行也, 天下爲公 … 故外戶 而不閉. 是謂大同."

5 '이제 대도가 이미 은미해졌다.'는 구절부터 '군대(兵)가 이 때문에 일어났다.': 『예 기』「예운」. 是謂大同 … 今大道旣隱. 天下爲家, 各親其親 … 故謀用是作, 而兵由此 起.

른바 '내가 아직 미칠 수 없지만 뜻은 있었다.'는 것이 이런 의미이다.

'군대가 이 때문에 일어났다.' 구절의 아래에서 '여섯 군자[六君子][6]가 예(禮)를 정중하게 받들었다.'는 구절까지가 소강(小康)에 해당한다.[7] 여기서부터는 대개 후창(後倉)과 대성(戴聖)의 무리들이 고전을 채택하면서 자신의 뜻을 그 사이에 덧붙여 잡다하게 편집해서 만든 것으로, 소강의 예교(禮敎)를 펴지 않은 것이 없다.

그 중간에 다음처럼 말한 것이 있다. "성인이 천하를 한집안으로 여기고,[ⓐ] 중국을 한사람으로 여길 수 있는 것은[ⓑ] 의도해서 그런 것이 아니니,[ⓒ] 반드시 사람들의 심정을 알고[ⓓ] 사람들의 의로움을 열어주며,[ⓔ] 사람들의 이로움을 밝히고[ⓕ] 사람들의 우환을 분명하게 안 다음에[ⓖ] 그렇게 할 수 있다."[ⓗ][8] 여기서 말한 것을 자세히 살펴보면 이것은 본래 대동에 대한 설명이다.

   ⓐ 천하의 인류가 비록 많지만 공동생활의 제도를 세우면 '한집안'과 같다.

   ⓑ 중국에는 사람이 비록 많지만 피차가 서로 친해서 한 몸과 같으므로 '한사람'이라고 말했다.

   ⓒ 한갓 의도적으로 생각해서 할 수 있는 것이 아니다.

   ⓓ 인정이 함께 바라고 함께 싫어하는 것을 안다는 말이다.

   ⓔ 공동의 의로움을 열어주어, 스스로 사사로워서 남이 있는 것을 모르는 일이 없도록 하는 것이다.

   ⓕ 공동의 의로움은 양쪽을 이롭게 하는 방법이다. 남의 것을 덜어냄으로써 자신을 이롭게 하여 그 이로움을 보존할 수 있는 경우가 없는 것은 의롭지 않기 때문이다. 또한 남을 이롭게 하여 자신을 이롭지 않게 하는 경우가 없는 것은, 의로움

---

6 '여섯 군자[六君子]': 우(禹)·탕(湯)·문(文)·무(武)·성왕(成王)·주공(周公)을 말한다.

7 '군대가 이 때문에 일어났다.' 구절의 아래에서 … 소강(小康)에 해당한다: 『예기』「예운」. 而兵由此起. 禹湯文武成王周公, 由此其選也. 此六君子者, 未有不謹於禮者也. 以著其義, 以考其信, … 是謂小康.

8 『예기』「예운」. 故聖人耐以天下爲一家, 以中國爲一人者, 非意之也. 必知其情, 辟於其義, 明於其利, 達於其患. 然後能爲之.

은 반드시 나와 남이 모두 얻는 것이기 때문이다.

ⓖ 사람들의 공통된 우환을 분명하게 알지 못하면, 고통스럽게 일하는 천하의 인민들을 영도해서 큰 우환을 제거할 수 없다.

ⓗ 천하를 한집안으로 만들고, 중국을 한사람으로 만들 수 있는 통치를 할 수 있다.

그런데 그 아래 구절에서 칠정(七情)을 다스리고 십의(十義)⁹를 닦는 것이 '군주는 인자하고 신하는 충성스럽다.'¹⁰는 것으로 귀결된다. 칠정을 다스리고 십의를 닦는 것에 대해 말한 것은 모두 개인이 자신을 돌이켜 덕을 닦는 것으로 말한 것이지, 군중들의 감정이 함께 바라고 싫어하는 것과 천하의 많은 백성들이 공동으로 이롭고 즐겁게 여기거나 근심하고 해롭게 여기는 것으로 말한 것이 아니니, 곧 계급을 없애 천하가 한집안이 되도록 하는 가능성이 없다. 이것은 '천하가 한집안이다.'라는 등의 말을 비록 없앤 것은 아니지만, 그 의미의 귀착은 결국 소강의 예교를 벗어나지 못한다. '군주는 인자하고 신하는 충성스럽다.'는 구절은 바로 예(禮)가 나라를 다스리는 핵심이기 때문이다.

내가 어릴 때 「예운」편의 앞부분 '대도의 시행은'부터 '이것이 대동이다.'까지 한 단락을 읽으면서, 인류의 앞날에 대해 무궁무진한 희망을 품었다. 그러나 '이것이 여섯 군자가 예를 정중하게 받들지 않은 적이 없었다.'는 구절부터 「예운」편의 끝까지 읽고는, 이렇게도 긴 문장이 끝없이 반복된 것은 사실 소강의 예교를 귀결로 삼은 것이니, 앞부분의 '대도의 시행은 천하가 공평하게 되는 것이다.'라는 한 단락과 전혀 서로 연결되지 않는다는 것을 깨닫고 아주 이상하게 여겼다.

「예운」편은 70제자의 후학들이 공자의 말을 기록한 것이다. 송대의 학

---

9 십의(十義): 아버지와 아들, 형과 아우, 남편과 아내, 어른과 아이, 임금과 신하가 지켜야 할 바른 길이다.

10 『예기』「예운」. 故聖人耐以天下爲一家 … 然後能爲之. 何謂人情喜怒哀懼愛惡欲七者, 弗學而能, 何謂人義父慈子孝兄良弟弟夫義婦聽長惠幼順君仁臣忠十者, 謂之人義講信修睦, 謂之人利爭奪相殺, 謂之人患.

자 호치당(胡致堂: 胡寅)¹¹은 자유(子遊)의 저작으로 여겼는데, 그 주장이 옳은 것 같다. 「예운」편에서 말한 대동은 본래『춘추』에 근거하니, 승평세(升平世)에서 태평세(太平世)로 나아가는 제도는『주관』의 큰 뜻과도 상통하고 그 원문도 당연히 적지 않았을 것이다. 소강에 대한 이론은, 대개 고대의 사유제는 극도로 불평등한 사회로서 우·탕·문·무·성왕·주공 같은 성현의 군주를 얻어서 예교가 유지되어야만 비로소 잠시나마 한때의 소강에 도달할 수 있을 뿐임을 논의한 것이다. 그러나 이 소강의 예교는 끝내 대도(大道)의 시행과 천하가 공평하게 되는 예교가 아니다. 곧 소상의 형국으로는 진실로 편안할 수 없으니, 대도에 뜻을 두어 천하가 한 집안이 되도록 하고 중국이 한 사람이 되도록 해야, 비로소 태평세를 위한 예교의 최고 법칙이 된다.

원문의 의미가 이와 같은데, 지금 「예운」편의 '여섯 군자가 예를 정중하게 해서 소강을 이루는 것'에서 이 편의 끝까지를 보니, 거의 공자 문하에서 기술한 원문을 완전히 고치고 바꾸어 군주전제정치의 혼란한 제도를 옹호했다. 십의(十義) 가운데 '군주는 인자하고 신하는 충성스럽다.'는 말은 분명히 '대인(大人)의 세급(世及)'¹²을 보호하고 유지하는 것으로 예(禮)로 삼았으니,ⓐ 이것과 천하가 공평하게 되는 도 중에서 어느 것이 옳고 그른지는 변별할 필요도 없이 분명하다. 공자는 이미 대도의 시행에 뜻을 두었는데, 어찌 또 소강의 예교를 크게 떨쳐서 군주의 세습을 옹호했겠는가? 소강의 예교가 옳다면 천하가 공평하게 되는 대도가 그르고, 천하가 공평하게 되는 대도가 옳다면 소강의 예교가 그르다. 공자

---

11 호인(胡寅, 1098-1156): 자는 명중(明仲)이고 호는 치당(致堂)이다. 송 건주 숭안(建州崇安: 현 복건성 무이산시) 사람이다. 호안국(胡安國)의 동생 호순(胡淳)의 아들로서 호안국의 학술에 크게 영향을 받았다. 1121년에 진사 갑과에 급제하여 비서성교서랑(秘書省校書郎), 예부시랑 겸 시강(禮部侍郎兼侍講), 휘유각직학사(徽猷閣直學士) 등의 관직을 역임하였다. 저서로는『논어상설(論語詳說)』,『독사관견(讀史管見)』등이 있다.

12 대인(大人)의 세급(世及):『예기』「예운」. 大人世及以爲禮.

가 어떻게 옳고 그름을 가리지 못해 양쪽 모두를 원했겠는가? 내가 이전
에 「예운」편 앞부분 '삼대의 영걸'ⓑ이라는 구절을 후창(後倉)과 대성(戴
聖)의 무리들이 함부로 끼워 넣은 것이라고 생각했던 것은, 대개 삼대의
영걸이 사유제를 유지하는 예교로 겨우 일시적인 소강을 이루었기 때문
이었다. 공자는 이미 그것에 만족하지 못해 천하가 공평하게 되는 대도
(大道)를 드러냈다. 그 뜻한 바가 이미 여기에 있었으니, 결코 또 소강의
예교에 뜻을 두지 않았다. 게다가 이 편을 「예운(禮運)」ⓒ이라고 이름 붙
인 것은 진실로 소강의 예교를 바꿔서 대도로 나아가야 하기 때문이다.

> ⓐ '대인(大人)'은 천자를 말한다. '세급(世及)'은 천자의 지위를 한집안에서 대대로
> 소유하는 것을 말한다. 아비가 자식에게 전하는 것을 '세(世)'라고 하고, 자식이
> 없어 동생에게 전하는 것을 '급(及)'이라고 한다.
> ⓑ '삼대의 영걸'은 곧 뒤의 글 소강을 말하는 곳에서 일컫는 우·탕·문·무·성
> 왕·주공이다.
> ⓒ '예운(禮運)'에서 '운(運)'자에 함축된 의미는 바꾸거나 옮긴다는 것이다.

지금 「예운」편을 보니, 겨우 앞부분에서 대략 대동의 의미를 몇 조목 보
존했지, 그 뒤의 구절에서는 소강의 예교에 대해 자세히 설명하여 대동
의 의미와 분명히 극단적으로 상반되니, 이 편의 원문은 후창과 대성의
무리가 없애고 고친 것 때문에 거의 사라졌음을 알 수 있다. 송대부터
청대까지 비속한 유학자들이 이 편을 설명한 것은 갖가지로 잘못을 저
질렀으니 변별할 가치가 없다. 그 까닭을 살펴보면, 한대 사람들의 황제
에게 아첨하는 사사로운 악영향이 크고 길게 미쳤기 때문이다. 강유위
가 「예운」편을 크게 선양했지만 앞부분의 대동에 관한 몇 조목을 표절
했으니, 사실 모든 편의 문맥을 두루 꿰어 환히 알지 못했고, 후창과 대
성이 이미 성인의 말을 고치고 어지럽혔음을 깨닫지 못했던 것이다. 이
때문에 공자에게는 원래 대동과 소강이라는 두 종류의 이론이 있다고
억측했으니, 도를 드러냄이 진실하지 못하고 의를 세움이 확정되지 않
아, 후학들의 생각을 혼란스럽게 했고 행동을 무력하게 했다. 성인의 학

문이 어찌 이와 같았겠는가? 성인은 분명하게 '천하의 움직임은 항상 한 가지이다.'[13]라고 말했고, 또 '나의 도는 하나로 관통한다.'라고 말했다. 강유위는 침착하지 못해 한대 사람들의 거짓을 변별하지 못했지만,[@] 후대의 사람들은 경전을 연구하면서 그 잘못을 답습해서는 안 된다.

> [@] 강유위는 한쪽으로 대동을 말하면서 다른 한쪽으로 또 군주제의 회복을 도모했으니, 그때 사람들이 모두 이상하게 여겼다. 사실 강유위는 한대 사람들의 거짓 경학에 아주 깊이 중독되었으니, 별로 이상하게 여길 것도 없다.

3-1-2 별도의 단행본 『예운(禮運)』

「예운」편은 원래 틀림없이 단행본이었을 것이며, 분량이 지나치게 많지도 적지도 않았을 것이다. 그것이 주대 말기의 사상계에 끼친 영향이 아주 컸다는 것을 어떻게 증명하겠는가? 시교(屍佼)의 책[14]에서는 묵자의 '겸(兼)'을 말했는데, 공자의 '공(公)'과 명칭이 다르지만 내용은 같았다. 학자들은 공자가 특별히 '공(公)'이라는 한 글자로 요점을 말했다고 한 것에 대해, 그 출처를 알지 못해 상당히 의심스러워 했다.

힐난하는 자가 다음처럼 물었다. "묵자는 겸애(兼愛)와 겸리(兼利)를 핵심으로 했으므로 '겸(兼)'이라는 한 글자를 아주 분명하게 내세웠다. 오직 공자의 도는 광대하게 모두 갖추고 있으니 한두 글자로 그 요점을 말하려고 해도 쉽지 않다. 옛 사람들은 매번 인(仁)으로 말했으니, 대개 『대역』과 『논어』에 근거를 둔 것이다.[@] 시교가 공자에 대해 유독 하나의 '공(公)'자를 든 것은 범범하게 근거가 없는 것이 아니겠는가?"

---

13 『역』「계사 · 하」. 天下之動, 貞夫一者也.
14 시교(屍佼)의 책: 『시자(屍子)』를 말하는데, 『한서』「예문지」에 20편이 있다고 했다. 그러나 송대에 이르러 거의 망실되고, 다만 2편이 보존된 것을 1권으로 묶었다고 한다. 현행본은 청대의 왕계배 · 손성연(汪繼培 · 孫星衍)이 송대 판본을 편집한 것이 있다.

ⓐ『주역』에서는 건원(乾元)을 인(仁)으로 여겼다. 인(仁)은 쉼 없이 낳고 낳는다는 의미이다. 우주론으로 말하면 인은 온갖 조화의 근원이고, 인생론으로 말하면 인의 덕은 모든 선을 갖추었다.『논어』는 인을 종지로 했으니, 문인들이 인에 대해 질문한 것이 매우 많다는 것으로 알 수 있다.

내가 대답했다. "「예운」에서 '대도의 시행은 천하가 공평하게 되는 것이다.'라고 말하지 않았는가? 이 구절이 시교가 근거로 했던 것인데, 그대가 근거 없다고 말하는 것은 무엇 때문인가? 삼대의 영걸은 예교로써 통치계급과 사유제의 결점을 임시로 메우는 것으로 소강을 도모했다. 공자는 그것이 오래갈 수 없음을 깊이 알고는, 이에 천하가 공평하게 되는 대도를 내놓음으로써 소강의 예교를 배척했다. 자유(子遊)의 무리가 공자의 이론을 기술하고 「예운」으로 이름 붙였으니, 이것은『예경』 가운데에 실로 옛것을 개혁하여 새롭게 하는 대전(大典)이 된다. 그 의미는 실로『춘추』·『주관』과 서로 밝혀주는 것이다. 시교가 특별히 「예운」에서 '공(公)'이라는 한 글자를 끄집어냈으니, 그의 탁월한 식견에 감탄하지 않을 수 없다.『한서』「예문지」에서는 시교를 상앙의 스승이라고 했다. 상앙이 죽자 촉(蜀)나라로 도피했으니, 그 책은 재앙을 피해 촉나라에 있을 때 지은 것으로 지난 일에 대한 후회일 수 있다. 시교가 상앙을 도와 진(秦)나라에서 일했으니, 그 인격은 칭찬할 가치가 없지만 그는 전국시대의 기이한 인재였다. 시교가 「예운」을 말했을 정도라면, 당시의 학자들 중에 「예운」을 배우지 않은 자가 없었음을 알 수 있다. 시교가 천하를 공평하게 하는 대도로 「예운」을 칭송했으니, 그 원본은 현재『예경』에 있는 「예운」편과 결코 같지 않았음을 알 수 있다. 그 까닭은 무엇인가? 현재의 「예운」편에 '천하가 공평하게 되는 것이다.'라는 몇 마디 말이 여전히 있지만 아주 심하게 생략된 반면, 쓸데없이 긴 문장으로 말하고 있는 것은 여전히 통치계급과 사유제를 보호하고 유지하는 것이다. 조금 머리 좋은 자가 그것을 읽는다면, 이 책을 통괄하는 참된 의미는 여전히 천하를 사사롭게 하는 것이지 공평하게 하는 것이 아님을 알게 될 것이다. 시교의 지혜로 가령 현존하는 『예기』 중의 「예운」 편을 읽었다면, 어떻게 그 의미에 통하지 못하면서 함부로 '공(公)'이라는 한 글자로 공자를 칭할 수 있었겠는가?"

3-1-3 후창(後倉)과 대성(戴聖)의 『예운(禮運)』 개찬

지금의 「예운」편은 후창과 대성 사제(師弟)가 「예운」 원본을 가지고 삭제하고 고쳐서 『예기』 속에 편입시켰기 때문에, 다시는 단행본이 되지 못했다. 『한서』 「예문지」에 근거하면 '예(禮)는 13가(家)였고,'[15] 그 가운데 「중용설(中庸說)」 2편이 있었는데, 안사고의 주석에서는 "지금의 『예기』 중에는 「중용」 1편이 있으니, 또한 본래의 『예경』이 아닌 것이 대개 이런 종류이다."[16]라고 했다. 나는 지금의 『예기』 속의 「중용」은 당연히 후창 등이 『한서』 「예문지」 속의 「중용」 2편을 삭제하고 고쳐서 완성한 것이라고 생각하는데, 애석하게도 원서가 일찍이 없어졌으니 교감할 수 없다. 대개 『예기』 속에 다른 책들을 집어넣어 어지럽게 고침으로써 한 편(篇)을 이룬 것이 당연히 적지 않았을 것이다.

후창과 대성이 「예운」을 개찬했다면 당연히 원본이 있었을 것이다. 70 제자는 3대의 영걸을 종법(宗法)으로 해서 군주제를 폐지하려는 논의를 인정하지 않았던 자들이니, 맹자와 순자 같은 두 학파의 책이 아직도 있는 것으로써 상고하여 알 수 있다.[a] 맹자와 순자는 비록 모두 혁명에 대해 말했지만, 단지 폭군에 대한 혁명을 말했을 뿐 군주제도를 폐지해야 된다고 말했던 것은 아니니, 진정한 혁명론은 아니다. 오직 「예운」

---

15 『한서』 「예문지」에 근거하면 '예(禮)는 13가(家)였고,': 『한서』 「예문지(藝文志)」. 凡禮十三家, 五百五十五篇.

16 『한서』 「예문지」. 中庸說二篇. 師古曰: "今禮記有中庸一篇, 亦非本禮經, 蓋此之流."

에서만 "천하가 공평하게 되면 현자를 선출하고 능력 있는 자를 '천거[擧]'⑥한다."[17]라고 말했으니, 당시 대인(大人)의 세급(世及)을 예(禮)로 여기는 것을 아주 싫어한 것이다. 이것이 바로 혁명의 진정한 의미인데, 맹자와 순자는 식견이 짧아서 여전히 받아들이지 못했다. 70제자의 후학들도 맹자·순자와 같은 자들이 적지 않았을 것이니, 이것이 공자의 도가 실행되기 어려웠던 까닭이다. 맹자·순자의 여러 학파는 모두 자신들이 진실한 공자의 후예라고 여기면서 「예운」을 전수했지만, 스스로 개찬한 것이 틀림없이 많았을 것이다.ⓒ 후창·대성의 무리는 당연히 맹자와 순자의 여러 학파가 전한 「예운」본에 의거했지만 다시 없애고 고친 것이 있었다. 비속한 학자들이 올바른 견해 없이 잡다하게 모아서 책을 만들었으니, 그 거짓된 흔적을 엄폐할 수 없다.

ⓐ 한비가 말한 8개의 유가학파는 맹자와 순자가 실제로 제각기 종파를 연 것이다.

ⓑ '여(與)'자는 '거(擧)'자로 읽으니, '거(擧)'자와 옛날에는 통용했다.

ⓒ 이를테면 맹자는 공자의 『춘추』가 바로 난신적자를 주벌하기 위해 지은 것이라고 말했지만, 공자의 본지를 바꿔 혼란하게 한 것이 분명하다. 『원학통』을 다시 보라.

---

17 『예기』「예운」. 大道之行也, 天下爲公, 選賢與能.

3-2

공자 외왕학의 진상(眞相)

공자 외왕학의 진상(眞相)은 도대체 무엇인가? 진나라·한나라 이래로 3
천년 가까이 지금까지 이 문제를 제기하는 자가 없었다. 진나라에서는
분서갱유로 학문을 훼손시켰고, 한나라 사람들은 6경을 혼란하게 고치
고 공자를 빙자해서 전제군주제를 옹호했다. 공자의 외왕학은 근본적으
로 훼손되고 끊어졌으니, 누가 다시 그 진상을 묻겠는가? 청대 말기에
서구문화가 유입되자, 수구파는 여전히 한대에 추켜세우던 강상과 명교
를 옹호하고 유지했으며, 혁명당은 6경이 황제를 옹호하는 부적이라고
통렬히 매도했다.ⓐ 당시 경전에 넓게 통달한 사람, 예를 들어 장병린(章
炳麟)은 장학성(章學誠)[1]의 '6경은 모두 역사다.'라는 주장을 계승하여,[2] 공

---

1 장학성(章學誠, 1738-1801): 자는 실재(實齋)이며, 절강성 회계(會稽) 사람이다. 청
  나라 중기의 사학자로서 황종희(黃宗羲)의 학통(學統)을 잇는 절동학파(浙東學派)
  를 대성시켰다. 1760년 과거에 낙방하고 대흥(大興)의 주균(朱筠) 문하에서 수학
  하여 학명을 떨치고 당대 일류학자들과 교유하였다. 1777년 진사(進士)가 되어 국
  자감전적(國子監典籍)을 지냈으나 곧 물러났고, 가세가 빈한하여 하남·산동의 서
  원(書院)에서 후진을 가르치면서 불우한 일생을 보냈다. 대표적인 저술로는 『문사
  통의(文史通義)』 내·외편 8권과 『교수통의(校讎通義)』 3권이 있으며, 『화주지(和州
  志)』, 『영청현지(永淸縣志)』, 『호북통지(湖北通志)』, 『사적고(史籍考)』 등을 편찬했
  다. 고증학(考證學) 전성시대에 독자적인 역사이론을 전개하는 한편, 지방지(地方
  志) 작성에도 독특한 식견을 발휘하였다.
2 장병린(章炳麟)은 … 주장을 계승하여: 장학성은 『문사통의(文史通義)』 「내편(內
  篇)」 「역교상(易敎上)」에서 '6경은 모두 역사다[六經皆史也].'라고 하였다. 그는 6경
  이 곧 하·은·주 삼대의 전장제도에 대한 역사기록이지 결코 성인의 도에 대한

자를 역사가로 보고 민족사상을 고양시켜서 청대의 황실을 배척했다.ⓑ 손이양(孫詒讓)³은 유흠의 학설을 근본으로 하여『주관』을 주공의 저작으로 여기고, 그의 피상적인 지식을 답습함으로써 유신변법(維新變法)에 각고의 노력을 쏟았다.ⓒ 강유위는 공허하게『춘추』삼세의 명목을 게시하였고, 또「예운」에 의거하여 대동을 말했지만 모두 그 뜻을 궁구하지는 못했다.ⓓ 청대 말기에 세계의 변화는 이미 급속했으니, 중국은 마치 깊은 꿈을 꾸다가 갑자기 놀란 것과 같았다. 중국과 외국이 접촉하면서 갖가지 충돌이 발생했는데, 중국의 학자들은 백가(百家)의 학문이 나온 6경에 대해, 당연히 깊고 절실하게 연구하고 엄정하게 비판하여 그 단점을 버리고 그 장점을 고양함으로써, 외국문화를 흡수하는 바탕으로 삼아야만 했다. 그런데 애석하게도 당시의 명사들은 모두 뜻이 여기에 있지 않았다.

　ⓐ 피석서는『경학역사(經學歷史)』에서 당시에 경전을 불사르자는 주장이 있었다고 말했다. 우리들은 젊었을 때에 여럿이 모여 성인을 비난하고 경전을 비방한 적이 있었는데, 돌이켜보면 마치 눈앞에 있는 일과 같다.

　ⓑ 6경은 본래 역사가 아닌데, 장병린과 장학성은 이것을 알 수 없었다.

　ⓒ 손이양의『주례정요(周禮政要)』는 본래 보잘것없는 책인데, 유신시기에 상당히

───────────────────

　가르침을 적은 것이 아니라고 보았다. 그가 제시한 '6경은 모두 역사다.'는 명제는 '6경이 모두 기(器)다.'라는 명제와 결합하여, '기(器)를 떠나서 도(道)를 말하는[離器言道]' 주장에 반대하였다. 근대의 공자진(龔自珍)과 장병린(章炳麟) 등이 그의 학설을 이어받았다.

3 손이양(孫詒讓, 1848-1908): 자는 중용(仲容)이고, 호는 주고(籒膏)이며, 절강성 사람이다. 청나라 말기의 학자로서 경학・제자학(諸子學)・금석문(金石文)의 연구에 탁월하였다. 1885년 형부주사(刑部主事)가 되었다가 곧 퇴임하고 학문에 전념했다. 그의 학문은 청대 고증학에서 한걸음 나아가 왕국유(王國維) 등의 새로운 고전(古典)・사학 연구의 출발점이 되었으며, 만년에는 온주사범학교를 운영하여 후진 양성에 헌신하였다. 그의 학문영역은 경학(經學)・제자학(諸子學)・문자학(文字學)・금석문(金石文)에 이르기까지 매우 넓어 많은 저서를 남겼다. 저서로는『주례정의(周禮正義)』,『온주경적지(溫州經籍誌)』,『묵자한고(墨子閒詁)』,『대대예기각보(大戴禮記斠補)』,『상서변지(尙書騈枝)』,『주서각보(周書斠補)』,『주고술림(籒膏述林)』,『고주습유(古籒拾遺)』,『고주여론(古籒餘論)』,『명원(名原)』 등이 있다.

영향을 끼쳤다.

ⓓ 강유위는 『공양전』과 동중서의 『춘추번로』를 근본으로 했지만 그 거짓됨을 모두 변별하지 못하였다. 내가 「원학통」에서 이미 언급했다. 그의 『대동서(大同書)』 또한 역시 하잘것없는 주장으로 전혀 근거가 없다. 강유위는 인류가 어떻게 대동에 도달할 수 있는지에 대해, 여전히 문제를 탐색하고 추구하는 방법도 모르면서 자신의 주장만 내세우고자 했다.

공자 외왕학의 진상(眞相)은 도대체 어떤 유형인가? 그것은 군주와 통치계급 및 사유제를 옹호하고 삼대의 영걸을 모범으로 삼아, 예의로써 임시로 보충하여 아랫사람은 그 신분을 편안히 여기면서 윗사람을 섬기도록 하고, 윗사람은 제멋대로 하고 싶은 자신의 욕망을 절제하여 아랫사람을 편안하게 하는 데에 힘씀으로써, 소강의 다스림을 보존하려는 것인가? 아니면 천하의 고생하는 하찮은 민중을 동정하여, 오로지 천하가 공평하게 되는 대도(大道)를 지켜서 계급을 탕평하고 민주를 실행함으로써, 천하가 한집안이고 중국이 한사람이 되는 성대함을 이루려는 것인가? 한나라 이래로 조정의 선양과 재야 대유학자들의 해석이나 부연설명은, 모두 6경의 외왕학을 앞에서 언급한 전자에 소속시켰다.ⓐ 나는 『예기』 「예운」편을 근거로 자세히 조사하여 이미 원서(原書)가 조작되었음을 드러내 밝혔다. 즉 「예운」편이 함부로 고쳐진 것을 가지고 6경의 외왕학이 확실히 후자에 속한다고 판정할 수 있었다. 「예운」편에서는 당시 대인의 세습을 예로 하는 것을 반대하였으니, 곧 통치계급과 사유제의 존재를 인정하지 않은 것이다. 그것이 사회적으로 큰 불평등의 유일한 화근이라는 것에 대하여 이처럼 분명하게 알고 이처럼 적절하게 말했으니, 하늘이 낸 성인이 진실로 백성과 우환을 함께하는 마음이 없었다면, 이와 같이 할 수 있었겠는가?

ⓐ 청대 말기 혁명당의 청년들이 공자에 대해 황제를 비호하는 부적이라고 비난했던 것은 바로 이 때문이다.

관중(管仲)의 대의(大義)에 대한 공자의 평가: 거란세(據亂世)에 대한 부정

『한서』「예문지」에서 "옛적에 공자가 죽은 뒤에 '은미한 말[微言]'이 끊어졌으며,[ⓐ] 70제자가 죽자 대의(大義)가 어그러졌다."[4]고 했다. 강유위는 이 구절을 근거로 『춘추』를 말했으니, 그의 무지와 혼란이 지극히 안타깝다. 강유위는 반고를 근본으로 서술하면서, 대의란 바로 소강의 예교로서 맹자가 말한 난신적자를 주벌하는 것 등이 모두 이것이라고 여겼다. '은미한 말'이란 곧 「예운」의 대동에 대한 설명이니, 『춘추』의 태평의 의미와 통하는 것이 모두 은미한 말이다. 강유위의 말에 의하면, 『춘추』는 대의와 은미한 말을 서로 혼란스럽게 뒤섞어 놓은 책이 된다. 그렇다면 공자가 본래 일정한 견해 없이 책을 지어 후세를 미혹시켰다는 것이다. 성인이 어찌 이와 같이 이성을 상실했겠는가? 만약 대의가 거란세에 없을 수 없는 것이라고 한다면, 『춘추』를 지은 것은 본래 어지러운 세상을 다스려 바른 데로 되돌리고 태평으로 돌아가고자 하는 것이다. 승평세는 단지 거란세를 없애는 것으로부터 태평세에 이르는 과도기일 뿐이니, 정체되어 전진하지 않아서는 안 된다. 하물며 거란세는 구차하게 편안히 여길 것이 아니니, 곧바로 서둘러서 혼란한 제도를[ⓑ] 없애야 하지 않겠는가? 그때의[ⓒ] 이른바 대의는 성인이 마땅히 배척해야 하는 것인데, 차마 그것을 펼쳐서 70제자에게 가르쳤겠는가? 『논어』에서 근거를 찾아보면, "자로가 말하기를, '환공(桓公)이 공자 규(公子糾)를 죽이자 소홀(召忽)은 공자 규를 위해 죽었고 관중(管仲)은 죽지 않았습니다. 관중은 인(仁)하지 않다고 해야 하겠지요?'라고 했다."[ⓓ] "공자가 대답하기를, '환공이 제후들을 규합하였지만 무력을 사용하지 않았으니,[ⓔ] 그것은 관중의 능력이었다. 누가 그처럼 인(仁)하겠는가! 누가 그처럼 인

---

4 『한서』「예문지」. 昔仲尼沒, 而微言絶, 七十子喪, 而大義乖.

(仁)하겠는가!'라고 하였다."⑤ "자공은 '관중은 인자(仁者)가 아닐 것입니다. 환공이 공자 규를 죽였는데 그를 위해 죽지 못하고 또 환공을 도와주었습니다.'라고 했다."⑨ "공자는 '관중은 환공을 도와 제후의 패자가 되어 천하를 한 번 바로잡았으니, 백성들이 지금까지 그 혜택을 받고 있다. 관중이 없었다면 우리는 오랑캐가 되었을 것이다.⑥ 어떻게 필부가 사소한 신의 때문에 스스로 도랑에서 목매어 죽어 알아주는 이가 없게 하는 것처럼 하겠는가!'라고 했다."⁵

ⓐ 이기(李奇)는 "은미한 말이란 것은 은미해서 드러나지 않은 말이다."⁶라고 했다.

ⓑ '혼란한 제도'에 대한 것은 「원학통」에서 『춘추』를 설명한 곳을 참고하라.

ⓒ '그때'는 거란세를 말한다.

ⓓ 관중과 소홀이 함께 공자 규를 섬겼으니, 두 사람은 공자 규에게 동일하게 군신의 의리가 있다. 소홀은 공자 규를 위해 죽었고 관중만 죽지 않았으므로, 자로가 관중은 인(仁)하지 않다고 의심했던 것이다.

ⓔ 환공은 의를 실행해서 무력으로 제후들을 위협하지 않았으므로, 제후들이 기꺼이 제나라와 연합하여 함께 오랑캐를 물리침으로써 천하를 편안하게 했다.

ⓕ 공안국(孔安國)⁷은 "누가 관중처럼 인(仁)하겠는가?"⁸라고 했다.

ⓖ 관중은 환공을 도와 제나라의 정권을 장악했다.

---

5 『논어』「헌문(憲問)」. 子路曰: "桓公殺公子糾, 召忽死之, 管仲不死. 曰: '未仁乎'" 子曰: "桓公九合諸侯, 不以兵車, 管仲之力也. 如其仁, 如其仁." 子貢曰: "管仲非仁者與. 桓公殺公子糾, 不能死, 又相之." 子曰: "管仲相桓公, 霸諸侯, 一匡天下, 民到於今受其賜. 微管仲, 吾其被髮左衽. 豈若匹夫匹婦之爲諒也, 自經於溝瀆而莫之知也."

6 『한서』「예문지」. 昔仲尼沒, 而微言絶, 七十子喪, 而大義乖. 구절에 대한 주. 李奇曰: "隱微不顯之言也."

7 공안국(孔安國, B.C.156-B.C.74): 자는 자국(子國)이며, 산동성 곡부(曲阜) 사람이다. 그는 서한(西漢) 무제 때의 학자로서, 공자의 제11대 자손이며, 박사(博士)·간대부(諫大夫)를 지내고, 임회(臨淮) 태수를 지냈다. 『시(詩)』는 신공(申公)에게서 배우고, 『상서』는 복생(伏生)에게서 받았다. 공안국은 노(魯)나라의 공왕(共王)이 공자의 옛집을 헐었을 때 나온 과두문자(蝌蚪文字)로 된 『고문상서(古文尙書)』, 『예기(禮記)』, 『논어(論語)』, 『효경(孝經)』을 금문(今文)과 대조·고증, 해독하여 주석을 붙였는데, 이것에서 고문학(古文學)이 비롯되었다고 하여, 공안국을 고문학의 시조라고 한다.

8 『논어집해의소(論語集解義疏)』. 註孔安國曰: "誰如管仲之仁矣."

ⓗ 관중이 천하를 편안하게 하니, '북방의 오랑캐[戎]'와 남방의 강한 초나라가 '중원
[中夏]'의 나라들을 침략할 수 없었다.

이것을 근거로 하면, 춘추시대에는 신하가 군주의 재난 때문에 죽는 것을 '인(仁)'이라고 하고, 그렇게 하지 않는 것을 '불인(不仁)'이라고 했다는 것을 알 수 있으니, 바로 이것이 거란세의 대의(大義)이다. 자공과 자로는 모두 공자 문하의 뛰어난 제자들인데도, 여전히 이런 대의를 가지고 관중을 책망했다. 그런데 공자는 곧바로 두 사람의 잘못을 배척하고는, 관중이 천하를 바로잡은 공적을 높여 군주를 위해 죽는 노예의 덕을 귀하게 여기지 않았다. 그러니 공자가 거란세에서 말하는 대의를 정의로 인정하지 않았음을 증명할 수 있다.

반고는 '70제자가 죽자 대의가 어그러졌다.'[9]고 했다. 대개 70제자는 공자에게 대의를 전수받아서 조금도 공자의 뜻을 어기지 않았는데, 전국시대에 이르러 농가가 군주제의 폐지를 주장했고 도가도 대부분 군권주의에 반대했다고 여겼으므로, 반고는 대의가 어그러졌다고 한탄했던 것이다. 사실 공자는 거란세의 대의를 70제자들에게 가르친 적이 없었으니, 위에서 인용한 『논어』의 구절로 증명할 수 있다. 70제자는 본래 삼대의 영걸을 숭상해서 그 대의를 마음속으로 받아들였지만, 결코 모두 그랬던 것은 아니다. 가령 70제자들이 모두 소강의 대의를 숭상했다면, 「예운」이 전국시대까지 유행해서 시자(尸佼)가 그 뜻을 알 수 있도록 했던 것은, 누가 전수한 것이겠는가? 『춘추』의 본래 의미는 한대 초기까지 여전히 보존되었으니, 자하가 전수한 공양씨에 의존해서 하휴에게 이어져 구전된 의미가 아직 사라지지 않았던 것이다.

---

9 『한서』「예문지」. 昔仲尼沒而微言絶, 七十子喪而大義乖.

공자의 『詩』에 대한 평가와 가르침

『시전(詩傳)』이 비록 완전히 없어졌지만, 『논어』「양화」편에서 "공자가 말했다. '여러분은 왜 시를 배우지 않는가? 시는 '감흥을 일으키고[興]',ⓐ '잘 살필 수 있게 하며[觀]',ⓑ '남들과 사귈 수 있게 하고[群]',ⓒ '원망할 수 있게 하는 것[怨]'이다.'"ⓓ10라고 했다. 이 몇 마디 말은 아직까지 『논어』에 보존되어 있으니, 공자의 시에 대한 가르침의 개요가 거란세의 대의와 다르다는 것을 말할 필요도 없이 알 수 있다. 3천 문도와 70제자들 중에는 시를 전한ⓔ 자가 당연히 있었을 텐데, 애석하게도 분서갱유의 재앙을 당해 진대와 한대에 시를 배우는 자들이 공자의 『시전』을 보호하고 지킨 유학자가 있었다는 말을 듣지 못했으니, 이것이 애석할 뿐이다.

ⓐ 주희는 "'흥[興]'이란 '의지[志意]'가 감동하여 일어나는 것이다."11라고 주석하였다. 나는 의지가 왕성해지면 사납고 포악한 세력에 의해 꺾이지 않는다고 생각한다.

ⓑ 주희는 "'관[觀]'이란 득실을 살피는 것이다."12라고 주석하였다. 내 생각에, 시는 민간에서 채집했으니, 그것으로 대중의 감정이 괴로워하는 것을 알 수 있고, 인민의 생계와 사회정치제도의 득실 및 교화와 풍습의 선악을 고찰할 수 있다.

ⓒ 시는 자연스러운 인정에서 나왔다. 편안함·걱정·슬픔·즐거움의 감흥은 항상 남들에게도 같은 감정을 이끌어내므로, 시를 외워 대중의 소중한 삶에 부합했다. 민주정치는 서로 돕고 서로 제약하는 민의에 기반을 두므로, 시로 교화하는 것은 중점이 군중에게 있다.

ⓓ 원망하는 시는 모두 고달픈 대중의 근심스러운 심정을 드러낸 것이다. 윗사람에게 압박과 침탈을 느껴서 근심이 생기고, 근심하면 생각하고, 생각한 다음에는 가슴에 쌓인다. 가슴에 쌓인 다음에는 감정이 흐른다. 감정이 흐른 다음에는 북받쳐 나온다. 감정이 깊어지고 기운이 충만하므로 남들을 감동시키는 것이 깊

---

10 『논어』「양화(陽貨)」. 子曰: "小子何莫學夫詩? 詩, 可以興, 可以觀, 可以群, 可以怨."

11 『논어』「양화」. 子曰: "小子何莫學夫詩? 詩, 可以興." 구절에 대한 주희의 주석. 感發志意.

12 『논어』「양화」. 子曰: "小子何莫學夫詩? 詩, … 可以觀." 구절에 대한 주희의 주석. 考見得失.

고, 남들도 그와 같은 감정을 느끼게 되니, 혁명은 여기에서 일어난다.

ⓔ '전한다'는 것은 받아서 익힌다는 의미와 전해준다는 의미가 있다.

3-2-3 황제의 심기를 건드린 『고문상서(古文尙書)』

『상서』의 경(經)과 전(傳)이 한대에 나온 것에는 하간헌왕(河間獻王)이 구한 것이 있고,ⓐ 노공왕(魯共王)이 공자의 집을 헐어서 얻은 것이 있으니,ⓑ 이것들은 모두 고문(古文)이었다. 하간헌왕이 구한 『상서』가 한나라 조정에 바쳐졌는지의 여부는 상고할 수 없다. 공자의 집 벽속에서 나온 『상서』도 한나라 조정에서 비밀서고에 넣어두었으니, 끝내 학관으로 세워지지 못했다. 내가 그것에 대해 「원학통」에서 논했다. 『한서』「예문지」에서 "『상서』 고문경은 46권이다."[13]라고 했으니, 대개 공자의 집 벽속에서 나온 책일 것이다. 「예문지」에서는 공안국이 조정에 바쳤지만 무고(巫蠱)[14]의 일을 당해 학관(學官)에 끼어 넣지 못했다고 했다. 이것은 『논형(論衡)』「정설(正說)」편에서 말한 것과는 같지 않다. 『논형』에서는 공자의 집 벽속에서 1백 편을 얻어 "무제가 사자(使者)를 보내 가지고 와서 보았지만 아무도 읽을 수 있는 자가 없어, 마침내 궁중의 비밀서고에 넣어두었다."[15]라고 했다. 나는 『논형』이 비교적 의거할 만하다고 생

---

13 『한서』「예문지」. 尙書古文經四十六卷.

14 무고(巫蠱): B.C.91년 전한(前漢)의 무제(武帝) 때 여태자(戾太子) 유거(劉據)가 일으킨 난을 가리킨다. 무고는 무축(巫祝)의 주법(呪法)으로 사람을 죽이는 것을 말한다. B.C.92년 병으로 눕게 된 무제는 그 원인이 무고 때문이라고 믿고, 강충(江充)에게 명하여 많은 사람을 옥사시켰다. 이때 강충과 반목하고 있던 황태자인 여태자는 화(禍)가 자신에게 미칠 것을 두려워하여, B.C.91년 7월 먼저 강충을 체포하고 병사를 일으켜, 5일간 장안성(長安城)에서 시가전을 벌였으나 실패하여 자살하였다. 이때 황후 위씨(衛氏)도 함께 자살하였으며, 그 밖에 황손(皇孫) 2명이 살해되었다. 이듬해 무제는 차천추(車千秋)의 상소를 통하여, 태자의 잘못이 없음을 알고 태자를 죽게 한 것을 후회하고 강충 일족을 참형시켰다.

15 『논형(論衡)』. 至孝景帝時, 魯共王壞孔子教授堂以爲殿, 得百篇尙書於牆壁中. 武帝使

각한다. 반고의 「예문지」는 유향과 유흠 부자에 근거하여 매번 자신의 뜻으로 학설을 세웠다. 유향과 유흠을 믿는 것은 차라리 『논형』을 믿는 것만 못하다. 반고의 「예문지」에서는 유향이 중고문(中古文)을 가지고 구양생(歐陽生)[16] · 대하후(大夏侯) · 소하후(小夏侯) 세 학자의 경문을 교정했다고 하였다. 「주고(酒誥)」 · 「소고(召誥)」 2편에서 글자가 다른 것은 700자가 넘고, 탈자가 수십 자이다. 유향이 설명한 것은 여기에서 그친다. 중고문으로 된 경이 삼가의 경과 피차의 편명에 같고 다름이 있는지, 편 수의 많고 적음의 차이가 있는지, 「주고」 · 「소고」 이외에 나머지 각 편에 다른 글자가 얼마나 있는지에 대해서는 유향이 모두 언급하지 않았으니, 이런 것은 아주 의심스럽다. 어째서 이 2편만 교정했을까? 그렇지 않으면, 이 2편 외에는 모두 다른 글자와 탈자가 없었던 것일까? 사실은 결코 이와 같지 않았다. 나는 유향이 중고문으로 세 학자의 경을 교정한 결과가 매우 현저하게 달랐을 것이라고 생각한다. 오직 「주고」 · 「소고」 2편은 중고문과 세 학자의 경에 모두 있고, 또한 다른 글자가 오히려 적었으므로, 유향이 유독 그것들만 거론했을 뿐이다. 공자진(龔自珍)[17]은 중고문을 믿지 않았는데, 중고문이 바로 한무제가 사자를 시켜

使者取視, 莫能讀者, 遂祕於中, 外不得見.

16 구양생(歐陽生, 생졸연대미상): 자는 화백(和伯)이고, 이름은 용(容)이며, 서한(西漢)의 천승군(千乘郡: 현 엄요현〈嚴饒縣〉) 사람이다. 어릴 때 복생(伏生)에게 『상서』를 배웠으며, 『상서』 29편을 31편으로 나누었으며, 「주고(周誥)」 · 「은경(殷庚)」을 상세하게 주석하였다. 또한 그는 『상서』에 대해 금문(今文)을 주장한 구양학설의 개창자로서 8대손인 구양관(歐陽款)까지 대대로 이어졌기 때문에 역사적으로 '구양8박사(歐陽八博士)' 혹은 '구양상서학파(歐陽尙書學派)'라고 부른다. 저서로는 『구양장구(歐陽章句)』 41권, 『구양설의(歐陽說義)』 2편이 있다.

17 공자진(龔自珍, 1792-1841): 자는 슬인(瑟人) · 이옥(爾玉)이고, 호는 정암(定庵)이며, 절강성(浙江省) 인화(仁和: 현 항주〈杭州〉) 사람으로 청나라의 학자 겸 시인이다. 그는 고증학자 단옥재(段玉裁)의 외손자로서 어릴 때 직접 가르침을 받았고, 1819년 유봉록(劉逢祿)에게 공양학(公羊學)을 배웠다. 청나라 말기의 다난한 시대상과 자신의 울분을 정감 넘치는 시문(詩文)으로 표현하였는데, 그 속에서 엿보이는 개혁의지는 그 후에 개혁가에게 큰 영향을 끼쳤다. 저서에는 『정암문집(定庵文

공자의 집 벽속에서 가져온 것임을 몰랐던 것이다. 『논형』에는 반드시 근거가 있다. 공자진이 믿기 어렵다고 의심한 것은 매우 잘못되었다. 피석서가 공자진의 견해에 찬동한 것은 더욱 잘못되었다.

ⓐ 『한서(漢書)』「경13왕전(景十三王傳)」에 있다.
ⓑ 『한서』「예문지」 등에 있다.

세 학자의 경은 바로 복생(伏生)이 전한 고서(古書)이다. 공자의 집 벽속에서 나온 것은 반드시 공자가 산정한 책일 것인데, 그 취지는 결코 고서와 크게 같지 않았다. 한대 초기에 숭상했던 『상서』 중에 지금까지 존재하는 것은 오직 진나라의 박사 복생이 전한 29편뿐이다. 이것은 진실로 소강의 예교에 대한 책 곧 거란세의 대의이다. 복생이 전한 책이 지금까지 유행하고, 중고문 곧 공자의 집 벽속에서 나온 책은 한나라 조정이 궁중의 비밀서고에 소장하고 학관으로 세우지 않아 마침내 사라졌다. 중고문은 공자가 지은 책으로 반드시 거란세의 대의와 극도로 서로 합치하지 않았을 것이니, 틀림없이 대인의 세습을 예로 삼는 것에 반대하여 통치계급의 존재를 용납하지 않는 것임을 알 수 있다. 공자의 집 벽속에서 나온 고문으로 된 책은 마땅히 진나라 박사 복생이 전한 29편과 비교해 봐도 아주 믿을 만한데, 한나라의 군신이나 박사들이 이 책을 가지고 학관으로 세우려고 하지 않아 이 책이 끝내 세상에 유행되지 않았으니, 어찌 이상하지 않은가? 그것은 틀림없이 이 책이 황제에게 크게 불리한 점이 있었기 때문임을 알 수 있다. 반고는 70제자가 공자에게 받은 것이 거란세의 대의라고 여겨 공자를 속이고 6경을 어지럽힘으로써 전제군주제를 옹호했다. 이것은 본래 한대 사람들의 노예 같은 습성이니 별로 이상할 것도 없다.

集)』, 『시집(詩集)』, 『보편(補編)』 등이 있다.

공자의 육경(六經): 천하가 공평하게 되는 대도(大道)

나는 지금부터 『예기』「예운」편에서 후창 등이 원서를 함부로 고침으로써, 대도를 벗어나 소강으로 되돌리려는 것이 결코 원서 본연의 모습이 아님을 찾아내겠다. 공자의 집 벽속에서 나온 책이 궁중의 비밀서고에서 사라지고 진나라 박사가 전한 책이 성행한 점에서, 공자가 산정한 책은 반드시 고서와 절대로 같은 뜻이 아니었음을 생각해볼 수 있다. 진나라 박사가 전한 책은 대개 고서@에 근거해서 공자의 책을 고친 것이다. 공자가 지은 책은 거란세의 대의와 정반대이다. 한 번 일어나고 한 번 사라지는 것은 결코 우연이 아니니, 『논어』의 '감흥을 일으키고[興]', '잘 살피게 할 수 있으며[觀]', '남들과 사귀게 할 수 있고[群]', '원망하게 할 수 있는 것[怨]'으로 제자들에게 시를 배우도록 가르친 것에서, 공자의 『시전』의 내용이 반드시 거란세의 대의와 반대였음을 생각해 볼 수 있다. 『시전』이 망실되었지만 그 뜻은 여전히 『논어』에 남아 있다. 총괄하면, 공자의 6경은 모두 천하가 공평하게 되는 대도에 근거해서 주장을 세운 것이다. 시자는 「예운」에 근거해서 '공평함[公]'이라는 한 글자로 6경을 총괄했으니, 『논어』에서 『시경』「노송(魯頌)」「경(駉)」편의 "생각에 간사함이 없다."는 말로 3백 편을 총괄한다는 것[18]과 같다.

ⓐ '고서'는 거란세의 대의이고, 진나라 박사가 근거한 것이다.

거란세의 대의는 바로 천하가 한집안ⓐ이라는 '공정한 도리[公道]'와 극단적으로 상반된다. 강유위는 반고의 잘못을 변별하지 못하고 그의 주장을 근거로 서술했기 때문에, '대의(大義)'와 '은미한 말[微言]' 두 가지를 서로 뒤섞어서 『춘추』를 함부로 설명했다. 이 때문에 공양수가 암암리에 『춘추』의 혼란한 제도를 고친다는 구실로 의미를 변질시켜 한나라를

---

18 『논어』에서 『시경』「노송(魯頌)」「경(駉)」편의 "생각에 간사함이 없다."는 말로 3백 편을 총괄한다는 것: 『논어』「위정」. 子曰: "詩三百一言以蔽之, 曰'思無邪'."

위해 법도를 만들었음에도,ⓑ 강유위는 그 거짓을 변별할 수 없었다. 동중서는 공양수에게 『춘추』를 듣고는 이에 하늘을 섬기는 가르침을 부르짖어, "도의 큰 근원은 천(天)에서 나온다. 천이 불변하니 도 역시 불변한다."[19]고 함으로써, 각종의 지극히 터무니없고 형편없는 주장으로 황제에게 영합해서 분명하게 『대역』과 『춘추』를 배반했는데, 강유위는 또다시 동중서의 거짓을 분별하지 못했다.ⓒ 강유위는 『춘추』로써 자신을 드러냈으니, 그가 받들어 법보(法寶)로 삼은 것은 『공양전』과 『춘추번로』두 책이다. 그런데 두 책의 거짓됨과 망령됨은 강유위가 이미 편하게 읽어서 조금도 식별하지 못했으니, 괴이한 일이라고 하지 않을 수 없다. 강유위가 미혹과 잘못에 빠졌던 까닭은, 대개 반고 때문에 어리석게 되어, 공자의 가르침에는 대의가 있고 또 때때로 은미한 말도 있다고 여겼기 때문이다. 6경은 모두 대의를 근본으로 하는데 은미한 말이 우연히 들어 있다고 하는 것이 반고의 뜻이고, 강유위도 이와 같다고 믿었다. 『공양전』과 『춘추번로』라는 두 책의 거짓됨과 망령됨은 강유위가 그것에 익숙해져서 이상하게 여기지 않았으니, 그 책들에 대의가 있었기 때문이다.

ⓐ '천하가 한집안'이라는 말은 「예운」에 있다. 앞의 글에서 이미 인용했다.

ⓑ 『춘추』는 천자·제후·대부 등의 통치계급을 혼란한 제도로 여겼으니, 그것에 대한 설명은 「원학통」에 있다. 뒤의 글에서 다시 자세히 설명할 것이다. 공양수가 한나라를 위해 법도를 만들었다는 것은 바로 반고의 이른바 대의이니, 곧 통치계급을 옹호하는 것이다.

ⓒ 『춘추번로』라는 책은 중간 정도의 재주를 가진 세심한 자라면 그 설명의 맥락을 파악할 수 있을 것이니, 후학을 오도해서는 안 된다. 그 책에는 또한 때로 심오한 말이 있는데, 아마 고의(古義)에서 채집했을 것이니 반드시 주의해야 한다.

은미한 말이란 은미해서 드러나지 않는 말이다. 강유위는 『춘추』에서 삼세의 의미를 펼쳤는데 태평세가 있으니 이것이 은미한 말이고, 「예운」편

19『한서』「예문지」「동중서전(董仲舒傳)」. 道之大原出於天, 天不變, 道亦不變.

에 대동의 의미가 몇 조목 있으니 이것도 은미한 말이라고 여겼다. 이에 강유위는 잡다하고 어지럽게 책을 베껴서 공자의 제도개혁을 말했지만, 공자가 개혁하려고 했던 것이 어떤 제도인지는 묻지 않고, 『춘추』에 대의와 은미한 말이 있다고 말하면서도, 대의와 은미한 말이 근본적으로 서로 용납되지 않는다는 것을 깨닫지 못했다. 공자가 어찌 이렇게 혼동하였겠는가? 강유위는 「예운」의 대동의 의미 몇 조목에 의거해서 대동의 초안을 잡으려 했지만, 대동이 어떻게 가능한가 하는 점에 대해서는 아득히 어두워서 전혀 문제를 탐색하고 추구하지 못했다. 「예운」이 비록 고쳐지고 바뀌졌지만 그 원서의 근본 뜻은 여전히 위편(僞篇)@에서 상고해 찾을 수 있으니, 나는 뒤의 글에서 제시할 것이다. 애석하게도 강유위는 들뜨고 혼란스러워서 「예운」편을 숙독했지만 오히려 읽지 않은 것과 같았다. 강유위는 한대 사람들의 덫에 갇혀 6경에서 참된 해석을 구하지 못하고, 단지 『춘추』삼세의 명목과 「예운」편 앞머리의 몇 구절을 표절해서 이것을 가지고 새롭고 기이하다고 자랑했다. 『대역』이 『춘추』의 근원임을 강유위는 알 수 없었으니, 버려두고 깊이 연구하려 하지 않았다. 『주관』과 「예운」은 모두 『춘추』와 일관되는데, 강유위는 『주관』을 믿지 않았으니, 『춘추』의 거란세를 다스려서 태평세에 이르는 온갖 단서를 질서짓는 것과 천지를 마름질하여 이루는 공용을 모두 알 수 없었다. 내가 강유위에 대해 공허하게 삼세의 명목을 게시하였다고 한 것은 이 때문이다.

@ '위편(僞篇)'은 현재의 『예기』「예운」편을 말한다.

3-2-5 『주관경(周官經)』: 태평세로 진입하기 위한 제도

어떤 사람이 힐난하며 말했다. "『주관』의 제도를 후세에 행할 수 있겠는가?"

대답했다. "『역』에서 '일정함이 없이 변동하면서 육허(六虛)로 두루 흘러 다니니, 전요(典要: 준칙)로 삼을 수 없다.'@20라고 하지 않았던가? 성인이 자연을 관측한 것이 이와 같다. 또 '곤궁하면 변하고, 변하면 통하고, 통하면 영원하다.'21라고 했으니, 성인이 인간 사회를 관측한 것이 이와 같다. 사회가 변해서 자주 옮겨가니, 성인이 진실로 후세를 위해 일체의 제도를 상세히 정할 수 없지만, 곤궁함[窮]·변함[變]·통함[通]·영원함[久]은 인간 사회를 유지하는 법칙이다. 『주관』이 경이 되는 것은 사실 이런 법칙을 근본적인 뜻으로 세웠기 때문이다. 인간 사회가 태평으로 나아가기 위해 미래세상의 '법제[治制]'의 대체를 밝혔으니, 비록 일체를 예지해서 계획하지는 못했지만, 그 내용의 대체는 진실로 곤궁함[窮]·변함[變]·통함[通]·영원함[久]이라는 법칙에 근거하고 있으니, 후대의 사람들은 소홀히 여겨 연구하지 않으면 안 된다.

ⓐ '육허(六虛)'는 상하와 사방이니, 우주라고 하는 것과 같다. '전요(典要)로 삼을 수 없다.'는 것은 마땅히 자연의 법칙을 따라야 하지, 우리의 주관으로 그것을 편안하게 '법칙[典常]'으로 세울 수 없다는 말이다.

그것이 곤궁함[窮]·변함[變]·통함[通]·영원함[久]이라는 법칙에 근거하고 있다는 것은 무엇인가? 인류가 생긴 이래 가난함과 부유함이 공평하지 않아 부자들이 가난한 자에게서 빼앗고, 지혜로움과 어리석음이 공평하지 않아 지혜로운 자들이 어리석은 자들을 속이며, 강함과 약함이 공평하지 않아 강한 자들이 약한 자들을 갈취하였다. 성인이 『주관』을 지으면서 빈부(貧富)·지우(智愚)·강약(強弱)의 여러 가지가 공평하지 않아 사람의 도리가 곤궁함을 깊이 알았다. 그러므로 그 경의 전체에서 하늘부터 땅까지 없는 곳 없이 온갖 단서를 질서짓는 것이, 전부 다 공평하지 못함으로 인해 곤궁해진 것을 징계해서 전부 다 균등한 것으로 변

---

20 『역』「계사·하」. 變動不居, 周流六虛, 上下無常, 剛柔相易, 不可爲典要.

21 『역』「계사·하」. 窮則變, 變則通, 通則久.

화시키는 것이다. 형통해서 영원할 수 있는 도리는, 이 때문에 땅을 공동소유로 되돌리고 식구수를 헤아려 분배하고 공동 경작하여 아무도 사사롭게 소유하지 못하도록 하는 것이다.

온갖 장인들의 모든 일이 서로 '이어지고[聯]',[ⓐ] 천지에서 나오는 산물은 고치고 마름질함으로써 양(量)을 증가시키지 않음이 없고 그 질(質)을 변화시키지 않음이 없도록 하여,[ⓑ] 이용후생(利用厚生)을 기약한다. 그러므로 일체의 공업은 모두 국영에 소속시켜 사관(事官)으로 통괄하게 하고,[ⓒ] 사람마다 단체생활에서 제각기 자신의 지력(智力)과 체력을 다 발휘하도록 하면 빈부가 균등해진다. 학교에서는 도(道)와 예(藝)를 가르치고,[ⓓ] 사회에서는 책 읽는 일을 힘써 실행하며, 장인들이 여전히 세상의 일을 익히도록 해서, 사람마다 어릴 때부터 장년·노년이 될 때까지 하루라도 배우지 않는 날이 없도록 만들면 지혜로움과 어리석음이 균등해진다. 『주관』은 동관(冬官)[ⓔ]으로 하관(夏官)의 외교와 가장 긴밀하게 연계시켰다. 하관에는 훈방(訓方)·직방(職方)·합방(合方)의 여러 사람들이 있었는데, 오로지 대지(大地)와 만국 인민들의 염원에 통달하여 서로 연합해서 일체가 되도록 만드는 일을 주로 했다. 경제문제를 해결하는 것으로부터 착수하여, 이해(利害)와 고락(苦樂)을 함께 하고 생산을 합쳐서 헤아리며 남거나 모자라는 것을 서로 소통시켜, 일체를 모두 공평의 원리에 근본하게 했다. 이와 같으면, 강함과 약함이 균등해진다. 이것이 대체의 줄거리를 간략히 말한 것이니, 그 자세한 것은 여기서 언급할 수 없다. 『주관』의 제도와 승평세의 다스림은 거란세로부터 태평세로 진입하는 과도기를 위한 것이다. 그런데 힐난하는 자는 『주관』으로는 반드시 후세에 큰소리치기에 부족하다고 하니, 어찌 그렇게도 견식이 비루하고 협소한가? 강유위가 『춘추』를 배웠지만 『주관』을 의심한 것은 바로 『춘추』에 대해 아는 것이 없었기 때문일 뿐이다."

ⓐ 『주관』을 읽는 자는 그 경 전체의 근본적인 요지가 하나는 '균등하다[均]'는 의미이고, 또 하나는 '이어진다[聯]'는 의미임을 반드시 알아야 한다. 이 두 가지 의미

는 지극히 심원하고 지극히 진실하며 절실하다. 곳곳에서 균등과 평등을 실행해야 하고, 곳곳마다 서로 연계해야 한다. 공업은 더욱 그렇다.

ⓑ '고치고 마름질한다는 것[化裁]'은 『역』「계사전」에 있다. '고친다는 것[化]'은 변화시킨다는 것이고, '마름질한다는 것[裁]'은 마름질하여 이룬다는 것이다. 모든 사물은 고치고 마름질하면, 그 양이 증가하고 그 질도 변화한다. 『주관』은 사관(事官: 직무를 담당하는 관리)으로 공업을 관장하고, 그 직분을 밝혀서 모든 사물을 만들어낸다고 했으니, 대개 장인들이 고치고 마름질해서 사물을 만들어낸다는 말이다.

ⓒ 동관(冬官)도 사관(事官)을 명명한 것이다.

ⓓ '도(道)'란 본원적인 학문이니 현재 철학이라고 하는 것이 이것이다. 지혜와 도덕을 함양하는 데에는 반드시 도에 대한 배움이 있어야 한다. '예(藝)'라는 글자는 포함된 뜻이 가장 넓으니, 지능 혹은 기술 등의 의미가 있다. 옛날에 예를 말한 경우는 대개 지능이란 의미였으니, 예컨대 격물의 지식이 바로 예에 속한다. 요즘처럼 회화를 예술이라고 부르는 것은 좁은 의미이다.

ⓔ '동관'은 곧 공업을 관장하는 자이다.

공자는 50세 이전에 실용의 학문을 깊이 연구했으니,ⓐ 어쩌면 여전히 소강의 예교를 믿어서, 곧 대인의 세습을 예로 하는 것에 의지해서 감히 소강의 대의를 위배하지 못했을 수도 있다. 50세에 『역』을 배운 다음부터 20여 년 동안 그의 사상은 이미 크게 변했다.ⓑ 공자가 6경을 찬수한 것은 만년에 해당하는데, 『대역』·『춘추』·『주관』이라는 3경은 더 이후에 저작되었을 수 있다. 만년이 되어 도가 행해지지 않을 것을 이미 알고 책을 지어 후세를 열겠다고 생각했다. 6경은 공자 만년의 정론(定論)이고, 그 사상은 당연히 일관되었으니, 결코 대의와 은미한 말이 혼란스럽게 한 덩어리로 섞일 까닭이 없다. 내가 감히 단언하건대, 성인의 마음은 밝은 해와 같으니, 결코 대인의 세습을 예로 하는 것과 천하를 공평하게 하는 것과 같은 두 가지 다른 주장에 대한 시비를 확정하지 않은 채, 구차하게 책을 만들어 후대의 사람들을 기만하는 데에 이르지 않았을 것이다.

ⓐ 자세한 것은 「원학통」에 있다.

ⓑ 공자가 세상을 떠난 때가 74세였으니, 『역』을 연구한 때부터 세상을 떠날 때까지가 대략 25년이다.

6경은 내성외왕의 학문이다. 내성은 천지만물이 한 몸이라는 것을 종지[宗]로 해서 자신을 완성하고 사물을 완성하는 것을 효용으로 삼는다. 외왕은 천하를 공평하게 하는 것을 종지로 해서 사람이 하늘의 일을 대신하는 것을 효용으로 삼는다.ⓐ 6경의 핵심을 이미 밝혔으니, 외왕학의 진상(眞相)을 거짓 학설로 가릴 수 없다.

ⓐ 천하가 공평하게 되면 반드시 계급을 탕평한다. 그러므로 대인의 세습이라는 예제(禮制)가 유지됨을 용납하지 않는 동시에 반드시 인민의 자주적 역량을 움직이니, 예컨대 『상서』에서 "여러 제후국을 협조하여 화합하게 하니, 햇볕에 그을린 백성들이 변했다."[22]라고 했고, 『주관』에서 "'백성을 진작한다.[作民]'"[23]라고 했으며, 『대학』에서 "'새로운 백성이 되도록 진작한다.[作新民]'"[24]라고 했던 것이 모두 이런 경우이다. 인민은 한 번의 움직임을 거치지 않으면, 그 마음이 분산되고 그 힘이 약해져 민주를 말하기 어렵다. 『상서』에서 "하늘의 일을 사람이 대신한다."[25]고 했는데, 그 해석은 이 책의 「서언」에 있다. 『역』 「계사전」에서는 이 뜻을 크게 천명했다. 『주관』에서 장인을 관장하는 관리로서 그 직분이 온갖 사물을 만들어내는 데에 있다는 것도 이런 의미이다.

|부가설명| 『논어』라는 책은 문인들이 기록한 것이니, 당연히 공자 나이 50세 이전의 말도 있고, 또한 만년의 말도 있다. 또 질문하는 사람의 역량에 따라 대답했기 때문에 상황에 맞추는 말이 없을 수 없다. 『논어』는 절대로 깊이 연구하지 않을 수 없지만, 다만 반드시 가려서 뽑아 보아야 한다.

---

22 『상서』 「요전(堯典)」. 協和萬邦, 黎民於變.
23 『주례』 「지관(地官)」 「대사도(大司徒)」. 以土均之法, 辨五物九等, 制天下之地, 征以作民.
24 『대학』 전(傳) 2장. 康誥曰: "作新民."
25 『상서』 「고요모(皐陶謨)」. 天工, 人其代之.

『역(易)』·『춘추』·『예운(禮運)』·『주관경(周官經)』을 통해 본 공자의 외왕사상

천하가 공평하게 되는 공자의 이상과 제도를 이제『대역』·『춘추』·「예운」·『주관』이라는 4권의 경(經)에서 그 핵심을 분류하여, 다음처럼 기술하겠다.

3-3-1 『역』「계사전」의 격물학 제창

『역』의 도리는 광대해서 모두 갖추었으니,[a] 간소한 글로 조목마다 나누고 일마다 매달려서 드러내 밝히려고 하면 곤란하다. 어쩔 수 없이 대략 두 가지 의미를 제기한다. 하나는, 격물학을 제창하여 인도하는 것이고,[b] 다른 하나는, 사회발전은 '수요를 길러주는 것[需養]'을 위주로 하여 '일용기구[資具]'[c]를 갖추는 것이 우선이니, '몽(蒙)괘'에서 시작하여 '건원(乾元)'의 '용구(用九)'에서 끝나면, 천하가 문명사회가 될 것임을 밝히는 것이다.

    [a] 광대하면 포함하지 않는 것이 없고, 모두 갖추면 큰 것과 작은 것, 정교한 것과 조잡한 것에 그 운행이 있지 않음이 없다.

    [b] 고대의 격물학은 지금 과학이라고 말하는 것과 같다.

    [c] '일용기구'는 생산도구라고 말하는 것과 같다.

과학을 제창하여 인도하는 이론은 『대역』보다 더 성대한 것이 없다. 이제 「계사전」의 여러 구절을 인용하여, 아래와 같이 주석을 붙인다.

원문 "'지혜[知]'가 만물에 두루 하고, 도(道)가 천하를 구제한다."[1]

주석 성인이 지혜를 높인 것은 지혜를 반대하는 것과 다름을 이 구절에서 알 수 있다. 주대 말기의 철학자로 지혜를 극력 반대한 사람으로는 노자와 장자만한 사람이 없었다. 장자가 말했다. "우리의 삶은 끝이 있지만 지혜는 끝이 없다. 끝이 있는 것으로 끝이 없는 것을 따르면 위태로울 뿐이다.ⓐ 그만두어야 함에도 지혜를 일삼는 자는 위태롭게 될 뿐이다."ⓑ[2] 노자가 말했다. "성스러움을 끊어버리고 지혜를 버리면, 백성들의 이익이 백배로 증가한다."[3] 장자는 유한한 삶으로 무한한 지혜를 구하는 것이 스스로 그 삶을 해치는 것이라고 불쌍히 여겼는데, 이런 퇴폐적인 이론은 인도(人道)를 아무 지각도 없는 토석과 동일하게 보도록 하는 것이다. 사람은 지각이 있는 사물이지만 사람과 만물ⓒ은 근본을 달리함이 없으니, 이에 서로 연속되어서 혼연한 전체가 된다. 사람 마음의 지혜가 만물에 두루 통하니, 이것이 바로 전체 가운데에서 자연스러운 운행ⓓ이고 필연의 기미이다. 비유하면 우리 몸의 혈맥이 유통하는 것을 막아서 억제할 수 없는 것과 같다. 막아서 억제하는 것은 광대한 삶의 기틀을 스스로 끊어버리는 것이니, 어찌 곤궁하고 위태로울 뿐이겠는가? 장자는 지혜를 일삼는 위태로움을 한탄했지만, 지혜를 일삼지 않는 것이 더욱 위태롭다는 것을 알지 못했던 것이

---

1 『역』「계사・상」. 知周乎萬物, 而道濟天下.

2 『장자』「양생주(養生主)」. 吾生也有涯, 而知也無涯. 以有涯隨無涯, 殆已. 已而爲知者, 殆而已矣.

3 『도덕경』19장. 絶聖棄智, 民利百倍.

다. 도가는 자연에 맡겨둠을 근본으로 하는데, 지혜의 발전은 바로 자연스러운 이치이다. 장자가 지혜롭지 않게 되려는 것은 자연을 거슬리는 것이지, 어찌 자연에 맡겨두는 것이겠는가?

    ⓐ 곽상은 "유한한 삶으로 끝없는 지혜를 찾으니, 어찌 곤궁하지 않겠는가?"[4]라고 주석하였다.

    ⓑ 곽상은 "지혜에 대해 이미 곤궁한데도 그만둘 줄 모르고, 또 지혜를 일삼아 구한다. 이것은 길러서 해치는 것이니, 진실로 아주 위태롭다."[5]라고 주석하였다.

    ⓒ '만물'이라는 말은 곧 천지와 사람 혹은 일체의 사물을 모두 두루 넓게 포함하여 빠트리는 것이 없는 것이다.

    ⓓ '운행(運行)'은 '운용(運用)'이라고도 한다.

어떤 사람이 다시 다음처럼 힐난했다. "공자가 '지혜가 만물에 두루 한다.'고 말한 것은 바로 극단적인 주지론(主知論)으로 불가지론자들과는 아주 다르니, 주장이 너무 지나치게 높은 것이 아니겠는가? 만물의 이치는 무궁무진하니, 동서양을 합쳐서 옛날과 지금의 인류의 지능이 미칠 수 있는 것과 각종 학술이 발견한 것 정도로는, 무궁무진한 대보장(大寶藏) 중에서 끝내 유한한 것에 속한다. 시험 삼아 이 말을 지금 세상에서 박식하고 통달한 사람에게 물어보거나, 혹은 후대의 현자를 기다려보아도 당연히 부인하지 못할 것이다. 지혜가 만물에 두루 한다는 것을 어떻게 쉽게 이야기하겠는가?"

대답했다. "그대의 말은 나도 타당하다고 여기지만, 지능의 이어짐을 소홀히 여긴 것은 끝내 너무 지나쳤다. 태초에 세상이 열리고부터 모든 학술이 발달한 오늘날까지, 인류가 대자연의 무궁무진한 법해(法海)ⓐ에 대해 넓게 두루 관찰하여 확고하게 획득한 것 또한 이미 광대하고 정밀하

---

4 『장자』「양생주」. 以有涯隨無涯, 殆已. 구절의 곽상 주. 以有限之生, 尋無極之知, 安得而不困哉.

5 『장자』「양생주」. 已而爲知者, 殆而已矣. 구절의 곽상 주. 已困於知, 而不知止, 又爲知以救之, 斯養而傷之者, 眞大殆也.

다. 지금 이후로 인류의 지능과 학술발전의 앞날은 정확하게 헤아릴 수 없다. 그렇다면 공자의 말처럼 우리들이 만물을 두루 알 수 있는 가능성이 있다는 것은ⓑ 본래 과장된 것이 아니다. 곧 한 걸음 양보해서 말하면, 비록 무궁무진한 법해에 대해 반드시 두루 미치도록 알 수 있는 것은 아니지만, 인류가 계속해서 지혜를 구하고 또 그것에 대해 이어가기를 끝없이 하면, 다시 지혜가 반드시 두루 할 수 있는 것은 아닐지라도 세대와 사람들이 누적되어 아는 것이 더욱 많아질 것이니, 두루 아는 것에 거의 가깝게ⓒ 될 것이다. 끝까지 그 노력을 그치지 않아야만 오직 두루 아는 것에 가까워지니, 그 노력을 그칠 수 없다. 이것이 바로 사람들이 날마다 그 덕을 새롭게 해서 지극히 즐겁게 되는 까닭이다. 그러니 어찌 장자가 말한 위태로움이 생기게 되겠는가? 지혜의 권능을 신임하고 지혜의 가치를 존중하며, 지혜를 추구하는 애호(愛好)를 발전시키는 것이 바로 공자와 유학의 위대함이니, 과학정신은 여기에 있다."

ⓐ '법해(法海)'의 '법(法)'은 여기서는 도리를 가리켜서 말하는데, 혹 자연법칙으로 말해도 된다. '해(海)'자는 깊고 넓음을 형용한 것이다.

ⓑ 공자가 '지혜가 만물에 두루 한다.'고 말한 것에서, '두루 한다.'는 것은 '두루 미친다.'는 의미이다. 만물의 이치는 비록 깊고 넓어서 모두 다 밝힐 수 없지만, 인류의 지식의 힘도 무한하니 당연히 두루 미치도록 알 수 있다는 것이다.

ⓒ '가깝게'라는 말이 중요하다.

"성스러움을 끊어버리고 지혜를 버리면 백성들의 이익이 백배로 증가한다."[6]는 노자의 이 말은 이상하다. 감정이 격해서 그랬던 것인가? 노자는 일찍이 "지혜가 나오면 큰 속임수가 생긴다."[7]고 말했고, 또 "구하기 어려운 재화를 귀하게 여기지 않아 백성들이 도적이 되지 않도록 하며, 욕심날 만한 것을 보여주지 않아 민심이 어지럽게 되지 않도록 한다."[8]

6 『도덕경』 19장. 絶聖棄智, 民利百倍.

7 『도덕경』 18장. 慧智出, 有大僞.

8 『도덕경』 3장. 不貴難得之貨, 使民不爲盜, 不見可欲, 使民心不亂.

고 했으며, 또 "사람들이 뛰어난 기술이 많아지면 괴상한 물건들이 더욱 많이 생겨난다."[9]고 했고, 또 "백성들을 다스리기 어려운 것은 그들의 지혜가 많아졌기 때문이므로, 지혜로 나라를 다스리지 않는 것이 나라의 복이다."[10]라고 했다. 일반적으로 노자의 말은 모두 이런 종류이다. 노자가 "성스러움을 끊어버리고 지혜를 버리면 백성들의 이익이 백배로 증가한다."고 여겼다는 것은, 지혜가 나오면 큰 속임수가 생기고, 뛰어난 기술이 많아지면 괴상한 물건들이 더욱 많이 생기며, 좋아하는 것과 하고자 하는 것이 왕성해지면, 사람들이 이 때문에 그 본성을 해쳐 그 소박함을 잃고 상도(常道)를 어기는 것에 대해 싫어했다는 것이다. 그 근원을 따져보면 사람들의 지혜가 많아진 것에 말미암기 때문에, 노자는 그것을 근심해서 성스러움을 끊어버리고 지혜를 버리는 것을 백성들의 큰 이익으로 여겼던 것이다. 노자의 견해가 과연 옳은가? 나는 감히 옳다고 여기지 않는다. 지혜는 그것으로 큰 속임수를 행하려고 했던 것이 아닌데 큰 속임수가 나오고, 얻기 어려운 재화는 그것으로 도적을 부르려고 한 것이 아닌데 도적이 생겨나며, 욕심낼 만한 물건은 그것으로 민심을 어지럽히려고 한 것이 아닌데 어지러움이 생겨나고, 뛰어난 기술이 많아져 기이한 재화가 나오는 것은 그것으로 좋아하고 하고자 하는 일들을 기르려고 한 것이 아닌데 좋아하고 하고자 하는 일들이 생겨난다. 백성들의 지혜가 많아지는 것이 반드시 다스림을 어렵게 하는 것은 아니지만, 지혜가 많은 백성들을 다스리기 어려운 것에는 반드시 까닭이 있다.

노자가 우환으로 여겼던 것을 공자가 몰랐던 것이 아니다. 공자는 "지혜가 만물에 두루 하고 도가 천하를 구제한다."고 했다. 노자는 이에 "성스러움을 끊어버리고 지혜를 버리면 백성들의 이익이 백배로 증가한다."고 했다. 한 사람은 천하를 구제하는 도를 지혜에 근거시켰고, 다른 한

---

9 『도덕경』 57장. 人多伎巧, 奇物滋起.

10 『도덕경』 65장. 民之難治, 以其智多, 故以智治國, 國之賊, 不以智治國, 國之福.

사람은 지혜를 없애서 백성들이 비로소 이롭게 되도록 하고자 했다. 그들의 상반됨이 이처럼 심했던 것은 무엇 때문인가? 큰 속임수가 지혜 때문에 나오지만 속이는 것이 마침내 지혜는 아니고, 도적이 얻기 어려운 재화 때문에 나오지만 도적과 얻기 어려운 재화는 끝내 서로 불가분의 관계가 아니며, 민심이 어지럽혀지는 것이 욕심낼 만한 것 때문에 나오지만 민심의 어지러움과 욕심낼 만한 것은 또한 서로 불가분의 관계가 아니고, 좋아하고 하고자 하는 것이 기이한 재화 때문에 생기지만 좋아하고 하고자 하는 것과 기이한 물건은 전혀 서로 불가분의 관계가 아니다. 백성들이 지혜가 많다는 것이 다스리기 어려운 원인이라고 말할 수 없으니, 백성들을 다스리기 어려운 점은 결코 그들의 지혜가 많은 결과 때문이 아니다.

공자가 드러낸 것은 아주 분명하다. 이 때문에 지혜는 막아 없애서는 안 되니, 속임수를 없애는 것이 그 도를 없애는 것이 아니기 때문이다. 얻기 어려운 재화와 욕심낼 만한 물건은 금지해 막아서는 안 되니, 도적과 민심이 어지럽혀지는 것을 없애는 것이 그 도를 없애는 것이 아니기 때문이다. 기이한 물건은 장려하지 않아서는 안 되니, 좋아하고 하고자 하는 것을 바름으로 인도하는 것이 그 도를 없애는 것이 아니기 때문이다. 백성들의 많은 지혜야말로 다스리기 쉬운 것이지 다스리기 어려운 것이 아니다. 속임수를 없애고 도적질하지 못하게 하는 것 혹은 좋아하고 하고자 하는 것을 바름으로 인도하는 것이, 모두 그 도를 없애는 것이 아닌 것은 무엇 때문인가? 백성들의 많은 지혜가 다스리기 쉬운 것은 무엇 때문인가?

유학에는 두 가지의 도가 있음을 알아야 하니, 그 하나는 예악(禮樂)을 일으키는 것이고, 다른 하나는 천하가 공평하게 되는 도리에 근거해서 제도를 세우는 것이다. 이 두 가지는 모두 인류가 만물에 두루 통하는 지혜를 떨쳐 일으켜서 넓게 천하를 구제하는 것이니, 어디에도 이롭지 않음이 없는 것이다.

무엇을 예악이라고 하는가? 예(禮)라는 것은 경(敬)[ⓐ]으로 자신을 지켜 감히 구차하지 않게 하는 것이고, 경으로 남을 대우해서 감히 업신여기지 않게 하는 것이며,[ⓑ] 외면을 닦아 내면을 기르는 것이다. 악(樂)이라는 것은 깊이 '화합[和]'하여 '의지하지 않는[不倚]' 것이고,[ⓒ] 사물과 하나 되어 작은 자기가 없어진 것이며,[ⓓ] 마음속에서 성실하여 밖으로 드러난 것이다. 예와 악을 동시에 닦아 '화합[和]'과 경(敬)의 덕[ⓔ]이 순정[醇]하고 견고[固]한 것에 근거를 두면, 만물에 두루 통하는 지혜가 모두 화합과 경에 따라서 작용을 일으키게 된다. 이치를 보는 것이 분명하고,[ⓕ] 덕(德)을 지키는 것이 넓어지면,[ⓖ] 간사한 속임은 저절로 일어나지 않는다.[ⓗ] 간사한 속임이 일어나지 않으면, 얻기 어려운 재화와 욕심낼 만한 물건이 눈앞에 있을지라도 여전히 마음을 어지럽히거나 도둑질할 마음이 생기는 일은 결코 없다. 사람의 마음이 항상 화합과 경을 보존하면, 좋아하고 하고자 하는 것이 이치를 따르고 제멋대로 하지 않아 기이한 물건이 이롭게 사용될 것이니, 무엇을 근심하겠는가?

ⓐ '경(敬)'이란 예의 근본이다.

ⓑ 스스로 잘났다고 해서 남을 침탈하면 사람의 도리가 아니다.

ⓒ 화합[和]의 덕이 내면에 뿌리박으면 곧 지극히 깊어져서 그 쌓임을 헤아릴 수 없다. '화합'이란 생명의 본연이다. 투쟁은 싸움에서 이기려고 화합하지 않는 하나의 수단이다. '의지하지 않음[不倚]'이란 화합이 내면에서 일어나서 외면의 일에 대해 의지하지 않는 것이다.

ⓓ 화합하면 혼연히 사물과 한 몸이 되므로 '작은 자기[小己]'의 사사로움이 없어진다.

ⓔ 화합과 경은 모두 모든 덕의 근본이다.

ⓕ 지혜가 나오면 이치를 보는 것이 분명해지니, 노자가 지혜를 비난한 것은 잘못이다.

ⓖ '덕'은 화합과 경을 말하고, '지킨다.[執]'는 것은 항상 그 화합과 경을 잃지 않음을 말한다.

ⓗ 일반적으로 속이는 것은 반드시 지혜가 없기 때문이다. 지혜로운 자는 속임수가 믿을 것이 되지 못한다는 것을 분명히 아는데, 무엇 때문에 속이겠는가? 또 지혜

롭지만 덕이 부족한 자들은 사욕이 일어나서 그 지혜를 막으니, 또한 속일 수 있다. 그러므로 예악의 교화가 일어난다. 사람의 마음이 그 화합과 경을 잃지 않으면, 사욕이 싹트지 않아서 속임수의 단서가 저절로 끊어진다.

노자는 예악으로 덕을 기를 줄 몰라서 지혜와 기능을 아주 미워하고,[a] 문명을 싫어해서 순박함으로 되돌아가려고 생각했으니, 이것은 사실 편협한 견해일 뿐이다. 노자는 상고시대의 사회가 무지해서 순박하다고 여겼는데, 실은 무지로 인한 순박함은 반드시 순박한 덕이 되는 것은 아니다. 외진 촌동네 사람들은 무지하기 때문에 드물게나마 악행을 저지르고, 또한 무지하기 때문에 선행도 할 수 없다. 무지한 족속들은 모든 사물의 이치에 대하여 분별하지 못하여, 그들은 여전히 야만성을 별로 변혁시키지 못하니, 탐욕스럽고 사나우며 시기하고 잔인한 습성이 충분히 지혜로운 무리들보다 반드시 적은 것은 아니라는 것을 또한 알아야 한다. 노자는 도리어 항상 백성들이 무지(無知)·무욕(無欲)하기를 몹시 바랐으니,[11] 어찌 잘못이 아니겠는가?[b] 사람들은 지혜를 추구하는 욕구 때문에 무지함에 안주할 수 없다. 요점은 예악으로 그 화합과 공경의 여러 덕을 기른 다음에, 이 사람의 '만물의 참모습을 드러내는 지혜'가 성대하게 나날이 새로워져서 덕이 있는 사람이 그들을 인도하니, 그 공효는 선하지 않음이 없다는 데에 있다. 천지를 관장하고 만물을 포용하며[12] 널리 구제하는 도리가 무궁하니, 성인의 학문은 백세를 기다려도 미혹되지 않는 까닭이다.

    [a] '지혜'라는 말에는 '좋은 의미[勝義]'와 '나쁜 의미[劣義]'가 있다. 지식이 잡박해서 임기응변을 잘하는 자를 지혜롭다고 하는데, 이것은 나쁜 의미이다. 지극히 높은 명철함이 뛰어나게 사용되어, 그것이 도리의 아득히 그윽하고 은미한 것에 대해 논할 필요도 없이 꿰뚫어 깨달을 수 있는 경우에, 이것을 '지혜'라고 부르지

---

11 『도덕경』 3장. 是以聖人之治, 虛其心, 實其腹, 弱其志, 強其骨. 常使民無知無欲, 使夫智者, 不敢爲也.

12 『장자』 「덕충부(德充符)」. 官天地, 府萬物. 참조.

'지식'이라고 말해서는 안 되니, 이것은 좋은 의미이다. 『도덕경』에서 지혜[智]와 성스러움[聖] 등의 말은 대부분 나쁜 의미에 속한다.

ⓑ 미개한 무리들은 비록 무지하지만 항상 지혜를 추구하는 욕구가 있다. 생존욕구와 음식·남녀 등에 대한 욕구의 경우도 모두 자연의 이치라는 점에서 사람들에게 반드시 없을 수 없는 것들이다. 노자 혼자 자연을 반대하는 것은 무엇 때문인가? 신불해와 한비자는 노자의 백성들을 무지하게 만드는 뜻을 전개하였고, 여정(呂政: 진시황)은 그것을 써서 마침내 멸망하였다. 자연을 거역하는 자는 상서롭지 못하니, 이것이 분명한 증거이다.

어떻게 해야 천하가 공평하게 되는 도리에 근본해서 제도를 세우는 것이라고 하겠는가? 대인의 세습의 예(禮)와 사유제를 모두 폐지하는 것 곧 계급을 평정해서 천하가 한 집안이라는 새로운 제도를 세우는 것, 이것이 '공평함[公]'이다. 여러 제도ⓐ가 좋은지 나쁜지는 그것들이 인류의 도덕과 지혜를 드러내는지의 여부와 가장 크게 관련된다. 통치계급과 사유제 아래에서는 대다수의 사람들이 소수에게 침탈과 속임을 당하니, 그 도덕과 지혜가 쉽게 드러나지 않는다. 계급과 사유제가 폐지되어, 천하가 한 집안이라는 제도 아래에서 사람들마다 모두 그 도덕과 지혜를 드러낼 수 있다. 그 까닭이 무엇인가? 천하의 사람들마다 모두 사사로움을 변화시켜서 공평하게 되고 뿔뿔이 흩어지는 것을 경계하여 무리짓는 것에 힘쓰면, 지혜는 '작은 자기[小己]'의 이해(利害)를 초탈해서 해와 달과 그 밝음을 합하게 된다.ⓑ 큰 밝음은 사악한 속임수를 용납하지 않으니, 비유하면 큰 바다가 시체를 머물게 하지 않는 것과 같으니,[13] 노자는 이것을 알지 못하였다. 인류 공동생활의 제도가 이미 건립되었다면, 구하기 어려운 재화와 욕심낼 만한 것들 및 여러 뛰어난 기술과 괴상한 물건은 모두 전체 사회에서 이롭게 사용되어 삶을 두텁게 하는 데에 필

---

13 큰 바다가 시체를 머물게 하지 않는 것과 같으니: 『열반경(涅槃經)』에 있는 말로 큰 바다 곧 절대의 진여(眞如)는 청정하여 약간의 더러움도 머물게 하지 않는다는 의미이다.

수적인 것들이 된다. 작은 자기가 전체 사회에서 즐거움과 이로움을 함께 공평하게 하는데, 어떻게 도적과 어지러운 일이 있겠는가? 좋아하는 것과 하고자 하는 것이 정당하게 발산되면, 우리들의 신령한 지혜는 스스로 속박을 없애서 정진하고 향상하는 즐거움이 있게 된다. 노자가 반드시 백성들을 항상 무지·무욕하게 만들고 싶어했던 것은 인류를 되돌려 흙덩어리가 되기를 바란 것이니, 어찌 그렇게 될 수 있겠는가? 만약 인민들이 지혜가 많아졌는데도 상층의 통치자들이 여전히 깨닫지 못해서 항상 억압하고 침탈하기를 그치지 않는다면, 인민들은 곤궁해져서 모반[不軌]을 도모할 것이다. 노자가 다스리기 어렵다고 한 것은 다스리기 어렵게 되는 까닭을 거의 헤아려보지 않았기 때문이다. 순자는 백성들의 삶이 공동생활에 달려 있다고 말했는데, 그 뜻은 『대역』의 비(比)괘ⓒ에 근거한다. 백성들의 지혜가 이미 열렸으면, 마땅히 혁명을 일으켜서 계급을 없애고, 군중들의 지혜와 능력을 합쳐서 서로 돕고 서로 제약하며 천하가 한 집안이 되는 제도를 실행해야 한다. 태평의 성대한 다스림은 백성들의 많은 지혜가 아니면 이룰 방법이 없다. 그런데 노자는 반드시 백성들의 무지함을 복으로 여겼으니, 또한 잘못되지 않았는가?

ⓐ '여러 제도'는 이를테면 사회조직과 경제제도를 말한다.

ⓑ '해와 달과 그 밝음을 합하게 된다.'[14]는 구절은 『역』「건괘」의 문언(文言)에 있다. 해와 달은 아주 밝아 사사롭게 비치는 것이 없으니, 지혜도 이와 같다.

ⓒ '비(比)'란 '나란히 돕는 것[比輔]'이다. 『역』에 비(比)괘가 있으니, 만물이 서로 나란히 도우면서 나오는 것을 밝혔다.

어떤 자가 물었다. "노자는 주대 말기에 패자(霸者)가 인의(仁義)라는 명목으로 가장하여 그 백성들을 술수로 유혹하는 것을 미워해서, '지혜로 나라를 다스리는 것은 나라를 해치는 것이다.'[15]라고 했으니, 그 의도는 아

---

14 『역』「건괘(乾卦)」. 夫大人者, 與天地合其德, 與日月合其明, 與四時合其序, 與鬼神合其吉凶.

15 『도덕경』 65장. 以智治國, 國之賊.

주 잘못되었다고 할 수는 없다.”

대답했다. “그렇다면 맹자처럼 곧바로 패도를 배척하면 될 텐데, 어찌 백성들의 지혜로움을 병폐로 여길 수 있겠는가? 또 백성들이 ‘바른 지혜 [正智]’[ⓐ]를 가지고 있어야만 비로소 패자의 술수에 미혹되지 않는다. 노자가 다만 백성들을 다스리기 어려운 까닭이 지혜가 많기 때문이라고 한 것은, 인민들이 지혜를 가져서는 안 된다는 것이다. 노자의 말류가 신불해와 한비자로 흐른 것이 어찌 우연이겠는가? 총괄하면 지혜를 반대하는 노자의 이론은 편협하고 천박해서 교훈으로 삼을 수 없다.[ⓑ] 유학의 도리는 광대하게 모두 갖추었으니, ‘지혜가 만물에 두루 하고, 도가 천하를 구제한다.’는 말은, 백성들을 예악으로 교화시키고 천하가 공평하게 되는 것으로 인도해서 제도를 세우는 것으로 귀결하고자 함이다. 이것은 조화의 권력을 맡아서 인도(人道)의 준칙을 세우는 것이다.”

ⓐ ‘바른 지혜’라는 말은 불교경전에서 차용했다. 지혜가 뒤집히거나 망령됨이 없으므로 ‘바르다.’고 말했다. 『역』「계사전」의 ‘바른 밝음[貞明]’이라는 말도 바른 지혜의 의미이다.

ⓑ 엄복(嚴復)[16]이 『노자』를 논평하면서, 노자를 민주주의 통치로 보고 유학을 군주

16 엄복(嚴復, 1854-1921): 자는 우릉(又陵)이며, 호는 기도(幾道)·유야노인(癒壄老人)으로 복건성 후관(侯官) 사람이다. 중국 청(清)나라 말기의 사상가이며, 양무운동(洋務運動)의 일환으로 세워진 복주(福州)의 선정학당(船定學堂)에서 공부하고 영국에 유학하였다. 그는 유학 당초의 목적인 해군관계의 학술보다는 오히려 서유럽의 학술·사상에 더 관심을 가졌다. 귀국 후 북양수사학당(北洋水師學堂)의 총교습(總敎習)으로 있으면서 동성파(桐城派)의 문인 오여륜(吳汝倫)에게 가르침을 받았다. 그는 청일전쟁 패배 이후에 서유럽의 학술·사상을 본격적으로 번역·소개하는 한편, 논진(論陣)을 펴 중국의 위기를 호소하고 변법운동(變法運動)을 비롯하여 청말(清末)의 개혁운동에 많은 영향을 미쳤다. 당시 그가 번역·소개한 작품 가운데에는 T.H.헉슬리의 『진화와 윤리』, C.몽테스키외의 『법의 정신』, A.스미스의 『국부론』 등이 있으며, 특히 진화론은 열강침략하의 중국의 위기를 이해시키는 이론적 매개가 되었다. 진화론은 동시에 새로운 역사인식을 가져왔지만, 역사에서의 ‘진화’의 주체가 명확하지 않고 일종의 발전단계설에 빠져들어 혁명론과 대립되는 결과를 낳았다. 민국 초에는 원세개(袁世凱)의 제제운동(帝制運動)을 지지하여 특히 젊은 지식층으로부터 심한 반감을 샀다.

에게 이로운 도구로 여겼는데, 그는 유가와 노자에 대해 양쪽 모두를 몰랐던 것이다.

"복(復)은 작으면서도 사물을 변별한다."[17]

복괘(復卦)는 외로운 양(陽)이 여러 음(陰)의 아래에 있으므로 '작은 것[小]'이라고 한다.ⓐ 『역』의 도리는 만유를 포함하여 관통하니, 그 의미를 취함에 하나의 단서에 구애되지 않는다. 그러므로 성인은 「복」괘에서 특별히 격물학의 방법을 제시하여, '작은 것으로 사물을 변별한다.'고 했다. '작은 것으로 하는 변별[小辨]'은 분석방법이다. 사물의 이치는 지극히 번잡하고 오묘하여 분석하지 않으면, 같은 것 가운데에서 다른 것을, 다른 것 가운데에서 같은 것을 관찰하기 어렵다. 사물의 이치는 은미하여 관측하기 어려우니, 분석하지 않으면 표면에서 이면으로 들어갈 수 없고 거친 것에서 정교한 것에 도달할 수 없다. 사물의 '변화[轉變]'는 무궁하니, 분석하지 않으면 원인과 결과로 계속 변천하는 오묘함을 궁구할 수 없다.ⓑ 이와 같이 간략하게나마 분석방법의 중요성을 설명한 것은 격물학자들이 이것을 절대로 소홀히 해서는 안 되기 때문이다. 『논어』에서 "장인이 자신의 일을 잘 하려면 반드시 먼저 그 연장을 예리하게 해야 한다."[18]라고 했으니, 분석방법은 바로 격물학의 예리한 도구이다. 한대(漢代) 이후로 2천 수백 년 동안 격물학이 폐지되어 유학자들은 '작은 것으로 변별하는 방법[小辨術]'이 있는 줄 몰랐다. 그러니 또한 작은 것으로 변별하는 방법도 끊어졌으므로 격물학이 없어졌다고 말할 수 있다.

　ⓐ 「복」괘의 6효는 초효(初爻)가 양(陽)이고, 2효부터 나머지 5개의 효가 모두

---

17 『역』「계사・하」. 復, 小而辨於物.

18 『논어』「위령공(衛靈公)」. 子貢問爲仁. 子曰: "工欲善其事, 必先利其器."

음(陰)이다. 초효가 외로운 양이므로 작은 모습이 있다.

ⓑ 무릇 '원인[因]'은 뒤따르는 '결과[果]'를 바라보기 때문에 원인이라고 부른다. 만약 그 앞에 있던 원인을 바라본다면 결과라고 불러야 한다. 결과는 앞에 있던 원인을 바라보기 때문에 결과라고 부른다. 만약 뒤따르는 결과를 바라본다면 원인이라고 불러야 한다. 그러므로 사물의 변화는 모두 원인과 결과가 계속 변천하면서 끊이지 않는 것임을 알 수 있다.

공자는 『역』「복」괘 첫머리에서 작은 것으로 변별하는 방법을 밝혔다. 문하생 가운데 공자를 좇아 『역』을 전수받은 자는 반드시 이 격물학에 전념해서 연구했을 것인데, 애석하게도 『역경』의 전기(傳記)가 망실되어 상고할 수 없다.ⓐ 그런데 다행스럽게도 『대대례기(大戴禮記)』「소변(小辨)」편에 흔적이 조금 남아 있다. 그곳에서 노나라 애공(哀公)이 충(忠)과 신(信)을 질문한 것에 대해, 공자가 "속으로 생각하여 마음을 다하는 것을 중(中)을 아는 것이라고 하고, 중(中)으로 실제에 응대하는 것을 서(恕)를 아는 것이라고 합니다."[19]라고 대답한 것을 기술해 두었다. 생각건대, '속으로 생각하여 마음을 다하는 것'이란 내심의 공용이 감각에 의거해서 사유를 시작하는 것이다. 사유가 이미 감각이 통섭하는 재료에 의거한 다음에는 무수한 개념을 만들 수 있고, 다시 분석하고 종합하면 거의 온갖 종류의 끝없는 이법계(理法界)ⓑ를 만든다. 이것은 사유가 그 내심의 공용을 다한 것이니, 이것을 '속으로 생각하여 마음을 다하는 것'이라고 하였다. 이것을 알면, 중(中)을 알 수 있다. '중(中)으로 실제에 응대하는 것'이란 사유가 감각을 벗어나 상승하는 것 같아서, 이미 온갖 종류의 끝없는 이법계를 만들고 나면, 이른바 '속으로 생각하여 마음을 다하는' 가운데 현허(玄虛)[20]한 데로 들어가 실물에 근거하지 않게 될 것이니, 어찌 그럴 수 있겠는가? 공자는 사람들의 의심이 여기에 미칠 것을

---

19 『대대례기(大戴禮記)』「소변(小辨)」, 內思畢心曰知中, 中以應實曰知恕.

20 현허(玄虛): 현묘하게 비어 있음을 말하는데, 그 출전은 『한비자』「해로(解老)」편에서 "聖人觀其玄虛, 用其周行, 强字之曰道."라고 하였다.

염려했기 때문에 또 '중으로 실제에 응대한다.'고 했다. 개념은 모두 감각이 통섭한 재료에 의거하는 것이 있으니, 곧 사유는 모두 실물이 그 사유 발생의 원천이 되는 것이 있다. 사유가 비록 상승하지만 끝내 그것들이 근거한 '실제적인 진실이 있는 곳[實際理地]'21을 떠나지 못하니, 이것을 '중으로 실제에 응대하는 것'이라고 한다. 이것을 알면 서(恕)를 알 수 있다. 공자의 격물학은 실측(實測)을 토대로 한다. 『대대례기』「소변」편에 보존된 이런 몇 마디 말들은 아주 귀중한 구절들이다.

> ⓐ 한대(漢代) 초기에 사마담은 육예경전(六藝經傳)이 수만을 헤아린다고 말한 적이 있다. 『역』은 오경의 근원이니 그 전기(傳記)가 반드시 많았을텐데, 안타깝게도 모두 진대와 한대에 망실되었다.
>
> ⓑ '이법계(理法界)'란 말은 불교에서 차용했지만, 반드시 그 본의에 부합할 필요는 없다.

원문 "천지의 조화(造化)를 본뜨고 테두리 지어 지나침이 없게 하고, 만물을 곡진히 이루어 남김이 없게 한다."22

주석 본서의 「서언」에서 이 구절을 인용하여 거칠게 해석했었는데, 이제 다시 간략히 주석한다. '본뜨고 테두리 지우다[範圍].'는 것에 대해 주자(朱子: 朱熹)는 "'범(範)'은 쇠를 주조함에 모형이 있는 것과 같다. '위(圍)'는 '틀[匡郭]'이다. 천지의 조화는 무궁해서 성인이 그 때문에 본뜨고 테두리 지어 중도(中道)를 지나치지 못하게 했으니, 이른바 마름질하여 이루는 것이다."23라고 했다. 생각건대, 주자가

---

21 '실제적인 진실이 있는 곳[實際理地]': 원래 불교 용어로서 '진여무상(眞如無相)의 경지'를 일컫는데, 웅십력이 차용한 의도를 고려하여 본문과 같이 번역하였다.

22 『역』「계사・상」. 範圍天地之化而不過, 曲成萬物而不遺.

23 『역』「계사・상」. 範圍天地之化而不過, 曲成萬物而不遺. 구절에 대한 주희의 주석. 範如鑄金之有模範. 圍匡郭也. 天地之化無窮, 而聖人爲之範圍, 不使過於中道, 所謂裁成者也.

'본뜨고 테두리 지우다[範圍].'라는 구절을 해석한 것은 아주 옳다. 우리들은 천지ⓐ에 대해 스스로 주재하여 천지의 조화가 모두 우리의 '본뜨고 테두리 지운 것[範圍]' 안에 있도록 해서, 과실을 면하게 할 수 있어야 한다. 우선 한두 가지의 예를 들어보자. "옛적에 우임금이 홍수를 다스릴 때, 산과 언덕을 길로 만들어야 할 경우는 그것을 허물어버렸다. 그러므로 '용문산[龍門]'을 뚫고, '이궐 지역[伊闕]'을 열며, '지주산[底柱]'를 가르고, '갈석산[碣石]'을 밀어버려 천지의 본성을 없애버렸다."[24] 우임금이 '천지의 본성을 없앤' 까닭은 곧 바로 사람의 노력으로 천지를 개조해서, 천지가 우리의 '본뜨고 테두리 지운 것[範圍]'을 넘어서지 못하도록 하는 데에 있었다. 홍수는 사람들에게 피해가 될 뿐만이 아니라, 또한 큰 이로움이 된다. 또 예컨대 하늘은 높아서 올라갈 수 없고, 큰 강은 험난해서 건널 수 없다. 그런데 선대 백성들은 처음으로 배를 만들어서 물을 건넜고, 묵자는 다시 '나무 연[木鳶]'을 만들어 근대 비행기의 시조가 되었다. 이것들은 모두 우리들이 스스로의 힘으로 천지를 본뜨고 테두리 지어 지나침이 없도록 한 사실들이다. 과학이 발명되면서 인력으로 하늘을 제한한 위대한 업적은 다시 말할 필요도 없다.ⓑ '만물을 곡진히 이룬다.'는 것은 우리들이 만물의 성능(性能)에 대해 밝은 것에 근거하여 사람의 노력으로 그것을 이용하여 조종하거나 도와주어 그 성능을 성대하게 발휘하도록 하면, 곧바로 새롭게 만든 사물이 되므로 곡진히 이룬다고 했다.ⓒ

ⓐ '천지'는 대자연이라고 말하는 것과 같다.
ⓑ 천지의 조화는 사람이 본뜨고 테두리 지어 지나침이 없게 하는 것을 넘어설 수 없으니, 서양 사람들이 자연을 정복한다고 하는 말도 이 뜻에 부합한다.

---

24 『한서』「구혁지(溝洫志)」. 昔大禹治水, 山陵當路者毁之, 故鑿龍門, 辟伊闕, 析底柱, 破碣石, 墮斷天地之性.

ⓒ『중용』23장 "그 다음은 곡(曲)을 이루는 것이니 곡(曲)에 성실할 수 있다."[25]
에 대하여, 주희는 "'이룬다[致].'는 것은 미루어 이룬다는 것이다. '곡(曲)'은
한쪽이다."[26]라고 주석하였다. 생각건대, 사물의 본성이나 기능이 한쪽으
로 뛰어난 것을 따라서 사람의 노력을 베풀어 미루어 이루면, 그 발육이 무
궁하다. 그러므로 '곡(曲)에 성실할 수 있다.'고 했으니,『역』에서 말한 '곡
진히 이룬다.[曲成]'는 말과 의미가 통한다. 예를 들면 동식물의 품종을 개
량하고 전력 등을 이용하는 것 등등이 모두 곡진히 이루는 것이다.

원문

"공자가 말했다. '『역』은 무엇을 하는 것인가?『역』은 만물의 참
모습을 드러내고 사업을 이루어서 천하의 도를 포괄하니, 이와 같
을 뿐이다.'"[27]

주석

'사물의 참모습을 드러낸다는 것[開物]'에서의 '사물[物]'에는 두 가지
의미가 있다. 하나는 사람과 천지만물을 통틀어서 사물이라고 이
름 한다. 다른 하나는 사물이라는 글자를 또한 전적으로 사람을
지칭하는 대명사로 쓸 수 있다. 후자의 의미로 말하면, 일반인들
의 지능은 아직 개발되지 않았으니 마땅히 깨우쳐 이끌어서, 어리
석은 자는 나날이 현명한 데로 나아가도록 하고, 유약한 자는 나
날이 강한 데로 나아가도록 하는 것을, '사물의 참모습을 드러내는
것'이라고 한다. 전자의 의미로 말하면, 자연계의 무한한 물자를
개발하여 사회의 수요를 만족시키는 것을, '사물의 참모습을 드러
내는 것'이라고 한다. '사업을 이룬다는 것[成務]'은 사회가 이전에
는 아직 일으키지 못했던 사업을 때마다 이루는 것이다. 「계사전」
상편 5장에서 "풍부하게 소유하는 것을 대업(大業)이라고 하고,ⓐ

25『중용』23장. 其次致曲, 曲能有誠.

26『중용』23장. 其次致曲, 曲能有誠. 구절에 대한 주희의 주석. 致, 推致也. 曲, 一偏
也.

27『역』「계사·상」. 子曰: "夫易何爲者也. 夫易開物成務, 冒天下之道, 如斯而已者也."

나날이 새로워지는 것을 성대한 덕이라고 한다."ⓑ28라고 한 의미도 이와 통한다.

> ⓐ 하늘이 운행되는 굳건함을 사람이 체현할 수 있으면 창조력이 풍부해지므로, 거듭 대업을 이룬다.
> ⓑ 사람들의 지적인 사려와 덕행 및 사회기강·정치제도·기계 등등 사람이 제작한 모든 것이, 모두 나날이 새로워서 그 옛것을 고수하지 않으니, 이것이 덕의 성대함이다.

원문 "사물을 구비하여 사용하도록 하고, 기구를 만들어서 천하 사람들을 이롭게 하는 것은 성인보다 위대한 것이 없다."29

주석 성인은 격물학을 중요시하므로 사물을 구비하여 사용하도록 하고, 기구를 만들어서 천하 사람들을 이롭게 할 수 있다.

원문 "이 때문에 형이상적인 것을 '도(道)'라고 하고, 형이하적인 것을 '기(器)'라고 하며, 변화시켜 마름질하는 것을 '변(變)'이라고 하고, 미루어서 시행하는 것을 '통(通)'이라고 하며, 천하의 백성들에게 시행하는 것을 '사업'이라고 한다."30

주석 도(道)는 기(器)의 본체이고, 기는 도의 작용이다.ⓐ 그러므로 형이상적인 것과 형이하적인 것은 의미에 따라 이름을 달리한 것일 뿐이니, 실은 둘로 나누는 경계가 없다.ⓑ '변화시켜 마름질한다.'는 이하의 구절은 모두 기(器)로 말한 것이다. 기(器)란 물질계의 다른 이름이다. '변화한다[化]'는 것은 변화시킨다는 것이고, '마름질한다

---

28 『역』「계사·상」. 富有之謂大業, 日新之謂盛德.

29 『역』「계사·상」. 備物致用, 立成器以爲天下利, 莫大乎聖人.

30 『역』「계사·상」. 是故形而上者謂之道, 形而下者謂之器, 化而裁之謂之變, 推而行之謂之通, 擧而錯之天下之民謂之事業.

[裁]'는 것은 마름질하여 이룬다는 것이다. 물질에 대해서는 사람의 노력을 가하여 특수한 변화를 일으키게 할 수 있다. 사물의 재료의 성질과 내포한 성능에 대해서는 사람의 노력으로 마름질하고 이루어서 불가사의한 작용을 발생하게 할 수 있다. 그러므로 '변화시켜 마름질하는 것을 변(變)이라 한다.'고 하였다. '미루어서 시행하는 것'이란 성인이 만물을 변화시켜 마름질하는 방법으로써, 미루고 넓혀서 천하에 시행하고 천하 사람들이 서로 연구하여 밝히게 하는 것이다. 그러므로 '통(通)'이라고 했다. '시행하는 것'이란 만물을 변화시켜 마름질한 성과를 천하의 백성들에게 시행하여 그 이로움을 함께 향유하는 것이므로, '사업'이라고 했다. 『대학』에서 '평천하(平天下)'는 '지혜를 지극히 함이 격물에 있다[致知在格物].'는 것에 근본을 둔다고 말한 것도, 그 의미가 대개 여기에서 나왔다.

ⓐ '기(器)'는 우주만상의 총칭이다. 도는 기의 밖에 있지 않으니, 비유하면 큰 바닷물이 수많은 물거품의 밖에 있지 않은 것과 같다. 기는 도가 드러난 것이니, 비유하면 수많은 물거품은 큰 바닷물이 드러난 것과 같다.

ⓑ '형이상[形上]'에서 '형(形)'은 밝게 드러난다는 의미이다. '상(上)'이란 지극하다는 말이다. 도는 기의 근원이므로 '상(上)'이라고 했다. 이 도가 만유를 드러내므로 밝게 드러난다고 했다. '형이하[形下]'에서 '형(形)'의 의미는 '형상[象]'을 이룬다는 의미이다. 도가 드러나면 '기(器)'라고 이름 붙이는데, 기가 이루어지면 형상이 있으므로 '형(形)'이라고 했다. 형상을 이루기 때문에 가라앉아 떨어지니, 다시 '하(下)'라고 했다. 가라앉아 떨어진다는 것은 기가 이루어지면 곧 무겁고 탁한 사물이 되니 곧 '도의 본래 모습[道之本相]'과 같지 않다는 말이다.

위에서 말한 여러 구절들은 모두 『역』「계사전」에 있다. 공자가 과학적인 지식과 견해를 주장한 것은 심원하고 지극하다고 말할 수 있다. 『춘추』는 본래 『대역』과 서로 드러내고 밝히는데, 그 책들이 천재지변에 대해 특히 자세했던 것은 비루한 유학자들이 이른바 신도(神道)로 가르침을 세운 것과 같지 않다. 동중서의 『춘추번로』「맹회요(盟會要)」편에서 말했다. "지극한 뜻은 비록 깨우치기 어렵지만, 대개 성인은 천하의 우환을 없애는 것을 귀하게 여긴다. 천하의 우환을 없애는 것을 귀하게 여기므로 『춘추』에서 그것을 중시하여 기록했다.ⓐ 천하의 우환은 보편적이니,ⓑ 천하에서 우환이 생기게 되는 까닭을 아는 것에 근본을 두어야 된다고 생각했다.ⓒ 그 뜻은 천하의 우환을 제거하려고 한 것이다."[31] 이 구절에 근거하면 천변(天變)이나 재이(災異)를 기록한 것은 실로 그것들이 천하의 우환이 되기 때문에 중시하여 기록했던 것이다. 일식과 별이 떨어지는 것 등의 괴이한 변화를 기록했던 것은 사물의 이치를 자세히 살피도록 하려는 것이다. 홍수와 가뭄 등의 재앙을 기록했던 것은 사람들이 대비하도록 하려는 것이다. 하늘의 운행이 잔혹하더라도 우리들이 하늘을 제어하여 이용할 수 있으면, 백성들의 삶이 이롭게 된다. 『춘추번로』「맹회요」편이 '지극한 뜻은 비록 깨우치기 어렵지만'이라는 구절로 첫머리를 시작하고는, 그 아래에서 '성인은 천하의 우환을 없애는 것을 귀하게 여기므로 그것들을 중시하여 기록했다.'고 말했으니, 본래 오로지 천변과 재이를 기록하는 것으로만 말했다. 그런데 동중서가 군주를 시해하는 일로 설명했으니, 공양고(公羊高)가 전한 본래의 의미를 고치고 바꾸어서 군주에게 충성하는 사상으로 전제군주제를 옹호한 것이다. 첫머리의 '지극한 뜻은 비록 깨우치기 어렵지만'이라는 구절은 시작하는 말 같지 않으니, 그 원문에 고친 것이 있음이 아주 분명하다.

ⓐ 성인은 천하의 우환을 없애는 것을 귀하게 여기므로, 일식·월식·유성의 떨어짐·홍수·가뭄 등등과 같은 천재지변을 모두 극도로 중시해서 특별히 기록했다.

ⓑ 하늘의 재앙은 유행해서 인류의 보편적인 우환이 된다.

---

31 『춘추번로(春秋繁露)』「맹회요(盟會要)」. 至意雖難喻, 蓋聖人者貴除天下之患. 貴除天下之患, 故春秋重而書. 天下之患遍矣, 以爲本於見天下之所以致患. 其意欲以除天下之患.

ⓒ 우환이 생기는 까닭은 우리들이 격물해서 그 지혜를 미루어 지극하게 하지 않았기 때문에 하늘의 운행을 조절하여 우환을 제거할 수 없는 데에서 말미암는다. 우리는 반드시 이것을 알아야 한다.

『대역』과 『춘추』는 모두 격물학을 주장하니, 70제자들이 당연히 그 큰 단서를 계승했을 것인데, 애석하게도 옛 전적들이 흩어지고 망실되었다. 이제는 오직 순자의 책에서만 그 대략을 징험할 수 있다. 『순자』「천하」편에서 말했다. "하늘을 존대(尊大)하여 사모하지만,ⓐ 어찌 사물을 비축해서 제어하는 것과 비교하겠는가!ⓑ 하늘에 순종하면서 기리지만, 어찌 천명을 제어하여 그것을 이용하는 것과 비교하겠는가!ⓒ 때를 보면서 기다리지만, 어찌 때에 대응해서 그것을 부리는 것과 비교하겠는가!ⓓ 만물은 저절로 많아지는 것을 따르지만, 어찌 재능을 다하여 변화시키는 것과 비교하겠는가!ⓔ 만물을 자기의 물건으로 생각하지만, 어찌 만물을 다스려서 그 적절함을 잃지 않도록 하는 것과 비교하겠는가!ⓕ 사물이 생겨나는 것을 바라지만, 어찌 사물이 이루어지도록 하는 것과 비교하겠는가!ⓖ 그러므로 사람을 버려두고 하늘을 사모하는 것은 사물의 실정을 잃는 것이다."ⓗ[32] 순자가 말한 것을 자세히 살펴보면, 대개 『대역』의 '지혜가 만물에 두루 하고[知周萬物]', '천지를 본뜨고 테두리 지어[範圍天地]', '만물의 참모습을 드러내어 만물을 구비하고[開物備物]', '기구를 만들어 이롭게 사용하며[成器利用]', '풍부하게 소유하고 나날이 새로워진다[富有日新].'는 등의 의미이다.ⓘ 이 때문에 요임금의 '사람이 하늘의 일을 대신한다.'는 교훈에서부터 공자·순자에 이르기까지 과학을 주장하는 정신이 선후로 일관된다. 주대 말기에 과학으로 유명한 학파는, 비록 옛 전적의 망실로 간간히 상고할 수 있지만, 묵적(墨翟)·혜시(惠施)·황

---

32 『순자』「천론(天論)」. 大天而思之, 孰與物畜而制之. 從天而頌之, 孰與制天命而用之. 望時而待之, 孰與應時而使之. 因物而多之, 孰與騁能而化之. 思物而物之, 孰與理物而勿失之也. 願於物之所以生, 孰與有物之所以成. 故錯人而思天, 則失萬物之情.

료(黃繚) · 공수반(公輸班)의 무리들은 그 이름이 아직 모두 사라지지 않았는데, 안타깝게도 그 책들은 없어졌다.① 만약 진나라에서 학문을 없애지 않았다면, 중국의 과학발전이 어찌 서양보다 늦었겠는가? 맹자는 "순임금께서는 여러 사물의 이치에 밝았고 인륜에 특히 자세했다."[33]고 했다. 세상에서 사물의 이치에 밝지 않고도 인륜이 그 질서를 잃지 않는 경우는 없다. 성인이 격물학을 주창한 것은 만세를 위해 태평을 연 것인데, 진나라와 한나라가 계속해서 그 실마리를 없앴으니, 애석하다!

ⓐ 생각건대, 이 구절은 하늘을 존대(尊大)해서 사모한다는 말이다. 하늘은 대자연을 말한다.

ⓑ 생각건대, 이 구절은 우리들이 대자연을 신령하게 여겨서 사모하기보다는, 차라리 대자연을 물자를 비축하는 무진장(無盡藏)으로 여겨서 우리들이 제어하여 그 쓰임이 이롭지 않음이 없게 하는 것만 못하다는 것을 말한다.

ⓒ 살펴보건대, 고대의 백성들은 자연의 위대한 힘을 경외해서 순종하여 기렸다. 지금에는 번개와 천둥을 제어하여 각종의 쓰임에 이바지한다. 높은 산에는 철로를 부설하고, 먼 바다는 배로 건널 수 있으며, 하늘은 비행기로 날 수 있어서 험한 곳이 없어졌다. 이런 사례는 이루 다 제시할 수 없다. 천명을 제어하여 사용한다는 생각은 이미 완전히 실현되었다.

ⓓ 살펴보건대, 성인은 백성들과 우환을 함께 하니, 큰 변혁이 있으면 때를 보며 기다리기보다는 차라리 때에 대응하여 과감하게 창조해서 때의 형세가 사람의 힘에 따라서 돌아가도록 하는 것만 못하다.

ⓔ 살펴보건대, 이 구절은 사물이 저절로 많아지는 것을 따르기보다는, 우리들의 지혜와 능력을 다해 만물을 변화시키고 마름질하여 그 효용이 더욱 많아지고 더욱 증대되도록 하는 것만 못하다는 말이다.

ⓕ 양경(楊倞)의 주석을 살펴보면, "만물을 자기의 것으로 만들기를 생각하는데, 어찌 사물을 다스려서 모두 그 마땅함을 얻어 상실하는 것이 없도록 하는 것과 비교하겠는가!"[34]라고 하였다.

ⓖ 양경의 주석을 살펴보면, "사물이 생겨나는 것은 하늘에 달려 있지만 그것을 이

---

33 『맹자』「이루 · 하(離婁 · 下)」. 舜明於庶物, 察於人倫.
34 『순자』「천론(天論)」. 思物而物之, 孰與理物而勿失之也. 구절에 대한 주. 思得萬物
以爲已物, 孰與理物皆得其宜, 不使有所失喪.

루는 것은 사람에게 달려 있다. 이 구절은 온갖 물품이 풍부해지는 것은 사람이 하기에 달려 있지 하늘에 달려 있지 않다는 말이다."[35]라고 하였다.

ⓗ 살펴보건대, 이 구절은 사람의 힘을 버려두고 망령되게 천명을 사모하면 사물의 이치에 통달하지 못한다는 말이다.

ⓘ 다시 앞의 글을 보라.

ⓙ 묵자는 유명한 과학자이니, 후세에 대부분 칭송한다. 혜시는『한서』「예문지」에서 명가(名家)에 나열했다. 그러나『장자』「천하」편에서 남방의 기이한 사람 황료가 혜시에게 질문한 것을 말했는데, 모두 자연과학적인 문제이다. 혜시는 이에 두루 만물에 대해 설명했고, 설명하면서 멈춤이 없었다고 했으니, 황료와 혜시가 모두 과학자임을 입증하기에 충분하다. 공수반은 뛰어난 기술자로 맹자에게 칭찬받았다.[36]

3-3-2 『역』「서괘전」의 사회발전론

다음으로, 사회발전은 '수요를 길러주는 것[需養]'을 위주로 하여 '일용기구[資具]'를 갖추는 것이 우선이니, '몽(蒙)괘'에서 시작하여 '건원(乾元)'의 '용구(用九)'에서 끝나면, 천하가 문명사회가 될 것임을 말했다.

『역』「서괘전(序卦傳)」에서 말했다. "천지가 있은 다음에 만물ⓐ이 생겨나온다. 천지에 가득 찬 것은 만물뿐이므로 '둔(屯)'으로 받았다.ⓑ '둔'이란 가득 찼다는 것이다. '둔'은 사물이 처음 나오는 것이다. 사물이 나오면 반드시 어리다. … '몽(蒙)'은 어리다는 것이니 사물의 어린 상태이다. 사물이 어리면 기르지 않을 수 없으므로 '수(需)'로 받았다. '수'란 음식의 도리이다."[37] 이 구절에 근거하면, 사람의 무리가 처음에는 아주 몽매하

---

35 『순자』「천론」. 願於物之所以生, 孰與有物之所以成. 구절에 대한 주. 物之生雖在天, 成之則在人也. 此皆言理平豐富, 在人所爲, 不在天也.

36 공수반은 뛰어난 기술자로 맹자에게 칭찬받았다: 공수반에 대해서는 『맹자』「이루·상(離婁·上)」에서 孟子曰: "離婁之明, 公輪子之巧, 不以規矩, 不能成方員."라고 하였다.

37 『역』「서괘(序卦)」. 有天地, 然後萬物生焉. 盈天地之間者唯萬物, 故受之以屯. 屯者盈

3-3 『역(易)』·『춘추』·『예운(禮運)』·『주관경(周官經)』을 통해 본 공자의 외왕사상 355

여ⓒ 무리지어 사는 것을 아직 이루지 못했고, 인문(人文)이 개발되지 않아ⓓ 아이처럼 어렸으므로 '몽'이라고 했던 것이다.

ⓐ 여기에서 말하는 '만물'은 인류와 일체 사물의 총칭이다. 아래에서도 이와 같다.

ⓑ '받았다'는 것은 계승한다는 것과 같다. 둔괘는 건곤을 계승한다. 아래에서 받았다고 말할 경우는 이것에 준해서 알라.

ⓒ '아주 몽매하다'고 말한 것은 그들이 어리석고 몽매하며 막히고 야만스러움이 아주 심하다는 말이다.

ⓓ '인문(人文)'이라는 말은 『역』「계사전」에 있다. 사람의 무리가 어리석음에서 밝음으로, 꽉 막힘에서 뚫림으로, 간단함에서 복잡함으로, 야만스러움과 협소함에서 지혜로움으로 나아가서, 군중의 단합과 공적인 덕과 더불어 성명(聲明)과 문물(文物)이³⁸ 성대함에 이른다. 이것이 인도(人道)의 '지극한 문식[至文]'이므로 인문이라고 했다. 처음 백성이 생긴 시대에는 아직 인문이 없었다고 말할 수 있다.

'사물이 어리면 기르지 않을 수 없으므로 수(需)로 받았다는 것'에서 '수(需)괘'는 음식의 도리를 밝힌다.ⓐ 백성의 무리가 늘어나면 '수요를 길러주는 일[需養之事]'이 시급하다. 『상서(尙書)』에서 민생은 오직 음식과 재화라고 했으니,³⁹ 의미가 이것과 통한다. 수(需)괘의 괘사에 "수(需)는 믿음이 있으니 광명하고 형통하다. 곧으면 길하다. 큰 강을 건너기에 이롭다."⁴⁰라고 했다. 살펴보건대, '미쁨[孚]'이란 '믿음[信]'이다. 미쁨이 있다는 것은 사람의 무리가 생육하는 방법이 평등하게 서로 돕는 데 있으니, 반드시 성실한 믿음으로 서로 함께 한 다음에 공동으로 이룰 수 있다는 것이다. 성실한 믿음이 없으면, 강한 자들은 속이고 약한 자들은 속아서 인류공동생활의 제도를 세울 수 없으므로, 미쁨이 있는 것을 귀하게 여

也. 屯者, 物之始生也. 物生必蒙, … 蒙者蒙也, 物之穉也. 物穉不可不養也, 故受之以需. 需者飮食之道也.

38 성명(聲明)과 문물(文物): 예악과 전장제도(典章制度)를 가리킨다. 『춘추좌전』「환공2년(桓公二年)」. "文物以紀之, 聲明以發之." 참조.

39 『상서(尙書)』에서 민생은 오직 음식과 재화라고 했으니: 『상서(尙書)』「홍범(洪範)」. 三, 八政, 一曰食, 二曰貨, 三曰祀, 四曰司空, 五曰司徒, 六曰司寇, 七曰賓八, 曰師.

40 『역』「수괘(需卦)」. 需, 有孚, 光亨, 貞吉. 利涉大川.

긴다. '광명하고 형통하다.'고 말한 것에서 '광명하다'는 것은 밝다는 의미이고, '형통하다'는 것은 소통한다는 의미이다. 밝게 소통한 다음에 사사로움으로 공적인 것을 해치지 않으니, 이것이 곧고 바르면 길하다는 것이다. '큰 강을 건너기에 이롭다.'는 것에서, '큰 강'은 험난함이다. 민생의 제도에 불편함이 있는 것을 고치려고 하면 항상 그 앞에 험난함이 있으니, 반드시 강건(剛健)하게 지켜야만 비로소 험난함을 극복하여 성공할 수 있다는 것이다. 이것이 수괘의 핵심이다.

ⓐ 수(需)괘가 둔(屯)괘와 몽(蒙)괘의 뒤를 이어서 사람의 무리들은 음식을 중심으로 한다는 것을 밝혔다.

'일용기구[資具]'ⓐ를 갖추는 것이 우선이라는 것은, 백성의 무리들은 수요를 길러주는 것을 중심으로 하므로 생산도구의 발명과 개량, 그리고 사회제도의 변동은 사실 여기에 달려 있다는 것이다. 『역』「계사전」에서 말했다. "옛날 복희씨(庖犧氏)ⓑ가 천하에 왕 노릇할 때 위로는 하늘의 형상을 관찰하고 아래로는 땅의 법칙을 관찰하며, 새와 짐승의 '문양[文]'과 땅의 적절함을 관찰하며, 가까이로는 자신에게서 취하고 멀리로는 사물에서 취하여, 이에 비로소 팔괘를 만들어 신명(神明)의 덕과 소통하고ⓒ 만물의 실정을 분류하였다.ⓓ 새끼를 꼬아서 그물을 만들어 사냥하고 물고기를 잡았으니, 대개 '이(離)괘'에서 취한 것이다.ⓔ 복희씨가 죽자 신농씨(神農氏)가 나와서 나무를 깎아 쟁기를 만들고 나무를 구부려서 쟁기자루를 만들어서 쟁기와 호미의 이로움으로 천하를 교화했으니, 대개 '익(益)괘'에서 취한 것이다.ⓕ 낮에는 시장을 열어서 천하의 백성들을 오게 하고, 천하의 재화를 모아서 교역하고 돌아가게 함으로써 제각기 자신들이 있을 곳을 얻게 했으니, 대개 '서합(噬嗑)괘'에서 취한 것이다. 신농씨가 죽자 황제·요·순이 나와 그 변화를 소통하여 백성들이 권태롭지 않게 하고, 신령하게 교화하여 백성들이 그것을 마땅하게 여기도록 하였다.ⓖ … 황제·요·순이 가만히 앉아서 의상을 드리우고 있어도 천하가 다스려졌으니, 대개 '건(乾)괘'와 '곤(坤)괘'에서 취한 것이다. 나무를 깎고 다듬어 배와 노를 만들고는 그것들의 편리함으로 통행하기 어려운 곳을 건너가서 멀리까지 천하를 이롭게 했으니, 대개 '환(渙)괘'에서 취한 것이다. 소를 부리고 말을 타고는 무거운 것을 멀리까지 옮김으로써 천하를 이롭게 했으니, 대개 '수(隨)괘'에서 취한 것이다. 문을 이중으로 만들고 딱따기를 치는 것으로써 난폭한 떠돌이들에 대비했으니, 대개 '예(豫)괘'에서 취한 것이다.[h] 나무를 잘라 절굿공이를 만들고 땅을 파서 절구를 만들고는 절굿공이와 절구의 편리함으로 온 백성들을 구제했으니, 대개 '소과(小過)괘'에서 취한 것이다. 나무에 시위를 매어 활을 만들고 나무를 깎아 화살을 만들고는 활과 화살의 날카로움으로 천하를 두렵게 했으니, 대개 '규(睽)괘'에서 취한 것이다. 상고시대에는 동굴과 들판에서 거처했는데, 후세에 성인이 궁실로 바꿔 위에는 들보를 아래에는 서까래를 올려 비바람을 방비했으니, 대개 '대장(大壯)괘'에서 취한 것이다. 옛날의 장례는 지푸라기를 두텁게 입혀 들판 가운데 장례를 지냈는데, … 후세의 성인이 관곽(棺槨)으로 바꿨으니, 대개 '대과(大過)괘'에서 취한 것이다. 상고시대에는 노끈으로 매듭을 맺어서 다스렸는데, 후세에는 성인이 글과 문서로 바꿔서 백관이 그것으로써 다스리고,[i] 온 백성이 그것으로써 살폈으니,[j] 대개 '쾌(夬)괘'에서 취한 것이다."[41] 이상의 구절에 의거하면, 공자는 『역』을 연역하여 생산도구

---

41 『역』「계사·하」. 古者包犧氏之王天下也, 仰則觀象於天, 俯則觀法於地, 觀鳥獸之文與地之宜, 近取諸身, 遠取諸物, 於是始作八卦, 以通神明之德, 以類萬物之情. 作結繩而爲罔罟, 以佃以漁, 蓋取諸離. 包犧氏沒, 神農氏作, 斲木爲耜, 揉木爲耒, 耒耨之利, 以敎天下. 蓋取諸益. 日中爲市, 致天下之民, 聚天下之貨, 交易而退, 各得其所. 蓋取諸噬嗑. 神農氏沒, 黃帝堯舜氏作, 通其變, 使民不倦, 神而化之, 使民宜之. … 黃帝堯舜垂衣裳而天下治, 蓋取諸乾坤. 刳木爲舟, 剡木爲楫, 舟楫之利, 以濟不通, 致遠以利天下. 蓋取諸渙. 服牛乘馬, 引重致遠, 以利天下. 蓋取諸隨. 重門擊柝, 以待暴客, 蓋取諸豫. 斷木爲杵, 掘地爲臼, 臼杵之利, 萬民以濟. 蓋取諸小過. 弦木爲弧, 剡木爲矢, 弧矢之利, 以威天下. 蓋取諸睽. 上古穴居而野處, 後世聖人易之以宮室, 上棟下宇, 以待風雨. 蓋取諸大壯. 古之葬者, 厚衣之以薪, 葬之中野, … 後世聖人易之以棺槨. 蓋取諸大過. 上古結繩

의 발명과 개량을 사회제도 변동의 근거로 삼았다. 그 천부적인 재능의 탁월함은 선견지명이 먼 후대까지 비추니, 아무리 세월이 흘러도 바꿀 수 없다. 어찌 기이하지 않은가!ⓚ

ⓐ '일용기구'는 도구라고 말하는 것과 같다.

ⓑ '포희씨(庖犧氏)'는 복희씨의 별명이다. 그가 처음으로 소를 부리고 말을 탔으므로 복희(伏羲)라고 불렀다. 또 그가 제사에 제물로 바칠 짐승으로 부엌을 채웠기 때문에 포희(庖犧)라고 불렀다.

ⓒ 생각건대, '신명(神明)'이란 우주의 큰마음이면서 또한 곧 하나의 사물마다 제각기 갖춘 마음이다. 하나의 사물마다 제각기 갖춘 마음을 성실하게 하면 우주의 큰마음과 혼연히 하나가 되니 나눌 수 없다. 덕에는 두 가지 의미가 있으니, 덕성(德性)과 '덕의 작용[德用]'이다. 덕성은 곧고 항상 되며, 덕의 작용은 다함이 없다.

ⓓ '분류하였다[類]'는 것은 '분류하여 소통시켰다.[類通]'는 것이다.

ⓔ '이괘'는 가운데가 비어 있어 옛날의 설명에 '눈 모양[目象]'이라고 하였다. 그물은 많은 구멍을 서로 연결한 것이므로 이괘에서 취해서 만든 것이다.

ⓕ 여기서부터 이하는 모두 괘상(卦象)에서 취했으니, 이도평(李道平)의 『주역집해찬소(周易集解纂疏)』를 참고하라.

ⓖ 생각건대, 옛것을 지켜 변하지 않으면 백성들이 권태로움에 익숙해져 변화의 도가 사라진다. 오직 변화를 소통하기 때문에 백성들이 권태로워하지 않는다. '신령하게 교화시켰다.'는 것은 황제·요·순이 사물의 이치에 자세했고 변화를 살피는 데에 심오했으므로, 그들이 창조한 공용이 지극히 신령해서 백성들이 마땅하게 여기지 않음이 없었다는 것이다. 공자가 아니면 여러 성인들이 모두 『역』을 깊이 알았다는 것을 헤아릴 수 없었을 것이다.

ⓗ '딱따기'는 나무 두 개를 서로 부딪치게 하는 것으로써 밤길을 다니는 데에 사용했다.

ⓘ 글과 문서로 다스림을 펴고 일을 세웠다.

ⓙ '살핀다'는 것은 분명하게 살핀다는 것이다. 백성들이 이 때문에 학문을 일으켰고 이치와 도리를 살폈다.

ⓚ 민국(民國) 8년(1919년)에 유학자 손영천(孫穎川)과 손학오(孫學悟)가 해외에서 귀국해 북경(北京)과 천진(天津)에서 서로 만났었는데, 나에게 "유학할 때 서구 사람들과 서로 만나면, 모두 중국에는 과거에 과학사상과 민주사상이 없다고 하는

而治, 後世聖人易之以書契, 百官以治, 萬民以察. 蓋取諸夬.

데, 그 까닭이 어디에 있는가?"라고 물었었다. 나는 "한대(漢代) 이래로 2천 수백 년 동안 학술사상이 막히고 폐지된 것은 진실로 서구 사람이 말한 것과 같으니, 이것은 전제군주제의 독소일 뿐이다."라고 대답했다. 항일군이 일어나서 나와 손영천은 모두 촉(蜀)으로 갔는데, 손영천이 내가 있는 북배(北碚)[42]로 찾아와서는 한숨 쉬며, "우리나라가 근래 40년간 과학을 제창하여 힘쓰지 않은 것은 아니다. 그러나 학술에는 당연히 본원이 있는데, 요즘 사람들은 자신의 싹을 찾지 않으니, 자신을 수립하는 방법이 아닌 것 같다."라고 했다. 나는 "그대가 자신에게 되돌려 구하려고 한다면, 『역』을 배우는 것보다 급한 것이 없다."라고 했다. 손영천은 늙도록 학문을 좋아했지만 애석하게도 일찍 죽었다. 세상을 떠난 친구를 애도하며 잠시 그의 말을 적었다.

사회가 '몽(蒙)'에서 시작됨은 앞에서 이미 설명을 마쳤다. 그것이 건원(乾元)의 용구(用九)에서 끝나면, 천하가 문명사회가 될 것이다. 백성의 무리들은 사유제와 통치계급이 형성되면서부터, 천하의 최대다수의 사람들이 항상 입고 먹는 것에 곤란을 당해 따뜻하게 입고 배불리 먹지 못하였으니, 지능과 지혜를 발전시킬 기회가 없었다. 모든 고등학술은 오직 소수의 사람들만이 연구할 수 있었고, 또 항상 통치계급을 옹호하는 '세속적인 의식[雜染意識]'@으로 사특한 말을 했으니, 이를테면 존귀 · 비천 등의 명분으로써 천하 최대다수의 궁핍한 사람들을 어리석게 하고 속인 것이다. 이 때문에 계급이 아직 제거되지 않았고, 학술은 흥성했지만 아래로 미칠 수 없어서, 대중들의 몽매함이 여전히 처음 백성들이 생긴 시대와 다르지 않았다. 『역』「계사전」에서 "길하고 흉함을 백성ⓑ과 함께 근심한다."[43]고 했다. 성인이 아랫백성들을 영도하면서 우환을 잊지 않았던 것은, 그가 신명의 덕과 소통하고 온갖 사물의 실정을 분류한 것으로 말미암아, 그만둘 수 없는 것에서 나왔을 뿐이기 때문이다.ⓒ

ⓐ '세속적인 의식[雜染意識].'[44]이라는 것은 불가의 유식론(唯識論)을 참고하라.

---

42 북배(北碚): 현 중경시(重慶市) 북배구(北碚區)이다.

43 『역』「계사 · 상」. 聖人以此洗心, 退藏於密, 吉凶與民同患.

44 '세속적인 의식[雜染意識]': 불교에서 '잡염(雜染)'은 '청정(清淨)'의 반대말로써, 일

ⓑ 고대에 이른바 '백성[民]'이란 곧 천하의 수고로운 대중을 가리켜서 말한 것이다. 『춘추번로』에서 '백성이란 어두운 것이다.'[45]라고 했고, 『논어』에서 '백성들은 부릴 수 있다.'[46]고 했으며, 정현의 주석에는 '백성은 어리석다.'[47]고 했다. 『상서』 「여형(呂刑)」편에서 '어린 백성[苗民]은 신령을 쓰지 못한다.'[48]고 했고, 정현의 주석에는 '백성이란 어두운 것이다.'고 했다. 『춘추번로』「심찰명호(深察名號)」편에서 '백성이라고 부르는 것은 어두움을 취한 것이다.'[49]라고 했고, 또 '백성은 멍청해서 아는 것이 없다.'라고 했다. 『순자』「예론」에서 "사람들이 이것[50]이 있으면 군자이고, 이것을 벗어나면 백성이다."[51]라고 했고, 주석에서 '백성은 무지함을 일컫는다.'[52]라고 했다. 『가자(賈子)』[53] 「대정편하(大政篇下)」에서 '백성은 어둡다.'라고 했다. 이상에서 기술한 것처럼 옛날에는 대개 천하에서 수고로운 대중들은 그 생활이 아주 곤궁해서 학문에 종사하고 지식을 발전시킬 수 없었다. 그러므로 그 몽매하고 무지한 것을 가지고 '백성[民]'이라고 불렀다.

ⓒ 옛 서적에서 백성이라고 언급한 것은 매번 '아랫백성[下民]'이나 '하찮은 백성[小民]'이라고 했으니, 가장 비천한 신분으로 항상 윗사람들에게 함부로 부림을 당하고 침탈되었기 때문이다. '신명(神明)'에 대한 해석은 앞의 글에 있다. 이제 여기서 말한 신명의 덕은 성인의 심덕(心德)이라고 말하는 것과 같다. 성인의 심덕은 온갖 사물과 소통하여 일체가 되어서 온갖 사물을 버려둠이 없으므로, 항상 온갖 사물의 실정을 분류하고 소통시켜 길흉을 함께한다.

체의 유루법(有漏法)을 총칭한다. 때문에 본문에서는 '세속적인'으로 번역했다. 잡염은 선·악·무기(無記)의 세 성[三性]을 통섭하는 말이다. 불교 유식학의 『성유식론술기(成唯識論述記)』에서는, "諸有漏法, 皆名雜染."이라 하였고, 그 잡염에는 번뇌잡염(煩惱雜染)·업잡염(業雜染)·생잡염(生雜染)의 3가지 종류가 있다고 하였다.

45 『춘추번로(春秋繁露)』「심찰명호(深察名號)」. 民者瞑也.
46 『논어』「태백(泰伯)」. 子曰: "民可使由之, 不可使知之."
47 『논어정의(論語正義)』. 民者冥也.
48 『상서』「여형(呂刑)」. 苗民弗用靈.
49 『춘추번로』「심찰명호」. 德民之號, 取之瞑也.
50 이것: 『순자집해(荀子集解)』의 주석 곧 "王念孫曰, 是謂禮也."를 참고할 때 '이것'은 '예(禮)'이다.
51 『순자』「예론(禮論)」. 人有是, 士君子也, 外是, 民也.
52 『순자』「예론」. 人有是, 士君子也, 外是, 民也. 구절에 대한 주. 民無所知也
53 『가자(賈子)』: 한(漢)나라 가의(賈誼)가 편찬한 중국의 서지(書誌)이다.

『역』의 건괘「문언(文言)」에서 "높이 올라간 용은 후회함이 있으니, '끝까지 간[窮]' 재앙이다."[54]고 했다. 높이 올라간 용은 통치계급의 기세가 극도에 도달해 위에서 내려올 수 없는 것이니, 바로 높이 올라간 용의 모양이다.[a] 기세가 다했는데도 돌아오지 못하니, 후회하더라도 미치지 못한다. 그러므로 '끝까지 갔다[窮].'고 했다. 끝까지 가면 재앙이 오는데, 비록 다시 파멸되지 않으려고 해도 거의 그럴 수 없다.

> [a] '용'은 위에 있는 자들의 모양이다. '높이 올라갔다.'는 것은 끝까지 위로 올라가 내려올 수 없는 모양이다.

『역』「계사전」에서 "『역』[a]은 곤궁하면 변화하고, 변화하면 소통하고, 소통하면 오래간다."[55]라고 했다. 이것은 무리들이 변화하는 법도를 밝힌 것이다.

> [a] 『역』이라는 학문은 변화하는 도리를 드러내어 밝히는데, 그 변화라면 아래에서 말하는 것과 같다.

사유제와 통치계급의 형성은 본래 사회의 변화에서 반드시 거쳐야 하는 것이지만, 사람들의 공평한 도리가 아니기 때문에 그 형세가 결코 오래갈 수 없다. 성인은 그것이 반드시 '끝까지 감[窮]'에 이르게 될 것을 미리 알고, 이 때문에 천하가 공평하게 되는 도를 제창하고 천하가 한 집안이 되는 규범을 제정하였다.[a] 그것으로써 계급과 사유제를 제거하고 변화에 소통하여 장구할 수 있는 도로 삼았다. 『역』「건괘」의 「단(彖)」에서 "처음으로 서물(庶物)[b]들이 나오니 모든 나라가 모두 평안하다."[56]고 했다. 이 구절은 서민들이 줄곧 통치계급의 침탈을 받았는데, 이제 서로 단결하여 비로소 나와서 함께 혁명을 거행하니, 마침내 계급을 평정하고

---

54 『역』「건괘」. 亢龍有悔, 窮之災也.
55 『역』「계사・하」. 易, 窮則變, 變則通, 通則久.
56 『역』「건괘」. 首出庶物, 萬國咸寧.

통치자들을 몰아내고는 모든 나라의 서민들이 서로 친밀하게 돕고 서로 제약하면서, 천하가 공평하게 되는 도를 실행한다는 말이다. 그러므로 서물들이 처음 나오면 모든 나라가 편안하지 않음이 없다.『역』「잡괘전 (雜卦傳)」에서 "'혁(革)괘'는 옛것을 제거함이다. '정(鼎)괘'는 새것을 취함 이다."ⓒ[57]라고 했다. 서물들이 우뚝하게 일어나 혁(革)과 정(鼎)의 대업 을 함께 도모하니, 마땅히 의연하게 열어서 시작해야지, 때를 기다려서 움직일 필요가 없다.『역』「건괘」의「문언」에서 "하늘을 앞서가도 하늘 이 어기지 않고, 하늘을 뒤따라가도 천시(天時)를 받든다. 하늘이 어기지 않는데 하물며 사람들에 대해서는 말해 무엇 하겠는가?"ⓓ[58]라고 했다. 살펴보건대, '하늘을 앞서간다.'는 것은 돌변한다는 의미이다. 노자는 유가에 반대하였다. 그는 무리의 변화를 말하면서 점진적인 것을 기대 했으므로, "감히 천하의 앞이 되지 않는다."[59]라고 했다. 한대 이래로 노 자의 주장이 유행하여『역』의 도리가 어두워졌다. 중국의 사회풍속과 정치제도 내지 모든 것이 모두 정체되어 변하지 않은 것은, 역학이 노자 에게 침탈당했기 때문이니, 중국의 큰 불행이었다.ⓔ

ⓐ 상세한 것은『예기』「예운」에 있고,「원외왕」 앞부분에서 이미 인용하여 기술 했다.

ⓑ '서물(庶物)'은 서민(庶民)이라는 말과 같으니, 곧 천하 최대다수의 곤궁한 백성이 다.

ⓒ 『역』은「혁(革)괘」・「정(鼎)괘」 두 괘를 차례로 나열하여 옛것을 제거하고 새것 을 취함을 밝혔으니, 사물의 이치와 사람의 일에 모두 그렇지 않은 것이 없다.

ⓓ '하늘'은 자연의 운세이니, 본래 우리 대중들의 힘이 과거에 조성한 운수이다. 그 것이 이미 이루어지면 자연의 운세라고 말할 뿐이다. 우리들은 마땅히 스스로의 힘으로 자연의 운세를 돌변시키고 새로운 운세를 열어서 자연의 운세가 사람을 따라서 돌아가도록 해야 하므로, 하늘이 어기지 않는다고 했다. '하늘을 뒤따라 간다는 것'은 자연의 운세에 따라 그것에 순응하여 일을 도모해서 그 때를 잃지

57『역』「잡괘(雜卦)」. 革去故也, 鼎取新也.

58『역』「건괘」. 先天而天弗違, 後天而奉天時. 天且弗違, 而況於人乎.

59『도덕경』67장. 我有三寶, 持而保之, 一曰慈, 二曰儉, 三曰不敢爲天下先.

않는 것을 말한다.

ⓔ 청나라 말기에 엄복(嚴復)이 노자를 높이고 유학을 박대했으며, 장병린(章炳鱗)도 유학의 학술에 통달하지 못하였다. 엄복이 혁명을 말하기를 꺼리자 장병린이 엄복을 탄핵했었는데, 끝내 경(經)의 뜻을 밝혀서 그것을 바로잡을 수 없었다. 노자의 학문은 본래 『역』에서 나왔지만 바로 『역』을 훼손시켰다. 한대의 『역』을 연구한 유학자들도 모두 술수로써 『역』을 가로막았으니, 유학이 망한 지 오래되었다!

건원(乾元)의 용구(用九) 운운이라고 한 것들. 『역』 「건괘」의 「단(彖)」에서 "위대하다. 건원이여, 만물이ⓐ 그것에 의지해서 시작된다."60라고 했다. 건원(乾元)은 만물의 본원이다. 사물이 비록 갖가지로 다르지만 근본에서 말하면 모두 서로 연속되어 평등하기가 한결같다.ⓑ 용구(用九)는 건(乾)이 양(陽)이라는 것이다. 구(九)는 양(陽)의 수이다.ⓒ 건괘는 6효가 모두 양이니, 만물의 '깨끗함과 가지런함[潔齊]'을 표현하기 위함이고,ⓓ 또한 곧 이것으로 건원의 오묘한 작용을ⓔ 보려는 것이므로, "용구(用九)는ⓕ 무리지어 있는 용들이 우두머리가 없는 것을 보니 길하다."ⓖ라고 했다. 대개 사회발전은 몽매한 상태에서 진보하고 진보하다가ⓗ 마침내 갑자기 비약해서 모든 인류가 '크게 같고 아주 평안한 상태[大同太平]'에 도달한다. 인류가 격물의 노력으로 사물을 개발하고 갖추며, 만물을 변화시키고 마름질하여 완성하며, 이롭게 사용하고 자신을 편안하게 하며, 순조롭게 천지와 덕을 합하고 일월과 밝음을 합하는 성대함에 도달할 수 있으면,ⓘ 인도(人道)의 존엄함이 지극하게 된다.

ⓐ '만물'이라고 말한 것은 곧 천지와 사람이 모두 그 속에 포함된다는 것이다.

ⓑ '한결같다.'는 것은 이것과 저것에 모두 높고 낮음 등의 차별이 없다는 말이다.

ⓒ 『역』은 모든 괘가 6효인데, 구(九)를 기수(奇數)로 삼아 건(乾)의 양(陽)을 표시하고, 육(六)을 우수(偶數)로 삼아 곤(坤)의 음(陰)을 표시한다.

ⓓ '깨끗함[潔]'이란 진선미를 말하고, '가지런함[齊]'이란 평등하다는 의미이다. 6효

---

60 『역』 「건괘」. 彖曰, 大哉乾元, 萬物資始.

가 모두 양인 것은 만물이 모두 건원의 드러남이므로, 만물이 어느 것 하나 지극히 깨끗하지 않음이 없고 어느 것 하나 평등하지 않음이 없음을 밝힌 것이다.

ⓔ '작용'을 '오묘한'으로 형용한 것은 찬미한 것이다.

ⓕ 건원(乾元)의 오묘한 작용은 「건괘」6효를 모두 구(九)로 표현한 것에서 알 수 있으니, 이것을 '용구(用九)'라고 한다.

ⓖ 고대에는 용이 양의 굳센 덕을 가지고 있다고 했기 때문에, 성인이 천자의 지위에 있는 것을 곧 용에서 모습을 취했다. 이제 건괘의 6효가 모두 양이니, 이것이 무리지어 있는 용들이다. 세상이 태평세로 진보하면, 대지의 인류가 모두 성인이므로 천자의 지위와 권세는 한 사람에게 속하지 않고 넓은 하늘 아래 모든 사람에게 두루 속한다. 그러므로 '무리지어 있는 용들에 우두머리가 없다.'고 했다. '우두머리가 없다.'는 것은 우두머리 노릇하는 자가 없다는 말이다. 시대의 운이 여기에 이르러야 크게 길하다.

ⓗ 장횡거(張載)는 "『역』의 도리는 진보하고 진보하는 것이다."[61]라고 했다.

ⓘ 천지의 덕은 사사로움이 없고, 일월의 밝음은 가리는 것이 없다.

3-3-3 『춘추』의 천하위공(天下爲公) 사상

위에서 대략 『역』의 의미를 기술했으니, 이제는 『춘추』를 설명하겠다. 공자의 외왕학은 통치계급과 사유제를 제거하여 없애고 천하가 공평하게 되는 큰 도리를 실행할 것을 주장한다. 나는 동중서가 개인적으로 사마천에게 전수해준 『춘추』에 대한 설명과 「예운」을 참고하고 조사하여 그 확증을 얻었다.

『사기』「유림전」에서 "한나라가 일어나 5대ⓐ 동안에 오직 동중서만이 『춘추』에 밝은 것으로 유명했는데, 공양씨에게 전수받았다."[62]라고 했

---

61 『횡거역설(橫渠易說)』「계사·상」. 生生之謂易. 구절에 대한 주. 生生, 猶言進進也.

62 『사기』「유림열전(儒林列傳)」. 董仲舒恐久獲罪, 疾免居家至卒. 終不治産業, 以修學 著書爲事. 故漢興至於五世之間, 唯董仲舒名爲明於春秋, 其傳公羊氏也.

다. 사마천의 이 말은 결코 함부로 한 말이 아니다. 그러나 동중서는 확실히 전제군주제를 옹호하는 『춘추번로』라는 책을 지었으니, 실로 그가 배운 것을 배반했다. 그것에 대한 설명은 「원학통(原學統)」에 있다. 오직 『사기』「태사공자서(太史公自序)」에서만 동중서에게 들었던 말을 다음처럼 기술했다.

ⓐ 고조(高祖)·혜제(惠帝)·문제(文帝)·경제(景帝)·무제(武帝)가 5대이다.

『춘추』는 천자를 폄하하고,ⓐ 제후를 물리치며,ⓑ 대부를 토벌함으로써ⓒ 세상 사람들이 공동으로 '지향해 가는 일[王事]'에ⓓ 도달하려고 하는 것일 뿐이다. 공자는 "내가 공연한 말을 싣고자 할 바에는 차라리 아주 절실하고 분명하게 일을 실행하는 것에서 드러내는 것만 못하다."ⓔ63라고 했다.

  ⓐ 생각건대, '폄하한다'는 것은 덜어내는 것이니, 덜어내서 제거한다는 말과 같다.
  ⓑ 생각건대, '물리친다'는 것은 축출하여 없애는 것이다.
  ⓒ 생각건대, '토벌한다'는 것은 죽여 없애는 것이다.
  ⓓ 옛 음훈을 살펴보면, '왕(王)'이란 '지향해 간다[往]'는 의미이다. '지향해 가는 일[王事]'은 천하의 사람들이 공동으로 지향해 가는 일을 말한다. 예컨대 『역』의 「비(比)괘」에서 만물이 서로 도우며 생겨나는 것을 밝히고, 「동인(同人)괘」에서 인류가 사사로움을 제거하여 대동(大同)으로 돌아가야 된다는 것을 밝히는 것과 같다. 「예운」에서는 천하가 한 집안이라고 말했다. 군중은 일의 변화가 무궁하지만 끝내는 천하가 공평하게 되는 큰 도리를 지향해 가니, 이것을 '지향해 가는 일[王事]'이라고 한다.
  ⓔ '내가 공연한 말을 … 드러내는 것만 못하다.'라는 구절은, 공연히 이론을 주장할 바에는 차라리 혁명을 실행하는 일이 그 도리가 아주 절실하고 분명한 것만 못하다는 말이다. 한대 이래로 비속한 유학자들이 『춘추』를 설명하는 자가 '차라리 아주 절실하고 분명하게 일을 실행하는 것에서 드러내는 것만 못하다.'라는 구절을 해석하면, 공자가 '고사(古史)에 실려 있는 군신의 행위에 의탁해서 첨삭하고 포폄하여 경계하는 것만 못하다.'라고 여겼다고 말한다.

---

63 『사기』「태사공자서(太史公自序)」, 貶天子, 退諸侯, 討大夫, 以達王事而已矣. 子曰: "我欲載之空言, 不如見之於行事之深切著明也."

이와 같다면 공연한 말과 무엇이 다른가? 분명히 성인의 글에 어긋난다.

위에서 인용한 것은 사마천이 「태사공자서」에서 말한 것으로서, 동중서에게 들은 말이다. 이것은 동중서가 사마천에게 개인적으로 전해주었던 것이지, 함부로 적어서 글을 만든 것이 아니다. 『춘추경』이 비록 망실되었지만 동중서가 여기서 말한 몇 마디 말은 여전히 『춘추』의 진상(眞相)을 보존하고 있으니, 지극히 보배롭고 귀중하다고 할 수 있다.ⓐ『춘추』는 어째서 천자를 폄하하고, 제후를 물리치며, 대부를 토벌하는가? 나는 「예운」편을 살펴보고 그 까닭을 알았다. 「예운」에서 소강(小康)을 말한 한 단락에서 "대인(大人)의 세급(世及)을 예로 한다."ⓑ64라고 말했는데, "그것으로 (국가)제도를 설립하고 토지제도를 세웠다."는 구절에 이르러 그 뒤의 글에서 다시 다음처럼 말하였다.

> ⓐ 생각건대, 사마천이 「태사공자서」에서 비록 동중서의 이 몇 마디 말을 진술했지만, 그 뒤의 글에서는 바로 자신의 뜻으로 그것을 대부분 어지럽혔다. 예컨대 "『춘추』는 위로 삼왕(三王)의 도를 밝힌다."라는 구절 아래의 몇 단락의 글은65 순전히 소강(小康) 예교(禮敎)의 뜻이니, 그것으로써 황제에게 영합하여 재앙을 피하려고 했을 것이다.
>
> ⓑ '대인(大人)'은 천자를 말한다. '세급(世及)'이란 천자의 지위는 한 집안에서 세습하는 것이어서 아비가 죽으면 아들이 계승했고, 또한 동생에게 전하는 경우도 있었다. 후세에 천자에게 아들이 없으면 조카를 세워 후계를 삼았으니, 이것을 세급이라고 한다. 천자는 이와 같이 했다. 제후는 그 나라를 대대로 소유했고, 대부는 대대로 그 채지(采地)를 소유했으니, 모두 세급의 예제(禮制)이다.

"그러므로 천자가 소유한 '전지[田]'는 그것을 자손이 이어받고,ⓐ 제후가 소유한 나라는 그것을 자손이 이어받으며,ⓑ 대부가 소유한 채지(采地)는

---

64 『예기』「예운(禮運)」. 大人世及以爲禮.

65 "『춘추』는 위로 삼왕(三王)의 도를 밝힌다."라는 구절 아래의 몇 단락의 글은: 『사기』「태사공자서」의 "夫春秋, 上明三王之道, 下辨人事之紀, 別嫌疑, 明是非, 定猶豫, 善善惡惡, 賢賢賤不肖, 存亡國, 繼絶世, 補敝起廢, 王道之大者也."를 가리킨다.

그것을 자손이 이어 받는다.ⓒ 이것을 제도라고 한다."ⓓ66

> ⓐ 생각건대, 천자가 직접 관할하는 영역 안의 전지는 모두 천자 일가의 사유재
> 산이 되었다.
> ⓑ 생각건대, 제후는 나라 안의 땅을 자신들 일가의 사유재산으로 삼았다.
> ⓒ 생각건대, 옛날에 경대부가 분봉받은 고을을 채지(采地)라고 했는데, 역시 자
> 신들 일가의 사유재산으로 삼아 자손대대로 소유했다.
> ⓓ 생각건대, 이상의 몇 마디 말은 곧 '그것으로 (국가)제도를 설립하고 토지제
> 도를 세웠다.'라는 앞 구절을 상세히 설명한 것이다.

이상의 기술처럼 「예운」의 문구를 가지고, 사마천이 말한 동중서의 『춘
추』의 의미에 대한 설명과 서로 대조해보면, 중국의 고대 사회에 천
자・제후・대부라는 3등급의 통치계급이 있었음을 알 수 있다. 이들은
모두 맹자가 말한 "남을 다스리는 자는 남에게 봉양 받는다."ⓐ67는 것으
로 곧 착취계급을 말한다. 그런데 천하의 절대다수의 '하찮은 백성[小民]'
들은 또한 '아랫백성[下民]'이라고 하여 3등급의 통치 아래에서ⓑ 수고롭
게 일하여 상층계급의 사람들을 받든다. 맹자가 말한 "남에게 다스림을
받는 자는 남을 봉양한다."ⓒ68는 것이니, 이들이야말로 무산계급이다.
공자는 아랫백성을 불쌍하게 여겼으므로 『역』을 지어 길하고 흉함을
백성들과 함께 근심한다는 뜻을 밝혔다.ⓓ 그런데 『춘추』를 지은 것은
천자를 폄하하고 제후를 물리치며 대부를 토벌하는 정의를 성대하게 펼
치기 위한 것이다. 그는 3등급의 통치계급에 분노하여ⓔ 그들을 쓸어 없
애려고 했으니, 크게 지혜롭고 인자하며 용감하여 영원히 다시 있을 수
없는 위대한 성인이라고 할 수 있다.ⓕ

> ⓐ 생각건대, '남에게 봉양 받는다는 것'은 자신의 힘으로 생계를 유지하지 않고 인

---

66 『예기』「예운」. 大人世及以爲禮. … 以設制度, 以立田裏. … 故天子有田, 以處其子孫.
諸侯有國, 以處其子孫. 大夫有采, 以處其子孫. 是謂制度.

67 『맹자』「등문공・상(滕文公・上)」. 故曰:"或勞心, 或勞力. 勞心者治人, 勞力者治於
人. 治於人者, 食人, 治人者, 食於人, 天下之通義也."

68 『맹자』「등문공・상」. 治於人者, 食人, 治人者, 食於人.

민이 수고롭게 경작한 것으로 자기의 먹을 것을 공급하는 것이니, 이것을 남에게 봉양 받는다고 한다.

ⓑ 옛 전적에서 인민을 '하찮은 백성' 또는 '아래 백성'이라고 했으니, 진나라 이후에는 모두 그대로 따랐다.

ⓒ 생각건대, '남에게 다스림을 받는 자'는 상층에 있는 자들에게 다스림을 당하는 것이다. '남을 봉양한다는 것'은 세금을 내어서 상층계급을 봉양하는 것이다.

ⓓ 인용한 것이 앞의 글에 있다.

ⓔ 통치계급은 곧 아래 사람들에게서 착취하는 자이다.

ⓕ '영원히'는 오랜 세대라고 말하는 것과 같으니 전무후무하다는 의미이다. 공자는 고대에 이런 심원한 생각과 위대한 마음을 가졌으니, 진실로 사람들이 아무리 찬양해도 모자란다.

공자는 '자신의 완성[成己]'을 말했지만 반드시 '사물을 이루어주는 것[成物]'[69]이 그 속에 포함되어 있으니, 사물을 버려두고 '작은 자기[小己]'를 사사롭게 위하는 것이 아니다. '자신의 확립[己立]'과 '자신의 통달[己達]'을 말했지만 반드시 '남들을 확립시켜주는 것[立人]'과 '남들을 통달시켜주는 것[達人]'[70]이 그 속에 포함되어 있다. 만약 오직 자신이 확립될 수 있는 것만을 추구하여 남들이 아직 확립되지 않은 것에 대해 홀시하고, 오직 자신이 통달하여 의혹이 없는 것만을 추구하여 남들이 아직 통달하지 못한 것에 대해 홀시한다면, 이것은 남들과 자신이 서로 연속된 한 몸이라는 것을 깨닫지 못해 자신의 사사로움과 자신의 이로움 때문에 그 참됨을 잃을 것이다. 그러므로 공자는 교육을 넓혀서 "교육에는 유별(類別)이 없다."ⓐ[71]고 했던 것이다. 3천명이나 되는 문하생과 70명의 뛰어난 제자들이 대부분 멀리 있는 여러 나라에서 왔던 것은, 민중을 영도하는

---

69 '자신의 완성[成己]', '사물을 이루어주는 것[成物]': 『중용』 25장. 誠者非自成己而已也, 所以成物也. 成己, 仁也, 成物, 知也. 참조.

70 '남들을 확립시켜주는 것[立人]', '남들을 통달시켜주는 것[達人]': 『논어』 「옹야(雍也)」. 夫仁者, 己欲立而立人, 己欲達而達人 참조.

71 『논어』 「위령공(衛靈公)」. 子曰: "有敎無類."

열성이 지극히 깊고 두터워 감동을 불러일으키는 힘이 지극히 컸던 것이다. 중국에서만 아주 뛰어난 사람이 아니라 곧 세계의 역사상에서도 비슷한 사람이 드물다. 공자가 계급을 타파하여 민주를 창도하고 더불어 천하가 한집안이라는 다스림의 강령을 처음 밝힌 것이 멀리 3천년ⓑ 전에 있었으니, 어찌 기이하지 않은가! 그러나 공자의 사상은 근거 없는 것이 아니다. 대개 고대사회를 보면, 3등급의 통치계급이 존재해서 소수의 사람들이 천하의 절대다수의 사람들을 통제하고 착취했다. 이런 일은 이치상 허용될 수 없는 것이고, 그 형세가 반드시 끝까지 이르렀을 텐데 일반인들은 모두 그것에 익숙해서 살피지 못하였다. 하늘이 내린 성인인 공자는 그것을 미리 알아 외로운 등불이 되었으니, 그 족적이 기이할 뿐이다. 사실 공자의 사상은 여전히 당시의 사회와 정치를 반영한 것이지 결코 사실에 근거하지 않고 공상으로 터득해 낸 것이 아니다.

ⓐ 귀천·빈부 혹은 지혜로움·어리석음 등의 유별(類別)이 없이 널리 두루 교육을 시행하는 것을 말한다.

ⓑ 3천 년이 아직 되지 않았지만 이제 큰 수를 들어 말했다.

[3-3-3-1] 『춘추』와 『시(詩)』: 통치계급의 착취 경계

이제 『시경』 3백 편에서 주대(周代)의 하찮은 백성들의 원망이 담긴 시를 상고해서 살펴보면, 당시의 통치계급이 제멋대로 착취를 일삼았음을 충분히 징험할 수 있으니, 그들을 전복시키지 않는 것은 사람의 도리가 없는 것이다. 우선 「소아(小雅)」[72]에서 몇 장을 들어 설명함으로써 그 개략을 드러내겠다.

「정월(正月)」이라는 시에서 말했다. "보잘것없는 저들에게도 집이 있고, 말 먹이는 자에게도 녹봉이 있는데,ⓐ 백성들에게 끼니거리가 없음은

---

[72] 「소아(小雅)」: 『시경』의 편명으로 작은 정사(政事)에 관한 일을 노래한 정악(正樂)이다. 『시경』 305편 중 72편을 이른다.

'아름답게 꾸민 관리[天天]'가 재앙을 내린 것이로다.ⓑ 좋은 것은 부자ⓒ들이고, 슬픈 것은 외로운 자이구나!"73 또 「요아(蓼莪)」라는 시에서 말했다. "'술항아리[絣]'에 술이 떨어짐은 '술독[罍]'의 수치인데, 궁핍한 백성들의 삶은 죽는 것만 못한 지가 오래되었도다!"ⓓ74 또 「어조(魚藻)」라는 시에서 말했다. "물고기가 수초 사이에 있으니, 그 머리가 큼직하다. 왕이 '호경[鎬]'에 있으니, 음주를 '즐기는구나[豈樂]'!"ⓔ75 또 「대동(大東)」이라는 시에서 말했다. "'작은 동쪽나라[小東]'나 '큰 동쪽나라[大東]'나 '베틀[杼軸]'이 모두 비었네.ⓕ 칡덩굴로 만든 신으로 찬 서리를 밟고 다니는데, 방정맞은 공자(公子)들은 저 '넓은 길[周道]'을 설치며 다닌다. 왔다갔다 하는 그들이 내 마음을 병들게 한다."ⓖ76 또 「초화(苕華)」라는 시에서 말했다. "능소화 꽃은 그 이파리가 푸르고 푸르구나. 내가 이럴 줄 알았다면 차라리 태어나지 말 것을!ⓗ 암양은 머리가 커다랗고, 별빛[三星]이 통발에 있다.ⓘ 사람들이 먹고살 수는 있겠지만 배부를 수 있기는 드물다."ⓘ77

ⓐ '보잘것없는 자'는 하잘것없는 사람의 모습이다. '말 먹이는 자'는 구차한 사람의 모습이다. 대개 세금을 거두는 벼슬아치에게도 일꾼이 시종을 든다. '보잘 것 없는 자'와 '말 먹이는 자'는 일꾼을 말한다. 지금 이미 집이 있고 녹봉이 있으니, 관가에서 일하는 자들이 백성이 되는 것보다 낫다는 것을 알 수 있다.

ⓑ '아름답게 꾸민 관리[天天]'라는 말에서 앞의 '요(天)'자는 주석가들이 모두 '천(天)'이라고 했다. 뒤의 '요(天)'자는 요절(天折)이다. '재앙[椓]'은 '해로움[害]'이다. 하늘이 요절하는 재앙을 내려 해로움이 되었다는 말이다. 생각건대 주석가들의 이런 해석은 아주 잘못되었다. 앞의 '천(天)'자라고 하는 것도 역시 '요(天)'자를 조금 잘못 본 것이니 '요요(天天)'라고 해야 한다. '요요(天天)'란 젊고 아름다운 모양이

---

73 『시경』「소아(小雅)」「정월(正月)」. 此此彼有屋, 蔌蔌方有穀, 民今之無祿, 天夭是椓. 哿矣富人, 哀此惸獨.

74 『시경』「소아」「요아(蓼莪)」. 絣之罄矣, 維罍之恥, 鮮民之生, 不如死之久矣.

75 『시경』「소아」「어조(魚藻)」. 魚在在藻, 有頒其首, 王在在鎬, 豈樂飮酒.

76 『시경』「소아」「대동(大東)」. 小東大東, 杼軸其空, 糾糾葛屨, 可以履霜, 佻佻公子, 行彼周行. 旣往旣來, 使我心疚.

77 『시경』「소아」「초화(苕華)」. 苕之華, 其葉青青, 知我如此, 不如無生. 牂羊墳首, 三星在罶, 人可以食, 鮮可以飽.

니, 세금을 거두는 관리를 말한다. 백성들이 끼니거리가 없는 것은 왕가의 관리가 모두 수탈해 갔기 때문이니, 해로움이 여기에 있다.

ⓒ '부자'는 관가에 있는 자들을 말한다.

ⓓ 살펴보건대, '술항아리'와 '술독'은 모두 술그릇인데, 술항아리는 작고 술독은 크다. 백성들이 술항아리를 자신들로, 술독을 군주로 비유하였다. 하찮은 백성들의 재산과 양식을 다 털어가서 왕가의 큰 술독에 모두 넣었으니, 이것이 또한 왕가의 수치라고 말하였다. 궁핍한 백성들이 사는 것이 죽는 것만 못하다고 한 것은 지극한 원망이다. 이 시는 효자가 부모를 공양할 수 없어 지은 것이다.

ⓔ 왕이 '호경'에 있다는 것은 음주를 즐긴다는 말이다. 이 시는 대개 인민들이 물고기로 자신을 비유하였다. 물고기가 수초 사이에 있으면서 항상 사람들에게 잡아먹힌다. 왕이 음주를 즐기면서 제멋대로 하는 것은 역시 백성들을 살찐 물고기처럼 보아 근심이 없다는 것이다.

ⓕ '작은 동쪽나라'와 '큰 동쪽나라'는 동방의 크고 작은 여러 나라들을 말한다. 주나라는 서경(西京)이 도읍인데, 제후국에서 부유하고 인구가 많다고 불리는 나라는 모두 주나라의 동쪽에 있었다. '베틀'은 옷감을 짜는 기구이니, 여러 물건들을 받아들일 수 있는 것이다. 이것은 동쪽의 크고 작은 나라에서 베틀이 모두 이미 비었으니 민간의 온갖 물건들이 쇠퇴했다는 것을 알 수 있다는 말이다.

ⓖ '방정맞은'은 경박한 모양이다. '공자(公子)'는 제후나 대부의 자제와 친척이다. '넓은 길'은 큰 길이다. 인민들은 칡덩굴로 만든 신으로 서리를 밟고 다니니, 세상살이가 고단함을 알 수 있다. 그런데 상층 귀족의 자제들은 한가하게 노상을 노닐고 우쭐거리며 왕래하니, 궁핍한 백성들이 그것을 보고는 마음이 괴로워 병이 생겼다.

ⓗ '푸르고 푸르다'는 것은 무성한 모양이다. 궁핍한 백성들은 삶의 고통 때문에 능소화의 푸르고 푸른 이파리만도 못하므로 '차라리 태어나지 말 것을!'이라고 스스로 한탄했다.

ⓘ 양이 마르면 머리가 크게 보이니, 궁핍한 사람이 자신이 여위고 괴로운 것을 마른 양으로 비유했다. 통발 속에 물고기가 없어 물이 잔잔하니 별빛만 보일 뿐이다. 민가에는 여분의 양식이 없어 쓸쓸한 형편이 이와 같다.

ⓙ 주자(朱熹)의 주석. 구차하게 먹을 수 있으면 그것으로 충분했으니, 어찌 배부르기를 바랄 수 있었겠는가?

위의 여러 시를 종합해서 보면, 주나라 왕실에서 아주 참혹하게 하찮은 백성들을 착취했음을 알 수 있다. 「국풍(國風)」[78]은 여기에서는 거론하지 않겠지만, 「대동(大東)」[79] 한 편의 시(詩)만을 완미해 보아도, 동방의 크고 작은 여러 나라들에서 그 인민들이 아주 곤궁하여 모두 '차라리 태어나지 말 것을!'이라고 한탄했음을 알 수 있다. 공자가 시를 산정하면서 그것을 경(經)으로 높인 것은 그의 식견이 탁월하고 지극히 인자했기 때문이다. 그가 『춘추』를 지어 계급을 소멸하고,ⓐ 당시 및 후세의 무궁무진한 인류를 계도한 것이 어찌 우연이었겠는가! 어찌 우연이었겠는가!

  ⓐ 천자를 폄하하고, 제후를 물리치며 대부를 토벌했다.

맹자는 "『시』가 사라진 다음에 『춘추』를 지었다."[80]고 말했다. 『시』가 사라진 것은 민간에 시가 없었기 때문이 아니다. 주나라 왕실이 동쪽으로 옮긴 다음에는 모두 우매한 왕들이 계속 왕위를 계승하여, 왕조에서 시를 채집하는 전례(典例)를 틀림없이 거행하지 않았을 것이고 여러 나라에서는 다시 시를 올리지 않았으므로, 『시』가 사라졌다고 말했다. 『시』가 사라지면, 통치자는 경계할 것이 없어 그 부패가 더욱 심해지고, 그 붕괴가 더욱 빨랐을 것이니, 이 때문에 『춘추』를 지었다. 맹자는 대개 『춘추』에 대해 들었지만, 끝내 소강의 예교를 고수하여 계급을 소멸시키려고 하지 않았다. 맹자는 고루하니, 성인의 문도가 아니다. 순자도 그렇지만 여기서는 논하지 않겠다.

공자는 『춘추』를 지은 뜻을 스스로 밝혀서, "내가 공연한 말을 싣고자 할 바에는 차라리 아주 절실하고 분명하게 일을 실행하는 것에서 드러내는 것만 못하다."[81]라고 했으니, 『논어』에서 그 증거를 얻을 수 있다.

---

78 「국풍(國風)」: 제후들이 백성의 노래를 모아 천자에게 바친 노래이다.

79 「대동(大東)」: 위의 "칡덩굴로 만든 신으로 찬 서리를 밟고 다니는데, 방정맞은 공자(公子)들은 저 '넓은 길[周道]'을 설치며 다닌다. 왔다갔다 하는 그들이 내 마음을 병들게 한다."라는 시를 가리킨다.

80 『맹자』「이루 · 하(離婁 · 下)」. 孟子曰: "王者之跡熄而詩亡, 詩亡然後春秋作."

81 『사기』「태사공자서」. 貶天子, 退諸侯, 討大夫, 以達王事而已矣. 子曰: "我欲載之空言, 不如見之於行事之深切著明也."

『논어』「양화(陽化)」편에서 "공자가 공산불요(公山弗擾)와 불힐(佛肸)의 부름을 받아들이려고 했다."[82]고 하였다. ⓐ 공산불요와 불힐은, 한 사람은 노나라 대부 계씨(季氏)의 읍재(邑宰)였고, 다른 한 사람은 진(晉)나라 대부 조간자(趙簡子)의 읍재(邑宰)였다. 두 사람은 자신의 대부를 배반하고, 곧 신하의 신분으로써 주인을 배반하였으니, 세상에서 말하는 난적(亂賊)이다. 그런데 두 사람이 공자를 부르니, 공자가 모두 가려고 했던 것은 무엇 때문인가? 대부의 읍재(邑宰)는 농민들과 가장 친근했으니, 공자는 대개 두 사람에게 가서 민중을 영도해서 대부를 토벌하도록, 곧 제1층의 통치계급을 소멸시켜 민주정치의 이상을 실현하도록 설득하고자 했던 것이다.

ⓐ 『사기』「공자세가(孔子世家)」에서 "노(魯)나라 정공(定公) 9년에 공자 나이 50세였다. 공산불뉴(公山不狃)가 비(費)읍을 기반으로 계씨(季氏)에게 모반을 일으키고는 사람을 시켜 공자를 불렀다. 공자가 가고 싶어서 '비읍이 비록 작지만 거의 도에 가깝게 다스릴 수 있다.'라고 말했다. 자로(子路)가 좋게 여기지 않아 공자를 저지하니, 공자가 마침내 가지 않았다."[83]라고 하였다. 그 다음에 진(晉)나라 대부 조간자(趙簡子)의 읍재(邑宰) 불힐이 중모(中牟)를 기반으로 모반을 일으키고는 사람을 시켜 공자를 불렀다. 공자가 가고 싶어 했는데 자로가 말렸다.[84] 살펴

---

82 『논어』「양화(陽化)」. 公山弗擾以費叛, 召, 子欲往. 子路不說曰: "末之也已, 何必公山氏之之也." 子曰: "夫召我者, 而豈徒哉? 如有用我者, 吾其爲東周乎?" / 「양화」. 佛肸召. 子欲往. 子路曰: "昔者由也聞諸夫子曰: '親於其身, 爲不善者, 君子不入也.' 佛肸以中牟叛, 子之往也, 如之何?" 子曰: "然. 有是言也. 不曰堅乎, 磨而不磷, 不曰白乎, 涅而不緇. 吾豈匏瓜也哉, 焉能繫而不食?"

83 노(魯)나라 정공(定公) 9년에 … 공자가 마침내 가지 않았다: 『사기』「공자세가(孔子世家)」. 定公九年, 陽虎不勝, 奔於齊. 是時孔子年五十. 公山不狃以費畔季氏, 使人召孔子. 孔子循道彌久, 溫溫無所試, 莫能己用, 曰: "蓋周文武起豐鎬而王, 今費雖小, 儻庶幾乎!" 欲往. 子路不說, 止孔子. 孔子曰: "夫召我者豈徒哉? 如用我, 其爲東周乎!" 然亦卒不行 참조.

84 진(晉)나라 대부 조간자(趙簡子)의 … 공자가 가고 싶어 했는데 자로가 말렸다: 『사기』「공자세가」. 佛肸爲中牟宰. 趙簡子攻范・中行, 伐中牟. 佛肸畔, 使人召孔子. 孔子欲往. 子路曰: "由聞諸夫子, '其身親爲不善者, 君子不入也'. 今佛肸親以中牟畔, 子欲往, 如之何?" 孔子曰: "有是言也. 不曰堅乎, 磨而不磷, 不曰白乎, 涅而不淄. 我豈匏瓜也

보건대 공자가 공산불뉴의 부름에 가려고 했던 것은 그의 나이 50세에 『역』을 연구할 때였다.

춘추시대에 천자는 단지 궁궐과 이름만 지키고 있었고, 그 실질적 권력은 이미 제후에게로 넘어갔다. 공자 때에는 제후의 권력이 또 대부에게로 넘어갔고, 대부 또한 대부분 속읍의 재신(宰臣)에게 핍박당했다. 공자가 공산불요와 불힐 두 사람의 부름에 모두 가려고 했으니, 그 뜻은 민중을 영도해 혁명을 거행하고 혼란한 제도를 개혁하여ⓐ 민주주의의 형국을 여는 데 있었다. 공자가 자로(子路)에게 말했다. "나를 부르는 자가어찌 까닭 없이 그리했겠느냐?ⓑ 만약 나를 등용하는 자가 있다면 나는동쪽의 주나라를 만들 것이다."⁸⁵ 주자(朱子: 朱熹)는 "'동쪽의 주나라를 만들 것이다.'라는 말은 주나라의 도를 동방에 일으키겠다는 말이다."⁸⁶라고 주석했는데, 이것은 잘못된 해석이다. 공자는 꼭 문(文)·무(武)·주공(周公)의 도를 동방에 일으키려고 했던 것이 아니라, 반드시 통치계급을 없애버려서 처음으로 서물(庶物: 서민)들이 나오는⁸⁷ 새로운 제도를 시행하려고 했던 것이었다.ⓒ 주자는 한나라 사람들에게 미혹당해 공자의진면목을 알지 못했으니 이상할 것도 없다. 공자가 끝내 공산불요와 불힐 두 사람의 부름에 가지 않았던 것은 반드시 자로의 말 때문만은 아니다. 대개 그 두 사람은 함께 도모하기에 부족하고, 백성들의 지혜가 계발되지 않아 갑자기 도모할 수 없음을 알았기 때문이다. 공자는 "백성들은 따르게 할 수는 있지만, 알게 할 수는 없다."ⓓ⁸⁸라고 일찍이 말했다. 이 말을 오해하는 자들은 공자는 백성들이 지혜롭게 되기를 원하지 않

哉, 焉能繫而不食?" 참조.

85 『논어』「양화」. 子曰: "夫召我者, 而豈徒哉? 如有用我者, 吾其爲東周乎."

86 『논어』「양화」. 子曰: "夫召我者, 而豈徒哉? 如有用我者, 吾其爲東周乎." 구절에 대한 주희의 주석. 爲東周, 言興周道於東方.

87 처음으로 서물(庶物: 서민)들이 나오는: 『역』「건괘」. 首出庶物, 萬國咸寧.

88 『논어』「태백(泰伯)」. 子曰: "民可使由之, 不可使知之."

았다고 생각했다. 공자는 분명히 "교육에는 유별(類別)이 없다."[89]고 밝혔고, 또 "만물의 참모습을 드러내고 사업을 이룬다."[ⓔ][90]라고 했으니, 어찌 백성들이 지혜롭게 되기를 바라지 않았겠는가? 이제 '알게 할 수 없다.'고 말한 것은 탄식했던 것이다. 자로는 공자를 모신 지 이미 오래되었는데도 여전히 통치를 옹호해서 공자가 배반자들과 한 무리가 되는 것을 부당하다고 여겼으니, 하물며 그 나머지야 말해서 무엇 하겠는가? 공자는 혁명을 일으키려고 기도했지만, 결행하지 않은 것은 군중의 정서가 아직 깨우치지 못했기 때문이다. 그 공연한 말을 숭상하지 않고 일을 실행하는 것에서 드러내려고 했으니, 그 '예지[前識]'와 '굳건한 신념[定力]'이 이미 만세에 드리워지도록 밝았다.

ⓐ '『춘추』는 혼란한 제도를 개혁하는 것이다.'라는 것은 예전의 『춘추』전문가들의 주장이다. 대부 이상으로는 제후와 천자가 있었으니, 무릇 3등급의 통치계급이다. 사회가 아주 불평등하여 인민들이 무겁고 무거운 침탈을 당해 지극히 고통스러웠다. 그러므로 『춘추』에서 그것을 혼란한 제도라고 말하고 반드시 개혁하려고 했던 것이다. 강유위(康有爲)는 『공자개제고(孔子改制考)』에서, '혼란한 제도'라는 말이 무엇을 지목하는지를 근본적으로 알지 못하여, 도리어 얄팍한 견해에 따라 어지럽게 설명했으니 매우 안타깝다.

ⓑ '까닭 없이 부르지 않았다.'고 말한 것은, 반드시 나를 등용할 것이라는 말이다.

ⓒ 앞에서 『역』에 대해 설명했던 것을 보라.

ⓓ 『예기』에서 "요임금과 순임금이 천하를 '인정[仁]'으로 통솔하니 백성들이 따랐고, 걸임금과 주임금이 천하를 '폭정[暴]'으로 통솔하니 백성들이 따랐다."[91]라고 하였다. 이것이 '따르게 할 수 있다.'는 것에 대한 증거이다. 그러나 그들이 집단을 이루어 통치하고 함께 선을 일으키게 할 줄 알도록 하는 것은 갑자기 바랄 수 없는 것이다.

ⓔ 앞에서 『역』에 대해 설명했던 곳을 보라.

---

89 『논어』 「위령공(衛靈公)」. 子曰: "有敎無類."

90 『역』 「계사 · 상」. 開物成務.

91 『예기』 「대학」. 堯舜率天下以仁, 而民從之, 桀紂率天下以暴, 而民從之.

『춘추』는 천자에 대해서는 폄하한다고 말했고, 제후에 대해서는 물리친다고 말했는데, 대부에 대해서는 유독 토벌한다고 말했다. 토벌은 반드시 군사력으로 죽여 없앤다는 것이다. 그 말이 유독 엄중한 것은 무엇 때문인가? 주 왕실이 동쪽으로 옮겨간 다음에 천자는 형식적으로 왕의 칭호를 가지고 있고, 제후국의 정치는 대부가 잡았다. 만약 인민들이 봉기하여 혁명을 일으켜서 무력으로 대부를 죽이면, 천하의 일은 쉽게 안정될 것이다. 천자는 다만 손상을 시켜 쫓아내고, 제후는 다만 내쫓아 폐할 뿐이니, 이것은 성인이 공산불요(公山弗擾)와 불힐(佛肸)의 일에 뜻을 두었던 까닭이다.[92] 지금까지 『춘추』를 말하는 사람들은 단지 성인의 뜻이 첨삭에 있을 뿐이라 전혀 혁명의 의도가 없다고 하였으니, 이것은 비속한 유학자가 함부로 성인을 업신여긴 것일 따름이다.

[3-3-3-2] 하휴(何休) 『춘추공양전해고』의 삼세론(三世論)

앞에서 『춘추』의 외왕학에 대해 고증한 것 이외에, 하휴(何休)가 주석한 『공양전』에는 대략이나마 삼세(三世)의 의미를 보존하고 있으니, 성인이 만세를 위해 태평세를 제정한 뜻을 여전히 살필 수 있다. 한대(漢代) 이후로 삼세를 말하는 자들은 모두 하휴가 말한 것 역시 동중서의 『춘추번로』를 계승하였다고 생각했다. 청대의 피석서(皮錫瑞)・강유위(康有爲) 등은 모두 공양수와 호무자도・동중서의 무리들이 참으로 공자의 춘추학을 전수받았다고 굳게 믿었다. 사실 피석서와 강유위가 비록 『공양전』과 『춘추번로』를 읽었다고는 하지만, 그 의미를 깨닫지는 못했다. 공양

---

92 이것은 성인이 공산불요(公山弗擾)와 불힐(佛肸)의 일에 뜻을 두었던 까닭이다:『논어』「양화」. 公山弗擾以費叛, 召, 子欲往. 子路不說曰: "末之也已, 何必公山氏之之也." 子曰: "夫召我者, 而豈徒哉? 如有用我者, 吾其爲東周乎?" / 「양화」. 佛肸召. 子欲往. 子路曰: "昔者由也聞諸夫子曰: '親於其身, 爲不善者, 君子不入也.' 佛肸以中牟叛, 子之往也, 如之何?" 子曰: "然. 有是言也. 不曰堅乎, 磨而不磷, 不曰白乎, 涅而不緇. 吾豈匏瓜也哉? 焉能繫而不食?" 참조.

수가 맨 먼저 '한나라를 위해 법도를 제정하려는' 사적인 의도를 가지고 성인의 말씀을 변질시켜 어지럽혔고, 자신의 제자 호무자도와 함께 모의해서 전(傳)을 지었다. 동중서의 『춘추번로』가 공양수와 호무자도의 『공양전』에 근거해서 괴이하고 우원한 이론을 뒤섞은 것은, 성인의 글을 멋대로 고쳐서 전제군주제를 옹호한 것이니, 자신의 스승 및 친구와 다를 것이 없다.ⓐ 『춘추』의 넓고 큰 강령은 본래 삼세(三世)의 의미에 있다. 무엇을 삼세라고 하는가? 공자는 노나라의 '역사기록[史記]'에 의거하여 노나라의 은공(隱公)부터 애공(哀公) 14년에 이르는 『춘추경』을 지었는데, 12공(公)을ⓑ 삼세로 나누었다.

> ⓐ 동중서의 학문은 공양씨로부터 전수받았으니 당연히 공양수의 제자이다. 호무자도와 동중서는 함께 공부했다.
>
> ⓑ 12공은 첫째가 은공(隱公), 둘째가 환공(桓公), 셋째가 장공(莊公), 넷째가 민공(閔公), 다섯째가 희공(僖公), 여섯째가 문공(文公), 일곱째가 선공(宣公), 여덟째가 성공(成公), 아홉째가 양공(襄公), 열째가 소공(昭公), 열한 번째가 정공(定公), 열두 번째가 애공(哀公)이다.

삼세의 의미는 양한(兩漢)부터 근대의 『춘추』를 연구하는 자들에 이르기까지 모두 하휴의 견해가 공양수·호무자도·동중서와 같고 다른 취지가 없다고 생각하였다.ⓐ 나는 하휴의 『공양해고(公羊解詁)』「자서(自序)」에서ⓑ "예전에 대략 호무자도의 조례에 의거해서 대부분 그 바름을 얻었다."[93]라고 말한 것을 보았다. 이 말에 근거하면, 하휴가 비록 『공양전』의 『해고』를 지었지만 그가 진술한 의미는 실로 본래 근본으로 삼은 것이 있었기 때문에, 호무자도의 조례에 대해서는 다만 '대략 그것에 의거했다.'고 말했을 뿐임을 충분히 징험할 수 있다. 하휴가 스스로 '대부분 그 바름을 얻었다.'고 말한 것에는 반드시 『공양전』의 결점을 보완했다는 것이다. 하휴가 동중서를 언급하지 않은 것을 보면 그가 동중서에게

---

93 『춘추공양전해고(春秋公羊傳解詁)』「서(序)」. 往者, 略依胡毋生條例, 多得其正.

서 취한 것이 없다는 것을 알 수 있다. 나는 하휴의 학문이 당연히 공양씨로부터 전해진 구설(口說)을 계승하였다고 여기는데, 이것이 공자의 본래 의미이다. 공양수와 호무자도가 『공양전』을 지은 것은 사사로운 의도를 가지고 한나라를 위해 법도를 제정한 것이니, 감히 공자의 본래 의미를 기술하지 못했다. 한나라의 신하인 하휴 역시 『공양전』을 반박하여 감히 공자의 근본의미를 선양하지는 못했지만, 차마 구설이 완전히 인멸되게 할 수는 없어서 우선 그 대략이나마 보존하였으니, 이것이 하휴가 『해고』를 지은 은밀한 의도이다.ⓒ 지금부터 먼저 『공양전』의 삼세의 의미를 고증해서 바로잡은 다음에 하휴의 견해를 검증해서 밝히겠다.

ⓐ 근대의 사람은 강유위와 피석서 등을 말한다.
ⓑ 『공양춘추전(公羊春秋傳)』을 또한 줄여서 『공양(公羊)』이라고 칭한다. 『해고(解詁)』란 하휴가 『공양전』을 주석한 것인데 또한 『해고(解詁)』라고 부른다. 『공양해고』를 완성하고 하휴는 다시 「자서(自序)」를 썼다.
ⓒ 이 책의 「원학통」에서 『춘추』를 설명한 글을 다시 봐야 할 것이다.

『공양전』: "은공(隱公) 원년(元年), 겨울 12월에 공자(公子) 익사(益師)가 죽었다. 어찌하여 날짜를 기술하지 않았는가?ⓐ 멀기 때문이다.ⓑ '본 것[所見]'에 대해서 표현을 달리했고, '들은 것[所聞]'에 대해서 표현을 달리했으며, '전해들은 것[所傳聞]'에 대해서 표현을 달리했다."[94]

ⓐ '어찌하여(何以)'는 질문한 것이다. 『경』에 익사가 죽은 날짜를 기록하지 않았기 때문에 질문한 것이다.
ⓑ 이 구절은 대답이다. 공양수와 호무자도는 은공의 시대가 공자로부터 이미 멀리 떨어져 있어 은혜로운 정이 엷기 때문에, 공자는 선군(先君)의 신하에 대해서 그 죽은 날짜를 생략하고 기록하지 않았다고 생각했다.

---

94 『춘추공양전주소』「은공(隱公)」. 隱元年, 冬十有二月, 公子益師卒. 何以不日. 遠也. 所見異辭, 所聞異辭, 所傳聞異辭.

이것에 근거하면, 공양수와 호무자도가 함께 지은 『공양전』에서 말한 삼세는 단지 군신의 정의(情義)로서만 말했을 뿐이지, 더 이상 정치사회의 여러 가지 큰 문제나 어떠한 이상(理想)도 말할 만한 것이 없었음을 알 수 있다. 하휴는 이것에 대한 『공양전』의 문구를 풀이해서 다음처럼 말했다. "'본 것[所見者]'은 소공(昭公)·정공(定公)·애공(哀公)으로서 자신(孔子)과 부친 때의 일을 말한다.ⓐ '들은 것[所聞者]'은 문공(文公)·선공(宣公)·성공(成公)·양공(襄公)으로서 조부 때의 일을 말한다.ⓑ '전해들은 것[所傳聞者]'은 은공(隱公)·환공(桓公)·장공(莊公)·민공(閔公)·희공(僖公)으로서 고조부와 증조부 때의 일을 말한다.ⓒ '표현을 달리한다는 것[異辭者]'은 은혜를 받는 것에 두터움과 엷음이 있고, 의리에 깊음과 얕음이 있다는 것이다.ⓓ 당시에 은혜가 쇠퇴하고 의리가 결핍되어,ⓔ 장차 인륜을 다스리고ⓕ 군중을 질서지으려고ⓖ 혼란을 다스리는 법을 제정했다. 그러므로 '본 시대[所見之世]'에 대해서는 나와 부친을 신하로 삼은 것에 대한 은혜가 매우 깊으니,ⓗ 대부가 죽으면 죄가 있든지 없든지 모두 그 날짜를 기록했다.ⓘ '병신(丙申)날에 계손은여(季孫隱如)가 죽었다.'는 것이 이것이다.ⓙ '들은 시대[所聞之世]'에 대해서는 조부를 신하로 삼은 것에 대한 은혜가 조금 감소하니,ⓚ 대부가 죽으면 죄가 없는 자는 날짜를 기록하고,ⓛ 죄가 있는 자는 날짜를 기록하지 않았다. 생략한 것으로는 '숙손득신(叔孫得臣)이 죽었다.'는 것이 이것이다.ⓜ '전해들은 시대[所傳聞之世]'에 대해서는 고조부·증조부를 신하로 삼은 것에 대한 은혜가 미미하니,ⓝ 대부가 죽으면 죄가 있든지 없든지 모두 날짜를 기록하지 않고 생략했다.ⓞ '공자(公子) 익사(益師)·무해(無駭)가 죽었다.'는 것이 이것이다."ⓟ95

---

95 『춘추공양전주소』 「은공」. 所見者, 謂昭定哀已與父時事也. 所聞者, 謂文宣成襄王父時事也. 所傳聞者, 謂隱桓莊閔僖高祖曾祖時事也. 異辭者, 見恩有厚薄, 義有深淺. 時恩衰義缺, 將以理人倫, 序人類, 因制治亂之法, 故於所見之世, 恩已與父之臣尤深. 大夫卒, 有罪無罪皆日錄之. 丙申季孫隱如卒是也. 於所聞之世, 王父之臣, 恩少殺. 大夫卒, 無罪者日錄, 有罪者不日. 略之, 叔孫得臣卒是也. 於所傳聞之世, 高祖曾祖之臣, 恩淺. 大夫卒, 有罪無罪皆不日. 略之也. 公子益師無駭卒是也.

ⓐ 소공 · 정공 · 애공 3공(公) 때의 일은 자신과 부친이 본 것이니, 그것을 '본 시대'라고 말했다. '자신'은 공자 자신을 설정한 것이다.

ⓑ 문공 · 선공 · 성공 · 양공 4공(公) 때의 일은 공자가 보지 못한 것이니, 공자의 조부 때의 일이기 때문에 공자에게는 '들은 시대'가 된다.

ⓒ 은공 · 환공 · 장공 · 민공 · 희공 5공(公) 때의 일은 공자가 직접 들을 수 없었으니, 공자의 고조와 증조부 때의 일이기 때문에 공자에게는 그것이 '전해들은 시대'가 된다.

ⓓ 은혜의 두터움과 엷음, 의리의 깊음과 얕음은 정감이 저절로 그것에 상응하는 것이다.

ⓔ 서언(徐彦)은 『춘추공양전주소(春秋公羊傳注疏)』에서 당시의 군신(君臣)과 부자(父子)는 서로 죽이는 일이 많았다고 하였다.

ⓕ '다스린다[理]'는 것은 바로잡는다는 것이다. 공자가 『춘추』를 지어서 인륜 곧 군신과 부자 등과 같은 질서를 바로잡으려고 한 것이 이것이다.

ⓖ 예컨대 상하 · 귀천 · 존비에 모두 질서가 있는 것이다.

ⓗ '나와 부친을 신하로 삼은 것에 대한 은혜' 운운이라고 말한 것은, 공자가 몸소 모신 임금에 대해서는 은혜를 고맙게 여기는 것이 아주 절실했으므로, 임금이 신하에게 베푼 은혜를 생각하는 것이 매우 깊다는 것을 말한다. 주석한 글이 지나치게 혼란스럽고 간단하니, 절대로 오해하지 않기를 바란다.

ⓘ 신하에게 비록 죄가 있을지라도 역시 그가 죽은 날짜를 기록하고 차마 생략하지 않았던 것은, 신하에 대한 임금의 두터운 은혜를 죄가 있다고 엷게 하지 않았음을 드러낸 것이다. 그러니 죄가 없는 자는 말할 필요도 없다.

ⓙ 정공(定公) 5년 (6월) 병신(丙申) 날에 계손은여가 죽었다. 계손은여는 임금을 쫓아낸 죄가 있는데도 죽은 날짜를 기록했으니, 이것은 '본 시대'에 대해 임금의 두터운 은혜를 드러낸 것이다.

ⓚ '들은 시대'에서 대부의 죽음은 공자의 조부 때의 일이기 때문에 부친을 신하로 삼은 것보다는 은혜로운 정이 조금 감소하였다.

ⓛ 그 죽은 날짜를 기록하여 생략하려 하지 않은 것은 죄가 없기 때문이다.

ⓜ 선공(宣公) 5년 9월에 숙손득신이 죽었는데, 죽은 날짜를 기술하지 않았다. 하휴는 "숙손득신은 공자(公子)가 마침내 임금을 시해하려는 것을 알면서도 말하지 않아서 그 죄가 사형에 해당하므로, 그가 죽었는데도 그 날짜를 기록하지 않았다."[96]고 하였다.

---

96 숙손득신은 공자(公子)가 … 그 날짜를 기록하지 않았다: 『춘추공양전주소』 「선

ⓝ '전해들은 시대'에서 대부의 죽음은 공자의 고조부·증조부 때의 일이고, 선대
조정에서 신하로 삼은 것은 연대가 비교적 멀리 떨어져 있으므로 은혜로운 정이
아주 미미하다.

ⓞ 죄가 있든지 없든지를 막론하고 그들이 죽으면 모두 그 죽은 날짜를 기록하지
않았다. 은혜가 미미하니 생략한 것이다.

ⓟ 이제 여기에서 "공자(公子) 익사(益師)가 죽었다."고 적었다. 익사는 본래 죄가 없
는데도 그가 죽은 날짜를 기록하지 않았던 것은 시대가 멀리 떨어져 있어 은혜
가 미미해서 생략한 것이다. 은공 8년 겨울 12월에 "무해(無駭)가 죽었다."고 적
었다. 무해가 다른 나라를 멸망시켜서 죄가 있었지만 또한 죽은 날짜를 기록하
지 않았던 것은, 역시 세월이 멀리 떨어져 있어 은혜가 미미했기 때문에 생략한
것이다.

위에서 인용한 주석의 글처럼 하휴는 줄곧 공양(公羊)의 본래 의미에 근
거해서 주석하였다. 바꿔 말하면, 곧 공양수와 호무자도 사제(師弟)가 지
은 『공양전』은 사실 공자의 삼세의 의미를 서술하지 않고 자기의 뜻을
가지고 한나라를 위해 법도를 제정하였다는 것이다. 그러므로 그들은
삼세의 의미를 단지 군신 간의 정감[情]과 의리[義]로서만 말했을 뿐이다.
정감으로 말한 것은 '본 시대'에서 대부가 죽으면 비록 죄가 있을지라도
역시 그 죽은 날짜를 기록하여 차마 생략하지 않았으니, 그것으로써 임
금은 자신이 신하를 대하는 두터운 은혜가 두텁다는 것을 그럴 듯하게
꾸미고, 신하된 자는 임금의 은혜를 품지 않을 수 없다는 것이다. 의리
로 말한 것은 '들은 시대'에서 대부가 죽으면 죄가 없는 자는 그 죽은 날
짜를 기록하고, 죄가 있는 자는 그 죽은 날짜를 생략하여 기록하지 않았
으니, 그것으로써 신하가 임금을 섬김에 마땅히 죄가 없도록 경계한 것
이다. '전해들은 시대'에서 대부가 죽으면 죄가 있든지 없든지 모두 그
죽은 날짜를 기록하지 않았으니, 시대가 멀고 은혜가 미미해서 생략한
것이다. 그러므로 삼세(三世)에 각기 그 표현을 달리했지만, 그 큰 요지

공」. 叔孫得臣卒. 注不日者, 知公子遂欲弑君, 爲人臣知賊而不言, 明當誅 참조.

는 임금과 신하가 정감과 의리로 서로 결합할 것을 타일러 훈계하는 데 있었으며, 그 주된 의도는 신하의 도리를 더욱 중시하는 데 있었다. 임금과 신하가 정감과 의리로써 서로 믿으면 전제군주제가 그것에 의뢰해서 공고해지니, 공양수와 호무자도 사제가 한나라를 위해 법도를 제정한 것은 충성스러웠다고 할 수 있다. 그렇지만『춘추』의 참된 의미를 배반했으니, 그 죄는 또한 모면할 수 없다. 동중서가『춘추번로』에서 말한 삼세는 완전히『공양전』을 근본으로 했다. 자세한 설명은「원학통」에 있다.

하휴는『공양전』은공(隱公) 원년(元年)의 '본 것[所見]'과 '들은 것[所聞]'과 '전해들은 것[所傳聞]'이라는 한 단락을 주석하여, 그 문장의 의미가 분명하게 앞뒤로 서로 모순된다는 점을 자세하게 밝혔다. 전반부에서 '본 것' 등 삼세에 대하여 표현을 달리했던 것을 명백하게 밝힌 것은, 내가 이미 앞에서 인용하여 서술하였으니 여기에서 군더더기를 붙일 필요가 없다. 후반부에서 거란세·승평세·태평세의 삼세의 의미를 분별하여 표기한 것은, 확실히 전반부에서 군신의 정감과 의리를 높이 드러낸 것과 취지를 달리한다. 대체로 군주제도는 민중이 유치한 상태에서 생겨나와 오랜 세월을 경과했는데도 아직 바뀌지 않은 혼란한 제도이다. 세상이 승평으로 나아가면 이미 어지러운 것을 바로잡아 바른 것으로 돌아가니, 반드시 군주의 존재를 용납하지 않는다. 이것은 동중서가 개인적으로 사마천에게 전수한『춘추』의 "천자를 폄하하고, 제후를 물리치며, 대부를 토벌한다."는 말로부터 징험하여 알 수 있다. 하휴는 감히 이것을 주창하여 언급하지 못했지만, 그 삼세의 의미는 대략이나마 공자가 지은『춘추』의 강령(綱領)을 보존하였다. 오늘날 그것을「예운」과 동중서가 개인적으로 사마천에게 전수한 말과 서로 참고해서 검증하면,『춘추』경의 대체(大體)는 여전히 엿볼 수 있으니,『춘추』경이 이미 망실되었다고 말할 수 없다. 이제 하휴가 주석한 거란세 등 삼세의 의미를 인용하여 다음처럼 서술한다.

"'전해들은 시대'에서는 쇠퇴하여 혼란한 가운데서 다스림이 일어나는 것을 나타내니, 마음을 쓰는 것이 아직 거칠기 때문에 자신의 나라를 안으로 여기고 제하(諸夏)를 밖으로 여긴다.[ⓐ] 먼저 내부를 자세히 살피고 그 다음에 외부를 다스리며, 큰 나라의 일은 기록하고 작은 나라의 일은 생략한다.[97] 내부의 사소한 악행은 기록하고, 외부의 사소한 악행은 기록하지 않는다. 큰 나라에는 대부(大夫)가 있고 작은 나라에는 '사람[人]'이라고 약칭한다. '내부에서 논의가 합의되지 않거나 합의되는[內離會]' 일은 기록하고, '외부에서 논의가 합의되지 않거나 합의되는[外離會]' 일은 기록하지 않은 것이 이것이다."[98]

> ⓐ『춘추』에서 제하(諸夏)라고 말한 것은 그 종류가 같고 다름을 막론하고 반드시 똑같이 고도의 문화를 가지고 있고, 똑같이 지혜와 기능을 가지고 있으며, 예의를 좋아하는 것이니, 이것을 제하라고 통칭하였다. 하(夏)는 크다[大]는 의미이다. 모든 나라가 제각기 자기들의 나라를 안으로 여기니, 곧 병립한 제하의 많은 여러 나라들을 모두 밖으로 본다. 밖으로 여긴다는 것은 곧 대항하여 맞선다는 의미가 있다.

"'들은 시대'에서는 다스림이 승평세 임을 나타내니,[ⓐ] 제하(諸夏)를 안으로 여기고 '오랑캐[夷狄]'를 밖으로 여긴다.[ⓑ] 외부에서 논의가 합의되지 않거나 합의되는 일을 기록하고, 작은 나라에 대부가 있다."[99]

> ⓐ 이 시대에는 이미 승평세로 진입했음을 나타낸다는 말이다.
> ⓑ 오랑캐란 야만스럽고 무지한 사람을 말하는데, 세간에서 간혹 아직 개화되지 못한 민족을 오랑캐라고 한다. 『춘추』에서 오랑캐의 의미는 전혀 이와 같지 않다.

---

97 먼저 내부를 자세히 살피고 … 작은 나라의 일은 생략한다:『춘추공양전주소』「은공」. 錄大略小. 解云謂, 錄大國卒葬, 小國卒葬, 不錄是也. 참조.

98『춘추공양전주소』「은공」. 於所傳聞之世, 見治起於衰亂之中, 用心尙麤觕, 故內其國而外諸夏. 先詳內而後治外, 錄大略小. 內小惡書, 外小惡不書. 大國有大夫, 小國略稱人. 內離會書, 外離會不書, 是也.

99『춘추공양전주소』「은공」. 於所聞之世, 見治升平, 內諸夏而外夷狄. 書外離會, 小國有大夫.

고도의 지식과 기능 및 학술이 있는 민족일지라도 혹시 흉악하고 교활함에 익숙
하여 제멋대로 침략을 일삼고 예의를 저버리면, 모두 오랑캐라고 말한다. 그들
에게 비록 지식과 기능이 있을지라도 인간의 도리를 해치는 것이 된다면, 진실
한 앎이 아니기 때문에 그들을 오랑캐라고 부르지 않을 수 없다.

"'본 시대[所見之世]'에서는 다스림이 태평세 임이 두드러지니,ⓐ 오랑캐가
나아가서 벼슬하고, 천하에서 멀리 있는 나라이거나 가깝게 있는 나라
이거나, 큰 나라이거나 작은 나라이거나 마치 하나와 같아서 마음을 쓰
는 것이 더욱 깊고 상세하므로, 인의(仁義)를 숭상한다."[100]

ⓐ 이 시대에는 이미 태평세에 진입했음이 두드러진다.

위에 인용한 하휴의 주석에서, 그가 설명한 삼세의 의미는 『대역(大易)』의
"곤궁하면 변하고, 변하면 통하며, 통하면 오래간다[窮變通久]."[101]는 것을
증명하여, 「예운」의 천하가 공평하게 되는 여러 의미와 모두 일관된다는
것을 알 수 있다. 그러므로 하휴의 주석만이 홀로 공자의 진면목을 전했
으며, 『공양전』의 삼세의 의미는 확실히 공양수와 호무자도가 한나라를
위하여 법도를 제정한 것이지, 공양수의 선조가 자하에게 전수받은 춘추
학이 아님을 알 수 있다. 이제 두 견해를 다음처럼 대조해 보겠다.

하휴가 기술한 공자에서의 삼세의 의미

전해들은 시대 (所傳之世)	쇠퇴하여 혼란한 가운데에서 다스림이 일어남을 나타 내니, 이것이 거란세이다.
들은 시대(所聞世)	다스림이 승평세 임을 나타내니, 이것이 승평세이다.
본 시대(所見世)	다스림이 태평세 임이 드러나니, 이것은 태평세이다.

100 『춘추공양전주소』「은공」. 至所見之世, 著治太平, 夷狄進至於爵, 天下遠近小大若
　一, 用心尤深而詳, 故崇仁義.

101 『역』「계사·하」. 易窮則變, 變則通, 通則久.

공양수와 호무자도가 지은 『공양전』에서의 삼세의 의미

본 시대(所見世)	신하는 임금의 깊은 은혜를 생각해야 된다.
들은 시대(所聞世)	의리를 신하된 도리의 법도로 삼는다.
전해들은 시대 (所傳之世)	시대가 멀리 있으니, 은혜와 의리로 논하지 않는다.

두 견해를 대조하면, 공양수와 호무자도가 말한 삼세는 분명히 임금과
신하의 은혜와 의리에 관한 이론을 제창하여 통치계급을 위해 호신부적
을 만든 것이니, 이것은 하휴가 기술한 삼세의 의미와는 본래 단맛과 매
운맛처럼 같은 의미가 아니다. 그러나 한대 이후로 2천 수백 년 동안 뜻
밖에도 그것을 분별하는 자가 한 사람도 없었으니, 어찌 기이하지 않은
가?ⓐ 공양씨(公羊氏)는 대대로 전해진 공자의 춘추학에 근거했지만, 공
양수에 이르러 그의 제자 호무자도와 함께 한나라를 위해 법도를 제정
한 『공양전』으로 위조해서 당시 세상에 공개하였으니, 그 뒤로 공자의
참된 『춘추』는 단지 구설(口說)에 의지해서 유행되었을 뿐이다. 하휴가
전한 것은 틀림없이 공양씨의 문인들이 퍼트린 구설일 것이다. 애석하
게도 하휴마저 여전히 거짓을 깨부수어 진실을 드러내지 못하고 오히려
위조된 『공양전』을 주석해서, 마침내 진실과 거짓이 뒤섞이도록 하여
후학들이 분별하지 못하게 만들었다. 그러나 또한 다행스럽게 하휴의
주석이 있고, 후대 사람은 전부 안목이 없는 자들만 있는 것은 아니어서
또한 기와와 자갈을 가려내어 진짜 황금을 알아볼 수가 있으니, 어찌 하
휴에게 공로가 없다고 할 수 있겠는가!

> ⓐ 근래에 강유위는 글을 베끼는 재주가 뛰어났지만 생각이 짧았으니, 그가 분별하
> 지 못했던 것은 별로 이상하게 여길 것이 없다.

앞에서 인용한 하휴의 주석을 지금부터 구절에 따라서 간단하게 해석하
겠다.

1. 하휴가 주석한 거란세(據亂世)의 여러 구절에 대한 해석 [a]

거란세는 열국(列國)이 즐비하여 서로 경쟁하는 시대였기 때문에 각국의 백성들은 모두 좁고 폐쇄적인 국가사상을 벗어나지 못했다. 그 때의 사회는 여러 가지로 불평등하여 통치계급이 자신들의 이익을 독단적으로 취했지만, 대다수의 고달프고 힘든 백성들은 항상 곤궁함을 편안히 여겨서 스스로 깨닫고 스스로 벗어날 길이 없었으니, 이것은 진실로 쇠퇴하여 혼란한 시대였다. 공자는 『춘추』를 지어서 쇠퇴하여 혼란한 모습을 고조부와 증조부 때의 일이라고 말하고 그것을 또한 '전해들은 시대 [所傳聞世]'라고 말했으니, 이것은 바로 그의 고조부와 증조부 이래로 전해진 말들이 이와 같다는 것을 기술했을 뿐이다. 사실 쇠퇴하여 혼란해진 것은 그의 고조부와 증조부 때에 시작되지 않았다.

> [a] 거란(據亂)이란, 쇠퇴하여 혼란한 시대에 의거하여 다스리는 공로를 일으키기 때문에 거란이라고 말한다.

"쇠퇴하여 혼란한 가운데에서 다스리는 도리를 처음으로 일으키지만 마음씀이 아직 거칠다.": 민중의 지혜가 아직 융성하게 계발되지 않아 다스림을 도모하는 데 순서가 있기 때문이다.

"자신의 나라를 안으로 여기고 제하(諸夏)를 밖으로 여긴다.": 각 나라의 사람들이 스스로 자신의 나라를 사랑하고, 자신의 나라를 자신 밖의 사물이 아니라고 여겼으니, 이것을 '안으로 여긴다[內].'고 말했다. 자기 나라와 제하의 여러 나라가 대립해서 언제나 싸우려는 의지가 있었으니, 이것을 제하를 '밖으로 여긴다[外].'고 말했다. 대개 시대가 한창 거란세이면, 열국이 각기 밖으로 확장하려는 욕심을 갖게 되고, 또한 각기 대외로 항거하려는 의지를 갖게 된다. 항거하는 역량이 큰 것은 생존하고 또한 강하게 되며, 항거하는 역량이 작은 것은 약해져서 멸망하기 때문에 항거하는 의지가 없을 수 없다. 그런데 나라를 이끄는 자가 확장하려는 욕심을 품으면, 비록 백성의 힘을 모아서 밖으로 향하게 하여 일시적인 효과를 거둘 수 있지만, 숨겨진 우환이 또한 여기에서 시작된다.

"먼저 내부를 자세히 살피고 그 다음에 외부를 다스린다.": '먼저[先]'와 '그 다음[後]'은 '본(本)'과 '말(末)'을 ⓐ 말하는 것과 같으니, 시간적인 의미가 아니다. 옛날부터 내정(內政)이 부패하여 무너지는데, 외교(外交)가 잘 되었던 적은 없었다. 내정을 자세히 살펴서 바로잡으면, 외교는 순리대로 다스려진다.

> ⓐ 예컨대 나무의 뿌리와 줄기는 본(本)이고, 가지와 잎은 말(末)이다. 뿌리와 줄기가 튼튼하게 자라면 가지와 잎은 저절로 무성하게 자란다.

"큰 나라의 일은 기록하고 작은 나라의 일은 생략한다.": 『춘추』에서 왕 노릇하는 도리를 노나라에 가탁했는데,ⓐ 노나라는 거란세를 맞아 그 외교를 대국과의 교제에 중점을 두고 소국과의 교제는 생략했기 때문이다.ⓑ

> ⓐ 『춘추』는 외왕(外王)의 도를 노나라에 가탁하였다. 곧 그 모든 이상을 모두 노나라에서 처음 제창하여 실행했다고 가정했으니, 이것은 예전의 『춘추』를 연구하는 학자들이 말한 것이다.
>
> ⓑ 『춘추』는 거란세에 노나라가 우방의 강대한 나라에 대해 교제를 매우 친밀하게 하였다고 기술하였으니, 예컨대 대국의 군주가 죽은 날과 장례를 또한 기록했던 것이 이것이다. 작은 나라에 대해서 생략했던 것은 그것이 우환이 되기에는 부족하다고 여겼기 때문이다.

"내부의 사소한 악행은 기록한다.": 일을 실행하는 데의 득실은 반드시 사소한 것에서 조심한다는 것이다. 『역』에서 "서리를 밟게 되면, 단단한 얼음이 얼게 될 것을 안다."ⓐ102라고 말했으니, 악행이 점점 쌓이는 것을 방지하는 것이다.ⓑ 『춘추』는 노나라의 내부에 사소한 악행이 있으면, 반드시 기록해서 경계하였다. 작은 일에 조심하는 것이 악행의 근

---

102 『역』「곤괘」「문언」. 易曰: "履霜, 堅氷至."

원을 끊어버리는 것이다.

> ⓐ 가을에 서리를 밟게 되면 바로 단단한 얼음이 얼게 될 것임을 안다는 말이다.
> ⓑ 서리가 내리고 약간 추워지면, 추위가 점점 심해져서 단단한 얼음이 얼게 될 것이다. 사소한 악행이 점점 쌓여서 결국 큰 악행이 되니, 방지하지 않을 수 없다.

"외부의 사소한 악행은 기록하지 않는다.": 외국의 군신(君臣)들에게 작은 악행이 있는 것은 기록하지 않지만, 큰 악행으로 국제적인 영향을 끼치는 것이 있다면 반드시 그것을 기록해서 경계해 보이므로, 오직 사소한 악행만 기록하지 않을 뿐이라는 것이다.

"큰 나라에는 대부(大夫)가 있고, 작은 나라에는 '사람[人]'이라고 약칭한다.": 국교(國交)의 예의에서 큰 나라가 대부를 사신으로 임명하면 우리 나라에서는 대부의 예의로 대접하지만, 작은 나라의 대부가 오면 대부의 예의로 대접하지 않는다는 것이다. 거란세에는 힘을 숭상하므로 큰 나라만이 중시된다.

"내부에서 논의가 합의되지 않거나 합의되는 일은 기록하고, 외부에서 논의가 합의되지 않거나 합의되는 일은 기록하지 않는다."ⓐ: '내부'는 본국(本國)을, '외부'는 외국(外國)을 말한다. 본국이 우방과 논의한 일은 합의 여부에 관계없이 반드시 기록한다는 것은, 내부의 일을 비워두고 외부와의 우호관계에 힘써 의지하는 것을 싫어했기 때문에 기록해서 경계를 보인 것이다. 외국이 우방과 논의한 일은 합의 여부에 관계없이 기록하지 않는다는 것은, 그 일이 자신의 나라와 관계가 없기 때문이다. 거란세에는 열국(列國)이 서로 경쟁하니, 나라를 다스리는 자들이 본국을 바로 잡고 외국을 다스리는 도리가 대개 이상과 같다.

> ⓐ '논의가 합의되지 않은 것[離]'과 '논의가 합의된 것[會]'은 다르다. 두 나라의 군주나 경대부가 서로 회합할 때, 각기 고집하는 것이 있으면 협의할 수 없으므로, '논의가 합의되지 않은 것[離]'이라고 하지 '논의가 합의된 것[會]'이라고 하지 않았다. 그러나 두 나라가 전쟁을 하지 않고 평화롭게 대면해서 의논했다면 해결될 가망이 없는 것이 아니므로, 논의가 합의되지 않은 것도 귀중하다고 할 수 있다.

두 나라 이상의 국가를 대표하는 자들이 서로 회합할 때 그 논의는 다수에 따라 결정하므로 '논의가 합의한 것[會]'이라고 했다.

2. 하휴가 주석한 승평세(升平世)ⓐ의 여러 구절에 대한 해석

"'들은 시대[所聞之世]'에는 다스림이 승평세임을 나타낸다.": 문공·선공·성공·양공 4공(公) 때의 일이 공자가 '들은 시대'인데, 이때는 사실 승평세가 아니지만, 『춘추』에서는 이때의 혁명에 의미를 부여하여 승평세의 다스림을 드러내 보였으므로, 이때를 승평세라고 말하였다.

"'제하(諸夏)'를 안으로 여기고, '오랑캐[夷狄]'를 밖으로 여긴다.": 다수의 국가를 총괄해서 말했으므로 '제(諸)'라고 했고, 그들을 존귀하게 여겨서 '하(夏)'라고 말했으니, '하'라는 것은 '크다[大]'는 의미이다. 『춘추』에서 '크다'는 것은 부강하기 때문이 아니라, 예의(禮義)바르기 때문이다. 예의가 융성한 나라는 남을 침탈하지 않으므로 통상적으로 '제하'라고 하였다. '오랑캐[夷狄]'란 야만스러운 것을 일컫는다. 『춘추』에서 '오랑캐[狄]'는 그 지식과 기능이 아직 진보되지 않았기 때문이 아니다. 지식과 기능이 비록 발달했을지라도 예의가 없어서 침략하기를 좋아하고 금수처럼 다른 종족을 병합하는 습성이 많으면, 『춘추』는 그들을 오랑캐라고 여겨서 제하의 반열에 놓는 것을 허락하지 않았다. 예컨대 초(楚)나라 사람들이 지식과 기능이 이미 발달했지만, 『춘추』에서 오랑캐라고 한 것은 그들이 중원(中原)을 침략했기 때문이다.

"제하를 안으로 여긴다.": 거란세를 맞이하여 큰 나라나 작은 나라를 막론하고 제하의 다수국가들이 모두 각기 좁고 폐쇄적인 국가사상을 가지고 있었으므로 모두 서로를 밖으로 여겼다.ⓑ 기어이 강한 자가 약한 자를 침략하고, 부유한 자가 빈곤한 자를 약탈하여 백성들은 안심하며 살 수 없었고, 인간의 도리는 심하게 무너졌다. 그러므로 성인은 『춘추』를 지어서 왕 노릇하는 도리를 노나라에 가탁하여 천하가 공평해지는 도리를 제창하고, 천하를 한집안으로 만드는 규범ⓒ을 창도하였다. 노나라가 떨쳐 일어나는 것을 통해 성실한 마음을 열고, '공평한 도리[公道]'를 전파하여 제하와 서로 만나기를 기대했다. 그런 다음에 제하의 여러 나라들이 각기 자신의 이익만을 생각하고 다른 사람을 생각하지 않는 마음을 버려 서로 화합하고 서로 제약하며, 고락을 함께하고 이익을 서로 균등하게 하며, 오로지 평등하여 침략과 기만을 없애는 것이 천하가 한 집안으로 되는 시작이다. 그러므로 제하를 안으로 여긴다고 하였다.

ⓐ '오른다(升)'는 것은 나아간다는 것이다. 세계가 쇠퇴하여 혼란한 것으로부터 다스림이 평등하게 되는 데로 나아가는 것을 '승평'이라고 한다.
ⓑ '서로를 밖으로 여긴다.'는 것은 곧 서로 투쟁한다는 것이다.
ⓒ 모두 「예운」편에 있다.

"오랑캐를 밖으로 여긴다.": 제하가 비록 서로 화합해서 승평세로 나아갈지라도 세계에는 여전히 몇몇 국가와 그 종족들 중에 완고하고 비열한 무리들이 많이 있기 때문에, 자신의 이익만을 생각하고 다른 사람을 생각하지 않는 거란세의 나쁜 습성을 눌러 다스릴 수 없다. 그들은 항상 그 나라의 권력을 이용해서 천하를 공평하게 만드는 큰 도리를 배반하여 제하와 원수가 되니, 이른바 오랑캐란 이런 무리들이다. 그러나 시대가 이미 승평세가 되면, 인류는 결국 '공평한 도리[公道]'를 지향하니, 제하에서는 위대한 영웅의 두려움 없는 노력으로 공평한 도리를 위해 공동으로 싸우고, 저들이 공평한 도리를 배반한 죄악을 성토하여, 그 명칭을 바로잡아서 오랑캐라고 한다. 오랑캐가 제하의 하나로 참여할 수 없게 해 놓고 인류가 함께 일어나서 그들과 대적하니, 이것이 "오랑캐를 밖으로 여긴다."는 것이다.

"외부에서 논의가 합의되지 않거나 합의되는 일을 기록한다.": 거란세에는 나라마다 각기 자신의 이익만을 생각하여, 우방들과 논의가 합의되지 않거나 합의되는 것을 원용할 것으로 만들어 자신을 공고하게 하려고 했기 때문에, 본국에서 논의가 합의되지 않거나 합의되는 것이 있으면, 외부의 원용을 믿을까 경계하여 그것을 기록했다. 외국에서 논의가 합의되지 않거나 합의되는 것이 있으면, 그 일이 자신과 관계가 없기 때문에 기록하지 않았다. 이제 승평세에 "외부에서 논의가 합의되지 않거나 합의되는 일을 기록한다."는 구절에서, 여기에서의 외국은 틀림없이 오랑캐일 것이다. 어떻게 그렇다는 것을 아는가? 승평세에는 제하를 안으로 여겨 곧 제하의 여러 나라들이 모두 일체가 되었으므로 밖이라고 부르지 않으니, 승평세에서 밖이라고 부르는 것은 반드시 오랑캐의 나라이다. 오랑캐가 서로 함께 해서 논의가 합의되지 않거나 합의되는 일이 있으면 틀림없이 제하에게 불리한 일을 도모할 것이므로, 그것을 기록하여 감히 소홀하게 다루지 않았다.

"작은 나라에 대부가 있다.": 거란세에는 무력을 숭상하므로 큰 나라는 존중하고 작은 나라는 억압하였다. 작은 나라에서 대부를 사신으로 보내지만, 대부의 예(禮)로써 대하지 않는 것은 작은 나라에는 대부가 없기 때문이다. 이제 승평세에는 덕을 숭상하고 힘을 귀하게 여기지 않으며, 예를 높이고 멋대로 행동하는 무력을 천시한다. 제하에 속하는 나라는 큰 나라나 작은 나라를 막론하고 평등하지 않음이 없으므로, 작은 나라의 대부를 대접하는 것도 큰 나라의 대부를 대접하는 것과 동일하게 하니, 작은 나라의 권리와 지위를 존중하는 까닭이다. 작은 나라가 존중된 다음에 공평한 도리가 실행되어 늠름하게 왕성한 풍채를 드러내니, 태평의 시대가 점점 다가오는 것이다.

3. 하휴가 주석한 태평세의 여러 구절에 대한 해석

"'본 시대[所見之世]'에 와서는 다스림이 태평세임이 두드러진다.": 소공·정공·애공 3공(公) 때의 일은 공자와 그의 부친이 본 시대라서 태평세라고 말했다. '본 시대'는 사실 태평세가 아닌데 이제 태평세라고 한 것은 공자가 가탁해서 그의 이상을 밝혔기 때문이다. 그 의미는, 거란세에서 혼란을 없애고ⓐ 다스림을 일으킨다는 것은 본래 모든 인류를 위해 태평을 열고자 하는 것이지만, 태평은 단번에 이루어질 수 없으므로 반드시 승평세라는 점진적인 순서를ⓑ 거쳐야 하고, 제하가 과감하게 개조하여 이미 승평세에 진입하면, 결단코 머뭇거림이 없어야 태평의 치세가 우리들에게 다가와서 몸소 보게 된다는 것이다. 이것은 '본 시대'에서 『춘추』가 행하는 것이니, 다스림이 태평세임을 드러낸 것이다.

　ⓐ『춘추』에서 혼란을 없앤다는 말은 바로 혁명을 말한다.
　ⓑ '점진적인 순서[漸次]'라는 것은 차근차근 쌓아서 도달하는 순서를 말한다.

옛날부터 『공양전』을 연구하는 자들은 하휴가 서술한 삼세의 의미에 대해 모두 엉터리로 읽어서, 아득하여 해석하지 못했다. 이들은 공자가 고금의 변화를 추측한 것이 이 세 개의 시대이고, 이것은 바로 운수(運數)와 기회(機會)를 추론하여 연역한 필연이며, 성인이 다스림을 일으키는 것도 역시 다만 시기를 기다려서 움직일 뿐이지 자신의 힘을 믿어서 천하를 위해 솔선수범할 수 있는 것이 아니라고 생각했다. 이러한 견해는 바로 아주 큰 오류이니, 어떻게 『춘추』에서 삼세의 의미를 깨달을 수 있겠는가? 삼세는 본래 '한 가지 일[一事]'이다. 한 가지 일이란, 혼란한 시대를 제거하여 올바른 사회로 되돌리는 것이다.ⓐ 혼란한 시대를 제거한다는 것은 혁명을 일으키는 것이다.ⓑ 올바른 사회로 되돌린다는 것은 천하가 공평하게 되는 도리를 밝히고, 천하가 한 집안이 되는 규범을 창도하여, 모든 인류를 위해 만세토록 태평한 다스림을 여는 것이다. 『역』에서 "만물의 참모습을 드러내고 사업을 이루다[開物成務]."는 말과 "하늘을 앞서가도 하늘이 어기지 않는다."는 말이 이것이다.ⓒ 『춘추』는 거란세에 쇠퇴하여 혼란한 가운데서 다스림이 일어남을 나타내는데, 마음을 쓰는 것이 아직 거치니, 이것은 혁명의 초기여서 인민의 사상이 아직 그다지 계발되지 않았기 때문이다. 그러므로 그 때에 마음을 쓰는 것은 오직 국내에 한정될 뿐이다. 내치(內治)를 자세히 하고 외교를 신중히 하여 자신의 나라가 자립하도록 힘쓴 다음에, 제하와 '공평한 도리[公道]'로써 서로 교감하여 힘을 합쳐 협력할 수 있다. 그러므로 거란세는 혁명을 한 뒤에 비로소 나아가 승평세의 다스림을 기도할 수 있으니, 이것은 너무 급하게 이루려고 해서는 안 된다. 제하가 굳게 단결해서 오랑캐가 제멋대로 할 수 없으면, 작은 나라가 머리를 들고 큰 나라와 평등하게 되어서 늠름하게 승평세의 기세를 드러내니, 비로소 나아가 태평의 대업을 닦고 혁명의 큰 계책을 완성할 수 있다. 그러므로 태평세를 승평세 다음에 둔 것은 다스림을 꾀하는 순서이다.

ⓐ 이것은 동중서가 개인적으로 사마천에게 전수한 말로서, 『사기』 「자서(自序)」에 있다.

ⓑ 거란세의 혼란한 제도를 제거하는 것은 혁명이 아니면 어떻게 가능하겠는가? 혼란한 제도에 대한 설명은 앞에 있다.

ⓒ 해석이 앞에 있다.

총괄하면, 『춘추』에서 말한 삼세는 혁명을 해서 태평이라는 성대한 다스림으로 나아가기를 추구하는 '총체적인 책략[總略]'이다.ⓐ '본 시대[所見世]'를 태평세로 삼은 것으로써, 공자의 의도가 거란세에서 혁명을 일으켜 태평세라는 성대한 다스림의 성취를 자신이 직접 보기를 기대했다는 것을 알 수 있다. 그런 까닭에 공자는 "내가 공연한 말을 싣고자 할 바에는, 차라리 일을 실행하는 것에서 드러내는 것만 못하다."[103]라고 말하였다. 지행합일이 확고하여 뽑아 낼 수 없다.ⓑ 삼세의 의미는 본래 그 자체로 명명백백하다. 그런데 비속한 유학자들이 모두 흐리멍덩하여 살피지 못하고, 이에 공자가 시대의 운수(運數)의 변천을 주의하여 다만 시기를 기다려서 움직였다고 생각했다. 만약 이와 같이 말한다면, 거란세에는 단지 쇠퇴하여 혼란한 것에 그대로 맡기게 될 뿐이지 혁명이라는

---

103 『춘추호씨전(春秋胡氏傳)』 「서(序)」. 子曰: "我欲載之空言, 不如見之於行事之深切著明也."

대업을 기도할 수 없다. 그러나 하휴가 "쇠퇴하여 혼란한 가운데서 다스림이 일어난다."고 서술한 말은 본래 성인의 도리가 구전되어 온 것이니, 진실로 '시기를 기다린다.'는 의미와는 아주 분명하게 상반된다. 성인이 혁명을 하려고 하는 목표는 시대를 만들어가는 데에 있으니, 시기를 기다려서는 안 된다. '시대를 만들어간다.'는 것은 과거와 현재의 병폐 및 쇠퇴하는 추세로 나가는 것을 징계하여 있는 힘을 다해 그것을 제거하고, 오직 민중들이 함께 좋아하고 함께 싫어하는 것에 따라 아주 공평하고 지극히 바른 도리를 실행함으로써, 한번 변동하여 광명스럽게 되고 형통하며 오래도록 위대한 새로운 시대를 여는 것이다. 이것이 『역』 「건괘」 「문언」의 이른바 "하늘에 앞서가도 하늘이 어기지 않는다."는 것이다. '시기를 기다린다.'는 것은, 우리들이 옛 것을 고쳐서 새로운 것을 취하는 큰 능력을 포기하고 이전의 쇠퇴한 운세의 케케묵은 인습에 그대로 맡기는 것이다. 진한(秦漢) 이래로 2천 수백 년 동안의 상황은 바로 '뛰어난 식자들[善知識]'ⓒ이 모두 시기를 기다리는 심리를 가졌기 때문에 군중들을 이끌 수 없었던 것뿐이다. 하휴가 서술한 삼세의 의미가 밝혀지지 않은 것에 대해서는, 한대 이래의 비속한 유학자들이 그 죄를 용서받을 수 없다.ⓓ

ⓐ '책략[略]'이란, 모략(謀略)이니, 이를테면 규모나 계획 및 방침이라고 말하는 것들은 모두 '책략'이라는 한 낱말에 포함된다. '총체적[總]'이란 것은 대체(大體)를 견지하고, 시종(始終)을 관통하며, 강령(綱領)을 제시하고, 본말(本末)을 포섭하며, 편전(偏全: 부분과 전체)을 갖춘다는 등등의 모든 의미를 포함하여 통하는 것이다.

ⓑ 한대 이후로 비속한 유학자들은 모두 공자가 노나라의 역사에 기술된 242년 동안의 일에 근거하여 풍자하고 꾸짖었기 때문에 "일을 실행하는 것에서 드러내겠다."고 말한 것으로 생각했다. 그들은 공자가 말한 "일을 실행하는 것에서 드러내겠다."는 것이 바로 혁명을 실천하는 것임을 전혀 알지 못했다. 만약 다만 노나라의 역사에 근거하여 꾸짖고 폄하한 것이라면, 그것은 공연한 말을 싣는 것이지 어찌 일을 실행하는 것에서 드러내는 것이라고 말할 수 있겠는가? 비속한 유학자들은 혁명을 말하기를 꺼려서 성인의 말을 곡해하였으니, 변별하지 않을 수 없다.

ⓒ '뛰어난 식자들[善知識]'104이라는 말은 불교경전에 있는데, 지금 그것을 차용했다.

ⓓ 근래의 강유위는 삼세의 의미에 대해 전혀 알지 못했으므로, '대동(大同)'을 말하면서도 '전제군주제의 회복[復辟]'을 꿈꿨다.

"오랑캐가 나아가서 벼슬한다.": 오랑캐는 자신의 이익만을 생각하고 다른 사람을 생각하지 않아서 천하를 공평하게 만드는 도리를 거역하기 때문에, 승평의 시대에는 제하가 연합하여 함께 오랑캐를 다스렸다.ⓐ 다스림이 태평세에 가까워지면, 오랑캐는 의(義)를 사모하여 제하와 하나가 된다. 『춘추』의 의리에서는 오랑캐일지라도 중국(中國)이 되면, 중국으로 여기는 것이니,ⓑ 이것은 인간의 도리를 존중한 것이다. "오랑캐가 나아가서 벼슬한다."는 것은 사례를 가지고 의리를 밝힌 것이다. 예컨대, 초(楚)나라 사람들은 침략하기를 좋아하니, 『춘추』에서 그들의 작위를 빼앗고 오랑캐로 대우하였다. 나중에 그들이 예의를 지켜 사양할 줄 알게 되니, 『춘추』에서 바로 그들의 작위를 회복시키고, 초나라를 자작(子爵)으로 봉했다고 기록하여 중국과 하나임을 보여주었다.ⓒ 태평시대에는 통치계급이 이미 소멸되어 본래 천자·제후 등의 작위가 없다. 『춘추』에서는 오랑캐가 제하로 들어오면 당연히 제하와 한 몸으로 여겨 다시는 그들을 밖으로 여기지 않는다는 것을 밝히려고 하였다. 그러므로 초나라가 작위를 회복했다는 사례를 가지고, 제하와 오랑캐가 마침내 상반하는 것으로부터 동일한 것으로 귀결되는 의리를 밝혔다.

ⓐ '다스린다'는 것은 정의(正義)를 받들어 그들과 싸우지만, 오랑캐가 잘못을 고치기를 바라는 데에서 그치니, 결국 그들을 버리지 않는 것이다.

ⓑ '중국(中國)'이란 제하의 다른 이름이다. 오랑캐가 인의(仁義)로 나아가서 중국과

---

104 '뛰어난 식자들[善知識]': 본래 박학다식하면서도 덕이 높은 현자를 말한다. 좋은 친구를 뜻하는 산스크리트 칼리아니미트라(kalyamitra)에서 유래하여 선친우(善親友)·승우(勝友)라고 번역한다. 『대반열반경』 「고위덕왕보살품」에 따르면 중생에게 나쁜 업을 버리고 선한 업을 쌓게 하는 이를 가리키니, 진실한 선지식은 부처와 보살이다. 『화엄경』에서는 "사람들을 인도하여 일체지(一切知)로 가게 하는 문이고 수레이며 배이고 횃불이며 길이고 다리이다."라고 하였다.

하나가 되면, 당연히 중국과 일체로 여겨야 하지 그들을 오랑캐라고 배척해서는
안 된다는 말이다.

ⓒ 초나라는 처음에 자작(子爵)으로 봉(封)해졌다.

"천하에서 멀리 있는 나라이거나 가깝게 있는 나라이거나, 큰 나라이거
나 작은 나라이거나 마치 하나와 같아 마음을 쓰는 것이 더욱 깊고 상세
하다.": 승평세의 다스림이 점점 융성해져서 태평세에 가까워지면, 세상
의 모든 나라에서 통치계급이 일찌감치 소멸된다는 것이다. 국가와 종
족의 경계 및 과거부터 전해온 사회의 모든 제한이 제거되어 다 없어지
도록 힘쓰지 않음이 없으니,ⓐ 이것이 대동(大同)의 기초이고, 태평의 실
마리이다. 그러므로 세상의 인류는 거리의 멀고 가까운 구분이 없어지
고, 예전의 큰 나라와 작은 나라의 차이가 없어져서, 바로 혼연일체가
된다. 「예운」에서 "천하가 한집안이 된다."고 말한 것이 바로 승평세에
서 태평세로 처음 들어가는 상태이니, 이것과 서로 증명할 수 있다.

ⓐ '다 없어지도록 힘쓴다.'라는 말이 중요하다. 경계와 제한을 전부 제거하는 것은
매우 쉽지 않다. 사람들이 모두 여기에 전력으로 힘써야 비로소 다 없어지는 것
에 근접할 수 있다.

『중용(中庸)』이라는 책은 본래 『역』과 『춘추』 두 경전의 요점을 모은
것이다. 애석하게도 진·한대 사람들이 제멋대로 고친 것이 많지만, 아
직도 함축된 말 속에 담긴 심오한 의미 또한 적지 않다. 예컨대, 현행본
『중용』 31장에서 "배와 수레가 이르고 사람의 힘이 통하며, 하늘이 덮
어주고 땅이 실어주며, 해와 달이 비치고 서리와 이슬이 내리는 곳에 생
명이 있는 자들이 높이고 친하지 않음이 없다."ⓐ105고 한 것이 그것이
다. 이 장(章)의 '배와 수레가 이른다.'는 구절에서 '높이고 친하지 않음이

---

105 『중용』 31장. 舟車所至, 人力所通, 天之所覆, 地之所載, 日月所照, 霜露所隊, 凡有血
氣者, 莫不尊親, 故曰配天.

없다.'는 구절까지는 고본(古本)의 『중용』에서는 마땅히 별도의 다른 한 장(章)이 되어야 한다고 말한다. 그 위아래의 문구는 지금 상고할 방법이 없다. 그런데 이 몇 마디 말을 완미해보면 이것은 확실히 태평세이니, 천하의 멀리 있는 나라이거나 가깝게 있는 나라이거나 큰 나라이거나 작은 나라이거나 마치 하나같다는 의미이다. 현행본 『중용』은 이 몇 마디 말을 31장의 끝에 끼워 넣고는, 아울러 '그러므로 하늘을 짝한다고 한다[故曰配天].'라는 말을 함부로 덧붙여 결론으로 삼았다. 그 의도를 살펴보면, 지극한 성인의 덕업을 찬양하기 위함이다. 여기에서 이른바 '지극한 성인'이란, 바로 천하에서 왕 노릇하는 천자(天子)를ⓑ 가리켜서 말한 것이다.

ⓐ 모든 인류가 서로 높이지 않음이 없고, 서로 친하지 않음이 없음을 말한다.

ⓑ '천하에서 왕 노릇한다.'는 것은 천자가 천하를 차지하고 천하의 맹주(盟主)가 된다는 말이다.

현행본 『중용』은 대개 맹자·순자 학파의 후학들이 고본의 『중용』을 제멋대로 고쳐서 만든 것이다. 맹자·순자와 같은 유학자들은 실로 공자의 외왕학을 계승할 수 없었다. 이들이 비록 폭군을 베어 죽일 것을 주장했더라도 결국 전제군주제를 반대하지 않았으니, 공자의 적자[嫡嗣]가 아니다. 태평세에는 인류가 평등하여 서로 높이고 친하지 않음이 없으니, 이것은 통치계급과 혼란한 제도를 개혁했기 때문이다. 인류가 각기 자신의 사사로움을 없앴기 때문에, 이와 같은 아름다움에 도달했을 뿐이다. 그런데 현행본 『중용』은 바로 아름다움을 윗자리에 있는 성인(聖人)에게 돌렸으니, 어찌 잘못되지 않았는가? 대체로 전제군주제를 주장하는 자들은 모두 그들의 이상 속에 성스러운 천자가 있고, 그의 무궁한 '덕과 능력[德用]'을 찬양하였다. 70제자의 후학 가운데 맹자와 순자 같은 무리들이 이미 이러한 단서를 열어놓았다. 현행본 『중용』31장에서 성인을 찬양하는 말은 잠꼬대와 무엇이 다르겠는가! 태평과 대동의 다스림은 천하 '군중의 지혜[群智]'와 '군중의 도덕[群德]' 및 '군중의 힘[群力]'이 보편적으로 함께 나아가서 만든 것이니, 군중을 비하하고 오직 성인만을 숭상할 수 없다는 것을 알아야 한다.[a]

> [a] 어떤 사람이 물었다. "『중용』에 고본과 현행본이라는 두 가지가 판본이 있다는 것을 어떻게 증명할 수 있는가?"
> 대답했다. "『한서』「예문지」에서, 예가(禮家)에 '「중용」설 두 편이 있다.'[106]고 했는데, 안사고(顏師古)는 '지금 『예기』에 「중용」 한 편이 있다. … 아마도 이런 종류일 것이다.'[107]라고 주석했다. 나는 『예기』속의 「중용」 한 편은 두 편의 「중용」설을 제멋대로 고쳐서 만든 것이기 때문에, 『예기』속의 한 편은 현행본이고 「예문지」에 실려 있는 두 편은 고본(古本)이라고 생각한다. 현행본은 세상에 유통되었지만 고본은 망실되었으니, 틀림없이 고본의 내용이 전제군주제에 부합되지 않았기 때문에 전해지지 않았을 것이다."

"마음을 쓰는 것이 더욱 깊고 상세하다.": 시대가 이미 태평해져 천하를 통틀어 한집안이 되면, 모든 인류의 정치·경제·문화·학술 등 각 방면의 무궁무진한 문제들의 번잡함과 어려움은 아마도 우리들이 상상도 할 수 없을 정도일 것이다. 그러므로 태평세의 인류는 한결같이 평등한 가운데 서로 협조하는 우의를 돈독히 해서 피차간에 마음쓰는 것이 모두 심원하고 자세하며 긴밀해야 전 인류가 한집안으로 될 수 있고, 그 태평함을 보존할 수 있다. 시대가 태평에 이르면, 이것은 '태(泰)'의 상(象)이다. 『역』에 태(泰)괘가 있다. '태'는 통함(通)이고 편안함(安)이다. 시대가 한창 거란세이면 모든 나라들은 각기 스스로 그 내부를 지켜서 제하에 대해서도 또한 외부로 여기니,[a] 이것은 심하게 통하지 않는 것이다. 통하지 않으면 곧 편안하지 않다. 승평세에 들어가서 제하가 서로 더불어 연합하여 내부로 여기게 되면 오랑캐를 외부로 여기니, '크게 통하는 것[大通]'과 역시 거리가 멀다. 통하지 않으면 곧 편안하지 않다. 태

---

106 『한서』「예문지」. 中庸說二篇.

107 『한서』「예문지」. 師古曰: "今禮記有中庸一篇, … 蓋此之流."

평 시대에는 오랑캐가 나아가 제하가 되니, 전 세계의 무수한 인류가 이 제야 크게 통하고 또 크게 통하여, 크게 통하는 속에 편안하다. 크게 통해서 편안하니, 그것을 '태(泰)'라고 하고, 태평세라고 한다.

ⓐ 내부와 외부는 적(敵)과 나를 구분한다는 말과 같다.

그렇다면 태평세는 항상 보존될 수 있는가? 태평(太平)이 '태(泰)'의 상(象)이라는 것은 앞에서 이미 말했다. 태(泰)가 태(泰)답게 되는 것은 크게 통해서 편안한 것보다 더 좋은 것이 없으며, 편안함이 습관이 되는 것보다 더 좋지 않은 것이 없으니, 우환은 간혹 예측하지 못하는 데서 생긴다. 『역』에서는 태괘 다음에 비(否)괘로 이어지게 했다.ⓐ 태(泰)의 시대에 살면 마음쓰는 것이 마땅히 깊고 자세해야 하니, 성인이 경계한 의미가 심원하다. 태(泰)를 잘 이행하는 자는 반드시 항상 통하면서도 편안함에 빠지지 않는다. 『역』 태괘의 '상(象)'에서 "하늘과 땅이 교감하는 것이 태(泰)이다.ⓑ 그런 뒤[後]에 그것으로 천지의 도를 마름질하여[財] 이루고 만물의 마땅함을 도와서 백성을 돕는다."[108]라고 했다.

ⓐ 『역』에서는 '비'괘를 '태'괘에 바로 이어지게 해서 '태'가 바뀌어 '비'로 됨을 명시했다. '비'라는 것은 서로 동떨어져서 통하지 않고 편안하지 않은 상(象)이니 '태'와 반대이다. '태'하지만 편안함이 습관이 되면, '비'가 될 것이다.

ⓑ 하늘과 땅이 서로 통하면, 모든 만물이 서로 막히고 동떨어져지는 근심이 없어지므로, '태'라고 부른다는 말이다.

생각건대, '뒤[后]'자는 '후(後)'자의 의미이고, '마름질한다[財]'는 것은 '마름질한다[裁]'는 것과 의미가 서로 통하며, '천지'는 '대자연'이라고 말하는 것과 같다. 이 구절은 곧 세상이 이미 태평해진[泰] 다음에 우리들이 대자연에 대해 당연히 마름질하여 이루어주고 도와주는 노력을 다 발휘해

---

108 『역』「태(泰)괘」「단전(象傳)」. 天地交, 泰, 后以財成天地之道, 輔相天地之宜, 以左右民.

야 한다는 의미이다. 자연이 비록 무궁무진한 대보장(大寶藏)이라고 하더라도 자연계의 만물은 우리를 위해 생겨나는 것이 아니므로, 우리는 도리어 만물을 바탕으로 삼아서 그 삶을 이루어 가야 한다.ⓐ 사람들이 자연에서 취득하는 것에서는 때때로 그 욕구를 만족시키지 못하는 우환이 있다. 자연의 발전은 본래 사람을 위해 도모한 적이 없다. 우리는 당연하게 자연에서 취득하여 수요를 공급하지만, 자연은 꼭 사람의 요구대로 공급할 필요가 없고 심지어 우리들에게 위험한 재해를 입히는 것도 이루 말할 수 없을 정도로 많으니, 우리와 자연 사이에는 확실히 거대한 모순이 존재한다. 그렇다면 모순을 제거하는 일은 우리들이 포기할 수 없는 권한과 책임으로서, 본래부터 이미 너무 분명해서 말할 필요도 없다. 모순을 어떻게 제거할 것인가? 그것은 우리가 대자연에 대해서 마름질하여 이루는 도리를 다하고, 도와주는 마땅함을 가지는 것에 달려 있을 뿐이다. 자연은 일찍이 우리들을 염두에 둔 적이 없지만, 우리들은 자연에 관심을 갖지 않을 수 없었다. 인간의 도리는 하늘을 통제하는 것이니, 스스로 그 주동하는 마음을 무너뜨려서는 안 된다.ⓑ

ⓐ 곽상(郭象)은 "사람은 형체가 비록 7척일지라도 모든 천지만물이 받든다."[109]고 말했다.

ⓑ '하늘[天]'이라는 글자도 대자연을 일컫는다. 순자(荀子)가 "하늘을 제어해서 이용한다."[110]고 말한 경우가 여기에 해당한다.

'마름질하여 이룬다[財成].'는 것은 사물의 이치를 밝히고 공구를 제작하여 자연을 개조하는 것을 말한다. 예컨대 물과 불은 모두 사람들에게 재해가 될 수 있지만, 중기기관이 발명되면서부터 물과 불은 모두 '마름질하여 그 성질을 이루어[裁成]' 그 이로움이 이에 광대하고 보편적으로 되

---

109 『장자』「대종사(大宗師)」. 곽상주. 人之生也, 形雖七尺, 而五常必具, 故雖區區之身, 乃擧天地以奉之.

110 『순자』「천론(天論)」. 制天命而用之.

었으니, 이것이 하나의 실례이다. 또 예컨대 올라갈 수 없는 높은 하늘과 들어갈 수 없는 깊은 바다도, 인간이 비행기와 잠수함을 만들어서 끝없이 깊은 바다와 높은 하늘이 모두 우리에게 정복되었으니, 이런 것도 역시 마름질하여 이루어낸 하나의 도리이다.

'도와준다[輔相]'는 것은, 사물이 비록 발전할 가능성이 있을지라도 그것이 아직 인공적인 변화를 거치지 않은 자연계에 있으면 노자(老子)가 말했듯이 '이름 없는 소박함'@111에 불과할 뿐이므로, 인공적으로 개발하고 만들어내며 개조하고 제작하며 조종하는 것을 거치게 되면 '이름 없는 소박함'이 비로소 인공적인 도움을 통해 중대한 변화를 일으킬 수 있으니, 천지를 고쳐 바꾸고 우주를 확장시킬 수 있다는 것이다. 자연의 역량이 비록 풍부하고 웅장하여 무궁무진한 저장창고일지라도 결국 우리의 도움을 받은 다음에 성대한 발전을 볼 수 있으니, 이 때문에 '도와주는[輔相]' 일을 멈출 수 없다.ⓑ

ⓐ '이름이 없다[無名]'는 것은 사물로서의 작용이 아직 드러나지 않았으니, 사람들이 그것을 지칭하지 못한다는 것이다. '소박함[樸]'이란 단지 '본래의 성질[素質]'을 가지고 있다는 말이다. 지금 이 낱말을 빌려 쓰지만, 노자의 본래 의미와 꼭 부합할 필요는 없다.

ⓑ 오늘날 원자력을 이용하는 것은 인류가 자멸하는 수단이 되고 있는데, 이것은 '도와준다[輔相].'는 의미와 정반대이다. 이 문제에 대해서는 여기에서 깊이 언급하지 않겠다.

'백성을 돕는다[以左右民].'는 것은, 태평의 시대는 천하가 한집안이 되어 인류들끼리 이미 투쟁하지 않지만, 백성의 삶이 나날이 더욱더 넉넉해지는 데는 군중의 지혜와 힘으로 자연을 극복하고 다스리지ⓐ 않으면 아마도 널리 구제할 수 없을 것이니, 천지에 대해 인공적으로 마름질하고 도와주는 것을 거치면ⓑ 그 두터운 이익이 세상의 수많은 민중을 도울

---

111 『노자』 37장. 無名之樸.

수 있다는 것이다. '태'괘의 상(象)이 유독 천지를 마름질하고 도와주는 것을 중심으로 하는 것도, 또한 태평세의 백성은 마음 쓰는 것이 마땅히 깊고 자세해야 한다는 것을 알려서 보여주는 것이다. 장래의 인류가 부단한 노력으로 그 지혜가 만물에 두루 하면, 자연에 비밀스럽게 간직된 것이 크게 열려서, 인류의 생존에 필요한 수요는 육체적으로 별로 수고롭게 하지 않아도 해결될 것이다. 사물의 도리를 궁구함에 마음을 쓰는 것이 더욱 깊어지고 자세해질 수 있는 것은 또한 필연적인 추세이다.

ⓐ '극복하고 다스린다(克治).'는 것은, 인공으로써 자연을 이기는 것을 '극복한다'고 하고, 마름질하여 이루고 도와주는 것을 모두 '다스린다'고 한다.

ⓑ '천지를 마름질하여 이루고, 천지를 도와준다.'는 두 구절을 이제 여기서는 '마름질하고 도와준다.'로 간략히 말했다. '천지'는 '자연'을 말하는 것과 같다.

그러므로 '인의(仁義)를 숭상한다.'는 것은, 태평의 다스림에는 반드시 천하의 모든 사람들이 인의를 편안하게 여겨야ⓐ 비로소 항상 그 태평함[泰]을 보존할 수 있다는 것이다. 그러면 무엇을 '인(仁)'이라 하고, 무엇을 '의(義)'라고 하는가? '인'과 '의'를 본체와 작용으로 나누면, '인'은 본체이고 '의'는 작용이다. 『역』에서 "위대하다. 건원(乾元)이여! 만물이 그것을 바탕으로 시작한다."ⓑ[112]고 하였다. 『역』에서는 본래 만물의 본체를 건원(乾元)이라고 이름 지었다. 그런데 '건괘'의 '상(象)'에서 "건은 인(仁)이다."ⓒ[113]라고 말했으니, 그 의미는 무엇인가? 건원을 사람의 측면에서 말하면, 우리의 마음이 인(仁)을 어기지 않을 때에 곧바로 건원의 '오묘한 작용[妙用]'을 알게 되니, 밖을 향해 탐구할 필요가 없다는 것이다.

ⓐ '인의(仁義)를 편안하게 여긴다.'는 것은, 억지로 힘쓰지 않고 행하므로 '편안하게 여긴다.'고 했다.

ⓑ 이곳의 '만물'은 바로 사람과 천지 및 일체의 사물에 대한 총칭이다. '건원(乾元)'

---

112 『역』「건(乾)」, 象曰: "大哉乾元, 萬物資始."

113 『주역집해(周易集解)』권15. 虞翻曰: "五至初體大過本末弱, 故力少也. 乾爲仁, 故任重以爲己任, 不亦重乎."

은 만물이 그것을 바탕으로 삼아 시작하는 것이니, 비유하면 큰 바닷물은 수많은 물거품이 그것을 바탕으로 삼아 시작하는 것과 같다. 그러면 '보존한다.'는 것은 '건원'을 말하는가? '건(乾)'은 강건함[健]이고, '원(元)'은 근원(原)이다. 움직여서 강건한 묘용(妙用)이 생겨나는 것이 바로 '건원'이다.

ⓒ 우번(虞飜)[114]의 『역』에 있다.

그렇다면 어떻게 하는 것이 인(仁)인가? 『맹자』에서 적절하게 지적한 것이 두 곳이 있다. 첫째, "위 아래로 천지와 함께 유행한다."[115]고 말한 곳이다. 이것은 마음(心)이 '비어서 밝고[虛明]' 강건하게 움직여서 저절로 위 아래로 천지와 유통하여 간격이 없는 것을 말하니, 이때가 바로 인(仁)이다.ⓐ 털끝만큼이라도 사사로운 뜻이 일어나면 갑자기 한바탕 뒤섞이고 오염되어 곧바로 천지가 닫히는 것을 깨달으니, 이때의 마음이 곧 인(仁)을 어긴 것이다. 둘째, "만물이 모두 나에게 갖추어져 있다."[116]고 말한 곳이다. 이것은 『맹자』에서 사례를 들을 수 있다. 『맹자』에서 말한 것처럼, 여색을 좋아하는 것을 백성과 함께해서 세상에서 남편이 없어 원망하는 여자와 홀아비를 없게 하는 것이다.[117] 이것은 내 몸의 손발처럼 세상의 수많은 남녀를 사랑으로 보살피는 것이다. 그렇지 않으면, 세상의 남편이 없어 원망하는 여자와 홀아비를 나와 상관이 없는 사람으로 보게 되니, 곧 세상의 남녀를 나의 밖으로 물리치니, 나에게 갖추어져 있다고 말할 수 있겠는가? 또한 재물을 좋아하는 것을 백성과

---

114 우번(虞飜, 164-233): 중국 후한 말기~삼국시대의 인물로, 자는 중상(仲翔)이며 양주(楊州) 회계군(會稽郡) 여요현(餘姚縣) 출신이다. 『역경(易經)』에 밝은 학자이다.

115 『맹자』「진심・상(盡心・上)」. 夫君子所過者化, 所存者神, 上下與天地同流, 豈曰小補之哉.

116 『맹자』「진심・상」. 孟子曰: "萬物皆備於我矣."

117 『맹자』「양혜왕・하(梁惠王・下)」. 王曰: "寡人有疾, 寡人好色." 對曰: "昔者大王好色, 愛厥妃. 詩云: '古公亶父, 來朝走馬, 率西水滸, 至於岐下. 爰及姜女, 聿來胥宇.' 當是時也, 內無怨女, 外無曠夫. 王如好色, 與百姓同之, 於王何有?"

함께해서[118] 천하에 곤궁하고 곤경에 처한 자가 없게 하는 것이니,[119] 그 의미는 앞과 같다. 맹자는 인(仁)을 확실히 '자기에게 돌이켜서[反己]' 체인할 수 있었으니, 내가 일찍이 맹자가 내성학(內聖學)에 대해 터득한 것이 있다고 말한 것은 이 때문이다.

ⓐ 인(仁)한 마음이 유통(流通)하면 바로 움직여서 강건하다.

총괄하면, 우리의 마음이 인(仁)을 어기지 않을 때, 바로 이 마음이 만물과 간격이 없음을 깨닫는다. 그러므로 항상 만물을 널리 사랑하여 포용하지 않음이 없는 것은 만물을 마치 '자신[己]'처럼 보기 때문이다.ⓐ

ⓐ '인(仁)을 어기지 않는다.'는 것은 『논어』「옹야」편에 있다. 공자가 안회(顏回)에 대해 "안회는 그 마음이 3개월 동안 인을 어기지 않았다."[120]라고 평가했다. '3개월'이란, 긴 시간을 말하는 것이지, 3개월이라는 숫자로 한정한 것이 아니다. 인(仁)이란 마음의 본성이니, 원래 선하지 않음이 없는 것이다. 그러나 사람이 태어나서 이미 개체로 되면 '작은 자기[小己]'의 사사로움에 흐르기 쉬우니, 인(仁)을 위배하면서도 자각하지 못한다. 오직 안회만이 수양공부가 깊어서 항상 사사로운 뜻으로 인을 어기지 않을 수 있었으니, 곧 마음을 쓰는 모든 곳에 인(仁)한 마음이 발현되지 않음이 없었다.

이미 '인(仁)'이 본체라고 말했는데, 어째서 '의(義)'가 작용이라고 하는가? '의'는 '인'의 '저울[權]'이기 때문에, '의'가 '인'의 작용이라고 말한다. '인'이라는 본체가 본래 모든 덕을 갖추고 있지만, 『춘추』에서 특별히 '의'를 제출하여 '인'과 함께 말한 것은 그 뜻이 지극히 심오하고 광대하다.

---

118 『맹자』「양혜왕・하」. 王曰: "寡人有疾, 寡人好貨." 對曰: "昔者公劉好貨. '詩云: 乃積乃倉, 乃裹餱糧, 於橐於囊, 思戢用光, 弓矢斯張, 干戈戚揚, 爰方啟行.' 故居者有積倉, 行者有裹糧也, 然後可以爰方啟行. 王如好貨, 與百姓同之, 於王何有?"

119 『맹자』「이루・하(離婁・下)」. 孟子曰: "禹・稷・顏回同道. 聖賢之道, 進則救民, 退則修己, 其心一而已矣. 禹思天下有溺者, 由己溺之也, 稷思天下有飢者, 由己飢之也, 是以如是其急也."

120 『논어』「옹야(雍也)」. 子曰: "回也, 其心三月不違仁. 其餘, 則日月至焉而已矣."

'인'이란, 만물을 널리 사랑하여 포용하지 않음이 없다는 것임을 이미 앞에서 말했다. 그러나 다시 알아야 할 것은 널리 사랑하는 도리를 가지고 일의 변화에 관계하다 보면, 그 폐단이 많아진다는 것이다. 예컨대 착한 사람이 피해를 입고도 따지지 않으면 사람들은 그를 어진 사람이라고 칭찬한다. 그렇지만 법을 왜곡하면서까지 악한 일을 용서하는 것은 결국 사회에 이롭지 않다. 부처가 원수와 친구를 평등하게 여긴 것은 출세간법(出世間法)이 이와 같지만, 그것으로 세상을 다스리는 것은 절대로 통용 될 수 없다. 자산계급이 애써 수고롭게 일하는 대중을 착취하고 제국주의 가 약소국가를 침략하는 경우에는, 인(仁)의 도리로 널리 사랑하는 것이 이런 것에 대해 다시 어떻게 할 수 있겠는가? 성인은 널리 사랑하는 것이 변화에 대응할 수 없을까 염려한 까닭에 '의(義)'를 '인(仁)'과 함께 말했다. 인(仁)의 도리는 한 가지에 집착해서@ 그 변화에 통할 수 없는 것이 아니다. 대개 '인'을 일의 변화에 실행하기 위해서는 반드시 그 득실(得失)과 경중(輕重)을 저울질해서 신중하게 대처해야 한다. 저울질하는 것이 널리 사랑하는 것과 상반되어도 끝내 또한 '인'을 위배하지 않으니, '의'를 '인'의 작용이라고 말한 것은 이 때문이다. 인(仁)의 도리가 널리 사랑하는 데 있음은 당연하다. '인'한데도 저울질함이 없으면, 그 '인'을 이룰 수 없다. 이를테면 세상의 최대 다수의 사람들이 최소의 사람들에게 착취를 당하는데도, 오히려 널리 사랑하는 도리에 집착하여 투쟁하지 않겠다고 주장한다면, 그것은 인류에게 오랫동안 커다란 화근을 남길 것이며, '인'을 구하려다가 결국은 크게 '인'하지 않은 데 빠지게 될 것이다. 『묵자』「겸애」편에서 투쟁을 비난한 것은 '인'을 바라면서도 '의'를 알지 못했던 것이다. 『춘추』에서 혁명을 제창하고 통치를 전복시키는 것은, 그 요점이 '의'를 실행하여 널리 사랑함에 도달하는 것이었는데, 묵자는 깨닫지 못했던 것이다. 『논어』에서 어떤 사람이 공자에게 "덕으로써 원한을 갚는 것은 어떻습니까?"라고 질문하니, 공자는 "곧음[直]으로써 원한을 갚는다."라고 가르쳤다.[121] 그 사람은 덕으로써 원한을 갚는 것을 '인'으로 여길 수 있다고 생각하여, 흉악한 사람이 제멋대로 하는 것이 사회에 해악이 된다는 것을 몰랐던 것이니, 이것은 원수에게 작은 은혜를 베풀려다가 사회를 크게 '인'하게 않게 만드는 것이다. 공자가 "곧음[直]으로써 원한을 갚는다."고 말한 것은, 곧 악행을 저지른 자가 마땅히 받아야 할 벌을 갚아줌으로써,ⓑ 그들이 경계할 줄 알아 감히 다시는 악행을 저질러서 대중의 원한을 초래하지 않도록 한 것이다. 나에게 과격하다는 허물이 없고ⓒ 사회는 실로 그 이익을 받는 것이 바로 '의(義)'로써 '인(仁)'을 온전하게 하는 것이다. 곧음[直]으로써 원한을 갚지 덕으로써 갚지 않는다는 것은, '의'와 '인'이 상반되는 것 같지만, 사실은 '의'로써 그 '인'을 온전하게 하는 것이다. 그러므로 '의(義)는 인(仁)의 저울[權]이다.'라고 했다.

ⓐ '한 가지에 집착한다.'는 것은 오직 널리 사랑하는 도리만을 지킬 뿐 저울질함이 없는 것을 말한다.

ⓑ 이것이 바로 '곧음[直]'이고, 또한 '의(義)'이다.

ⓒ 마땅히 받아야 할 벌을 갚는 것이기 때문에 '곧음[直]'이지 '과격함'이 아니다.

유학에서 다스림은, 예(禮)가 근본이고 법(法)이 보조이며, 덕이 근본이고 형벌이 보조이며, 관용이 근본이고 엄격함이 보조이다. 덕과 예와 관용은 모두 '인(仁)'이며, 법과 형벌과 엄함은 모두 '의(義)'이다. '의'는 '인'과 상반되지만, 그 '인'을 적절하게 완성한다. 왜 그렇게 말하는가? 예로 다스리면 간혹 겉만 그럴듯하게 꾸미는 데로 흘러가니, 법으로 그것을 돌이키면 사람들이 실질을 숭상하여 '인'에 가깝게 된다. 덕으로 다스리면 느슨한 데로 흘러가기 쉬우니, 형벌로 그것을 돌이키면 사람들이 단정하게 되어서 '인'에 가깝게 된다. 관용으로 다스리면 일시적인 안정으로 흘러가기 쉬우니, 엄격함으로 그것을 돌이키면 사람들이 엄숙해져서

---

121 어떤 사람이 공자에게 … "곧음[直]으로써 원한을 갚는다."라고 가르쳤다: 『논어』 「헌문(憲問)」. 或曰: "以德報怨, 何如." 子曰: "何以報德. 以直報怨, 以德報德."

'인'에 가깝게 된다. '의'란 '인'에 반대되는 것을 가지고 저울질하는 것이지만, 실은 '인'하게 되는 것을 성취하게 하는 것이 그 귀결점이다. '인'하게 되는 데에 본래 반드시 반대되는 것이 있는 것은 그 '인'을 완성하는 데에 귀결하려는 것이다.

노자(老子)는 "인을 잃은 다음에 의가 있다."[122]고 말했는데, 이것은 이치를 아는 말이 아니다. 이미 '인'을 잃었는데, 어떻게 '의'를 얻을 수 있겠는가? 노자가 신불해(申不害)와 한비(韓非)에게 이어진 것은 참으로 우연이 아니다.[a] '인'의 도리로 널리 사랑하는 것이 바로 인도(人道)의 '바른 도리[貞常]'이므로 '인'을 '의'의 본체라고 하였다. 그러나 사물의 실정과 일의 변화는 수없이 달라 널리 사랑하려면 저울질하지 않을 수 없기 때문에, '의'가 '인'의 작용이라고 하였다. '인'이 있어야 비로소 '의'가 있고, '인'이 사라지면 '의'가 생겨날 근거가 없어 혼란하게 될 뿐이다. '인'과 '의'의 도리는 위대하다! 우리들이 자신을 확립하는 것과 군중을 모아 다스리는 것은 '인'과 '의'에서 벗어날 수 없으니, 그것은 마치 일상생활에서 하루라도 의복과 양식을 떠날 수 없는 것과 같다.

    ⓐ『노자』 38장에서 도·덕·인·의·예(道·德·仁·義·禮)를 말한 것은 그 어느 것도 오류가 아닌 것이 없다. 여기에서는 논의하지 않겠다.

동중서(董仲舒)는 『춘추번로』에서 말했다. "『춘추』에서 다스리는 것은 남과 나이다. 남과 나를 다스리는 방법은 인(仁)과 의(義)이다. '인'으로써 남을 편안하게 하고, '의'로써 나를 바로잡는다. 그러므로 '인'이라는 말은 남에 대한 것이고, '의'라는 말은 나에 대한 것이다. … 그러므로『춘추』는 '인'과 '의'의 법도이다. '인'의 법도는 남을 사랑하는 데 있지 나를 사랑하는 데 있지 않고, '의'의 법도는 나를 바로잡는 데 있지 남을 바로잡는 데 있지 않다. 내가 자신을 바로잡지 못하면, 비록 남을 바로잡을

---

122 『노자』 38장. 失道而後德, 失德而後仁, 失仁而後義, 失義而後禮, 夫禮者, 忠信之薄而亂之首.

수 있을지라도 '의'를 행했다고 인정하지 않는다. 남이 그 사랑을 받지 못하면, 비록 자신을 사랑하는 것이 두터울지라도 '인'을 행했다고 인정하지 않는다."[123]

생각건대 동중서의 이 말은 비록 『춘추』에서 터득한 것이 있을지라도 또한 그 근본적인 의미를 변질시켰다. "인(仁)의 법도는 남을 사랑하는 데 있다."는 구절이 여기에 해당하니, 남에 대한 사랑은 때때로 '의'를 가지고 헤아려야 한다. 가령 부모가 자식에 대해 매순간 일시적인 사랑만 베풀면 도리어 그 자식을 해치니, 이것은 모든 사람들이 아는 것이다. 부모가 자식을 사랑하는 데도 오히려 '의'가 있어야 하는데, 하물며 다른 사람을 사랑하는 데는 어떻겠는가? "의(義)의 법도는 나를 바로잡는 데 있지, 남을 바로잡는 데 있지 않다."는 구절도 역시 『춘추』의 뜻을 잃었다. '의'의 법도는 남을 바로잡는 데 있지만 반드시 먼저 나를 바로잡는 것이 『춘추』의 근본적인 뜻이다. 이제 동중서가 기필코 "의(義)의 법도는 남을 바로잡는 데 있지 않다."라고 말한다면, 거란세에 혼란을 제거할 수 없다. 혼란을 제거하는 것은 혁명이다. 혁명의 관건은 나를 바로잡아서 남을 바로잡는 데 있는데, 이제 "의(義)는 남을 바로잡는 데 있지 않다."고 말하고도 또 혁명을 말할 수 있겠는가? 동중서의 주장은 명백하게 『춘추』 본래의 의미를 변질시키고 혼란스럽게 하는 것이니, 변별하지 않을 수 없다. 그렇지만 『춘추』에서 말한 '의'의 의미는 본래 남을 바로잡는 데에 있고, 그러기 위해서 먼저 나를 바로잡아야 한다는 데에 있다. 단지 나를 바로잡는 것만을 제시하고 남을 바로잡는 것에 소홀하면, '자신만 선한 것[獨善]'[124]을 '의'로 여기는 것이니, 『춘추』의 가르침이

---

123 『춘추번로』「인의법(仁義法)」. 春秋之所治, 人與我也. 所以治人與我者, 仁與義也. 以仁安人, 以義正我, 故仁之爲言人也, 義之爲言我也. … 是故春秋爲仁義法. 仁之法在愛人, 不在愛我. 義之法在正我, 不在正人. 我不自正, 雖能正人, 弗予爲義. 人不被其愛, 雖厚自愛, 不予爲仁.

124 '자신만 선한 것[獨善]': 『맹자』「진심·상(盡心·上)」. 窮則獨善其身, 達則兼善天下.

아니다. 다만 태평세를 위해 말하면, '나를 바로잡는 것'을 제창하는 것이 실로 특히 중요하다. 나를 바로잡는 것은 '내면에서 스스로 다투는 것[內自訟]'을 근본으로 삼는다. 내면에서 스스로 다투는 것은 '작은 몸[小體]'의 사사로움을 극복하고 다스려서 그 '큰 몸[大體]'의 도량을 회복하는 것이니,ⓐ 많은 성인들이 서로 전한 요점은 오직 이것뿐이다. 태평세는 오직 전 인류가 각각 모두 '의'로써 나를 바로잡을 수 있게 된 다음에 태평을 항상 보존할 수 있다. 그렇지 않으면, '기제(旣濟)'괘는 잠시 동안 머물고,ⓑ '태(泰)'가 이르지만 '비(否)'가 또한 잠복한다.ⓒ 『역』이 '미제(未濟)'로 끝맺은 것은,ⓓ 성인이 많은 사람들에게 원만한 경지가 없다는 것으로써 스스로 힘쓰기를 멈춰서는 안 된다고 교시한 것이니, 그 뜻이 심원하다!

> ⓐ '작은 몸[小體]'과 '큰 몸[大體]'은 맹자의 말을 빌려 쓴 것이다.[125] '작은 몸'은 '작은 자기[小己]'를 말한다. '큰 몸'은 인간생명의 근원을 말하니, 바로 천지만물과 소통하여 한 몸이 되는 것이다 그러므로 '크다[大]'고 하였다.
>
> ⓑ 『역』에는 '기제(旣濟)'괘가 있는데, 곧바로 '미제(未濟)'괘가 이어진다. 그러므로 '기제'괘는 잠시잠깐이다.
>
> ⓒ 『역』의 '태'와 '비' 두 괘는 또한 서로 의지하고 잠복한다.
>
> ⓓ 『역』은 64괘인데, '미제'로 끝맺는다.

삼세(三世)에 대한 설명은 혁명의 성공과 사회의 발전이 실로 투쟁으로 말미암아 '화합[和同]'으로 귀결하는 것임을 분명하게 제시했다. 거란세에 제하의 여러 나라들은 각기 자기의 나라를 안으로 여기고, 다른 나라를 밖으로 여겨서,ⓐ 투쟁이 날마다 더욱더 극렬해졌다. 그 뒤에 서로 투쟁하는 국면이 서로 연합하는 것으로 바뀌면서 점차 협애한 국가사상을 제거하여 서로 돕고 서로 제약했다. 이로부터 제하의 여러 나라들이

---

125 '작은 몸[小體]'과 '큰 몸[大體]'은 맹자의 말을 빌려 쓴 것이다:『맹자』「고자 · 상(告子 · 上)」. 公都子問曰: "鈞是人也, 或爲大人, 或爲小人, 何也?" 孟子曰: "從其大體爲大人, 從其小體爲小人."

평등하게 서로 혜택을 베풀고, 마침내 거란세를 떠나 승평세로 나아가니, 인류가 화합하는 초석이 되었다. 그러나 승평의 시대가 갑자기 열리자 오랑캐의 재앙이 바야흐로 심해져서, 제하(諸夏)는 힘을 합쳐 오랑캐에게 대항하지 않을 수 없었다. 투쟁의 전략과 전술 및 도구는 당연히 거란세에는 있지 않았던 것들이었다. 오직 백성의 성향이 마침내 어두움을 괴롭게 여겨서 광명을 향했으며, 고립된 위기를 느껴서 '연계와 보조[聯比]'ⓑ를 강구하였다. 광기어린 혼란이 이미 극도에 도달해서 인(仁)과 의(義)의 감화가 저절로 생겨나니, 이에 오랑캐가 귀화하여 제하와 하나가 되었다. 이는 곧 승평세를 떠나서 태평세로 들어가는 것이니, 이것이 모든 인류가 보편적으로 화합하는 '아름다운 운수[休運]'이다.

ⓐ '안'은 나(我)이고, '밖'은 적(敵)이다.
ⓑ 『역』의 '비(比)'괘에서 완미할 수 있다.

어떤 사람이 물었다. "시대가 태평세에 진입하면 투쟁이 멈출 것인가?" 대답했다. "이것은 말하기 어렵다. 『능엄경(楞嚴經)』에서 '사람은 애착[愛]과 상념[想]이 하나로 얽힌 상태로 살아간다.'ⓐ고 말했다. 애착과 상념의 세력은 지극히 복잡하고 매우 깊이 오염되어 우리들이 자각하지 못하는 '그윽한 골짜기[冥壑]'에 잠복해 있으니, 한없이 광대하다. 그것들이 우리 몸에 잠재해 움직이면서 행동을 이끄니, 우리들은 단지 그것이 부리고 시키는 대로 하면서도 그 까닭을 알지 못한다. 사람들은 각기 그 애착과 상념이 서로 얽힌 한 덩어리의 잠재된 세력이 있으므로, 사람과 사람 사이에 근본적으로 비밀스럽게 숨어 있는 어떤 장애가 쉽게 소멸되지 않는다. 태어나고 자라는 것이 성취되지 않으면, 사람들은 본래 다투지 않을 수 없다. 태어나고 자라는 것이 이미 성취되고 나면, 세상 사람들은 누구나 모두 그 숨겨진 장애를 제거하여 천지만물이 한 몸으로 되는 역량을 넓힐 수 있겠지만, 그것을 말하기가 어찌 쉽겠는가?ⓑ 사람과 사람 사이에는 장애가 없을 수 없는데, 태평을 항상 믿을 수 있다고 말한다면, 아마 그렇지 않을 것이다. 이 때문에 『춘추』에서는 인(仁)과 의(義)를 높이니, '인'을 체득한 다음에 널리 만물을 사랑할 수 있고, 천지와 한 몸이 될 수 있다는 것이다.ⓒ '의'를 자세하게 변별해서 나를 바로잡은 다음에 내면으로 저울질을 하여 애착과 상념의 잠재된 세력이 미친 듯이 날뛰어 바름[正]을 어기는 일이 없도록 해야 한다.ⓓ 요컨대, 시대가 태평세에 진입하면 투쟁하는 일은 오직 우리들이 의(義)로써 나를 바로잡을 때에만 존재한다. 그리고 태평세가 오래도록 무너지지 않게 하는 것도 역시 인류가 모두 '의'로써 나를 바로잡는 투쟁을 하는지의 여부에 달려 있을 뿐이다."ⓔ

ⓐ 이곳의 애착은 '사랑[仁愛]'의 의미가 아니라, '탐애(貪愛)'의 의미이다. 탐애는 곧 욕망·추구·집착 등의 의미가 있다. 모든 사람들이 마음을 일으키고 생각을 하는 것과 모든 행위·조작은 어떤 경우라도 탐애에 따라 선동되지 않은 적이 없다. 예컨대 생존욕구가 바로 탐애이니, 인간에게 생존하려는 탐애가 없으면 곧 살지 못한다. 권력욕 등은 더욱이 탐애 중에서 가장 사나운 것들이다. '상념[想]'의 함축된 의미는 또한 가장 깊고 넓다. 예컨대 아주 애매한 사상에서 지극히 고명한 사유에 이르기까지, 혹은 의견과 모든 지식이 모두 상념에 포섭된다. 사람은 실로 무수한 '애착[愛]'과 수없는 '상념[想]'이 서로 교차하여 얽히고 굳게 결합한 것으로 말미암아 살아가니, 이것은 깊이 돌이켜 보는 자가 아니라면 자각하지 못한다.

ⓑ '숨겨진 장애'는 곧 앞에서 말한 애착과 상념의 세력이 서로 한 덩어리로 결합한 것이 비밀스럽게 숨어 있어서 자각하지 못하는 것이다. 이 한 덩어리의 세력은 부처가 스스로 수행하는 방도에서 반드시 힘써 모조리 없애야 하는 것이었다. 유가는 도리어 이와 같지 않아 오직 그것을 반드시 바름으로 인도할 뿐이다. 여기에 무한한 의미가 있지만, 상세하게 언급하지 않겠다.

ⓒ '인(仁)을 체득한다.'는 것에서 '체득[體]'은 체인(體認)이나 체현(體現) 등의 의미이다. '인'은 곧 건원(乾元)이고 인생의 근본이니, 반드시 스스로 체인해야 한다. '체현'이란, 우리들이 이 이치를 실현하는 것을 말한다. '널리 만물을 사랑한다[汎愛萬物]'고 말하는 것은 주나라 말기 혜시(惠施)의 말을 인용한 것이다.[126]

---

126 '널리 만물을 사랑한다[汎愛萬物]'고 말하는 것은 주나라 말기 혜시(惠施)의 말을 인용한 것이다: 『장자』「천하(天下)」. 惠施多方, 其書五車, 其道舛駁,其言也不中. 厤

ⓓ '의(義)를 자세하게 변별한다.'는 말은 『역』 「계사전」에 있다. 의(義)와 '의가 아
닌 것[非義]'을 아주 분명하게 변별해서 결코 의가 아닌 것에 빠지지 않는 것을 '의
를 자세하게 변별하는 것'이라고 한다. 사람 마음의 은미한 곳에는 가끔 불의(不
義)를 의(義)로 여기는 궤변이 틈만 나면 몰래 일어나는 것이 있으니, 이것은 곧
애착과 상념의 잠재된 세력이 크게 작용하는 것이다. 만약 정의를 받들어 불의
를 극복하고 다스릴 수 있으면, 곧 의(義)로써 나를 바로잡는 것이고, 곧 자아의
내부투쟁에서 승리하는 것이다.

ⓔ '애착'과 '상념'에 대한 의미는 지극히 심원하지만, 여기서는 상세하게 논하지 않
겠다. 반드시 별도의 전문저서로 써야 할 것이다.

어떤 사람이 물었다. "하휴가 삼세를 서술함에 그 말이 너무 혼란스럽고
간략하다. 만약 그것을 주석해서 풀이하지 않는다면, 그 깊은 의미는 밝
힐 수 없다. 그러나 혁명의 의미는 하휴가 밝혀서 말하지 않았으니, 당
시 전제군주시대에 두려워서 매우 꺼린 것이 아니겠는가?"

대답했다. "공양수(公羊壽)와 호무자도(胡母子都) 사제가 『공양전』을 지은
것은 본래 한나라를 위해 법도를 제정한 것이지, 『춘추』의 진실을 전한
것이 아니다. 하휴는 한대(漢代)에 살았고, 또한 감히 공양수와 호무자도
를 두드러지게 위배할 수 없었으므로, 여전히 『공양전』에 의거하여 주
(注)를 지었다. 그러나 『춘추』 본래의 뜻을 차마 모두 상실할 수 없어서
삼세의 뜻을 대략 보존했으니, 이것이 그의 고충이었다. 하휴는 혁명을
선양하지 않은 적이 없지만, 삼세를 설명함에 '전해들은 세대[所傳聞之世]'
에서ⓐ 쇠퇴하여 혼란한 가운데서 다스림이 일어난다고 말했는데, 그는
먼저 그 내부적인 것을 자세히 설명했다. 이것에 의거하면, 쇠퇴하여 혼
란한 가운데에서 다스림이 일어난다는 것은 곧 혼란한 제도를 없앰으로
써 다스림의 도리를 처음으로 일으킨다는 것이니, 혁명이 아니고 무엇
이겠는가? 먼저 내부적인 것을 자세히 설명했다는 것은, 곧 각종 제도와
각종 사업과 같은 국내의 다스림에 어느 것 하나 그 상세하고 치밀함을

物之意, 曰: "至大無外, 謂之大一., 至小無內, 謂之小一. … 汎愛萬物, 天地一體也."

지극히 하지 않음이 없다는 것이다. 이것이 민주정치의 큰 규범이 됨은 의심할 필요가 없다. 그런데 정권이 통치계급에게 있다면, 일을 분담한 몇몇 대신들이 민중을 감시하고 다스려서 민중들이 분수를 편안하게 여겨 참고 받아들이게 하고는 별도로 일삼을 것이 없다. 정권을 인민이 잡는다면, 군중이 협력하고 합작하여 공공사업의 발전을 도모해서 이로움을 일으키지 않음이 없고 해로움을 제거하지 않음이 없으니, 온갖 조목과 단서가 지극하게 세밀해지고 다 갖추어지므로 그 다스림이 극도로 자세해진다. 공자의 『춘추』는 민치(民治)의 규모에 대해 당연히 '헤아리고 의론한 것[擬議]'이 있다.ⓑ 하휴는 감히 그 뜻을 직접 서술하지 못했으므로, '자세하게 한다[詳]'는 한마디 말로써 어물어물 명백하지 않게 설명했다. 그때에 전제군주제는 이미 정착되었고 인민들 또한 전혀 스스로 깨닫지 못했으니, 하휴도 비록 공양씨 선대에서 구전한 의미에 대해 깊이 알았지만 결국 또한 『공양전』에 의탁하여 당세에 아부했으니 『춘추』의 본래 의미는 끝내 어두워졌다.ⓒ

ⓐ 곧 거란세이다.

ⓑ '헤아린다[擬]'는 것은 미리 따져본다는 것이다. '의론한다[議]'는 것은 상세하게 설명한다는 것이다. '헤아리고 의론한 것[擬議]'은 『역』「계사전」에 근거한다.

ⓒ 어떤 사람이 물었다. "공자 당시에는 아마도 민치의 규모를 아직 반드시 헤아리지는 못했을 것이다."

대답했다. "『주관경』에서 다스리는 도리를 말한 것은 천지간에 두루 미치고 온갖 단서를 다루지만, 실은 인민으로부터 말미암는 것을 중심으로 하였으니, 내가 뒤에서 대략 논할 것이다.

나는 하휴가 삼세를 서술한 것에 말미암아, 공자의 『춘추경』과 『전』의 원문은 마땅히 체계가 엄정한 큰 저술이지, 『공양전』과 같이 겨우 역사적인 평론 따위의 작품이 결코 아니라는 것을 미루어 고찰하였다. 삼세(三世)의 의미는 내가 이미 앞에서 주석해서 풀이하였으니, 학자들이 시험 삼아 자세히 연구해보면 『춘추』 원서는 반드시 3개의 큰 부분으로 되어 있음을 미루어 알게 될 것이다. 제1부는, 혼란을 제거하여 다스림을 일으키는 것에 대해 논했다. 제2부는, 승평세로 나아가는 다스림을 논했다. 제3부는, 태평세의 대동(大同)으로 나아가는 다스림은 혼란을 제거하는 데서 그 단서를 만들어 태평세가 지극히 융성해지니 삼세는 본래 한 가지 일이라는 것을 논했다. '한 가지 일'이란 무엇인가? 천지의 도를 마름질하여 이루고 세계를 개조하는 것이다. 종래의 식견이 없는 유학자들은 모두 이것을 깨닫지 못해서, 공자가 다만 시대의 운수를 추측함에 이와 같은 세 시기가 있었던 것이니, 우리들은 오직 시기를 기다리면 될 뿐이라고 생각했다. 이것은 성인의 말씀을 곡해하고 인간의 노력을 포기하는 것이니, 어찌 인류의 큰 불행이 아니겠는가? 『춘추』를 지은 까닭은 본래 인류를 위하여 영원한 태평을 열려고 했기 때문이니, 우리들은 그 이론의 광활함과 자세함을 상상할 수 있다. 애석하게도 하휴가 거의 대부분을 버리고 겨우 한두 가지만 보존한 것은 참으로 한스러운 일이지만, 그래도 하휴가 있었던 것은 다행이니, 그가 없었다면 『춘추』는 모두 없어졌을 것이다.

『공양전』에서 삼세(三世)를 설명하면서 다만 '본 것'과 '들은 것'과 '전해 들은 것'을 말했지만, 삼세를 펼침에는 오로지 군신(君臣) 간의 은혜와 의리 측면에서 논의의 취지를 내세워서,ⓐ 도리어 혼란을 제거하고 다스림을 일으켜서 승평세와 태평세에 미치는 일체의 광대하고 심원한 의리의 온축은 완전히 사라져 남아 있는 것이 없다. 그런 글은 은공(隱公) 원년의 공자(公子) 익사(益師)가 죽었다는 조목에서 명백하게 증명할 수 있다. 동중서는 『춘추번로』에서 삼세를 설명하면서 전적으로 『공양전』을 좇았다. 그 설명은 「원학통」을 보면 다시 완미할 수 있을 것이다. 동중서의 학문은 공양수에게서 전수되었으므로, 그의 삼세에 대한 설명은 같은 사람의 입에서 나온 것 같다. 하휴는 『공양전』에 의지해서 주석을 지었기에 삼세의 의미를 풀이한 것은 첫머리에서 공양수와 호무자도의 본지(本旨)를 대략 보존하였지만,ⓑ 뒤에 거란세·승평세·태평세의 여러 큰 의미를 성대하게 드러낸 것은『공양전』의 의미와 근본적으로 서로 용납되지 않았다. 2천 수백 년 이래『공양전』을 공부하는 사람들이 끝내 한 사람도 그것을 발견하지 못했으니, 어찌 이상하지 않은가?

ⓐ 설명이 앞글에 있으니 반드시 다시 보라.
ⓑ 이미 앞글에서 설명하였다.

『공양전』은 한나라를 위해 법도를 제정한 것이고, 그곳에서 삼세의 의미는 군신간의 은혜와 의리를 제창한 것이므로 '본 시대[所見世]'를 우선으로 하였다. 그 까닭은 무엇인가? '본 시대'는 신하가 직접 섬긴 군주에 대해 반드시 은혜로 느끼는 것이 깊고 두텁기 때문이다. 그런데 하휴가 삼세의 의미를 서술한 것은 '전해들은 시대[所傳聞世]'를 우선으로 하였다. 그 까닭은 무엇인가? '전해들은 시대'는 쇠퇴하여 혼란한 것이 이미 오래되어, 혁명을 거행해서 혼란을 제거하고 다스림을 일으켜야 하므로 우선으로 하였다. 다스림의 도리가 이미 흥기하여 승평세를 거쳐 태평세에 이르면, 혁명의 공로는 이미 성취되는 것이다. 그가 태평세를 '본 시대'로 삼은 것은, 태평의 다스림을 자신이 직접 경험해야지 그것을 미래에까지 기다려서는 안 된다는 것이기 때문에 태평세를 '본 시대'라고 말했으니, 그 마음을 기탁한 것이 지극히 심원하다.『공양전』의 삼세의 의미와 하휴가 삼세를 서술한 것은 시대의 순서 및 의의가 근본적으로 조금도 상통하는 곳이 없다. 나는 앞의 글에서 두 개의 표를 만들어 대조할 수 있도록 했으니, 학자들은 다시 완미해야 할 것이다.

강유위(康有爲)와 피석서(皮錫瑞)의 무리들은 명분으로는 삼세를 펼친다고 했지만, 실제로는 삼세의 의미에 대해 전혀 알지 못했다. 한편으로는 공양수·호무자도·동중서의 속임수를 전수받고, 다른 한쪽으로는 어리석게도 하휴의 주석을 꿰뚫지 못하여 하휴도 거짓된『공양전』을 연구한 학자라고 함부로 생각하였다. 전(傳)을 거짓으로 만들고 경(經)을 훼손하면서도 분별하지 못하고, 하휴의 주석이 진실을 보존하고 있음에도 구하지 않아서, 성인의 도리가 천하와 만세에 밝혀지지 못하게 하였다. 나는 이런 점이 두렵다.

어떤 사람이 물었다. "『공양전』이 비록 역사적인 평론 따위의 작품이지만 『경(經)』의ⓐ 의미를 보존한 것이 없지 않았는데, 다만 여기저기 흩어져서 나타나고 아주 두드러지지 않았을 뿐입니다."

ⓐ 여기서 말하는 경(經)은 곧 공자의 『춘추』를 가리킨다. 아래에도 이와 같다.

대답했다. "『공양전』의 뿌리는 통치계급을 옹호하는 데 있고, 공자의 『경(經)』은 근본적으로 통치를 없애는 것이니,ⓐ 이것은 정신적으로 융합할 수 없는 것이다. 그러나 당시에 꺼리던 것을 두드러지게 저촉하지 않았던 경(經)의 의미에 대해서는 『공양전』에서도 이따금 취했으니, 이를테면 '애공(哀公) 13년에 공(公)이 황지(黃池: 현 안휘성 당도현〈當塗縣〉)에서 진후(晉侯) 및 오자(吳子)와 회합했다.'[127]는 것에 대하여, 『공양전』에서는 다음과 같이 말했다. '오(吳)나라를 무엇 때문에 자(子)라고 불렀는가? 오나라가 회합을 주도했기 때문이다.ⓑ 오나라가 회합을 주도했다면, 어찌하여 먼저 진후(晉侯)를 말했는가? 오랑캐가 중국을 주도하는 것을 인정하지 않았기 때문이다.'ⓒ[128] 이 구절에 의거하면, 『공양전』이 승평세에는 오랑캐를 밖으로 한다는 『경(經)』의 의리에 대해 실로 취한 것이 있음을 알 수 있으니, 그렇게 하는 것이 한나라의 조정에 저촉되지 않았기 때문이다. 그러나 『경(經)』에서는 애공의 시대를 '본 시대'로 여겨서 태평의 큰 도리를 천명하였으니,ⓓ 오랑캐를 밖으로 하는 의리는 당연히 승평세에서ⓔ 일으켰다. 이제 『공양전』은 애공 13년에 오자(吳子)가

127 『여씨춘추집해(呂氏春秋集解)』「애공(哀公)」. 公會晉侯及吳子於黃池
128 『여씨춘추집해』「애공」. 公會晉侯及吳子於黃池. 구절의 주석. 公羊傳, 吳何以稱子, 吳主會也. 吳主會則曷爲先言晉侯. 不與夷狄之主中國也.

회합을 주도했다는 조목에서 오나라를 밖으로 하였는데, 이것은 태평세에서 다시 오랑캐를 밖으로 한다고 말하여 도리어 『경(經)』의 삼세의 의미와 상응하지 않게 되었으니, 무엇 때문인가? 『공양전』은 본래 노나라의 역사에 근거해서 역사적인 평론을 한 것이니, 『경』에서 삼세를 설명하는 것과는 의미를 취함이 제각기 다르므로, 꼭 『경』에서의 태평세의 의미에 집착하여 서로 곤란해 할 필요가 없다.

ⓐ 이런 의미는 앞에서 여러 번 드러냈다.
ⓑ 당시 오나라는 강성했지만 무도(無道)해서 오랑캐의 소행이 있었다. 승세를 몰아 중원으로 들어와서는 제후들을 크게 회합하게 하니, 제하의 나라들은 어느 나라도 감히 오나라를 섬기지 않을 수 없었다. 이 회합은 오나라가 주도했다.
ⓒ 이것은 서언(徐彦)이 지은 『춘추공양전정의』에 의거하여 답한 것이다.
ⓓ 그러므로 '본 것[所見]'을 태평세라고 이름 붙였다.
ⓔ 곧 '들은 세대[所聞世]'이다.

희공(僖公) 원년에 오랑캐[狄]가 형(邢)나라를 멸망시켰다. 제(齊)나라 환공(桓公)이 제후의 군대를 거느리고 형나라를 구하고는 그 나라를 회복시켰다. 나라를 회복시키는 것은 마땅히 주나라 천자에게 명(命)을 구해야 하는 것이지, 제후가 전단(專斷)할 수 있는 것이 아니다. 이때에 천자가 무도(無道)하여 제나라 환공이 마침내 전단했다. 『공양전』은 이에 제나라 환공의 공적을 찬미해서 그의 전단을 인정했다. 이것에 근거하면, 『공양전』은 승평세에는 제하(諸夏)를 안으로 한다는 『경』의 말에서 대개 취한 것이 있었음을 알 수 있다. '안으로 한다.'는 것은 제하의 여러 나라가 서로를 한 몸처럼 여겨서, 우방의 위험과 재난을 자신의 몸에 있는 것처럼 보아 자기 나라와 다른 나라의 구별이 없는 것이다. 『춘추경』의 의미는 『역』과 통한다. 『역』에서 '만물의 마땅함을 도와준다.'고 했다. '도와준다[輔相].'는 것은 '부축해서 도와준다.'는 의미이니, 강자가 약자에 대해, 지혜로운 자가 어리석은 자에 대해 도와주는 것일 뿐이다. 『경』에서 승평세에는 제하를 안으로 한다고 말한 것은 그 도리가 여기에 있다. 불교가 비록 출세간법이지만 평등한 마음으로 중생의 미혹을 인도하고ⓐ 광대한 마음으로 중생의 고통을 건져내면서도ⓑ 조금의 사욕을 개입시키지 않으니, 그 큰 염원이 또한 『대역』·『춘추』와 다르지 않다. 『공양전』이 제나라 환공을 찬미한 것은 대개 '성스러운 경[聖經]'에서 승평세의 대의를 취한 것이다. 그러나 제나라 환공이 희공 때에 형나라를 구했으니, 이때는 '전해들은 시대'이다.ⓒ 『공양전』은 승평세의 의리를 거란세에 응용했다. 대개 『공양전』은 본래 역사적인 평론으로서, 어떤 구체적인 일에 대하여 그 일을 논해서 제나라의 환공을 찬미할 만하다고 하였으니, 『경(經)』에서의 삼세의 이론에 집착해서 서로 충돌을 일으켜서는 안 된다.

ⓐ 부처와 중생은 본래 평등하다. 이제 비록 중생을 인도하여 교화하면서도 스스로 높여서는 안 되니, 평등한 마음을 일으키는 것이다.

ⓑ 부처는 중생을 건져내지만 스스로 광대한 마음을 일으켜 협소한 마음을 경계하였다. 중생이 고통에서 벗어나는 것은 여전히 중생이 노력하여 스스로 구원하는 것이니, 내가 중생을 경시하여 그 공로를 자처할 수 없다고 생각하였다.

ⓒ 곧 거란세이다.

『공양전』은 공자의 『경(經)』의 의미에 대하여, 또한 흐리멍덩하여 따라야 할지 어겨야 할지를 결정하지 못한 것이 있다. 예컨대 문공(文公) 18년에 '거(莒)나라에서는 그 임금 서기(庶其)를 시해했다.'[129]는 것이 그것이다. 이 일을 만약 『경(經)』의 의미에 따라 판단한다면, 당연히 인민혁명을 거행한 것으로 찬미해야 할 것이다. 만약 『경』의 의미를 위반하여 판단한다면, 마땅히 인민에게 죄를 돌려야 할 것이다. 그런데 『공양전』에서는 '나라의 이름을 들어 시해했다고 한 것은 민중들이 임금을 시해했다는 말이다.'[130]라고 했다. 이 구절에 의거하면, 단지 그 일을 그대로

---

129 『춘추공양전주소』「문공(文公)」. 莒弑其君庶其.
130 『춘추공양전주소』「문공」. 莒弑其君庶其. 구절의 전(傳). 稱國以弑者, 衆弑君之辭.

기록했을 뿐이지 어떤 판단도 하지 않았다. 통치를 옹호하는 자는 인민에게 죄를 돌릴 것이다. 예컨대 송대(宋代)의 손복(孫復)[131]이 '나라의 이름을 들어 시해했다고 한 것은 온 나라 사람들이 모두 시해할 만하다고 한 것이다. 이것은 대역무도한 말이니, 실로 『공양전』이 그것을 일깨워 주었다.'[132]라고 한 것이다. 하휴는 주석에서 '한 사람이 임금을 시해했지만 온 나라의 사람들이 모두 기뻐했으므로, 나라를 들어서 대중을 잃으면 마땅히 죽임을 당한다는ⓐ 것을 밝혔다.'[133]라고 했다. 살펴보건대 하휴의 해석은 대개 거란세에서는 혁명을 해야 한다는 『경』의 설명에 근본해서ⓑ 『공양전』의 잘못을 바로잡을 수 있었던 것이다.

ⓐ 마땅히 죽을죄를 지었으니 다시 임금으로 세울 수 없다.

ⓑ 거란세에서는 반드시 혼란을 제거해야 하고, 혼란을 제거하는 것은 곧 혁명이다. 이것에 대한 설명은 앞에 있다.

---

131 손복(孫復, 992-1057): 자는 명복(明復)이고, 이름은 복(復)이며, 호는 태산(泰山)이다. 중국 북송(北宋) 초기의 유학자이며 경학자로서 진주평양(晉州平陽: 현 호남성 계양현〈桂陽縣〉) 사람이다. 과거에 낙제한 뒤 태산(泰山)에 은거하여 강학(講學)에 힘쓰다가 범중엄(範中淹)·부필(富弼) 등의 천거로 벼슬길에 나아갔다. 손복의 학풍은 당대(唐代) 이래의 주소학(注疏學)을 물리치고 직접 6경(六經)의 본의(本義)를 탐구하는 '통경치용(通經致用)의 실학(實學)'이다. 특히 학술계에서 손복을 중시하는 것은 그의 춘추학(春秋學)에 있다. 손복은 『춘추』를 해석한 『춘추삼전(春秋三傳)』에 근거하지 않고, 자기의 뜻대로 『춘추』를 해석하였다. 손복은 "천자를 높이고, 제후를 물리친다[尊天子, 黜諸侯]."는 것에 의거하여 『춘추』에는 "폄하하는 것은 있지만 높이는 것은 없다[有貶無襃]."고 생각하고, 맹자의 "공자가 『춘추』를 지으니, 난신적자들이 두려워했다[孔子成《春秋》而亂臣賊子懼]."는 사상을 강조하였다. 범중엄·호원(胡瑗)과 함께 송초(宋初)의 3선생이라 불렸다. 저서로는 『춘추존왕발미(春秋尊王發微)』 12편이 있다.

132 나라의 이름을 들어 시해했다고 … 실로 『공양전』이 그것을 일깨워주었다: 손복(孫復), 『춘추존왕발미(春秋尊王發微)』 6권. 稱國以弒, 衆也謂肆禍者非一, 故衆弒君則稱國以誅之, 言擧國之人可誅也. 참조.

133 『춘추공양전주소』 「문공」. 莒弒其君庶其. 구절의 전(傳). 稱國以弒者, 衆弒君之辭. 구절의 주석. 一人弒君, 國中人人盡喜, 故擧國以明失衆, 當坐絶也.

위의 세 조목은『공양전』을 전공하는 자를 위하여 대략 한 귀퉁이를 드러낸 것일 뿐인데, 나는 더 이상 자세히 설명하지는 못하겠다. 예전에 난리를 피해 사천성에 들어갔을 때, 주통단(周通旦)[134]이 책 1권을 써달라고 하였는데 공자의『경(經)』의 의미를 가지고『공양전』을 조사해서 바로잡는 것이었다. 나는 끝내 그럴 겨를이 없었다. 그런데 하휴의 주석도 역시『경』에 모두 의거하지 않았으니, 하휴는 본래 '구설의 의미[口義]'와 『공양전』을 서로 조화시켰지, 감히『경』을 지켜서 절대로 어기지 않았던 것은 아니었다. 그 설명은 「원학통」에 있다."

3-3-4 『예운(禮運)』의 반전제주의 혁명사상 전석

위에서『춘추』를 설명하면서 이미 큰 의미는 드러냈으니, 이제 이어서 『예운(禮運)』에 대해 설명할 것이다. 나는 이 책의 앞부분에서 공자의 외왕학이 사실 통치계급을 뒤집어엎는 것을 근저로 했다는 것에 대해 실상을 조사해서 규정하면서, 『예운』을 근거로 그것을 증명하였다. 『예운』은 선진(先秦)시대에는ⓐ 단행본이었을 것이다. 그런데 한대(漢代) 사람들이 함부로 고치면서『예기(禮記)』에 집어넣었지만 그 본래의 의미는 여전히 상고할 수 있다. 이제 그 문장을 한 문단 한 문단 기록하고, 다음과 같이 '주석[疏]'을 붙인다.

ⓐ '선진'이란 진나라에서 분서갱유하기 이전을 말하니,『한서』「예문지」의 주석에 있다.

---

134 주통단(周通旦, 1916-1979): 호북성 형주시(荊州市) 공안현(公安縣) 사람으로, 웅십력의 제자이다. 중국고전문학 전문가이다. 국민당 중앙정치학교(國民黨中央政治學校)를 졸업하고, 주상광(周祥光)·소형휘(蘇瑩輝) 등과 장군매(張君勱)가 설립한 중국민족문화학원(中國民族文化學院)에서 공운백(龔雲白)의 불학(佛學)과정을 이수하였다. 뒤에 면인문학원(勉仁文學院)에 입학하여 양수명(梁漱溟)·웅십력 등에게 배웠다. 하얼빈사범대학에서 주로 중국고전문학을 강의하였다. 저서는『논어역주(論語譯注)』,『맹자역주(孟子譯注)』 등이 있다.

원
문

"옛적에 공자가 '납일제사[蠟]'[135]의 빈객으로 참석했었는데,[ⓐ] 행사가 끝나자 대궐문 쪽으로 나와 거닐면서 한숨 쉬고는 탄식했다. 공자의 탄식은 노나라에 대해 탄식한 것이다. 언언(言偃: 子遊)이 옆에서 '군자께서는 왜 탄식하는지요?'라고 물었다. 공자는 '대도(大道)의 시행과 삼대(三代)의 영걸은 내가 아직 미칠 수 없지만 뜻은 있었다.'라고 대답했다."[136]

ⓐ 『예기』「교특생(郊特牲)」편에 있다. 공자는 당시에 노나라의 납일제사에 참여하고 예를 도와주는 빈객이 되었다.

주
석

'대도의 시행'은 대동(大同)에 속한다. '삼대의 영걸'은 곧 이어지는 글에서 말한 여섯 군자이니, 소강(小康)의 예교를 시행할 수 있는 자들이다. 이 두 구절의 중간에 '과[與]'자를 넣은 것은 곧 공자가 '소강'과 '대동' 두 가지 사상을 모두 보존하여 한 가지가 옳다고 단정할 수 없다는 것을 분명하게 제시한 것이다. 아래 구절에서 '내가 아직 미칠 수 없지만, 뜻은 있었다.'라고 한 것은 곧 위의 두 가지 사상을 모두 계승한다는 것이다. 정말 이와 같다면, 외왕에 대한 공자의 사상은 단지 얼음과 숯이 한 덩어리로 섞여 있는 것일 뿐이다. 아주 형편없는 사람이 아니라면 이런 말을 하지 않았을 것이다. 성인이 어찌 이처럼 했겠는가? 대도의 시행은 반드시 통치계급을 없애는 것이지만, 소강의 예교는 여전히 계급을 보존하

---

135 '납일제사[蠟]': 납평(臘平) 또는 가평절(嘉平節)이라고도 한다. 납일은 원래 중국에서 유래된 풍속이지만, 그 날짜를 정하는 데는 나라마다 달라서 한(漢)나라와 송(宋)나라에서는 술일(戌日), 위(魏)나라에서는 진일(辰日), 진(晉)나라에서는 축일(醜日)로 하였으며, 그 후 대개 술일로 하였다. 이날 나라에서는 납향(臘享)이라 하여 새나 짐승을 잡아 종묘사직에 제물로 바치고 큰 제사를 지냈다.

136 『예기』「예운」. 昔者仲尼與於蠟賓, 事畢, 出遊於觀之上, 喟然而嘆. 仲尼之嘆, 蓋嘆魯也. 言偃在側曰: "君子何嘆?"孔子曰: "大道之行也, 與三代之英, 丘未之逮也, 而有志焉."

는 것이니, 두 가지 사상은 서로 용납할 수 없다. 그런데 공자가 두 가지 사상에 모두 뜻이 있었다고 말할 수 있겠는가? 나는 '삼대의 영걸과'라는 말은 결코 『예운』 원본에 있던 것이 아니라고 단정한다. 그것은 한대 사람들이 함부로 고친 것이거나, 70제자의 후학들이 일찍이 『예운』을 함부로 어지럽혔는데 한대 사람들이 계승했던 것인지도 알 수 없다. 나는 「원학통」에서, 6경은 공자의 만년 정론이어서 70제자 가운데 계승해서 이어받을 수 없었던 자가 많았다고 말했었다. 예컨대 증자(曾子) 후학의 효치론(孝治論)은 실로 소강예교(小康禮敎)의 대종(大宗)이 되었으니, 맹자는 대개 이 종파의 우두머리였던 것이다. 비록 맹자가 종법사상의 색채가 농후한 것과는 차이가 있지만, 순자는 '욕망[欲]'을 길러주고 '수요[求]'를 채워주는 것으로써 예(禮)를 말했는데, 이 역시 단지 폭군을 바꾸는 것만 있지 결코 군주제도를 없애려는 사상은 없었다. 이는 효치론자들과 다름이 없으므로, 『예운』을 함부로 고친 것이 반드시 한대 사람들로부터 시작되었다고 할 수 없다는 것을 알 수 있다.

원문 "큰 도리가 시행되어 천하가 공평하게 된다. 어진 사람을 선출하고 능력이 있는 사람을 천거[興]하며, 믿음과 화목을 익히고 닦는다."[137]

주석 공평함은 사사로움의 반대이다. 공평한 도가 시행되어 넓은 하늘 아래 한 사람도 자신을 사사롭게 하는 자가 없으므로 큰 도리가 된다. 『주관경』 전체는 '균등함[均]'이라는 한마디 말로 함축된다. '균등함'이란 '평등함'이라는 의미이다. 평등하지 못한 것을 평등하게 하는 것으로써 '공평함[公]'에 되돌아간다. 『예운』의 대동설은

---

137 『예기』「예운」. 大道之行也, 天下爲公, 選賢與能, 講信脩睦.

여전히 승평세에서 다스림을 도모하는 규모여서 태평세로 들어가기 위한 준비이다. 대개 거란세는 혼란을 제거하는 시작이다.[ⓐ] 비록 뜻이 태평세에 있을지라도 그것을 시행하는 것은 점차적으로 하지 않을 수 없으므로, 반드시 태평세를 수립하기 위한 큰 토대로서 승평세의 다스림이 있어야 한다. 옛것을 개혁해서 새것을 취하는 큰 사업은 실로 승평세를 유일하게 중요한 통로로 삼는다.[ⓑ] 승평세의 규모는 아직 훌륭하지 못하니, 아마 태평세에 거의 가깝다고 할 수는 없을 것이다.

> [ⓐ] '혼란을 제거한다.'는 것은 혼란한 제도를 제거한다는 것이니, 이른바 혁명이 이것이다.
> [ⓑ] 『역』에 '혁(革)'과 '정(鼎)' 두 괘가 있다. 「서괘전(序卦傳)」에서 "혁(革)은 옛것을 제거하는 것이고, 정(鼎)은 새것을 취하는 것이다."[138]라고 했다. 두 괘의 의미가 광대하고 지극하니 학자들이 완미해야 한다.

이제 "어진 사람을 선출하고 능력이 있는 사람을 천거[興]하며, 믿음과 화목을 익히고 닦는다."는 구절을 먼저 해석하겠다. 혼란을 제거하기 시작할 때에는 반드시 통치계급을 소탕해야 한다. 그러므로 승평세가 시작되면 오직 인민들이 어진 사람을 선출하고 능력이 있는 사람을 천거하여 군중의 공론을 대표하는 것으로부터 정무(政務)를 다스린다.[ⓐ] 그런데 인민이 공동으로 직접 정사(政事)를 처리하면 대표를 선출하고 천거할 필요가 없으니,[ⓑ] 승평세가 열리기 시작할 때에는 여전히 이렇게 말하기에 충분하지 않다. 『주관경』은 백성을 일으키는 것을 중요하게 여겼으니,[ⓒ] 바로 인민들이 정사의 처리를 직접 익히도록 권면해서 차츰 태평세로 나아가도록 한 것이다.

> [ⓐ] 혼란을 제거하는 것은 본래 거란세에 혁명을 거행하는 것이다. 그렇다면 혁

---

138 『역』 「서괘전(序卦傳)」. 革去故, 鼎取新.

명을 할 때에는 곧 이미 거란세를 벗어나서 승평세로 진입한 것이지, 결코 혁명에서부터 승평세에 이르기까지 여전히 과도기가 있다는 것이 아니다.

ⓑ 주대 말기의 농가가 이런 주장을 했었다.

ⓒ 이어지는 글에서 『주관(周官)』을 설명할 때 자세히 언급하겠다.

"믿음과 화목을 익히고 닦는다."는 것은, 승평세 초기에 제하(諸夏)의 여러 나라가 비록 협애한 국가사상을 변화시켜 없앴을지라도 국가라는 형식이 여전히 존재하므로, 반드시 열국이 공동으로 신의를 강구하여 서로 친목을 닦아야 한다는 것이다. 친목을 닦아 피차가 의심하지 않고, 신의를 실행해서 멀거나 가까운 나라가 격리되지 않아 제하가 하나로 되면ⓐ 오랑캐들[夷狄]마저도 오호라! 변화되니,ⓑ 여기에서 대동의 교화가 이루어지고 태평세의 운수가 도래한다. 나는 일찍이 『춘추』에서 작은 나라를 중요하게 여겼던 의미를 추구하여, 세상이 승평세로 나아가 천하 대다수의 인민이 서로 연합하면 작은 나라는 마땅히 신장되고 큰 나라는 마땅히 작은 나라와 평등해진다고 생각했다. 승평세가 더욱 진보하여 태평세에 가까워지면, 작은 나라도 반드시 변혁될 것이다. 그 까닭은 무엇인가? 세상에 국가가 생긴 이래로 다스림을 논하는 자들은 국가를 죄악의 늪으로 여기지 않는 자가 거의 없었다. 통치계급은 이미 국가의 권력을 빙자해서 대다수 서민을 침탈했고, 또 항상 국가를 이용해서 외국을 침략하는 도구로 삼았다. 만약 그것을 자세히 궁구한다면, 그 해독은 이루 다 말할 수 없으므로 국가라는 형식은 근본적으로 변혁되지 않을 수 없다. 나는 지구상의 인류가 무수한 작은 자치구로 나누어지고, '전 지구 인류문화위원회'로 통일되어야 한다고 생각한다. 자치구를 나누는 것은 대개 지형의 편리함과 기후의 차이에 따라 참작하여 정해질 것이다. 자치구를 크고 작게 나누는 것은 반드시 '전 지구 인류문화위원회[全人類文化委員會]'가 소집한 전 지구 인민의 공론을 거쳐 잘 합의해서 제도를 제정할 것이니, 특별히 지나치게 큰 자치구는 있을 수 없을 것이다. 무릇 지형과 기후가 비록 서로 같아도 지역이 너무 커서 단지 하나의 자치구로 나누는 것이 마땅하지 않다면, 참작하여 자치구를 나누어서 그 크거나 작음이 제정된 제도에 부합하도록 한다. 무수한 자치구로 나누는 까닭은 인류가 고립하여 홀로 생활할 수 없으니, 곧 어쩔 수 없이 자치구라는 조직을 가지게 되는 것이다. 그런데 이 자치구의 성질은 절대로 과거의 국가와는 같지 않으니, 다만 일종의 문화단체일 뿐이다.

ⓐ '하나로 된다.'는 것은 화합하여 사이좋게 지내는 것이니, 제하의 여러 나라들이 한집안처럼 되는 것이다.

ⓑ '오호라! 변화되니'라는 구절은 『상서(尚書)』「제전(帝典)」에 있다. '오호라!'는 찬미하는 감탄사이고, '변화한다.'는 것은 변화하여 선(善)을 따라서 제하와 일체가 된다는 것이다.

노자는 강대국이 재앙을 끼치는 것을 아주 싫어하여 나라를 작게 하고 백성을 적게 하려는 이상이 있었다. 그는 다음처럼 말했다. "나라를 작게 하고 백성을 적게 하며,ⓐ 사람 10명이나 1백명을 대신하는 기구가 있을지라도 사용하지 않게 하고,ⓑ 백성들이 죽음을 무겁게 여기고 멀리 이사하지 못하게 한다.ⓒ 그러니 비록 배와 수레가 있을지라도 타고 갈 곳이 없고, 무기가 있을지라도 방어할 곳이 없다. 사람들이 다시 새끼를 꼬아서 사용하게 한다. 자신들의 음식을 맛있게 먹고, 자신들의 의복을 아름답게 입으며, 자신이 사는 곳을 편하게 여기고, 자신들의 풍속을 기꺼워하여, 이웃 나라가 서로 바라보여 닭 우는 소리와 개 짖는 소리를 서로 들으면서도 백성들이 늙어 죽을 때까지 서로 왕래하지 않는다."[139] 살

---

139 『도덕경』 80장. 小國寡民, 使有什佰之器而不用, 使民重死而不遠徙. 雖有舟輿, 無所乘之, 雖有甲兵, 無所陳之. 使人復結繩而用之. 甘其食, 美其服, 安其居, 樂其俗, 隣國相望, 鷄犬之聲相聞, 民至老死不相往來.

펴보건대, 나라를 작게 하고 백성을 적게 한다는 노자의 뜻은 또한 잘못되었다고 할 수 없다. 나라가 작고 백성이 적으면, 비록 영웅호걸이 있을지라도 그들이 자기의 능력을 믿고 제멋대로 할 수 없으니, 그것이 첫째 이로움이다. 인민들이 모두 힘을 합쳐서 협력하여 직접 나라 일을 잘 다스리니, 그것이 둘째 이로움이다. 공공의 큰 사업에 관련되어 한두 개의 작은 나라가 처리할 수 있는 것이 아니면, 다수의 작은 나라가 연합해서 협력하면 그 일 또한 아주 쉽게 처리되니, 그것이 셋째 이로움이다. 오직 '작은 나라[小國]'라는 명칭은 최대한 사용하지 않아야 되니, 단지 '자치구'라고 부르면 될 뿐이다. 그러나 노자가 말한 '사람 10명이나 1백 명을 대신하는 기구가 있을지라도 사용하지 않게 한다.'는 구절부터 '늙어 죽을 때까지 서로 왕래하지 않는다.'라는 구절까지는, 다만 노자가 상고시대의 소박하고 협애하여 무지하고, 막히고 소통되지 않아 문물이 없는 사회로 되돌아가려는 것을 주장한 것이니, 이것은 '자연스러움[自然]'을 거스르는 것인데도 깨닫지 못했다.ⓓ『주관경』에서 왕국의 '향(鄕)'·'수(遂)'라는 제도는 지역이 크지 않고 인구가 많지 않아, 장래에 자치구를 나누고 설치하는 데에 참고할 수 있다. 그런데 지구상의 무수한 자치구가 반드시 서로 연합하여 다시 '전 지구 인류문화위원회'를 두어 지구상의 무수한 자치구의 총회기구가 되게 하는 것은, 마치 사람의 몸에서 혈맥이 두루 흘러 다니는 것처럼 나날이 더욱 건전하게 발전하니, 자연스러움에 반대되는 노자의 우환이 없다.

ⓐ 나라가 작으면 백성이 적다.

ⓑ '사람 10명이나 1백 명을 대신하는 기구를 사용하지 않는다.'는 것은 장인의 뛰어난 기술을 필요로 하지 않는다는 말이다.

ⓒ 백성들이 이익을 탐하고 뛰어난 기술을 숭상하지 못하게 하니, 오직 자신만을 보배로 여긴다. 그러므로 각기 자신이 사는 곳을 편하게 여기고, 죽음을 무겁게 여기며, 멀리 이사하려고 하지 않는다.

ⓓ 사회발전은 정말 자연스러운 것인데, 노자는 자연스러움을 말하면서도 발전을 반대했으니, 자연스러움을 반대한 것이 아니고 무엇이겠는가?

원문 "그러므로 사람들이 자신들의 부모만을 부모로 여기지 않고 자신들의 자식만을 자식으로 여기지 않으며, 노인들은 천수(天壽)를 다할 수 있게 하고,¹⁴⁰ 장정들은 일할 것이 있게 하며, 어린이들은 키워주는 것이 있게 하고, 홀아비·과부·고아·자식 없는 늙은이 및 몹쓸 병에 걸린 자들은 모두 돌봐주는 것이 있게 하며, 남자는 직분이 있고 여자는 '시집갈 곳[歸]'이 있다."¹⁴¹

주석 공자의 사회사상은 천하를 합쳐서 한집안이 되게 하고, 만물이 제각기 그 마땅한 것을 얻도록 하는 데 있다. 위의 구절은 규모가 광대하고 심원하여 하늘이 덮어주지 않음이 없고 땅이 실어주지 않음이 없는 것과 꼭 같으니, 예로부터 지금까지 군중의 통치를 말한 것은 이것을 벗어날 수 없었다. 계급이 소멸되지 않고 사유제가 제거되지 않으면, 소수의 사람들은 자신의 부모를 봉양하고 자식을 돌보아줄 수 있지만, 천하의 최대다수의 사람들은 부모를 봉양하고 자식을 돌보아 줄 수 있는 자가 거의 없다. 오직 계급을 평등하게 하고 사유제를 없애서 산업과 재화와 용도의 일체를 공공(公共)으로 하면, 사회에는 노인을 봉양하고 어린이를 돌보아 주는

---

140 노인들은 천수(天壽)를 다할 수 있게 하고: '使老有所終' 구절을 '노인들은 천수(天壽)를 다할 수 있게 한다.'로 해석한 것은 『예기찬언(禮記纂言)』「예운(禮運)」의 "大道之行也, 天下爲公. … 故外戶而不閉. 是謂大同." 구절의 주에 '노인들이 모두 넉넉하게 보살펴져 천수를 마친다(老者, 皆得贍養, 以終其天年).'를 참고한 것이다. 『예기주소(禮記注疏)』에는 '천하의 노인들이 넉넉하게 보살펴져 남은 인생을 마친다(天下之老者, 皆得贍養, 終其餘年也).'로 주석되었는데 동일한 의미이다.

141 『예기』「예운」. 故人不獨親其親, 不獨子其子, 使老有所終, 壯有所用, 幼有所長, 矜寡孤獨, 廢疾者, 皆有所養, 男有分, 女有歸.

시설이 있게 되니, 이것이 '사람들이 자신들의 부모만을 부모로 여기지 않고, 자신들의 자식만을 자식으로 여기지 않는다.'는 것이다. 천하에서 남의 부모된 자들은 모두 천하가 공공으로 편안히 봉양하므로, '노인들은 천수를 다할 수 있다.' 천하에서 남의 자식된 자들은 모두 천하가 공공으로 돌보아주고 교육시키며, 그 재능을 개발하여 일을 맡기므로, '어린이들은 키워주는 것이 있고 장정들은 일할 것이 있다.' 홀아비·과부 및 몹쓸 병에 걸린 자들은 천하의 힘으로 돌보아 주니, 수요를 제공받지 못하는 근심이 없다. 남자는 직분이 있으니,ⓐ 천하에 버려지는 사람이 없다. 여자는 자유롭게 배우자를 선택하니, 천하에 남편이 없어서 원망하는 여자가 없다.ⓑ 그러므로 천하가 비록 크고 만물이 비록 많을지라도, 어느 누구도 그 마땅한 것을 얻지 못한 자가 없었다.

ⓐ '직분'은 비록 남자에 대해서 말했지만 여자에게도 직분이 있으니, 관례적으로 알 수 있다.
ⓑ 여자들은 어울리는 배우자를 얻으니, 곧 '돌아가는 곳[歸]'이 있는 것이다. 옛날에 여자가 '시집가는 것[嫁]'을 '돌아가는 것[歸]'이라고 말했다.

원문 "재화[貨]가 땅에 버려지는 것은 싫지만, 반드시 자신에게 있어야 할 필요는 없다. 역량[力]이 자신에게서 나오지 않은 것은 싫지만, 반드시 자기만을 지킬 필요는 없다."[142]

주석 '재화[貨]'라는 낱말은 그 의미가 넓다. 자연계의 풍부한 물자를 유용한 것으로 말하면 모두 재화라고 이름 붙일 수 있지만, 반드시 인공적으로 개발하고 제조해야만 땅에 버려지지 않을 수 있다. 그러나 재화라는 것은 천하의 사람들이 공유하는 것이지, 어떤 사람도 자기 한 사람의 사유물로 점유할 수 없다. 그러므로 '반드시 자

---

142 『예기』 「예운」. 貨惡其棄於地也, 不必藏於己, 力惡其不出於身也, 不必爲己.

신에게 있어야 할 필요는 없다.'라고 했던 것이다. 여기서의 '역량
[力]'은 두 가지로 나누어 말할 수 있다. 지식과 기능을 '지력(智力)'
이라고 총칭하고, 기량과 부지런함을 '체력'이라고 총칭한다. 그러
므로 역량이라는 말은 지력과 체력 두 가지를 모두 포괄한다. 장
기간을 거친 거란세에 많은 사람들이 그 체력을 수고롭게 해서 세
계를 계발했다. 태평세에 가까워지면 사람들의 지력이 더욱 높아
져서, 발명하고 창작하는 것들이 많아지면 많아질수록 더욱 정교
해진다. 그렇게 하여 자연계의 비밀스럽게 숨겨진 것을 남김없이
계발하면 그것은 모두 우리의 효용이 되며, 이때에는 체력을 요구
하는 일이 대체로 적다. 그러나 인생은 반드시 육체노동이 없을
수 없으니, 모든 사업에 순전히 기계만을 사용하고 육체적 노동력
을 폐기할 수는 없다. 또 문물이 나날이 융성해져서 사람들이 즐
겁게 누리면서 두뇌를 쓰는 것에 게을러지면 문화가 쇠퇴할 것이
니, 더욱 크게 경계해야 한다. 그러므로 한 사람의 몸에서 지력과
체력 두 가지는 함께 진보하기를 추구해야 한다. 그렇지 않으면
인류가 퇴화되는 우환이 있을 것이다. 그러므로 '역량이 자신에게
서 나오지 않는 것을 싫어한다.'고 했다. 그러나 인류가 거란세의
기나긴 역사를 거쳐 오면서 체력과 지력을 수고롭게 한 것은 모두
'작은 자기[小己]'를 지키는 것일 뿐이었다. 자신을 지키는 풍조는
본래 상층의 착취계급으로부터 시작되었다. 그들은 대다수의 서
민을 침탈해서 스스로를 지켰는데, 그 탐욕의 해독이 승냥이나 호
랑이보다 훨씬 심해서 사람의 도리가 없었다. 그러나 서민들도 역
시 자신을 지키지 않은 것은 아니었다. 다만 윗사람들의 명령에
속박되어 분수를 편안하게 여기는 것을 당연하게 생각했을 뿐이
다. 공평한 도리가 성대하지 않은 시대에는 사람들의 지력이 대부
분 자기 한 사람과 자기 나라를 지키는 데 사용되었다.ⓐ 천하의
사람들마다 제각기 자신을 지키는 데 익숙해져서 인간 사회의 참

혹한 해독은 차마 말할 수 없고, 인류의 어리석음 또한 그 까닭을 아무도 몰랐다.

Ⓡ 나라의 경계가 아직 소멸되지 않을 때는 인민들이 나라를 지키지 않을 수 없다. 그러나 자신의 나라를 지키는 것 때문에 다른 나라를 침략하는 것을 꺼리지 않게 되면 태평과 대동에 장애가 될 것이니, 이것은 인류의 공통된 적이다. 시대가 승평세로 나아가면, 인민들이 나라를 지키는 것은 마땅히 정의를 따르고 천하가 공평하게 되는 도리에 위배할 수 없어서 나라의 경계를 없애고 대동으로 돌아가기를 바랄 수 있게 된다.

'자기'라는 것은 '모든 무리[全群]'의 부분이니,Ⓡ 수족(手足)이 바로 전신(全身)의 부분인 것과 같다. 수족을 지키는 자는 반드시 그 전신(全身)을 지킨다는 것을 사람들은 모두 알고 있다. '작은 자기[小己]'를 지키는 자는 반드시 '모든 무리[全群]'를 잘 지키는데, 사람들은 아무도 그것을 모른다. 그러니 장자는 "사람들의 삶이 이처럼 어리석은가!"[143]라고 했다. 부처도 중생이 전도(顚倒)된 것을 불쌍하게 여겼으니, 이것은 예로부터 지금까지 최상급 철학자들이 동일하게 개탄했던 것이다. 사람들에게 역량이 있는 것은 천부적인 것에 근본하지만, 그 발전은 자기로부터 말미암는다. 한 사람이 그 역량을 최대한 발전시킬 수 있는지 없는지의 의문을 해결하려고 하면, 비록 아주 간단하지는 않아도 요점을 다음과 같이 말할 수 있다. 만약 사회에 계급이 존재한다면 사람들 가운데 그 천부적 역량을 발전시킬 수 있는 자는 거의 극소수에 속한다. 그 까닭은 무엇인가? 계급이 사라지지 않은 사회에서 사람과 사람 간에는 빈부·귀천 등등의 차이가 아주 심해서, 천하의 최대다수의 서민들은 억압되어 견디기 어렵고 뿔뿔이 흩어져 구원할 수 없는 지경에 오래도록 처해 있었으니, 이것은 같은 무리로서 동정하지 않을

---

143 『장자』「제물론(齊物論)」. 人之生也, 固若是芒乎! 其我獨芒, 而人亦有不芒者乎!

수 없는 것이다. 그러므로 반드시 계급을 평등하게 하고 사유제를 없애서 천하가 한집안처럼 된ⓑ 다음에 사람마다 평등하게 서로 도우니, 역량으로 자기를 지킬 필요가 없다.ⓒ 사람마다 역량으로 자기를 지킬 필요가 없으니, 곧 사람마다 그 천부적인 역량을 최대한 발전시킬 수 있다. 그 까닭은 무엇인가? 빈부와 귀천의 차등이 이미 없어졌고, 서로 돕고 힘쓰는 관계가 더욱 긴밀하고 절실해졌으니, 사람마다 자유롭게 그 역량을 발전시키는 데에 억압받는 우환이 없을 뿐만 아니라ⓓ 또한 남들[他山]의 도움이 있다.ⓔ 그러므로 『춘추』에서 말한 승평세와 태평세에서 천하의 사람들이 모두 서로 협조하고 화합해서 그 역량을 드러내어 쓰임이 넘치도록 무궁하니, 이른바 전지전능으로 세계를 창조한 상제는 바로 사람의 역량이다. 어떻게 사람의 역량을 가볍게 여기고 상제의 힘을 찬송할 수 있겠는가?

ⓐ 여기에서의 '모든 무리[全群]'는 지구상의 모든 인류라고 말하는 것과 같다.
ⓑ 『예기』 「예운」편에 있다.
ⓒ '~할 필요가 없다[不必].'는 것은, 속박하지 않는데도 사람들이 모두 자기를 지킬 필요가 없다는 것을 자각한다는 말이다. 진실로 천하를 지키면 곧 자기 자신은 천하를 지키는 것 가운데에 있기 때문이다.
ⓓ 차등을 없애면 곧 억압이 없어진다.
ⓔ 『시경』에서 "타산지석은 옥돌을 다듬을 수 있다."[144]라고 했다. 한 사람이 군중들과의 긴밀하고 절실한 관계 속에서 큰 군중의 보조와 인도를 받으니, 마치 가공되지 않은 옥돌이 다른 산의 돌로 다듬어져 그 아름다움을 드러내는 것과 같다.

 "그러므로 '권모술수[謀]'가 단절되어 일어나지 않고 도둑과 난적(亂賊)이 생기지 않으니, 문을 밖에서 닫도록 하고 닫아걸지 않는다. 이것을 대동(大同)이라고 한다."[145]

---

144 『시』 「소아(小雅)」 「학명(鶴鳴)」. 他山之石, 可以攻玉.

승평세가 지극해지면 태평세의 기틀이 이미 열리니, 대지의 인류는 이미 나라의 경계를 소멸시키고 대동으로 돌아간다. 감히 야심을 품고 간사한 도모를 일으키는 자가 없으므로, '권모술수가 단절되어 일어나지 않는다.'고 했다. 다른 사람이나 다른 무리의 이익을 많이 취하는 자들을 도둑이라고 한다. 공평한 도리에 의탁하지만 그것과 반대되는 것을 행하는 자를 난적이라고 한다. 이제 천하의 사람들마다 모두 마음을 하나로 하고 덕성을 하나로 했으므로, 도둑과 난적이 일어나지 않는다. '문을 밖에서 닫도록 하고 닫아걸지 않는다.'는 것은 모든 땅이 크게 소통됨을 밝힌 것이다. 노자가 '늙어 죽을 때까지 서로 왕래하지 않는다.'고 주장한 것은 이것과 상반된다. 이 한 구절은 지극히 중요하니, 만약 대지의 모든 인류가 진정으로 도둑과 난적이 없는 때에 도달하지 못했다면, 아직 대동이라고 말할 수 없다.

위에서 설명한 대동의 모든 의미는 사실 승평세로부터 태평세로 달려 나아가게 하는 치도(治道)이다.

"지금 위대한 도가 이미 드러나지 않고 천하를 자기 집으로 여기니, 제각기 자신들의 부모를 부모로 모시고, 제각기 자신들의 자식을 자식으로 여기며, 재화와 역량을 자신의 것으로 여긴다."[146]

'지금'이란 공자가 자신이 만난 시대에 대해 스스로 한탄한 것이다. 위대한 도가 행해지지 않았으므로 '드러나지 않는다.'ⓐ고 했다. '천하를 자기 집으로 여긴다.'는 것은 대인(大人)이 천하를 자기 한 집안의 사유재산으로 여기고 후손들이 대대로 지켜서 잃지 말

---

145 『예기』 「예운」. 是故謀閉而不興, 盜竊亂賊而不作, 故外戶而不閉, 是謂大同.
146 『예기』 「예운」. 今大道旣隱, 天下爲家, 各親其親, 各子其子, 貨力爲己.

도록 하는 것을 말한다.ⓑ 천자가 이미 천하를 자기 집으로 여기니, 제후는 천자에게 봉토(封土)를 받아서 또한 나라를 자기 집으로 여긴다. 대부는 제후에게 명을 받아서 또한 채읍(采邑)을 자기 집으로 여긴다. 이 세 층의 통치계급은 천하의 토지와 재산을 나누어 누리면서 제각기 스스로 집안을 이루었다. 그러니 제각기 자신들의 부모를 부모로 모시고 제각기 자신들의 자식을 자식으로 여기면서 또한 일이 되어가는 형세의 편리에 따라서 일정한 제도를 만들었다.

　ⓐ '드러나지 않는다.'는 것은 숨어서 드러나지 않는다는 것이다.
　ⓑ 대인은 천자를 말한다.

문제를 제기한다. "천하의 최대다수의 서민들은 어떠했는가?"
대답한다. "서민들은 통치계급의 농노(農奴)일 뿐이니, 일 년 내내 힘들게 일하지만 세금을 내서 상층의 통치계급을 섬기면, 남는 것이 사실 거의 없다. 서민들은 위로 부모를 섬기기도 부족하고, 아래로 처자식을 먹여 살리기도 부족한데, 위에 있는 자들은 본래 무심해서 아무것도 느끼지 못한다. 시 3백 편에는 왕조의 「변아(變雅)」에서부터 「국풍(國風)」까지 슬퍼하고 원망하는 작품이 매우 많으니, 여전히 상고해 볼 만하다."
'재화와 역량을 자신의 것으로 여긴다.'는 것은 통치계급이 이미 형성되면, 사유제가 정해져서 천자·제후·대부의 집안에서는 천하 서민의 재화를 침탈해서 자신의 것으로 만들고, 천하 서민의 힘을 함부로 부려 자신의 것으로 삼는다. 그런데 서민들이 사유제 아래에 있으면 통치자의 침탈과 함부로 부려지는 것에 이바지하는 것 이외에, 또한 제각기 조금 남은 식량과 재화 및 지쳐서 겨우 남은 힘을 가지고 잠시 스스로를 위한다. 총괄하면, 천하 사람들의 재화가 공공의 것으로 되지 못하고 천하 사람들의 역량이 서로 소통되지 않아서, 비참한 자들로는 최대다수의 서민들만한 것이 없었다. 이것은 계급과 사유제가 존재하는 사회였기 때문이니, 말할 수 없는 암흑이었다.

원문

"대인의 세급(世及)을 예(禮)로 하고,@ 성곽과 해자(垓字: 성 주위를 둘러서 판 못)를 견고하게 한다. 예의를 기강으로 삼아서 군신을 바르게 하고, 부자(父子)를 돈독하게 하며, 형제를 화목하게 하고, 부부를 화합하게 하며, 제도를 설립하고, 전답과 마을을 세우며, 용감한 사람과 지혜로운 사람을 장려하고, 공로를 자기의 것으로 한다. 그러므로 지모를 사용하는 것이 이에 일어나고 군대가 여기에서 봉기한다."[147]

@ 해석은 본 편 앞부분에 있으니, 다시 보면 된다.

주석

이 구절과 앞 구절은 모두 봉건사회의 정황을 말한 것이다. 대개 하(夏)나라·상(商)나라로부터 춘추시대까지 점차로 이런 형국이 이루어졌다. '대인과 세급을 예로 하는 것'은 통치계급이 성립하는 근본이다. '예의를 기강으로 삼는다.'는 구절은 그 강령을 총체적으로 나타낸 것이다. '군신을 바르게 한다.'는 구절부터 '공로를 자기의 것으로 한다.'는 구절까지는 그 조목을 구별하여 자세히 설명한 것이다. '군신을 바르게 한다.'는 것은 상하와 존비의 명분을 바르게 하는 것이다. '부자(父子)를 돈독하게 하고, 형제를 화목하게 하며, 부부를 화합하게 하는' 것은, 종법(宗法)을 근간으로 백성들을 효도하고 우애하며 유순하게 이끌어서, 윗사람을 침범하여 반란을 일으키는 일이 없도록 하는 것이다. '제도를 설립하고 전

---

147 『예기』 「예운」. 大人世及以爲禮, 城郭溝池以爲固, 禮義以爲紀, 以正君臣, 以篤父子, 以睦兄弟, 以和夫婦, 以設制度, 以立田裏, 以賢勇知, 以功爲己. 故謀用是作, 而兵由此起.

답과 마을을 세운다.'는 것은,ⓐ 남을 다스리는 자는 토지가 있고, 남에게 다스림을 받는 자는 대신 농사를 지어 위로 세금을 바친다는 것이다.ⓑ 이것은 상하가 함께 지키는 정의(正義)이기 때문에 바꿀 수 없다. 맹자는 여전히 이것을 지킴으로써 농가(農家)학파를 배척했다. '용감한 사람과 지혜로운 사람을 장려한다.'는 것은, 통치계급이 권세와 지위를 보존하기 위해 어쩔 수 없이 용감하고 지모(智謀) 있는 무리를 총애하고 중용하여, 그들이 자기에게ⓒ 충성을 다하도록 하는 것이다. 그러므로 항상 용감함과 지모를 특별히 장려해서 천하에서 용감하고 지모 있는 자들이 자신들을 받들도록 권장했다.

ⓐ 자세한 설명은 뒤의 글에서 별도로 기록할 것이다.

ⓑ '위'는 남을 다스리는 자를 말하니, 곧 통치계급이 이들이다. '남에게 다스림을 받는 자'는 곧 천하의 최대다수의 서민이 이들이다. '대신 농사를 짓는다.'는 것은 서민들은 토지를 소유하지 못하고 오직 상층 계급만이 천하의 토지를 모두 소유했기 때문에, 서민들은 오직 상층 계급을 대신해서 농사지을 뿐이라는 것이다. 바꿔 말하면, 서민들은 곧 상층 계급의 농노이다.

ⓒ '자기'는 통치자가 자신을 말하는 것에 대한 설정이다. 아래에서도 이와 같다.

'공로를 자기의 것으로 한다.'는 것에서, 공로에는 세 가지 의미가 있다. 첫째, '공로의 힘[功力]'이다. 통치자들이 항상 외부적으로 큰 공로를 도모하기 위하여 위력을 행사하기 때문이다. 둘째, '공로의 이익[功利]'이다. 공로가 이미 드러나면 큰 이익이 돌아온다. 셋째, '공로의 명성[功名]'이다. 공로를 세우면 신성한 명성이 있다. 이 세 가지 공로는 모두 통치자가 자기를 위하는 것이다. 시험 삼아 역사에서 상고해보면, 통치자는 항상 공로를 드러내는 것과ⓐ 용감함과 지모를 장려하는 것을 예의의 큰 근본으로 삼았으니, 이것은 대대로 보존해서 크게 번성하기를 바라는 술책이다. '그러므로

지모를 사용하는 것이 이에 일어나고 군대가 여기에서 봉기한다.'
는 것은, 통치계급이 천하의 큰 이익을 독점하고 끝없는 광기와
욕망을 쫓아서, 끝까지 올라가 극에 달한 위엄을ⓑ 가지고 천하의
대다수의 서민들이 모두 편안히 여겨 무리지어 반항하지 못하도
록 하고자 하지만, 결단코 이런 이치는 없다는 것이다. 천하가 지
모를 일으키고 군대가 봉기하는 것이 어찌 이상하겠는가?

　ⓐ '공로를 드러낸다.'는 것은 그 공로를 스스로 높여서 드러내는 것이다.
　ⓑ '극에 달한 위엄'이란 것은 그 위엄이 여기에서 이미 지극하여 다시 더할 수
　　없다는 것이다. 그러므로 극에 달했다는 것이다.

원문

"우임금 · 탕임금 · 문왕 · 무왕 · 성왕 · 주공이ⓐ 이것(예의)으로 선
택되었다. 이들 여섯 군자는 예(禮)를 신중하게 시행하지 않음이
없었다. 그것으로 의(義)를 드러내고, 그것으로 '진실[信]'을 상고하
며, 잘못이 있는 것을 밝히고, 인(仁)을 '모범[刑]'으로 하며, 사양을
강조해서 백성들에게 일정한 도리가 있음을 보였다. 만약 이것을
행하지 않는 자가 있으면 세력 있는 자라도 제거해버리니, 대중들
이 재앙으로 여기기 때문이다. 이것을 소강(小康)이라고 한다."[148]

　ⓐ 하(夏)나라의 우임금과 상(商)나라의 탕임금과 주대(周代)의 문왕 · 무왕 ·
　　성왕 · 주공이다.

주석

지모를 일으키고 군대가 봉기해서 '한 사내[獨夫]'가ⓐ 위태로워지
면, 장차 현군(賢君)과 성군(聖君)에 의뢰해서 통치의 잘못을 보완한
다. 우임금 · 탕임금 · 문왕 · 무왕 · 성왕 · 주공이라는 이들 여섯
군자가ⓑ 선택되었다. 여섯 군자는 모두 예를 신중하게 지키는 것

---

148 『예기』「예운」. 禹 · 湯 · 文 · 武 · 成王 · 周公, 由此其選也. 此六君子者, 未有不謹
　於禮者也, 以著其義, 以考其信, 著有過, 刑仁講讓, 示民有常. 如有不由此者, 在執者去,
　衆以爲殃, 是謂小康.

으로써 통치를 시행하였다. 예를 받들어 신하와 백성을 다스리고 일의 공로를 세우는 자에게는 다섯 가지 법칙이 있었다.ⓒ 첫째, '의(義)를 드러내는 것이다.' '의'라는 것은 이익과ⓓ 상반되니, 사사로운 이익 때문에 공공의 사업을 무너뜨리지 않는 것이 곧 '의'이며, 시행하는 것이 공정함에서 나오는 것이 곧 '의'이다. 그 '의'를 분명하게 드러내어 천하의 신하와 백성들이 지켜야 할 것이 있다는 것을 알도록 한다. 둘째, '진실을 상고하는 것이다.' 진실이라는 것은 '사실[實]'이다. 모든 정사(政事)의 득실은 반드시 그 사실을 자세히 조사하여, 간사하고 거짓된 자들이 그 실정을 은닉하지 못하게 하면, 사람들이 실사구시에 힘쓰게 될 것이다. 셋째, '잘못이 있는 것을 밝히는 것이다.' 신하와 백성들에게 잘못이 있으면, 반드시 그 죄를 분명하게 바로잡아 사람들이 법을 지켜야 됨을 알게 하니, 이것은 법치로 예치의 미비점을 보완하는 것이다. 넷째, '인(仁)을 모범[刑]으로 하는 것이다.'ⓔ 인애(仁愛)의 도리를 모범으로 삼아 사람들이 반드시 사물을ⓕ 차마 해치지 못하는 마음을 가지게 하면, 비로소 무리들을 선(善)으로 인도할 수 있다. 다섯째, '사양[讓]을 강조하는 것이다.' 『좌씨전』에서 "사양은 예의 근본이다."149라고 했는데, 이 말은 아주 귀중하다.ⓖ 사양의 의미는 곧 자신 외에 다른 사람이 있음을 아는 것이다. 다투고 사양하지 않는 자는 자신을 과시함으로써 남을 적으로 만들고, 남도 보복해서 나와 다른 사람이 끝내 통일될 수 없으니, 어떻게 다스릴 수 있겠는가? 고대의 성왕은 '예'를 불변하는 도리로 삼고 법으로 보조했다. 법의 용도는 쟁송(爭訟)에 있지만 예의 근본은 사양이니, 쟁송으로 사양을 보조해서 쟁송을 불변하는 도리로 삼지 않았다. 여섯 군자는 이상의 다섯 가지 법칙으로 백성들에게 불변하는 이치를 배반할 수 없

---

149 『춘추좌씨전』「양공(襄公)」13年. 君子曰: "讓, 禮之主也."

음을 보여주었다. 만약 상위에 있는 자가 이것을 쓰지 않으면, 비록 존귀한 세력을 가지고 있더라도 천하의 사람들이 그 재앙을 고통스러워하여 반드시 함께 물리쳐서 없애버릴 것이다. 그러므로 여섯 군자가 이 다섯 가지 법칙을 시행하여 천하가 잠시 편안한 것을 소강이라고 한다.⑩

ⓐ '한 사내[獨夫]'는 통치하는 지위에 있는 자로서 걸(桀)·주(紂)·유(幽)·여(厲) 등과 같은 폭군들이 이들이다.

ⓑ '군자'란 현군과 성왕을 일컫는다.

ⓒ '법칙'은 '전칙(典則)'이라고도 한다.

ⓓ 여기에서의 '이익'이란 사사로운 이익이라고 할 때의 이익이다.

ⓔ '형(刑)'은 곧 '모범[型]'이라는 글자이다.

ⓕ '사물'은 사람이라고 말하는 것과 같다.

ⓖ 이 말을 깊이 해석하지 못하면, 곧 '예'를 진실로 아는 자가 아니다.

ⓗ '다섯 가지 법칙'은 또한 하·은·주 삼대에 명철한 왕들의 다스림이니, 그 원리는 여전히 버릴 수 없다. 그런데 종래에 그것을 해석한 사람이 없었으니 어찌 안타깝지 않은가!

내가 일찍이 이 구절과 앞의 구절을 깊이 완미해보니, 그 구절들은 통치계급이 재앙이 된다는 것에 대해 자세하고 분명하게 말했다. 여섯 군자가 소강의 예교를 일으켜서 통치의 잘못을 보완하여 백성들을 쉬게 한 것에 대해서는, 그 공로를 없애버리지 않았을 뿐 아니라 또한 그 다스리는 도리를 소홀히 해서는 안 된다고 제시했으니, 그 평가가 지극히 공평하고 타당하다고 할 수 있겠다. 그러나 끝내 이것으로는 부족하기 때문에 '이것을 소강이라고 한다.'고 했으니, 공자의 뜻은 대동에 있지 삼대의 영걸에 있지 않음을 알 수 있다. 「예운」편 앞부분의 '삼대의 영걸과'라는 말은 결단코 현실감 없는 유학자나 비속한 유학자가 함부로 어지럽혔음이 의심할 여지없이 분명하다. 여섯 군자의 다섯 가지 법칙은 원리로 말하면 옳지 않은 것은 아니다. 그렇지만 통치계급으로서 통치권을 장악한 것은 근본적으로 본래 다섯 가지 법칙과 위반되니, 여섯 군자가 어떻게 할 수 없는 것들이었다. 천자의 지위를 후손들이 대대로 소유하는 것으로 삼았고, 제후들이 나라를 물려주는 것도 그러하며, 대부들이 대대로 채지에서 먹고사는 것도 그러하다. 소수의 사람들이 천하의 최대다수의 사람들을 통제하는 것은, 이미 의(義)라고 할 수 없고, 이미 인(仁)이라고 할 수 없으며, 이미 사양[讓]이라고 할 수 없다. 근본 되는 곳이 이미 아주 잘못되었으면, 그들이 할 수 있었던 '의'를 드러내고 진실을 상고하며 법칙을 밝히고@ 인을 모범으로 하며 사양을 강조하는 것에 끝내 제한이 있으니, 그 한도를 보충한 것 역시 다만 그 잘못을 보완해서 지친 백성들을 조금 소생하도록 한 것일 뿐이다. 공자가 소강으로 평가한 것이 어찌 가혹하게 논한 것이겠는가?

@ '법칙을 밝힌다.'는 것은 '잘못이 있는 것을 밝힌다.'는 한 가지 법칙을 말한다.

어떤 사람이 물었다. "여섯 군자의 시대는 여전히 통치를 폐지할 수 없었는데, 공자가 또한 가혹하게 요구하지 않았는가?"
대답했다. "아니다. 아니다. 그렇지 않다. 통치계급은 하나라와 상나라로부터 성왕(成王)과 주공 때까지 형성되어 그 연대가 이미 짧지 않다. 중국문화는 아주 일찍부터 발달되어, 서민들 중에서 자각할 수 있는 자들이 적지 않았음을 상위 계층을 원망하는 300편의 시에서 볼 수 있다. 공자는 춘추시대에 태어나 천하의 서민들을 동정했고, 통치계급이 전복되지 않을 수 없음을 분명히 알았다. 그러므로 혁명을 부르짖고 혼란한 통치제도를 공격하면서 여섯 군자를 다루지 않을 수 없었다. 여섯 군자라는 현군과 성왕(聖王)으로도 통치계급의 입장에서 여전히 큰일을 하기에 부족했다면, 마땅히 혁명을 거행하여 계급을 평등하게 해야 함은 의심의 여지가 없다. 공자는 여섯 군자에게 가혹하게 요구한 것이 아니라, 혼란한 제도가 오래 유지될 수 없음을 말한 것이다.[a] 그 뜻은 비록 성취하지 못했지만 예지와 식견은 멀리 만세를 보았으니, 하늘이 내린 성인이 아니라면 그 누가 이와 같을 수 있겠는가?

[a] 사회에 통치계급이 있으니, 곧 『춘추』에서 말한 혼란한 제도이다.

오늘날 『예기』 중의 「예운」편에서 대동과 소강을 설명하는 두 단락은[a] 본래 『예운』 원서(原書)의 글이다. 다만 「예운」편의 첫머리에서 '공자가 대도(大道)의 실행을 말했다.'는 것의 아래에 있는 '삼대의 영결과'라는 구절은 틀림없이 후세의 사람들이 멋대로 끼어 넣은 것임을 이미 앞에서 여러 번 밝혔다. '이것을 소강이라고 한다.'는 이하의 문장은 매우 길지만, "언언(言偃)이, '정치를 하는 데 있어서 예의 긴급함이 이와 같습니까?'라고 다시 물은 것"에서부터 끝에 이르기까지 완전히 대동의 의미를 포기하고 다시는 말하지 않으면서 도리어 소강의 예교만을 논하였으니, 이것은 대부분 옛 서적에서 잡다하게 채집한 것이다. 이 편은 틀림없이 후세의 사람들이 『예운』의 원서를 함부로 고친 것이지만, 그래도 여전히 「예운」이라고 편명을 붙인 것임을 알 수 있다. 이러한 뜻은 이미 앞에서 말했는데도 지금 다시 언급하는 것은 학자들이 주의하기를 바라기 때문이다. 또한 '언언이 다시 물어 말했다.'라는 구절 밑에 더 있는 두 곳의 문장은 반드시 『예운』 원서에 있었을 것이다. 이에 단락을 나누어 다음과 같이 살펴보겠다.

[a] 「예운」편을 시작하는 '예전에 중니가'부터 '이것을 소강이라고 한다.'까지이다.

첫째, "그러므로 천자는 적전(籍田)을 소유하며,[a] 그것을 가지고 그 자손이 삶의 기반을 삼게 한다. 제후는 나라를 소유하며, 그것을 가지고 그 자손이 삶의 기반을 삼게 한다. 대부는 채지(采地)를 소유하며, 그것을 가지고 그 자손이 삶의 기반을 삼게 한다. 이것을 제도라고 한다."[150] 생각

건대, 이 글은 본래『예운』의 원서에서는 통치계급을 배척하는 말인데,
『예기』「예운」편에서는 그것을 예제(禮制)의 당연한 것으로 만들었다.

ⓐ 천자가 직할하는 땅으로서 그 적전(籍田)은 모두 그 자손들이 소유하는 것이다.

둘째, "그러므로 성인이 천하를 한 집안으로 여기고, 중국을 한 사람으
로 여길 수 있는 것은 의도적으로 그렇게 한 것이 아니라, 반드시 '사람
의 감정[人情]'을 알아서, '사람의 의로움[人義]'을 연 것이다. … 무엇을 '사
람의 심정'이라고 하는가? 기쁨·분노·슬픔·두려움·사랑함·싫어
함·좋아함, 일곱 가지는 배우지 않아도 할 수 있는 것이다. 무엇을 '사
람의 의로움'이라고 하는가? 부모는 자식을 사랑하고, 자식은 부모에게
효도하며, 형은 동생에게 선량하게 대하고, 동생은 형을 공경하며, 남편
은 올바르게 아내를 이끌고, 아내는 유순하게 남편을 따르며, 어른은 어
린 사람에게 베풀어주고, 어린 사람은 어른에게 순종하며, 임금은 신하
에게 어질게 대하고, 신하는 임금에게 충성하는 것, 열 가지를 '사람의
의로움'이라고 한다."[151] 생각건대, 이 글의 '그러므로 성인은'에서부터
'의도적으로 그렇게 한 것이 아니다.'까지는『예운』의 원서에 있었을 것
이다. 원서에서 '천하는 한집안이다.'라고까지 말한 것은 반드시 그 제
도를 이어서 토론한 것이니, 결코 한마디 헛된 말을 가지고 제도를 토론
하는 일을 끝냈을 리가 없다. 그러나『예기』의「예운」편은 오히려 그것
을 모조리 빼버리고, 바로 '일곱 가지 사람의 감정[七情]'과 '열 가지 사람
의 의로움[十義]'으로 연결해서, 개인의 성정을 도야하는 것과 종법사회
의 덕목으로 근본을 돌렸다. 이것은 분명히 '천하를 한집안으로 여긴

150『예기』「예운」. 故天子有田, 以處其子孫. 諸侯有國, 以處其子孫. 大夫有采, 以處其
子孫, 是謂制度.

151『예기』「예운」. 故聖人能以天下爲一家, 以中國爲一人者, 非意之也, 必知其情, 辟於
其義. … 何謂人情? 喜怒哀懼愛惡欲, 七者弗學而能. 何謂人義? 父慈·子孝·兄良·弟
弟·夫義·婦聽·長惠·幼順·君仁·臣忠, 十者謂之人義.

다.'는 말과 상응하지 않는다. 이 글은 비록 앞에서 여러 번 인용했지만, 그것이 대동제도의 총 강령이기 때문에 특별히 다시 언급했다.

3-3-5 『주관경(周官經)』의 외왕사상

위에서 『예운』의 외왕학에 대한 본래 의미를 살펴서 확정했으니, 지금 부터는 『주관경(周官經)』에 대해 말해야겠다. 『주관경』은 공자가 지은 것이지, 후세 사람들이 위조한 것이 아님을 「원학통」에서 상세하게 말했다. 나는 예전에 「예운」이 『예기』 중의 한 편이라고 믿었었는데, 근래에 자세히 생각해 보니, 『예운』 원서는 본래 『주관』과 동일하게 높이고 중히 여겨야 하는 별도의 한 경전임을 알았다. 공자의 외왕사상은 본래 삼대의 영걸들이 견지한 소강의 예교와 상반된다.[ⓐ] 춘추시대의 사회는 거란세의 교조(敎條) 혹은 소강의 예교에 침잠한 것이 너무나 깊고 깊었다. 공자가 사회를 개조하기 위해서는 근본적으로 새로운 예경(禮經)을 만들어 구습을 없애고 새로운 제도를 건립하지 않을 수 없었던 것이다. 『예운』과 『주관』 두 경전은 『춘추』를 이어서 지었을 것이니, 그 넓은 식견과 원대한 계획으로 구성된 저술은 영원히 언제나 새로울 것이다. 『예운』 원서는 비록 훼손되었지만, 그것이 소강의 예교를 반대하고 천하가 한 집안이라는 것을 창도하는 모범을 보인 것은 여전히 위조된 「예운」 편에 남아 있으니, 참으로 다행스럽다![ⓑ]

ⓐ 여섯 군자의 소강의 예교는 비록 거란세의 교조(敎條)에 대해 보충하는 것이 있지만, 근본적으로 변한 것이 없다. 「예운」 편의 '오늘날 대도가 이미 숨어서 행해지지 않았다.'에서부터 '이것을 소강이라고 한다.'까지의 단락에서 매우 분명하게 드러나는 것은 봉건에 반대하는 선구라고 말할 수 있다.

ⓑ 위조된 편은 멋대로 개찬한 「예운」 편으로서 현존하는 『예기』 중의 「예운」을 말한다. 「예운」에서 소강의 예교를 반대하는 것은 오늘날 봉건에 반대한다는 의미와 다르지 않다.

『주관경』은 주나라 제도를 가탁하였는데,[ⓐ] 표면적으로 보면 '관직을 설치하고 직분을 나눈' 조문에 불과하다. 하지만 그 내면의 온축된 의미를 궁구해보면, 확실히 대우주를 포괄하여 제도를 만들고 멀리 만세를 내다보고 단초를 만들었으므로, 그 위대함은 빠뜨린 것이 없고 그 자세함은 모든 것이 갖추어져 대강을 들면 세목이 저절로 펼쳐지니, 널리 통하여 영원할 것이다.[ⓑ]

> ⓐ 당시의 금기를 피하였다.
> ⓑ 만물의 이치를 궁구하고, 만물의 실정을 분류하기 때문에 '크게 통한다.[大通]' 통하니 영원하다.

『역』에서 "천지를 마름질하여 이루고, 만물을 곡진하게 이룬다."[152]는 말이 여기『주관경』에 있다. 『주관』의 지극히 위대하고 원대한 의미를 상세하게 살피려고 한다면, 반드시 별도로 책을 써야 하지만, 지금 여기서는 다음과 같이 대략 몇 개의 항목을 들어 큰 의미를 살펴보겠다.

첫째,『주관』의 치도(治道)는 대개 '균등함[均]'을 체(體)로 삼고, '연계함[聯]'을 용(用)으로 삼는다. 균등함이란 '평등함[平]'을 말한다. 천하의 평등하지 않음을 평등하게 만들어 '크게 평등함[大平]'으로 귀결시키는 것이 '다스려서 감화시키는[治化]' '최고의 준칙[極則]'이다. 마치 대자연의 변화가 지극히 가지런한 것과 같다. 갖옷과 베옷 덕택에 추위와 더위가 균등하고,[ⓐ] 궁실 때문에 비오는 날과 화창한 날이 균등하고, 배와 수레 덕택에 물과 육지가 균등하고, 비행기와 잠수함에 의해 하늘과 연못이 균등하다.[ⓑ] 이러한 사례는 이루 다 열거할 수 없다. 이런 까닭에 '크게 균등함[大均]'을 받들어 천지를 마름질해서 이루고, 만물을 도와서 천지만물이 모두 이루어지니, 어느 것 하나도 제자리를 잃는 것이 없다. 그러므로

152『역』「계사・상」. 聖人裁成天地之道, 輔相天地之宜, 以養天下. … 範圍天地之化而不過, 曲成萬物而不遺.

치도는 균등함을 체(體)로 삼는다고 말했다. ⓒ『주관경』은 처음에「천관총재(天官塚宰)」를 서술하면서, 그 직분을 밝혀 '나라를 균등하게 한다.'라고 말했으니, 이것은 그 '첫머리에 의미를 밝히는 것[開宗明義]'으로서 특별히 크게 균등한 도리를 제시하여 '다스림의 근본[治體]'을 세운 것이다. 학자들은 반드시 이 본원을 깨우친 다음에야 경전의 전체에 통할 수 있다.

ⓐ 갖옷으로써 추위를 막아 추위가 덜하고, 베옷으로써 더위를 막아 더위가 덜하기 때문에 추위와 더위가 균등하다.

ⓑ 여기에서 연못은 해저를 대신하는 말이다. 비행기가 있어서 하늘이 높아도 높지 않고, 잠수함이 있어서 해저가 깊어도 깊지 않으므로 균등하다.

ⓒ '이루어진다는 것[受成]'은 우리들이 크게 균등한 도리로써 천지를 마름질해 이루고, 만물을 돕는 것이니, 천지만물은 모두 우리들의 마름질과 도움을 받아서 그 균등함을 이루는 것이다. 『춘추』에서 승평세는 소국과 대국이 평등하고, 태평세는 이적(夷狄)의 오랑캐가 제하로 되는 것도 역시 모두 균등한 의미이다.

『주관』은 연계함[聯]을 용(用)으로 삼는다. 만사만물은 모두 서로 연계되어 '홀로 변화하는 것[獨化]'은 ⓐ 없다. 우주의 무수한 별들은 마치 매우 산만하게 흩어져 있는 것처럼 보이지만, 천문학의 관점에서 보면 결코 각각 고립된 것이 아니라, 사실은 서로 연계된 하나의 '완전하게 정돈된 물체[完整體]'이다. 생물학 역시 생물이 환경을 떠나 고립된 것이 아니라, 곧 대자연과 소통하여 '하나의 몸[一體]'이라는 것을 밝혔다. 이런 까닭에 사물의 법칙에 밝으면 치도(治道)도 알 수 있다. 『주관경』에서 천자의 나라와 사방의 여러 먼 제후국들이 교통과 경제의 연계를 도모했으니, 그 생각함이 매우 주도면밀하다. 국내를 다스리려면 '여섯 관직[六官]'을 건립하여 정부를 조직하고 일체의 정무를 나누어 관장해야 한다. '여섯 관직'은 비록 각기 자신의 일을 처리하지만, 사실상 각각의 일들은 서로 연계되었으며, 오직 천관총재(天官塚宰)가 그 각각의 일이 성취되도록 총괄한다. ⓑ 천관의 직책에서 "모든 작은 일들은 모두 연계되어 있다."[153]

---

153 『주례주소(周禮注疏)』 권3. 凡小事皆有聯.

라고 했다. 작은 일도 모두 연계되어 있는데, 하물며 큰일은 어떠하겠는 가? 다스림을 도모하는 자는 반드시 모든 직무를 연계하는 데 주의해서 그 본말·선후의 순서를 통괄적으로 안배해야 한다. 경중과 완급의 마 땅함을 꿰뚫어 헤아려야만 비로소 만전을 기할 수 있으며, 일에 과오가 없게 된다. 그렇지 않으면 일체의 분란과 큰 정치를 망치는 잘못을 면하 기 어렵다. 『주관경』은 실천을 중시하는 책으로서 국가의 대사를 총괄 하고 직무를 구분하는 데에 지극히 자세하고 정확하여 그 내용을 모든 행사(行事)에서 볼 수 있지만, '사물을 궁구하는[格物]' 데에 소홀한 사람은 아마도 『주관경』의 요지를 쉽게 파악하지 못할 것이다.

ⓐ '독화(獨化)'라는 낱말은 곽상(郭象)의 『장자주(莊子注)』에서 빌려 온 것이다.

ⓑ '총(冢)'이란, 크다[大]는 것이다. 천관(天官)을 오관(五官)과 병렬하였지만, 사실은 오관과 그 본래 직능의 일을 통괄하는 것이다. 이것은 오늘날 말하는 주석(主席) 과 같으므로 대재(大宰)라고 일컬었다. 『주관』에서 말하는 왕(王)은 단지 허명(虛 名)일 뿐이며, 실제의 직권이 없다.

둘째, 『주관경』은 혼란을 없애고 다스림을 일으키는 책이다. 거란세가 쇠퇴한 뒤를 이어 혁명을 일으켜서 승평세의 운수를 열며, 태평세를 위 해 그 단서를 만들고 기틀을 세우려고 했기 때문에 이 경(經)을 지었다. 「예운」의 대동설은 그 규범과 제도가 『주관』보다 진일보한 듯한데, 애 석하게도 그 원서가 없어져서 판단하기 어렵다. 『주관』은 여전히 혼란 을 없애는 책이다.ⓐ 그 당시는 본래 갑자기 태평세에 도달할 수 없었으 니, 단지 태평세에 도달하기 위해 단서를 열고 기틀을 세울 수 있을 뿐 이었다. 그러므로 이것은 승평세의 제도이다. 승평세에는 제하를 안으 로 여기고, 이적을 밖으로 여겼다. 『주관』의 왕국(王國)은 곧 제하의 여 러 나라들을 서로 연합하여 조직하는 중심축이다. 왕국이 관할하는 땅 은 6향(六鄕)과 6수(六遂)에 지나지 않지만, 그것이 거란세의 국가 형식이 되는 것을 바라지 않았다. 왕국의 통치제도는 제하의 여러 나라들이 공 동으로 협의하여 정하였다. 왕국에는 군사를 다루는 관리를ⓑ 두어서 여러 나라를 평화롭게 했다. 이때에는 이적이 여전히 천하를 공평하게 하는 도리를 배반하여 제멋대로 날뛰었기 때문에 반드시 '군사정치[軍政]'로 다스려야 했다. 『주관』의 전체 의미를 상세하게 완미하면, 『주관』은 처음으로 거란세를 벗어나 승평에 진입하는 제도이지만, 또한 이미 태평을 위해 단서를 열고 커다란 기틀을 세웠다는 것을 알게 된다. 만일 이러한 큰 변혁과 큰 시도가 없다면, 태평은 결코 불가능하니, 이런 점에서 『주관경』이 중요하다. 방정학(方正學: 方孝孺)[154] 선생은 평생토록 이 경전을 존중하여 신봉했지만, 또한 여러 곳에 성인의 말씀이 아닌 것이 있다고 의심하였다. 내 생각에, 이 경전은 일찍이 6국 시대에 소강의 예교를 주장하는 유학자들이 다소 개찬했을 수도 있고, 한대 사람들도 역시 바꾼 것이 없지는 않겠지만, 그 큰 규모는 모두 가지고 있다. 그 진면목은 가릴 수가 없다.

ⓐ '혼란을 없앤다.'는 것은 거란세에 민중들이 일어나 혁명을 일으켜 혼란한 제도를 없애 버리는 것이다. 그러므로 '혼란을 없앤다.'고 했다.

ⓑ 바로 하관사마(夏官司馬)이다.

셋째, 『주관』의 정치적 주장은 왕권을 타파하고 반드시 『춘추』의 세 계층의 통치를 없애는 목표를 이루어 민주정치를 실행하려는 것이다.

왕권을 타파하는 것이란 무엇인가? 『주관경』은 거란세에 인민이 혁명

---

[154] 방효유(方孝孺, 1357-1402): 자는 희직(希直)·희고(希古)이고 호는 손지(遜志)이다. 촉헌왕(蜀獻王)이 그에게 정학(正學)이라고 호를 고쳐주어서 그 뒤로 세간에서 그를 정학선생(正學先生)이라고 불렀다. 복왕(福王) 때에 문정(文正)이라는 시호를 추증받았다. 절강성 영해(寧海) 사람으로서 명대(明代) 초기 대신으로 벼슬은 한림시강(翰林侍講), 시강학사(侍講學士)를 거쳐 건문제(建文帝)의 스승을 역임하였다. 1402년 연왕(燕王: 뒤의 永樂帝)이 황위(皇位)를 찬탈한 뒤, 그에게 즉위의 조(詔)를 기초하도록 명하자 붓을 땅에 내던지며 죽음을 각오하고 거부하였다. 연왕은 노하여 그를 극형에 처하였고, 일족 10족과 친우·제자 등 847명이 연좌되어 죽었다고 한다. 저술에는 『주례변정(周禮辨正)』 등 몇 가지가 있었으나 모두 영락제에 의해 소각되고, 『손지재집(遜志齋集)』과 『방정학문집(方正學文集)』이 전해진다.

을 일으켜 혼란을 없애도록 하기 위해 지은 것임을 앞에서 이미 말했다. 혁명 초기에 왕의 호칭이 잠시 남아 있는 것과 상관없이, 한편으로는 지방의 근본조직을 튼튼하게 하여 인민들이 그들의 역량을 표현해서 민주의 기틀을 공고하게 할 수 있도록 한다. 다른 한편으로는 정부에서 6관(六官)으로 왕국의 모든 정무를 나누어 관장하고, 총재가 그 일들이 이루어지도록 총괄한다. 왕(王)은 이름만 왕일 뿐이고, 교서에 서명을 하는 일 이외에 털끝만한 권한과 책임도 없다. 이렇게 되면 왕권은 완전히 없어지고, 아무것도 하지 않는 지경에 놓일 뿐이다. 또한 소사구(小司寇)가 외조(外朝)에서 '세 가지 사항에 대해서 묻는[三詢]' 법도에 '임금을 세울 때 백성에게 묻는다[詢立君]'는 한 조목이 있다.[155] 이것에 따르면, 왕을 세우려면 반드시 만민의 '공통된 의견[公意]'을 물어야 하는데, 그렇게 하지 않는다면 왕을 세울 수 없다. 이것은 백성이 왕을 선출하는 것이니, 본래 이미 거란세의 대인세습[大人世及]의 예법제도를 근본적으로 혁파한 것이다. 통치계급이 은연중에 소멸된 것은 인민의 역량이 발전한 결과로서 이상하게 여길 것이 없다.

여기서 말하는 민주정치는 무엇인가? 그 요점을 간략하게 말하면, 지방제도를 조직적으로 만드는 것이 민주의 근본이다. 왕국은 6향(六鄕)과 6수(六遂)로 나뉜다. 향의 밑으로는 비(比)ⓐ · 여(閭)ⓑ · 족(族)ⓒ · 당(黨)ⓓ · 주(州)로 나뉜다. 주(州)는 다수의 당(黨)을 관할하여, 직접 향(鄕)에 보고한다.ⓔ 향은 위로 사도(司徒)와 조정에 보고한다.ⓕ

ⓐ 정사농(鄭司農: 鄭衆)[156]은 5가구를 '비'라고 했다.

---

155 소사구(小司寇)가 외조(外朝)에서 … 한 조목이 있다:『주례주소』권35. 司寇之職, 掌外朝之政, 以致萬民而詢焉. 一曰, 詢國危. 二曰, 詢國遷. 三曰, 詢立君 참조.

156 정중(鄭衆, ?-83): 자는 중사(仲師) · 자사(子師)이고, 관직이 대사농(大司農)이었기 때문에 정사농(鄭司農)이라고도 불렸다. 또 선정(先鄭)이라고 하여 후한의 정현(鄭玄)과 구별하여 부르기도 한다. 하남성 개봉(開封) 사람으로 12세부터 부친에게 『좌씨춘추(左氏春秋)』를 배워서 『춘추난기조례(春秋難記條例)』를 저술한 것으로 유명하다. 『역』과 『시』에도 정통하였다고 한다. 저술은 『춘추산(春秋刪)』 19

ⓑ 정사농은 25가구를 '여'라고 했다.

ⓒ 정사농은 1백가구를 '족'이라 했다.

ⓓ 정사농은 5백 가구를 '당'이라 했다.

ⓔ 정사농은 2천 5백 가구를 '주'라고 했다. 생각건대, '주'에서 '향'에 이르기까지 그 소속된 집안은 그 수를 한정할 수 없으니, 정사농의 견해는 믿을 수 없다.

ⓕ 정사농은 왕도의 백리 안은 6향이고, 밖은 6수라고 말했는데, 그렇다면 행정구역이 너무 작으니, 전혀 의거할 수 없다.

비(比)에는 장(長)이 있는데, "각기 그 비의 다스리는 일을 관장한다. 다섯 집안은 잘못이 있으면 서로 책임을 지게 하고,ⓐ 서로 화목하게 지내게 하며, 범죄나 기괴한 일이 있으면, 서로 연대 책임을 지게 한다.ⓑ 성 안이나 성 밖으로 이사하면, 이사하는 사람을 따라가 신원을 확인해 준다."ⓒ157

ⓐ 큰일이나 작은 일을 막론하고 5가구가 모두 서로 책임을 진다.

ⓑ 이것은 5가구에 큰 과오를 범한 사람이 있으면, 5가구가 함께 연좌하여 그 죄를 받기 때문에 '서로 연대 책임을 지게 한다.'고 말했다. 이와 같이 하는 것은 그들이 평소에 서로 가르치고 경계하여, 잘못을 저지른 자가 있으면 숨어서 드러나지 않을 수 없도록 하는 것이다.

ⓒ '이사한다[徙]'는 것은 5가구의 주민 중에 이사하는 자가 있음을 말한다. 어떤 사람은 성 안에서 성 밖으로 나가고, 어떤 사람은 성 밖에서 성 안으로 들어오는데, 어떤 경우이건 모두 그 비장은 원래 거주하던 비(比)로부터 이사하는 사람을 따라가서 이사하는 사람에게 죄가 없다는 것을 밝혀준다. 이것은 오늘날의 이주 증서[遷移證]와 같다. 정현의 주석을 참고하라.

여(閭)에는 서(胥)ⓐ가 있는데, "각기 그 여의 정치적인 법령을 관장한다. 해마다 그 여의 인구가 많아졌는지 적어졌는지를 헤아리고,ⓑ 시행할 것과 보류할 것을 가린다."ⓒ 각 계절마다 부역과 나라의 제사 등의 일

편이 있다.

157 『주례주소』 권12. 比長, 各掌其比之治, 五家相受, 相和親, 有辠奇衺, 則相及. 徙於國中及郊則從而授之.

에 따라 "사람들을 모아 놓고, 비교한[比] 다음에ⓓ 국법을 읽어준다.ⓔ 그 여에서 공손하고 부지런하며, 충성스럽고 봉사정신에 투철한 사람을 드러내 보인다."ⓕ158 생각건대, 공손하고 부지런한 사람을 드러내 보이면,ⓖ 책임감이 투철한 사람들을 장려하게 되고, 고집 세고 용렬한 사람들은 분발할 줄 알게 된다. 충성스럽고 봉사정신에 투철한 사람을 드러내 보이면, 공적인 일을 긴급하게 여기고 재난을 구하는 사람들을 장려하게 되고, 이기적인 사람들은 개과천선하게 된다. 이것은 백성을 분발시키는 중요한 방법이다.

ⓐ '서(胥)'는 재주와 지혜가 있는 사람을 말하는데, '여'의 우두머리이다.

ⓑ 여의 인구가 늘었는지 줄었는지를 살핀다.

ⓒ 그 여에서 무엇이 시행해야 할 일이고, 무엇이 잠시 보류해야 할 일인지를 분별한다.

ⓓ '비교한다[比]'는 것은 현명하고 유능한 사람을 헤아려 뽑고, 정사의 득실을 검증하는 것을 모두 '비'라고 한다.

ⓔ '법'이란, 나라의 대법(大法)과 보통법전, 혹은 여러 정치적 명령 등을 일컫는다. 민중을 모으면 우두머리에게 법을 읽어주게 해서 백성들을 계도하고 경계하도록 한다.

ⓕ 인민들 중에서 공손하고 부지런하며 충성스럽고 봉사정신에 투철한 행위로서 민중들의 신망을 받는 자는 여(閭)에서 기록하여 민중들에게 보여준다. '공손한[敬]' 자는 조심스럽게 삼가면서도 구차하지 않은 사람이다. '부지런한[敏]' 자는 근면하고 행동이 빠른 자이다. '충성스러운[任]' 자는 공적으로 이익이 되는 일에 대해 열성적으로 책임지는 자이다. '봉사정신에 투철한[恤]' 자는 위급하고 어려운 사람을 가엾게 여기고 도와줄 수 있는 사람이다.

ⓖ 『대학(大學)』에서 "백성을 새롭게 만든다."라고 하였다. 여기서 '만든다[作]'는 것은 백성을 진작시키고 고무시키는 것이다. 그 백성들을 움직여서 스스로 새롭게 되도록 하는 것을 백성을 새롭게 만든다고 한다.

족(族)에는 사(師)가ⓐ 있는데, "각기 그 족의 계령(戒令: 군대의 복무규율)과

---

158 『주례주소』권12. 閭胥各掌其閭之徵令, 以歲時各數其閭之衆寡, 辨其施舍. 凡春秋之祭祀役政喪紀之數, 聚衆庶, 旣比, 則讀法. 書其敬敏任恤者.

정사(政事)를ⓑ 관장한다. 매월 초하루에 백성을 모아서 나라의 법을ⓒ 읽어주고, 효도하고 우애하며 화목하고 학식이 있는 자를 기록한다.ⓓ 나라의 법을 가지고 그 법을 고찰하여ⓔ 4개의 여(閭)의 관리를 통솔하는데, 때에 맞추어 백성을 모아놓고 그 족의 '가족 수[夫家]'가 많은지 적은지를 조사하여 정정하고,ⓕ 귀한 자와 천한 자, 늙은 자와 어린 자, 고질병이 있는 자와 일을 맡길 수 있는 자 및 여섯 종류의 가축과 가마와 수레를 구별한다. 5가구가 비(比)가 되고, 10가구가 연(聯)이 되며,ⓖ 5명이 오(伍)가 되고, 10명이 연(聯)이 되며, 4개의 여(閭)가 족(族)이 되고, 8개의 여가 연(聯)이 된다.ⓗ 백성들이 서로 보호하고, 서로 책임지도록 하며,ⓘ 형벌과 포상을 함께 책임지고 함께 받도록 하여,ⓙ 나라의 직책을 받고,ⓚ 국가의 일을 담당하며,ⓛ 장례를 치르고 일을 서로 돕게 한다.ⓜ 만일 백성을 동원해서 군사를 일으키고, 사냥을 시키며 부역을 시킨다면,ⓝ 그 졸(卒)과 오(伍)를 합하고, 그 병장기를 점검해서 북과 목탁·깃발을 가지고 통솔하여 이르게 한다."ⓞ "한 해가 끝나면, 족의 우두머리는 1년 동안의 일을 정리하고 상부에 보고한다."ⓟ159

ⓐ '사(師)'는 우두머리이다.

ⓑ '정사(政事)'는 국정과 지방의 일이다.

ⓒ '나라의 법[邦法]'은 국법(國法)이다. '법' 자에 대한 해석은 앞에 있다. '모은다[屬]' 는 것은 합한다는 것과 같다.

ⓓ '효도하고 우애하는[孝悌]' 것은 모든 덕행의 근본이다. 부모와 형제를 사랑하지 않고서 다른 사람들을 사랑할 수 있는 사람은 있은 적이 없다. '화목하다[睦嫺]'는 것은 가까운 사람들과 화목하게 지내는 것이니, 널리 사랑하려면 이로부터 미루어 나갈 뿐이다. 학식이 있는 사람은 마땅히 높이고 칭찬함으로써 백성들을 배움에 흥미를 갖도록 권장한다.

---

159 『주례주소』권12. 族師各掌其旅之戒令政事. 月吉則屬民而讀邦法書. 其孝弟睦嫺有學者. 以邦比之法帥四閭之吏以時屬民而, 校登其族之夫家衆寡. 辨其貴賤·老幼·廢疾·可任者及其六畜·車輦. 五家爲比, 十家爲聯, 五人爲伍, 十人爲聯, 四閭爲族, 八閭爲聯, 使之相保相受, 刑罰慶賞相及相共, 以受邦職以役國事以相葬埋. 若作民而師田行役, 則合其卒伍, 簡其兵器, 以鼓鐸旗物帥而至. 掌其治令戒禁刑罰. 歲終則會政致事.

ⓔ '고찰한다[比]'는 것은 자세히 따지는 것이다.

ⓕ '가족의 수[夫家]'는 정현의 주석에 의하면, 성인 남녀라고 말하는 것과 같다.[160] '조사해서 정정한다.[校登]'는 것은 가족 수가 많고 적은지를 조사해서 정정하는 것이다.

ⓖ 서로 연계하게 해서 고립을 허용하지 않는다.

ⓗ 각 단계마다 연계하면 군중을 벗어나 도움을 받지 못하는 경우가 없다.

ⓘ 항상 서로 마을 사람들을 보호하고, 모든 정사(政事)를 서로 책임지고 협력하게 한다.

ⓙ 벌은 서로 책임지고 상은 서로 함께한다.

ⓚ 인민들은 함께 나라의 일을 맡고, 서로 공손하고 부지런히 돕는다.

ⓛ '국가의 일[國事]'은 인민의 공공의 일이기 때문에 복무하지 않으면 안 된다.

ⓜ 초상이 나면 서로 도와 장례를 치르고, 죽거나 살거나 서로 버리지 않으면 백성의 덕이 두터워진다. 생각건대, 이상의 여러 조목들은 모두 민중들이 단체생활을 하게 해서 자신과 자신의 집만을 이롭게 하려는 계책을 용납하지 않기 위한 것이다. 이것이 사회를 개조하는 시급한 일이다.

ⓝ '백성들을 동원한다.[作民]'는 것은 민중을 움직이는 것이다. '군사를 일으킨다. [師]'는 것은 군대를 동원해서 외부의 침략에 대비하는 것이다. '사냥을 시킨다. [田]'는 것은 대대적으로 사냥을 해서 군사훈련을 하는 것이다. '부역을 시킨다. [行役]'는 것은 나라에 큰 공사가 있는 것이다.

ⓞ 이것은 나라에서 혹시 군사를 일으키면 족(族)의 민중이 모두 동원되는데, 평상시의 훈련이 전제되어 있다는 것이다. 승평세에는 아직 이적의 우환이 있기 때문에 군대를 정비하는 일이 급선무이다.

ⓟ 연말에 족의 우두머리[師]는 반드시 그 족 안에서 1년 동안 시행한 정사의 득실을 헤아려서 사실대로 상부에 보고해야 한다. 그러므로 "1년 동안의 일을 정리하고 상부에 보고한다."고 했다. '상부에 보고한다.[致事]'는 것은 당해 연도에 정사를 시행한 득실이 이미 종결되었으니, 다음 해의 계획을 짜야 한다는 것이다.

당(黨)에는 정(正)이 있는데, "각기 그 당의 정령과 교육[教治]을 관장한다. 사계절의 첫 달 초하루가 되면,ⓐ 백성을 모아 나라의 법을 읽어주어서

---

160 '가족의 수[夫家]'는 정현의 주석에 의하면, 성인 남녀라고 말하는 것과 같다: 『주례주소』 권12. '校登其族之夫家衆寡.' 구절에 대한 정현의 주석. 云'登其族之夫家衆寡'者, 夫家卽男女也, 有夫有婦乃成家 참조.

법령을 자세히 살피고 경계하게 한다."[161] "그 당의 관혼상제와 향음주례에서는 예에 관한 일을 가르치고, 경계하고 금지할 것을 관장한다. 백성을 동원하여 군사를 일으키고, 사냥을 하고 부역을 시킬 때는 법대로 다스린다. 연말에 그 당의 정사를 정리하여,ⓑ 관리들을 거느리고 상부에 보고한다. 한 해가 모두 끝난 날에는 백성을 모아서 법을 읽어주고 그들의 덕행과 도(道)·예(藝)ⓒ를 기록한다. 해마다 직접 당의 가족 수가 많은지 적은지를 조사하여 점검하고,ⓓ 3년마다 크게 점검할 때는 또한 해마다 하는 것과 같이 한다."ⓔ[162]

ⓐ 정현은 '길일(吉日)'은 초하루[朔日]라고 주석했다.[163]

ⓑ 당내의 1년 동안의 정사를 총괄적으로 헤아려서 그 득실을 따진다.

ⓒ 도(道)란,『장자』「천하」편에서 말하는 옛날의 도술(道術)이며, 오늘날 '철학'이라고 말하는 것이다. 예(藝)란, '지식과 기능[知能]'으로, 예컨대 '사물을 탐구하는 학문[格物之學]','이 곧 '예(藝)'이다. 덕행(德行)은 자신을 수양하고 일을 실행하는 데에 모두 '큰 도리[大道]'를 체득해서 실천할 수 있기 때문에 그렇게 말했다.

ⓓ '직접[涖]'이라는 것은 몸소 임(臨)하는 것이다. '조사하여 점검한다[校比].'는 것은, 그 당내 정사의 성공과 실패 및 백성이 어진지의 여부를 헤아려서 조사하는 것인데, 당정(黨正)이 몸소 임해야 한다는 것이다.

ⓔ 3년마다 '큰 점검[大比]'을 시행하는데, 백성들이 함께 어진 자와 유능한 사람을 선출하여 조정에 올린다. 선출해서 천거할 때, 당정은 직접 임해야 한다. 그러므로 당정은 평소에 항상 그 소속된 백성들 중에서 덕행과 도·예를 가진 자를 고찰해서 모두 기록해 두어 크게 점검할 때 참고하여 조사할 수 있도록 준비한다. 또한 당은 '납일의 제사[蠟祭]' 때에 예(禮)에 따라 백성을 모아 학교에서 향음주례를 한다. 서(序)는 당의 학교이다. 이 항목은 글이 번잡하여 다 기록하지는 않았지만, 우선 그 대략을 주석 중에 남긴다.

161『주례주소』권12. 黨正各掌其黨之政令教治. 及四時之孟月吉日, 則屬民而讀邦法, 以糾戒之.

162『주례주소』권12. 凡其黨之祭祀喪紀昏冠飲酒, 教其禮事, 掌其戒禁. 凡作民而師, 田行役, 則以其法, 治其政事. 歲終, 則會其黨政, 帥其吏而致事. 正歲, 屬民讀法, 而書其德行道藝. 以歲時涖校比, 及大比亦如之.

163 정현은 길일(吉日)은 초하루[朔日]라고 주석했다:『주례주소』권12. '及四時之孟月吉日'에 대한 정현의 주석. '以四孟之月朔日讀法者' 참조.

주(州)에는 장(長)이 있는데, "각기 그 주의 교육과 정령의 법을 관장한다. 정월 초하루에ⓐ 각각 그 주의 백성을 모아서 법을 읽어주어 그 덕행과 도(道)·예(藝)를 살피고 권장하며, 그 과오를 규찰하여 경계시킨다. 해 마다 주의 사(社)에서 제사를 지낼 때면, 백성을 모아 법을 읽어주는 것 도 역시 이와 같이 한다.ⓑ 봄과 가을에는 예(禮)에 따라 백성들을 모아 주의 학교에서 활을 쏘게 한다."ⓒ164 "나라에서 백성을 동원해 군사를 일으키고 사냥하고 부역을 시킬 때는 그들을 이끌어 나가며, 그 경계할 법령과 상벌을 주관한다. 연말에는 그 주의 정령을 정리한다.ⓓ 한 해가 모두 끝난 날에는 처음처럼 교법(敎法)을 읽어준다.ⓔ 3년마다 시행하는 '큰 점검'은, 주와 리(裏)를 광범위하게 조사하여 향대부(鄕大夫)를 보좌하 는 일에 잘못이 있으면 퇴출하고 잘했으면 승진시킨다."ⓕ165

ⓐ 길(吉)은 초하루[朔日]이다.

ⓑ 주(州)에는 사당(社)이 있는데, 처음으로 농사를 가르친 신(神)에게 제사지내어 공 적에 보답하는 것이다. 제사지내는 예법은 반드시 백성을 모아서 법을 읽어주는 것인데, '역시 이와 같이 한다.[亦如]'는 것은 매월 초하루에 법을 읽어주는 것과 같다는 것이다.

ⓒ 봄과 가을에는 백성들에게 예를 익히도록 가르치고 동시에 그들을 주(州)의 학 교에서 활을 쏘게 하였다. 예전에 '활쏘기를 익힌다.[習射]'라고 한 것은 오늘날의 군사훈련을 말한다. 예를 익히면서 군사적인 대비를 잊지 않는 것은 백성이 문 약하게 되지 않도록 하는 것이다. 서(序)는 주와 당의 학교이다.

ⓓ 주(州)의 1년 동안의 정령을 총괄적으로 헤아린다.

ⓔ '정세(正歲)'는 한 해가 모두 끝난 날을 말한다.

ⓕ '큰 점검'에서 이미 어진 사람과 유능한 사람을 선출했기 때문에 주장(州長)은 속 읍(屬邑)의 정사의 득실과 관리가 어진지 아닌지를 크게 살펴서, 향대부가 승진 시키거나 퇴출하는 것을 도와준다. 관리 중에서 정사를 잘못한 자가 있으면 반

164『주례주소』권12. 州長各掌其州之敎治政令之法. 正月之吉, 各屬其州之民而讀法, 以 考其德行道藝而勸之, 以糾其過惡而戒之. 若以歲時祭祀州社, 則屬民而讀法, 亦如之. 春秋以禮會民, 而射於州序.

165『주례주소』권12. 若國作民而師田行役之事, 則帥而致之, 掌其戒令與其賞罰. 歲終, 則會其州之政令. 正歲, 則讀敎法如初. 三年大比, 則大考州裏, 以贊鄕大夫廢興.

드시 퇴출시키고, 어진 사람과 유능한 사람은 승진시켜서 정사를 개선한다.

향(鄕)에는 향대부와 향사(鄕師)가ⓐ 있다. 향대부의 직무는 "각기 그 향의 '정치와 교육[政敎],' 금지하는 법령을 관장한다. 정월 초하루에 사도(司徒)에게 교법(敎法)을 받고, 물러나와 향의 관리에게 반포하여 각기 그들이 다스릴 것을 가르치게 해서,ⓑ 그들의 덕행을 고찰하며 그들의 도(道)ㆍ예(藝)를 살핀다. 해마다 그 '가족 수[夫家]'의 많고 적음을 조사해서 정정하고 그 일을 맡길만한 자를 변별한다. … 3년마다의 큰 점검에서는 그들의 덕행과 도ㆍ예를 살피고 어진 사람과 유능한 사람을 승진시킨다.ⓒ 향로(鄕老)와 향대부는 그 관리를 거느리고 많거나 적은 선한 사람들에게 향음주례로써 빈객으로 예우한다.ⓓ 그 다음날에ⓔ 향로와 향대부는 어진 사람과 유능한 사람의 명부를ⓕ 왕에게 올리며, 왕은 두 번 절하고 받아서 천부(天府)에 올린다. 이것은 백성들이 어진 사람을 천거해서 중앙으로 보내어 수장이 되게 하는 것이고,ⓖ 백성들이 유능한 사람을 천거해서 자기 지역으로 모셔 다스리게 하는 것이다.ⓗ 한 해가 끝나면 6향(六鄕)의 관리에게 모두 1년의 정사를 정리하여 상부에 보고하게 한다.ⓘ 한 해가 모두 끝난 날에 여러 관리가 사도에게 법을 고찰하도록 하고, 물러나서는 각각 그들이 다스리는 곳에 고시한다.ⓙ 나라에서 폭넓게 민중에게 자문을 구할 때는,ⓚ 각기 그 향의 많거나 적은 사람들을 거느리고 조정에 이른다."ⓛ166

ⓐ '사(師)'는 우두머리이다.

ⓑ '향리(鄕吏)'는 향사(鄕師)ㆍ주장(州長)ㆍ당정(黨正)ㆍ족사(族師)ㆍ여서(閭胥)ㆍ비장

---

166 『주례주소』 권12. 鄕大夫之職, 各掌其鄕之政敎禁令. 正月之吉, 受敎灋於司徒退而頒之於其鄕吏, 使各以敎其所治, 以考其德行察其道藝. 以歲時, 登其夫家之衆寡, 辨其可任者. … 三年則大比, 考其德行道藝, 而興賢者能者. 鄕老及鄕大夫帥其吏, 與其衆寡, 以禮禮賓之. 厥明, 鄕老及鄕大夫. 獻賢能之書於王, 王再拜受之, 登於天府. … 此謂使民興賢, 出使長之. 使民興能, 入使治之. 歲終, 則令六鄕之吏, 皆會政致事. 正歲, 令群吏攷法於司徒以退, 各憲之於其所治. 國大詢於衆庶, 則各帥其鄕之衆寡, 而致於朝.

(比長) 및 모든 관리직을 일컫는다.

ⓒ '살핀다[考]'는 것은, 민중에서 살펴서 각기 그들이 알고 있는 그 지방의 어진 사람과 유능한 사람을 공적으로 천거하여 빠뜨리지 않게 하는 것이다.

ⓓ 향로(鄕老)에 대해서는 뒤에서 자세하게 설명하겠다. '많거나 적다[衆寡]'는 것은 향인 중의 선한 자를 말하는데, 그 수가 제한되지 않기 때문에 대충 '많거나 적다'고 말했다. 어진 사람과 유능한 사람이 선출되기 때문에 향로·향대부는 여러 관리 및 향인 중의 선한 사람에게 모두 향음주례로써 빈객으로 예우한다.

ⓔ 빈객으로 예우한 다음 날이다.

ⓕ '명부[書]'는 어진 사람과 유능한 사람의 명부이다.

ⓖ '천거하다[興]'는 천거[舉]와 같다. 백성들이 스스로 어진 사람을 천거해서, 어진 사람이 비로소 조정에 등용되어 수많은 백성을 영도하여 그 우두머리가 되게 하는 것을 말한다.

ⓗ 백성들이 스스로 유능한 사람을 천거해서 바로 자신의 고향에 머무르게 하는 것이다. 모든 정사와 교육 등의 일을 다스리기 때문에 '자기 지역으로 모셔 다스리게 한다[入治].'고 말했다.

ⓘ 향의 1년 동안의 정사를 총괄적으로 헤아려서 보고서를 위로 사도(司徒)와 조정에 올리므로 '상부에 보고한다[致事].'라고 말했다.

ⓙ 지방의 정사는 중앙과 협의한 뒤에 시행해야 한다.

ⓚ '폭넓게 자문을 구한다.[大詢]'는 것은 전국의 민중에게 문의하는 것이다. 정현의 주석에 의하면, 폭넓게 자문을 구하는 것은 소사구(小司寇)가 지방정부[外朝]에서 시행하는 삼순(三詢)에 한정된다.[167] 나는 삼순에 한정되지 않는다고 생각한다. 예컨대, 법을 만들고 향로를 천거하는 일과 여러 중대한 정책은 민중에게 폭넓게 자문을 구하지 않는 것이 없다. 『주관경』은 상당히 많은 부분이 개찬되었으니, 지금은 의미로써 추론해 볼 수밖에 없다.

ⓛ 6향의 대부는 모든 향민을 인솔해서 조정에 의론하러 가기 때문에 조정으로 간다고 하였다. '많거나 적다[衆寡]'는 것은 전체 향민이 모두 나아가니, 그 수가 한정되지 않는 것이다.

"향사의 직책은 각기 그들이 다스리는 향의 교육을 관장하고, 다스려지는지를 살핀다." "국가의 일에는 순서에 따라 질서 있게 행하도록 한

---

167 정현의 주석에 의하면 … 삼순(三詢)에 한정된다: 『주례주소』 권12. '國大詢於衆庶,' 구절에 대한 정현의 주석. 大詢者, 詢國危·詢國遷·詢立君. 참조.

다."[a] "사계절에 정규 소집령을 내릴 때는 목탁을 치면서 시내를 돌아다닌다. 해마다 중앙과 지방을 순시해서 어려운 백성들을 구제하는데, 왕명으로 은혜를 베푼다."[b]168

> [a] 나라에서 사업을 일으킬 때는 향사에게 순서를 정하도록 하니, 마치 오늘날 상세하게 여러 해의 계획을 짜는 것과 같다.
> [b] 왕은 국가를 대표한다.

『주관경』에서 지관(地官)의 직분을 나누는데, '향로(鄕老)'는 3공(三公)으로 임명한다. 두 개의 향(鄕)마다 한 사람을 공(公)으로 삼는다. 3공의 지위는 왕과 동등하게 존귀하다. 그 직책은 안으로 왕과 함께 도(道)를 논하고, 6관(六官)의 일을[a] 참작하여 결정하며, 밖으로 6향이 가르치는 내용을 참작하여 결정한다.[b] 3공의 지위는 높고 직책은 무거우니, '향로'라는 직위의 명칭으로 지관에 배열한다. 3공은 실제로 인민의 대표이며, 그 직책은 인민을 위하여 공론을 진술하고, 정부에 대하여 감독하는 책임을 지고 있기 때문에 그들을 향에 연계시켰다. '노(老)'는 존칭이다. 생각건대, 『주관』은 향로를 민중의 대표로 삼아 왕조와 지방관의[c] 다스림과 교화를 참작하여 결정하게 한다. 이 제도는 매우 의미가 있다.

> [a] 6관(六官)은 전국의 정사를 관장하니, 오늘날의 중앙정부를 말한다. 3공은 6관과 국가의 정사에 참여하여 결정한다.
> [b] '참여한다[參]'는 것은 참여하여 결정하는 것이다.
> [c] 지방관은 향대부(鄕大夫) 등을 말한다.

이미 6향에 대해 말했으므로 다음에는 6수(六遂)에 관해 언급하겠다. 수(遂)는 밑으로 인(鄰)[a]·리(里)[b]·찬(酇)[c]·비(鄙)[d]·현(縣)[e]으로 나누어진다. '현'이 '수'에 곧바로 이어지면, '수'는 위로 수인(遂人)과 왕조(王朝)

---

168 『주례주소』권11. 鄕師之職, 各掌其所治鄕之敎, 而聽其治 … 凡邦事, 令作秩敍 … 凡四時之徵令有常者, 以木鐸徇於市朝. 以歲時巡國及野, 而賙萬民之囏阨, 以王命施惠.

에 보고한다.

    ⓐ 5가구를 '인'이라 한다.

    ⓑ 5개의 '인'을 '리'라고 한다.

    ⓒ 4개의 '리'를 '찬'이라 한다.

    ⓓ 5개의 '찬'을 '비'라고 한다.

    ⓔ 생각건대, 현의 속읍(屬邑)은 그 수를 제한하지 않을 수 있다.

'인(鄰)'에는 장(長)이 있는데, "서로 규찰하고 서로 일을 책임지며,ⓐ 읍 안의 정사를 서로 돕게 하는 일을ⓑ 관장한다."[169]

    ⓐ '서로 규찰한다.[相糾]'는 것은 5가구의 사람들 중에 과오를 범한 자가 있으면, 반드시 서로 들추어내어 드러내는 것이다. '서로 일을 책임진다.[相受]'는 것은 모든 정사를 서로 책임지고 협력하는 것이다.

    ⓑ 읍 안의 모든 정사는 인장(鄰長)이 그 '리의 관리[裏宰]'를 도와서 이루어지게 한다.

'리(裏)'에는 재(宰)가 있는데, "그 읍의 인구가 많아졌는지 적어졌는지, 여섯 종류의 가축과 병장기의 수효를 헤아리고,ⓐ 그 정치적인 법령을 다스려서 해마다 제 때에 서로 협력하여ⓑ 농사짓도록 하는 일을 관장한다."[170]

    ⓐ '헤아린다.[比]'는 것은 조사하여 밝히는 것이다.

    ⓑ 농사짓는 사람들이 서로 협력하도록 하는 것을 '서로 협력하여[合耦]'라고 한다. 정현의 주석을 참고하라.[171]

'찬(鄼)'에는 장(長)이 있는데, "각기 그 찬의 정치적인 법령을 관장하고, … 해마다 제때의 계령(戒令)을 모두 듣게 하며, 농사일을 독촉하고, 여자들이 길쌈에 힘쓰게 한다."[172]

169『주례주소』권15. 鄰長掌相糾相受, 凡邑中之政相贊.

170『주례주소』권15. 裏宰掌比其邑之衆寡與其六畜兵器, 治其政令, 以歲時合耦於鋤.

171 농사짓는 사람들이 … 정현의 주석을 참고하라:『주례주소』권15. '以歲時合耦於 鋤.' 구절에 대한 정현의 주석. 此言兩人相助耦而耕也. 참조.

'비(鄙)'에는 사(師)가 있는데, '각기 그 비의 정치적인 법령을 관장하며', 때에 맞춰 그 가족의 수를 조사해서 정정하고, 인구가 많아졌는지 적어졌는지를 헤아린다.[ⓐ] "백성을 동원할 때는[ⓑ] 그 계령을 관장하고 사계절마다 백성의 많고 적음을 계산하며, 아름다운 행실과 나쁜 행실을 살펴서 벌을 주거나 상을 내린다. 한 해가 끝나면 그 비의 정사를 결산하여 상부에 보고한다."[ⓒ][173]

  ⓐ 낱낱이 호구조사를 한다.
  ⓑ 예컨대, 선거와 전쟁 및 큰 공사와 같은 일은 반드시 민중을 동원하여 재촉해야 하기 때문에 '백성을 동원한다[作民].'고 한다. 다른 곳에서 '작민(作民)'이라고 말하는 것도 이와 같다.
  ⓒ 비(鄙)의 정사를 총결산하여 현(縣)에 보고한다.

'현(縣)'에는 정(正)이 있는데, "각기 그 현의 정치적인 법령과 백성을 징발하고 정사의 득실을 조사하여 밝히는 일을 관장하여 마을[田裏]에 반포하고,[ⓐ] 직무를 나눈다.[ⓑ] 현의 송사를 관장하고, 농사일을 재촉하여 부지런히 일하는 사람에게는 상을 내리고, 게으른 사람에게는 벌을 준다. 백성들에게 군사훈련과 사냥, 부역을 시킬 때는 그들을 인솔해 간다."[174]

  ⓐ 모든 정치적인 법령은 마을에 반포해야 한다.
  ⓑ 백성들에게 일을 나누어주어 공공의 일을 모두 이루도록 한다.

'수(遂)'에는 수사(遂師)와 수대부(遂大夫)가 있다. "수대부는 각기 그 '수'의 정치적인 법령을 관장한다. … 3년마다 '큰 점검[大比]'을 시행할 때는 관리들을 이끌어서 백성을 천거하고,[ⓐ] 공로가 있는 자를 밝히며,[ⓑ] 그 지

---

172 『주례주소』 권15. 鄰長各掌其鄰之政令 … 凡歲時之戒令皆聽之, 趨其耕耨, 稽其女功.
173 『주례주소』 권15. 鄙師各掌其鄙之政令 … 凡作民, 則掌其戒令, 以時數其衆庶, 而察其嫩惡而誅賞. 歲終, 則會其鄙之政而致事.
174 『주례주소』 권15. 縣正各掌其縣之政令徵比, 以頒田裏, 以分職事, 掌其治訟, 趨其稼事而賞罰之, 若將用野民師田行役, … 則帥而至.

방을 다스릴 자를 위촉한다."ⓒ "고을을 다스리는 자는 한 해가 끝나면 정사를 결산하여 상부에 보고하도록 한다."[175]

> ⓐ '백성을 천거한다[興甿].'는 것은 민중들이 그 고을의 어진 자와 유능한 사람을 천거한다는 것이다.
> ⓑ 관리나 백성 중에 공로가 있는 자는 모두 밝히고 널리 알려서 많은 사람들을 힘쓰도록 격려한다.
> ⓒ '위촉한다[屬].'는 것은 모으는 것과 같다. 지방의 여러 관리들과 정사를 맡은 자들을 모아 초빙함으로써 직무에 관계있는 일을 삼가 다스리게 한다.

"수사는 각기 그 수의 정치적인 법령과 '경계하여 금지하는 것[戒禁]'을 관장해서 때마다 가족 수의 늘어남과 적어짐, 여섯 가축과 수레·가마의 수를 조사해서 정정한다." "그 전야(田野)의 경계를 정하고, 먹을 만한 것을 변별하여 두루 좋은 종자의 수를 파악해서 사용한다.ⓐ 세금을 징수하고, 공사[役事]를 하며,ⓑ 송사를 판결한다. 농지를 순시하여 그 백성을 이동시켜 부림으로써 시급한 일을 구제한다."ⓒ[176]

> ⓐ 먹기에 알맞은 것을 변별하여 종자를 선택하고, 두루 모든 좋은 종자의 수를 파악해서 사용한다.
> ⓑ 큰 공사가 있으면 그 백성을 동원한다.
> ⓒ '시급한 일[時事]'에 특별히 급박한 것이 있으면, 그 백성을 이동시켜 부림으로써 서로 구원하고 도와주도록 한다. 멀리 떨어져 있거나 가까이에 있는 백성들이 즐겁게 서로 도와주는 것은 백성을 다스리는 효과이다.

『주관경』에서는 6향(六鄕)을 곧바로 지관(地官)의 사도(司徒)에 소속시키고, 6수(六遂)는 따로 수인(遂人)의 관직에 예속시켜 곧바로 사도에 소속

---

175 『주례주소』 권15. 遂大夫各掌其遂之政令, … 令爲邑者, 歲終則會政致事. … 三歲, 大比, 則帥其吏而興甿, 明其有功者, 屬其地治者.

176 『주례주소』 권15. 遂師各掌其遂之政令戒禁, 以時登其夫家之衆寡六畜車輦, … 經牧其田野, 辨其可食者, 周知其數而任之. 以徵財征, 作役事, 聽其治訟. 巡其稼穡, 而移用其民, 以救其時事.

시키지 않았다. 또한 3공은 6향을 통솔하지만, 6수를 통솔하지는 않는다. 6수의 치교(治敎)의 법은 또한 6향보다 간략하다. 이와 같은 것은 마치 도읍에 가까운 향(鄕)을 중시하고, 반면에 도읍에서 멀리 떨어진 교외의 수(遂)를 경시한 듯한데, 아마도 한대 사람들이 멋대로 고친 것이 있는 듯하다. 황제의 시대에는 안을 중시하고 밖을 경시하였다.ⓐ 『주관』은 승평세의 제도이니, 결코 6향과 6수를 경중(輕重)으로 구분하는 데에 이르지 않는다. 그러나 6수의 치교의 법은 6향의 것보다 간략한데, 이것은 반드시 회통(會通)해야지 얽매어서는 안 된다. 6향의 치법(治法)과 교법(敎法)은 본래 6수에 통용되는 것이니, 6수 가운데서 다시 보일 필요가 없다.ⓑ

ⓐ '안[內]'은 황제가 사는 도읍이고, '밖[外]'은 성 밖의 마을로서 나라의 사방의 경계에 이른다.

ⓑ 나라에 꼭 '폭넓게 자문을 구해야 하는 일[大詢]'이 있을 경우, 6수의 민중 중에서 간혹 멀리 떨어져 있는 사람들까지 모두 왕조에 갈 필요는 없으니, 마땅히 각기 자신의 수에 가서 공적으로 대표를 추천할 뿐이다.

지금까지 향과 수의 법에 관해 서술하였는데, 이제 간략하게 그 요점을 들어보겠다.

첫째, 향(鄕)은 '5가구의 우두머리[比長]'로부터 위로 향대부와 향사에 이르면, 왕조에 보고한다. 수(遂)는 '5가구의 우두머리[鄰長]'로부터 위로 수대부와 수사에 이르면, 왕조에 보고한다. 다스림은 아래에서 일어나니, 거란세와 같이 통치계급이 사적인 의도를 가지고 천하의 인민을 통제할 수 있는 것이 아니다.

둘째, 6향과 6수는 모두 3년마다 큰 점검을 하는데, 민중들이 널리 현명하고 유능한 사람을 선출한다. 선정한 뒤에 현명한 사람은 출사하여 조정에서 직책을 맡으니, 왕조의 6관과 총재는 모두 현명한 사람이 공적을 쌓아서 도달한 것임을 알 수 있다. 바꾸어 말하면, 조정에서 집정하는 데에 그 처음 벼슬길에 나가는 것도 모두 백성의 선출에 의거한다는 것이다. 그 유능한 사람들의 경우는 모두 6향과 6수에 머물며 일을 맡는데, 반드시 백성들이 각기 그 직책을 천거한다는 것은 의심의 여지가 없다.

또다시 반드시 알아야 할 것은, 『주관』은 민주주의 제도이므로 조야(朝野)의 모든 관리는 누구나 백성에 의해 선출될 뿐만 아니라, 그 왕의 호칭만을 가지고 있는 '실권이 없는 임금[虛君]'마저도 반드시 전국의 인민에 의해 '공적으로 선출[公選]'되어야 한다는 것이다. 추관(秋官)의 소사구(小司寇)는 지방정부[外朝]의 정사를 관장하는데, 만민에게 자문을 구한다. 첫째, 나라에 위급한 일이 있을 때 백성들에게 자문을 구한다.ⓐ 둘째, 나라의 도읍을 옮길 때 백성들에게 자문을 구한다.ⓑ 셋째, 임금을 세울 때 백성들에게 자문을 구한다.ⓒ 이것에 근거해 유추하면, 나라에서 '폭넓게 자문을 구하는 일[大詢]'은 당연히 이 세 가지 일뿐만 아니라, 법을 만들고 3공과 총재를 선출하며 중대한 정사와 같은 일들에도 폭넓은 자문을 거치지 않은 것이 없다.

ⓐ 나라에 위난이 있으면 반드시 폭넓게 백성들에게 자문을 구하여 정치를 개선하고, 나가서 싸울 것인지, 물러나 지킬 것인지를 결정한다.

ⓑ 예컨대 도읍을 옮기거나 영토를 변경하는 따위의 일들은 반드시 전국의 민의에 따라 결정한다.

ⓒ 국왕은 반드시 민선(民選)을 거쳐야 하기 때문에 거란세의 대인세습의 어지러운 제도는 고쳐져야 한다. 이 조항에 대해 정현(鄭玄)은 전제군주제를 옹호하는 사사로움 때문에 곡해하였다. 그것을 여기에서 변별하지 않은 것은 문장이 번잡해질 것 같기 때문이다.

셋째, 향과 수의 법도는 백성을 동원하는 데에 있다는 것을 여러 번 말했는데, 그 의미가 매우 중요하다. 『주관』은 혁명으로 혼란을 없애고 새로운 제도를 만들며, 거란세의 뒤를 이어서 민주의 다스림을 급작스럽게 실행하는 것이다. 만일 다방면으로 계몽하고 장려하여 민중을 동원하지 않으면, 인민의 역량은 아마도 쉽게 발전하지 못할 것이다. 이런 까닭에 향과 수의 대부 및 그 속읍의 많은 관리들은 일이 생기면 모두 회의를 열어 민중을 동원하였다. 예컨대 생산을 장려하려고 회의를 열고,@ 정령을 반포할 때에 회의를 열며, 전쟁에 관한 일이 생기면 회의를 열고, 큰 공사를 할 때면 회의를 열며, 현명하고 유능한 사람을 선거할 때에 회의를 열고, 향음주례를 할 때에 회의를 열며, 봄·가을에 예법을 익힐 때에 회의를 열고, 군사훈련을 할 때에 회의를 열며, 법령을 읽어줄 때에 회의를 열고, 향과 수의 대부가 사계절의 첫째 달에 그 백성들을 소집하여 그들의 덕행과 도·예를 살펴서 과오를 규찰하여 경계하게 할 때에도 모두 회의를 한다. 그러므로 회의를 통하여 일에 따라 백성을 인도하고, 그 기백을 왕성하게 하며, 그 의지를 안정되게 하고, 그 지향하는 것을 바로잡으며, 그 지식과 기능을 확충한다. 민생에 이로운 것과 해로운 것에 밝으면, 천하의 대세(大勢)는 있는 힘을 다해 떨쳐 일어나지 않음이 없게 되니, 감히 하루라도 나태해서는 안 된다. 봄날의 우레와 벼락은 만물을 밝게 되살아나게 하니, 백성을 동원하는 효과도 이와 같은 것이다.

> @ 생산을 장려하는 것은 향과 수의 여러 관리들이 농사짓는 일을 가르치고, 농사 일을 독촉하며, 백성들이 서로 돕도록 하는 따위의 일을 말한다.

넷째, 법령을 읽어주는 것은 본래 백성을 동원하는 일의 하나이지만, 그것이 특별히 중요하기 때문에 별도의 논의를 제기해야 한다. 나라에는 대법(大法)과 보통법이 있는데 모든 정령(政令)·교법(敎法)과 함께 통상적으로 법이라고 부른다. 민주주의 제도는 그 인민들이 반드시 법을 높이고 법을 준수하는 습관을 양성한 이후에, 그 일거수일투족이 모두 만물의 규칙을 쫓아서 어떤 경우에도 배반하는 일이 없게 된다. 혼란을 제거한 초기에 법도가 창립되기 때문에, 법령을 읽어주는 회의가 반드시 자주 거행되어서 인민들이 모든 법을 깊이 이해하고 엄격하게 준수하도록 하면, 법이 실행되어 다스림이 이루어질 수 있다. 어떤 사람은『주관경』
이 향과 수에서 법을 읽어주는 횟수를 규정한 것이 지나치게 번잡하여,
백성들의 혼란을 피할 수 없을 것이라고 의심하였다. 예컨대 향(鄕)을 기
준으로 말하면, 주장(州長)은 해마다 백성들을 소집해서 법을 읽어주는
일이 4번이고, 당정(黨正)은 법을 읽어주는 것이 7번이며, 족사(族師)는 법
을 읽어주는 횟수가 14번이고, 여서(閭胥)는 법을 읽어주는 일이 무수하
게 많다. 어떤 사람은, 어떤 날에는 이미 주장에게서 법을 읽어주는 것
을 듣고, 또 당정과 여서와 족사에게도 법을 읽어주는 것을 듣게 되니,
잠시 숨 돌릴 새도 없이 바쁠 것이라고 여겼다. 정초(鄭樵)[177]는 그것을
다음과 같이 해석했다. "이것은 또한 쉽게 알 수 있는데, 예컨대 정월 초
하루에 법을 읽어주는 일에는 주장과 당정과 족사가 모두 참여하지만,
사계절의 첫째 달 초하루의 경우는 족사와 당정이 참여하고 주장은 참
여하지 않는다. 매월 법을 읽어주는 경우는 단지 족사의 직분일 뿐이
다." 정현의 주석에, "더욱더 백성을 사랑하는 사람은 그 가르침 또한 더
욱더 자주한다."[178]라고 한 것이 이것이다. 생각건대 정초의 말이 상당
히 사리에 부합된다. 경문(經文)이 생략된 것은 의미로써 추리해도 문제
되지 않는다.

다섯째, 6향의 다스림은 모두 5가구를 비(比)라고 하고, 10가구를 연(聯)
이라고 한다. 5명은 오(伍)이고, 10명은 연(聯)이며, 4개의 여(閭)는 족(族)

---

177 정초(鄭樵, 1104-1162): 자는 어중(漁仲)이고 세칭 협제선생(夾漈先生)이라고 한
다. 남송 흥화군(興化軍: 현 복건성) 보전(莆田) 사람이다. 송대 사학자, 목록학자
로서 저술이 80여 종이나 되었는데 현존하는 것은『협제유고(夾漈遺稿)』,『이아주
(爾雅注)』,『시변망(詩辨妄)』,『6경오론(六經奧論)』,『통지(通志)』등이다. 특히『통
지』는 그의 대표작이다. 이 책은 그의 평생 저술의 핵심인「이십략(二十略)」을 수
록하고 있는데, 그 가운데「곤충초목략(昆蟲草木略)」은 중국의 동식물에 관한 전
문저술로 중요한 가치가 있다고 한다.
178『주례주소』권12. '則屬民而讀邦法以糾戒之' 구절에 대한 정현의 주석. 彌親民者,
於敎亦彌數.

이고, 8개의 여는 연(聯)이니, 그들이 서로 보호하고 서로 일의 책임을 지도록 한다.ⓐ 6수의 다스림에서 그 인(鄰)과 리(裏)의 조직도 역시 그러하다. 민주의 다스림은 사사로움을 공적인 것으로 변화시키고, 동떨어져 사는 사람을 무리지어 살도록 바꾸는 데에 있다. 그러므로 향과 수의 제도는 반드시 민중이 서로 연계하여 장차 천하가 한 집안이 되는 성대함에 나가도록 하는 것이다.

> ⓐ '서로 보호한다.'는 것은 서로 돕고 서로 화목한 것이며, '서로 책임을 진다.'는 것은 모든 정사에 모두 서로 책임을 지고 협력하는 것이다.

여섯째, 여서(閭胥)는 사계절마다 대중을 집합시키고, 그 '공손하고 부지런하며 충성스럽고 봉사정신에 투철한 사람[敬敏任恤]'을 기록한다.ⓐ 족사(族師)는 그 효성스럽고 우애가 깊으며 화목하고 학식이 있는 사람을 기록하며, 당정(黨正)은 그 백성의 덕행과 도·예를 기록하고, 심지어 향대부도 역시 그렇게 하며, 수대부와 그 속읍 역시 그렇게 한다. 이러한 것들은 모두 현명하고 착한 사람을 존경하고, 풍속을 바꾸며, 게다가 선거를 위해 준비하는 것이다. 봄과 가을에 예에 따라 백성들을 모으고, 주(州)의 사(社)에서 처음으로 농사를 가르친 신에게 제사지내어 공적에 보답하며, 상례와 제례를 치르는 등의 예(禮)는 모두 여러 관리들이 인도하니, 그 덕화(德化)와 예치(禮治)에 삼가 조심하는 것이 또한 이와 같이 긴급하다. 『주관』의 치도(治道)는 본래 덕과 예를 근본으로 삼고 법과 형벌을 보조수단으로 여기니, 인류의 물질적인 수요를 만족시키는 것뿐 아니라, 사실상 그 근본은 인류의 정신생활을 제고시키는 데에 있는 것이니, 이러한 의미를 소홀히 해서는 안 된다.

> ⓐ '기록한다[書].'는 것은 책에 기록해서 민중들에 게시하는 것이다.

향과 수의 전야(田野)를 관리하는 정사(政事)는 공업과 상당히 관련되며, 그 생산을 관장하는 전문직이 제법 많다. 이제 대략 다음과 같이 열거한다.

1. "초인(草人)은 토질을 바꾸는 방법을 관장하며,ⓐ 토질을 살피고 토질에 적당한 것을 변별하여 씨앗을 심게 한다."ⓑ[179]

2. 도인(稻人)은 경작지와 용수(用水) 등의 일을 주로 관리한다.[180]

3. 토훈(土訓)은 국토의 형세와 산천마다 어떤 것이 생산되기에 적절한지 등을 나타내는 지도(地圖)를 관장한다.[181]

4. "산우(山虞)는 산림에 관련된 시행령[政令]을 관장한다."[182]

5. "임형(林衡)은 산기슭의 숲에 대한 금지령을 관장해서 순시한다."ⓒ[183]

6 천형(川衡)은 하천과 연못의 산물(産物)에 대한 금지령을 관장해서 순시한다.[184]

7. 택우(澤虞)는 왕실에 소속된 못의 산물에 관한 금지령을 관장한다.[185]

8. '적인(跡人)은 사냥터의 행정을 관장하며,'[186] 사냥꾼은 그 법령의 허락을 받아야 한다.

9. 관인(丱人)은 즉 오늘날 광산물을 살피고 경영하는 관리이다.[187]

10. 각인(角人)은 때마다 새와 짐승의 이빨과 뿔을 징수하여 용구를 만든다.[188]

---

179 『주례주소』권16. 草人, 掌土化之法, 以物地相家, 而爲之種.

180 도인(稻人)은 경작지와 용수(用水) 등의 일을 주로 관리한다:『주례주소』권16. 稻人, 掌稼下地. 以水澤之地種穀也 참조.

181 토훈(土訓)은 국토의 형세와 … 지도(地圖)를 관장한다:『주례주소』권16. 土訓, 掌道地圖, 以詔地事 참조.

182 『주례주소』권16. 山虞, 掌山林之政令.

183 『주례주소』권16. 林衡, 掌巡林麓之禁令.

184 천형(川衡)은 하천과 연못의 산물(産物)에 대한 금지령을 관장해서 순시한다:『주례주소』권16. 川衡, 掌巡川澤之禁令, 而平其守, 以時舍其守, 犯禁者執而誅罰之. 참조.

185 택우(澤虞)는 왕실에 소속된 못의 산물에 관한 금지령을 관장한다:『주례주소』권16. 澤虞, 掌國澤之政令, 爲之厲禁. 참조.

186 『주례주소』권16. 跡人, 掌邦田之地政.

187 관인(丱人)은 즉 오늘날 광산물을 살피고 경영하는 관리이다:『주례주소』권16. 丱人, 掌金玉錫石之地, 而爲之厲禁以守之. 참조.

11. 우인(羽人)은 때마다 새와 짐승의 털을 징수하여 일상적으로 입는 사물을 만들어야 한다.[189]

12. 장갈(掌葛)은 '갈포의 재료를 산지[山農]에서 징수하여'[190] 갈포를 만든다.

13. 장염초(掌染草)는 '봄과 가을에 염료가 되는 풀을 거두어들이는 일을 하니,'[191] 오늘날 안료업과 같다.

14. '장탄(掌炭)은 숯과 석탄을 징수하는 법령을 관장하니,'[192] 오늘날 석탄 등의 회사와 같다.

15. 유인(囿人)은 동산안의 조수와 나무 등을 관리하는 일을 관장한다.[193]

16. "장인(場人)은 장포에서 나는 나무의 과일과 진귀한 열매를 관장한다."[194]

17. '늠인(廩人)은 아홉 가지 곡식의 수량을 관장하여 국가에서 백성에게 나누어 주는 데에 대비하니,'[195] 오늘날의 창고지기와 같다.

18. "사가(司稼)는 들녘에 심은 농작물을 순시하여 곡식의 종류를 변별하고, 널리 그 이름과 그 곡식을 심기에 알맞은 땅을 알아서 법령으로 제정한다."[196] 아울러 온 백성의 식량을 균등하게 하는 것을 관장한다.

---

188 각인(角人)은 때마다 새와 짐승의 이빨과 뿔을 징수하여 용구를 만든다: 『주례주소』 권16. 角人, 掌以時徵齒角凡骨物於山澤之農, 以當邦賦之政令. 참조.

189 우인(羽人)은 때마다 … 입는 사물을 만들어야 한다: 『주례주소』 권16. 羽人, 掌以時徵羽翮之政於山澤之農, 以當邦賦之政令 참조.

190 『주례주소』 권16. 掌葛, 徵絺綌之材於山農.

191 『주례주소』 권16. 以春秋斂染草之物.

192 『주례주소』 권16. 掌炭, 掌灰物炭物之徵令.

193 유인(囿人)은 동산안의 조수와 나무 등을 관리하는 일을 관장한다: 『주례주소』 권16. 囿人, 掌囿遊之獸禁, 囿遊, 囿之離宮小苑觀處也. 참조.

194 『주례주소』 권16. 場人, 掌國之場圃, 而樹之果蓏珍異之物.

195 『주례주소』 권16. 廩人, 掌九穀之數, 以待國之分頒.

196 『주례주소』 권16. 司稼, 掌巡邦野之稼, 而辨穜稑之種, 周知其名, 與其所宜地, 以爲法.

19. '용인(舂人)은 쌀을 제공하는 일'197 등을 관장한다. ⓓ

20. "우인(牛人)은 국가의 공적인 소를 기르는 일을 관장하여 국가의 정치적 법령에 대비한다."ⓔ198

21. "복불씨(服不氏)는 맹수를 기르고 훈련시키는 일을 관장한다."ⓕ199

22. '사조씨(射鳥氏)는 새를 잡아서'200 민중에게 먹을거리를 제공하는 일을 관장한다.

23. "라씨(羅氏)는 까마귀를 포획하는 일을 관장한다."201

24. "어사(圉師)는 마부를 교육하고 말을 기르는 일을 관장한다."202

25. "산사(山師)는 여러 산의 수목의 이름 중에서 각각의 수목과 그것 중에 이로운 것과 해로운 것을 변별하여 나라에 공포하는 일을 관장한다."203

ⓐ 토질이 좋지 않은 것을 좋은 것으로 변화시킨다는 것에서, 공자의 시기에 이미 지질학이 발명되었음을 알 수 있다.

ⓑ 이 가운데의 '살핀다[物]'는 글자는 '자세히 살핀다[視].'는 의미이고, '변별한다[相].' 는 것도 '자세히 살핀다[視].', '변별한다[辨].'는 의미이다. 토질을 자세히 살펴서 그 땅에 적절한 것을 변별한다. '씨앗[種]'은 곡류 등의 종자이다.

ⓒ 즉 산우(山虞)의 보좌이다.

ⓓ 생각건대, "사가(司稼)는 온 백성의 식량을 균등하게 하는 일을 관장하고, 용인 (舂人)은 쌀을 제공하는 일을 관장한다."는 것에서, 『주관』은 가장 중대한 백성 의 식량정책에 대해서 사적인 상인들이 이익을 독차지하는 일을 방지하고, 국가 가 구매하는 일을 통솔해서 '적정가격[平價]'으로 백성의 식량을 공급하였음을 알 수 있다.

ⓔ 생각건대, 농업 생산에는 소가 유일하게 중요한 도구이기 때문에, 국가에서 우 인(牛人)의 관직을 설치해 공적인 소를 기르는 일을 관장하게 하여 민간에 부족

---

197 『주례주소』 권16. 春人, 掌供米物.

198 『주례주소』 권12. 牛人, 掌養國之公牛, 以待國之政令.

199 『주례주소』 권30. 服不氏, 掌養猛獸而教擾之.

200 『주례주소』 권30. 射鳥氏, 掌射鳥.

201 『주례주소』 권30. 羅氏, 掌羅烏鳥.

202 『주례주소』 권30. 圉師, 掌教圉人養馬.

203 『주례주소』 권30. 山師, 掌山林之名, 辨其物與其利害, 而頒之於邦國.

함이 없게 했다. 이러한 뜻에 근거해서 근세 내지 장래를 미루어 보면, 과학기술이 진보하여 생산도구를 가지게 되는 것은 마땅히 국가 혹은 공적 기관에서 준비해서 마련해야 한다.

ⓕ 여기부터 산사(山師)까지 모두 하관(夏官)의 소속이며, 산농(山農)과 관계있는 것이다.

이곳의 여러 관직은 단지 대략적인 근거만을 열거했을 뿐이지, 여전히 자세하게 언급하지는 않았다. 그러나 비옥한 평지의 온갖 산물을 생산하기에 적절한 땅에서부터 높은 산과 내와 못에 이르기까지, 천연적으로 보존된 풍요함과 강과 바다·호수의 혜택 및 동물·식물·광물의 풍부함은 이미 전문직이 관장하지 않음이 없으니, 어떤 경우에도 이로움을 버리는 일이 없다. 이러한 직업은 모두 농민과 관계있는 것인데, 대개 사도(司徒)와 향(鄕)·수(遂)의 우두머리들이 큰 계획을 총괄하고, 사도 또한 사공(司空)과 협력해서 준비해야 한다.ⓐ 나는 『주관경』에서 "지혜가 만물에 두루 하고, 큰 우주를 포괄한다."는 것이 본래 근세 격물(格物)의 학문과 '만물의 참모습을 드러내어 만물을 구비하는[開物備物]' 위대한 대업을 위하여 그 앞길을 연 것이라고 말한 적이 있다.ⓑ 성인의 지혜와 생각이 깊고 원대함이 어찌 기이하지 않은가!

ⓐ 동관(冬官)의 사공(司空)은 모든 기술자를 관장하는 책임자이다. 사도가 소속된 여러 직업은 대부분 원자재를 고찰하고 채집하는 일을 하는데, 사공과 관련이 있을 것이다.

ⓑ '만물의 참모습을 드러내고[開物]', '만물을 구비하는 것[備物]'은 『역』「계사전」에 있다.

일곱째, 『주관경』의 사회적 이상(理想)은 한편으로 『대역(大易)』의 격물의 정신에 근본하여 공업을 발전시키기를 기대하고,ⓐ 다른 한편으로는 차츰 사유제를 소멸시키고 모든 사업을 국영(國營)으로 돌려서 천하가 한 집안으로 되기를 바란다.

ⓐ『대학』에서 '격물'의 의미는 사실상 『역』「계사전」의 "지혜가 만물에 두루 한다[知周乎萬物]."에서 나왔다. 정이(程頤)와 주희(朱熹)는 "사물에 나아가 이치를 궁구한다[卽物窮理]."라고 해석했는데, 이 해석은 매우 옳다. 그러나 애석하게도 그들의 학문은 끝내 '마음을 다스리는[治心]' 데에는 엄격했지만, '사물을 궁구하는[格物]' 데에는 소홀했다.

공업을 발전시키는 것에 관해서, 『대역』은 "지혜가 만물에 두루 한다.",[204] "도구를 만들어서 천하를 이롭게 한다."ⓐ[205]고 창도하였다. 『주관경』「천관(天官)」편에서는 "관부의 6속으로써 나라의 다스림을 거행한다."[206]고 말했다. ⓑ 아래 글에서는 6관의 직책에 관해서 서술하였는데, 그 동관(冬官)에 대해서 "여섯 번째는 사직(事職)ⓒ으로서, 나라를 부유하게 하고 온 백성을 부양하며 온갖 물품을 생산한다."[207]고 말했다. 이 구절은 매우 귀중한 문장인데, 한나라 사람들은 동관이 망실되었다고 말했다. 내가 생각하기에, 한대에는 우민정책을 써서 농업만을 중시하고 공업과 상업을 천시하였으니, 비속한 유학자들이 아마도 총애를 받기 위해 「동관」을 훼손한 것이지, 그 책을 발견하여 왕에게 바쳤을 때 이미 없었던 것만은 아닐 것이다. 「동관」이 망실되어 성인이 만세를 위하여 법도를 제정한 중요한 뜻을 볼 수 없으니, 한대 사람들이 「고공기(考工記)」로서 그것을 보충했지만, 그 의미가 타당하지 않다. 송대 사람들은 마침내 「동관」에는 본래 '전문적으로 다루는 편[專篇]'이 없으며, 그 소속된 관리는 단지 「지관(地官)」 등의 여러 편에 흩어져 보일 뿐이라고 말했으니, 이것은 그들이 어리석고 망령되어 변별할 수 없었기 때문이다. 지관은 향·수를 통솔하지만,ⓓ 공업과 관계있는 여러 직사(職司)는 본래 지관과 동관이 연계된 일이어서, 동관은 한갓 이름만 있을 뿐 전문

---

204 『역』「계사·상」. 知周乎萬物.

205 『역』「계사·상」. 立成器以爲天下利.

206 『주례주소』권3. 以官府之六屬, 擧邦治.

207 『주례주소』권3. 六曰事職, 以富邦國, 以養萬民, 以生百物.

적으로 다루는 편이 없다고 하는데, 삼척동자라 해도 그럴 리가 없다는 것을 알 것이다. 송대 사람들은 참으로 형편없다. 지금 「천관총재(天官塚宰)」편을 보면, 분명하게 동관의 사직을 규정해서, "나라를 부유하게 하고 온 백성을 부양하며 온갖 물품을 생산한다."고 말했다. 다행스럽게 이 몇 마디 말들은 여전히 현존하므로『주관』의 경제적 이상이 과학기술과 공업생산에 전념하고 있다는 것을 알 수 있다. 그 고원하고 광대한 식견은 바로 '거대한 우주[大宇]'를 포괄해 소통하고, 멀리 만세를 내다보니 경탄하지 않을 수 없다. 그러나 한대 이후로 2천 수백 년 동안 이 몇 구절을 드러내 깨달은 자가 없었으니, 어찌 애석하지 않은가!

ⓐ '도구를 만든다.[成器]'는 것은 생산도구를 창작한다는 것이다. 격물의 학문이 나날이 정밀해지기 때문에 생산도구의 발명이 계속해서 일어나 중단되지 않으니, 천하가 이롭게 된다.

ⓑ 『주관경』에서는 천관총재(天官塚宰)・지관사도(地官司徒)・춘관종백(春官宗伯)・하관사마(夏官事馬)・추관사구(秋官司寇)・동관사공(冬官司空)의 6관으로 중앙정부를 조직한다. 6관에는 각기 하부조직이 있으며, 각각 그 하부조직을 거느려서 나라의 다스림을 거행한다.

ⓒ '사직(事職)'이란, 동관의 직책이며, 모든 생산사업을 펼치기 때문에 '사직'이라고 한다.

ⓓ 6수(六遂)는 비록 사도에게 직접 보고하지 않지만, 지관에 속하지 않는 것은 아니다.

나는 나라를 부유하게 하고 온 백성을 부양하며 온갖 물품을 생산한다는 몇 구절에서, 「동관」편에는 반드시 과학기술을 제창하는 이론이 있었으며, 공장・광업과 각종 생산부문의 창제(創制) 및 그 지관 등과 연계된 일들에 이르기까지 그 규모가 매우 광대했을 것이라고 생각한다. 그렇지 않다면, 나라를 부유하게 하고 온 백성을 부양한다고 말하는 것은 단지 모두 아무 내용도 없이 멋대로 말하는 헛된 소리에 지나지 않을 것이니, 성인이 어찌 이런 말을 했겠는가! 전국시대에 상앙(商鞅)과 한비(韓非) 같은 사람은 진나라 사람들을 깨우쳐 6국을 병탄하고, 제하(諸夏)의 영웅호걸들을 통일하였다. 지금 그들의 책을 살펴보면, 모두 농업을 유일한 생계수단으로 삼았는데, 하물며 춘추시대의 사회는 전국시대보다 앞이니 순전히 농업만을 일삼은 것은 말할 필요도 없다. 그러나 공자는 『대역』에서 과학을 선양했고, 『주관경』에서는 특별히 온갖 기술을 관장하는 동관을 건립해서, 오로지 공업 발전을 위주로 하여 이것으로써 나라를 부유하게 하고 온 백성을 부양하며 온갖 물품을 생산하는 유일한 방법으로 삼았다. 이것은 오늘날에 있어서 사람들이 모두 아는 상식에 불과한 것처럼 보이지만, 2천 수백 년 전에 이처럼 탁월한 견해가 있었다는 것은 '최상의 성인[上聖]'이 아니면, 그 누가 이와 같이 할 수 있었겠는가!

동관은 공업을 관장하는 관직으로서 그 직무는 온갖 물품을 생산하는 데 있으니, 그들이 기계와 기술을 발명하는 데에 중점을 두었다는 것을 알 수 있다. 기계와 기술이 나날이 더욱 혁신되면, 우리들은 매우 정교하고 예리한 도구를 운용하여 대자연을 통제하고 개조할 수 있으며, 앞으로 만물의 성질과 작용이 모두 신기한 변화를 드러내도록 만들어서 우리들의 즐거움과 유익함을 끝없이 증대시킬 수 있을 것이다. 「계사전」에서 "생산도구를 만들어 천하를 이롭게 한다."고 말한 것이 바로 이런 의미이다. 온갖 물품을 생산하는 것은 '인간의 일[人工]'이지, '하늘의 일[天工]'이 아니다. 성인이 고대에 이미 이런 학술을 발명하고 이런 치술(治術)을 발명한 것은 또한 신기하지 않은가!

지관과 동관의 연계된 일은ⓐ 가장 많고 또한 치밀한데, 애석하게도 「동관」편이 모두 망실되어 징험할 수 없다. 그러나 「지관」편에는 여전히 징험할 수 있는 것이 있다. 예컨대, "12가지의 직사(職事)를 도시와 시골에 반포하여 온 백성들의 능력이 향상되도록 만든다.ⓑ 첫째는 가장(稼穡),ⓒ 둘째는 수예(樹藝),ⓓ 셋째는 작재(作材),ⓔ 넷째는 부번(阜蕃),ⓕ 다섯

째는 칙재(飭材),ⓖ 여섯째는 통재(通財),ⓗ 일곱째는 화재(化材),ⓘ 여덟째
는 염재(斂材),ⓙ 아홉째는 생재(生材),ⓚ 열째는 학예(學藝),ⓛ 열 한번째는
세사(世事),ⓜ 열 두번째는 복사(服事)ⓝ라고 한다."208

ⓐ '연계된 일[聯事]'이라는 말은 「천관」편에 있다.

ⓑ '향상[豈]'이란, '오른다.[上]', '나아간다.[進]'는 의미이다. 백성들이 직업을 가진 다
음에 그 지혜·도덕·힘을 키워서 위로 나아갈 수 있기 때문에 '향상'이라고 말
했다.

ⓒ 정현은 "3농(三農)209에서 '아홉 가지 곡식[九穀]'210을 생산하게 한다는 것을 일컫
는다."211고 주석하였다.

ⓓ 채마밭[園圃]에 과일나무와 채소를 심게 한다.

ⓔ '작(作)'은 '일으키다[興]'이다. 산에 사는 백성들은 수풀과 나무 등의 물자를 증진
시키고, 물가에 사는 백성들은 물에서 나는 여러 수산물을 증진시킨다.

ⓕ 정현은 "날짐승과 길짐승을 번성하게 키우게 한다."212고 주석했다.

ⓖ '칙(飭)'은 '가공한다.[修治]'는 의미이다. 들에서 생산되는 천연의 원료는 '인간의
힘[人工]'으로 가공해서 변화시켜 백성의 용도로 제공해야 한다. 이 일은 지관이
그 정사(政事)를 주관하는 것이지만, 또한 반드시 동관과 연계해야 한다.

ⓗ 정현은 "상인이 재물을 원활하게 유통시킨다."213고 주석했다.

ⓘ 정현은 "아낙네들이 길쌈을 한다."214고 주석했다. 생각건대, 정중의 주장 또한
협애하다. '화재(化材)'의 범위는 매우 넓다. 예컨대 종이를 만드는 따위도 모두
'화재'이다.

ⓙ 정현은 "신(臣)과 첩(妾)이 질이 떨어지는 물자를 거두어들인다."215고 주석했다.

208『주례주소』권10. 頒職事十有二於邦國都鄙使以登萬民. 一曰稼穡, 二曰樹藝, 三曰作
材, 四曰阜蕃, 五曰飭材, 六曰通財, 七曰化材, 八曰斂材, 九曰生材, 十曰學藝, 十有一曰
世事, 十有二曰服事.

209 3농(三農): 평지농(平地農)·산농(山農)·택농(澤農)을 가리킨다(鄭司農云: "三農,
平地·山·澤也").

210 '아홉 가지 곡식[九穀]': 黍·稷·秫·稻·麻·大小豆·大小麥을 가리킨다(鄭司農
云: "九穀, 黍·稷·秫·稻·麻·大小豆·大小麥").

211『주례주소』권10. 稼穡謂三農生九穀也.

212『주례주소』권10. 阜蕃謂薮牧養蕃鳥獸.

213『주례주소』권10. 通財謂商賈阜通貨賄.

214『주례주소』권10. 化材謂嬪婦化治絲枲.

생각건대, 정현이 말한 '신(臣)'은 남자의 빈천한 자이고, '첩(妾)'은 부녀의 빈천한 자이다. 오늘날의 남공(男工)과 여공(女工)을 말한다. 물자가 많아서 땅에 버려져 있어도 줍지 않는 경우에, 잘 살펴서 깨닫게 하면 일꾼들을 모아 거두어들여서 가공하도록 준비할 것이다.

ⓚ 정현은 "'노는 백성[閒民]'은 일정한 직업이 없어서 이리저리 옮겨 다니며 일을 한다."[216]고 주석했다. 생각건대, 정현의 주석은 매우 잘못되었다. 그 주석은 마땅히 열두 번째 항목인 '복사(服事)'에 해당되어야 하니, 그것으로 이 항목을 해석해서는 안 된다. 노는 백성이 이리저리 옮겨 다니며 일하는 것을 어찌 '생재'라고 말할 수 있는가? 정현이 경전을 주석하는 데에 의미를 모르는 것이 매우 많았는데, 청대 사람들은 그것도 모르고 그를 높였으니, 후학들을 오도한 것이 적지 않다. 내 생각에, 이곳의 '생재'와 다섯 번째 항목의 '칙재'는 같은 것처럼 보이면서도 다르니, '칙재'는 일상용품을 공급하기 위한 제조(製造)이고, '생재'는 그것을 제조하기는 어렵지만 이익이 매우 큰 것이다. 이러한 공장은 동관에서 규정해야 하지만, 아마도 장소와 물자 등의 관계 때문에 지관과 연계하지 않을 수 없으므로, 지관에서도 그 글을 서술했다.

ⓛ 정현은 "도 · 예(道 · 藝)를 배우게 한다."[217]고 주석했다. 생각건대, 『경(經)』의 글은 단지 '학예(學藝)' 두 글자뿐이다. '학(學)'이란 학습이고, '예(藝)'는 공업 · 농업 · 상업 · 광업 혹은 여러 업종의 모든 지식과 기능을 통칭하는 것이다. '학예'란, 각종의 기능을 학습하는 것일 뿐이다. 정현은 '도'자를 덧붙였는데,[218] 그가 '도'자에 대해서 어떻게 해석했는지 모르겠다. 한나라 사람들은 본래 도(道)에 대해 알지 못했다. 기술자는 각종의 기능을 배우는 데에 게으르지 않아야 한다. 그렇지 않으면 그 업무에 발전이 없게 된다.

ⓜ 인민들이 사회정치 등등의 문제에 대하여 주의해서 해결하도록 하고, 천하의 대세에 잘 알도록 하는 것을 '세사(世事)'라고 말한다.

ⓝ 이것은 기관 혹은 각종 단체에서 각종 사무를 처리하는 사람을 가리키니, 이른바 노는 백성들은 일정한 직업이 없이 수시로 이리저리 옮겨 다니면서 일한다는 것이 이것이다.

---

215 『주례주소』 권10. 斂材謂臣妾聚斂疏材.

216 『주례주소』 권10. 生材謂閒民無常職, 轉移執事.

217 『주례주소』 권10. 學藝謂學道藝.

218 정현은 '도'자를 덧붙였는데: 여기에서 '도'자를 덧붙인 것은 정중의 말을 정현이 옮겨 놓은 것인데, 웅십력은 이를 정현의 주석으로 여긴 것 같다.

이것에 근거하면, 지관은 12가지의 직무를 가지고 온 백성을 향상시켰으며, 그 민생계획은 두루 미치고 상세하여 크게는 제기하지 않은 것이 없고, 세밀하게는 갖추지 않은 것이 없으니, 앞으로도 여전히 이것을 도외시할 수 없을 것이다. 「동관」편의 '온갖 물품을 생산하고 나라를 부유하게 하며 온 백성을 부양하는' 법규와 제도는 오늘날 상고할 수 없지만, 그 지관과 연계된 일은 여전히 「지관」편의 '12가지 직무를 반포한다.'는 조목에서 그 대강을 알 수 있다.

|부가설명| 지관의 사도(司徒)는 국내정치를 관장하며, 그들이 통솔하는 향·수는 바로 농촌사회이다. 동관의 사공(司空)은 모든 기술자의 일을 관장한다. 『주관경』은 나라를 부유하게 하고, 온 백성을 부양하며, 온갖 물품을 생산하는 직무를 동관에 소속시켰다. 그런데 농촌의 모든 공업 중에서 그 규모가 작은 것에는 지관이 모든 곳에 관리를 두고 그 사업을 관장하게 했지만, 또한 반드시 동관과 연계된 일이 있다. 그 규모가 큰 것, 예컨대 '재물을 생산하는[生材]'[ⓐ] 공장은 본래 동관이 주관하는 것이지만, 지관에게도 역시 반드시 연계된 일이 있다. 공업과 농업의 결합이 매우 치밀한 것은 오히려 「지관」편에서 상고하여 알 수 있다.[ⓑ] 12가지 직무 중에서 열한 번째로 말하는 '세사(世事)'[ⓒ]는 기술자와 농민이 모두 배워서 익혀야 하는 것이다. 민주의 다스림은 반드시 세상의 사람마다 모두 세사에 밝아야 하니, 이 뜻을 소홀히 해서는 안 된다.

  ⓐ '생산한다[生].'는 글자가 매우 중요한데, 바로 천연재료를 이용해서 별도로 새로운 물건을 만들어내는 것이다.
  ⓑ 배우는 사람이 『주관경』을 연구하려면, 곳곳에 연계된 일에 유의해야 한다. 송대 사람들은 이 점에 밝지 않았기 때문에 멋대로 「동관」에는 전문적으로 다루는 편이 없다고 말했다.
  ⓒ 오늘날의 정치를 말한다.

그 사유제를 소멸시키는 것에 대해 그 계책을 찾으면 대략 세 가지로 말할 수 있다. 첫째는 토지의 국유화이다. 둘째는 규모가 큰 생산사업은 모두 국가가 운영하고, 더 나아가 온 세상의 모든 나라도 점점 평등하게 서로 협조하는 것을 함께 도모해서 장래에 세상이 대동(大同)으로 나아 갔을 때 국제공영사업의 기초로 삼는다.ⓐ 셋째, 금융기관과 화물의 집산[聚散]을 모두 국가가 운영한다.ⓑ

　　ⓐ 대동의 시기에는 예전에 있던 국경이 반드시 소멸되어 온 세상은 무수한 작은 나라로 나누어질 것인데, 이 작은 나라의 의미와 그 조직은 또한 결코 이전과 같지 않으니, 단지 문화단체에 불과할 것이다. 앞에서 「예운」을 설명한 것을 참고하라.

　　ⓑ 둘째·셋째의 두 항목의 정책이 실행되면, 개인이 자본가로 될 수 있는 사람은 아무도 없을 것이다.

토지의 국유화에 대해, 「지관」편에서는 "대사도(大司徒)의 직무는 나라의 토지 지도와 그 인민의 수를 관장한다."[219]고 말하고, 또 "토지를 경계 지어 그 전야를 정(井)과 목(牧)으로 삼는다."[220]고 말했다.ⓐ 생각건대, 소사도(小司徒)의 정전(井田)의 제도는 그리 상세하지 않지만, 그 "9백묘[九夫]를 정(井)으로 삼고, 4개의 정을 읍(邑)으로 삼는다."[221]고 말한 것은 후대의 사람들이 개찬(改竄)한 것인지 아닌지도 알기 어렵다. 그러나 '그 전야를 정과 목으로 삼는다.'는 글에 근거하면, 정전(井田)으로 구획할 수 있는 아득하게 넓고 평평한 땅을 '정(井)'자로 나누었을 뿐이지, 지형이 어떠한가를 막론하고 모두 정(井)자로 나눌 수 있는 것은 아니다. 소사도는 다시 "토지를 균등하게 하고 인민을 헤아려서 그 인원수를 두루 파악한다. '상급의 땅[上地]'은 7명의 식구가 있는 집안에 할당하고, … '중급의 땅[中地]'은 6명의 식구가 있는 집안에 할당하며, … '하급의 땅[下地]'은 5명의 식구가 있는 집안에 할당한다."ⓑ[222] 이것에 의하면, 단지 토

219『주례주소』권10. 大司徒之職, 掌建邦之土地之圖, 與其人民之數.
220『주례주소』권11. 乃經土地, 而井牧其田野.
221『주례주소』권11. 九夫爲井, 四井爲邑.
222『주례주소』권11. 乃均土地, 以稽其人民, 而周知其數, 上地家七人, … 地家六人, …

지를 균등하게 한다고 말했을 뿐, 정전을 말하지 않았으니, 정전제는 널리 통행되던 제도가 아니었음을 알 수 있다.ⓒ 그 토지를 균등하게 하는 것은 먼저 인민을 헤아리고 두루 그 인원수를 파악한 이후에, 각 집안의 식구수의 많고 적음에 따라 땅의 등급을 나누어 참작해서 주는 것이다. 식구가 많으면 상급의 땅을 주었으니, 부양하는 자가 많기 때문이다. 다음으로 많으면 중급의 땅을 주었다. 식구가 적으면 하급의 땅을 주었으니, 부양하는 사람이 적기 때문이다. 소사도가 토지를 균등하게 하는 원칙은 이와 같다. 토지는 모두 국가의 소유로서 인민들이 국가에서 받지만, 사유화할 수 없었고 매매할 수 없었으니, 승평세의 초기에는 친족중심의 제도가 아직 존속했기 때문이다.

> ⓐ 소사도(小司徒)의 직무에 보인다. '토지를 경계 지어 그 전야를 정(井)과 목(牧)으로 삼는다.'는 것은 정전의 제도를 만들어서 백성을 부양하며, 이것으로 전야를 관리하기 때문에 사람들이 사유화할 수 없다는 것이다.
>
> ⓑ 정현은 "한 집안에 남녀가 7명 이상이면 상급의 땅을 준다."고 주석하였다. 정현의 주석은 대가족제도를 취했는데, 나는 아주 경전의 뜻을 잃었다고 생각한다. 경전에는 대개 한 집안의 식구는 많아야 7명으로 규정하니, 자식이 장성하면 나가서 따로 한 집안을 이루어야 한다.
>
> ⓒ 오직 정전을 시행할 수 있는 곳에서만 실행했을 뿐이다.

「지관」편에 "재사(載師)는 토지세에 관한ⓐ 법을 맡아 관장한다."[223]라고 하였는데, 그 가운데 한대 초기의 유학자들이 멋대로 고쳐 어지럽힌 곳이 제법 있지만, 여기서는 자세히 언급하지 않겠다. 오직 택전(宅田)·사전(士田)에서 목전(牧田)까지, 이에 대한 정사농(鄭司農: 鄭衆)과 정현의 여러 견해는 저마다 타당하지 않은 점이 있으니, 이제 간략히 해석하려 한다. '택전'에 대해 정사농은 "'백성의 전택[民宅]'을 '택(宅)'ⓑ이라고 한다."고 주석했는데, 이것은 아주 옳은 해석이다. '사전(士田)'에 대해 정사농은

下地家五人.

223『주례주소』권13. 載師掌任土之法.

"사대부의 자식이 얻어서 농사짓는 토지이다."라고 했다. 생각건대, 혁명으로 혼란을 제거하니, '세습되는 녹봉제도[世祿制]'는 일찍이 폐지되고, 사대부의 자제들도 민중과 함께 똑같이 토지를 받아 스스로 농사를 짓는다. '고전(賈田)'에 대해 정현(鄭玄)은 "시장에서 장사하는 사람은 그 집안사람이 토지를 받는다."고 하였다. 생각건대, 승평의 시기에는 상인이 이익을 꾀하여 집안을 넉넉하게 할 수 없기 때문에 그 집안사람들이 토지를 받을 수밖에 없다. '관전(官田)'에 관해 정현은 "서민 중에서 관리로 있는 사람은 그 집안에서 토지를 받은 것이다."고 하였다. 생각건대, 정현의 해석이 틀린 것 같다. 서민 중에 관청에서 근무하는 사람은 그 집안사람이 토지를 받는 것은 본래 말할 필요가 없다. 나는 '관전'은 바로 국영지로서 큰 농장일 것이라고 생각한다. '우전(牛田)'이란, 소를 키우는 관리는 국가소유의 소를 관리하는데, 거기에서 노역하는 사람도 각기 토지를 받는다는 것이다. '상전(賞田)'은 한대 사람들이 함부로 첨가한 것이다. 국왕(國王)이라 하더라도 제멋대로 토지를 상으로 줄 수 없다. '목전(牧田)'에 관해, 정현은 "목축인의 집안이 받는 토지이다."라고 하였는데, 또한 옳다. 예컨대, 중국 서북지방의 백성들은 예전부터 목축을 생계수단으로 삼았는데, 그들에게 토지를 주어 땅에서 생기는 이익을 없애지 않도록 하는 것과 같다.ⓒ "재사는 토지세에 관한 법을 관장한다. … "라는 한 단락의 글에 따르면, 기술자의 집안이 토지를 받는다는 말은 없다. 기술자 집안의 가족들은 공장에서 작업을 해야 하기 때문에 토지를 받을 필요가 없었을 뿐이다.

ⓐ '토지세에 관한[任土]' 것은 공물과 부세를 제정하는 것을 말한다.
ⓑ '택(宅)'은 민가에서 받는 토지이다.
ⓒ 중국 남쪽의 민속에서는 물을 모아서 못자리로 하는 것을 '전(田)'이라고 했는데, 사실 '전'은 역시 토지를 일컫는 일반적인 명칭이다. 예컨대, 고원지대에서 보리·콩 혹은 과실나무 등을 심는 것 등도 모두 '전'이라고 하는 것과 같다.

생산 사업을 국영(國營)으로 돌리는 것은, 예컨대 동관(冬官)의 직무가 나라를 부유하게 하고, 온 백성을 부양하며, 온갖 물품을 생산하는 데에 있는 것과 같다. 이 편은 비록 망실되었지만, 나는 그 직무로부터 미루어서 모든 공업을 창건하는 위대한 법규들은 틀림없이 「동관」에서 특별히 상세하게 다루었다는 것을 알 수 있다. 그 사업이 모두 국영에 속한다는 것은 의심할 여지가 없다. 오늘날 비록 상고할 수 없지만 지관에 소속된 것에 의거하면, 생산 업무에 관한 관직은 농촌의 초인(草人)·도인(稻人)에서 산림과 천택(川澤)의 각 전문 사업을 분담하여 관장하는 여러 관리들에까지 모두 국영사업을 주관하며, 또한 모두 동관과 지관이 연계된 일이다. 이것에 근거하면, 모든 대규모의 생산 사업이 모두 국영에 속한다는 것은 절대 의심할 수 없다는 것을 알 수 있다. 생산 사업을 국영으로 돌리면, 인민들은 누구나 '열심히 일을 하고[爲疾],' '물품을 많이 생산하며[生衆],' '편안하고 안정된[用舒]' 즐거움을 갖게 되어,[ⓐ] 국내에는 빈부가 균등하지 않은 큰 우환이 없게 될 것이다.[ⓑ]

> [ⓐ] '열심히 일을 한다.'는 것은 인민들이 국가의 주인으로서 단결하고 협력하기 때문에 그 일을 하는 것이 매우 신속하고 민첩하다는 것이다. '물품을 많이 생산한다.'는 것은 생산한 물품이 아주 많다는 것이다. '편안하고 안정된다.'는 것은 재화가 아주 많기 때문에 인민들이 먹고사는 데 있어서 모두 편안하고 안정된다는 것이다. 이것은 모두 『대학』에서 인용했다.[224]
>
> [ⓑ] 부유한 사람은 자산계급이고, 빈곤한 사람은 무산계급이다.

그러나 다시 알아야 할 것은, 인민생계의 영원한 대책은 한 국가에 한정되어서는 안 되니, 요컨대 '천하가 한집안이 되는[天下一家]' 계획이 되어야만 한다.[ⓐ] 한 국가가 천하에 속해 있는 것은, 비유하면 손과 발이 온몸에 속해 있는 것과 같다. 손과 발만을 보호하고 온몸을 돌보지 않는다면, 그 손과 발을 보존할 수 없다. 한 국가가 천하를 떠나서 홀로 잘 다스려지기를 추구할 수 없다는 것은 그 이치가 분명하다. 이런 까닭에 『주

---

224 이것은 모두 『대학』에서 인용했다: 『대학』 전10장. 生財有大道, 生之者衆, 食之者寡, 爲之者疾, 用之者舒, 則財恒足矣 참조.

관경』에서 말하는 나라를 다스리는 방법은 온 세상의 모든 국가를 한집 안으로 만드는 데 있고, 그 근본적인 큰 뜻은 이미『대역』·『춘추』·『예 운』의 세 가지 경전에 실려 있다. 『주관경』에서는 특히 그 실행하는 방 안에 대해 상세하게 밝혔다.

ⓐ 천하는 온 세상의 모든 국가 혹은 전 인류를 말한다.

주관(周官)의 정치는 6관(官)을 서로 연계시켰지만, 정치의 근본은 결국 '나라를 부유하게 하고,ⓐ 온 백성을 부양하며,ⓑ 온갖 물품을 생산하는 것'ⓒ을 그 직무로 삼는 동관(冬官)에 있다. 이것이 예악(禮樂)으로 교화하 는 근본이다. 6관에서 그 동관과 연계된 일로 가장 중대하고 밀접한 것 은 지관(地官)과 하관(夏官)만한 것이 없다. 지관은 국내정치를 주관하고, 그 소속된 생산 사업은 모두 동관과 서로 연계되는데, 동관이 전국을 부 유하게 하고 부양하는 큰 계획을 통괄해서 기획하기 때문이다. 하관은 군사에 관한 정무와 외교를 관장하며, 그 직무는 온 국가를 다스려서 평 화롭게 하는 데 있으니,ⓓ 당연히 동관의 국제적인 경제정책에 의거해 소 원한 자들을 부르고, 멀리 있는 사람들을 회유하는 활동을 해야 한다.ⓔ 동관의 직무는 여러 나라를 부유하게 하고 온 백성을 부양하는 데 있으 니, 국내의 생산과 국제적인 경제정책에 대해서 반드시 통괄해서 기획 하는 방침과 계략이 있었을 것이다. 비록「동관」편이 망실되어 상고할 수 없지만, 지관에 소속된 사업과 동관이 서로 관련된 것은 앞에서 이미 개략적으로 그 대강을 보았으므로 여기서 다시 구구하게 덧붙이지 않겠 다. 하관에 소속된 여러 외교관들의 경우는 그 직무가 모두 동관과 하관 이 협정한 정책을 수행하는 것이니, 이것은 소홀히 여겨 살피지 않아서 는 안 된다. 하관의 소속에는 훈방씨(訓方氏)가 있는데,ⓕ "사방의 멀리 떨어져 있는 나라들의 정사를 설명하고, 집권층과 인민의 뜻이 함께하 도록 하 며,ⓖ 사방의 유행하는 말들을 임금에게 여쭙는 일ⓗ을 관장하 며, 새해 초에는 설명하고 여쭌 말들을 사방에 포고하여 사람들을 가르치고,ⓘ 사방의 새로운 문물을 각지에 포고해서 서로 살피고 모방하도록 한다."ⓙ225 또한 직방씨(職方氏)가 있는데, "천하의 지도를 관장하여 천하의 땅을 관장하며, 그 나라·도시·시골·4이(四夷)·8만(八蠻)·7민(七閩)·9맥(九貊)·5융(五戎)·6적(六狄)의 인민과 그 재물인 9곡(九穀)·6축(六畜)의 '수요와 필요한 수량[數要]'을 변별하여 그 이로움과 해로움을 두루 파악한다."ⓚ226 또한 합방씨(合方氏)ⓛ가 있는데, "천하의 도로를 통하게 하고, 재물과 이익을 유통시키며,ⓜ 무게를 다는 기구를 동일하게 하고,ⓝ 길이와 부피를 재는 기구를 한결같게 하며,ⓞ 그 원한과 증오를 제거하고,ⓟ 그 좋아하고 착한 것을 함께하게 하는ⓠ 일을 관장한다."227

ⓐ 단지 한 나라에 대해서 말하는 것이 아니다.

ⓑ 또한 온 나라의 백성이 모두 부양되도록 하고자 한다.

ⓒ 온갖 물품을 생산하는 것은 요임금이 "인간이 천공(天工)을 대신한다는 것이 이것이다."228라고 말하였는데, 이것은 곧 과학이 더욱더 정교해지고 공업이 발전한 결과이다.

ⓓ '다스린다.[理]'는 것은 '처리하는 것[經理]'이고, '평화롭게 한다.[秤]'는 것은 '공평하게 다스리는 것[平治]'이다. 즉 '크게 균등하고[大均]', '지극히 공평한[至秤]' 도리로써 온 국가를 협력하고 화합하게 만드는 것이다.

ⓔ '멀리 있는 사람들을 회유하는 것[懷遠]'은 공평한 도리로써 멀리 있는 사람들을 복종시키는 것이다. '떠난다[攜]'는 것은 '두 마음으로 흩어진 것[攜貳]'이며, '소원하다[離心]'는 것을 말한다. '부른다[招].'는 것은 공평한 도리로써 불러 화합하도록 만드는 것이다.

ⓕ 여기서 '방(方)'이라고 말하는 것은 사방의 요원하게 멀리 떨어져 있는 여러 나라를 말한다. 아래에 나오는 '직방(職方)'과 '합방(合方)'도 모두 이와 같다.

---

225 『주례주소』 권33. 訓方氏, 掌道四方之政事, 與其上下之志, 誦四方之傳道, 正歲則布而訓四方, 而觀新物.

226 『주례주소』 권33. 職方氏, 掌天下之圖, 以掌天下之地, 辨其邦國都鄙四夷八蠻七閩九貉五戎六狄之人民, 與其財用九穀六畜之數要, 周知其利害.

227 『주례주소』 권33. 合方氏, 掌達天下之道路, 通其財利, 同其數器, 壹其度量, 除其怨惡, 同其好善.

228 『상서』 「우서(虞書)」 「고요모(皐陶謨)」. 天工, 人其代之.

ⓖ '사방(四方)'은 사방의 요원하게 떨어져 있는 여러 나라, 즉 모든 나라를 말한다. '훈방씨'는 항상 멀리 나가서 모든 나라의 정사와 각국의 윗사람과 아랫사람의 정서와 뜻을 고찰한다. 아랫사람은 인민을 말하고, 윗사람은 그 나라의 위정자를 말한다. '훈방씨'는 고찰하여 얻은 소득을 가지고 돌아와서 왕국의 아래 · 위 사람들에게 설명한다. 왕국은 사방을 영도하는데, 반드시 그가 설명한 것에 근거해서 권장하고 경계한다.

ⓗ '여쭙다[誦]'는 것도 설명하는 것이다. 사방의 유행하는 말들은 백성의 심정이 옳고 그르다고 여기는 것과 지향하는 것을 말하니, 이른바 유행하는 말들이다. 정현은 '대대로 전해지는 옛날의 일'이라고 하였는데, 이것은 잘못 주석한 것이다.

ⓘ '훈방씨'가 설명하고 여쭌 것을 사방에 포고하여 득실을 알도록 한다.

ⓙ 사방에서 새로운 기물을 창작한 것이 있으면 또한 각지에 포고하여 서로 살펴서 모방하도록 한다. 이용하게 하는 것은 또한 발명을 장려하는 것이다. 정현의 주석은 크게 잘못되었으므로 그것을 따라서는 안 된다.

ⓚ 4이 · 8만 · 7민 · 9맥 등은 단지 사방의 극히 멀리 있는 나라를 가상해서 오랑캐라는 이름으로써 그 예의 없음을 형용한 것일 뿐이다. 『주관경』은 본래 승평세 초기의 다스림이니, 이때의 오랑캐는 아직 제하에 동화되지 않았기 때문에 오랑캐를 교도하는 일을 설치하였다. 정현의 주석은 함부로 『주관』을 주공(周公)이 지은 것이라고 여겨, 곧 4이 · 8만 등은 모두 주대에 항복시킨 나라라고 말했다. 후대의 사람들은 모두 그것을 좇았으니, 크게 잘못된 것이다. 『주관』은 공자가 자신의 이상을 실현하려고 쓴 책이니, 주대의 역사를 기록한 책으로 볼 수 없다는 것을 알아야 한다.

ⓛ '합(合)'이란, 연합하는 것이다. 이 관직은 온 나라를 연합하는 직무를 맡기 때문에 '합방씨'라고 명명하였다.

ⓜ 남는 것을 가지고 부족한 곳을 구제하고, '많은 것[有]'을 가지고 '없는 곳[無]'을 돕는 것을 '유통시킨다.[通]'고 한다.

ⓝ 저울은 그 경중을 재는 것이 달라서는 안 된다.

ⓞ 길이를 재는 단위인 척 · 장(尺 · 丈)과 부피를 재는 단위인 부 · 종(釜 · 鐘)은 크고 작은 차이가 있어서는 안 된다.

ⓟ 국가 간의 교역은 반드시 진정한 평등과 호혜를 위주로 해야 한다. 내가 만약 남을 침해한다면 남들은 반드시 미워하고 증오할 것이며, 반대로 남들이 혹시 나를 침해한다면 나도 역시 미워하고 증오하는 감정이 없을 수 없다. 반드시 나는 매우 공평한 도리로써 남을 대해야 하고, 또한 남이 나를 침해하는 것을 굳센 힘으로 억제해야 한다. 이와 같다면, 국제사회는 함께 평등과 호혜의 정의를 수호

하여 피차간에 모두 미워하고 증오하는 마음이 없게 될 것이다.

ⓠ 사람들 중에 선을 좋아하고 사사롭게 남을 속이는 의도가 없는 자는, 내가 함께 좋아하는 것으로 이끌고, 그 불선한 자는 물리친다.

앞에서 서술한 것을 종합하면, '훈방씨'는 온 나라의 정사와 백성의 심정이 좋아하고 지향하는 것을 고찰하고, 아울러 새로운 기물을 찾아서 구한다. '직방씨'는 사방으로 멀리 떨어진 나라의 인민과 그 재물인 수요와 필요한 수량을ⓐ 변별하여, 두루 그 이로움과 해로움을 파악한다. '합방씨'는 온 나라에 그 재화와 이익을 유통시키며, 그 원한과 증오를 제거한다. 이것으로부터 하관은 군사에 관한 정무와 외교를 겸해서 관장하지만, 실제로는 군사력에 의지해 오랑캐를 복종시키려고 하지 않고 바로 동관의 국제적인 경제정책에 의거해서 외교적인 방식으로 오랑캐를 전화(轉化)시켜 제하(諸夏)가 연합하여 태평의 단서를 여는 것이니, 그 '큰 기틀[大機]'과 '큰 작용[大用]'이 여기에 있다는 것을 알 수 있다.ⓑ

ⓐ '수(數)'는 그 수요를 말하고, '요(要)'는 그 필요해서 없어서는 안 되는 것을 말한다.

ⓑ 『주관경』은 군사를 관장하는 하관에게 외교를 함께 맡기는 것에 가장 깊은 뜻이 있는데, 외교는 반드시 군사력을 배후의 방패로 삼기 때문이다.

내가 일찍이 말한 적이 있듯이, 『주관』에 통달하지 못하면, 『춘추』의 승평·태평의 다스림은 쓸데없는 말이 되는데, 한나라 이후 2천 수백 년 동안 『춘추』의 본래 의미는 망실되었다. 그리고 『주관』 역시 버려졌으니 참으로 애석하다. 동관은 온갖 기술자를 관장하지만 상업과 공업이 서로 연계되니, 상업은 본래 동관이 겸해서 통솔하는 것이다.ⓐ 이제 훈방·직방·합방의 외교정책의 운영으로부터 동관의 국제적인 경제정책이 온 나라에 재화와 이익을 유통시키고 원한과 증오를 제거하는 데 있다는 것을 생각할 수 있듯이, 하관의 외교는 그것을 좇아서 진행하는 것이다. 오랑캐를 제하(諸夏)로 나아가게 하려면, 반드시 국제적인 경제

문제를 해결하되 외교적인 방식으로 실행해야 한다. 승평세 초기에는 아직 오랑캐에 대한 우환이 남아 있기 때문에 군사력을 강화시키지 않을 수 없지만, 끝내 무력에 의지해 인류가 자멸하는 지경에 빠지지 않게 해야 한다. 『주관경』이 특별히 동관과 하관이 연계된 일을 중시하는 것은 의미심장하다! 국가와 국가 간에 재화와 이익이 유통되지 않으면 원한과 증오는 여기에서 일어난다. 재화와 이익이란, 인류가 의지해서 살아가는 것이므로 하루라도 없어서는 안 된다.

　ⓐ 예컨대 하관이 군사를 관장하지만 외교를 통솔하는 것과 같다.

예로부터 지금까지 이른바 부호계급과 패권국가ⓐ가 천하의 재화와 이익을 수탈하여 스스로 잉여재산을 쌓으면, 세상에는 재화가 부족하여 그 생명을 이어갈 수 없는 사람들이 많아진다. 세상에 생명을 이어갈 수 없는 사람들이 많으면 그 원한과 증오를 없애려고 해도 또한 그렇게 할 수 없다. 세상의 많은 원한과 증오가 모두 잉여재산을 차지한 부호계급과 패권국가에게 겹겹이 화살을 날리면, 그들이 재화에 대해 힘이 있더라도 끝내 세상의 많은 원한과 증오를 어찌할 수 없게 될 것이니, 그 붕괴되는 추세는 곧 강과 하천이 나날이 흘러내려가듯이 만회할 수 없을 것이다. 이런 까닭에 동관과 하관이 연합해서 국제적인 경제문제를 해결하는 것은 오로지 재화와 이익을 유통시키고 원한과 증오를 제거하는 것을 '최상의 방법[不二法門]'으로 삼는다. 유통시킨다는 것은 균등하고 평등함을 말한다. 균등하지 않고 평등하지 않으면, 이것은 홀로 여유롭고 많은 사람들이 모두 부족한 것이다. 여유로운 사람은 마치 천상(天上)에 있는 듯하고 부족한 사람은 '깊은 연못[九淵]'에 빠져 있는 듯한데, 어찌 유통시킨다고 할 수 있는가? 세상에 있는 재화와 이익을 온 인류에게 유통시키면, 원한과 증오가 '큰 조화[太和]'로 바뀌어 온 국가들이 대동(大同)하게 될 것이다. 상업에서 유통시키는 것은 특히 공업에서 유통시키는 것을 귀중하게 여기니, 피차간에 가진 자와 없는 자가 서로 구제하고,

여유로운 자와 부족한 자가 서로 조화롭게 되는 것이 바로 상업의 유통이다. 「예운」에서 '천하를 한집안으로 되게 한다.'고 말하는 것은 바로 온 세상의 온 나라들을 합쳐서 생산의 적절한 안배를 통괄적으로 기획해야 된다는 것이다. 가령 생산력과 생산도구가 부족한 나라가 있으면, 선진국이 그들을 도와야 하는데, '훈방씨'가 사방의 여러 나라들을 가르치고 새로운 사물을 살피게 하는 것에 바로 이러한 뜻이 있다. 만약 온 나라의 수요량을 헤아리지 않고서 맹목적으로 생산을 확대한다면, 바로 조절해야 한다. '직방씨'가 사방의 멀리 떨어져 있는 나라의 인민과 그 재물인 수요와 필요한 수량을 변별하여 두루 그 이로움과 해로움을 파악하는 것은 곧바로 온 나라의 생산을 총괄적으로 기획하기 위하여 참고하는 것이다. 성인의 지혜가 멀리 비추니 앞으로 이 뜻을 소홀히 해서는 안 된다. 무기의 제조는 더욱이 엄격하게 금지해야 하는데, 천하의 사람들이 모두 정의(正義)를 굳게 지킨다면 이 일은 어렵지 않게 금지할 수 있다. 만일 무기를 제조하는 자본으로 생필품을 개발한다면, 재화와 이익은 이루 다 쓸 수 없을 정도로 풍부해질 것이다. 이것이 모두 공업의 유통이다. 유통이란, '공평한 도리[公道]'이며, '크게 균등하고[大均]' '지극히 평등한[至平]' 도리이다. 공평하고[公], 균등하며[均], 평등한[平] 도리가 실행되면, '천지가 제자리에 자리 잡고 만물이 양육될 것이다.'ⓑ 성인은 온 세상을 위하여 법도를 제정했으니, 천 가지 조목과 만 가지 단서에서 그 요점은 공평함[公]·균등함[均]·평등함[平]에 있을 뿐이다.

ⓐ 예전에 패권국가라고 하는 것은 오늘날의 제국주의 국가들이다.

ⓑ '천지가 제자리에 자리 잡는다.[天地位]'는 것은 천지가 모두 그 순서를 좇아서 어지럽지 않은 것이다. '만물이 양육된다.[萬物育]'는 것은 만물이 발육되지만 서로 해치지 않는다는 것이다. 사람들에게 큰 혼란과 재난이 있으면, 바로 하늘이 무너지고 땅이 꺼지는 것을 느끼는데, 이것이 제 자리를 잃는다는 것이다. 만물이 서로 해친다면, 어떻게 발육함이 있겠는가! 이 두 마디는 「중용」편에 있다.229

---

229 이 두 마디는 「중용」편에 있다:『중용』제1장. 致中和, 天地位焉, 萬物育焉.

금융기관과 만물의 집산은 모두 국영으로 한다. 「지관」편에서 말했다. 도시에는 '국가의 중앙은행[泉府]'이 있어, "도시에서 통행되는 돈을 관장한다.ⓐ 도시에서 팔리지 않아 백성의 용도로 유통되지 않는 재화를 거두어들여서 그 본래 가격으로 사들이며,ⓑ 물건의 항목을 푯말에 써서 게시함으로써 뜻하지 않은 때에 갑자기 사려고 하는 자를 기다린다.ⓒ 물건을 사는 자는 각기 그 원래의 물건 가격으로 구입한다."ⓓ[230] "외상으로 사는 자는ⓔ 물선 값을 치르는 데 3개월을 넘기지 않게 하며, 백성들 가운데 돈을 빌리려는 자에 대해서는 책임자가 하급관리와 물건 가격을 변별해서 돈을 빌려주고, 국가를 위해 일하는 정도에 따라 이자를 매긴다.ⓕ 나라의 일에 쓸 재물은 가져다가 준비한다. 한 해가 끝나면, 그 지출과 수입을 결산하여 그 남는 것을 상부에 납부한다."ⓖ[231]

ⓐ 지관의 소속에는 사시(司市)가 있는데, 오늘날의 시장(市長)과 같다. 『주관경』은 도시행정에 대해 매우 자세한데, 여기서는 서술하지 않겠다. '천(泉)'은 예전의 '전(錢)'자이다. 정사농은 "'포(布)'는 '천(泉)'이다."[232]라고 하였다.

ⓑ 도시에서 팔리지 않는 물건으로 민간에 유통되지 않아 사용되지 않는 것은, 국가의 중앙은행이 그 물건의 본래 가격으로 사들인다.

ⓒ 정사농은 "'물건의 항목을 푯말에 써서 게시한다.'는 것은 물건을 일일이 적고 그 가격을 써서 물건을 푯말로 알리는 것이다."[233]라고 하였다. '뜻하지 않은 때에 갑자기 사려고 하는 자'라는 것은 앞으로 긴급하게 필요로 하는 사람이 와서 사는 것을 말한다. 이것은 국가의 중앙은행이 민간에서 유통되지 않는 물건을 사들여, 일일이 모든 물건에 가격을 기재해서 긴급하게 필요로 하는 사람이 구입하도록 기다리는 것을 말한다.

ⓓ 생각건대, 이것은 구입하는 사람이 중앙은행에서 앞서 물건을 사들인 원래의 가

230 『주례주소』 권15. 泉府, 掌以市之征布, 斂市之不售, 貨之滯於民用者, 以其賈買之, 物揭而書之, 以待不時而買者. 買者各從其抵.

231 『주례주소』 권15에는 "凡賖者, 祭祀無過旬日, 喪紀無過三月. 凡民之貸者, 與其有司辨而授之, 以國服爲之息. 凡國之財用取其焉, 歲終, 則會其出入而納其餘."로 되어 있다.

232 『주례주소』 권14. 鄭司農云: "布謂泉也."

233 『주례주소』 권15. 鄭司農云: "物楬而書之, 物物爲揃書, 書其賈, 楬著其物也."

격대로 산다는 것을 말한다.

ⓔ 물건을 구입하면서 물건 값을 늦게 갚는 것을 '외상으로 산다.[賒]'고 한다.

ⓕ '관리[有司]'는 중앙은행의 하급관리이다. 백성들 가운데 돈을 빌리려는 사람이 있으면, 중앙은행의 책임자와 하급관리가 그 돈을 빌리려는 사람의 물건에 따라 하나하나 가격을 정해서 돈을 빌려준다. '빌린다[貸]'는 것은 관청에서 밑천을 빌려서 사업을 하는 것이다. 그렇기 때문에 이자가 있다. 정현의 설명에 의거하면, '국가를 위해 일하는 정도에 따라 이자를 매긴다.'는 것은 국가를 위해 일하는 것이 어느 정도의 값어치가 되는가를 보아 이자를 매긴다는 것이다.[234] 이러한 설명은 매우 타당하다. 그러나 그 사례를 들어서, "국가의 일로 밭과 점포의 땅을 받고 10,000전(錢)을 빌리면 1년에 500전의 이자를 낸다."[235]고 말하는 것은 자신의 생각으로 옛 법도를 미루어 생각한 것이니 따를 수가 없다.

ⓖ 지출과 수입의 손익분기점을 계산하여 남는 것이 있으면 관청에 귀속시킨다.

생각건대, 국가에 중앙은행을 설치하여 화폐의 유통을 관장하고 만물의 집산을 주관하며 국가가 이권을 조종해서, 사적인 상인들이 농단하는 우환을 없애면ⓐ 백성의 이익이 백배가 될 것이다. 한나라 무제 때는 군사비용이 지나치게 많았고 정치가 혼란했으며 관리가 잔혹하고 탐욕스러웠으며 부유한 거상들이 재물을 차지하고 있었으니,ⓑ 백성들은 매우 곤궁하였다. 이때에 상홍양(桑弘羊)[236]이 수십 명의 대농부승(大農部丞)을 둠으로써 부처를 나누어 군국(郡國)을 주관하고, 수도에 평준(平準)을 설

---

234 정현의 설명에 의거하면 … 이자를 매긴다는 것이다:『주례주소』권15. '以國服爲之息.'에 대한 정현의 주석. '以國服爲之息'者, 所出之利各以國服而爲息也. 참조.

235 『주례주소』권15. '凡民之貸者, 與其有司辨而授之, 以國服爲之息.'에 대한 정현의 주석. 於國事受園廛之田而貸萬泉者, 則期出息五百.

236 상홍양(桑弘羊, B.C.152-B.C.80): 한나라 무제(武帝) 때의 대신(大臣). 일설에는 한나라 경제(景帝) 때의 낙양(洛陽) 사람이라고도 한다. 무제 때에 대사농중승(大司農中丞), 대사농(大司農), 어사대부(禦史大夫) 등의 요직을 역임하였다. 원수년간(B.C.122-B.C.117) 이후 그의 참여와 지휘 아래, 선후로 소금[鹽]·철(鐵)·술[酒]의 국영화와 균수(均輸)·평준(平准)·산민(算緡)·고민(告緡)과 통일된 화폐 주조 등의 경제정책을 시행하였다. 또한 60만 명에 달하는 둔전병을 변방에 배치하여 흉노족을 방어하기도 하였다. 역사적으로 한 무제 시대의 경제적 안정에 크게 기여한 것으로 평가된다.

치하여 천하에서 쌓아 보내는 재화를 모두 받으며,ⓒ 공관(工官)이 수레
와 여러 기구를 관리하는 일들을 모두 대농(大農)에게 의뢰하도록 명령
하라고 요청했다.ⓓ 대농의 여러 직무는 천하의 화물을 모조리 총괄하
며,ⓔ 물건의 값이 비싸면 관청의 물건을 팔고,ⓕ 물건의 값이 싸면 물건
을 사들이는 것이다. ⓖ 이렇게 하면, 부유한 거상들이 큰 이익을 취하는
일이 없게 되니, 물건의 가격이 본래대로 되돌아가서 만물의 가격이 앙
등할 수 없나. 그러므로 천하의 사물을 소설하는 것을 이름하여 '평준(平
準)'ⓗ이라고 한다.²³⁷

ⓐ '농단(龍斷)'한다는 것에서 '농'은 언덕과 고개를 말하며, '단'은 그 모양이 여럿으
로 끊어진 단편과 같은 것이다. 옛 이야기에, 비천한 사내가 가파른 언덕을 찾아
올라가 좌우를 살폈는데, 그 마음이 바르지 않아 나쁜 행위로써 이익을 꾀하고
자 하였다. 이에 세상 사람들은 많은 사람의 이익을 가로채서 자기의 것으로 만
드는 사람을 질책해서 '농단한다.'고 하였다고 한다.

ⓑ '차지한다.[踞]'는 것은 차지해서 쌓아둔다는 것이다. 천하의 재물이 대부분 부유
한 거상의 집에 축적된 것을 말한다.

ⓒ 이기(李奇)는 "천하에서 쌓아 수도로 보내오는 화물은 평준(平準)의 관리가 모두
그것을 받는다."고 하였다.

ⓓ '수레와 여러 기구[車諸器]'라는 것에서, 수레는 화물을 실어 옮기고 사람이 이동
하는 중요한 교통수단이며, 모든 필요한 기구들은 또한 매우 많아서 수레뿐만이
아니기 때문에 통틀어서 '여러 기구'라고 하였다. 대농은 공관이 수레와 여러 기
구를 관리하도록 명령하고, 그 비용은 대농이 지급하였다.

ⓔ '모조리 총괄한다.[盡籠]'는 것은 천하의 화물을 모조리 거둬들여서 남김없이 모
아들이는 것이다. 위에서 '천하에서 쌓아 보내는 재화를 모두 받는다.'고 말한 것
은 이것 때문이다.

ⓕ 물가가 비쌀 때는 민간에 재화가 부족하게 되니, 관청은 물건을 내다 팔아서 가
격을 안정시켜 백성을 구제해야 한다.

ⓖ 물가가 쌀 때는 지방에 남는 물건이 있게 되니, 관청은 물건을 사들임으로써 역

---

237 평준(平準): 이것은 한나라 무제가 쓴 물가조정 정책으로서 평준법(平準法)이라
고 한다. 풍년에 물자를 창고에 저장하여 두었다가 흉년에 방출하여 물가를 조절
하고 그 이윤을 세입으로 하였다.

시 백성의 어려움을 구해야 한다.

ⓗ 지극히 평평하게 하는 기준을 '평준'이라고 한다. '물건의 가격이 본래대로 되돌아간다.[反本]'라는 것에 대해, 『한서(漢書)』 「식화지(食貨志)」에서 "'많은 물건을 축적한 상인[畜賈]'이 시장을 주시하면서 백성들에게 부족한 것을 이용하여 그 본전의 백배에 해당하는 이익을 취한다."[238]고 하였다. 이런 무리들은 민중의 부족함을 이용하여 그 틈을 타서 특별히 이익을 취하는데, 그 획득한 이익을 계산하면 물건의 본래 가격에 비추어 이익을 백배로 얻으니, '그 본전의 백배에 해당하는 이익을 취한다.'고 하였다. 착취한 것이 두려울 정도로 심하다. 여기에서 이 것에 대해 '부유한 거상들이 큰 이익을 취하는 일이 없게 되니, 물건의 가격이 본래대로 되돌아간다.'고 말한 것은, 바로 그 획득한 이익을 계산한 것이 오직 그 물건의 본래 가격으로 되돌려서, 많은 것을 착취할 수 없게 한다는 것을 말한다. 위에서 '큰 이익을 취하는 일이 없게 된다.'고 말한 것은 이 때문이다. 어떤 사람은 '본래가격으로 되돌린다.[反本]'는 말을 오해해서 백성들이 장차 모두 농업으로 되돌아가 그것을 중요하게 여기는 것으로 생각했다. 이렇게 보는 것은 위에서 '큰 이익을 취하는 일이 없게 된다.'고 말한 것과 상응하지 않을 뿐만 아니라, 아래에서 '만물의 가격이 앙등할 수 없다.'고 말한 것 역시 단지 상인들을 제지하는 것에 대해 말한 것일 뿐인데, 어찌 백성들이 모조리 농부로 돌아갔다고 하겠는가?

상홍양(桑弘羊)의 평준법은 사실 『주관경』의 천부(泉府)를 모방한 것이다. 한나라 무제는 그것을 채택하여 천하를 풍요롭게 만들었다. 곽광(霍光)[239]이 상대부(桑大夫: 桑弘羊)의 정책을 폐지한 이후로 마침내 다시는 시행된 적이 없다. 이러한 정책은 오직 민주와 사회주의를 실행하려고 준비하

---

238 『전한서(前漢書)』 권24하 「식화지(食貨志)」 제4하. 畜賈遊於市, 乘民之不給, 百倍其本矣.

239 곽광(霍光): 자는 자맹(子孟)이고, 대략 한 무제(漢武帝) 원광년간(元光年間: B.C. 134-B.C.129)에 태어나서 한 선제(漢宣帝) 지절(地節) 2년(B.C.68)에 사망하였다. 하동 평양(河東平陽: 현 산서성 임분시〈臨汾市〉)사람이다. 10여 세 때부터 무제(武帝)를 측근에서 섬기다가, 무제가 죽을 무렵에는 대사마대장군(大司馬大將軍)·박륙후(博陸侯)가 되었으며, 김일제(金日磾)·상관걸(上官桀)·상홍양(桑弘羊) 등과 함께 후사(後事)를 위탁받았다. 무제가 죽자 8세로 즉위한 소제(昭帝)를 보필하여 20여 년간 정사(政事)를 집행하였다.

는 국가라야 비로소 순조롭게 진행할 수 있다. 상대부가 황제통치시대에 평준법을 시행하려고 하였지만, 오랫동안 지속될 수 없었던 것은 당연하다.ⓐ 지관(地官)의 소속에는 여사(旅師)가 있는데, 농촌의 공곡(公穀)을 거두어들여ⓑ 농민을 구해주는 일을 관장한다. 밭을 가는 봄에는 식량을 백성에게 빌려주고 문서를 작성하며, 가을에 오곡이 풍성하게 익으면 여사(旅師)는 빌려주었던 곡식을 거두어들인다. 이러한 방식은 오늘날의 농촌은행과 같다. 왕안석(王安石)의 청묘법(靑苗法)[240]은 바로 이 제도를 모방한 것이다.

> ⓐ 통치계급은 결국 소수의 사람들을 이용해서 천하의 많은 백성들을 착취한다. 한나라 무제가 상홍양의 정책을 받아들인 것 역시 국가재정의 부족함이 절정에 달해서 회복이 불가능했기 때문에, 힘써 평준법을 좇아서 한 시기를 구제했을 뿐이다.
>
> ⓑ '농촌[野]'은 향(鄕)·수(遂)의 각 속읍 농촌을 말한다. 여사(旅師)가 관장하는 곡식에는 세 가지 종류가 있는데, 여기서는 해석의 번잡함을 피해서 원문을 인용하지 않고, 다만 총괄해서 '국가의 곡식[公粟]'이라고 했다.

위에서 네 가지 의미로 간략하게 『주관경』의 외왕(外王)사상을 설명하였는데, 비록 누락한 것이 있을지 모르지만 중요한 요점은 또한 알 수 있다. 이 『주관경』을 자세하게 완미하면 그 가운데에는 어긋난 곳이 아주 적지는 않지만, 글이 번잡해지기 때문에 여기서는 언급하지 않겠다. 정현(鄭玄)은 유흠(劉歆)이 『주관경』을 주공(周公)이 지었다고 한 것을 좇아서, 수시로 주(周)대와 은(殷)대의 이야기를 인용하여 『주관경』을 설명하

---

240 청묘법(靑苗法): 왕안석의 신법(新法)의 일환으로 실시된 농민에 대한 저리(低利)금융정책이다. 청묘법은 종전의 상평창(常平倉)제도를 수정하여 농민에 대한 농업자금의 지원, 이자획득을 통한 국가재정의 수익 증대, 농업자금의 전대(前貸)를 통한 다량의 군량(軍糧)의 확보 등 다양한 목적을 지닌 것이지만, 표면상으로는 대지주의 고리대로부터 빈농을 구제하기 위한 사회정책적인 저리금융정책을 표방하며 실시되었다. 그러나 그 이면의 동기를 살펴보면 군량의 안정된 확보를 목적으로 하는 화적(和糴)정책의 발전선상에서 파악하는 것이 실정에 가깝다.

였다. 공자의 이상(理想)이 담겨져 있는 책을 고대의 전장제도로 어지럽혔으니, 성인을 속이고 후학(後學)들을 오도한 잘못이 적지 않다. 이전에 일본의 침략을 피해서 사천(四川)에 들어갔을 때, 『주관』에 관한 새로운 주석서를 쓰려고 주통단(周通旦)에게 대필을 부탁하고 내가 수시로 의미를 전수해 주었는데, 얼마 되지 않아 내가 사천을 벗어났고 주통단이 함께 떠날 수가 없게 되어, 이 염원은 결국 물거품이 되었다.

3-3-6 『주관경』의 학교제도

본 「외왕편」을 끝내면서 또한 『주관경』의 학교제도에 대해 간략하게 얘기하려고 한다. 『주관경』의 글에는 어지럽게 고친 것이 많지만, 당정(黨正)에 대해 살펴보면, 매년 12월에 "예(禮)로써 백성들을 모아놓고 서(序)에서 향음주례를 한다."[241] '서(序)'란, 오늘날의 학교이다. 주석가들은 옛날에 5백 가구를 당(黨)이라고 하고 거기에 학교가 150개가 있었다고 했지만, 오늘날 경문을 살펴보니 분명하게 밝힌 글이 전혀 없다. 내가 『논어』의 "교육에는 유별이 없다."[242]는 것으로부터 미루어보면, 『주관경』에서는 학교의 규정을 정함에 반드시 백성들이 보편적으로 배우도록 하여 결코 어떤 한 사람이라도 가르침에서 누락되지 않도록 하였다. 또한 주장(州長)은 "봄과 가을에 예(禮)에 따라 백성들을 모아서 주의 학교에서 활을 쏘게 했다."[243] 주(州)는 당(黨)의 상급행정구역이며, 그 학교의 수는 반드시 적지 않았을 것이다. 향(鄉)과 수(遂)는 똑같이 지방의 최고행정단위로서 모두 왕조에 직속되며, 그 최고학부는 당연히 왕조의 태학(太學)과 서로 같은 등급이다.

---

241 『주례주소』 권12. 以禮屬民, 而飮酒於序.

242 『논어』 「위령공」. 有敎無類.

243 『주례주소』 권12. 春秋以禮會民, 而射於州序.

학교의 교육은 당연히 덕행과 도(道)·예(藝)를 모두 중시했다. 향대부의
직분은 "정월 초하루에 사도(司徒)에게 교법(敎法)을 받고, 물러나와 향의
관리에게 반포하여 각기 그들이 다스릴 것을 가르치게 해서, 그들의 덕
행을 고찰하며 그들의 도(道)·예(藝)를 살핀다."[244] 3년마다의 '큰 점검[大
比]'에서도 역시 그 덕행과 도·예를 살핀다. 이것에 따르면, 『주관경』의
교학법은 교과목 이외에 덕행이 있었다. 교과목은 도(道)와 예(藝)로 크
게 나뉜다. 도(道)는 도술로서 오늘날의 철학이다. 문학은 모두 도술을
연구하여 밝히는 것이다.ⓐ 예(藝)는 기예[藝事]이다. 『대학』의 이른바 '격
물(格物)'은 기예[藝事]의 학문이며, 오늘날의 '과학'과 같다.ⓑ 『주관경』은
학교의 교과목에 대해서 단지 도(道)와 예(藝) 두 가지만을 표기하였지만,
이 두 가지의 세세한 항목이 후세의 학술발전에서 나날이 더욱 많아지
고 세밀해질 것을 성인은 당연히 예측할 수 없었다.

ⓐ 『장자』「천하」편에서 "옛날의 도술(道術)이 여기에 있는 것은 …"라고 말했는데,
  예전에 '도학(道學)'이 있었음을 알 수 있다.
ⓑ 『예기』「예운편」에 "의(義)는 예(藝)의 나뉨[分]이다."[245]이라고 말한 것이 있다.
  주석가는 '예(藝)는 일(事)로써 말한 것이다.'라고 하였다. 생각건대, '나뉨[分]'이
  란 '이치를 나누는 것[分理]'이다. '예'에 '나뉨[分]'이 있다는 것은 『시경』에서 "사물
  이 있으면, 법칙이 있다[有物有則]."고 말한 것이 이것이다.

춘관(春官)에서 "대사악(大司樂)은 성균(成均)의ⓐ 법을 관장하여 국가의 교
육행정을 설립하고 국가의 자제들을 취합한다."[246] 정현은 "공경대부의
자제들은 마땅히 배워야 하니 '국가의 자식[國子]'이라고 한다."[247]고 주석

---

244 『주례주소』 권12. 正月之吉, 受敎法於司徒, 退而頒之於其鄕吏, 使各以敎其所治, 以
  考其德行, 察其道藝.
245 『예기』「예운」. 義者, 藝之分, 仁之節也.
246 『주례주소』 권22 「춘관종백하(春官宗伯下)」. 大司樂掌成均之法, 以治建國之學政,
  而合國之子弟焉.
247 『주례주소』 권22 「춘관종백하(春官宗伯下)」. 大司樂掌成均之法, 以治建國之學政,
  而合國之子弟焉.에 대한 정현의 주석. 公卿大夫之子弟當學者, 謂之國子.

하였다. 생각건대, 정현은 통치계급을 옹호하는 사상을 가지고 경전을 해석했기 때문에 국가의 자식을 귀족으로 한정시켜 말했지만, 경전에서는 '국가의 자제들을 취합한다.'고 분명하게 말했으니, 어찌 공경대부의 자제들로 한정할 수 있겠는가? 또한 지관의 소속에는 국가의 자제들을 교육시키는 사씨(師氏)가 있는데, "국가의 귀유(貴遊: 먼 곳에서 온 귀한 사람)한 자제들이 사씨에게 배운다."라고 하였다. 종래의 주석가들이 모두 '귀유(貴遊)'를 오로지 왕공자제들을 지칭하는 것이라고 한 것은, 경전에서 '국가의 귀유한 자제들'이라고 말한 것이 전국을 총괄한 말임을 알지 못한 것이다. 왕국에 소속된 향·수의 자제들과 제하의 여러 나라들의 자제들 중에서 더욱 깊이 발전할 만한 자는 반드시 왕조의 태학에 와서 배우게 하였다. 먼 곳에서 오는 것을 '유(遊)'라고 하고, 특별히 총애하는 것을 '귀(貴)'라고 하는 것이 본래의 의미이다. 비속한 유학자들이 모두 왕공자제로 곡해한 것은 경전의 의미에 크게 어긋난다. 총괄하면, 양한(兩漢) 이래의 유학자들은 모두 황제전제주의로써 경전의 글을 곡해하여 성인의 말씀을 업신여기고 후학들을 오도하였으니, 매우 안타깝고 애처롭다. 나는 6경을 모두 새롭게 주석해야 한다고 생각한다. 바라건대 뜻이 깊고 실천에 힘쓰는 학자가 온고지신(溫故知新)하여 이 대업을 이루기를 바란다.

ⓐ 정현의 주석은 동중서의 말을 인용하여, "성균(成均)은 5제(五帝)의 학문이다. 성균(成均)의 법도는 '물려준 예[遺禮]'로서 본받을 만한 것을 가리킨다."[248]고 하였다.

|부가설명| 왕공자제가 왕조의 태학에서 수학한다는 것에는 본래 '원유(遠遊)'라고 일컬은 것이 없으며, 두자춘(杜子春)[249]도 역시 그 해석이 통하기

---

248 『주례주소』 권22 「춘관종백하(春官宗伯下)」, 大司樂掌成均之法, 以治建國之學政, 而合國之子弟焉에 대한 정현의 주석. 玄謂董仲舒云: "成均, 五帝之學." 成均之法者, 其遺禮可法者.

249 두자춘(杜子春, B.C.약30-약58): 하남 구씨(河南緱氏: 현 하남성 언사〈偃師〉) 사

어렵다는 것을 알고서 '유(遊)'는 마땅히 '유(猶)'로 되어야 한다고 말하고, 왕공자제는 비록 존귀하지만 여전히 배워야 한다고 말했다. 이와 같이 억지로 경전의 글을 고쳐서 스스로 잘못되게 해석했는데, 정현 역시 그 주장을 그대로 따랐다. 두자춘은 유흠에게 수학했는데, 유흠이 사사로운 뜻으로 경전의 의미를 함부로 어지럽히는 것을 좋아하더니 두자춘도 역시 그러한 버릇에 오염되었다.

「천관편(天官篇)」에서 "아홉 가지로 나라의 백성들을 화합하여 연계시킨다."[250]고 말했는데, 그 셋째로 "스승은 어진 마음으로 백성을 얻는다."고 하고, 넷째로 "학자는 도리로 백성을 얻는다."고 했다.[251] 이것에 근거하면, 스승과 학자를 귀하게 여기는 것은 학술의 독립적인 정신과 지위를 유지하여 도덕적으로 모든 백성의 신념을 연계하는 데에 있으니, 이것이 교화가 일어난 까닭이다.

람이다. 서한 말년에 유흠(劉歆)으로부터 『주례(周禮)』를 전수받아 이를 후세에 전했다. 특히 동한 시대의 정중(鄭衆)과 가규(賈逵)가 그에게 수업을 받아서 『주례』연구를 발전시켰다.

250 『주례주소』「권2」. '以九兩繫邦國之民.'에 대한 주석: 兩猶耦也, 所以協耦萬民. 繫, 聯綴也.

251 『주례주소』「권2」. 以九兩繫邦國之民 … 三曰師以賢得民. 四曰儒以道得民.

3-4 『맹자』를 통해 본 농가(農家)의 외왕사상

이미 『주관경』에 대해 말했으니, 마땅히 농가(農家)를 덧붙여서 이 편을 끝맺겠다. 농가는 비록 유학에서 떨어져 나온 학파이지만 실은 외왕학의 진수를 얻었다. 애석하게도 그들의 경전이 모두 망실되어 찾아서 상고할 방도가 없다. 오늘날 단지 『맹자』 「등문공(滕文公)」편에 허행(許行)의 제자인 진상(陳相)의 말이 간략하게 남아 있는데, 그것은 매우 귀중하다. 「등문공」편에서 다음과 같이 말했다.

"신농(神農)의 말을 연구하는 자인 허행이 초나라에서 등나라로 가서, 성문에 들어가서 등문공에게 아뢰었다. '임금께서 인정(仁政)을 시행한다는 말을 들었는데, 초가집이라도 한 채를 얻어서 당신의 백성이 되고자 합니다.'

등문공이 거처를 마련해 주니, 그 무리 수십 명이 모두 남루한 갈옷차림으로 짚신을 삼고 돗자리를 짜는 것으로 생계수단을 삼았다. … 진량(陳良)ⓐ의 무리인 진상(陳相)이 그 아우 진신(陳辛)과 함께 쟁기와 보습을 등에 지고서 송나라에서 등나라로 왔다. … 진상이 허행을 보고 크게 기뻐하여 자신의 학문을 다 버리고 허행에게 배웠다.

　ⓐ 진량(陳良)은 초나라의 학자이다. 맹자는 그가 북쪽으로 중국에 와서 배웠는데, 북방의 학자가 그보다 나은 사람이 없었던 것 같다고 칭찬했다.[1]

---

1 『맹자』 「등문공 · 상(滕文公 · 上)」. 陳良, 楚産也. 悅周公 · 仲尼之道, 北學於中國. 北方之學者, 未能或之先也. 彼所謂豪傑之士也.

진상이 맹자를 보고 허행의 말을 가지고 말했다. '등나라 임금은 진실로 현명한 임금입니다. 비록 현명하지만 도리를 깨우치지 못했습니다. 현명한 사람은 백성과 더불어 밭을 갈아서 먹고살며, 조석으로 밥을 손수 해먹으면서 나라를 다스립니다. 오늘날 등나라는 곡식을 채운 창고와 재물을 채운 창고가 있는데, 이것은 백성을 괴롭혀서 자신을 봉양한 것이니,@ 어찌 현명하다고 하겠습니까?'ⓑ

@ '괴롭히다.'는 것은 병들게 한다는 것이다. 백성들을 착취해서 자신을 봉양한다는 것이다.

ⓑ 허행의 이 말은 분명히 통치계급을 없애자는 주장이니, 참으로 춘추의 도리를 실천할 수 있는 자이다. 애석하게도 맹가(孟軻)와 순경(荀卿)의 무리들은 모두 이것을 말하기에 역량이 부족하였다.

맹자가 말했다. '허자(許行)는 반드시 농사를 지은 다음에 먹는가?'
진상이 대답했다. '그렇습니다.'@

@ 진상이 '그렇습니다.'라고 대답한 것은, 허자가 반드시 스스로 농사를 지어서 먹고산다는 것을 말한다.

맹자가 말했다. '허자는 반드시 베를 짠 뒤에 옷을 입는가?'
진상이 대답했다. '그렇지 않습니다. 허자는 남루한 갈옷을 입습니다.'
맹자가 말했다. '허자는 관을 쓰는가?'
진상이 대답했다. '관을 씁니다.'
맹자가 말했다. '어떤 관을 쓰는가?'
진상이 대답했다. '흰 명주관을 씁니다.'
맹자가 말했다. '손수 짜는가?'
진상이 대답했다. '아닙니다. 곡식과 바꿉니다.'
맹자가 말했다. '허자는 어찌 손수 짜지 않는가?'
진상이 대답했다. '농사를 짓는 데 방해되기 때문입니다.'
맹자가 말했다. '허자는 솥과 시루로 밥을 지으며, 보습으로 밭을 가

는가?'

진상이 대답했다. '그렇습니다.'

맹자가 말했다. '손수 그것을 만드는가?'

진상이 대답했다. '아닙니다. 곡식으로 바꿉니다.'

맹자가 말했다. '곡식을 도구와 바꾸는 것은 대장장이를 괴롭히는 것이 아니니,ⓐ 대장장이가 또한 도구를 곡식과 바꾸는 것이 어찌 농부를 괴롭히는 것이겠는가? 게다가 허자는 왜 대장장이 일을 포기해버리고 모든 것을 자기 집에서 만들어 쓰지 않는가?ⓑ 어찌 혼란스럽게 온갖 기술자들과 교역을 하는가? 어찌 허자는 번거로움을 거리끼지 않는가?'ⓒ

> ⓐ 이 아래는 모두 맹자의 말이다. 농부가 곡식으로 대장장이에게 기구를 바꾸는 것은 대장장이를 괴롭히는 것이 아니다.
>
> ⓑ 허자가 만약 스스로 온갖 기술자의 일을 모두 할 수 있다면, 생활에 필요한 모든 물건을 모두 자기 집에서 만들어 써야 될 것이다. 그런데 허자는 무엇 때문에 이런 일을 포기해버리고 직접 하지 않는가? 이 말은 진상이 대답하기 곤란하게 만들려는 것이다. 주자가 '포기해버리다[舍]'를 주석한 것은 틀렸다.[2]
>
> ⓒ 이상의 말은 모두 맹자가 진상을 비난한 말이다.

진상이 대답했다. '온갖 기술자들의 일은 본래 농사를 지으면서 동시에 할 수 없는 것입니다.'

맹자가 말했다. '그렇다면 천하를 다스리는 일만 유독 농사를 지으면서 동시에 할 수 있는 것인가! 대인의 일이 있고, 소인의 일이 있다. 또한 한 사람의 몸에는 온갖 기술자들이 만든 것이 갖추어져야 한다. 만약 반드시 스스로 만든 다음에 쓴다고 하면, 이것은 천하 사람들을 이끌어서 분주하게 길을 헤매도록 하는 것이다.ⓐ 그러므로 어떤 사람은 정신노

---

2 주자가 '포기해버리다[舍]'를 주석한 것은 틀렸다:『맹자집주』「등문공·상」. 주자는 사(舍)를, "'사(舍)'는 '멈추다[止]'는 뜻이니, 어떤 사람은 윗 구절에 붙여 읽는다고 했다. '사(舍)'는 대장장이 일을 하는 곳을 말한다(舍, 止也, 或讀屬上句. 舍, 謂作陶冶之處也)."라고 주석했는데, 이것이 틀렸다는 것이다.

동을 하고, 어떤 사람은 육체노동을 하며, 정신노동을 하는 사람은 남을 다스리고, 육체노동을 하는 사람은 남에게 다스려진다. 남에게 다스려지는 사람은 남을 먹여 살리고,ⓑ 남을 다스리는 사람은 남에게 얻어먹는 것ⓒ 이것이 천하의 '통용되는 의리[通義]'라고 한다.'"3

ⓐ 한 사람의 몸에는 온갖 기술자들이 만든 것이 갖추어져야 하지만, 일을 나누어서 하고 서로 바꾸어서 쓸 수 있으니, 모든 것을 스스로 만든 다음에 쓸 수는 없다는 것을 말한다. 만약 스스로 만든 다음에 쓰려고 하면, 정신없이 수고롭기만 하지 일을 완성할 수 없을 것이니, 마치 분주하게 길을 가면서 쉴 틈이 없는 것과 같다.

ⓑ 남에게 다스려지는 사람은 오직 육체노동을 해서 상위계층의 식량을 제공하므로, '남을 먹여 살린다.'고 했다.

ⓒ 상위계층으로 남을 다스리는 자는 천하의 최대다수의 육체노동을 하는 자들이 생산한 것으로 자신의 생계를 영위하므로, '남에게 얻어먹는다.'고 했다.

ⓓ 이상은 모두 맹자가 허자의 말을 논파한 것이다.

생각건대, 맹자가 농부와 대장장이의 일을 나누는 설명을 가지고 남에게 얻어먹는 계급을 지지하여 궤변을 늘어놓은 것은 극히 도리가 없는 것이다. 사회에 농부·대장장이 등의 분업이 있는 것은 각기 길은 다르

3 『맹자』「등문공·상」. 有爲神農之言者許行, 自楚之滕, 踵門而告文公曰, '遠方之人聞君行仁政, 願受一廛而爲氓.' 文公與之處. 其徒數十人, 皆衣褐, 捆屨, 織席以爲食. 陳良之徒陳相與其弟辛, 負耒耜而自宋之滕, 曰, '聞君行聖人之政, 是亦聖人也, 願爲聖人氓.' 陳相見許行而大悅, 盡棄其學而學焉. 陳相見孟子, 道許行之言曰, '滕君則誠賢君也, 雖然, 未聞道也. 賢者與民並耕而食, 饔飧而治. 今也滕有倉廩府庫, 則是厲民而以自養也, 惡得賢?' 孟子曰, '許子必種粟而後食乎?' 曰, '然.' '許子必織布而後衣乎?' 曰, '否, 許子衣褐.' '許子冠乎?' 曰, '冠.' 曰, '奚冠?' 曰, '冠素.' 曰, '自織之與?' 曰, '否, 以粟易之.' 曰, '許子奚爲不自織?' 曰, '害於耕.' 曰, '許子以釜甑爨, 以鐵耕乎?' 曰, '然.' '自爲之與?' 曰, '否, 以粟易之.' '以粟易械器者, 不爲厲陶冶, 陶冶亦以其械器易粟者, 豈爲厲農夫哉? 且許子何不爲陶冶, 舍皆取諸其宮中而用之, 何爲紛紛然與百工交易? 何許子之不憚煩?' 曰, '百工之事固不可耕且爲也.' '然則治天下獨可耕且爲與? 有大人之事, 有小人之事. 且一人之身, 而百工之所爲備, 如必自爲而後用之, 是率天下而路也. 故曰, 或勞心, 或勞力, 勞心者治人, 勞力者治於人, 治於人者食人, 治人者食於人, 天下之通義也.

지만 협력하고, 평등하게 서로 도움으로써 사회전체의 발전을 이루는 것이다. 그런데 남에게 얻어먹는 사람이 높은 통치계급을 차지하여 천하의 최대다수의 육체노동을 하는 민중을 착취하는 것은, 이 계급이 형성되는 것이 실로 남을 다스리는 자임을 자부하는 데에서 말미암아서, 그 위세를 남용하여 점점 이렇게 '흉악한 사람[毒物]'이 되는 것이다. 이에 사회의 발전을 방해하게 되니 반드시 그 존재를 용납할 수 없다. 나는 『맹자』의 이 문단을 깊이 완미하면서, '그러므로 어떤 사람은 정신노동을 한다.'는 구절에서부터 '남을 다스리는 사람은 남에게 얻어먹는다.'는 구절에 이르는 문장 위에, 진상이 맹자에게 항변하는 말이 마땅히 있어야 하는데, 맹자가 끝내 생략하고 기술하지 않은 것이 애석했다. '정신노동[勞心]'과 '육체노동[勞力]', '남을 다스리는 사람[治人]'과 '남에게 다스려지는 사람[治於人]', '남을 먹여 살리는 사람[食人]'과 '남에게 얻어먹는 사람[食於人]'의 구분은 바로 사회주의자가 상세하게 탐구하여 과거에 몽매무지해서는 안 되는 근본문제이다.

진상이 허행을 만나서 자신이 배운 것을 버리고 허자(許子)의 학문을 배웠는데, 어찌 참된 앎과 분명한 견해가 없어서 맹자의 천박한 논박에 가볍게 무너졌겠는가? 맹자는 진상의 말을 남겨두지 않고서 갑자기 '정신노동과 육체노동' 등의 여러 말을 하고, 게다가 망령되게 단언하여 '천하의 통용되는 의리'라고 말하기까지 하였으니, 맹자의 진부함이 심하다! 비록 그렇지만 허자의 '정신노동'과 '육체노동'을 구분하지 않는 주장은 본래 『춘추』의 태평세의 '최고준칙[極則]'이다. 그러나 반드시 『대역』에서 말한 바와 같이 '도구를 만들어서 천하 사람들을 이롭게 한' 다음에 허자의 희망을 이룰 수 있을 것이다. 그렇다면 농가(農家)가 격물의 학문과 공업에 대해 또한 특별히 주의해서 제창한 것은 알 수 없는가? 애석하게도 그 서적들이 모두 망실되어 상고할 방도가 없다.

나는 『대역』·『춘추』·『예운』·『주관』등의 경전에서 공자의 외왕학을 가려내고, 오랫동안 함부로 어지럽혀진 상태로 전해오는 경전에서 그 진상이 아직 없어지지 않은 것을 찾아냈다. 이것은 깊은 산에 들어가서 가시덩굴을 헤치며 보물을 찾는 것처럼 수고가 없지는 않았지만 큰 보물을 이미 얻었으니 또한 까닭모를 즐거움도 있었다. 한대 이래로 유학을 숭상하는 자들은 유학을 삼강오륜과 명교(名敎)의 대종(大宗)으로 삼았고, 청대에 경전을 훼손하고 공자를 비난한 자들은 유학을 전제군주제를 옹호하는 부적으로 여겼다. 내가 겨우 약관의 나이에 과학을 버리고 종군한 것은 민권을 진작시켜 중국을 강하게 만들 생각 때문이었는데, 그 당시에는 공자의 6경에 대해 아득하게 아는 것이 없었다. 참으로 매우 힘써 연구해서 오래된 뒤에 스스로 어리석고 망령된 죄를 뉘우쳤다. 지금은 노쇠했지만, 오직 공자의 외왕학을 밝히려고 하는 경우에는 반드시 다음의 두 가지를 주의해야 한다고 생각한다. 첫째는, 공자가 격물을 중시한 정신을 밝히지 않으면 곧 그의 외왕학을 연구할 길이 없다는 것이다. 둘째는, 인의(仁義)의 깊은 의미와 예악의 근원은 바로 만물이 통일되어 그 본래 무대(無對)인 본체를 회복하는 근거이며, '사람의 궁극적인 도리[人極]'가 그것으로 세워진다는 것이다. 후자는 매우 은미하여 궁구하기 어려운데, 이 「원외왕」편에서는 상세하게 밝힐 겨를이 없으니, 이것은 내가 안타깝게 여기는 것이다.

|부가설명| 내가 6경이 공자가 만세를 위하여 태평세를 연 책이라고 상고해서 정했는데, 이미 「원외왕」편에서 상세하게 밝혔다. 원고가 완성된 뒤에 다시 묵자(墨子)가 기록한 다른 이야기를 돌이켜 생각하니, 그것은 또한 공자가 혁명을 창도한다는 하나의 증거로 삼을 수 있다. 『묵자』「비유(非儒)」하(下)에서 안자(晏子)가 제(齊)나라 경공(景公)에게 다음과 같이 말했다고 한다. "공자가 초나라의 형(荊) 땅에 가서 백공(白公)의 음모를 알고 석걸(石乞)을 백공에게 바쳤다. 임금은 거의 다 죽을 지경에 이르렀고, 백공은 피살되었다. … 아랫사람에게 윗사람을 어지럽히도록 권장하고, 신하에게

임금을 죽이도록 가르치는 것은 현명한 사람의 행위가 아니다."[4]

『묵자』의 이 편에서 인용한 것이 안자(晏子)를 가탁한 것인지의 여부는 오늘날 단정할 방법이 없다. 그러나 묵자는 반드시 공자가 혁명사상을 가지고 있다는 것에 의거하여, 뒷부분에 '아랫사람에게 윗사람을 어지럽히도록 권장하고, 신하에게 임금을 죽이도록 가르쳤다.'고 공자를 공격했다.

『묵자』「천지(天志)」편에서 말했다. "'오늘날 천하의 군자 중에서 인의(仁義)를 실행하려고 하는 사람은ⓐ 의(義)가 어디에서 나오는지 살피지 않으면 안 된다. 이미 의가 어디에서 나오는지를 살피지 않으면 안 된다고 말했는데, 그렇다면 의는 어디서 나오는 것인가?' 묵자가 말했다. '의는 어리석고 비천한 사람에게서 나오지 않고, 반드시 귀하고 지혜로운 사람에게서 나온다.' '어리석고 비천한 사람은 귀하고 지혜로운 사람을 다스릴 수 없다.' 귀하고 지혜로운 사람이라야 비로소 '어리석고 비천한 사람을 다스릴 수 있다. 이것이 내가 의는 어리석고 비천한 사람에게서 나오지 않고, 반드시 귀하고 지혜로운 사람으로부터 나온다는 것을 아는 까닭이다.'"[5]

생각건대, 묵자는 이것으로 혁명에 반대했으며, 이것이 그의 폐해이다.

ⓐ 생각건대 이것은 유가를 지칭하는 것이다.

「외왕편」에서 『주관경』의 왕(王)이 '허군(虛君: 유명무실한 군주)'이라고 말했다. 혁명 초기에 민주정치를 처음 시작할 때는 그 행정수장을 임시로 '왕'이라고 호칭하지만, 실제내용은 근본적으로 변해졌으니, 예전의 '대군(大君)'이라고 부르는 것과 같은 것이 아니다. 이러한 의미는 여전히 하휴(何休)의 「춘추공양전」주석에 숨겨져 있다. 『공양춘추』「성공(成公) 8년」에 "가을 7월에 천자는 소백(召伯)이 와서 공명(公命: 제후의 명)을 하사받도록

---

4 『묵자』「비유·하(非儒·下)」. 孔丘之荊, 知白公之謀, 而奉之以石乞, 君身幾滅, 而白公僇. … 勸下亂上, 敎臣殺君, 非賢人之行也.

5 『묵자』「천지·중(天志·中)」. 今天下之君子之欲爲仁義者, 則不可不察義之所從出. 旣曰不可以不察義之所從出, 然則義何從出? 子墨子曰, 義不從愚且賤者出, 必自貴且知者出. … 夫愚且賤者不得爲政乎貴且知者, 然後得爲政乎愚且賤者, 此吾所以知義之不從愚且賤者出, 而必自貴且知者出也.

하였다."[6] 공영달(孔穎達)[7]의 『소(疏)』는 『춘추』에서 "천왕(天王)이라고 칭한 것이 25번이고, 왕(王)이라고 칭한 것이 6번이며, 천자(天子)라고 칭한 것이 1번인데, 바로 이 일이다."[8]라고 하였다. 『춘추곡량전(春秋穀梁傳)』에서 "'천자'라고 한 것은 무엇 때문인가? 하나의 호칭을 나타낼 뿐이다."[9]라고 하였다. 오직 『춘추좌전주소』에서 가규(賈逵)의 "제하(諸夏)에서는 '천왕'이라고 칭하고, 기내(畿內)에서는 '왕'이라고 하며, 이적(夷狄)에서는 '천자'라고 한다."[10]는 말을 인용하였는데, 그 견해는 왕(王)과 천왕(天王)·천자(天子)의 세 가지 칭호를 모두 대군(大君)[a]의 호칭이라고 생각한 것이다. 그러나 이 세 가지 칭호는 사실 상대하는 대상이 다르기 때문에 그 호칭을 구별한 것이다. 기내의 신하와 백성에 대해서는 '왕'이라고 칭하니, 친근하기 때문이다. 제하의 열국에 대해서는 '천왕'이라고 칭하니, 다소 소원하여 그 임금의 존엄함을 밝혀서 군림해야 하기 때문이다. 이적에 대해서는 '천자'라고 칭한다. 이적은 임금의 존엄한 이치를 알지 못하고, 오직 하늘만을 두려워할 줄 알기 때문에 '천자'라고 말하여 위엄을 보인 것이다. 허신(許愼)과 복건(服虔)은 모두 이 주장에 의거하였지만, 유독 하휴만 『공양전』을 주석하여 "천자는 작위의 호칭이다."[11]라고 하였다.[b] 이것은 그 의미가 『춘추좌

---

6 『춘추공양전주소』 권17. 秋七月, 天子使召伯來錫公命.

7 공영달(孔穎達, 574-648): 중국 당대(唐代)의 경학자. 자는 중달(仲達)이고, 시호는 헌공(憲公)이다. 하북성 기주(冀州) 형수(衡水) 사람이다. 동란의 와중에서 학문을 닦았으며 남북 2학파의 유학은 물론 산학(算學)과 역법(曆法)에도 정통했다. 처음에는 대유학자로 여겼던 유작(劉焯)의 문하에 들어가려 했으나, 몇 가지 문답을 해 본 결과 존경의 대상이 되지 못한다고 생각하여 고향에 내려와 제자양성에 전념했다. 수대(隋代) 말기에 명경과(明經科)에 급제하여 당(唐) 태종(太宗)을 섬기면서 국자박사(國子博士)와 국자감 좨주(祭酒)를 역임했고 안사고(顔師古)를 비롯한 여러 학자들과 더불어 『수사(隋史)』, 『대당의례(大唐儀禮)』 등을 편찬했다. 642년 태종의 명을 받고 『오경정의(五經正義)』 180권의 편찬에 중심적인 역할을 하여, 남북조 이래 여러 학파로 나뉘어 발달해온 경전해석에 통일을 기했다. 이 책은 이후 과거시험의 교과서가 되었으며 오늘날까지 경전해석의 기본문헌으로 인정받고 있으나, 학문의 자유로운 발전을 저해한 측면도 없지 않다.

8 『춘추공양전주소』 권26. 稱天王者二十五, 稱王者六, 稱天子者一, 卽此事是也.

9 『춘추곡량전주소』 권13. 天子何也? 曰見一稱也.

10 『춘추좌전주소』 권26. 賈逵云, 諸夏稱天王, 畿內曰王, 夷狄曰天子.

전』・『춘추곡량전』과는 하늘과 땅만큼 다르다. 『춘추좌전』은 본래 사건을 기록한 역사이고, 『춘추곡량전』은 역사를 평가한 책이기 때문에 그 왕을 지칭하는 세 가지 호칭은 모두 역사적 사실에 근거하였다. 하휴가 특별히 천자는 작위의 호칭이라고 밝힌 것은 아마도 공양고(公羊高)가 몸소 자하(子夏)에게 전수받은 것에 의거하여 돌고 돌아 전래된 의미일 것이다.ⓒ 이것은 바로 공자가 처음 말한 것이지, 역사적 사실이 아니다. 천자를 작위의 호칭으로 여기면, 천자는 모든 벼슬아치들에게 작위가 있는 것과 차이가 없게 되니. 다만 그 작위가 반열(班列) 중에서 첫째 자리를 차지하여 모든 벼슬아치의 수장(首長)이 될 뿐이다.

ⓐ '대군'이라고 말한 것은 열국의 임금과 구별한 것이다.

ⓑ 옛날에는 '자(子)'자로 남자를 좋게 부르는 호칭으로 사용하였으니, 하늘이 어여쁘게 여기는 것을 '천자(天子)'라고 했다. 그러므로 수장의 작위명칭이 되었다.

ⓒ 공양수(公羊壽)와 호무자도(胡母子都)가 비록 이 의미를 상실했지만, 말로 전해주었을 것이다.

맹자는 일찍이 이런 내용을 들은 적이 있었다. 북궁기(北宮綺)가 주왕조의 '작위와 녹봉을 나누는 제도[班爵祿制]'에 대해 질문하니, 맹자는 다음과 같이 대답했다. "그 상세한 것은 들을 수가 없었다. 제후가 그것이 자신에게 방해가 되는 것을 싫어하여 모두 그 전적(典籍)을 없앴다. 그러나 나는 일찍이 그 대략적인 것을 들은 적이 있다. 천자(天子)가 하나의 작위이고, 공(公)이 하나의 작위이며, 후(侯)가 하나의 작위이고, 백(伯)이 하나의 작위이며, 자(子)와 남(男)이 함께 하나의 작위이니, 모두 다섯 등급이다."ⓐ12 고정림(顧亭林: 顧炎武)은 『일지록(日知錄)』에서 맹자의 뜻을 발휘하여 다음과 같이 말했다. "반작(班爵)의 의미에서, 천자는 공·후·백·자·남과 한

---

11 『춘추공양전주소』 권17. 天子者, 爵稱也.

12 『맹자』 「만장·하」. 北宮錡問曰: "周室班爵祿也, 如之何?" 孟子曰: "其詳不可得聞也. 諸侯惡其害己也, 而皆去其籍. 然而軻也, 嘗聞其略也. 天子一位, 公一位, 侯一位, 伯一位, 子·男同一位, 凡五等也."

가지이지, 세상에서 비할 것이 없을 만큼 귀한 존재가 아니다.ⓑ 농사일을 대신해서 일을 하는 것이기에 녹봉을 주는 것이니,ⓒ 군(君)·경(卿)·대부(大夫)·사(士)와 일반백성 중에서 관직에 있는 사람은 한 가지이니, 하는 일없이 녹봉을 받는 존재가 아니다. 이런 까닭에 '천자'라는 작위의 의미를 알면 감히 백성의 위에서 방자하게 스스로를 높이지 않으며, 녹봉이 농사일을 대신해서 일을 하는 대가의 의미임을 알면 감히 많은 것을 백성에게서 취하여 스스로 봉양하지 않는다."¹³ 이것에 의하면, 천자의 직위와 봉급은 민주공화국의 수장과 다를 것이 전혀 없다. 맹자는 『춘추』의 학설을 계승하였으며, 고정림은 그 의미를 발휘할 수 있었다. 『역』「건착도(乾鑿度)」에서도 천자를 작위의 호칭이라고 하였으니, 『춘추』와 일관된다. 혼란을 제거하는 초기에ⓓ 잠시 시행하는 제도일 뿐이다. 한대 사람 중에 노자의 '군주는 무위한다[人君無爲].'는 주장을 견지한 사람이 있었으나 결코 민주사상은 없었으니, 『춘추』·『주관』의 '허군(虛君)'의 뜻과는 결코 서로 같지 않다. 동중서 등이 간혹 노자의 '무위'의 의미를 채택해서 『역』·『춘추』를 설명했지만, 모두 공자의 본래의미를 바꾸고 어지럽힌 것이니 좋을 수 없다.

ⓐ 맹자는 이미 주나라의 서적이 일찍이 제후들에 의해 훼손되어 없어졌다고 말했으니, 그 대략적인 것을 들을 수도 없었을 것이다. 그런데 다시 천자에서 제후에 이르기까지 다섯 등급이 있다고 말했으니, 그 의도는 아마도 맹자가 공자의 『춘추』에서의 제도를 인용하고 주나라 제도에 가탁하여, 당시의 제후들을 억제하고자 하는 데에 있었을 것이다. 진·한대의 유학자들은 옛 『주례』의 말을 위조해서 '천자는 하늘과 같은 호칭인데 어찌 작위가 있겠는가?'라고 말했는데, 이것은 바로 황제를 옹호해서 『주관경』을 함부로 어지럽힌 것이니, 근거로 삼을 수 없다. 그러나 『주관경』에서 말한 '왕(王)'은 반드시 온 백성에게 자문한 다음에 왕으로 세우는 것이고 또 정치적 권력이 없으니, 아주 명백하게 민주국가의 수장과 같은 것이지 옛날에 대군(大君)이라고 부르는 것이 아니므로 그 본래의미를 여전히 상고할 수 있다.

ⓑ 진·한 이후로 황제의 존귀함은 세상을 초월하여 하느님[上帝]과 대등하였고,

<hr>

13 고정림, 『일지록』. 班爵之意, 天子與公侯伯子男一也, 而非絶世之貴. 代耕而賦之祿, … 君卿大夫士與庶人在官, 一也, 而非無事之食. 是故知天子一位之義, 而不敢肆於民上以自尊, 知祿以代耕之義, 則不敢厚取於民以自奉.

권위가 무한하여 서민들을 침탈하고 착취하며, 살리고 죽이는 일을 마음대로 했다. 공자가 『춘추』를 지어 일찍이 이러한 환란을 방지했으니, 통치계급이 폐지되지 않으면 대군이 반드시 세상에서 비할 것이 없을 만큼 귀한 존재로 될 것을 알았기 때문이다. 그러므로 『춘추』에서는 천자와 모든 벼슬아치들이 함께 백성들에게 작위를 받게 했으니, 이에 백성들이 비로소 귀하게 되었다.

ⓒ 작위가 있어서 국사를 담당하는 사람은 경작하여 자급자족할 수 없기 때문에 관청에서 녹봉을 주어 경작하는 일을 대신하도록 한 것일 뿐이니, 분수에 넘치는 혜택을 누릴 수 없다.

ⓓ '혼란을 제거한다.[撥亂]'는 것은 혼란한 제도를 제거하는 것이니, 곧 거란세(據亂世)를 맞이해서 혁명을 실행하는 일이다.

「외왕편」에서 『주관경』은 학교의 교육을 도(道)와 예(藝) 두 과목으로 나누었다고 분명히 말했다. 옛날에는 도학(道學)이라는 명칭이 없었다고 힐난하는 사람들이 있어서, 그들에게 대답했다. "『논어』에서 말했다. '누가 출입구를 통하지 않고 나갈 수 있는가? 어찌 이 도(道)에 말미암지 않는가?',14 또 말했다. '아침에 도를 깨우치면, 저녁에 죽어도 괜찮다.'15 『장자』「천하편」에서도 '옛날의 도술(道術)'16이라고 말했다. 따라서 옛날부터 도학이 있었음을 알 수 있다."

어떤 사람이 물었다. "도학이라는 말은 무엇을 뜻합니까?"

대답했다. "우선 그것을 '도학'이라고 말하는 까닭은 만물이 이루어지는 이유와 온갖 변화가 바르게 되는 이유를 탐구하여 밝히는 학문이기 때문이다. 만물이 이루어지는 이유 측면의 의미는, 왕필(王弼)에 근거한 것이다. 왕필은 『노자』를 주석하면서 도를 말미암는다[由]는 의미로 해석하여, '만물은 도에 말미암아 이루어진다.'17라고 하였다. 이것은 바로 우주론 측면으로 말하여, 도를 우주본체의 이름으로 삼은 것이다. 온갖 변화가 바르

---

14 『논어』「옹야」. 誰能出不由戶? 何莫由斯道也?

15 『논어』「리인(里仁)」. 朝聞道, 夕死可矣.

16 『장자』「천하」. 古之道術有在於是者.

17 『노자』25장. "有物混成, 先天地生, 寂兮寥兮, 獨立不改, 周行而不殆, 可以爲天下母. 吾不知其名, 字之曰道, 強爲之名曰大."에 대한 왕필의 주석. "混然不可得而知, 而萬物由之以成, 故曰混成也.

게 되는 이유 측면의 의미는, 『대역』의 요지를 간추린 것으로 우주가 쉼없이 변동하고 인간의 일들이 무궁하게 변하지만, 온갖 변화의 이치를 통괄하면 대도(大道)에 모이지 않는 것이 없다는 것이다. 노자와 장자·관자도 역시 이것을 엿보았다. 그러므로 옛날의 도학은 바로 오늘날의 이른바 철학과 문학 등을 포괄하는 것이다."

한대 초기의 도가는 황제를 옹호하고 떠받들었으니, 나는 이러한 사상에 대해 사실 그 본종(本宗)을 배반한 것이라고 평가했다. 그런데 요즘 사람들 중에는 여전히 믿지 않는 자들이 있어서 내가 말했다. "지금 상고할 수 있는 도가의 '전해진 글[遺文]'에서, 노자와 장자의 책은 통치계급을 비판하여 꾸짖지 않은 것이 없다. 제나라 직하(稷下)의 무리들은 은둔한 군자ⓐ의 풍모에 대해 듣고 요·순을 비난하고 탕·무를 깔보았으니, 그 의론이 또한 위대하다! 그런데 한대 초기의 도가사상은 바로 변질되어 황제전제제도를 옹호하였으니, 완전히 그 본종을 배반한 것이다. 사마담(司馬談)이 군신 간의 윤리를 극도로 숭상한 것은 그의 「논육가요지(論六家要旨)」에 나타난다. 개공(蓋公)은 진·한 시대의 연로하고 학덕이 높은 도가학자였지만, 조삼(曹參)의 진영에 머물면서 감히 재상인 조삼이 초청하는 것을 사절하지 못했다. 한대 초기의 황생(黃生)도 역시 도가의 뛰어난 학자였다. 사마천(司馬遷)은 『사기』「자서」에서 자신의 부친인 사마담이 황생(黃生: 黃子)에게 도론(道論)을 배웠다고 일컬었으니, 황생은 사마담의 스승이다. 「유림전(儒林傳)」에서 제나라 사람인 원고생(轅固生)[18]과 황생이 한나라 경제(景帝) 앞에서 쟁론을 벌였다고 일컬었다.

ⓐ '은둔한 군자[隱君子]'는 노자를 말한다.

---

18 원고생(轅固生): 일명 원고(轅固)라고도 한다. 서한시대 제(齊: 현 환태현〈桓台縣〉 전장진 원고촌〈田莊鎭轅固村〉) 사람이다. 경제(景帝) 때에 시경박사(詩經博士)를 역임하였다. 제나라 사람들의 방대한 시를 위주로 한 『제시(齊詩)』학파를 열었다. 도가학인 황생(黃生)과 함께 한나라 경제(景帝) 앞에서 탕임금과 무왕의 혁명이 천명을 받은 것인지 왕위를 찬탈한 것인지에 대한 쟁론을 벌이면서, 맹자의 입장을 발휘한 것으로 유명하다.

황생이 말했다. '탕(湯)·무(武)는 천명을 받지 않았으니 바로 시해한 것이다.'

원고생이 말했다. '그렇지 않다. 걸(桀)·주(紂)는 모질고 포악했기 때문에 천하 사람들의 마음이 모두 탕·무에게 돌아갔다. 탕·무는 천하 사람들의 마음을 따라서 걸·주를 죽였으니, … 천명을 받은 것이 아니고 무엇이겠는가?'

황생이 말했다. '관은 해져서 낡았을지라도 반드시 머리에 써야 하며, 신발은 새것일지라도 반드시 발에 신어야 하니, 무엇이 위·아래의 구분인가? 이제 걸·주가 비록 도리를 상실했을지라도 임금이며, 탕·무가 비록 성스러울지라도 신하이다. 임금이 도리에 어긋나게 행동해도 신하가 바른 말로 잘못을 바로잡을 수 없는 것은 천자를 존경하기 때문인데, 도리어 그 잘못에 의거하여 죽이고는 대신 왕으로 즉위하여 임금노릇을 하였으니 시해한 것이 아니고 무엇인가!?'

원고생이 말했다. '반드시 이와 같이 말한다면, 한나라 고제(高帝)가 진(秦)을 대신해서 천자의 자리에 오른 것이 그릇된 것인가?'

이에 경제가 말했다. '고기를 먹지만 말의 간을 먹지 않는 것은 그 맛이 어떤지를 모르기 때문에 먹지 않는 것이 아니다.ⓐ 학문을 말하는 자로서 탕·무가 천명을 받았다고 말하지 않는 것은 어리석은 것이 아니다.ⓑ … 이후로 학자들 중에 감히 천명을 받은 사람을 쫓아내고 살해했다는 것을 밝혀서 말하는 자가 없었다.'ⓒ[19]

ⓐ 옛날에 '말들은 달리다가 대부분 목이 말라 죽기 때문에 그 간에 독이 있다.'고 말했다.

ⓑ 한나라 경제(景帝)는 학자들이 탕·무가 천명을 받아서 천자가 되었다고 하는 말을 싫어했다. 그것은 천하의 신하와 백성들이 장차 탕·무의 일을 정의(正

---

19 『사기(史記)』권121. 黃生曰, 湯武非受命,乃弒也. 轅固生曰, 不然. 夫桀紂虐亂, 天下之心皆歸湯武. 湯武與天下之心, 而誅桀紂 … 非受命爲何? 黃生曰, 冠雖敝必加於首, 履雖新必關於足, 何者上下之分也? 今桀紂雖失道, 然君上也, 湯武雖聖, 臣下也. 夫主有失行, 臣下不能正言匡過, 以尊天子, 反因過而誅之代立踐南面,非弒而何也. 轅固生曰, 必若所云, 是高帝代秦卽天子之位,非邪! 於是景帝曰, 食肉不食馬肝,不爲不知味. 言學者, 無言湯武受命不爲愚 … 是後學者莫敢明受命放殺者.

義)라고 생각하고 떼 지어 일어나서 그것을 본받으면, 반드시 자신의 황제자리를 뒤집어엎게 될 것이기 때문에 학자들이 그 일을 말하지 않기를 바란 것이다. 경제가 '그 일을 말하지 않는 것은 또한 어리석은 것이 아니다.'라고 말한 것은, 학자들이 만약 이 일을 감히 말한다면 스스로 자신을 죽이는 화를 당하게 될 것임을 암시한 것이다. 경제의 금고(禁錮)사상이 음흉하게 악독한 점은 참으로 여정(呂政: 진시황) 못지않다.

ⓒ 학자들은 경제가 탕·무의 일을 감히 말하는 자들에게 벌을 줄 것이라고 생각했기 때문에, 저절로 '탕·무가 천명을 받은 사람을 쫓아내고 죽였다.'는 일을 감히 밝혀 말하는 자가 없었다. '쫓아낸다[放]'는 것은 탕이 걸을 정벌하고서, 그 황제칭호를 벗기고 멀리 남소(南巢)로 귀양 보냈기 때문에 '쫓아냈다'고 하였다. '죽였다[殺]'는 것은 무왕이 주(紂)를 정벌하니, 주가 겁을 먹고 스스로 분신자살하였는데, 이것은 무왕이 그의 머리를 벤 것과 같기 때문에 '죽였다'고 했다.

생각건대, 한대 초기의 도가 중에서 가장 저명한 학자로는 개공·황생·사마담만한 사람이 없었다. 이제 그들의 언행을 살펴보면, 모두 소강(小康)의 유학을 본받아서 황제를 옹호하였으니, 이 같은 일은 노자와 장자가 미처 생각하지 못한 것이었다. 하지만 노자는 '유약함[弱]'을 작용으로 삼고 혁명을 말하려고 하지 않았으니, 그의 후학들이 더욱 타락하는 것은 필연적인 추세이다. 나는 일찍이 6국과 진·한 때에 공자의 6경이 이미 소강의 유학에 의해 개찬(改竄)되었고, 큰 도리의 학문은 여정(呂政: 진시황)의 분서갱유를 거쳐서 한나라가 흥기할 때에 이르러 거의 없어졌다고 말한 적이 있다. 묵적(墨翟)과 혜시(惠施)의 과학서적은 한대 초기에 이미 전해지지 않았다. 법가(法家) 민주론자의 전적(典籍)과 농가(農家)의 책들은 모두 한 글자도 남아 있는 것이 없다. 다행히도 『맹자』와 『회남자(淮南子)』에 오히려 단편적인 말이라도 기록해 두었기 때문에 그 개략적인 것을 미루어 볼 수 있다. 도가는 겨우 『노자』와 『장자』만 남아 있지만 그것마저도 역시 완전하지 않으며, 그 학문이 끊이지 않고 계승된 것은 오직 '현묘한 말[玄言]'뿐이다. 통치계층을 싫어하고 미워한 도가의 깊은 뜻은 한대 초기의 도가에 이르러 더 이상 탐구되지 않았다. 이에 그들은 자신들의 스승[先師]을 배반하고 임금과 신하 간의 명분을 성대하게 펼쳐서 황제에게 아첨하고 받들어 모시는 일을 일삼았다. 진·한대의 전제군주제가 끼친 해독은 그야 말로 무섭다!"

유생(劉生)이 물었다. "『공양전』「민공(閔公) 2년 겨울」, 『춘추』에서는 '제나 라의 고자(高子)가 와서 동맹을 맺었다.'고 말했습니다. 『공양전』에서는 '장 공(莊公)은 죽고 자반(子般)은 시해당했으며 민공(閔公)도 시해당했다. 이 세 임금이 죽고 여러 해 동안 임금이 없었으므로, 설령 제(齊)나라가 노(魯) 나라를 취하려 했어도 군사를 일으키지 않고 단지 말로써 했을 뿐일 것이 다.'라고 말했습니다. ⓐ 하휴가 주석하여 말했습니다. '희공을 세우고, 노 나라에 성곽을 쌓았다는 것을 기재하지 않은 것은 미약함을 숨기기 위한 것이다. ⓑ 기꺼이 고자(高子)라는 이름을 덧붙인 것은, 제나라 환공이 단절 된 노나라를 이어준 것을 찬미하였기 때문에 그 사신을 존경하고 그 공적 을 드러낸 것이다. ⓒ 자식이 아비를 이어나가는 도리를 밝힌 것이다.'ⓓ[20] 하휴의 주석에 의하면, 제나라 환공은 자식이 아비를 이어가는 도리를 깊 이 터득했다고 밝혔습니다. 『공양전』에는 이러한 뜻이 전혀 없는데 하휴 가 특별히 그것을 말했습니다. 제나라 사람들이 노나라를 위해 나라의 운 명을 계속되게 한 것은 자애로운 아비가 자식을 키우는 도리를 얻었다고 말할 수 있는데, 하휴는 도리어 자식의 도리를 제나라에 비유하고, 아비의 존엄함을 노나라에 비유하였으니, 이것은 무슨 이치입니까?"

> ⓐ 노나라에 내란이 일어나서 여러 해 동안 임금이 없었으므로, 설령 제나라가 노나라를 취하려고 했어도 군사를 쓸 필요가 없이 단지 빈말로써 거두어 복 속시킬 수 있었으니, 노나라가 스스로 제나라에 귀속된 것이다. 이때에 제나 라 환공(桓公)은 인의(仁義)를 실행하여 차마 노나라를 멸망시키지 못했다. 이 에 대부(大夫)인 고자(高子)에게 소수의 병사를 거느리고 노나라에 가서, 노나 라 사람들의 동의를 구하여 희공(僖公)을 임금으로 세우고, 노나라 성곽을 도 와서 수리하고는 곧바로 물러나도록 해서, 스스로 공적을 자처하지 않았다. 『공양전』의 대의는 이와 같다.

---

20 『춘추공양전주소』권9. 立僖公, 城魯, 不書者, 諱微弱. 喜而加高子者, 美大齊桓繼絶 於魯, 故尊其使, 起其功. 明得子續父之道.

ⓑ 제나라의 고자가 노나라에 온 것은 본래 희공을 세우고 노나라에 성곽을 쌓기 위해 온 것이다. 그런데 경문(經文)에서는 단지 '고자가 와서 동맹을 맺었다.'고 기록하고, '노나라의 임금을 세우고 노나라에 성곽을 쌓았다.'고 기록하지 않았다. 이것은『춘추』가 노나라의 역사이고 노나라 사람들이 미약함을 수치로 여겼기 때문에 그것을 숨기고서 차마 기록하지 않았을 뿐이다. 이런 서술법에는 곧 국가의 치욕을 기념하는 뜻이 있다.

ⓒ 노나라가 거의 멸망했는데도 제나라 환공이 그 혼란을 평정하고 노나라를 위하여 임금을 세워서 그 나라의 운명을 이어나가게 했다. 제나라 사람들은 평등하게 노나라를 대우하여 절대로 공적을 자처하지 않았으며, 어떠한 것도 요구하지 않았기 때문에 경문에 그 사신을 기재해서 '고자(高子)'라고 하였다. '자(子)'는 찬미하는 말이다. 특별히 그 공적을 나타내어 '드러낸다[起]'고 하였다.

ⓓ 아비가 위급한 질병에 걸리면, 자식은 반드시 있는 힘을 다해서 아비의 수명을 연장하려고 한다. 이제 제나라 환공과 제나라 사람들이 노나라의 운명이 계속될 수 있도록 힘을 다했음에도 불구하고 스스로 그 공적을 자처하지 않고 노나라의 지위를 존중하였기 때문에, '제나라 환공이 자식이 아비를 이어가는 도리를 얻었다.'고 찬미하였다.

대답했다. "너의 질문은 참으로 훌륭하다. 하휴가 근거한 것은 틀림없이 공양수(公羊壽)의 선대[先世]가 공자의『춘추』를 말로 전한 의미일 것이다.[21] 공자의 삼세(三世)의 의미 중에서 승평세(升平世)에는 제하(諸夏)의 열국들이 서로 사랑하고 돕는 것이 마치 한집안과 같기 때문에 대동(大同)으로 나아가, 마침내 국가의 경계를 없앨 수 있다. 그렇지만 이 일은 갑자기 쉽게 이루어지지 않는다. 제하가 처음 연합했을 때, 그들을 영도하는 어진 사람

---

21 하휴가 근거한 것은 …『춘추』를 말로 전한 의미일 것이다: 공양 집안의 이러한 『춘추공양전』의 전수 과정을 서언(徐彦)은『춘추공양전주소(春秋公羊傳注疏)』에서 대굉(戴宏)의 서문을 인용하여 다음처럼 잘 보여주고 있다. "자하(子夏)가 공양고에게 전해주었고, 공양고가 아들 평(平)에게, 평이 아들 지(地)에게, 지가 아들 감(敢)에게, 감이 아들 수(壽)에게 전했다. 한나라 경제(景帝) 때에 공양수(公羊壽)가 제자인 제나라 사람 호무자도(胡母子都)와 함께 책을 지었다.(子夏傳與公羊高, 高傳與其子平, 平傳與其子地, 地傳與其子敢, 敢傳與其子壽. 至漢景帝時壽乃與齊人胡母子都, 著於竹帛.)"

들이 반드시 허심탄회하게 자신을 낮추고, 우방의 미약한 자들을 아비를 모시듯이 스스로 자식의 도리를 다하며, 힘을 다해 성실하게 돕고, 그들을 정성을 다해 사랑하면서도 자신을 높이지 않아야 한다. 이와 같이 지극한 정성으로 세상을 감동시키면 천하의 모든 사람들이 저절로 한 식구처럼 서로 사랑하여 제하의 결합이 견고해질 것이니, 이것이 바로 태평세의 대동(大同)으로 가는 출발점이다. 오로지 영도자가 자식이 아비를 이어나가는 도리를 터득해야만, 제하가 저절로 결합될 뿐이다. 태평세의 인류는 절대로 우열(優劣) 등의 구별을 용납하지 않으니,ⓐ 영도자가 우월하다고 자부하지 않으면, 천하의 모든 사람들은 모두 감동해서 분발하고, '어진 사람을 보면 그와 같아지기를 생각하는[見賢思齊]'²² 마음[志]을 가지게 될 것이다. 그러므로 태평세는 거의 이루어질 수 있을 것이다. 공자가 제나라 환공의 일에 의거해서 영도자는 마땅히 자식이 아비를 이어가는 도리를 터득해야 한다는 것을 밝혔으니, 그 의미가 심원하다! 이 의미는 하휴가 만든 것이 아니라, 반드시 자하(子夏)가 말로 전수한 의미를 후학들이 서로 계승하여 하휴에게 이르렀을 것이다."

　ⓐ『공양전』에는 여전히 이 의미가 보전되어 있으니, 별도로 상세하게 밝혀야 한다.

---

22 『논어』「리인」. 子曰: "見賢思齊焉. 見不賢, 而內自省也."

ㄱ		
가규	258	
강왕	210, 226	
강유위(康有爲)	87, 203, 307	
개공	506	
격물(格物)	12, 58	
겸리(兼利)	108	
겸애(兼愛)	108	
경제(景帝)	61, 243	
고당생	209	
고염무	200	
고자	510	
고정림	200, 503	
곡양숙	242	
공산불요	374	
공손룡	32, 36, 150	
공손홍	261	
공수반(公輸班)	65, 353	
공안국	321	
공양고	242, 352	
공양수	243	
공영달	502	
공자 규	321	
공자진	325	
공총자(孔叢子)	35	
곽광	489	
곽상(郭象)	106, 130, 336, 446	
관윤	109	
관자	138	
관중(管仲)	154, 176, 321	

ㄴ		
괘기(卦氣)	239, 295	
괘변(卦變)	239	
구양생	325	
규기(窺基)	29	
균등[均]	8	
기자	194, 294	

ㄴ		
납갑(納甲)	239, 295	
노공왕	324	
노담	109, 133	
노식(盧植)	7	
논육가요지(論六家要旨)	58	
능엄경(楞嚴經)	41	

ㄷ		
단옥재	303	
대괽	243	
대대례(大戴禮)	67	
대대례기(大戴禮記)	85	
대덕	209	
대동원	303	
대성	209, 309	
대진	303	
대혜선사(大慧禪師)	140	
독경시요(讀經示要)	258	
독화	446	
동중서(董仲舒)	62, 103	
동호	245	
두공	231	

두림	220
두예	254, 273
두자춘	493
등릉씨(鄧陵氏)	164
등석	144

ㅁ	
마융(馬融)	12, 60, 214, 220
맹경	209
명실(名實)	35
모공(毛公)	145
무왕	73, 87, 194, 294
무제(武帝)	60, 61
묵자(墨子)	34, 105
묵적(墨翟)	65, 137, 353
문공	219, 251
문자(文子)	106
문제(文帝)	61, 231
문후	231
민자건(閔子騫)	164

ㅂ	
박문	283
반고	133, 134, 242
방밀지(方以智)	76
방정학	447
방통(旁通)	239
방현령(房玄齡)	160
방효유	447
배인	249
백어	230
복건	502
복생	190, 219, 223
부청주(傅靑主: 傅山)	36, 187
북궁기	503

불힐	374
비복(飛伏)	239

ㅅ	
사상채	284
상리씨(相裏氏)	164
상부씨(相夫氏)	164
상앙(商鞅)	81, 157
상홍양	487
서순	220
서언	243, 256
설문해자	169
성공생(成公生)	145
성왕	210
성제	208
소분	209
소식(消息)	239, 295
소안	249
소의진	216
손영천	359
손이양	318
손학오	359
송견(宋鈃)	138
순경(荀卿)	34, 47, 83
순열	208, 300
시교(屍佼)	157, 181, 313
신농(神農)	88, 152
신도	137, 138
신불해(申不害)	13, 109

ㅇ	
악정자(樂正子)	164
안사고(顔師古)	153, 182
안안락	270
양경	354

양하(楊何)	69, 94	육상산	195
언언	422	육순	210
엄복	344, 364	윤문(尹文)	138, 145, 146
여진	294	이도평	295, 359
연계[聯]	8	이법계	346
연단술	66	이빙(李冰)	66
왕국유	211	이천(伊川)	46, 302
왕대신(汪大紳: 汪縉)	29, 162	이회	278
왕망	242	임석	206, 214
왕부지	200	임재평	264
왕선겸(王先謙)	157	임태보	211
왕선산	200, 284	임효존	213
왕안석	490		
왕양명	55, 195	**｜ㅈ｜**	
왕응린(王應麟)	157	자공(子貢)	103, 164, 321
왕중	133, 210, 213	자로	374
왕충	221	자사(子思)	164
왕필	169, 302	자산(子産)	144
요평	264	자유(子遊)	164, 311
용수	128	자장(子張)	164, 196
우번	237, 297, 300, 404	자하(子夏)	106, 164, 246
원고생	506	장강릉	281
위굉	220	장거정	281
위수	284	장안	249
위앙	181	장왕	219
유계	184	장읍(張揖)	39
유대(有對)	40	장재	206, 288
유방	184	장태염(章太炎: 章炳麟)	36, 303, 317, 364
유약(有若)	103, 164		
유왕	251	장패(張霸)	220
유원보	243	장팽조	270
유원성(劉元城)	90	장학성	317
유향	157, 208	장형(張衡)	66
유흠	134, 205, 208	장횡거	288, 365
육구연	52	재아(宰我)	103

전병 137, 138
전하(田何) 69, 238
정공 237
정사농 448
정이(程頤) 46
정이천(程頤) 46
정중 448
정초 464
정현(鄭玄) 12, 54, 210
정호(程顥) 46, 284
조광 210
조삼 506
조설지 243
조승(趙勝) 147
좌구명(左丘明) 241
주돈이 46, 289
주무숙 289
주자(朱子: 朱熹) 15, 74, 90, 97,
196, 208, 323
주통단 421
중량씨(仲良氏) 164
증국번 198
증삼(曾參) 164
증자 192
증척생 198
증해 98
지괘(之卦) 239
진량 495
진례 242
진목공 219
진상(陳相) 152, 495
진신 495

| ㅊ |

창공(倉公) 66

채택 94
청묘법 490
초순 300
추연(鄒衍) 67
칠략 134
칠조개(漆雕開) 164

| ㅌ |

태사 226
태일 115, 126
태학 491
태화 126

| ㅍ |

편작(扁鵲) 66
피석서(皮錫瑞) 60, 214

| ㅎ |

하간헌왕 324
하휴 205
한무제(漢武帝) 103
한비(韓非) 13, 33
한비자 81, 109
허령불매 281
허신 502
허행(許行) 152, 278
헤겔 102
현장 89
혜동(惠棟) 92
혜자(惠子: 惠施) 9, 33, 36, 144,
146, 353
혜제(惠帝) 60
호괘(互卦) 239
호무자도 243
호원(胡瑗) 46

호인	311	황생		506
호적(胡適)	117, 162	황자(黃疵)		145
호치당	311	황제(黃帝)	65, 88, 109	
호해	247	황종희		200
환공(桓公)	154, 219, 251, 321	회남자(淮南子)	105, 138, 159	
환단(桓團)	152	효제(孝帝)		61
황간	297	효진(爻辰)	239, 295	
황료(黃繚)	147, 353	후창	209, 309	

🔷 저자 약력

웅십력(熊十力, 1885-1968)은 중국 호북성(湖北省) 황강현(黃岡縣) 사람으로 원래 이름은 계지(繼智) · 승항(升恒)이고, 호는 자진(子眞)이며, 만년에는 자칭 칠원노인(漆園老人)이라고 하였다. 40세에 스스로 십력(十力)으로 개명했다. 그는 가난한 집안에서 태어나 어린 시절 남의 집 소를 키우는 일을 하며 부친의 서당에서 사서오경을 배웠다. 11세 때 부친이 세상을 떠나자 큰형을 좇아 농사일을 하며 공부했고, 16세 이후에는 홀로 학문을 연마하며 진백사(陳白沙) · 왕부지(王夫之) · 고염무(顧炎武) 등의 책을 읽고, 혁명의 길로 나가겠다고 결심하고는 과거시험 공부를 포기했다. 18세 때(1902년) 무창(武昌)에서 군대에 입대하여 1911년에 신해혁명에 참가했고, 이후에 손중산(孫中山)을 좇아서 원세개의 북양군벌(北洋軍閥)에 반대하는 호국(護國) · 호법(護法) 전쟁에 참가했다. 그 후 34세(1918년)에 웅십력은 "당인들이 당권과 이익만을 다투니, 혁명은 결국 성공을 거두지 못했다."고 탄식하며, "진정한 혁명은 정치적 혁명이 아니라, 마음의 혁명에 있다."는 점을 깨닫고 마침내 학문의 길로 나섰다. 1920년 가을 절친한 친구인 양수명(梁漱溟)의 소개로 구양경무(歐陽竟無)의 남경 지나내학원(支那內學院)에서 2년 동안 불교를 연구했으며, 1922년 겨울 북경대 총장인 채원배의 초빙으로 북경대 교수가 되었다.

1923년에 『신유식론(新唯識論)』 초고를 쓰기 시작해서 1932년 문언본 『신유식론』을 출판했고, 이어서 『파「파신유식론」(破「破新唯識論」)』 · 『불학명상통석(佛學名相通釋)』을 발표했다. 항일전쟁기간에는 사천으로 피난 가서 마일부(馬一浮) · 양수명이 주관하는 복성서원(復性書院)과 면인서원(勉仁書院)에서 강의하다가 1947년 북경대로 돌아왔다. 1940년대에 웅십력은 어체본 『신유식론』 · 『십력어요(十力語要)』 · 『독경시요(讀經示要)』 · 『십력어요초독(十力語要初讀)』 등을 펴냈고, 1950년 이후에는 『논육경(論六經)』 · 『원유(原儒)』 · 『체용론(體用論)』·『명심편(明心篇)』·『건곤연(乾坤衍)』 등을 출판했다. 특히 1956년에 완성한 『원유』는 "육경이 나를 주석한다.[六經注我]"는 방식으로 웅십력 자신의 독특한 관점으로 유학 경전과 유학사를 새롭게 해석한 중요한 저술이다.

문화대혁명 시기에 말년의 웅십력은 반동복고주의자라고 낙인찍혀 많은 비판과 고초를 당했다. 그는 문화대혁명이 중국문화와 인간본성을 훼손한다고 항거하여 단식투쟁하는 도중에 결국 지병이 악화되어 향년 84세로 쓸쓸하게 세상을 떠났다. 그러나 '체용불이(體用不二)'·'심물불이(心物不二)'·'흡벽성변(翕闢成變)'을 핵심으로 하는 그의 철학은 현대신유학의 형이상학적 이론의 기틀을 세웠으며, 그것은 이후 당군의·서복관·모종삼 등의 제자들에 의해 계승·발전되어 오늘에 이르게 되었다.

🔷 역자 약력

임헌규(林憲圭)

한국학중앙연구원 한국학대학원에서 박사학위를 받고, 현재 강남대학교에서 강의하고 있다. 저술로는 『유가의 심성론과 현대 심리철학』(2001년, 철학과현실), 『노자도덕경 해설』(2005년, 철학과 현실), 『소유의 욕망, 리란 무엇인가』(2013년, 글항아리) 등과 다수의 논문이 있다.

윤원현(尹元鉉)

대만 중국문화대학교 철학과에서 박사학위를 받고, 한중철학회 회장을 역임했다. 저술로는 『철학 오디세이 2000』(공저, 2000년, 담론사), 『동양사상의 이해』(공저, 2002년, 경인문화사), 『태극해의』(공역, 2009년, 소명출판사) 등과 다수의 논문이 있다.

김학목(金學睦)

건국대학교 대학원 철학과에서 박사학위를 받고, 현재 고려대학교에서 연구교수로 있다. 저술로는 『강화학파의 노자 주석에 관한 연구』(2013년, 인천학연구원), 『박세당의 노자』(1999년, 예문서원), 『율곡 이이의 노자』(2001년, 예문서원), 『홍석주의 노자』(2001년, 예문서원), 『노자 도덕경과 왕필의 주』(2002년, 홍익출판사) 등과 다수의 논문이 있다.

류희성(柳熙星)

대만 동해대학교 대학원 철학과에서 박사학위를 받고, 현재 서강대학교에서 강의하고 있다. 저술로는 「순자의 인식론」, 「과현논쟁과 지적직각」, 「모종삼의 도덕형이상학」, 「웅십력의 외왕학과 모종삼의 평가」 등의 논문이 있다.

原儒
(上)